Die Wahlprüfung der volksgewählten Abgeordneten der Volksvertretungen im Frühkonstitutionalismus

Rechtshistorische Reihe

Band 304

Peter Lang
Frankfurt am Main · Berlin · Bern · Bruxelles · New York · Oxford · Wien

René Funk

Die Wahlprüfung der volksgewählten Abgeordneten der Volksvertretungen im Frühkonstitutionalismus

Eine Untersuchung der Wahlprüfung in den Kammern der Abgeordneten des Großherzogtums Baden, des Königreichs Württemberg und des Großherzogtums Hessen

Peter Lang
Europäischer Verlag der Wissenschaften

Bibliografische Information Der Deutschen Bibliothek
Die Deutsche Bibliothek verzeichnet diese Publikation in der Deutschen Nationalbibliografie; detaillierte bibliografische Daten sind im Internet über <http://dnb.ddb.de> abrufbar.

Zugl.: Gießen, Univ., Diss., 2004

Diese Arbeit wurde von
Herrn Professor Dr. Diethelm Klippel zur Aufnahme
in diese Reihe empfohlen.

Die Drucklegung dieses Bandes ermöglichten
durch großzügige Unterstützung
der Landtag von Baden-Württemberg
und der Landtag von Hessen.

D 26
ISSN 0344-290X
ISBN 3-631-53588-0

www.peterlang.de

Meinen liebevollen Eltern

Vorwort

Die vorliegende Arbeit ist im Wintersemester 2003/04 vom Fachbereich Rechtswissenschaft der Justus-Liebig-Universität Gießen als Dissertation angenommen worden.

Anläßlich ihrer Veröffentlichung möchte ich an erster Stelle meinem verehrten Doktorvater, Herrn Prof. Dr. Heinhard Steiger, herzlichst danken, der die vorliegende Arbeit in jeder Phase ihrer Entstehung aufmerksam verfolgt hat und mir während meiner Promotion durch seine selbstlose und aufopferungsvolle Art ununterbrochen seine vielfältige Unterstützung zuteil werden ließ. In den Jahren der Zusammenarbeit bin ich maßgeblich durch sein Vorbild, sowohl in wissenschaftlicher als auch in menschlicher Hinsicht, geprägt worden.

Bedanken möchte ich mich auch bei Frau Prof. Dr. Barbara Dölemeyer für die zügige Erstellung des Zweitgutachtens sowie bei Herrn Prof. Dr. Diethelm Klippel für die Aufnahme der Arbeit in die Rechtshistorische Reihe.

Die Veröffentlichung der Arbeit ist mir durch eine großzügige Förderung durch den Landtag von Baden-Württemberg sehr erleichtert worden. Für diese Unterstützung, die mich sehr ehrt, möchte ich mich herzlich bei Herrn Landtagsdirektor Dr. Eberhard Leibing und Herrn Ministerialdirigent Wolfgang Krauter bedanken. In diesem Zusammenhang bin ich insbesondere Herrn Landtagsarchivar Dr. Günther Bradler für seine zügige und selbstlose Unterstützung zu besonderem Dank verpflichtet.

Zu Dank verpflichtet bin ich schließlich dem Landtag von Hessen für die Unterstützung des Druckes dieser Arbeit. Ich möchte mich insbesondere herzlich bei Herrn Landtagspräsident Norbert Kartmann und Herrn Ministerialdirigent Bernd Friedrich bedanken. Nicht zuletzt möchte ich Herrn Landtagspräsident a.D. Jochen Lengemann für seine Fürsprache herzlichst danken.

Die Arbeit ist meinen liebevollen Eltern gewidmet, die mir den nötigen Rückhalt geboten und mir hierdurch erst die Fertigstellung der Arbeit ermöglicht haben.

Herzogenrath, im November 2004

René Funk

Inhaltsverzeichnis

Vorwort VII
Abkürzungsverzeichnis XIII
Quellen- und Literaturverzeichnis XV
I. Quellen XV
1. amtliche Quellen XV
2. Dokumentensammlung XX
3. Schrifttum des 18. Jahrhunderts XXIII
4. zeitgenössische Literatur XXV
II. Literatur XXIX
A. Einleitung 1
B. Die Wahlprüfung im Großherzogtum Baden 11
I. Das Wahlrecht im Großherzogtum Baden 11
1. Die Urwahl 11
2. Die Abgeordnetenwahl 13
3. Die Wahlperiode 15
II. Das normierte Wahlprüfungsrecht im Großherzogtum Baden 16
III. Die Entstehungsgeschichte des § 41 der Verfassungsurkunde v. 22. August 1818 17
IV. Die Wahlprüfung in der zweiten Kammer in den Jahren 1820-1866 25
1. Terminologie 25
2. Rechtsnatur 27
3. Ablauf der Prüfung 29
4. Formelle Reformbestrebungen hinsichtlich des Ablaufs der Prüfung 37
5. Wahlanfechtungen 41
a. Zeitpunkt der Erhebung von Anfechtungen 43
b. Anfechtungsberechtigter Personenkreis 46
c. Petitionen als Beurteilungs- und Entscheidungsgrundlagen 47
d. Grundlage der Beanstandung 48
6. Nachträglicher Mandatsverlust 49
7. Abstimmungsverfahren 52
8. Prüfungsmaßstab 53
9. Auslegung von Wahlrechtsbestimmungen und Kontinuität der Entscheidungen 59
a. Auslegung und Anwendung des § 37 II der Verfassungsurkunde v. 22. August 1818 59
b. Auslegung und Anwendung des § 37 I Nr. 3 der Verfassungsurkunde v. 22. August 1818 63
c. Personalunion von landesherrlichem Wahlkommissar und Wahlmann 66

10. Die parteipolitische Komponente der Wahlprüfung 68
11. Ausweitung und Verteidigung der Prüfungskompetenz 74
a. Ausweitung der Prüfungskompetenz auf die Urwahlen 74
b. Verteidigung der alleinigen Zuständigkeit 80
12. Die Wahlprüfung als Instrument zur Aufrechterhaltung der Wahlfreiheit 83
C. Die Wahlprüfung im Königreich Württemberg 88
I. Das Wahlrecht im Königreich Württemberg 88
1. Die Wahlfähigkeit 89
2. Die Urwahl 90
3. Die Abgeordnetenwahl 91
4. Die Wahlperiode 93
II. Das normierte Wahlprüfungsrecht im Königreich Württemberg 94
III. Die Entstehungsgeschichte der §§ 159, 160 der Verfassungsurkunde v. 25. September 1819 96
1. Das Recht der Legitimationsprüfung in der Zeit der verfassungsberatenden Ständeversammlungen bis 1819 96
2. Das Recht der Legitimationsprüfung in den Verfassungsentwürfen 99
IV. Die Wahlprüfung in der zweiten Kammer in den Jahren 1820-1866 110
1. Terminologie 110
2. Rechtsnatur 111
3. Ablauf der Prüfung 113
4. Wahlanfechtungen 130
a. Zeitpunkt der Erhebung von Anfechtungen 132
b. Anfechtungsberechtigter Personenkreis 133
c. Grundlage der Beanstandung 133
5. Abstimmungsverfahren 137
6. Prüfungsmaßstab 138
7. Auslegung von Wahlrechtsbestimmungen und Kontinuität der Entscheidungen 146
a. Auslegung und Anwendung des § 146 I S. 2 der Verfassungsurkunde v. 25. September 1819 147
b. Auslegung und Anwendung des § 143 I der Verfassungsurkunde v. 25. September 1819 148
c. Auslegung und Anwendung des § 135 Nr. 4 letzte Alt. der Verfassungsurkunde v. 25. September 1819 151
8. Die parteipolitische Komponente der Wahlprüfung 154
9. Die Wahlprüfung als Instrument zur Aufrechterhaltung der Wahlfreiheit 161
D. Die Wahlprüfung im Großherzogtum Hessen 165
I. Das Wahlrecht im Großherzogtum Hessen 165
1. Die Bevollmächtigtenwahl 166

2. Die Wahlmännerwahl 167
3. Die Abgeordnetenwahl 167
4. Die Wahlperiode 169

II. Das normierte Wahlprüfungsrecht im Großherzogtum Hessen 170

III. Die Entstehungsgeschichte des Art. 87 der Verfassungurkunde v. 17. Dezember 1820 172

IV. Die Wahlprüfung in der zweiten Kammer in den Jahren 1820-1866 179

1. Terminologie 179
2. Rechtsnatur 180
3. Ablauf der Prüfung 182
   a. Ablauf der Prüfung nach der GO v. 25. März 1820 182
   b. Änderungen im Ablauf der Prüfung durch die GO v. 10. Oktober 1849 und v. 8. September 1856 192
4. Wahlanfechtungen 196
   a. Zeitpunkt der Erhebung von Anfechtungen 197
   b. Anfechtungsberechtigter Personenkreis 199
   c. Grundlage der Beanstandung 199
5. Nachträglicher Mandatsverlust 200
6. Abstimmungsverfahren 202
7. Prüfungsmaßstab 203
8. Auslegung von Wahlrechtsbestimmungen und Kontinuität der Entscheidungen 211
   a. Auslegung und Anwendung des Art. 60 der Verfassungsurkunde v. 17. Dezember 1820 213
   b. Auslegung und Anwendung des Art. 55 I, III der Verfassungsurkunde v. 17. Dezember 1820 216
   c. Auslegung und Anwendung des Art. 14 S. 1 der WahlO v. 22. März 1820 221
   d. Auslegung und Anwendung des Art. 7 III S. 1, 11 Nr. 1 der WahlO v. 22. März 1820 225
   e. Reformbestrebungen in Bezug auf die Kontinuität der Entscheidungen 227
9. Die parteipolitische Komponente der Wahlprüfung 228
10. Verteidigung der Prüfungskompetenz der Kammer 230
11. Die Wahlprüfung als Instrument zur Aufrechterhaltung der Wahlfreiheit 234

E. Schlußbetrachtung 235

F. Anhang 243

I. Wahlprüfungsergebnisse der zweiten Kammer des Großherzogtums Baden (1820-1866) 243

II. Wahlprüfungsergebnisse der zweiten Kammer des Königreichs Württemberg (1820-1866) 247

III. Wahlprüfungsergebnisse der zweiten Kammer des Großherzogtums Hessen (1820-1866) 250
IV. Verordnung, die Vornahme der Wahlmännerwahl betr. v. 13. September 1847 253
V. Formular einer Wahlurkunde nach Beil. Lit. B der Instr. v. 6. Dezember 1819 254
VI. Anzeige des Ergebnisses der Legitimationsprüfung an den Geh. Rat 255
VII. Anzeige des Geh. Rats hinsichtlich der Einsichtnahme der Anzeige 256
VIII. Anzeige des Ergebnisses der Legitimationsprüfung an die Kammer der Standesherren 256
IX. Entwurf einer Geschäftsordnung für die beiden Kammern der Stände des Großherzogtums Hessen des Jahres 1833 257

Abkürzungsverzeichnis

Abg.	Abgeordnete(r)
Abs.	Absatz
Abschn.	Abschnitt
Abt.	Abteilung
a.E.	am Ende
Alt.	Alternative
Anm.	Anmerkung
a.o.	außerordentlich
AöR	Archiv des öffentlichen Rechts (1.1866 ff.)
Art.	Artikel
Az.	Aktenzeichen
Bd.	Band
Beil.	Beilage
betr.	betreffend
BVerfGE	Entscheidungen des Bundesverfassungsgerichts
BZ	Berliner Zeitung
bzgl.	bezüglich
bzw.	beziehungsweise
d.h.	das heißt
Diss.	Dissertation
DJT	Deutscher Juristentag
DJZ	Deutsche Juristenzeitung (1.1896-11.1936)
f.	folgende Seite
ff.	folgende Seiten
FAZ	Frankfurter Allgemeine Zeitung
fl.	Gulden
FN	Fortführungsnachweis
Fn.	Fußnote
FR	Frankfurter Rundschau
Frhr.	Freiherr
Fürstl.	Fürstlicher
Geh.	Geheimer, Geheimen
gem.	gemäß
ggf.	gegebenenfalls
grds.	grundsätzlich
Großh.	Großherzoglichen
Hess.	Hessischen
Hrsg.	Herausgeber
i.d.S.	in dem Sinne
insb.	insbesondere
i.S.d.	im Sinne der/des
i.V.m	in Verbindung mit
i.w.S.	im weitesten Sinne

Königl.	Königliche
lit.	littera (Buchstabe)
LK	Legitimationskommission
LT	Landtag
Nr./Nro.	Nummer
Prot.	Protokoll(e)
Prov.	Provinz
prov.	provisorisch
Reg.Bl.	Regierungsblatt
Rn.	Randnummer
S.	Satz, Seite
s.	siehe
SA	ständischer Ausschuß
sog.	sogenannte(r)
Sp.	Spalte
SZ	Süddeutsche Zeitung
u.a.	unter anderem
u.s.w.	und so weiter
u.U.	unter Umständen
v.	vom, von
Verh.	Verhandlung(en)
vgl.	vergleiche
Württ.	Württemberg
z.B.	zum Beispiel
zit.	zitiert
z.T.	zum Teil

Abkürzungen von Gesetzestexten

GG	Grundgesetz
GO	Geschäftsordnung
HV	Hessische Verfassung
Instr.	Instruktion
Verf.-Urk.	Verfassungsurkunde
WahlO	Wahlordnung

Quellen- und Literaturverzeichnis

I. Quellen

1. amtliche Quellen

a. Großherzogtum Baden
aa. Gesetze, Verordnungen

„Geschäfts-Ordnung, für die zweite Kammer."
in: Verhandlungen der Stände-Versammlung des Großherzogthums Baden.
Enthaltend die Protokolle der Zweyten Kammer mit deren Beylagen von ihr selbst amtlich herausgegeben.
Erstes Heft.
Beylage Nro. 30 zum Protokoll der II. Kammer vom 3. May 1819, S. 60-80
Karlsruhe 1819

„Verordnung, die Vornahme der Wahlmännerwahlen betreffend."
in: Großherzoglich Badisches Regierungsblatt
Fünfundvierzigster Jahrgang Nr. I bis LIII.
Nr. XXXVII
S. 267 f.
Carlsruhe 1847.

bb. Landtagsprotokolle

Repertorium über die Verhandlungen beider Kammern des Großherzogthums Baden
Verfaßt von Revisor Gerwig.
(2.-13. Landtag)
Carlsruhe 1823-1850

Verhandlungen der Stände-Versammlung des Großherzogthums Baden.
Enthaltend die Protokolle der zweiten Kammer mit deren Beilagen von ihr selbst amtlich herausgegeben.
(1819-1866)
Karlsruhe 1819-1866
(zitiert: Verh. Baden)

b. Königreich Württemberg
aa. Gesetze, Verordnungen
„Instruktion des Ministerium des Innern vom 6. December, wegen des Wahlgeschäfts für die nächste Stände-Versammlung.“
in: Das Regierungs-Blatt für das Königreich Württemberg im Auszuge.
Eine Sammlung der in den Regierungs-Blättern des Königreichs Württemberg vom Jahre 1806 an enthaltenen, noch ganz oder theilweise gültigen Gesetze, Verordnungen mit erläuternden Anmerkungen und einem Haupt-Register.
Jahrgang 1819
S. 175-180
Stuttgart 1841

„Beilage. Lit. A. Formular eines Stimmzettels“
in: Das Regierungs-Blatt für das Königreich Württemberg im Auszuge.
Eine Sammlung der in den Regierungs-Blättern des Königreichs Württemberg vom Jahre 1806 an enthaltenen, noch ganz oder theilweise gültigen Gesetze, Verordnungen mit erläuternden Anmerkungen und einem Haupt-Register.
Jahrgang 1819
S. 180
Stuttgart 1841

„Beilage. Lit. B. Formular einer Wahlurkunde“
in: Das Regierungs-Blatt für das Königreich Württemberg im Auszuge.
Eine Sammlung der in den Regierungs-Blättern des Königreichs Württemberg vom Jahre 1806 an enthaltenen, noch ganz oder theilweise gültigen Gesetze, Verordnungen mit erläuternden Anmerkungen und einem Haupt-Register.
Jahrgang 1819
S. 181
Stuttgart 1841

„Instruktion des Ministerium des Innern vom 12. December, wegen der Wahl der Abgeordneten des ritterschaftlichen Adels für die nächste Stände-Versammlung.“
in: Das Regierungs-Blatt für das Königreich Württemberg im Auszuge.
Eine Sammlung der in den Regierungs-Blättern des Königreichs Württemberg vom Jahre 1806 an enthaltenen, noch ganz oder theilweise gültigen Gesetze, Verordnungen mit erläuternden Anmerkungen und einem Haupt-Register.
Jahrgang 1819
S. 181-184
Stuttgart 1841

„Instruktion für die Kreis-Regierungen, vom 21. December."
in: Das Regierungs-Blatt für das Königreich Württemberg im Auszuge.
Eine Sammlung der in den Regierungs-Blättern des Königreichs Württemberg vom Jahre 1806 an enthaltenen, noch ganz oder theilweise gültigen Gesetze, Verordnungen mit erläuternden Anmerkungen und einem Haupt-Register.
Jahrgang 1819
S. 184-204
Stuttgart 1841

„Königl. Bestätigungs-Urkunde der Geschäfts-Ordnung für die Kammer der Abgeordneten, vom 23. Juni."
in: Das Regierungs-Blatt für das Königreich Württemberg im Auszuge.
Eine Sammlung der in den Regierungs-Blättern des Königreichs Württemberg vom Jahre 1806 an enthaltenen, noch ganz oder theilweise gültigen Gesetze, Verordnungen mit erläuternden Anmerkungen und einem Haupt-Register.
Jahrgang 1821
S. 37-45
Stuttgart 1841

„Verfügung des Ministerium des Innern vom 15. November, betreffend die vorzunehmende Wahl der Abgeordneten zur zweiten Kammer der Stände-Versammlung"
in: Das Regierungs-Blatt für das Königreich Württemberg im Auszuge.
Eine Sammlung der in den Regierungs-Blättern des Königreichs Württemberg vom Jahre 1806 an enthaltenen, noch ganz oder theilweise gültigen Gesetze, Verordnungen mit erläuternden Anmerkungen und einem Haupt-Register.
Jahrgang 1831
S. 84-87
Stuttgart 1838

„Geschäftsordnung für die Kammer der Abgeordneten. Vom 26. Mai 1851"
in: Verhandlungen der Württembergischen Kammer der Abgeordneten im Jahre 1851-53.
Amtlich herausgegeben.
Erster Beilagen-Band. Erste Abtheilung.
Beilage 16 (Prot. 9)
S. 35-40
Stuttgart 1852

bb. Landtagsprotokolle

Haupt-Register über die Verhandlungen der Stände des Königreichs Württemberg auf den Landtagen von 1833 bis 1855.
Bearbeitet im Auftrag des ständischen Ausschusses von Dr. C. V. Fricker.
Stuttgart
1863

Hauptregister über die Verhandlungen der Stände des Königreichs Württemberg auf den Landtagen von 1856 bis 1906.
Nebst Uebersicht über sämtliche gedruckte Verhandlungen der Württembergischen Landstände.
Stuttgart
1909

Verhandlungen in der Versammlung der Landstände des Königreichs Württemberg im Jahr 1819.
Amtlich herausgegeben durch die beyden Secretaire der Stände-Versammlung Procurator Feuerlein und Dr. Schott.
Fünf und vierzigste Abtheilung.
Heidelberg 1819
(zitiert: Verh. Württ. 1819)

Verhandlungen der Kammer der Abgeordneten des Königreichs Württemberg
Amtlich herausgegeben.
Protokoll- und Beilagenhefte
1820-1866
Stuttgart 1820-1866
(zitiert: Verh. Württ.)

c. Großherzogtum Hessen
aa. Gesetze, Verordnungen

„Verordnung, wie die Wahlen zur Kammer der Abgeordneten erfolgen sollen." v. 22. März 1820
in: Großherzoglich Hessisches Regierungsblatt
Jahrgang 1820
Nr. 14, S. 113-116

„Ueber die Ordnung, in welcher die Landständischen Geschäfte vorzunehmen sind." v. 25. März 1820
in: Großherzoglich Hessisches Regierungsblatt
Jahrgang 1820
S. 163-168

Ministerialbekanntmachung betr. die „Wahlbezirke" v. 29. März 1820
in: Großherzoglich Hessisches Regierungsblatt
Jahrgang 1820
Nr. 19, S. 169-172

„Ueber die Wählbarkeit der Capitalisten zur zweiten Kammer der Landstände." v. 31. März 1820
in: Großherzoglich Hessisches Regierungsblatt
Jahrgang 1820
Nr. 20, S. 173 f.

„Gesetz, die Zusammensetzung der beiden landständischen Kammern und die Wahlen der Abgeordneten betreffend." v. 3. September 1849
in: Großherzoglich Hessisches Regierungsblatt
Jahrgang 1849
Nr. 52, S. 435-441

„Verzeichniß der Wahlbezirke für die Wahlen der Abgeordneten zur zweiten Kammer der Landstände, mit Angabe der dazu gehörigen Orte."
Anlage A zum „Gesetz, die Zusammensetzung der beiden landständischen Kammern und die Wahlen der Abgeordneten betreffend." v. 3. September 1849
in: Großherzoglich Hessisches Regierungsblatt
Jahrgang 1849
Nr. 52, S. 441-450

„Gesetz, die landständische Geschäftsordnung betreffend." v. 10. October 1849
in: Großherzoglich Hessisches Regierungsblatt
Jahrgang 1849
Nr. 63, S. 519-523

„Verordnung, die Berufung einer außerordentlichen Stände-Versammlung betreffend." v. 7. October 1850
in: Großherzoglich Hessisches Regierungsblatt
Jahrgang 1850
Nr. 49, S. 371-381

„Verzeichniß der Wahlkreise für die Wahlen der Abgeordneten zur zweiten Kammer der Landstände, mit Angabe der dazu gehörigen Orte"
Anlage A zur „Verordnung, die Berufung einer außerordentlichen Stände-Versammlung betreffend." v. 7. October 1850
in: Großherzoglich Hessisches Regierungsblatt
Jahrgang 1850
Nr. 49, S. 381-390

„Gesetz, die Zusammensetzung der beiden Kammern der Stände und die Wahlen der Abgeordneten betreffend." v. 6. September 1856
in: Großherzoglich Hessisches Regierungsblatt
Jahrgang 1856
Nr. 27, S. 261-274

„Gesetz, die landständische Geschäftsordnung betreffend.“ v. 8. September 1856
in: Großherzoglich Hessisches Regierungsblatt
Jahrgang 1856
Nr. 28, S. 277-288

„Bekanntmachung, die Bildung der Wahlbezirke zur Wahl der Abgeordneten der zweiten Kammer der Stände des bevorstehenden Landtags betreffend.“ v. 20. October 1856
in: Großherzoglich Hessisches Regierungsblatt
Jahrgang 1856
Nr. 34, S. 377-384

„Gesetz, die Wahlen der Abgeordneten zur zweiten Kammer der Stände betreffend.“ v. 14. Juli 1862
in: Großherzoglich Hessisches Regierungsblatt
Jahrgang 1862
Nr. 23, S. 287 f.

bb. Landtagsprotokolle

Verhandlungen (in) der zweiten Kammer der Landstände des Großherzogthums Hessen
Von ihr selbst amtlich herausgegeben.
Protokoll- und Beilagenhefte
1820-1866
Darmstadt 1820-1866
(zitiert: Verh. Hessen)

2. Dokumentensammlungen

a. Großherzogthum Baden

„Verfassungsurkunde vom 22. August 1818“
in: Zachariä, Heinrich Albert (Hrsg.)
Die deutschen Verfassungsgesetze der Gegenwart, einschließlich der Grundgesetze des deutschen Bundes und der das Verfassungsrecht der Einzelstaaten direct betreffenden Bundesbeschlüsse.
S. 331-342
Göttingen 1855

„Wahlordnung vom 23. December 1818 zur Verfassungsurkunde des Großherzogthums“
in: Zachariä, Heinrich Albert (Hrsg.)
Die deutschen Verfassungsgesetze der Gegenwart, einschließlich der Grundgesetze des deutschen Bundes und der das Verfassungsrecht der Einzelstaaten direct betreffenden Bundesbeschlüsse.
S. 342-355
Göttingen 1855

„Beylage zur Wahlordnung.“
in: Die landständische Verfassungs-Urkunde, für das Großherzogthum Baden. Nebst den dazu gehörigen Actenstücken und anderen Zugaben welche hierauf Bezug haben.
S. 51-58
Erste Abtheilung.
Karlsruhe 1819.

b. Königreich Württemberg
„Verfassungsurkunde vom 25. September 1819“
in: Zachariä, Heinrich Albert (Hrsg.)
Die deutschen Verfassungsgesetze der Gegenwart, einschließlich der Grundgesetze des deutschen Bundes und der das Verfassungsrecht der Einzelstaaten direct betreffenden Bundesbeschlüsse.
S. 295-326
Göttingen 1855

„General-Rescript, die Wahlen der Abgeordneten zur bevorstehenden Stände-Versammlung betr., nebst angehängtem Verzeichnisse über die denselben anwohnenden fürstlichen, gräflichen und adelichen Virilstimmführer. Vom 29. Januar 1815“
in: Reyscher, August Ludwig (Hrsg.)
Vollständige, historisch und kritisch bearbeitete Sammlung der württembergischen Gesetze.
Dritter Band.
Enthaltend den dritten Theil der Sammlung der Staats-Grund-Gesetze.
S. 291-297
Stuttgart, Tübingen 1830
(zitiert: Reyscher, Sammlung)

„Bekanntmachung, das Eintreffen, die Legitimation, die Diäten und Reise-Kosten der Stände-Mitglieder betr.. Vom 26. Februar 1815“
in: Reyscher, August Ludwig (Hrsg.)
Vollständige, historisch und kritisch bearbeitete Sammlung der württembergischen Gesetze.
Dritter Band.
Enthaltend den dritten Theil der Sammlung der Staats-Grund-Gesetze.
S. 297-298
Stuttgart, Tübingen 1830
(zitiert: Reyscher, Sammlung)

„Königliches Manifest, die Einberufung einer Stände-Versammlung betreffend. Vom 10. Juny 1819“
in: Reyscher, August Ludwig (Hrsg.)
Vollständige, historisch und kritisch bearbeitete Sammlung der württembergischen Gesetze.
Dritter Band.
Enthaltend den dritten Theil der Sammlung der Staats-Grund-Gesetze.
S. 504-506
Stuttgart, Tübingen 1830
(zitiert: Reyscher, Sammlung)

c. Großherzogtum Hessen

„Edict über die landständische Verfassung des Großherzogthums Hessen vom 18. März 1820.“
in: Das hessische Staats-Recht
Zweites Buch.
Von der Verfassung und Regierung des Großherzogthums und den Rechten und Pflichten der Hessen im Allgemeinen.
S. 331-334
Darmstadt und Leipzig 1832

„Verfassungsurkunde vom 17. December 1820“
in: Zachariä, Heinrich Albert (Hrsg.)
Die deutschen Verfassungsgesetze der Gegenwart, einschließlich der Grundgesetze des deutschen Bundes und der das Verfassungsrecht der Einzelstaaten direct betreffenden Bundesbeschlüsse.
S. 400-416
Göttingen 1855

d. Sonstige
„Die Verfassung des Deutschen Reichs vom 11. August 1919"
in: Huber, Ernst Rudolf (Hrsg.)
Dokumente zur deutschen Verfassungsgeschichte
Band 4
Deutsche Verfassungsdokumente 1919-1933
S. 151-179
Dritte neubearbeitete Auflage
Stuttgart, Berlin, Köln 1992

„Gesetz betreffend die Verfassung des Deutschen Reiches vom 16. April 1871"
in: Huber, Ernst Rudolf (Hrsg.)
Dokumente zur deutschen Verfassungsgeschichte
Band 2
Deutsche Verfassungsdokumente 1851-1918
S. 289-305
Stuttgart 1964

„Verfassung des Landes Hessen vom 1. Dezember 1946"
in: Fuhr, Eberhard/Pfeil, Erich
Hessische Verfassungs- und Verwaltungsgesetze
Textsammlung hessischer Gesetze und Verordnung staats- und verwaltungsrechtlichen Inhalts
Stand 25. Juni 2003 (74. Ergänzungslieferung)
München 2003

3. Schrifttum des 18. Jahrhunderts

Häberlin — Handbuch des Teutschen Staatsrechts nach dem System des Herrn Geheimen Justizrath Pütter.
Zum gemeinnützigen Gebrauch der gebildetern Stände in Teutschland, mit Rücksicht auf die neuesten merkwürdigsten Ereignisse
I. Band
Berlin 1797
(zitiert: Häberlin, Handbuch I)

Moser, Johann Jacob — Von der Teutschen Reichs-Stände Landen, deren Landständen, Unterthanen, Landes-Freyheiten, Beschwerden, Schulden und Zusammenkünften.
Nach denen Reichs-Gesezen und dem Reichs-Herkommen, wie auch aus denen Teutschen Staats-Rechts-Lehrern, und eigener Erfahrung;
Mit beygefügter Nachricht von allen dahin einschlagenden öffentlichen und wichtigen neuesten Staats-Geschäfften, so dann denen besten, oder doch neuesten, und in ihrer Art einigen, Schriften davon.
Neudruck der Ausgabe 1769
Osnabrück 1968
(zitiert: Moser, Reichs-Stände)

Moser, Johann Jacob — Von denen Teutschen Reichs-Taegen, nach denen Reichsgesezen und dem Reichsherkommen, wie auch aus denen Teutschen Staats-Rechts-Lehrern und eigener Erfahrung;
Mit beygefügter Nachricht von allen dahin einschlagenden öffentlichen und wichtigen neuesten Staatsgeschäfften, so dann denen besten, oder doch neuesten, und in ihrer Art einigen, Schriften davon.
Erster Theil.
Neudruck der Ausgabe 1774
Osnabrück 1967
(zitiert: Moser, Reichs-Taegen I)

Moser, Johann Jacob — Zusäze zu seinem neuen Teutschen Staatsrecht; darinn, nebst vilen ungedruckten, zum Theil sehr wichtigen, Urkunden und Nachrichten, von allen neuesten bekannten Teutschen (allgemeinen und besonderen,) Staatsangelegenheiten hinlänglicher Bericht ertheilet wird.
Erster Band.
Neudruck der Ausgabe 1781
Osnabrück 1968
(zitiert: Moser, Zusäze I)

4. zeitgenössische Literatur

Biedermann, Karl — Die Repräsentativ-Verfassungen mit Volkswahlen. Dargestellt und geschichtlich entwickelt im Zusammenhang mit den politischen und socialen Zuständen der Völker.
Leipzig 1864
(zitiert: Biedermann, Repräsentativ-Verfassungen)

Campe, F.A. v. — Die Lehre von den Landständen nach gemeinem deutschen Staatsrechte.
Zweite völlig umgearbeitete Auflage
Lemgo, Detmold 1864
(zitiert: v. Campe, Lehre)

Buchner, Karl — Der neue Landtag in Darmstadt, oder kurze Biographieen und Charakteristiken sämmtlicher Mitglieder der ersten und zweiten Kammer der Großh. Hess. Ständeversammlung von 1835.
Mit einer Einleitung.
Hanau 1835
(zitiert: Buchner, Landtag)

Floret, Peter Joseph — Historisch kritische Darstellung der Verhandlungen der Stände-Versammlung des Großherzogthums Hessen im Jahr 1820 und 1821.
Mit besonderer Beziehung auf die Verfassungsurkunde des Großherzogthums und vorzüglicher Berücksichtigung der Gegenstände von allgemeinem Interesse
Gießen 1822
(zitiert: Floret, Darstellung)

Fricker, Carl Viktor — Die Verfassungs-Urkunde für das Königreich Württemberg vom 25. Sept. 1819 mit dem offiziellen Auslegungs-Material
Tübingen 1865
(zitiert: Fricker, Verfassungs-Urkunde)

Gönner, Nicolaus Thaddäus	Teutsches Staatsrecht Landshut 1804 (zitiert: Gönner, Staatsrecht)
Kuhn, Wilhelm Friedrich	Handbuch über das Staats-Recht des Königreichs Württemberg im Auszug Erster Band enthaltend das Verfassungs-Recht. Ulm 1834 (zitiert: Kuhn, Handbuch)
Mohl, Robert v.	„Constitutionelle Erfahrungen. Ein Beitrag zur Verfassungs-Politik." in: Zeitschrift für die gesammte Staatswissenschaft Jahrgang 1845. Zweiter Band. S. 191-233 (zitiert: v. Mohl, Erfahrungen)
Mohl, Robert v.	"Die Geschichte der württembergischen Verfassung von 1819" in: Zeitschrift für die gesammte Staatswissenschaft. Jahrgang 1850. Sechster Band. S. 44-150 (zitiert: v. Mohl, Geschichte)
Mohl, Robert v.	Das Staatsrecht des Königreiches Württemberg. Zweite Auflage Erster Band. Das Verfassungsrecht. Tübingen 1840 (zitiert: v. Mohl, Staatsrecht)
Mohl, Robert v.	„Ueber die Untersuchung bestrittener ständischer Wahlen durch die Abgeordneten-Kammern selbst." in: Mohl, Robert v. Staatsrecht, Völkerrecht und Politik Erster Band. Staatsrecht und Völkerrecht. S. 207-221 Tübingen 1860 (zitiert: v. Mohl, Untersuchung)
Rotteck, Carl v.	Geschichte der badische Landtage von der Einführung der Verfassung bis 1832 (Sammlung kleinerer Schriften meist historischen oder politischen Inhalts, Vierter Band) Stuttgart, Leipzig 1836 (zitiert: v. Rotteck, Geschichte)

Rotteck, Carl v.	„Baden als constitutioneller Staat, badische Verfassung und Verfassungsgeschichte, badische Landstände“ in: Rotteck, Carl v./Wecker, Carl Staats-Lexikon oder Encyklopädie der Staatswissenschaften Zweiter Band. S. 95-129 Altona 1834 (zitiert: v. Rotteck, Baden)
Rotteck, Carl v.	„Hessen (Großherzogthum Hessen, Hessen-Darmstadt)“ in: Rotteck, Carl v./Wecker, Carl Staats-Lexikon oder Encyklopädie der Staatswissenschaften Siebenter Band. S. 704-739 Altona 1839 (zitiert: v. Rotteck/Welcker, Hessen)
Schacht, Theodor	Der Liberalismus auf dem merkwürdigen Landtage zu Darmstadt 1833. Freimüthig geschildert für Alle, denen es um Wahrheit und um Kenntniß des jetzigen deutschen Ständewesens zu thun ist. Gießen 1834 (zitiert: Schacht, Liberalismus)
Scherer, H.	“Württemberg als constitutioneller Staat, württembergische Verfassung und Verfassungsgeschichte, württembergische Landstände” in: Rotteck, Carl v./Welcker, Carl Staats-Lexikon oder Encyklopädie der Staatswissenschaften Fünfzehnter Band. S. 784-810 Altona 1843 (zitiert: Scherer, Württemberg)

Scholl, Gustav	Verständigung über die Verfassungs-Urkunde des Königreichs Württemberg vom 25. September 1819. Ulm 1846 (zitiert: Scholl, Verständigung)
Solms-Lich und Hohensolms	(Ludwig Fürst zu) Deutschland und die Repräsentativ-Verfassungen Giessen 1838 (zitiert: Solms-Lich, Deutschland)
[Von einem Deputirten]	Treue Darstellung der Verhandlungen welche der Eröffnung der Landstände des Großherzogthums Hessen voran giengen. Von einem Deputirten. Mainz 1820 (zitiert: Darstellung)
Weiss, Karl Eduard	System des Oeffentlichen Rechts des Großherzogthums Hessen Erster Band. Darmstadt 1837 (zitiert: Weiss, System)
Wurm, Christian Friedrich	Kritische Versuche über die öffentlichen Rechtsverhältnisse in Deutschland seit der Mitte des Jahres 1832 Leipzig 1835 (zitiert: Wurm, Versuche)
Zoepfl, Heinrich	Grundsätze des gemeinen deutschen Staatsrechts, mit besonderer Rücksicht auf das allgemeine Staatsrecht und auf die neusten Zeitverhältnisse Zweiter Theil Fünfte, durchaus vermehrte und verbesserte Auflage Leipzig, Heidelberg 1863 (zitiert: Zoepfl, Grundsätze)
[Zustände]	Zustände im Großherzogthum Hessen Separatabdruck aus der Wochenschrift des Nationalvereins. I. u. II. Zweite Auflage. Coburg 1861 (zitiert: Zustände)

II.Literatur

Adam, Albert Eugen: Ein Jahrhundert Württembergischer Verfassung
Stuttgart 1919
(zitiert: Adam, Jahrhundert)

Allgaier, August: Die Stände Badens mit besonderer Berücksichtigung der zweiten badischen Kammer, enthaltend eine kurze Geschichte der badischen Verfassung und der Thätigkeit des Landtags
von 1819 bis zur Gegenwart, nebst den Biographien der Mitglieder der zweiten Kammer und einem Auszug aus der Geschäftsordnung derselben
Pforzheim 1896
(zitiert: Allgaier, Stände)

Anders, Heinz: Richterliche Wahlprüfung in modernen Verfassungen.
Diss., Breslau 1922
(zitiert: Anders, Wahlprüfung)

Andres, Hans: Die Einführung des konstitutionellen Systems im Grossherzogtum Hessen
(Historische Studien, Heft LXIV)
Nachdruck der Auflage Berlin 1908
Vaduz 1965
(zitiert: Andres, Einführung)

Ball, Kurt: Das materielle Wahlprüfungsrecht seine Entwicklung und seine Rechtsgrundsätze
(Öffentlich-rechtliche Abhandlungen 11. Heft)
Berlin 1931
(zitiert: Ball, Wahlprüfungsrecht)

Bartsch, Matthias: „Kochs Wahlsieg bleibt gültig – Hessisches Gericht setzt Prüfverfahren wegen CDU-Schwarzgeldes nicht fort"
in: FR v. 24. 02. 2001, S. 1
(zitiert: Bartsch, FR v. 24. 02. 2001)

Bauer, Adam: Badens Volks-Vertretung in der zweiten Kammer der Landstände von 1819-1891
Karlsruhe 1891
(zitiert: Bauer, Volks-Vertretung)

Bazille, Wilhelm	Das Staats- und Verwaltungsrecht des Königreichs Württemberg Hannover 1908 (zitiert: Bazille, Staats- und Verwaltungsrecht)
Becht, Hans-Peter	Die badische zweite Kammer und ihre Mitglieder, 1819 bis 1841/42. Untersuchungen zu Struktur und Funktionsweise eines frühen deutschen Parlamentes. Diss, Heidelberg 1985 (zitiert: Becht, Kammer).
Becht, Hans-Peter	„Vom Ständesaal zur Revolution? Kontinuitäten und Diskontinuitäten in der badischen Geschichte von 1815 bis 1848/49" in: Borst, Otto (Hrsg.) Aufruhr und Entsagung Vormärz 1815-1848 in Baden und Württemberg Stuttgart 1992 (zitiert: Becht, Ständesaal)
Bitzer, Friedrich	Regierung und Stände in Württemberg, ihre Organisation und ihr Recht Stuttgart 1882 (zitiert: Bitzer, Regierung)
Blume, v.	„Ein Jahrhundert württembergischen Verfassungslebens." in: Deutsche Juristen-Zeitung 1919, Sp. 716-719 (zitiert: v. Blume, DJZ 1919)
Börnecke, Stephan	„Kapitulation vor dem Rechtsempfinden" in: FR v. 24. 02. 2001, S. 32 (zitiert: Börnecke, FR v. 24. 02. 2001)
Bommarius, Christian	„Über Kochs Verdienste urteilen die Wähler" in: BZ v. 24. 02. 2001, S. 4. (zitiert: Bommarius, BZ v. 24. 02. 2001)
Bornhak, Conrad	Staats- und Verwaltungsrecht des Großherzogtums Baden (Bibliothek des Öffentlichen Rechts, 1. Band) Hannover 1908 (zitiert: Bornhak, Staats- und Verwaltungsrecht).

Brandt, Hartwig | Parlamentarismus in Württemberg 1819-1870
Anatomie eines deutschen Landtags
Düsseldorf 1987
(zitiert: Brandt, Parlamentarismus)

Brandt, Michael | „Landtagswahl in Hessen bleibt gültig – Wahlprüfungsgericht stellt Verfahren ein“
in: BZ v. 24. 02. 2001, S. 1, 5
(zitiert: Brandt, BZ v. 24. 02. 2001)

Braunias, Karl | Das parlamentarische Wahlrecht
Ein Handbuch über die Bildung der gesetzgebenden Körperschaften in Europa
II. Band: Allgemeiner Teil
Berlin, Leipzig 1932
(zitiert: Braunias, Wahlrecht II)

Büttner, Siegfried | Die Anfänge des Parlamentarismus in Hessen-Darmstadt und das du Thilsche System
Darmstadt 1969
(zitiert: Büttner, Anfänge)

Busse, Volker | Wahlfehler, Wahlungültigkeiten und deren Rechtsfolgen bei Parlamentswahlen
-Entwicklung und Rechtszustand-
Diss., Freiburg 1956
(zitiert: Busse, Wahlfehler)

Calker, Wilhelm v. | Das Staatsrecht des Großherzogtums Hessen.
(Das öffentliche Recht der Gegenwart, Band XIX.)
Tübingen 1913
(zitiert: v. Calker, Staatsrecht)

Charnay, Jean-Paul | « Naissance et développement da la « vérification des pouvoirs » dans les anciennes assemblées francaises »
in : Revue historique de droit francaais et étranger 1962, S. 556-589
(zitiert : Charnay, Revue historique de droit francaais et étranger 1962)

Csekey, Stefan v.

Über das System der Prüfung parlamentarischer Wahlen.
Eine staats- und verwaltungsrechtliche Studie auf rechtsvergleichenden Grundlagen.
Breslau 1913
(zitiert: v. Csekey, System)

Csekey, Stefan v.

"Ein Beitrag zur Wahlprüfungsorganisation"
in: Blätter für vergleichende Rechtswissenschaft und Volkswirtschaftslehre,
8. Jahrgang, 1912, S. 43-48
(zitiert: v. Ceskey, Blätter für vergleichende Rechtswissenschaft und Volkswirtschaftslehre, 1912)

Cordes, Günter

„Württembergischer Landtag bis 1918"
in: Landeszentrale für politische Bildung Baden-Württemberg (Hrsg.)
Von der Ständeversammlung zum demokratischen Parlament
Die Geschichte der Volksvertretungen in Baden-Württemberg
S. 123-152
Stuttgart 1982
(zitiert: Cordes, Landtag)

Cosack, Konrad

Das Staatsrecht des Großherzogthums Hessen.
(Handbuch des Oeffentlichen Rechts III. I. 4.)
Freiburg i. B. und Leipzig 1894
(zitiert: Cosack, Staatsrecht)

Cser, Andreas

„Badischer Landtag bis 1918"
in: Landeszentrale für politische Bildung Baden-Württemberg (Hrsg.)
Von der Ständeversammlung zum demokratischen Parlament
Die Geschichte der Volksvertretungen in Baden-Württemberg
S. 153-170
Stuttgart 1982
(zitiert: Cser, Landtag)

[Der Tagesspiegel]	„Hessens Landtagswahl bleibt gültig" in: Der Tagesspiegel v. 24. 02. 2001, S. 1 (zitiert: Der Tagesspiegel v. 24. 02. 2001, S. 1)
[Der Tagesspiegel]	„Hessens Wahlprüfer geben auf – Ein Hoch auf die lockere Moral" in: Der Tagesspiegel v. 24. 02. 2001, S. 8 (zitiert: Der Tagesspiegel v. 24. 02. 2001, S. 8)
[Die Welt]	„Hessische Landtagswahl bleibt gültig" in: Die Welt v. 24. 02. 2001, S. 4 (zitiert: Die Welt v. 24. 02. 2001, S. 4)
Drath, Martin	Das Wahlprüfungsrecht bei der Reichstagswahl Diss., Berlin 1927 (zitiert: Drath, Wahlprüfungsrecht)
Dreier, Horst (Hrsg.)	Grundgesetz Kommentar Band II Artikel 20-82 Bearbeiter Art. 41: Martin Morlok Tübingen 1998 (zitiert: Dreier, GG II, Art. 41)
Ehrle, Peter Michael	Volksvertretung im Vormärz. Studien zur Zusammensetzung, Wahl und Funktion der deutschen Landtage im Spannungsfeld zwischen monarchischem Prinzip und ständischer Repräsentation Teil 1 Diss., Frankfurt a. M. 1979 (zitiert: Ehrle, Volksvertretung I)
Ehrle, Peter Michael	Volksvertretung im Vormärz. Studien zur Zusammensetzung, Wahl und Funktion der deutschen Landtage im Spannungsfeld zwischen monarchischem Prinzip und ständischer Repräsentation Teil 2 Diss., Frankfurt a. M. 1979 (zitiert: Ehrle, Volksvertretung II)

Fehrenbach, Elisabeth	„Bürokratische Reform und gesellschaftlicher Wandel-Die badische Verfassung von 1818“ in: Bräunche, Ernst Otto/Schnabel, Thomas (Hrsg.) Die Badische Verfassung von 1818 Südwestdeutschland auf dem Weg zur Demokratie S. 13-50 Ubstadt-Weiher 1996 (zitiert: Fehrenbach, Reform)
Fleck, Peter	„Die Verfassung des Großherzogtums Hessen 1820-1918“ in: Heidenreich, Bernd/ Böhme, Klaus (Hrsg.) Hessen-Verfassung und Politik (Schriften zur politischen Landeskunde Hessens; Bd. 4) S. 86-107 Stuttgart, Berlin, Köln 1997 (zitiert: Fleck, Verfassung)
[FAZ]	„Verfahren zur Prüfung der hessischen Landtagswahl eingestellt“ in: FAZ v. 24. 02. 2001, S. 1 (zitiert: FAZ v. 24. 02. 2001, S. 1 f.)
[FAZ]	„Instrumentalisiert“ in: FAZ v. 24. 02. 2001, S. 1 (zitiert: FAZ v. 24. 02. 2001, S. 1)
Franz, Eckhart G./Fleck, Peter	Der Landtag des Großherzogtums Hessen 1820-1848. Reden aus den parlamentarischen Reform-Debatten des Vormärz (Vorgeschichte und Geschichte des Parlamentarismus in Hessen, Bd. 18) Darmstadt 1998 (zitiert: Franz/Fleck, Landtag)
Franz, Eckhart G./ Murk, Karl (Hrsg.)	Verfassungen in Hessen 1807-1946 Verfassungstexte der Staaten des 19. Jahrhunderts, des Volksstaats und des heutigen Bundeslandes Hessen (Arbeiten der Hessischen Historischen Kommission, Neue Folge Band 13) Darmstadt 1998 (zitiert: Franz/ Murk, Verfassungen)

Fricker, Carl Victor/ Geßler, Theodor v.	Geschichte der Verfassung Württembergs. Zur Feier des fünfzigjährigen Bestehens der Verfassungsurkunde vom 25. September 1819. Stuttgart 1869 (zitiert: Fricker/v. Geßler, Geschichte)
Funk, Werner	Die Verfassungsfrage im Spiegel der Augsburger „Allgemeinen Zeitung“ von 1818-1848 Berlin 1977 (zitiert: Funk, Verfassungsfrage)
Gaupp, Ludwig	Das Staatsrecht des Königreichs Württemberg (Handbuch des Oeffentlichen Rechts. Dritter Band. Erster Halbband. Zweite Abtheilung.) Freiburg i.B., Tübingen 1884 (zitiert: Gaupp, Staatsrecht)
Gerber, Carl Friedrich v.	Grundzüge des deutschen Staatsrechts Neudruck der 3. Auflage Leipzig 1880 Aalen 1969 (zitiert: v. Gerber, Grundzüge)
Gerlich, Alois (Hrsg.)	Mittelrhein und Hessen Nachgelassene Studien von Heinrich Büttner Stuttgart 1989 (zitiert: Gerlich, Mittelrhein)
Gerner, Joachim	Vorgeschichte und Entstehung der württembergischen Verfassung im Spiegel der Quellen (1815-1819) (Veröffentlichungen der Kommission für geschichtliche Landeskunde in Baden-Württemberg, Reihe B, 114. Band) Stuttgart 1989 (zitiert: Gerner, Vorgeschichte)
Glockner, Karl	Badisches Verfassungsrecht Karlsruhe 1905 (zitiert: Glockner, Verfassungsrecht).
Göz, Karl	Das Staatsrecht des Königreichs Württemberg. (Das öffentliche Recht der Gegenwart, Band II.) Tübingen 1908 (zitiert: Göz, Staatsrecht)

Göz, Karl	Die Verfassungsurkunde für das Königreich Württemberg. Tübingen 1906 (zitiert: Göz, Verfassungsurkunde)
Goldschmit, Robert	Geschichte der Badischen Verfassungsurkunde 1818-1918 Karlsruhe i. B. 1918 (zitiert: Goldschmit, Geschichte)
Greeve, Joachim Christoph	Die Wahlprüfung unter besonderer Berücksichtigung der Wahl zum Bundestag der Bundesrepublik Deutschland Diss., Hamburg 1953 (zitiert: Greeve, Wahlprüfung)
Grothe, Ewald	„Konstitutionalismus in Hessen vor 1848- Der hessische Weg zum Verfassungsstaat im Vormärz“ in: Hessische Landeszentrale für Politische Bildung (Hrsg.) Recht und Verfassung in Hessen -Vom Reichskammergericht zur Landesverfassung- S. 48-60 Wiesbaden 1995 (zitiert: Grothe, Konstitutionalismus)
Grube, Walter	Der Stuttgarter Landtag 1457-1957 Von den Landständen zum demokratischen Parlament Stuttgart 1957 (zitiert: Grube, Landtag)
Haering, Johannes	„Württemberg unter dem Einfluß der Julirevolution“ in: Zeitschrift für württembergischeLandesgeschichte 1937, S. 446-454 (zitiert: Haering, Zeitschrift für württembergische Landesgeschichte 1937)
Hatschek, Julius	Das Parlamentsrecht des Deutschen Reiches Erster Teil Berlin, Leipzig 1915 (zitiert: Hatschek, Parlamentsrecht I)

Hatschek, Julius — Englisches Staatsrecht mit Berücksichtigung der für Schottland und Irland geltenden Sonderheiten
I. Band: Die Verfassung
Tübingen 1905
(zitiert: Hatschek, Staatsrecht)

Heinen, Guido — „Koch bleibt Hessens Wahl“
in: Die Welt v. 24. 02. 2001, S. 8
(zitiert: Heinen, Die Welt v. 24. 02. 2001)

Heyl, Arnulf v. — Wahlfreiheit und Wahlprüfung
Berlin 1975
(zitiert: v. Heyl, Wahlfreiheit)

Hintze, Kurt — Die Wahlprüfung nach der alten und der neuen deutschen Reichsverfassung.
Diss., Jena 1924
(zitiert: Hintze, Wahlprüfung)

Hörner, Manfred — Die Wahlen zur badischen zweiten Kammer im Vormärz (1819-1847)
(Schriftenreihe der historischen Kommission bei der bayerischen Akademie der Wissenschaften, Band 29)
Göttingen 1987
(zitiert: Hörner, Wahlen)

Huber, Ernst Rudolf — Deutsche Verfassungsgeschichte seit 1789
Band I: Reform und Restauration 1789 bis 1830
Durchgesehener Nachdruck der zweiten, verbesserten Auflage
Stuttgart, Berlin, Köln 1990
(zitiert: Huber, Verfassungsgeschichte I)

Huber, Ernst Rudolf — Deutsche Verfassungsgeschichte seit 1789
Band II: Der Kampf um Einheit und Freiheit 1830 bis 1850
Zweite, verbesserte Auflage
Stuttgart, Berlin, Köln 1967
(zitiert: Huber, Verfassungsgeschichte II)

Husemann, Ralf — „Die hessische Landtagswahl bleibt gültig“
in: SZ v. 24./25. 02. 2001, S. 1
(zitiert: Husemann, SZ v. 24./25. 02. 2001)

Jaques, Heinrich — Die Wahlprüfung in den modernen Staaten und ein Wahlprüfungsgerichtshof für Österreich.
Eine staatsrechtliche Abhandlung.
Wien 1885
(zitiert: Jaques, Wahlprüfung)

Jellinek, Georg — Ein Verfassungsgerichtshof für Österreich.
Wien 1885
(zitiert: Jellinek, Verfassungsgerichtshof)

Jellinek, Georg — „Gutachten des Herrn Professor Dr. Georg Jellinek in Wien über die Frage: Empfiehlt es sich, die Prüfung der Wahlen für gesetzgebende Körperschaften als eine richterliche Thätigkeit anzuerkennen und deshalb der Rechtsprechung eines unabhängigen Wahlprüfungsgerichtshofes zu unterstellen?“
In: Verhandlungen des Neunzehnten Deutschen Juristentages.
Erster Band.
Berlin, Leipzig 1888
(zitiert: Jellinek, Verh. des 19. DJT)

Karpenstein, Peter — Die Wahlprüfung und ihre verfassungsrechtlichen Grundlagen
Diss., Mainz 1962
(zitiert: Karpenstein, Wahlprüfung)

Kind, Albrecht — Die Prüfung der Reichstagswahlen durch den Wahlprüfungsgerichtshof (Artikel 31 der deutschen Reichsverfassung v. 11. August 1919) unter Berücksichtigung der früheren Wahlprüfung in Deutschland.
Diss., Gießen 1922
(zitiert: Kind, Prüfung)

Kissel, Waldemar — Die geschichtliche Entwicklung des hessischen Landtagswahlrechts.
Mainz 1911
(zitiert: Kissel, Entwicklung)

Kluge, Konrad Gerhard — Die Wahlanfechtung im geltenden Recht des Reichs, der deutschen Länder, Danzigs, Österreichs und der Schweiz und unter besonderer Berücksichtigung der Rechtsprechung des Wahlprüfungsgerichts beim Reichstag.
Diss., Zwickau 1933
(zitiert: Kluge, Wahlanfechtung)

Kretschmer, Gerald — „§ 13 Wahlprüfung"
in: Schneider, Hans-Peter/Zeh, Wolfgang (Hrsg.)
Parlamentsrecht und Parlamentspraxis
S. 441-465
Berlin, New York 1989
(zitiert: Kretschmer, Wahlprüfung)

Kühne, Jörg-Detlef — „§ 2 Volksvertretungen im monarchischen Konstitutionalismus (1814-1918)"
in: Schneider, Hans-Peter/Zeh, Wolfgang (Hrsg.)
Parlamentsrecht und Parlamentspraxis
Berlin, New York 1989
(zitiert: Kühne, Volksvertretungen)

Küpper, Gustav — Die Legitimationsprüfung der Bundesratsbevollmächtigten und der Reichstagsabgeordneten nach bisherigem Reichsstaatsrecht
Diss., Greifswald 1919
(zitiert: Küpper, Legitimationsprüfung)

Kutzner, Willy — Die Prüfung der Gültigkeit von Wahlen unter Berücksichtigung der Reichsverfassung vom 11. August 1919 und der Verfassungen der deutschen Länder.
Diss., Greifswald 1922
(zitiert: Kutzner, Prüfung)

Lang, Heinrich — Subjektiver Rechtsschutz im Wahlprüfungsverfahren
Diss., Berlin 1997
(zitiert: Lang, Rechtsschutz)

Lange, Thomas — Hessen-Darmstadts Beitrag für das heutige Hessen
2., korrigierte Auflage
Wiesbaden 1998
(zitiert: Lange, Hessen-Darmstadt)

Lemke, Klaus | Rechtsfolgen ungültiger Wahlrechtsnormen
Diss., Kiel 1964
(zitiert: Lemke, Rechtsfolgen)

Lenthe, F. L. v. | Ueber das Entscheidungsrecht des Deutschen Reichstages bei der Legitimations-Prüfung seiner Mitglieder
Hannover 1877
(zitiert: v. Lenthe, Entscheidungsrecht)

Leser, Guido | Untersuchungen über das Wahlprüfungsrecht des Deutschen Reichstags.
(Staats- und völkerrechtliche Abhandlungen. Band VII, Heft 2.)
Leipzig 1908
(zitiert: Leser, Untersuchungen)

Meyer, Georg | Das parlamentarische Wahlrecht
Berlin 1901
(zitiert: Meyer, Wahlrecht)

Meyer, Hans | „§ 38 Wahlgrundsätze und Wahlverfahren"
In: Isensee, Josef/Kirchhof, Paul (Hrsg.)
Handbuch des Staatsrechts der Bundesrepublik Deutschland
Band II
Demokratische Willensbildung – Die Staatsorgane des Bundes
S. 249-268
Heidelberg 1987
(zitiert: Meyer, Wahlgrundsätze)

Mohl, Robert v. | Lebenserinnerungen
Zweiter Band.
Stuttgart, Leipzig 1902
(zitiert: v. Mohl, Lebenserinnerungen)

Molitor, Hugo | „Zur juristischen Natur des Verfahrens bei Prüfung parlamentarischer Mandate.
Ein Beitrag und eine Entgegnung."
In: AöR (34) 1915, S. 245-286
(zitiert: Molitor, AöR 1915)

Müller, Adolf	Die Entstehung der hessischen Verfassung von 1820 (Quellen und Forschungen zur hessischen Geschichte, XIII) Darmstadt 1931 (zitiert: Müller, Entstehung)
Müller, Leonhard	Badische Landtagsgeschichte. Erster Teil: Der Anfang des landständischen Lebens im Jahre 1819. Berlin 1900 (zitiert: Müller, Landtagsgeschichte I)
Müller, Leonhard	Badische Landtagsgeschichte. Zweiter Teil: 1820-1825 Berlin 1901 (zitiert: Müller, Landtagsgeschichte II)
Münch, Ingo v./ Kunig, Philip (Hrsg.)	Grundgesetz-Kommentar Band 2 (Art. 21 bis Art.69) Bearbeiter Art. 41: Ludger-Anselm Versteyl 3., neubearbeitete Auflage München 1995 (zitiert: v. Münch/Kunig, GG II, Art. 41)
Nolte, Paul	„Zwischen Liberalismus und Revolution-Verfassung und soziale Bewegung in Baden 1830-1848/49“ in: Bräunche, Ernst Otto/ Schnabel, Thomas (Hrsg.) Die Badische Verfassung von 1818 Südwestdeutschland auf dem Weg zur Demokratie S. 25-50 Ubstadt-Weiher 1996 (zitiert: Nolte, Liberalismus)
Olschewski, Bernd-Dietrich	Wahlprüfung und subjektiver Wahlrechtsschutz. Nach Bundesrecht unter Berücksichtigung der Landesrechte. Berlin 1970 (zitiert: Olschewski, Wahlprüfung)
Prantl, Heribert	„Keine Klarheit, keine Wahrheit, keine Folgen – Das Wahlprüfungsgericht in Hessen bringt die Sache entnervt, klamm und heimlich zu Ende“ In: SZ v. 24./25. 02. 2001, S. 4 (zitiert: Prantl, SZ v. 24./25. 02. 2001)

Press, Volker — "Der württembergische Landtag im Zeitalter des Umbruchs 1770-1830"
in:Zeitschrift für württembergische Landesgeschichte
42. Jahrgang, 1983
S. 255-281
(zitiert: Press, Zeitschrift für württembergische Landesgeschichte 1983)

Rosinski, Adolf — Das Recht des Reichstags zur Ungiltigkeitserklärung der Wahlen seiner Mitglieder und die Notwendigkeit der Erneuerung der Wählerlisten.
Eine Interpretation des § 34 des Wahlreglements zum deutschen Reichstag.
Berlin 1897
(zitiert: Rosinski, Recht)

Roth, Adolf/Thorbecke, Paul — Die badischen Landstände insbesondere die Zweite Kammer
Landtagshandbuch
Karlsruhe 1907
(zitiert: Roth/Thorbecke, Landtagshandbuch)

Roth, Adolf — Geschäfts-Ordnung für die Zweite Kammer der Landstände des Großherzogtums Baden.
Im amtlichen Auftrage mit Anmerkungen und Register versehen.
Ergänzungsband zum Landtagshandbuch von Roth und Thorbecke.
Karlsruhe 1913
(zitiert: Roth, Geschäfts-Ordnung)

Rotteck, Karl v. — Über Landstände und Volksvertretungen
Texte zur Verfassungsdiskussion im Vormärz
Herausgegeben und mit einem Anhang versehen von Rainer Schöttle
1. Auflage
Freiburg, Berlin, München 1997
(zitiert: v. Rotteck, Landstände)

Ruckstuhl, Karl	Der badische Liberalismus und die Verfassungskämpfe 1841/43 (Abhandlungen zur Mittleren und Neueren Geschichte, Heft 29) Berlin, Leipzig 1911 (zitiert: Ruckstuhl, Liberalismus)
Ruszoly, Jósef	„Zur Institutionengeschichte der parlamentarischen Wahlprüfung in Europa“ In: Der Staat (21) 1982, S. 203-229 (zitiert: Ruszoly, Der Staat 1982)
Sachs, Michael (Hrsg.)	Grundgesetz Kommentar Bearbeiter Art. 41: Siegfried Magiera 2. Auflage München 1999 (zitiert: Sachs, GG, Art. 41)
Sarwey, Ernst Otto Claudius v.	Das Staatsrecht des Königreichs Württemberg Zweiter Band. Tübingen 1883 (zitiert: Sarwey, Staatsrecht)
Schiller, Klaus	Das sachliche Wahlprüfungsrecht und seine Randgebiete bezogen auf Bundesrecht und nordrhein-westfälisches Landesrecht Diss., Bonn 1958 (zitiert: Schiller, Wahlprüfungsrecht)
Schindler, Peter	Datenhandbuch zur Geschichte des Deutschen Bundestages 1949 bis 1999 Gesamtausgabe in drei Bänden Band I: Kapitel 1-6 Baden-Baden 1999 (zitiert: Schindler, Datenhandbuch)
Schmidt Lunau, Christoph	„Im Einklang mit den guten Sitten - Allem Widerstand zum Trotz - die hessischen Prüfer erklären die Landtagswahl von 1999 für gültig“ in: Der Tagesspiegel v. 24. 02. 2001, S. 4 (zitiert: Schmidt Lunau, Der Tagesspiegel v. 24. 02. 2001)

Schmitt, Eberhard — Repräsentation und Revolution
Eine Untersuchung zur Genesis der kontinentalen Theorie und Praxis parlamentarischer Repräsentation aus der Herrschaftspraxis des Ancien régime in Frankreich (1760-1789)
München 1969
(zitiert: Schmitt, Repräsentation)

Schmitt, Werner — Der Verlust des Abgeordnetenmandates in den politischen Volksvertretungen der Bundesrepublik Deutschland
Diss., Göttingen 1955
(zitiert: Schmitt, Verlust)

Schmitt-Vockenhausen, Herman — Die Wahlprüfung in Bund und Ländern unter Einbeziehung Österreichs und der Schweiz
Ein Beitrag zum Wesen der parlamentarischen Demokratie
Diss., Berlin 1968
(zitiert: Schmitt-Vockenhausen, Wahlprüfung)

Schulze, Hermann — Einleitung in das deutsche Staatsrecht mit besonderer Berücksichtigung der Krisis des Jahres 1866 und der Gründung des Norddeutschen Bundes.
Neue Ausgabe
Leipzig 1867
(zitiert: Schulze, Einleitung)

Seydel, Max v. — „Parlamentarische oder richterliche Legitimationsprüfung."
in: Seydel, Max v.
Staatsrechtliche und politische Abhandlungen.
S. 192-223
Freiburg i. B., Leipzig 1893
(zitiert: v. Seydel, Legitimationsprüfung)

Stauber v. Stäfa, Heinrich — Das englische System der Prüfung angefochtener Unterhauswahlen durch das Gericht.
Unter Berücksichtigung der Entscheidung bestrittener parlamentarischer Wahlen in andern modernen Staaten.
Diss., Zürich, 1928
(zitiert: Stauber v. Stäfa, System)

Stern, Klaus — Das Staatsrecht der Bundesrepublik Deutschland
Band V
Die geschichtlichen Grundlagen des deutschen Staatsrechts.
Die Verfassungsentwicklung vom Alten Deutschen Reich zur wiedervereinigten Bundesrepublik Deutschland.
München 2000
(zitiert: Stern, Staatsrecht V)

Treitschke, Heinrich v. — Deutsche Geschichte im Neunzehnten Jahrhundert
Zweiter Teil - Bis zu den Karlsbader Beschlüssen
Leipzig 1927
(zitiert: v. Treitschke, Geschichte II)

Treitschke, Heinrich v. — Deutsche Geschichte im Neunzehnten Jahrhundert
Fünfter Teil - Bis zur März-Revolution
Leipzig 1927
(zitiert: v. Treitschke, Geschichte V)

Usée, Kurt — Der Einfluß der französischen Verfassungen auf die deutschen Verfassungsurkunden der Jahre 1806-1820
Greifswald 1910
(zitiert: Usée, Einfluß)

Wahl, Rainer — „§ 1 Die Entwicklung des deutschen Verfassungsstaates bis 1866“
in: Isensee, Josef/Kirchhof, Paul (Hrsg.)
Handbuch des Staatsrechts der Bundesrepublik Deutschland
Band I
Grundlagen von Staat und Verfassung
Heidelberg 1987
(zitiert: Wahl, Entwicklung)

Walz, Ernst — Das Staatsrecht des Großherzogtums Baden
(Das öffentliche Recht der Gegenwart, Band V.)
Tübingen 1909
(zitiert: Walz, Staatsrecht)

Walz, Ernst — „Ueber die Prüfung der parlamentarischen Wahlen.“ in: Zeitschrift für Badische Verwaltung und Verwaltungsrechtspflege, 34. Jahrgang, 1902
S. 125-192
(zitiert: Walz, Prüfung)

Weech, Friedrich v. — Geschichte der Badischen Verfassung nach amtlichen Quellen.
Karlsruhe 1868
(zitiert: v. Weech, Geschichte)

Weis, Eberhard — „Kontinuität und Diskontinuität zwischen den Ständen des 18. Jahrhunderts und den frühkonstitutionellen Parlamenten von 1818/1819 in Bayern und Württemberg“
in: Fried, Pankraz/Ziegler, Walter (Hrsg.)
Festschrift für Andreas Kraus zum 60. Geburtstag
S. 337-355
Kallmünz 1982
(zitiert: Weis, Kontinuität)

Wohlfahrt, Theodor — Das formelle Recht der Wahl- und Abstimmungsprüfung
Diss., Würzburg 1933
(zitiert: Wohlfahrt, Recht)

A. Einleitung

Die Wahlprüfung führte sowohl in den letzten Jahren in der politischen Praxis[1] als auch in der rechtswissenschaftlichen Lehre[2] ein „Schatten-Dasein". Dies war zum einen der Fall, da es so schien, daß die Wahlprüfung in der politischen Praxis nicht mehr von Bedeutung sei. Zum anderen glaubte man, dieser Bereich sei unter rechtlichen und rechtsgeschichtlichen Gesichtspunkten bereits gänzlich erforscht. Beides war hingegen ein Trugschluß. Dies wurde durch die hessische Landtagswahl v. 7. Februar 1999 offensichtlich. Zunächst wurde diese Wahl im normalen Geschäftsgang durch das mit drei Landtagsabgeordneten und den beiden ranghöchsten hessischen Richtern besetzte Wahlprüfungsgericht[3] durch Urteil v. 1. Juli 1999[4] für gültig erklärt. Bei seiner damaligen Entscheidung war dem Wahlprüfungsgericht bekannt, daß eine CDU-Unterschriftenaktion zur „doppelten Staatsbürgerschaft" während des Wahlkampfs stattgefunden hatte, und daß diese nach veröffentlichten Umfrageergebnissen entscheidenden Einfluß auf das Wahlergebnis gehabt haben soll. Jedoch war dem Wahlprüfungsgericht seinerzeit nicht bekannt, daß die CDU zur Finanzierung des Wahlkampfs Geldmittel aus geheimen Auslandskonten (sog. „Schwarzgeldaffäre") verwendet hatte, und daß diese entgegen den Bestimmungen des Parteiengesetzes nicht in dem jährlich zu erstattenden Rechenschaftsbericht an den Präsidenten des Deutschen Bundestages aufgeführt waren. Aufgrund dieser Tatsachen hatte das Wahlprüfungsgericht am 3. März 2000 die Wiederaufnahme des Wahlprüfungsverfahrens beschlossen, da es den Einsatz dieses verschleierten Vermögens zur Mitfinanzierung des Wahlkampfs für sittenwidrig hielt. Ferner fand es Anhaltspunkte, daß durch diese sittenwidrigen Handlungen das Ergebnis der Landtagswahl mandatsrelevant beeinflußt worden sein könnte. Die Wiesbadener Landesregierung hatte jedoch vor dem Hintergrund der erneuten Wahlprüfung einen Normenkontrollantrag nach Art. 93 I Nr. 2 GG gestellt.[5]

---

[1] Vgl. hierzu die Statistik in: Schindler, Datenhandbuch, S. 298 f..

[2] Im Jahr 1997 wurde zwar eine Abhandlung von Lang, Rechtsschutz, verfasst, welche sich aber ausschließlich mit der Problematik des subjektiven Rechtsschutzes im Wahlprüfungsverfahren beschäftigte. Hiervor erfolgte die letzte Abhandlung im Jahr 1975, v. Heyl, Wahlfreiheit.

[3] Interessanter Weise entsprach die Bestimmung des vor dem Grundgesetz entstandenen Art. 78 der HV v. 1. Dezember 1946 gerade in Bezug auf das Wahlprüfungsgericht dem Art. 31 der Weimarer Reichsverfassung v. 11. August 1919. Art. 78 lautet:

„*Die Gültigkeit der Wahlen prüft ein beim Landtage gebildetes Wahlprüfungsgericht. Es entscheidet auch über die Frage, ob ein Abgeordneter seinen Sitz verloren hat.*

Im Falle der Erheblichkeit für den Ausgang der Wahl machen eine Wahl ungültig: Unregelmäßigkeiten im Wahlverfahren und strafbare oder gegen die guten Sitten verstoßende Handlungen, die das Wahlergebnis beeinflussen.

Das Wahlprüfungsgericht besteht aus den beiden höchsten Richtern des Landes und drei vom Landtag für seine Wahlperiode gewählten Abgeordneten.

Das Nähere wird durch das Gesetz geregelt.".

[4] Dieses Urteil ist abgedruckt im: Staatsanzeiger für das Land Hessen 1999, S. 2350-2355.

[5] Die Landesregierung begründete die Klage mit der Auffassung, daß das hessische Wahlprüfungsverfahren nicht mit dem Grundgesetz vereinbar sei. Das Wahlprüfungsgericht würde laut Landesverfassung eine endgültige Entscheidung treffen, die, obwohl dieser Prüfungsinstanz die Eigenschaft eines echten Gerichts fehle, gerichtlich nicht mehr angefochten werden

In dem Rechtsstreit ging es damit gerade auch um die Frage, wann der Art. 78 II HV, wonach „*gegen die guten Sitten verstoßende Handlungen*" eine Wahl ungültig machen können, anzuwenden sei. Das Bundesverfassungsgericht bejahte zwar in seinem Urteil v. 8. Februar 2001[6] die grundsätzliche Vereinbarkeit des Art. 78 HV mit dem Grundgesetz, stellte aber heraus, daß diese Wendung restriktiv und unter den Bedingungen des Wahlwettbewerbes auszulegen sei. Eine sittenwidrige Wahlbeeinflussung setzte demnach voraus, „*daß in erheblicher Weise gegen die Grundsätze der Freiheit oder der Gleichheit der Wahl verstoßen wurde.*".[7] Die Ungültigkeitserklärung einer gesamten Wahl setze daher „*einen erheblichen Wahlfehler von solchem Gewicht voraus, daß ein Fortbestand der in dieser Weise gewählten Volksvertretung unerträglich*" erscheine.[8] Nach dieser verbindlichen Festlegung durch das Bundesverfassungsgericht stellte das hessische Wahlprüfungsgericht am 23. Februar 2001 das wieder aufgenommene Wahlprüfungsverfahren ein. In der Begründung hierzu hieß es, daß nach dem Urteil des Bundesverfassungsgerichts zur Überzeugung des Wahlprüfungsgerichts feststand, daß die genannte Finanzierung nicht als mandatsrelevanter Wahlfehler im Sinne des Art. 78 II HV angesehen werden konnte.[9] Das gesamte Verfahren, welches ein großes mediales Echo fand[10], wurde auch bis zum Ende von heftigen parteipolitischen Auseinandersetzungen begleitet[11]. Diese Landtagswahl zeigte in besonderer Deutlichkeit, daß das Institut der Wahlprüfung weder an rechtlicher noch an macht-politischer Bedeutung verloren hatte.

Betrachtete man jedoch insbesondere vor diesem Hintergrund unter rechtsgeschichtlichen Gesichtspunkten den Stand der Forschung, so ergab sich für den Gegenstand der vorliegenden Arbeit ein ernüchterndes Bild. Denn der Gegenstand der Wahlprüfung der Volksvertretungen im Frühkonstitutionalismus wurde fast vollständig außer acht gelassen. So schrieb Braunias[12], obwohl das Wahlprüfungsrecht zum erstenmal mit der badischen Verfassung v. 22. August 1818 auf deutschem Boden eingeführt wurde, daß dieses Recht in Deutschland zuerst in der Paulskirchenverfassung aufgenommen wur-

---

könne. Außerdem hielt die Landesregierung den in der Verfassung erwähnten ihrer Ansicht zu vagen Begriff der Sittenwidrigkeit für verfassungsrechtlich ungeeignet, um darauf die Ungültigkeitserklärung einer Landtagswahl zu stützen.

[6] BVerfGE 103, Nr. 7, S. 111-142.

[7] BVerfGE 103, Nr. 7, S. 111, 125 f..

[8] BVerfGE 103, Nr. 7, S. 111, 134.

[9] Gerade der Beschuß des Wahlprüfungsgerichts beim Hessischen Landtag v. 23. Februar 2001 (Az.: 104/2-199), S. 1-22 gibt den genauen Ablauf des gesamten Prüfungsverfahrens wieder.

[10] Vgl. allein für den Tag nach dem Einstellungsbeschluß des Wahlprüfungsverfahrens die vielfältigen Artikel und Kommentierungen: Bartsch, FR v. 24. 02. 2001, S. 1; Börnecke, FR v. 24. 02. 2001, S. 32; Bommarius, BZ v. 24. 02. 2001, S. 4; Brandt, BZ v. 24. 02. 2001, S. 1, 5; Heinen, Die Welt v. 24. 02. 2001, S. 8; Die Welt v. 24. 02. 2001, S. 4; Husemann, SZ v. 24./25. 02. 2001, S. 1; Prantl, SZ v. 24./25. 02. 2001, S. 4; Schmidt Lunau, Der Tagesspiegel v. 24. 02. 2001, S. 4; Der Tagesspiegel v. 24. 02. 2001, S. 1, 8; FAZ v. 24. 02. 2001, S. 1 f., 2.

[11] Schmidt Lunau, Der Tagesspiegel v. 24. 02. 2001, S. 4.

[12] Braunias, Wahlrecht II, S. 285.

de. Diese verbreitete Auffassung spiegelte sich ebenfalls in den Kommentierungen zu Art. 41 GG wieder. In bezug auf die historischen Vorläufer der Regelung des Grundgesetzes wurde lediglich auf die Paulskirchenverfassung, die Reichsverfassung v. 1871 und auf die Weimarer Verfassung verwiesen.[13] Dies mag daran liegen, daß zu diesem Bereich bisher noch keine einschlägige Untersuchung erfolgt ist. Selbst die zeitgenössische staatsrechtliche Wissenschaft widmete der Wahlprüfung kaum Aufmerksamkeit. Die Lehrbücher, die sich mit dem „allgemeinen" deutschen Staatsrecht beschäftigten, gingen nur in auffallend kurzer Form auf die Wahlprüfungen ein und begnügten sich mit einer allgemeingültigen Beschreibung der Wahlprüfungstätigkeit.[14] Die landesspezifischen staatsrechtlichen Lehrbücher enthielten meist nur die Wiedergabe des entsprechenden Verfassungstextes.[15] Eine Ausnahme in der zeitgenössischen Staatsrechtswissenschaft bildete v. Mohls Abhandlung „*Ueber die Untersuchung bestrittener Wahlen durch die Abgeordneten-Kammern selbst*" aus dem Jahre 1847[16]. Jedoch stellte auch diese keine umfassende Darstellung dar. Vielmehr beschäftigte er sich nur mit einer einzigen Thematik des Wahlprüfungssystems, nämlich mit dem fehlenden Enquêterecht der Kammern im Rahmen der Wahlprüfung.
Erst mit der Reichsgründung von 1871 fand das Institut der Wahlprüfung in der staats- und verfassungsrechtlichen Wissenschaft Beachtung. Insbesondere in der Zeit von 1871 bis zum Ende des Kaiserreichs entstanden einige Abhandlungen zum Gebiet der Wahlprüfungen.[17] Diese Abhandlungen befaßten sich aber neben der Ausgestaltung des Wahlprüfungsrechts auf Reichsebene fast ausschließlich mit der Problematik der Wahlprüfungsinstanz. Zentrale Frage war, ob die Kompetenz zur Wahlprüfung, wie nach Art. 27 S. 1 der Reichsverfassung v. 16. April 1871[18] vorgesehen, dem Reichstag oder einem unabhängigen Wahlprüfungsgerichtshof übertragen werden sollte.[19] Her-

---

[13] Vgl. Sachs, GG, Art. 41, Historische Verfassungstexte; v. Münch/Kunig, GG II, Art. 41, S. 675. Eine Ausnahme hiervon stellte lediglich die Kommentierung in Dreier, GG II, Art. 41, Rn. 2 dar, in der wenigstens erwähnt wurde, daß auch die frühkonstitutionellen Verfassungen verschiedenartige Wahlprüfungsregelungen besaßen. Auch Meyer, Wahlgrundsätze, S. 305, verwies darauf, daß das Grundgesetz in Art. 41 II die Wahlprüfung für den Bundestag selbst reklamiert hätte und damit auf älteres Parlamentsrecht zurückgehen würde, wobei er lediglich auf die Reichsverfassung v. 1871 verwies.

[14] Vgl. u. a. v. Campe, Lehre, S. 335 f.; Zoepfl, Grundsätze, S. 330 f..

[15] Vgl. u. a. Weiss, System, S. 475; v. Mohl, Staatsrecht, S. 709, 719; Kuhn, Handbuch, S. 294, 301, 345 f., 353; Scholl, Verständigung, S. 139 f..

[16] v. Mohl, Untersuchung, S. 207-221.

[17] Zu nennen sind: v. Lenthe, Entscheidungsrecht; Rosinski, Recht; Jaques, Wahlprüfung; Molitor, AöR 1915, S. 245-286; Küpper, Legitimationsprüfung; v. Csekey, Blätter für vergleichende Rechtswissenschaft und Volkswirtschaftslehre 1912, S. 43-48; v. Csekey, System; Jellinek, Verfassungsgerichtshof; Jellinek, Verh. des 19. DJT, S. 121-134; Hatschek, Parlamentsrecht I; Leser, Untersuchungen; v. Seydel, Legitimationsprüfung, S. 192-223.

[18] Art. 27 S. 1: „*Der Reichstag prüft die Legitimation seiner Mitglieder und entscheidet darüber.*".

[19] So insbesondere: Jellinek, Verh. des 19. DJT, S. 121-134 und v. Csekey, System. In ihren Abhandlungen kamen sie zu dem Ergebnis, daß die Wahlprüfung einem vom Parlament unabhängigen selbstständigen Gerichtshofe übertragen werden sollte, da das Parlament als ein „*rein nach Parteien gegliederter, auch der nötigen Fachkenntnisse entbehrender Kollegialor-*

vorzuheben ist vor allem Hatscheks Abhandlung zur Wahlprüfung, welche sich als einzige ihrer Zeit des Themas der Wahlprüfung im Frühkonstitutionalismus annahm.[20] In der Weimarer Republik gab es ebenfalls eine Fülle von Abhandlungen zum Bereich der Wahlprüfung.[21] Bei diesen Arbeiten stand das „neue" Reichsrecht mit Art. 31 der Reichsverfassung v. 11. August 1919[22], sowie der Vergleich zu den Wahlprüfungsregelungen des Kaiserreichs im Vordergrund. Die Wahlprüfung im Frühkonstitutionalismus fand lediglich im historischen Rückblick von Kutzner[23] Beachtung. Des weiteren widmete auch Hintze[24] in seinem ersten Kaptitel zur Geschichte des deutschen Wahlprüfungsrechts einen separaten Teil der Entwicklung des Wahlprüfungsrechts bis zur Gründung des norddeutschen Bundes.
Die bundesrepublikanische Staats- und Verfassungswissenschaft, welche sich mit dem Institut der Wahlprüfung beschäftigte, widmete sich ausschließlich dem geltenden Wahlprüfungsrecht des Bundes und der Länder.[25] In den historischen Rückgriffen wurde lediglich auf das Wahlprüfungsrecht im Kaiserreich und in der Weimarer Republik eingegangen. Wurde die Zeit des Frühkonstitutionalismus angeschnitten, so begnügte man sich, wie bei Schmitt-Vockenhausen[26] mit der Zitierung der einschlägigen Wahlprüfungsbestimmungen der badischen und württembergischen Verfassung.
Allen genannten Abhandlungen, welche in äußerst kurzer und bisweilen oberflächlicher Form auf die Wahlprüfung im deutschen Frühkonstitutionalismus eingingen, war

---

ganismus, diese Aufgabe mit den leidenschaftslosen Mitteln der Gerechtigkeit und Unbefangenheit zu erfüllen unfähig ist. Eine solche Körperschaft, die überwiegend de lege ferenda zu beschliessen gewöhnt ist setzt sich in dem Glauben, dass sie das bestehende Recht in ihren Entscheidungen nicht bindet, sehr leicht darüber hinweg." (So v. Csekey, System, S. 18 f.).

[20] Hatschek, Parlamentsrecht I, S. 395-399.

[21] Zu nennen sind: Anders, Wahlprüfung; Kutzner, Prüfung; Kluge, Wahlanfechtung; Kind, Prüfung; Hintze, Wahlprüfung; Wohlfahrt, Recht. Hierbei gab es auch Abhandlungen, die sich ausschließlich mit dem materiellen Wahlprüfungsrecht beschäftigten. So: Drath, Wahlprüfungsrecht, und insbesondere: Ball, Wahlprüfungsrecht; Braunias, Wahlrecht II, S. 283-289.

[22] Art. 31: *„Bei dem Reichstag wird ein Wahlprüfungsgericht gebildet. Es entscheidet auch über die Frage, ob ein Abgeordneter die Mitgliedschaft verloren hat.*
Das Wahlprüfungsgericht besteht aus Mitgliedern des Reichstags, die dieser für die Wahlperiode wählt, und aus Mitgliedern des Reichsverwaltungsgerichts, die der Reichspräsident auf Vorschlag des Präsidiums dieses Gerichts bestellt.
Das Wahlprüfungsgericht erkennt auf Grund öffentlicher mündlicher Verhandlung durch drei Mitglieder des Reichstags und zwei richterliche Mitglieder.
Außerhalb der Verhandlungen vor dem Wahlprüfungsgerichte wird das Verfahren von einem Reichsbeauftragten geführt, den der Reichspräsident ernennt.
Im übrigen wird das Verfahren von dem Wahlprüfungsgerichte geregelt.".

[23] Kutzner, Prüfung, S. 7-9.

[24] Hintze, Wahlprüfung, S. 1-5.

[25] Zu nennen sind: Olschewski, Wahlprüfung; Schmitt-Vockenhausen, Wahlprüfung; v. Heyl, Wahlfreiheit; Karpenstein, Wahlprüfung; Lang, Rechtsschutz; Schiller, Wahlprüfungsrecht; Lemke, Rechtsfolgen; Busse, Wahlfehler; Greeve, Wahlprüfung; Schmitt, Verlust; Kretschmer, Wahlprüfung, S. 441-465.

[26] Schmitt-Vockenhausen, Wahlprüfung, S. 2-9.

gemein, daß sie sich mit der Feststellung begnügten, daß es sich bei der Wahlprüfung durch die Kammern um eine rein formell verifizierende Tätigkeit handelte. Gerade dieses Ergebnis soll am Ende der Arbeit einer kritischen Würdigung unterzogen werden.
Hervorzuheben bleibt jedoch, daß die Wahlprüfung im Frühkonstitutionalismus nicht ganz in der staatsrechtlichen Wissenschaft außen vorgelassen wurde. Ehrle[27] geht in seinem sehr umfangreichen Werk über die Volksvertretungen im Vormärz auch im Rahmen des Wahlverfahrens zumindest knapp - bedingt durch den Umfang seiner Arbeit - auf die Wahlprüfungen ein. Hierbei versucht er einen kurzen Überblick über die Regelungen in den einzelnen deutschen Ländern zu geben.[28] Darüber hinaus sei noch Hörner[29] zu erwähnen, welcher den Wahlbeschwerden und der Wahlprüfung im Großherzogtum Baden in seiner Arbeit einen eigenen Abschnitt widmet.

Diese Lücke in der rechtsgeschichtlichen Forschung ist aus verschieden Gesichtspunkten unverständlich. Daß die Zeit des Frühkonstitutionalismus einer Aufarbeitung bedurfte, ist dadurch bedingt, daß - wie Ruszoly richtig herausstellte - sich das Institut der Wahlprüfung zusammen mit den bürgerlichen Volksvertretungen ausgebildet hatte.[30] Daß die „*moderne*" Wahlprüfung, wie vielfach angeführt, ohne jedoch einen entsprechenden Beleg zu erbringen, ihre Wurzeln im Alten Reich hatte, und daß daher die Wahlprüfung im Frühkonstitutionalismus nur eine Weiterentwicklung darstellte[31], kann nicht angenommen werden. Es zeigt sich in mehrfacher Hinsicht, daß diese Annahme fehlerhaft war. Der Grund liegt darin, daß die Landstände der untersuchten Staaten im Frühkonstitutionalismus keine Weiterentwicklung der Landstände der Territorien des Alten Reiches waren. Dies belegen insbesondere die Ausführungen von v. Rotteck[32]: „*Die heutigen Landstände, nach dem neuen konstitutionellen oder repräsentativen System, haben mit den ehevor bestandenen Landständen, die man gewöhnlich auch Feudalstände heißt, wenig mehr als den Namen gemein. In Natur und Wesenheit sind beide voneinander himmelweit verschieden.*".[33] Besonders augenfällig wird die Fehlerhaftigkeit dieser Annahme bei der Betrachtung der Vollmachtsprüfung der reichsständischen Gesandten sowie der reichsstädtischen Abgeordneten beim

[27] Ehrle, Volksvertretung II, S. 752-757.
[28] Auch Ruszoly, Der Staat 1982, S. 203-229, gibt in seiner Abhandlung die wichtigsten Momente der Geschichte der europäischen Wahlprüfungseinrichtungen wieder, wobei Deutschland eine untergeordnete Rolle spielt.
[29] Hörner, Wahlen, S. 320-333.
[30] Ruszoly, Der Staat 1982, S. 206. In diesem Sinne auch v. Heyl, Wahlfreiheit, S. 47.
[31] In diesem Sinne: Hatschek, Parlamentsrecht I, S. 396, 398 f.; Olschewski, Wahlprüfung, S. 56, 59; so wohl auch Greeve, Wahlprüfung, S. 13 f..
[32] v. Rotteck, Landstände, S. 104.
[33] Desgleichen auch v. Gerber, Grundzüge, S. 126, der davon sprach, daß die Stände der Gegenwart ein neues Institut waren, welche aus dem Boden eines völlig veränderten Staatsrechts hervorgewachsen seien.

Reichstag.[34] Seit der Reichstag 1663 zu Regensburg permanent wurde, erschienen nicht nur der Kaiser, sondern auch die Rechtsstände nicht mehr in Person.[35] Die Reichsstände schickten vielmehr Gesandte.[36] Diese hatten sich durch eine Vollmacht[37] zu legitimieren.[38] Diese Vollmachten wurden von den kurfürstlichen und fürstlichen Gesandten durch einen Legationssekretär, und von den reichsstädtischen Abgeordneten in Person dem Reichsdirektorium vorgelegt.[39] Bevor die Vollmacht nicht übergeben wurde, konnte sich kein Gesandter Sitz- und Stimmrecht anmaßen.[40] Diese Vollmachten wurden allein vom Reichsdirektorium geprüft. Wurden diese für ordnungsgemäß erklärt, so wurden die Direktorien der beiden anderen Reichskollegien, der Fürstenrat und das Städtekollegium benachrichtigt.[41] Daraufhin wurden die vollzogenen Legitimationen in den drei Kollegien in den Protokollen als geschehen angeführt.[42]
Der Reichstag des Alten Reiches stellte damit einen Gesandtenkongreß dar, bei dem Wahlen hierzu nicht stattfanden, so daß von Wahlprüfungen erst gar nicht die Rede sein konnte. Es kann damit nur von der Prüfung ständischer Vollmachten gesprochen werden. Weiterhin stellte die geschilderte Vollmachtsprüfung im Alten Reich sowie in den deutschen Territorien einen reinen Beurkundungsakt dar, der sich lediglich auf die Ausweisung der Persönlichkeiten bezog, die zur Vertretung und Wahrnehmung von bestimmten Rechten beauftragt waren. Wie v. Heyl[43] zu recht bemerkte, stellte sich die

---

[34] Entsprechend der im folgenden geschilderten Weise vollzog sich auch die Prüfung der Vollmachten in den deutschen Territorien bei den Ständeversammlungen. s. Fricker/v. Geßler, Geschichte, S. 181; Moser, Reichs-Stände, S. 1503.

[35] Nach Moser, Reichs-Taegen I, S.162, ließen sich schon im 16. Jahrhundert Beispiele finden, bei denen es erlaubt war - wenn Anfangs auch nur für gewisse Zeit - nur Gesandte zu den Reichstagen zu schicken.

[36] Die Abgesandten der Reichsstädte erhielten nicht den Namen Gesandte, sondern wurden nur Abgeordnete genannt. Gönner, Staatsrecht, S. 247; Moser, Reichs-Taegen I, S.160 f..

[37] Die Vollmachten hatten keine vorgeschriebene Form, sondern jeder Stand konnte sie nach eigenem „Gefallen" abfassen. Moser, Zusäze I, S. 343.

[38] Gönner, Staatsrecht, S.249; Moser, Reichs-Taegen I, S.193.

[39] Gönner, Staatsrecht, S.249; Moser, Reichs-Taegen I, S.198, 202; Häberlin, Handbuch I, S. 530. Ferner überbrachten die Gesandten bei ihrem Empfang durch den Kaiserlichen Prinzipalkommissar diesem ein Beglaubigungsschreiben, welches aber kein notwendiges Merkmal zur Ausweisung ihrer Persönlichkeit war.

[40] Moser, Reichs-Taegen I, S.198.

[41] Eine Benachrichtigung des Direktorium des Kurfürstenkollegs war nicht notwendig, da dieses mit dem Reichsdirektorium identisch war.

[42] Gönner, Staatsrecht, S. 249; Moser, Reichs-Taegen I, S.216; Häberlin, Handbuch I, S. 530. Nachdem die Legitimation erfolgt war, geschah folgendes: „*Die Gesandte, deren beschehene Legitimation also ad Protocollum gegeben worden, erstatten darauf Dank dafür, melden etwas von ihrer Principalen Gesinnungen überhaupt, oder gegen das Collegium ins besondere, und empfehlen sich denen übrigen Gesandten ihres Collegii.*" (Moser, Reichs-Taegen I, S.218). Wenn eine Vollmacht hingegen als mangelhaft eingestuft wurde, wurde der Gesandte, wenn es sich lediglich um „Kleinigkeiten" handelte, zugelassen, bis er eine verbesserte Vollmacht beigebracht hatte. Waren die Mängel jedoch von substantiellem Gewicht, so wurde die Vollmacht erst gar nicht angenommen (Moser, Reichs-Taegen I, S. 204).

[43] v. Heyl, Wahlfreiheit, S. 47.

Frage nach der Rechtmäßigkeit eines erteilten Mandates erst gar nicht. Diese Ausführungen, gerade auch im Zusammenhang mit der nachfolgenden Ausarbeitung, widerlegen die Annahme, daß die Wahlprüfung ihre Wurzeln im Alten Reich hatte.

Ein weiterer Gesichtspunkt, der es unverständlich erscheinen läßt, weshalb die Wahlprüfungen im Frühkonstitutionalismus bisher noch keiner Untersuchung unterzogen wurden, die jedoch notwendig erscheint, ist die Entwicklung des Wahlprüfungsrechts in Frankreich und England. In Frankreich begann die Geschichte der Wahlprüfung mit dem nach der Einberufung der Generalstände am 6. Mai 1789 entbrannten Kampf um die „vérification des pouvoirs"[44]. Welchen Stellenwert die Wahlprüfung gerade für die französische Geschichte besaß, verdeutlicht Braunias[45]. Dieser sah die Frage des Wahlprüfungsrechts als den geschichtlichen Wendepunkt vom ständischen Staat zum modernen Repräsentativstaat an. Charnay[46] betrachtete die Wahlprüfung sogar als juristischen Auslöser dieses „*historischen Unfalls*", d.h. der französischen Revolution.
Auch in England war die Frage des Wahlprüfungsrechts durch langwierige Auseinandersetzungen gekennzeichnet, seit bereits gegen Ende des 16. Jahrhunderts die Unterhausmitglieder das selbstständige Recht geltend machten, die Prüfung der Wahllegitimationen vorzunehmen.[47] Obwohl vor allem die Entwicklung der Wahlprüfung entsprechend ihrer Bedeutung in Frankreich[48] und England[49] eingehenden Untersuchungen unterzogen wurden, wurde die Entwicklung in Deutschland hingegen keiner Würdigung unterzogen.

Die rechtliche und machtpolitische Bedeutung der Wahlprüfung wurde insbesondere am Beispiel der Landtagswahl in Hessen deutlich. Diese Gesichtspunkte galten aber umso mehr, für den in dieser Arbeit behandelten Untersuchungszeitraum, vor dem Hintergrund vielfältiger Auseinandersetzungen zwischen der Volksrepräsentation auf der einen Seite und der monarchischen Gewalt auf der anderen Seite. Wie bedeutsam die Wahlprüfung im Frühkonstitutionalismus war, sollen zwei zeitgenössische Stellungsnahmen verdeutlichen. So schrieb v. Rotteck[50]: „*Ein von der Regierung oder*

---

[44] Die Prüfung der Wahlvollmachten.
[45] Braunias, Wahlrecht II, S. 284.
[46] Charnay, Revue historique de droit francais et étranger 1962, S. 580.
[47] Den Schlußpunkt stellte letztlich die Anerkennung dieses Rechts durch das Oberhaus im Jahre 1789 dar.
[48] Zur Entwicklung des Wahlprüfungsrechts in Frankreich: Charnay, Revue historique de droit francais et étranger 1962, S. 556-589; v. Csekey, System, S. 4 f.; Greeve, Wahlprüfung, S. 11-13; Olschewski, Wahlprüfung, S. 59; Hintze, Wahlprüfung, S. 1 f.; Jaques, Wahlprüfung, S. 17-19; Ruszoly, Der Staat 1982, 207-221; Jellinek, Verh. des 19. DJT, S. 128-130; Schmitt, Repräsentation, S. 234 ff.; Hatschek, Parlamentsrecht I, S. 399-419.
[49] Zur Entwicklung des Wahlprüfungsrechts in England: Stauber v. Stäfa, System; v. Csekey, System, S. 12-14; Kutzner, Prüfung, S. 36-38; Greeve, Wahlprüfung, S. 8-11; Hintze, Wahlprüfung, S. 5-8; Leser. Untersuchungen; S. 103-108; Jaques, Wahlprüfung, S. 27-32; Ruszoly, Der Staat 1982, S. 207-221; Jellinek, Verh. des 19. DJT, S. 123-125; Hatschek, Staatsrecht, S. 297 ff.; Hatschek, Parlamentsrecht I, S. 420-448.
[50] v. Rotteck, Landstände, S. 131.

auch nur unter dem Einfluß derselben gebildeter Landtag ist eine Aufhebung, ja eine Verhöhnung alles vernünftigen Begriffs von Volksrepräsentation und somit des heiligsten Volksrechts.". Auch das Mitglied der zweiten Kammer des Großherzogtums Hessen, der Abg. Trommler, sprach davon, daß das Recht der Wahlprüfung „*die Unabhängigkeit und Selbstständigkeit, mithin die Existenz der Kammer*" bedingen würde.[51]

Die vorliegende Arbeit beschäftigt sich aus diesen Gründen ausschließlich mit der Wahlprüfung der Volksvertretungen im Frühkonstitutionalismus[52]. Für die Untersuchung schied naturgemäß die Wahlprüfung in den jeweiligen ersten Kammern aus. Dies ist dadurch begründet, daß diese Kammern nicht aus Wahlen hervorgingen, sondern sie nur aus Mitgliedern kraft Geburt, kraft Amtes und kraft landesherrlicher Ernennung bestanden.[53]

Wie auch in der Prüfungspraxis und in der zeitgenössischen staatsrechtlichen Lehre[54] werden in der vorliegenden Arbeit die Begrifflichkeiten Wahlprüfung und Legitimationsprüfung gleich bedeutend verwendet. Die Wahlprüfung/Legitimationsprüfung erfaßte als Oberbegriff sowohl die Prüfung der Gültigkeit der Wahl als auch die Entscheidung über den nachträglichen Verlust des Mandats. Zu einer begrifflichen Differenzierung kam es erstmals im Jahre 1908 durch Leser.[55]
Die Untersuchung konzentriert sich dabei auf das Großherzogtum Baden, das Königreich Württemberg und das Großherzogtum Hessen. So wünschenswert auch eine um-

---

[51] Verh. Hessen 1834, 1. Prot.-Bd., 18. Prot. v. 7. Juni 1834, S. 26 f..

[52] Der verfassungsrechtliche Begriff des Frühkonstitutionalismus ist zum Teil auf die Zeit bis 1830 beschränkt worden, schließt aber überwiegend noch den Julikonstitutionalismus bis 1847 ein, und ist auch bis 1866 ausgedehnt worden (vgl. Kühne, Volksvertretungen, S. 53 mit FN). In dieser Arbeit soll der Frühkonstitutionalismus i.w.S., d.h. bis 1866, verstanden werden.

[53] Vgl. für das Königreich Württemberg § 129 der Verfassungsurkunde v. 25. September 1819 und für das Großherzogtum Hessen Art. 52 der Verfassungsurkunde v. 17. Dezember 1820. Dies galt auch im gleichem Maße für das Großherzogtum Baden, jedoch bestand nach der Verfassung die Besonderheit darin, daß der „*grundherrliche Adel*" acht Abg. in die erste Kammer zu wählen hatte, vgl. §§ 27, 29 der Verfassungsurkunde v. 22. August 1818. Bereits v. Mohl, Untersuchung, S. 207, sah die Wahlprüfung in den ersten Kammern lediglich als „*Formsache*" an.

[54] Vgl. u.a. Zoepfel, Grundsätze, S. 330 f., v. Campe, Lehre, S. 336.

[55] Leser, Untersuchungen, S. 13 f., differenzierte zum einen zwischen der „*Wahlprüfung*" und zum anderen der „*Legitimationsprüfung im engeren Sinne*", und faßte beides unter dem Oberbegriff „*Legitimationsprüfung*" zusammen. Unter erstgenannter verstand er die Prüfung beim Eintritt des Abg. ins Parlament. Unter letztgenannter verstand er die Prüfung, die erfolgte, nachdem der Abg. bereits seinen Sitz im Parlament zu Recht eingenommenen hatte, und sich mit der Frage beschäftigte, ob diejenigen Voraussetzungen in der Person des Abg. eingetreten sind, welche den Verlust seiner Organstellung bewirken. Hierauf folgte ihm im Jahre 1922 Anders, Wahlprüfung, S. 32, der folgende terminologische Differenzierung vorschlug. Oberbegriff war bei ihm „*Prüfung der Mitgliedschaft*" mit den Unterpunkten „*Prüfung des Entstehens der Mitgliedschaft*" (kurz: „*Wahlprüfung*") und „*Prüfung des Verlustes der Mitgliedschaft*". Vgl. auch ergänzend: Hatscheck, Parlamentsrecht I, S. 493 f..

fassende Gesamtdarstellung dieser Thematik gewesen wäre, so mußte diese Untersuchung aus zeitlichen Gründen unterbleiben. Aufgrund des Umfangs der entsprechenden Landtagsprotokollen war es aus zeitlichen Gründen nicht möglich, noch weitere Staaten in diese Arbeit einzubeziehen. Des weiteren hätte die Darstellung der Wahlprüfung anderer deutscher Staaten nicht stattfinden können, da sie hinsichtlich ihres Ausmaßes bereits eine eigenständige Arbeit dargestellt hätte. Eine Beschränkung der Arbeit auf die dargestellten Staaten erscheint durchaus sinnvoll, da im Großherzogtum Baden mit der Verfassung v. 22. August 1818 zum erstenmal das Recht der Wahlprüfung konstitutionell geregelt wurde. Im Hinblick darauf ist die Untersuchung der Wahlprüfung in der zweiten badischen Kammer von grundlegender Bedeutung für die Entwicklung des gesamten Wahlprüfungsrechts in Deutschland. Da im Anschluß an Baden das Recht der Wahlprüfung auch in der Verfassung des Königreichs Württemberg v. 25. September 1819 geregelt wurde und diese Verfassung, im Gegensatz zur oktroyierten badischen, eine vereinbarte war, drängte sich die Untersuchung der dortigen Verhältnisse geradezu auf. Die Untersuchung der Wahlprüfung der zweiten Kammer des Großherzogtums Hessen erscheint geboten, da hier ebenfalls in der ersten Periode der Verfassungsgebung in Deutschland das Recht der Wahlprüfung in der Verfassung vom 17. Dezember 1820 aufgenommen wurde. Ferner lag es dem Verfasser am Herzen, auch einen Beitrag zur Verfassungs- und Parlamentgeschichtliche des Großherzogtums Hessen zu leisten, da es sich vorliegend um eine Giessener Dissertation handelt.

Daß die Wahlen, und damit das Wahlrecht, die Grundlage der Wahlprüfung darstellen, ist hierdurch sogleich auch schon der Gang der Untersuchung vorgezeichnet. Im jeweiligen ersten Teil sollen die normierten Wahlprüfungsgrundlagen dargelegt werden. Neben der Darstellung des Wahlrechts ist auch die Darlegung des normierten Wahlprüfungsrechts naturgemäß unverzichtbar. Nach den rechtlichen Wahlprüfungsgrundlagen soll im jeweils zweiten Teil der Arbeit der Frage nach der Entstehung der einschlägigen Wahlprüfungsbestimmungen, welche das Recht der Wahlprüfung auf die Kammern übertrugen, nachgegangen werden. Dabei soll gerade, im Hinblick auf die Entwicklungen in Frankreich und England, die Frage behandelt werden, weshalb schließlich dieses Recht allein den Kammern zugestanden wurde. Der Schwerpunkt der Arbeit liegt auf dem jeweils dritten Teil, welcher sich mit der Prüfungspraxis der jeweiligen zweiten Kammern beschäftigt. Hierbei stellte sich vor allem die Untersuchung sowie die Darstellung des Ablaufs der Prüfung als unverzichtbar dar. Neben der Darstellung der Prüfungsinstanzen, des Prüfungsverfahrens und des Prüfungsumfangs, sollen auch die Reformbestrebungen in den Kammern bzgl. des Prüfungsverfahrens herausgearbeitet werden. Neben den aufgezeigten formellen Gesichtspunkten, stellte sich auch zwangsläufig vor dem Hintergrund, daß eine Regelung des materiellen Wahlprüfungsrechts nicht gegeben war, die Frage, ob und welche Prüfungsgrundsätze in der Wahlprüfungspraxis entwickelt wurden.
Einen weiteren wesentlichen Gesichtspunkt, mit dem die Kammern in der Prüfungspraxis konfrontiert wurden, stellte die Unbestimmtheit und Lückenhaftigkeit der Wahlrechtsbestimmungen dar, die auf den konkreten Fall anzuwenden waren. Durch die

Auslegungsbedürftigkeit der entsprechenden Wahlrechtsbestimmungen stand die Frage nach der Kontinuität der Wahlprüfungsentscheidungen im Mittelpunkt.
Neben dieser rechtlichen Sicht stellte sich auch die Frage nach der politischen Komponente der Wahlprüfung. Schließlich wurde letztendlich durch die Entscheidungen bei den Wahlprüfungen die Zusammensetzung der Kammern bestimmt.
Ziel der vorliegenden Untersuchung ist ebenfalls die bisherigen in der Lehre vorliegenden Beurteilungen der Wahlprüfung im Frühkonstitutionalismus zu wiederlegen.
Zuletzt soll die Arbeit auch eine Antwort auf die Frage nach der Bedeutung der Wahlprüfung im Frühkonstitutionalismus für die Entwicklung des Parlamentarismus in Deutschland geben.

B. Die Wahlprüfung im Großherzogtum Baden

Der entscheidende Anstoß für die Entwicklung des Wahlprüfungsrechts in Deutschland ging im Jahre 1818 von Baden aus. Dort wurde das Recht der Wahlprüfung zum erstenmal in § 41 der Verfassungsurkunde vom 22. August 1818[56] konstitutionell geregelt. § 41 der Verf.-Urk. v. 22. August 1818, und damit die für die Wahlprüfung in Baden maßgebliche Bestimmung, lautete:

„*Jede Kammer erkennt über die streitigen Wahlen der ihr angehörigen Mitglieder.*".

I. Das Wahlrecht im Großherzogtum Baden

Bevor auf das System der Wahlprüfung eingegangen wird, erfolgt zunächst eine notwendige Darstellung der Grundlage der Prüfung der Wahl. Bei der Wahl der Abgeordneten der zweiten Kammer handelte es sich um ein indirektes und damit um ein zweistufiges Wahlverfahren.[57]

1. Die Urwahl

Die Anordnung der Wahlmännerwahl[58] erfolgte auf Weisung der landesherrlichen Zentralkommission durch das zuständige Bezirksamt.[59] Die Leitung des Urwahlgeschäftes im jeweiligen Wahldistrikt oblag einer Wahlkommission, welche aus dem ersten Ortsvorgesetzten, der ältesten Gerichts- oder Ratsperson bestand. Ferner war sie aus zwei weiteren Personen zusammengesetzt, welche aus den 10 höchstbesteuerten Bürgern des Wahldistrikts ernannt wurden, sowie aus dem Rats- oder Gerichtsschreiber.[60] Die Stimmfähigkeit und Wählbarkeit bei den Wahlmännerwahlen wurde durch § 43 der WahlO v. 23. Dezember 1818, welcher die Vorschriften der §§ 35, 36 der Verf.-Urk. v. 22. August 1818 wiederholte, abschließend geregelt. Hiernach waren alle männlichen Staatsbürger bei den Wahlmännerwahlen stimmfähig und wählbar, die das 25. Lebensjahr vollendet hatten, die weder Mitglieder der ersten Kammer noch bei der Wahl der grundherrlichen Abgeordneten wahlberechtigt waren, und die im Wahlort als Bürger ansässig waren oder ein öffentliches Amt bekleideten. Erläuternd hieß es hierzu noch in der Wahlordnung: „*Ausgeschlossen sind also blos Hintersassen, Gewerbs-*

[56] im weiteren: Verf.-Urk. v. 22. August 1818.

[57] s. § 34 der Verf.-Urk. v. 22. August 1818; § 36 ff. der Wahlordnung zur Verfassungsurkunde des Großherzogtums Baden v. 23. Dezember 1818 (im weiteren: WahlO v. 23. Dezember 1818).

[58] Zum Zwecke der Urwahlen waren die Wahlbezirke in Wahldistrikte zu unterteilen. Dabei bildete jeder Ort mit eigenem Gericht und wenigstens 250 Einwohnern einen Wahldistrikt. Jeder Wahldistrikt wählte auf je 500 Einwohner einen Wahlmann. Wenn der verbleibende Rest der Bevölkerung 250 erreichte, wurde ein weiterer gewählt. Kleinere Orte, die weniger als 250 Einwohner zählten, wurden mit anderen größeren Wahldistrikten vereinigt. In jedem Ämterwahlbezirk mußten aber mindestens 32 Wahlmänner ernannt werden. In den Stadtwahlkreisen kam auf je 300 Einwohner ein Wahlmann; wenn der Rest der Bevölkerung 150 ereichte, kam ein weiterer hinzu. Hier mußten ebenfalls mindestens 32 Wahlmänner erwählt werden (§§ 37-41 der WahlO v. 23. Dezember 1818).

[59] § 46 der WahlO v. 23. Dezember 1818.

[60] § 47 I der WahlO v. 23. Dezember 1818.

gehülfen, Gesinde, Bediente usw..".[61] Hervorzuheben ist auch, daß weder die Stimmberechtigung der Urwähler noch die Ernennbarkeit zum Wahlmann an Besitzkriterien gebunden waren.[62] Mindestens zwei Tage vor der Abstimmung hatte die Wahlkommission die Aufgabe, alle Stimmberechtigten zur Wahl einzuladen.[63]

Die Prüfung der Stimmfähigkeit, d.h. der in der Wahlordnung genannten Eigenschaften, oblag nach § 55 der WahlO v. 23. Dezember 1818 allein und ausschließlich der Wahlkommission.[64] In den Fällen, in denen die Wahlkommission einen Urwähler von der Wahl wegen fehlender Eigenschaften nach § 43 der WahlO v. 23. Dezember 1818 ausgeschlossen hatte, bestand die Möglichkeit, diese Entscheidung zur Überprüfung den ordentlichen Staatsbehörden zu übergeben, deren Entscheidung allerdings keine rückwirkende Kraft besaß.[65] Es bestand somit für den Ausgeschlossenen keine Möglichkeit mehr, an der Wahl teil zunehmen. Um jedoch dem „Mißbrauch" durch diese Art der Organisation der Wahlleitung nicht Tür und Tor zu öffnen, sah die Wahlordnung ausdrücklich vor, daß die Wahlkommission keinen Einfluß auf die Wahlfreiheit der Abstimmenden ausüben durfte.[66]

Die Abstimmung selbst erfolgte im Versammlungszimmer der Gemeinde vor *„vollständig versammelter Wahlcommission*".[67] Dort war ein Register sämtlicher wahlfähiger Ortseinwohner zur Einsicht auszulegen.[68] Das Stimmrecht konnte nur persönlich und nicht durch Bevollmächtigte ausgeübt werden.[69] Die Stimmberechtigten, welche des Schreibens nicht mächtig waren, gaben ihren Vorschlag mündlich ab.[70] Jeder Wahlberechtigte hatte so viele Stimmen, wie der Wahldistrikt Wahlmänner benennen durfte.[71] Die Stimmabgabe in Wahldistrikten, die lediglich einen Wahlmann zu stellen hatten, geschah in aller Regel durch Eintrag des Kandidaten und Unterschrift des Stimmberechtigten in ein dafür vorgesehenes Register.[72] Wer am Ende dieser Ab-

---

[61] Ausdrücklich ausgeschlossen waren somit nur wirtschaftlich unselbständige Personen.

[62] Der Kreis der Urwähler deckte sich demnach – bis auf die zusätzlichen geforderten allgemeinen Wahlvoraussetzungen – weitgehend mit dem Kreis der männlichen Gemeindebürger. Vgl. auch Fehrenbach, Bürokratische Reform, S. 21.

[63] § 48 der WahlO v. 23. Dezember 1818. Wenn die Wahl nicht in einer halben Tagessitzung zu vollenden war, hatte die Wahlkommission die Wähler auf die nötige Anzahl vor- und nachmittäglichen Sitzungen zu verteilen und einzuladen.

[64] § 55 der WahlO v. 23. Dezember 1818 lautete: *„Streitigkeiten über die Stimmfähigkeit der, zum Abstimmen erscheinenden Personen entscheidet die Wahlcommission durch Stimmmehrheit. Die Entscheidung ist nur für den einzelnen Fall gültig, und es steht dem Betheiligten frei, über die, in Zweifel gezogenen, staatsbürgerlichen Rechte den Anspruch der ordentlichen Staatsbehörden zu veranlassen, der jedoch nicht rückwirken kann.*".

[65] § 55 der WahlO v. 23. Dezember 1818.

[66] § 56 der WahlO v. 23. Dezember 1818.

[67] § 49 der WahlO v. 23. Dezember 1818.

[68] § 50 der WahlO v. 23. Dezember 1818.

[69] § 51 der WahlO v. 23. Dezember 1818.

[70] § 53 der WahlO v. 23. Dezember 1818.

[71] § 52 der WahlO v. 23. Dezember 1818.

[72] In Wahldistrikten, die mehrere Wahlmänner zu wählen hatten, nahm die Verwendung von Wahlzetteln zur Abstimmung deutlich zu. Vgl. die Möglichkeit die durch § 54 der WahlO v. 23. Dezember 1818 eröffnet wurde.

stimmung die relative Stimmenmehrheit erhalten hatte, wurde als Wahlmann ernannt.[73] Nachdem das Ergebnis feststand, hatte die örtliche Wahlkommission dem Bezirksamt das Resultat anzuzeigen, und die stimmberechtigten Einwohner des Wahldistrikts zu dessen öffentlicher Bekanntgabe einzuladen. Diesen war dann auch die Einsichtnahme in die Protokolle gestattet. Die gewählten Wahlmänner erhielten eine von den Mitgliedern der Wahlkommission unterzeichnete und mit dem Ortssiegel versehene Ernennungsurkunde.[74] Die Wahlprotokolle, Wahlregister und Zusammenstellung der Wahlstimmen waren in der Gemeinderegistratur aufzubewahren; die abgegeben Stimmzettel waren jedoch von der Wahlkommission zu vernichten.[75]

2. Die Abgeordnetenwahl

Die Leitung der Wahl der Abgeordneten oblag den vom Landesherrn ernannten Kommissaren.[76] Diesen wurde direkt im Anschluß an die Wahl der Wahlmänner von den Bezirksbeamten eine Liste aller Wahlmänner der zum jeweiligen Wahlbezirk gehörenden Distrikte zugesandt.[77] Zur Vornahme der Abgeordnetenwahl bildete sich die entsprechende Wahlkommission, welche aus dem landesherrlichen Kommissar, den drei ältesten Wahlmännern und dem Amtsrevisor des Wahlortes oder des Wahlbezirks gebildet wurde.[78] Der landesherrliche Wahlkommissar mußte die Wahlmänner seines Bezirks unter Zuziehung der Ämter durch die Ortsvorgesetzten mindestens sechs Tage vor dem Wahltermin schriftlich einladen.[79] Jeder vorgeladene Wahlmann hatte den Erhalt des sog. Insinuationsscheins zu bestätigen.[80] Die Wahl selbst durfte nur bei Anwesenheit von wenigstens 3/4 der vom Wahlbezirk zu stellenden Wahlmänner vorgenommen werden.[81]

Die passive Wahlfähigkeit beurteilte sich nach § 65 der WahlO v. 23. Dezember 1818 i.V. m. Art. 37 der Verf.-Urk. v. 22. August 1818.[82] Hiernach wurde zur Wählbarkeit eines jeden männlichen Staatsbürgers - ohne Rücksicht auf den Wohnort - neben der Zugehörigkeit zu einer der drei christlichen Konfessionen und der Vollendung des 30.

---

[73] § 57 der WahlO v. 23. Dezember 1818. Bei mehreren zu wählenden Wahlmännern galten diejenigen als gewählt, welche nach der Stimmenzahl die der Wahlmännerwahl entsprechenden ersten Plätze einnahmen. Im Falle der Stimmgleichheit entschied das Los. Die Wahlmänner behielten ihre Eigenschaft auch bis zum regelmäßigen Austritt ihres Abg. oder bis zur Auflösung der Kammer. Ausnahmeregelungen in bestimmten Fällen regelten die §§ 58 f. der WahlO v. 23. Dezember 1818.

[74] § 60 der WahlO v. 23. Dezember 1818.

[75] § 62 der WahlO v. 23. Dezember 1818. Die Vernichtung geschah meist durch Verbrennung der Stimmzettel. Lediglich in wenigen Ausnahmen wurden die Stimmzettel zu den Wahlakten gelegt.

[76] §§ 63, 66 der WahlO v. 23. Dezember 1818.

[77] § 63 der WahlO v. 23. Dezember 1818.

[78] § 70 der WahlO v. 23. Dezember 1818.

[79] § 66 I der WahlO v. 23. Dezember 1818.

[80] § 66 II der WahlO v. 23. Dezember 1818.

[81] § 67 der WahlO v. 23. Dezember 1818. § 69 der WahlO v. 23. Dezember 1818 regelte den Fall, in dem mehr als ¼ der Wahlmänner ausblieben.

[82] Wobei § 65 der WahlO v. 23. Dezember 1818 der Bestimmung der Verf.-Urk. entsprach und dies noch ergänzte.

Lebensjahres vorausgesetzt, daß der Abgeordnete in dem „*Grund-, Häuser- und Gewerbsteuerkataster wenigstens mit einem Capital von 10000 Gulden eingetragen*“ war oder eine „*jährliche lebenslängliche Rente von wenigstens 1500 Gulden von einem Stamm- oder Lehngutsbesitze oder eine fixe ständige Besoldung oder Kirchenpfründe von gleichem Betrag als Staats- oder Kirchendiener*“ bezog und in den beiden letzteren Fällen wenigstens irgend eine direkte Steuer „*aus Eigenthum*“ entrichtete.[83] Eine weitere Einschränkung ergab sich daraus, daß man weder als Mitglied der ersten Kammer noch bei der Wahl der grundherrlichen Abgeordneten wählbar oder stimmfähig war. Des weiteren war auch vorgesehen, daß bestimmte Beamte oder andere weltliche oder geistliche Lokaldiener nicht von den Wahlbezirken gewählt werden konnten, in denen sie ihren Dienst taten.

Am Wahltag selbst hatte der landesherrliche Kommissar noch die Aufgabe, den versammelten Wahlmännern „*im Allgemeinen die Eigenschaften eines würdigen Abgeordneten nochmals auseinanderzusetzen*“, wobei es ihm und auch den anderen Mitgliedern der Wahlkommission nicht erlaubt war, in irgend einer Weise, sei es durch Vorschläge oder durch Empfehlungen, auf das Ergebnis der Wahl einzuwirken.[84] Bevor die eigentliche Wahlhandlung[85] begann, hatte jeder Wahlmann noch ein Handgelübde abzugeben.[86] Die Wahl an sich wurde mittels geheimer Stimmabgabe vorgenommen. Das Verfahren vollzog sich in der Weise, daß die Wahlmänner fortlaufend numerierte Stimmzettel und mit eigenhändiger Namensaufschrift zu versehende Umschläge erhielten. Hiernach waren die Stimmzettel auszufüllen, und in die dazugehörigen Umschläge zu stecken. Die Wahlkommission verglich die Namensaufschriften auf den Umschlägen mit dem Stimmregister und nahm dann die Stimmzettel heraus und mischte sie in eine Urne. Nach Abschluß dieser Vorgänge las der landesherrliche Wahlkommissar die Nummern und die Wahlvorschläge von den Stimmzettel ab, und der Sekretär trug diese ins Wahlprotokoll ein. Ein weiteres Kommissionsmitglied prüfte die Zettel nach und führte die Gegenliste. Fehlerhafte Stimmzettel, ob unleserlich oder unvollständig, wurden, sofern der Wahlmann keine Berichtigung vornahm, nicht als Wahlvorschlag, jedoch als abgegebene Stimme anerkannt.[87] Im Ergebnis war derjenige gewählt, der wenigstens eine Stimme mehr als die Hälfte der Stimmen aller

[83] Durch diesen hohen Passivwahlzensus waren so gut wie alle Kleinbauern und Kleingewerbetreibenden von der Wählbarkeit ausgeschlossen. Zum Abg. konnten größere Land- oder Gastwirte, Kaufleute, Fabrikanten, Rechtsanwälte und vor allem höhere Beamte gewählt werden.

[84] § 71 der WahlO v. 23. Dezember 1818.

[85] Nach § 73 der WahlO v. 23. Dezember 1818 war es den Wahlmännern auch gestattet, vor der Abstimmung sich geschlossen oder gruppenweise untereinander zu besprechen.

[86] Sie beschworen, „*daß sie nach ihrer eigenen Ueberzeugung ihre Stimme ablegen wollen, wie sie es für das Beste des Landes am dienstlichsten erachten, daß sie in Bezug auf ihre Abstimmung weder von irgend jemand ein Gabe oder irgend einen Vortheil erhalten haben, oder je annehmen werden, noch auch, um selbst gewählt zu werden, einen Andern etwas gegeben, oder versprochen haben.*“. Vgl. § 72 der WahlO v. 23. Dezember 1818.

[87] §§ 75-78 der WahlO v. 23. Dezember 1818.

Anwesenden erhielt.[88] Nach Abschluß der Wahl wurde das Wahlprotokoll mit der Stimmzusammenstellung von sämtlichen Kommissionsmitgliedern und mindestens zehn Wahlmännern unterzeichnet und geschlossen. Dabei wurden die Wahlzettel, mit Ausnahme derer die beanstandet wurden[89], vernichtet.[90]
Nach der Wahl des Abgeordneten griff die zentrale Bestimmung des § 84 der WahlO v. 23. Dezember 1818. Hiernach hatte der landesherrliche Wahlkommissar die erforderliche Bescheinigung über die gesetzlichen Eigenschaften[91] des ernannten Abgeordneten zu erheben. Sah der Wahlkommissar die gesetzlichen Eigenschaften als nicht vorliegend an, so mußte er die Stellungnahme des Gewählten einholen. Erkannte daraufhin der Gewählte an, daß er nicht im Besitze der erforderlichen gesetzlichen Eigenschaften war, oder sah der landesherrliche Wahlkommissar *„die Erklärung des Betheiligten, nach den klaren Worten der Verfassungsurkunde, ungenügend und die Sache durchaus nicht zweifelhaft“* an, so war unverzüglich eine zweite Wahl anzuordnen. Die Protokolle beider Wahlen mußten dann der landesherrlichen Zentralkommission zur Entscheidung vorgelegt werden. Im Falle, daß der landesherrliche Kommissar die Wählbarkeit als gegeben ansah, wurde das Wahlprotokoll unverzüglich mit samt den Beilagen an die landesherrliche Zentralkommission gesandt.[92]
Bei der Wahl der Abgeordneten oblag die Entscheidung, ob der Gewählte die nach der Verf.-Urk. und der WahlO erforderlichen Eigenschaften besaß, zunächst ausschließlich dem landesherrlichen Kommissar sowie ferner der landesherrlichen Zentralkommission.

3. Die Wahlperiode

Die 63 Abgeordneten der Städte und Ämter, aus denen die zweite badische Kammer bestand[93], wurden auf acht Jahre gewählt. In Baden galt jedoch der Grundsatz der Partialerneuerung, d.h., daß alle zwei Jahre ¼ der Abgeordneten austraten[94] und daß entsprechend neu gewählt werden mußte.[95] Eine Integralerneuerung, d.h., daß alle Abgeordneten nach Ablauf der Wahlperiode zugleich ihr Mandat verloren, und alle Abgeordneten zum selben Zeitpunkt neu gewählt werden mußten, sah die Verfassung grundsätzlich nur für die beiden Abgeordneten der Landesuniversitäten der ersten Kammer vor.[96] Nach § 46 der Verf.-Urk. v. 22. August 1818 hatte alle zwei Jahre ein Landtag stattzufinden. Diese Frist war indes nicht beliebig gesetzt, sondern sie ergab

---

[88] § 75 der WahlO v. 23. Dezember 1818. Wurde dies nicht erreicht, so fand ein zweiter Wahlgang statt. Vgl. §§ 79-82 der WahlO v. 23. Dezember 1818.
[89] Diese wurden dem Wahlprotokoll beigefügt.
[90] § 83 der WahlO v. 23. Dezember 1818.
[91] § 65 der WahlO v. 23. Dezember 1818 i.V.m. § 37 der Verf.-Urk. v. 22.August 1818.
[92] § 84 der WahlO v. 23. Dezember 1818.
[93] § 33 der Verf.-Urk. v. 22. August 1818.
[94] Die entsprechenden Abg., welche auszutreten hatten, wurden im Wege der Auslosung bestimmt.
[95] § 38 der Verf.-Urk. v. 22. August 1818.
[96] Vgl. § 31 der Verf.-Urk. v. 22. August 1818. Im Jahre 1825 wurde zwar eine allgemeingültige Integralerneuerung im sechsjährigen Zeitabstand eingeführt, aber schon im Jahre 1831, also nach einer Wahlperiode, der ursprüngliche Zustand wieder hergestellt.

sich notwendig aus dem Umstand, daß der Staatshaushalt, den die Kammern berieten und verabschiedeten, eine Laufzeit eben dieser Erstreckung hatte.[97] Somit deckte eine Wahlperiode mehere Landtage ab, so daß ein Abgeordneter, mit Ausnahme des frühzeitigen Ausscheidens im Rahmen der Partialerneuerung oder der frühzeitigen Auflösung, ohne Wiederwahl an meheren ordentlichen Landtagen teilnehmen konnte.Ein Landtag endete entweder durch Schließung oder durch Auflösung von Seiten des Großherzogs.[98] Im Fall der Schließung wurde der Landtag beendigt, und es mußte für einen neuen Landtag eine besondere Einberufung und eine feierliche Eröffnung erfolgen, bei welcher die bisherigen Mitglieder wieder erschienen. Im Fall der Auflösung erloschen alle Rechte aus den bisherigen Wahlen und damit hörten alle Mitglieder auf, Abgeordnete zu sein.[99] Die Folge war, daß generelle Landtagsneuwahlen erforderlich waren und es somit zu einer Integralerneuerung kam.

II. Das normierte Wahlprüfungsrecht im Großherzogtum Baden

Die Verfassung stellte in § 41 den entscheidenden Grundsatz auf, daß der Kammer das Recht zustehe, über die streitigen Wahlen ihrer Mitglieder zu erkennen.[100] Weitere Ausführungen zur Wahlprüfung und ihrem Verfahren enthielt die Verfassung hingegen nicht. Neben der Verfassung enthielt lediglich noch die am 5. Mai 1819 beschlossene Geschäftsordnung der zweiten Kammer[101] in den §§ 2-8[102], sowie in den §§ 57-60 weitere die das Verfahren der Wahlprüfung betreffenden Vorschriften. Die Kammer sollte hiernach auf jedem künftigen Landtag zunächst ihre Arbeiten mit der Prüfung

[97] Vgl. § 54 S. 1 der Verf.-Urk. v. 22. August 1818.

[98] §§ 42, 68 der Verf.-Urk. v. 22. August 1818. Zusätzlich besaß der Großherzog auch das Recht der Vertagung. Bei der Vertagung dauerte der Landtag als solcher weiter. Die Tagungen waren nur vorübergehend unterbrochen, so daß während eines Landtags mehere Sessionen sattfinden konnten.

[99] § 43 der Verf.-Urk. v. 22. August 1818.

[100] Die Bestimmung galt nach § 80 der Verf.-Urk. v. 22. August 1818 jedoch nicht für die erste Landtagswahl. Die Aufgabe der Prüfung und Genehmigung der Wahl der Abg. sollte für die erste Landtagswahl die landesherrliche Zentralkommission, welcher die Leitung des Wahlgeschäftes oblag, übernehmen. Erst danach hatte die Kammer selbst, so wie in § 41 der Verf.-Urk. v. 22. August 1818 vorgesehen, über die strittigen Wahlen zu entscheiden.

[101] Im weiteren: GO v. 5. Mai 1819.

[102] Interessant in Bezug auf diese Vorschriften zur Wahlprüfung waren die Verhandlungen der Kammer im Jahr 1819 insbesondere durch die Einbringung eines Entwurfs des Reglements für die zweite Kammer von Seiten der Regierung. Hervorzuheben ist in diesem Zusammenhang, daß die Regelungen zur *„Prüfung der Vollmachten der neu eingetretenden Abgeordneten“* (§§ 2-8) des Regierungsentwurfes (Vgl. Verh. Baden 1819. 1. Heft., Prot. v. 26. April 1819, Beil. Nr. 7, S. 30 f..) mit der endgültig von der Kammer angenommenen Geschäftsordnung für die zweite Kammer (Vgl. Verh. Baden 1819. 1. Heft, Beil. Nr. 30 zum Prot. v. 3. März 1819. S. 61 f..) vollständig identisch waren. Bei der Abstimmung über die das Verfahren der Wahlprüfung betreffenden Paragraphen wurden diese durch *„Einhelligkeit der Stimmen unverändert angenommen.“*(Vgl. Verh. Baden 1819. 1. Heft, Prot. v. 29. April 1819, S. 73). Die für die Prüfung der Reglements gewählte Kommission stellte nicht einen Antrag zur Änderung der §§ 2-8 des von der Großherzoglichen Regierungskommission vorgelegten Entwurfes.

der Vollmachten der neu eingetretenen Abgeordneten beginnen.[103] Die Prüfung der Vollmachten sollte daher immer die erste Arbeit auf jedem künftigen Landtag sein. Aus dieser Bestimmung des § 2 der Geschäftsordnung ist auch weitergehend zu folgern, daß die Vollmachten sämtlicher neueintretender Abgeordneter von Amts wegen zu prüfen waren. Zu diesem Zweck sollte sich die gesamte Kammer „*provisorisch*" in fünf Abteilungen aufteilen, welche aus der ungefähr gleichen Anzahl von Abgeordneten bestehen sollte.[104] Die Mitglieder der einzelnen Abteilungen wurden dabei durch ein Losverfahren bestimmt.[105] Die neu gewählten Abgeordneten sollten besonders losen, „*um, soweit es möglich ist, in gleicher Anzahl in die verschiedene(n) Abtheilungen einzutreten.*".[106] Dieses Verfahren hatte den Sinn, eine annähernd gleichmäßige Verteilung auf die fünf Abteilungen zu gewährleisten. Am Ende dieses Verfahrens waren somit die Mitglieder für die einzelnen Abteilungen bestimmt. Vorgesehen war sodann, daß jede der Abteilungen vom provisorischen Präsidenten eine gleichmäßige Anzahl von Vollmachten zur Prüfung zugeteilt bekam.[107] Bei dieser Zuteilung war strikt darauf zu achten, „*dass keine Abtheilung eine Vollmacht eines ihrer Mitglieder zur Untersuchung*" erhielt.[108] In Bezug auf die Organisation der einzelnen Abteilungen ist anzumerken, daß jede Abteilung einen Sekretär und einen Vorstand wählen sollte, welcher im Namen der Abteilung das Ergebnis der vollzogenen Prüfung im Plenum mitteilte.[109]

Im Hinblick auf die beanstandeten Wahlen galt die Regelung, daß über deren Gültigkeit nicht eher abgestimmt wurde, als „*die Zulassung der Abgeordneten, deren beygebrachte Vollmachten als regelmäßig und vollständig befunden, und deren gesetzliche Eigenschaften nicht in Zweifel gezogen wurden, ausgesprochen worden ist.*".[110] Die Abgeordneten, deren Wahlen durch eine Abteilung beanstandet wurden, sollten bis zur endgültigen Entscheidung über die Gültigkeit oder dem vollständigen Nachweis ihrer gesetzlichen Eigenschaften, kein Sitz- und Stimmrecht in der Kammer haben.[111]

III. Die Entstehungsgeschichte des § 41 der Verfassungsurkunde v. 22. August 1818

Neben dem normierten Wahlprüfungsrecht ist insbesondere die Entstehungsgeschichte des § 41 der Verf.-Urk. v. 22. August 1818 für die Beurteilung des Wahlprüfungssystems in Baden relevant.

Die Einführung des § 41 in der Verfassungsurkunde war zweifelsfrei von grundlegender Bedeutung für das parlamentarische Leben und die Entwicklung der Wahlprüfung in Deutschland. Denn erst durch diese Verfassungsbestimmung wurde nach dem Vorbild der französischen Verfassung der Grundsatz der parlamentarischen Selbstprüfung

[103] § 2 der GO v. 5. Mai 1819.
[104] § 57 der GO v. 5. Mai 1819.
[105] §§ 3 I, 58 der GO v. 5. Mai 1819.
[106] § 3 II der GO v. 5. Mai 1819.
[107] § 4 der GO v. 5. Mai 1819.
[108] § 5 der GO v. 5. Mai 1819.
[109] §§ 6, 59 der GO v. 5. Mai 1819.
[110] § 7 der GO v. 5. Mai 1819.
[111] § 8 der GO v. 5. Mai 1819.

schrittweise in Deutschland eingeführt.[112] Jedoch fand nicht erst im Jahre 1818, wie sich ferner zeigen wird, der Gedanke, das Recht der Prüfung streitiger Wahlen den Kammern zu übertragen, Eingang in die verfassungsrechtliche Lehre in Baden.[113] Vielmehr war dies schon der Grundgedanke, der den Verfassungsentwürfen zu Grunde lag. Es würde dem Rahmen dieser Arbeit nicht gerecht werden, die Entwicklungsgeschichte[114] der badischen Verfassungsurkunde von 1818 nachzuzeichnen. Jedoch verdeutlichen die verschiedenen Entwürfe zu einer Verfassung für das Großherzogtum, daß das Recht der Kammern zur Prüfung strittiger Wahlen auch schon vor 1818 staatsrechtliches Allgemeingut war. Im Folgenden sollen daher die Entwürfe im Hinblick auf dieses Recht dargestellt werden.

Der erste aus 33 Artikeln bestehende Entwurf[115] aus dem Jahre 1815 zur badischen Verfassung des Frhr. Marschall v. Bieberstein, welcher das Zweikammernsystem vorsah, enthielt bereits das Recht der jeweiligen Kammer über streitige Wahlen selbst zu entscheiden. So für die Kammer des Adels in Art. 7: „*....Bei streitigen Wahlen entscheidet die Kammer des Adels.*" Eine inhaltlich gleichlautende Bestimmung gab es ebenfalls für die Kammer der Volksdeputierten in Art. 17: „*Ueber streitige Wahlen entscheidet die Kammer der Volksdeputierten.*" Dieser genannte Entwurf lag dann auch den Beratungen der Kommission zu Grunde, die durch die Resolution vom 12. Januar 1815[116] des Großherzogs Karl zur Ausarbeitung einer Verfassung einberufen worden war.[117] In den Sitzungen der Kommission vom 23. Januar bis 4. März 1815 führten die Bestimmungen über die Selbstprüfung der streitigen Wahlen durch die Kammern zu keinen weiteren Diskussionen. Dies belegt auch der zweite Verfassungsentwurf[118], der das Ergebnis der Kommissionsberatungen war, und dieses Recht der Kammern weder beschnitt noch abänderte. So bestimmte Art. 16: „*....Streitige Wahlen werden von den betreffenden Kammern entschieden....*"[119].
Jedoch ließ die Rückkehr Napoleons im Frühjahr 1815 die Verfassungsberatungen ins Stocken geraten. Erst durch Eingaben aus den Kreisen des Adels und des Bürgertums im November 1815 kam wieder Leben in die Verfassungsfrage.[120] Erst im Sommer

---

[112] Kretschmer, Wahlprüfung, S. 446.
[113] So schrieb Walz, Prüfung, S. 178, daß nach den damals herrschenden Doktrin eine vollwertige Verfassung ohne dieses Recht gar nicht denkbar war.
[114] Ausführlich zur Entwicklungsgeschichte der badischen Verf.-Urk. v. 22.August 1818: Goldschmit, Geschichte, S. 1-32; v. Weech, Geschichte, S. 1-115; Glockner, Verfassungsrecht, S. 1-4; Allgaier, Stände, S. 3-12; Walz, Staatsrecht, S. 4-7; Ehrle, Volksvertretung I, S. 75-82; Hörner, Wahlen, S. 34-45; Fehrenbach, Reform, S. 15-20.
[115] Abgedruckt in: v. Weech, Geschichte, S. 7-10.
[116] Abgedruckt in: v. Weech, Geschichte, S. 6.
[117] Roth/Thorbecke, Landtagshandbuch, S. 24; Ehrle, Volksvertretung I, S. 77 ff..
[118] Abgedruckt in: v. Weech, Geschichte, S. 13-19.
[119] Bzgl. der Legitimation galt nach Art. 16: „*....Die gewählten Repräsentanten legitimiren sich bei ersagtem Justizminister durch ihre Wahlscheine....*".
[120] Roth/Thorbecke, Landtagshandbuch, S. 25; Ehrle, Volksvertretung I, S. 79; Hörner, Wahlen, S. 38 f.; Usée, Einfluß, S. 121; Walz, Staatsrecht, S. 5

1816 kam es durch ein Reskript des Großherzogs vom 16. März 1816[121], das die Eröffnung der ersten ständischen Versammlung in Aussicht stellte, zu zwei weiteren Verfassungsentwürfen, die erstmals das Einkammersystem vorsahen.
Der erste zum Vollzug des Reskripts ausgearbeitete Entwurf[122] des Jahres 1816, und der somit insgesamt dritte Entwurf, stammte vom Staatsrat v. Sensburg. Obwohl dieser Entwurf die Rechte des Landesherrn stark ausdehnte und damit zugleich auch die landständischen Rechte beschnitt, enthielt er, wie auch die vorherigen Entwürfe, in Bezug auf das Prüfungsrecht bei streitigen Wahlen[123] eine inhaltlich gleichlautende Bestimmung. § 16 bestimmt: „...*Streitige Wahlen werden von der ständischen Versammlung entschieden....*“.
Der zweite Entwurf[124] des Jahres 1816, und der damit vierte Entwurf, welcher vom Finanzrat Nebenius verfaßt wurde, war der einzige Entwurf in dieser Reihe, der bei Streitigkeiten über die Wählbarkeit eines Deputierten dem Landesherrn die Entscheidung vorbehielt. So bestimmte Art. 7 : „...*Erfolgt von Seiten des ernannten Deputirten, dessen Wählbarkeit in Zweifel gezogen wurde, ein Widerspruch, so behalten Wir uns die Entscheidung nach den in gegenwärtiger Verordnung gegebenen Bestimmungen bevor, werden aber der Ständeversammlung darüber die nöthigen Mitheilungen machen.*“.

Die dargestellten Bestimmungen in den genannten Entwürfen und auch die endgültige Fassung des § 41 der Verf.-Urk. v. 22. August 1818 verdeutlichen eindeutig, daß das Recht, zur Entscheidung streitiger Wahlen den Kammern zu übertragen, niemals wirklich in Abrede stand, sondern vielmehr als selbstverständlich angesehen wurde.
Dieses Ergebnis ist um so bedeutsamer, wenn man sich den Kampf der Parlamente in England und Frankreich um dieses Recht vor Augen führt. In Baden hingegen wurde keineswegs um dieses Recht gekämpft. Vielmehr wurde dieses Recht, da es sich bei der badischen Verfassung um eine oktroyierte handelt[125], aus eigener Machtvollkommenheit des Landesherrn in die Verfassung aufgenommen.
Damit stellt sich unwillkürlich die Frage, weshalb dies so geschah, und weshalb die Exekutive das Machtmittel der Wahlprüfung aus der Hand gab. Denn immerhin konnte durch die Entscheidung über streitige Wahlen im Ergebnis die Zusammensetzung der Ständeversammlung beeinflußt und sogar bestimmt werden. Dies ist insbesondere vor dem Hintergrund interessant, daß die Art der Zusammensetzung der Kammern im konstitutionellen Staat für die Staatsregierung von großer Bedeutung war, da sonst, ohne die Zustimmung der Kammern in einigen Bereichen, ein Wirken der Regierung kaum möglich war[126]. Um diese Frage zu beantworten, empfiehlt es sich zunächst, einen

---

121 Abgedruckt in: v. Weech, Geschichte, S. 38.
122 Abgedruckt in: v. Weech, Geschichte, S. 43-51.
123 Bzgl. der Legitimation galt nach § 16: „...*Die gewählten Repräsentanten legitimieren sich bei ersagtem Justizminister durch ihre Wahlscheine....*“
124 Abgedruckt in: v. Weech, Geschichte, S. 55-83.
125 Vgl. Ehrle, Volksvertretung I, S. 51, Fn. 30; Stern, Staatsrecht V, S. 216; Schulze, Einleitung, S. 348.
126 So besaß die badische Kammer z.B. ein Recht der Mitwirkung und Zustimmung bei der Gesetzgebung (§§ 53, 65 der Verf.-Urk. v. 22. August 1818) gesteuert durch die Freiheits-

Blick auf die gesamten politischen und staatsrechtlichen Umstände in Deutschland und Europa zu richten.

Zum einen mag dies an der Ausstrahlungswirkung des französischen Rechts[127] vor allem hinsichtlich der Regelung des Wahlverfahrens gelegen haben.[128] Dies galt auch insbesondere für die Regelung der Wahlprüfung.[129] Dies ist auch unwiderlegbar, denn als Grundlage der deutschen Verfassungsurkunden in der ersten Periode der Verfassungsgebung diente die französische Charte von 1814 als Muster.[130] Dennoch ist dies keine ausreichende Erklärung dafür, warum das Recht der Prüfung strittiger Wahlen den Kammern zugestanden wurde. Der badische Landesherr hatte keineswegs den Druck revolutionärer Bestrebungen in seinem Land, die eine solche Übertragung dieses Rechtes auf die Kammern zum eigenen Machterhalt notwendig erschienen ließen. Es wäre daher falsch, den revolutionären Prozeß in Frankreich mit der evolutionären Entwicklung in Deutschland gleichzusetzen.
Vielmehr könnte daher der Gesichtspunkt eine Rolle gespielt haben, daß sich die territoriale und die politische Lage der größeren süddeutschen Staaten[131] in der Rheinbundzeit stark verändert hatte.In diesen Jahren kam es in den süddeutschen Staaten zu enormen Gebietszuwächsen.[132] Diese genannte Ausgangslage galt zwar für alle süddeutschen Staaten, aber insbesondere für das Großherzogtum Baden. Baden, bis 1803 ein unbedeutender Kleinstaat, hatte sich seit 1802/03 überdurchschnittlich[133] vergrößert.[134] Weiterhin waren durch die Gebietszuwächse die konfessionellen Verhältnisse

---

und Eigentumsformel und das bedeutende Budgetrecht (§ 55 der Verf.-Urk. v. 22. August 1818).

[127] Vgl. insbesondere für die Ausstrahlungswirkung der Ideen der französischen Revolution auf die deutsche Verfassungsbewegung: Usée, Einfluß, S. 7-13.

[128] Dies wurde beispielsweise an der Übernahme des indirekten Wahlverfahrens aus der französischen Verfassung des Jahres 1791 deutlich. Vgl. Ehrle, Volksvertretung II, S. 708, Fn. 133; Meyer, Wahlrecht, S. 113; Usée, Einfluß, S. 122; Solms-Lich, Deutschland, S. 23.

[129] Walz, Prüfung, S. 178.

[130] Vgl. hierzu: Usée, Einfluß, S. 55-160 für die größeren süddeutschen Staaten und für Baden insbesondere S. 121-140; Huber, Verfassungsgeschichte I, S. 317; Zoepfl, Grundsätze, S. 220; Wahl, Entwicklung, S. 6; Solms-Lich, Deutschland, S. 21 ff.; Biedermann, Repräsentativ-Verfassungen, S. 107.

[131] Dies galt neben Baden auch für Bayern, Württemberg und Hessen-Darmstadt.

[132] Ausführlich zu den einzelnen Gebietszuwächsen: Huber, Verfassungsgeschichte I, S. 315 ff..

[133] Um das Fünffache. Fehrenbach, Bürokratische Reform, S. 13.

[134] Bornhak, Staats- und Verwaltungsrecht, S. 4; Walz, Staatsrecht, S. 4; Becht, Ständesaal, S. 47; Hörner, Wahlen, S. 36; Stern, Staatsrecht V, S. 218; Huber, Verfassungsgeschichte I, S. 316. Zu den beiden Markgrafschaften Baden-Baden und Baden-Durlach vermehrte sich das badische Territorium um das österreichische Breisgau, die Fürstentümer Fürstenberg, Leiningen und Löwenstein-Wertheim, die rechtsrheinische Kurpfalz, dem rechtsrheinischen Teil des Bistums Straßburg, dem Bistum Konstanz, die Abtei St. Blasien und den Reichsstädten Offenburg, Gengenbach und Zell. Neben diesen enormen Gebietszuwächsen hat sich naturgemäß auch die Einwohnerzahl vervielfacht, von nicht ganz 300.000 auf über eine Million.

im Großherzogtum völlig verändert und uneinheitlich.[135] Des weiteren ergaben sich auch für den „neuen" Staat Gefahren aus dem Süden Deutschlands, denn Bayern erhob Ansprüche auf Rückgabe der rechtsrheinischen Pfalz.[136] Um diesen umfangreichen Veränderungen Rechnung zu tragen, bestand die vordringliche Aufgabe in einer äußeren und inneren Konsolidierung, einer territorialen und staatsrechtlichen Integration.[137] In diesem Zusammenhang sprach Campe[138] von der Notwendigkeit eines „*völligen Neubaus*".

Zunächst wurde in Baden, wie in den anderen süddeutschen Staaten, der Weg zur staatlichen Einheit mit administrativen Mitteln beschritten.[139] Die Staaten unternahmen den Versuch, die neuerworbenen Gebiete verschiedenster Herkunft und Geschichte miteinander sowie mit dem alten Kernland auf administrativem Weg zu einer Einheit zu verschmelzen.[140] Jedoch hatte dieser Prozeß „*administrativer Integration*", wie ihn Huber[141] bezeichnete, trotz einiger Erfolge nicht das erwünschte Einheitsempfinden in den neu erworbenen Gebieten gebracht.[142] Es wurde dadurch auch offensichtlich, daß eine bloße Verwaltungseinheit zur Erhaltung und Stärkung der innerstaatlichen Macht nicht ausreichend war. Vielmehr bedurfte es eines Identifikationselements für die Bürger mit dem neuen Staat. Des weiteren bestand auch das vordringliche Problem die Staatsfinanzen, welche durch die Ereignisse der vorangegangenen Jahre in Mitleidenschaft gezogen wurden[143], zu konsolidieren.[144]

Da die Konsolidierung weitreichende Auswirkungen auf die Bevölkerung haben würde, erschien dieser Weg nur durch Mitwirkung der betroffenen Bevölkerung durchsetzbar. Dies alles war nur möglich, indem die Einwohner des Landes aus einer bloßen Untertanenschaft in die Stellung von Staatsbürgern erhoben, und mit entsprechenden Rechten und Freiheiten ausgestattet wurden.[145] Hierfür wurde der Weg der Verfassungsgebung bestritten. Insbesondere die Bildung einer vom Volk gewählten Vertretungskörperschaft schien das wirksamste Mittel, um einen gemeinsamen Staatssinn zu wecken und einen politischen Gesamtwillen zu formen.

---

[135] Durch die Gebietszuwächse bestand das lutherische Großherzogtum überwiegend aus Katholiken.

[136] Hörner, Wahlen, S. 36 f.; Allgaier, Stände, S. 8; Goldschmit, Geschichte, S. 24 ff.; Huber, Verfassungsgeschichte I, S. 324-328; Stern, Staatsrecht V, S. 218; Ruckstuhl, Liberalismus, S. 6 f., Fehrenbach, Reform, S. 15 f..

[137] Ehrle, Volksvertretung I, S. 75.

[138] v. Campe, Lehre, S. 266.

[139] Walz, Staatsrecht, S 4 f.; Ruckstuhl, Liberalismus, S. 6.

[140] Dies geschah vorwiegend durch die Schaffung eines „zentralistisch-bürokratischen Regimes".

[141] Huber, Verfassungsgeschichte I, S. 316 f..

[142] Ruckstuhl, Liberalismus, S. 6 f..

[143] Die Finanzen gerieten insbesondere in Unordnung durch die Kriegsnöte und eine recht leichtsinnige Verwaltung, für das Jahr 1816 berechnete man allein ein Defizit von 11.000.000 fl..

[144] Allgaier, Stände, S. 6; Fehrenbach, Reform, S. 13 ff.; Becht, Ständesaal S. 48.

[145] Huber, Verfassungsgeschichte I, S. 317.

Diese genannten Umstände könnten dafür sprechen, daß die Rechte der gewählten Vertretungskörperschaften bewußt weit gefaßt wurden, um damit einen gemeinsamen Staatswillen zu entwickeln. Vor allem die Aufnahme des Rechts der Kammern zur Prüfung strittiger Wahlen in die Verfassungsurkunde könnte diesen Sinn gehabt haben. Aber diese Umstände mögen, auch wenn sie gewiß eine Rolle gespielt haben, nicht der ausschlaggebende Punkt gewesen sein. Denn auch hier muß man sich wieder vor Augen führen, daß die Verfassung, und auch die Bestimmung über das Wahlprüfungsrecht, nicht wegen eines akuten oder unwiderstehlichen Drucks „von unten" entstanden sind.

Vielmehr gibt die Ausgestaltung des Wahlverfahrens durch die Verfassung und durch die Wahlordnung eine Antwort auf diese Frage. Denn bei genauer Betrachtung der Bestimmungen gab es für die Staatsregierung vielfältige, interne wie auch externe Zugriffsmöglichkeiten auf die Wahl und die Zusammensetzung der Kammer, ohne dabei ausschließlich auf das Recht der Wahlprüfung angewiesen zu sein.
Ein entscheidender Gesichtspunkt war zweifelsfrei, daß die Wahlen, sowohl die Urwahlen als auch die Abgeordnetenwahlen, unter der Oberaufsicht der jeweiligen Staatsregierung stattfanden.[146] Auf der anderen Seite diente insbesondere in Baden die Begrenzung des passiven Wahlrechts[147] eindeutig dem Anliegen antimonarchische, regierungskritische und staatsferne Volkskreise auszuschließen.[148]Dabei muß man beachten, daß diese Begrenzung dazu führte, daß in Baden bis 1848 nur 0,5 % der Bevölkerung als Abgeordnete der Städte- und Landgemeinden wählbar waren.[149] Diese ausgeprägte Restriktion war die entschiedene Sicherung *„promonarchischer Kammerbesetzung durch hochgradige Filtrierung und Selektion"*[150].
Sehr interessant in diesem Zusammenhang ist auch das Urlaubsbewilligungsrecht für die zu Abgeordneten gewählten Beamten. Insbesondere vor dem Hintergrund, daß die zweite Kammer zu einem ganz beträchtlichen Teil aus Staatsdienern bestand, und daß aus diesen auch die führenden Männer der Opposition hervorgingen.[151] Dieses auch in Baden häufig praktizierte Mittel[152] ist insofern interessant, als es der Staatsregierung die Möglichkeit gab, Einfluß auf die Zusammensetzung der Kammer zu nehmen.[153] In

---

[146] Vgl. §§ 47, 63, 66 der WahlO v. 23. Dezember 1818.
[147] Vgl. § 37 der Verf.-Urk. v. 22. August 1818; § 65 der WahlO v. 23. Dezember 1818.
[148] Kühne, Volksvertretungen, S. 70.
[149] Kühne, Volksvertretungen, S. 71.
[150] Kühne, Volksvertretungen, S. 72.
[151] Ruckstuhl, Liberalismus, S.6; Huber, Verfassungsgeschichte I, S. 368.
[152] Akut wurde dieses Frage jedoch erst auf dem Landtag des Jahres 1841, bis zum diesem Landtag hatte die Staatsregierung allen Beamten, die um Urlaub ersuchten, diesen auch gewährt. s. Verh. Baden 1841, 4. Beil.-Heft, Beil. Nr. 2 zum Prot. v. 3. Mai 1841, Kommissionsbericht des Abg. Bekk über die Urlaubsverweigerung der Staatsregierung an die Abg. Aschbach und Peter, S. 6.
[153] Das Problem der Urlaubsverweigerung beschäftigte insbesondere den Landtag von 1841 im sog. Urlaubsstreit, indem den gewählten Abg. Peter und Aschbach von der Staatsregierung der erforderliche Urlaub für den Eintritt in die Ständeversammlung verweigert wurde. s. für die Problematik der Urlaubsverweigerung im Großherzogtum Baden und insbesondere für

Baden fehlte es zwar an einer diesbezüglichen ausdrücklichen Bestimmung in der Verfassung[154], aber die Regierung berief sich auch nicht auf das Recht der Genehmigung der Wahl. Vielmehr verlangte sie aus der Natur des Dienstverhältnisses begründet, daß der gewählte Staatsdiener um Urlaub, d.h. um Erlaubnis zur Verlassung des Dienstpostens, nachsuchte. Dieses Recht wurde aus dem Ämterrecht nach § 5 der Verf.-Urk. v. 22. August 1818 abgeleitet, wonach der Regierung u.a. die Besetzung der öffentlichen Stellen zukam.[155]Dabei stand die Entscheidung über den Urlaub grundsätzlich im Ermessen der Dienstbehörde.[156] Damit verschaffte das Urlaubsbewilligungsrecht der Staatsregierung auf der einen Seite die Möglichkeit, mißliebige Staatsdiener durch Urlaubsverweigerung von einer oppositionellen Tätigkeit in der Ständeversammlung abzuhalten. Gleichzeitig gab es ihr die Möglichkeit, gouvernemental gesinnte Beamte in die Ständeversammlungen eintreten zu lassen, und mit Hilfe dieser ergebenen Beamtenschaft die gewünschten Regierungsvorlagen durchzusetzen, um auf diese Weise die Opposition zu schwächen und zu beherrschen.[157] Daß das Urlaubsbewilligungsrecht von Beginn an den Zweck haben sollte, auf die Zusammensetzung der Kammer einzuwirken, belegt die zeitgenössische Äußerung des badischen Außenministers Fried-

---

den sog. „Badischen Urlaubsstreit“: Ruckstuhl, Liberalismus, S. 29 ff.; Funk, Verfassungsfrage, S. 136 f.; Huber, Verfassungsgeschichte I, S. 375; II, S. 441 ff.; Cser, Landtag, S. 153,162.

[154] Diese war aber auch nach allgemeiner staatsrechtlicher Auffassung und nach geltender Dienstpragmatik nicht von Nöten, da der Beamte ein dem Landesherrn in persönlicher Treue- und Gehorsamspflicht verbundener Staatsdiener war. s. hierzu: v. Gerber, Grundzüge, S. 136, Fn. 7; Ruckstuhl, Liberalismus, S. 30. Zoepfl, Grundsätze, S. 277, legte den staatsrechtlichen Grundsatz in Bezug auf das Urlaubsrecht seit Entstehung der ersten Repräsentativverfassungen folgendermaßen dar: „*Da der Staatsbeamte, welcher zum Abgeordneten gewählt wird, in bestimmter Dienstverpflichtung zu der Staatsregierung steht, so liegt es in der Natur der Sache, dass derselbe sich zum Eintritt in die Ständeversammlung den erforderlichen Urlaub von der Staatsregierung zu erbitten hat, und nur dann, wenn ihm dieser gewährt worden ist, in dieselbe wirklich eintreten kann.*“

[155] Verh. Baden 1841, 4. Beil.-Heft, Beil. Nr. 2 zum Prot. v. 3. Mai 1841, Kommissionsbericht des Abg. Bekk über die Urlaubsverweigerung der Staatsregierung an die Abg. Aschbach und Peter, S. 7 f..

[156] Huber, Verfassungsgeschichte I, S. 368; Ehrle, Volksvertretung II, S. 533.

[157] Daß dies von der Kammer erkannt wurde belegt eindringlich der Kommissionsbericht des Abg. Bekk über die Urlaubsverweigerung der Staatsregierung an die Abg. Aschbach und Peter, welcher der Regierung das Urlaubsverweigerungsrecht absprach, und in der Zulassung von Urlaubsverweigerungen „*eine Gefährdung der konstitutionellen Interessen des Landes*“ sah. So hieß es: „*Gewinnt das System der Urlaubsverweigerungen Boden, so sieht sich das Volk nicht mehr für vollständig vertreten an, es hält dafür die Regierung gebe nur denjenigen Staatsdienern den Urlaub, die sich in der Kammer mehr ihrem Willen fügen, und sie schließe jene aus, die mehr selbstständig handeln, die Kammer habe also nicht mehr diejenige Mitteilung, welche der durch die Wahlen beurkundeten Volksgesinnung entspreche.*“. s. Verh. Baden 1841, 4. Beil.-Heft, Beil. Nr. 2 zum VII. Prot. v 3. Mai 1841, Kommissionsbericht des Abg. Bekk über die Urlaubsverweigerung der Staatsregierung an die Abg. Aschbach und Peter, S. 12 ff.; s. auch: Ehrle, Volksvertretung II, S. 535; 823, 368. Kühne, Volksvertretungen, S. 79, sah gerade in dem Mittel der Urlaubsverweigerung für gewählte Staatsdiener eine von Seiten der Exekutive „*krass politisierte Selektionsherrschaft über die Abgeordneten*“.

rich Landolin Karl Frhr. v. Blittersdorff. Dieser nannte 1841 in einem von der „Badischen Zeitung“ übernommenen (anonymen) Korrespondenzartikel der „Allgemeinen Zeitung“ mit bemerkenswerter Offenheit den Zweck des Urlaubsverweigerungsrechts: *„Die Urheber der Verfassung glaubten ohne Zweifel der Regierung durch dieses gleichartige Element einen Einfluß auf die zweite Kammer und so den zur Förderung der Geschäfte nöthigen Einklang der Gewalten gesichert zu haben.“*[158] Ferner konnte die Staatsregierung über das Urlaubsbewilligungrecht hinaus allein aufgrund des Dienstrechtes gegen oppositionelle Beamtenabgeordnete vorgehen.[159] Dies verdeutlicht eindeutig der Fall des Abgeordneten Johann Adam v. Itzstein, der nach seiner Wahl in die zweite Kammer (1822), dem radikaldemokratischen Flügel vorstehend als schärfster Opponent der Regierung auftrat. Die Regierung versetzte ihn strafweise ans Hofgericht nach Meersburg. Als sich Itzstein weigerte, dem Versetzungsbefehl zu folgen, wurde er nach langem Rechtsstreit pensioniert.[160] Mit Beförderungsverzögerungen, Strafversetzungen, frühzeitigen Pensionierungen und ähnlichen Maßnahmen konnte die Staatsregierung die beamteten Parlamentsmitglieder ebenfalls „einschüchtern“.[161] Welche Wirkung diese Maßnahmen zeigten, verdeutlicht die Tatsache, daß nach dem Landtag des Jahres 1842 keine aktiven Beamten mehr in den Reihen der Opposition standen.[162]

In diesem Zusammenhang ist ferner auch die Art der Stimmabgabe von zentraler Bedeutung für den Ausgang der Wahlen, und damit für die Zusammensetzung der Ständeversammlung.[163] Durch die Dominanz des öffentlichen Wahlrechts, insbesondere bei den Urwahlen, konnte von freien Wahlen nicht die Rede sein.[164] Dabei barg ein öffentliches Wahlverfahren gerade bei den Urwahlen, welche den Ausgang der Abgeordnetenwahlen geradezu bestimmten, die große Gefahr massiver behördlicher Beeinflussung.[165] Dies wird deutlich, wenn man sich den Ablauf der Stimmabgabe bei den Urwahlen vergegenwärtigt.[166] Es ging mancher Orts sogar soweit, daß der Wahlakt durch Amtsmänner überwacht wurde, bis hin zum Vorzeigenlassen der ausgefüllten Stimmzettel.[167]

Als letztes Mittel blieb der Staatsregierung, wenn alle anderen genannten Mittel nicht den aus ihrer Sicht gewünschten Erfolg brachten, die Möglichkeit der Landtagsauflö-

[158] Allgemeinen Zeitung Nr. 141 v. 21.5.1841. Zit. nach: Funk, Verfassungsfrage, S. 137.
[159] Ehrle, Volksvertretung II, S. 530, Fn. 119.
[160] Huber, Verfassungsgeschichte I, S. 377 ff..
[161] vgl. Ruckstuhl, Liberalismus, S. 118; Cser, Landtag, S. 153, 164.
[162] Hörner, Wahlen, S. 258.
[163] Vgl. in der WahlO v. 23. Dezember 1818: §§ 53, 54 für die Urwahlen und §§ 76, 77 für die Abgeordnetenwahl.
[164] Kühne, Volksvertretungen, S. 68.
[165] Wobei jedoch bei Abgeordnetenwahl in Baden anzumerken ist, daß das Wahlgeheimnis stärker geschützt wurde, denn auf die Unterzeichnung der Wahlzettel wurde verzichtet. Die Unterschrift der Wahlumschläge diente eher den Wählern als Kontrolle dafür, daß ihre Stimmzettel auch wirklich ausgezählt wurden.
[166] Vgl. §§ 53, 54 der WahlO v. 23. Dezember 1818.
[167] Hörner, Wahlen, S. 466.

sung mit gleichzeitiger Ausschreibung von Neuwahlen.[168] Dem Landesherrn stand nach §§ 42, 68 der Verfassungsurkunde nach eigenem Ermessen das alleinige Recht der Einberufung, Vertagung und Auflösung des Landtags zu.[169]

Diese dargestellten Zugriffsmöglichkeiten der Staatsregierung auf die Wahl und Zusammensetzung der Kammer verdeutlichen eindeutig, weshalb § 41 in seiner Form in die Verf.-Urk. v. 22. August 1818 aufgenommen werden konnte. Des weiteren verdeutlichen sie auch die Stellung, den die Staatsregierung der Wahlprüfung als Machtmittel in Bezug auf die Beeinflussung der Ständeversammlung eingeräumt hatte. Für die Staatsregierung war das Mittel der Wahlprüfung nicht das einzige und auch nicht das bedeutendste Mittel, um Einfluß auf die Zusammensetzung, und damit auf die Politik der Kammer, zu nehmen. Der Staatsregierung standen andere äußerst wirksame Mittel im Vorfeld oder auch während der Wahl zur Verfügung, um sich einen ausreichenden Einfluß auf die Kammer zu sichern. Aus landesherrlicher Sicht war es daher möglich, das Recht der Prüfung strittiger Wahlen der Kammer zu übertragen, ohne dabei den Einfluß auf die Zusammensetzung der Kammer zu verlieren oder größere machtpolitische Einbußen hinzunehmen.

IV. Die Wahlprüfung in der zweiten Kammer in den Jahren 1820-1866

Um Erkenntnisse über das Wahlprüfungsrecht und seine Entwicklung im Großherzogtum Baden zu gewinnen, bedarf es der Untersuchung der Wahlprüfungspraxis der zweiten Kammer. Daß die Wahlprüfungen in der Landtagspraxis im Großherzogtum Baden eine bedeutende Rolle gespielt haben, verdeutlicht die Aussage von Müller[170], der die Wahlprüfungen als ein „*ständiges Kapitel der badischen Landtagsgeschichte*" bezeichnete.

1. Terminologie

Bevor auf die Wahlprüfungspraxis der zweiten Kammer einzugehen ist, bedarf es zunächst einer Festlegung der gebräuchlichen Wahlprüfungsterminologie.
In Bezug darauf zeigte sich zunächst ein uneinheitliches Bild. Die Verfassungsurkunde sprach in § 41 von der „*Erkenntnis über streitige Wahlen*" und die Geschäftsordnung in § 2 von der „*Prüfung der Vollmachten*". So fanden sich in der Verfassung sowie in der Geschäftsordnung unterschiedliche Begrifflichkeiten, obwohl die Paragraphen der Geschäftsordnung lediglich die Bestimmung der Verfassungsurkunde konkretisieren sollten. In den Protokollen der Kammerverhandlungen kamen ebenfalls verschiedene Begrifflichkeiten vor, die jedoch gleichbedeutend benutzt wurden. Das Protokoll sprach von der „*Wahlprüfung*", der „*Vollmachtsprüfung*"[171] und der „*Prüfung der Legitimation*"[172]. In der Kammer setzte sich aber eindeutig der Begriff der Wahlprüfung durch.

---

[168] s. hierzu einen typischen Fall in Baden: Huber, Verfassungsgeschichte I, S. 380.
[169] Vgl. zur Ausübung dieses Rechtes in Baden zwischen 1819-1847/49: Ehrle, Volksvertretung II, S. 536, Fn. 143.
[170] Müller, Landtagsgeschichte I, S. 123.
[171] s. u.a. Verh. Baden 1840, 5. Heft, XLVIII. Prot. v. 9. März 1840, S. 2.
[172] s. u.a. Verh. Baden 1847/48, 9. Prot.-Heft, CVI. Prot. v. 20. November 1848, S. 2.

Ferner stellte sich bezüglich der Entscheidungsformel ein uneinheitliches Bild dar. Fand sich bei der Prüfung der Wahl kein Anstand und sollte sie als rechtmäßig anerkannt werden, so wurden die Begrifflichkeiten „*unbeanstandet*“, „*gültig*“ und „*genehmigt*“ gleichbedeutend verwandt. [173] Im entgegengesetzten Fall zeigte sich jedoch ein anderes Bild. Hier wurden die Begriffe „*Ungültigkeit*“ und „*Beanstandung*“ keinesfalls gleichbedeutend genutzt.[174] Deutlich wird diese Unterscheidung insbesondere an dem Antrag der Majorität der Wahlprüfungskommission zur Wahl des 13. Ämterwahlbezirks des Landtags 1859/60. Der Antrag sprach von einer „*Ungiltigkeitserklärung oder Beanstandung der Wahl*“.[175] Der unterschiedliche Regelungsgehalt, der den Begriffen „*Beanstandung*“ und „*Ungültigkeit*“ zugrunde lag, wird am Beispiel der Prüfung der Wahl des Abg. Rosshirt des 20. Ämterwahlbezirks auf dem 22. Landtag deutlich. In diesem Fall wurde zunächst die Wahl für beanstandet erklärt. Ferner wurde eine Untersuchung bei der Regierung erbeten[176], und nach der Auswertung so wie der Prüfung der Untersuchung wurde die Wahl letztendlich für ungültig erklärt.[177] Neben dem Begriff der Beanstandung wurden auch die treffenderen Begriffe der vorläufigen oder einstweiligen Beanstandung verwandt. Bisher wurde angenommen, daß diese eine unterschiedliche Aussage beeinhalteten. Hörner[178] sah die Beanstandung und die einstweilige Beanstandung als zwei unterschiedliche Instrumente an. Richtig ist zwar, daß sich im Laufe der Zeit der Begriff der einstweiligen oder vorläufigen Beanstandung neben der Beanstandung entwickelte, jedoch hatten diese Begriffe keine andere inhaltliche Aussage als der der Beanstandung. Hörner sprach davon, daß das Instrument der einstweiligen Beanstandung in der Regel mit einer Aufforderung an die Regierung verknüpft war, die Wahlumstände untersuchen zu lassen. Dies stellte jedoch keinen Unterschied zur Beanstandung dar. Daß die einstweilige Beanstandung und die Beanstandung nicht zwei unterschiedliche Instrumente, sondern die gleichen waren, verdeutlicht u.a. der Beschluß zur Wahl im 3. Ämterwahlbezirk im Jahre 1857, der folgendermaßen lautete: „*die Wahl vorderhand, und bis die erforderliche Nachweisung*

---

[173] Vgl. u.a. Verh. Baden 1845/46, 1. Prot.-Heft, I. Prot. v. 25. November 1845, S. 9 ff.; Verh. Baden 1850/51, Prot.-Heft, I. Prot. v. 7. März 1850, S. 9; Verh. Baden 1854, Prot.-Heft, I. Prot. v. 13. Januar 1854, S. 11 f.; Verh. Baden 1855/56, Prot.-Heft, I. Prot. v. 27. November 1855, S. 5; Verh. Baden 1861/63, Prot.-Heft, I. Prot. v. 2. Dezember 1861, S. 6 ff..

[174] Vgl. z.B.: Verh. Baden 1842, 1. Prot.-Heft, II. Prot. v. 28. Mai 1842, S. 11.

[175] Verh. Baden 1859/60, Prot.-Heft, XXIX. Prot. v. 27. Februar 1860, S. 113.

[176] Verh. Baden 1861/63, Prot.-Heft, LXX. Prot. v. 10. Februar 1863, S. 335 f..

[177] Verh. Baden 1861/63, Prot.-Heft, LXXVII. Prot. v. 24. April 1863, S. 388. Weiterhin wird dies ebenfalls an der Beschlussfassung der Kammer zur Wahl im 25. Ämterwahlbezirk im Jahre 1843 deutlich. In diesem Fall wurden die Anträge, die Wahl für unbeanstandet, wie auch der Antrag die Wahl für ungültig zu erklären, abgelehnt. Jedoch wurde ein Beschluß von der Kammer dahingehend gefaßt, die Urwahlakten von der Regierung zu erbitten und bis dahin die Wahl für beanstandet zu erklären (Verh. Baden 1843/44, 1. Prot.-Heft, III. Prot. v. 27. November 1843, S. 75).

[178] Hörner, Wahlen, S. 320 f..

beigebracht ist, für beanstandet zu erklären".[179] Daß auch keine inhaltliche Unterscheidung zwischen den Begrifflichkeiten „*vorläufige*" und „*einstweilige*" Beanstandung lag, verdeutlicht die Prüfung der Wahl im 7. Ämterwahlbezirk des Jahres 1846. Hier lautete der Abteilungsantrag auf eine „*vorläufige Beanstandung*". Der Präsident hingegen fragte zur Abstimmung, ob der Abteilungsantrag angenommen werden sollte, und damit die Wahl „*einstweilig*" beanstandet werden sollte.[180] Sowohl die Beanstandung als auch die vorläufige oder einstweilige Beanstandung besagten nur, daß die Wahl erst mal nicht als eine gültige anerkannt werden konnte. Vielmehr waren in diesen Fällen noch Untersuchungen oder Nachweisungen über diese Wahl erforderlich, um ein endgültiges Urteil über diese Wahl zu fällen.[181] Die Beanstandung einer Wahl hatte damit keineswegs zwangsläufig die Ungültigkeitserklärung zur Folge, sondern vielmehr konnte eine beanstandete Wahl im Ergebnis auch für gültig erklärt werden.[182] Die Beanstandung schaffte daher nur einen schwebenden Rechtszustand, der entweder mit der Gültigkeit oder Ungültigkeit der Wahl endete. Sie hatte aber grundsätzlich zur Folge, daß der Gewählte nicht in die Kammer eintreten konnte.[183] Der Begriff der Ungültigkeit führte hingegen einen endgültigen Rechtszustand herbei, in dem die Wahl verworfen bzw. für nichtig erklärt wurde.

2. Rechtsnatur

Zur Klärung der juristischen Natur der Prüfung der Wahlen durch die Kammer ist zunächst der Wortlaut des § 41 der Verf.-Urk. v. 22. August 1818 heranzuziehen. Hiernach handelte es sich bei der Prüfung der Wahlen um eine „*erkennende*" Tätigkeit. Allein der Wortlaut der Verfassungsbestimmung sprach bereits für eine rechtsprechende Tätigkeit. Darüber hinaus sprach die Verfassung ebenfalls dafür, daß die Kammer bei ihrer Wahlprüfungstätigkeit an die Gesetze gebunden war. § 69 der Verf.-Urk. v. 22. August 1818 bestimmte, daß alle Mitglieder der Kammer bei Eröffnung

---

[179] Verh. Baden 1857/58, Prot.-Heft, I. Prot. v. 20. November 1857, S. 6. s. weiterhin auch den Beschluß der Kammer zur Wahl im 25. Ämterwahlbezirk im Jahr 1843, Verh. Baden 1843/44, 1. Prot.-Heft, III. Prot. v. 27. November 1843, S. 75.

[180] Verh. Baden 1846, 3. Prot.-Heft, VII. Prot. v. 13. Mai 1846, S. 195, 218.

[181] Dies verdeutlicht auch der von der Kammer im Jahre 1842 in Bezug auf die Wahl des Abg. Herrmann im 28. Ämterwahlbezirk gefasste Beschluß, „*die Wahl für beanstandet zu erklären und die Acten... dem großherzogl. Staatsministerium mit dem Ersuchen* (einer Untersuchung) *mitzutheilen... damit alsdann über die Gültigkeit der Wahl ein definitiver Beschluß gefaßt werden könne.*" (Verh. Baden 1842, 1. Prot.-Heft, IV. Prot. v. 31. Mai 1842, S. 97 f.); vgl. ebenfalls hierzu den Kammerbeschluß über die Wahl des Abg. Gastroph im 33. Ämterwahlbezirk des Jahres 1842, Verh. Baden 1842, 1. Prot.-Heft, VII. Prot. v. 4. Juni 1842, S. 197.

[182] Vgl. hierzu beispielsweise die Prüfung der Wahl des Abg. Herrmann im 28. Ämterwahlbezirk im Jahr 1842. In diesem Fall wurde die Wahl zunächst von der Kammer für beanstandet erklärt, jedoch nach dem geforderten Untersuchungsbericht im Ergebnis für gültig erklärt (Verh. Baden 1842, 1. Prot.-Heft, IV. Prot. v. 31. Mai 1842, S. 97 f.; XI. Prot. v. 11. Juni 1842, S. 282); s. auch den Abteilungsantrag und den endgültigen Beschluß der Kammer zur Wahl im 7. Ämterwahlbezirk im Jahre 1846, Verh. Baden 1846, 3. Prot.-Heft, VII. Prot. v. 13. Mai 1846, S. 195, 4. Prot.-Heft, XVIII. Prot. v. 13. Juni 1846, S. 121.

[183] Vgl. hierzu die Äußerung der Abg. Christ, Verh. Baden 1847/48, 6. Prot.-Heft, LXXVI. Prot. v. 9. Oktober 1848, S. 165.

des Landtags folgenden Eid zu schwören hatten: „ *Ich schwöre Treue dem Großherzoge, Gehorsam dem Gesetze, Beobachtung und Aufrechthaltung der Staatsverfassung...*“.
Diese beiden theoretischen Befunde wurden auch durch die Prüfungspraxis der zweiten Kammer eindeutig bestätigt. Hervorzuheben ist in diesem Zusammenhang die Stellungsnahme des Abg. Winter. Dieser stellte im Jahre 1822 folgenden Grundsatz auf: *„In dem Rechte, das der Kammer zustehe, über die Gültigkeit der Wahlen zu entscheiden, übe sie ein Richteramt, und sie habe dessen Pflichten zu erfüllen, diese bestünden darinn:*

1) *sich von der Richtigkeit der Thatsachen zu überzeugen, und dann*
2) *das Gesetz darauf anzuwenden.*“. [184]

Die Kammer selbst sah ihre Tätigkeit im Rahmen der Wahlprüfung als eine rechtsprechende an. Sie sah sich, wie auch die konkreten Wahlprüfungsentscheidungen belegen, dabei an die Gesetze gebunden. [185]

---

[184] Verh. Baden 1822, 1. Bd., VI. Prot. v. 2. April 1822, S. 117. Die Kammer sah sich als ein Geschworenengericht an. Dies verdeutlicht die weitere Aussage des Abg. Winter: „ *Nur darin weiche ihr Beruf von dem gewöhnlichen Richteramte im Wesentlichen ab, dass sie nicht verbunden seyen, ihr Urtheil über die Thatsache, an die gesetzlichen Grade der Wahrscheinlichkeit zu knüpfen und nach solchen zu berechnen. Sie urtheilen lediglich nach ihrer inneren Ueberzeugung und nach ihrem Gewissen. Wenn nun diese Ihnen sagen, ob eine That verübt, oder nicht verübt worden seye, ob sie als die Ursache dieser oder jener Folge angesehen werden müsse, so können Sie ruhig Ihr Urtheil aussprechen, wie auch der äussere Schein diesem Urtheil entgegen seyn möge.*“. In diesem Sinne auch der Abg. Schaaf im Rahmen einer Wahlprüfung im Jahre 1831: *„daß wir ein Geschwornengericht seien, daß wir nach den Grundsätzen, denen die Geschwornengerichte huldigen, zu urtheilen haben, d.h. nach Plicht und Gewissen und unserer moralischen Ueberzeugung. Dafür spricht auch schon der Umstand, daß wir nicht aus lauter Juristen zusammengesetzt sind, ...Wir sind also kein juristisches Spruchcollegium, und haben nicht, so wie die Juristen in diesem Collegium, alles haarscharf abzuwägen, und nach den, für den Juristen vorgeschriebenen Grundsätzen zu beurtheilen.*“ (Verh. Baden 1831, 1. Heft, I. Prot. v. 18. März 1831, S. 63). Vgl. auch die Aussagen der Abg.: v. Rotteck (Verh. Baden 1839, 1. Heft, VIII. Prot. v. 27. April 1839, S. 145), Böhme (Verh. Baden 1842, 1. Prot.-Heft, VI. Prot. v. 3. Juni 1842, S. 148) und Kapp (Verh. Baden 1847/48, 1. Prot.-Heft, II. Prot. v. 11. Dezember 1847, S. 23).

[185] So auch die einhellige Auffassung der Staatswissenschaft: Roth/Thorbecke, Landtagshandbuch, S. 84; Bornhak, Staats- und Verwaltungsrecht, S. 48; Walz, Staatsrecht, S. 59, 80 f.. Walz, Prüfung, S. 132: sah die Tätigkeit der Kammer seit ihrer Entstehung bei der Wahlprüfung ganz selbstverständlich als Rechtsprechung an. „*Wie der Richter im Prozeß über das Bestehen oder Nichtbestehen eines Rechtes, so hat sie (die Kammer) darüber zu entscheiden ob einer durch den Wahlakt als gewählt bezeichneten Person die Eigenschaft eines Abgeordneten zukommt oder nicht. Sie nimmt damit, wie sie neben ihrer ersten Aufgabe, der Mitwirkung bei der Gesetzgebung, auf das Gebiet der Verwaltung übergreift, auch Teil an der dritten Funktion der Staatsgewalt, an er Rechtsprechung.*“.

3. Ablauf der Prüfung

Auf dem ersten Landtag wurde nach der Verfassung[186] die Aufgabe über die sich bei den ersten Wahlen ergebenen Streitigkeiten, der Zentralkommission zur Leitung der Wahlgeschäfte übertragen, solange die Ständeversammlung noch nicht gebildet war. [187] Erst in der zweiten Sitzung des Jahres 1820 am 27. Juni fand eine autonome Prüfung der Wahlen acht neuer Mitglieder durch die Kammer statt. Um jedoch den Eintritt der neuen Mitglieder zu beschleunigen, beschloß die Kammer mit Einverständnis der Regierungskommissare, entgegen den Maßgaben der Geschäftsordnung, die Wahl einer Kommission von fünf Mitgliedern zur Prüfung der Wahlen zu übergeben.[188] Aus diesem Grund ist erst der zweite Landtag 1822/23 für den charakteristischen Verfahrensablauf bei den Wahlprüfungen von Interesse.[189] Dieser Verfahrensablauf blieb im Grundsatz mit Ausnahme von einigen geringfügigen Änderungen bis zum Ende des Untersuchungszeitraumes bestehen.

Grundsätzlich fanden vor der feierlichen Eröffnung und Konstituierung der Ständeversammlung zunächst meist zwei Vorbereitungssitzungen statt. In der ersten Vorbereitungssitzung wurden zunächst das älteste Mitglied zum Alterspräsidenten, sowie die drei jüngsten Mitglieder zu den provisorischen Sekretären ernannt.[190] Ferner wurden noch die landesherrlichen Kommissare für den jeweiligen Landtag benannt. Im Anschluß daran wurden die Wahlakten der neuen Mitglieder der Kammer von der Regierung übergeben, *„mit der Einladung, nunmehr die Prüfung der neuen Wahlen nach den Vorschriften der Geschäftsordnung eintreten zu lassen"* [191]. Ab dem Landtag des Jahres 1839 übergab die Regierung die Wahlakten nicht mehr in der Vorbereitungssitzung, sondern erst in der ersten öffentlichen Sitzung.[192] Einer der provisorischen Sekretäre erläuterte daraufhin das Verfahren nach der Geschäftsordnung, welches für die Bildung der provisorischen Abteilungen zu befolgen war, wonach zuerst die älteren

---

[186] § 80 der Verf.-Urk. v. 22. August 1818 bestimmte: *„Bei der ersten Wahlhandlung erkennt über alle, wegen Gültigkeit der Wahlen entstehenden Streitigkeiten die landesherrliche Centralkommission, die mit der ersten Vollziehung des Constitutionsgesetzes beauftragt werde werden wird."*

[187] Vgl. Verh. Baden 1819. 3. Heft, Prot. v. 13. Mai 1819, S. 28. Interessant ist in diesem Zusammenhang ferner, daß die Zentralkommission die Wahl des Hofrats Nebel, welcher am 12. Februar 1819 gewählt wurde, aufhob. Denn dieser sei Bürger von Frankfurt gewesen, und ein auswärtiges Bürgerrecht sei mit dem badischen Staatsbürgerrecht nicht vereinbar. Hierauf ergingen u.a. zwei Eingaben von Wahlmännern des 40. Ämterwahlbezirks an die Kammer. Obwohl die Aufgabe der Entscheidung über die Streitigkeiten bei der ersten Wahlhandlung der Zentralkommission oblag, übergab die Regierung die die Wahl des Hofrats Nebel betreffenden Wahlakten zur Entscheidung an die Kammer. Verh. Baden 1819, 1. Heft, Prot. v. 26. April 1819, Beil. Nr. 88, S. 39.

[188] Vgl. Verh. Baden 1820, 1. Heft. II. Prot. v. 27. Juni 1820, S. 21, 28.

[189] Vgl. Verh. Baden 1822. 1. Bd., I. Vorbereitungssitzung am 25. März 1822, S. V, XI.

[190] Vgl. § 1 der GO v. 5. Mai 1819.

[191] So der Wortlaut in der ersten Vorbereitungssitzung des 2. Landtags. Vgl. Verh. Baden 1822. 1. Bd., I. Vorbereitungssitzung am 25. März 1822, S. II ff..

[192] Verh. Baden 1839, 1. Heft, I. Prot. v. 8. April 1839, S. 7.

Mitglieder und sodann die neugewählten[193] Abgeordneten gesondert zu losen hatten.[194] Lediglich im Fall einer Integralerneuerung der Kammer wurde eine Verlosung aller anwesenden Mitglieder auf die provisorischen Abteilungen durchgeführt. Für die abwesenden Mitglieder beteiligte sich der Alterspräsident stellvertretend an der Verlosung.[195] Das Losverfahren begann damit, daß in einer Urne so viele Zettel mit der jeweiligen Ziffer der Abteilung versehen wurden, wie die einzelnen Abteilungen an Mitgliedern benötigten. Dann las der vorsitzende Alterspräsident die Namen sämtlicher Abgeordneten und die vorläufig nicht vertretenen Wahlkreise vor. Währenddessen zog einer der zwei vorübergehenden Schriftführer einen Zettel aus der Urne und nannte die betreffende Abteilung, welche dann von dem zweiten Schriftführer in die Mitgliederliste eingetragen wurde.[196] Sobald die Verlosung abgeschlossen war, und damit die provisorischen Abteilungen gebildet waren, ernannte jede provisorische Abteilung aus ihren Reihen einen Vorstand sowie einen Sekretär. Im weiteren Verlauf wurden die Wahlakten nach § 5 der GO v. 5. Mai 1819 vom Alterspräsidenten in der Weise an die einzelnen Abteilungen zugeteilt, daß keine Abteilung eine Vollmacht eines ihrer Mitglieder zur Untersuchung empfing.[197] Unmittelbar im Anschluß daran wurde meist beschlossen, daß sich die fünf provisorischen Abteilungen am gleichen Tag noch nachmittags zur Vornahme der Prüfung zusammenfinden sollten. Sobald die Berichte erstellt waren, sollte dem Präsidenten hiervon Bericht erstattet werden, damit am nächsten oder übernächsten Tag die Berichterstattung und Beratung in der Kammer erfolgen konnte.[198] Seit dem Landtag des Jahres 1835 wurden jedoch nicht mehr in den Vorbereitungssitzungen, sondern erst in der ersten öffentlichen Sitzung die provisorischen Abteilungen gebildet.[199] Nach der Bildung der provisorischen Abteilungen wurde die erste Sitzung für eine Stunde unterbrochen, damit sich die Abteilungen mit der Prüfung der Wahlen beschäftigen konnten.[200] Es änderte sich zwar der Zeitpunkt, aber nicht das Verfahren zur Bildung der provisorischen Abteilungen, und auch nicht das Prüfungsverfahren selbst. Nachdem die Mitglieder der provisorischen Abteilungen

---

[193] Daß es zu dieser Aufteilung kam lag an § 38 der Verf.-Urk.. Hiernach wurden die Abg. auf acht Jahre ernannt. Dies geschah in der Weise, daß die Kammer alle zwei Jahre zu einem Viertel erneuert wurde.

[194] Dies entsprach der Bestimmung des § 3 II der GO v. 5. Mai 1819. Vgl. auch Verh. Baden 1822, 1. Bd., I. Vorbereitungssitzung am 25. März 1822, S. IV; Verh. Baden 1837, 1. Heft, I. Prot. v. 10. März 1837, S. 9.

[195] Vgl. u.a. Verh. Baden 1822, 1. Bd., I. Vorbereitungssitzung am 25. März 1822, S. IV; Verh. Baden 1850/51, Prot.-Heft, I. Prot. v. 7. März 1850, S. 7.

[196] s. auch: Roth, Geschäfts-Ordnung, Anm. 2 zu § 3.

[197] Dies entsprach der Regelung des § 3 der GO v. 5. Mai 1819, vgl. z.B. Verh. Baden 1822, 1. Bd., I. Vorbereitungssitzung am 25. März 1822, S. XIV; Verh. Baden 1850/51, Prot.-Heft, I. Prot. v. 7. März 1850, S. 7.

[198] Vgl. Verh. Baden 1822, 1. Bd., I. Vorbereitungssitzung am 25. März 1822, S. XV.

[199] Vgl. hierzu die Ausführungen zu den formellen Reformbestrebungen hinsichtlich des Ablaufs der Prüfung.

[200] Verh. Baden 1835, 1. Heft, Vorbereitungssitzung v. 30. März 1835, S. 1; I. Prot. v. 1. April 1835, S. 7; Verh. Baden 1837, 1. Heft, I. Prot. v. 10. März 1837, S. 10

wieder in die Kammer eintraten, wurde mit der Berichterstattung durch die Berichterstatter der provisorischen Abteilungen begonnen.[201]
Die Abteilungsberichte wurden grundsätzlich mündlich vorgetragen, es gab jedoch auch die Möglichkeit, daß die Abteilung, aufgrund der Wichtigkeit des Gegenstandes einen schriftlichen Bericht anfertigte.[202] Der Abteilungsvorstand erstattete aber nicht, wie nach § 6 der GO v. 5. Mai 1819 vorgesehen, über alle von der Abteilung zu prüfenden Wahlen Bericht. Vielmehr erstatteten auch die übrigen Mitglieder der betreffenden Abteilung Bericht über das Prüfungsergebnis einer von der provisorischen Abteilung geprüften Wahl.[203] Diese Übung änderte sich erst ab dem Jahre 1855, als sich die Kammer mit dem Antrag des Abg. Schaaff damit einverstanden erklärte bezüglich des Vortrags der Resultate der Wahlprüfungen die Bestimmung des § 6 der GO v. 5. Mai 1819 jetzt und auch für die Zukunft einzuhalten. Hiernach hatte der Vorstand der Abteilungen über alle Wahlakten, welche an dieselbe gewiesen wurden, Vortrag zu erstatten.[204]
Grundsätzlich wurde zuerst über die Wahlen Berichtet erstattet, bei welchen sich nach Ansicht der provisorischen Abteilungen keine Anstände ergaben.[205] Dieser Grundsatz wurde nicht immer strikt durchgehalten, denn auch in Einzelfällen wurde zwischen den unbeanstandeten Wahlen ebenfalls Bericht über beanstandete Wahlen erstattet.[206]
Nach der Berichterstattung wurde die Diskussion eröffnet und es wurde meist direkt über die Wahl abgestimmt. Bei einfachen und unstreitigen Wahlprüfungen[207], welche den Großteil der Wahlprüfungen ausmachten, gab der Prüfungsbericht über die Wahl noch mal den Ablauf der Wahl hinsichtlich der Prüfung, ob die einschlägigen gesetzlichen Vorschriften beachtet wurden, wieder, und endete z. B. mit der Feststellung, daß alle „*gesetzlichen Förmlichkeiten,...,mit musterhafter Schärfe und Pünktlichkeit beobachtet*“ wurden.

[201] Meist erfolgte die Berichterstattung auch erst in der zweiten Vorbereitungssitzung. Erst nach der erfolgten Berichterstattung kam es zur Auslosung der definitiven Abteilungen. Bei dieser Vorgehensweise blieb es bis zum Ende des Untersuchungszeitraumes.
[202] So bei der Wahl im 1. Städtewahlbezirk des 13. Landtags: Verh. Baden 1845/46, 1. Prot.-Heft, III. Prot. v. 27. November 1845, S. 52.
[203] Der Sinn dieser Vorgehensweise bestand darin, daß sich hierdurch die Kammer schnellst möglich konstituieren konnte. Vgl. für diese Vorgehensweise u.a. Verh. Baden 1842, 1. Prot.-Heft, II. Prot. v. 28. Mai 1842, S. 14.
[204] Verh. Baden 1855/56, Prot.-Heft, I. Prot. v. 27. November 1855, S. 5.
[205] Vgl. z.B. den typischen Fall, daß erst nach der Berichterstattung und Entscheidung über die unbeanstandeten Wahlen die jeweilige provisorischen Abteilung den Bericht über eine beanstandete Wahl erstatteten. So bei der Wahl des Abg. v. Massenbach des 3. Ämterwahlbezirkes des Jahres 1857(Verh. Baden 1857/58, Prot.-Heft, I. Prot. v. 20. November 1857, S. 4).
[206] Vgl. u.a. Verh. Baden 1846, 3. Prot.-Heft, III. Prot. v. 8. Mai 1846, S. 82.
[207] s. für typische unstreitige Wahlprüfungen, u.a. die des Traubenwirts Dittler, zum Abg. der Stadt Pforzheim des Jahres 1822, in: Vgl. Verh. Baden 1822, 2. Bd., XIX. Prot. v. 14. Mai 1822, S. 330 f., Beil. Nr. 102, S. 375 ff.; die des Vogts Fieß im 28. Wahlbezirk, 8. Bd., LXXIII. Prot. v. 27. November 1822, Beil. Nr. 296, S. 498 ff.; die des Abg. Winter von Heidelberg, 11. Bd., XCVI. Prot. v. 4. Januar 1823, S. 2 f..

Nach der Berichterstattung wurde vor allem bei den einfachen und unstreitigen Wahlen beschlossen in abgekürzter Form in die Beratung einzutreten.[208] Hierzu war auch die Zustimmung der Regierungskommission erforderlich. Erst im Anschluß an die Berichterstattung und die ggf. stattfindende Diskussion sowie die abschließende Abstimmung über die unbeanstandeten Wahlen wurden von den Berichterstattern der jeweiligen provisorischen Abteilungen die Berichte über die beanstandeten Wahlen vorgetragen. Aufgrund der Tatsache, daß es sich bei diesem Verfahren lediglich um eine provisorische Berichterstattung handelte, wurden meist keine weitergehenden Diskussionen über anfallende Anstände geführt. Teilweise wurde das Verfahren auch dahingehend abgeändert, daß nach der Berichterstattung über die unbeanstandeten Wahlen durch eine provisorische Abteilung der Berichterstatter nur anzeigte, welche Wahlen von der Abteilung beanstandet wurden. Sodann wurden von einzelnen Mitgliedern der Abteilung die Gründe für diese Beanstandung der jeweiligen Wahl angeführt, ohne daß sich darüber eine Diskussion entwickelte oder eine Abstimmung vorgenommen wurde.[209]
Die am Ende der Berichterstattung erfolgten Anträge, und damit die Beschlußempfehlungen der provisorischen Abteilungen an die Kammer, waren für diese nicht bindend. Vielmehr konnten die Anträge der Abteilungen im Laufe des Diskussion abgeändert und schließlich in abgeänderter Form angenommen werden.[210] Jeder Abgeordnete hatte ebenfalls die Möglichkeit, zum Ende der Diskussion einen eigenen Antrag zu stellen.[211] Wurde von einem Berichterstatter einer provisorischen Abteilung Bericht über eine Wahl erstattet, obwohl seine eigene Wahl noch nicht geprüft war, so wurde diese Abteilung in der Reihenfolge der Berichterstattungen übersprungen, und die numerisch nachfolgende provisorische Abteilung wurde mit der Berichterstattung beauftragt.[212]
Sobald über die Wahl des Alterspräsidenten berichtet wurde, übergab dieser das Präsidium an den zweitältesten Abgeordneten, und setzte sich in die Reihen der Deputierten.[213]

Die beanstandeten Wahlen wurden erst nach der Konstituierung der Kammer zur Diskussion und Entscheidung gebracht. Aufgrund der Tatsache, daß die Kammer kein

[208] § 69 der GO v. 5. Mai 1819.
[209] Vgl. u.a. Verh. Baden 1842, 1. Prot.-Heft, II. Prot. v. 28. Mai 1842, S. 24 f..
[210] Vgl. hierfür die Wahl des Abg. Böhme im 17. Ämterwahlbezirks des Jahres 1842. Bei dieser Prüfung stellte die Abteilung den Antrag auf Ungültigkeitserklärung. Die Kammer hat aber letztendlich die Wahl für unbeanstandet erklärt. Verh. Baden 1842, 1. Prot.-Heft, VII. Prot. v. 4. Juni 1842, S. 175-185.
[211] Vgl. die Prüfung der Wahl im 20. Ämterwahlbezirk auf dem 22. Landtag, bei der letztendlich nicht der Kommissionsantrag, sondern der Antrag des Abg. Walli, die Wahl für unbeanstandet zu erklären, zum Kammerbeschluß erhoben wurde. Verh. Baden 1861/63, Prot.-Heft, XCV. Prot. v. 2. Juni 1863, S. 579.
[212] So im Jahre 1835 im Fall des Abg. Merk, der für die erste provisorische Abteilung Bericht erstatten wollte, dessen Wahl selbst aber noch nicht geprüft war. In diesem Fall erstattete zunächst der Berichterstatter der zweiten provisorischen Abteilung Bericht, dessen Wahl bereits geprüft war. Vgl. Verh. Baden 1835, 1. Heft, I. Prot. v. 1. April 1835, S. 8.
[213] Verh. Baden 1837, 1. Heft, I. Prot. v. 10. März 1837, S. 16.

Enquêterecht[214] besaß, wurde im Zusammenhang mit der Beanstandung meist ein Ersuchen an die Staatsregierung gerichtet, die Anstände zu untersuchen.[215]

Grundsätzlich orientierte sich die Prüfung der Wahlakten und damit auch die Berichterstattung, an zwei Fragen: Zum einen, ob die Wahl entsprechend den gesetzlichen Vorschriften vorgenommen wurde, und zum anderen, ob der Gewählte die erforderlichen gesetzlichen Eigenschaften besaß, und ob er diese auch nachgewiesen hatte. Prüfungsgrundlage waren dabei nur die Wahlakten mit ihren Beilagen. Dies änderte sich lediglich in dem Fall, wenn Eingaben gegen die Wahlen[216] eingingen. Nach der Geschäftsordnung[217] waren diese Eingaben der Petitionskommission zu übergeben. Von diesem Grundsatz wurde nur in dem Fall abgewichen, wenn die Eingaben vor der Prüfung der Wahlen eintrafen. In diesem Fall wurden diese nicht an die Petitionskommission übergeben bzw. zurückgelegt bis sich die Petitionskommission gebildet hatte. Vielmehr wurden sie an die provisorischen Abteilungen überwiesen, welche mit der Prüfung der angefochtenen Wahl betraut waren.[218]

Die Beanstandungen der provisorischen Abteilungen und Prüfungskommissionen an den Fehlern und Mängeln, welche in den Wahlakten[219] lagen, zogen sich wie ein roter

---

[214] Das fehlende Enqueterecht hemmte naturgemäß die Neutralität und Intensität der Untersuchungen. Jedoch kam es von Seiten der Kammer während des gesamten Untersuchungszeitraumes zu keinen Beschwerden hierüber, da die Regierung den Untersuchungsersuchen meist folge leistete. Lediglich im Jahre 1846 kam die Regierung dem Ersuchen der Kammer in Bezug auf eine Untersuchung über Unregelmäßigkeiten bei einer Urwahl im 7. Ämterwahlbezirk nicht nach. Die Prüfungskommission beantragte deshalb, die Akten der Regierung mit der Aufforderung, das Versäumte nachzuholen, zurückzugeben. Der liberale Abg. Welcker unterstützte diesen Antrag. Er war der Auffassung, daß die Kammer in ihrem Ansehen leide, wenn die von ihr gefaßten Beschlüsse nicht vollzogen würden. Im Ergebnis setzte sich diese Auffassung in der Kammer nicht durch, und der Antrag auf eine erneute Untersuchung wurde niedergeschlagen. Die Wahl wurde aus diesem Grund genehmigt. Vgl. Verh. Baden 1846, 4. Prot.-Heft, XVIII. Prot. v. 13. Juni 1846, S. 114-121.

[215] Wurden die erbetenen Untersuchungen der Kammer von der Staatsregierung übergeben, so wurden diese vom Präsidenten an die Kommission verwiesen, welche schon früher mit der Prüfung dieser Wahl beauftragt war. So z.B. in Bezug auf die Wahl des Hofgerichtsrats Bordolo: Verh. Baden 1831, 4. Heft, XVI. Prot. v. 23. April 1831, S. 42.

[216] Dabei war es zunächst grundsätzlich ohne Bedeutung, ob sich die Eingaben gegen die Urwahl oder gegen die Abgeordnetenwahl selbst richteten.

[217] § 54 der GO v. 5. Mai 1819.

[218] Verh. Baden 1842, 1. Prot.-Heft, I. Prot. v. 24. Mai 1842, S. 5.

[219] Es fehlten die Beurkundungen, ob bei der Wahl auch alle Erfordernisse, welche die Wahlordnung an eine ordnungsgemäße Wahl stellte, erfüllt wurden, so z.B.: Steuersumme und Alter der Neugewählten wurde in den Urkunden häufig von hierfür nicht kompetenten Ortsvorständen ausgestellt; es fehlen Einladungsschreiben an die Wahlmänner oder Insinuationsscheine der Wahlmänner selbst, so daß sie die Prüfungskommission nicht über Beachtung aller Vorschriften der Wahlordnung überzeugen konnte; es fehlen nähere Angaben zu den gesetzlichen Qualifikationen der Wahlmänner; es wurde auch nicht beurkundet, ob die Gewählten noch das erforderliche Steuerkapital besaßen.

Faden durch das Wahlprüfungsgeschäft der badischen zweiten Kammer. Dies beruhte zum großen Teil auf der fehlenden Erfahrung der Wahlkommissare[220], insbesondere zu Beginn des parlamentarischen Lebens in Baden. Daß diese Mängel das Geschäft der Wahlprüfung eindeutig erschwerten, verdeutlicht die Rüge des Berichterstatters der fünften provisorischen Abteilung v. Itzstein im Jahre 1831 in Bezug auf die Nachlässigkeit bei der Abfassung der Wahlprotokolle, *„wodurch die Abtheilung genöthigt worden sei, erst mit Rücksprache glaubhafter Männer das gesetzliche Verfahren bei dieser Wahl zu ergänzen"*.[221] So stellte der Abgeordnete Duttlinger, um diesen Mangel zu beheben den Antrag, daß die Regierung ersucht werde, *„Formularien für die Einrichtung der Wahl an die landesherrlichen Commissarien hinaus zu geben, damit mehr Regelmäßigkeit und Gleichförmigkeit in dieses Wahlgeschäft komme."*.[222] Erst im Jahre 1837 hatte die Regierung zur Behebung dieser Mängel an verschiedene Wahlkommissare eigene Formulare für die aufzunehmenden Wahlprotokolle geschickt.[223] Zu einer wirklichen Beseitigung der Mängel in den Wahlakten kam es hierdurch aber nicht, die meisten Wahlakten wurden von den Wahlkommissaren immer noch mangelhaft geführt.[224] Welche Bedeutung eine ordnungsgemäße Führung der Wahlakten besaß, die die Grundlage der Prüfung bildeten, verdeutlicht der Kommissionsbericht[225] über die Wahl des Traubenwirts Dittler zum Abgeordneten der Stadt Pforzheim des 2. Landtags. Hierin wurde u.a. kritisch angemerkt, daß eine wirkliche Wahlprüfung nur möglich sei, wenn *„die Wahlakten eine ins Einzelne gehende historische Beschreibung der Bestandtheile des Wahlaktes"* enthielten. Die provisorischen Abteilungen und die Prüfungskommissionen waren auf die ordnungsgemäße Abfassung der Wahlprotokolle angewiesen, da die Wahlakten die primäre Prüfungsgrundlage bildeten. Da viele Wahlakten unvollständig waren, mußten die provisorischen Abteilungen oder die Prüfungskommissionen aufgrund ihres Eindruckes der wenigen beurkundeten Fakten ihre Entscheidung treffen. In anderen Fällen wurden zum Teil wei-

---

[220] So kam es bei einer Prüfung auf dem 2. Landtag auch zu folgender Rüge der Wahlkommissare durch den Abg. Fecht: *„Ich möchte nur wissen, wie lange die Wahlkommissare noch Zeit haben müssen, um zu lernen, was bei einem so einfachen Geschäfte zu beobachten ist. Beinahe bei jeder Wahl sind von ihnen veranlasste Anstände vorhanden. Es ist schon mehrere male an die Kosten des Landtags erinnert worden, ich mache darauf aufmerksam, dass durch solche fehlerhafte Wahlen schon sehr viele Zeit verloren gegangen ist."*. Vgl. Verh. Baden 1822, 9. Bd., LXXXII. Prot. v. 10. Dezember, S. 336.

[221] Vgl. Verh. Baden 1831, 1. Heft, II. Vorbereitungssitzung v. 15. März 1831, S. 27.

[222] Vgl. Verh. Baden 1828, 1. Bd., 1. Heft, I. Prot. v. 29. Februar 1828, S. 15.

[223] Dies stellte der Abg. v. Rotteck während der Wahlprüfungen bei diesem Landtag auch lobend heraus, da dies zu einer Gleichförmigkeit der Wahlprotokolle geführt habe, die die Prüfungsarbeit erleichtert hätten. s. Verh. Baden 1837, 1. Heft, I. Prot. v. 10. März 1837, S. 14.

[224] s. hierzu auch den Tadel des Abg. Knapp. Verh. Baden 1842, 1. Prot.-Heft, III. Prot. v. 30. Mai 1842, S. 37.

[225] Vgl. Verh. Baden 1822, 2. Bd., Beil. Nr. 102, S. 377.

tere Erhebungen[226] notwendig, damit eine Prüfung der Wahlen überhaupt möglich war.[227]

Neben der bereits dargestellten Verfahrensweise in Bezug auf die Wahlen zu Beginn des jeweiligen Landtags gab es aber auch Situationen, in denen Wahlakten erst später der Kammer übergeben wurden.[228] Dies war beispielsweise der Fall, wenn eine Wahl nochmals vorgenommen werden mußte, da der zunächst Gewählte die Wahl abgelehnt hatte, und daher zu einer neuen Wahl geschritten werden mußte. Wurden diese Wahlakten von Seiten der Regierung dann erst nach der Bildung der definitiven Abteilungen der Kammer übergeben, so blieb zwar die Prüfung an sich identisch, jedoch änderte sich die Prüfungszuständigkeit grundsätzlich. In einem solchen Fall wurden diese Wahlakten an die definitiven Abteilungen verwiesen, um von einer durch sie zu wählenden Kommission geprüft zu werden.[229] Nach der Wahl der Prüfungskommission

---

[226] z.B. Nachfragen bei dem Abg., Nachreichen von Urkunden.

[227] Vgl. Verh. Baden 1822, 1. Bd., II. Vorbereitungssitzung am 26. März 1822, S. XVIII ff..

[228] In Bezug auf die Zuteilung der später eingehenden Wahlakten kam es im Jahr 1842 zu Reformdebatten über den geeignetesten Ablauf. Ausgangspunkt hierfür war die Prüfung der Wahl des Abg. Lenz im 10. Städtewahlbezirk, bei der vom Präsidenten die Wahlakten über diese Wahl der Abteilung zugeteilt wurde, in welcher der Abg. Lenz Mitglied war. Aufgrund dieser Tatsache machte der Abg. v. Itzstein den Vorschlag, daß nur diejenigen Wahlprotokolle, welche bei der ersten Zusammenberufung vorgelegt würden, an die Abteilungen nach Vorschrift der Geschäftsordnung verteilt werden sollten. Alle folgenden Akten, welche später einkämen, „*gehören in die Abtheilungen nach einer Observanz, welche sagt, es sei aus allen Abtheilungen eine Commission zu wählen, und diese hat zu berichten. Denn sonst hängt es von dem Präsidenten ab, die Acten willkürlich zu vertheilen, was die Observanz nicht will.*“. Der Abg. Trefurt vertrat die Auffassung, daß der Vorschlag des Abg. v. Itzstein nicht praktikabel sei, da nach der Geschäftsordnung die Akten an die Abteilungen gehen sollten, und zwar so lange, bis die Kammer definitiv gebildet sei (Verh. Baden 1842, 1. Prot.-Heft, IV. Prot. v. 31. Mai 1842, S. 71). Erneut kam in der VI. Sitzung, nachdem der Staatsrat v. Rüdt das Wahlprotokoll über die Wahl des Rechtspraktikanten Welte der Kammer übergab, die Diskussion wieder auf, ob die Wahlakte einer provisorischen Abteilung oder einer aus den Abteilungen gewählten Kommission zur Prüfung übergeben werden sollte. Staatsrat v. Rüdt vertrat die Auffassung, da es sich bei der vorliegenden Wahl um eine „*erste Wahl*“ handele, müsse daher diese Wahl einer provisorischen Abteilung übergeben werden. Der Abg. Schaaff verwies darauf, daß die Kammer in einer der letzten Sitzungen stillschweigend gebilligt habe, daß so lange die Kammer provisorisch bestehe, d.h. so lange nicht alle Vollmachten der schon eingetretenen Mitglieder geprüft worden seien, die Wahlakten, die später eingekommen, wie die Akten zu Beginn des Landtags behandelt werden sollten. Im Ergebnis beschloß man die Vorgehensweise, daß die Akten vom Präsident einer provisorischen Abteilung zugewiesen werden sollten, und daß er davon in der Kammer Anzeige mache sollte und die möglichen Anstände dagegen vernehmen sollte, worüber die Kammer dann zu beschließen hätte. So wurde dann auch schließlich verfahren (Vgl. Verh. Baden 1842, 1. Prot.-Heft, VI. Prot. v. 3. Juni 1842, S. 129 ff.). Auch zu Beginn der VIII. Sitzung kam er erneut zu einer Debatte, wie die später einkommenden Wahlakten zu verteilen seien, wobei es bei der bisherigen Vorgehensweise blieb (Verh. Baden 1842, 1. Prot.-Heft, VIII. Prot. v. 6. Juni 1842, S. 198-201).

[229] Vgl. u.a. Verh. Baden 1831, 2. Heft, IX. Prot. v. 6. April 1831, S. 120; Verh. Baden 1841, 2. Heft, XVI. Prot. v. 22. Juni 1841, S. 22; Verh. Baden 1843/44, 1. Prot.-Heft, VII. Prot. v. 4. Dezember 1843, S. 106; Verh. Baden 1847/48, 6. Prot.-Heft, LXXVI. Prot. v. 9. Oktober

wurde meist die Sitzung für eine viertel Stunde unterbrochen und sodann erstattete der Berichterstatter der Kommission den Prüfungsbericht über die Wahl. Ab dem Jahre 1845 wurde jedoch in strittigen Fällen nicht nur ein Bericht mit einem Antrag vom Berichterstatter erstattet, sondern es bildete sich die Übung heraus, daß sowohl ein Majoritätsbericht als auch ein Minoritätsbericht mit jeweils eigenen Anträgen erstattet wurden.[230]

In die Wahlprüfungskommissionen wurden grundsätzlich die Abteilungsvorstände gewählt.[231] Erst auf dem Landtag des Jahres 1859/60 kam es in Bezug auf die Bildung der Wahlprüfungskommissionen zu einer Änderung. Wie es der bis dahin gängigen Übung entsprach, schlug der Präsident in Bezug auf die Prüfung der Wahl des 20. Ämterwahlbezirks vor, die Sitzung für eine halbe Stunde zu unterbrechen, damit sich die Abteilungen versammeln könnten, um die Mitglieder für die Wahlprüfungskommission zu wählen. Mehrere Mitglieder der Kammer schlugen hingegen vor, daß *„es am angemessensten“* sei, wenn ohne eine besondere Wahl sich die Prüfungskommission direkt aus den Vorständen der Abteilungen bilden würde.[232] Obwohl bei den vorherigen Wahlen zur Wahlprüfungskommission auch fast immer die Vorstände der Abteilungen die Kommission bildeten, wurde hier erstmals offen auf eine Wahl verzichtet.[233] Auch bei den folgenden Landtagen wurde auf die Wahl einer Prüfungskommission verzichtet. Es etablierte sich als ständige Übung, die Vorstände der Abteilungen zu Kommissionsmitgliedern zu ernennen.[234]

1848, S. 159, 163; Verh. Baden 1850/51, Prot.-Heft, XXIV. Prot. v. 25. September 1850, S. 61; Verh. Baden 1850/51, Prot.-Heft, XXVI. Prot. v. 5. Dezember 1850, S. 152; Verh. Baden 1857/58, Prot.-Heft, II. Prot. v. 21. November 1857, S. 6.

[230] Diese Vorgehensweise, die sich nicht nur allein auf die Kommissionsberichte beschränkte, sondern auch bei den Abteilungsberichten vorkam, entstand zum erstenmal bei der Prüfung der Wahl des 1. Städtewahlbezirks im Jahre 1845 und etablierte sich bis zum Ende des Untersuchungszeitraums zur ständigen Übung. Vgl. Verh. Baden 1845/46, 1. Prot.-Heft, III. Prot. v. 27. November 1845, S. 55-58 (eigenständiger Minoritätsbericht mit eigenem Antrag); Verh. Baden 1846, 3. Prot.-Heft, II. Prot. v. 6. Mai 1846, S. 42; Verh. Baden 1850/51, 5. Beil.-Heft, Beil. Nr. 2 zum Prot. v. 12. September 1850, S. 197 ff. (Majoritätsbericht), Beil. Nr. 3 zum Prot. v. 12. September 1850, S. 203 ff. (Minoritätsbericht); Verh. Baden 1861/63, Prot.-Heft, LXIX. Prot. v. 9. Februar 1863, S. 332 ff..

[231] Sobald jemand jedoch als landesherrlicher Wahlkommissar eine Wahl geleitet hatte, und in der Prüfungskommission für diese Wahl saß, machte er hiervon der Kammer Anzeige. Daraufhin wurde ein neues Mitglied aus der entsprechenden Abteilung in die Kommission gewählt. So der Abg. Schaaff in bezug auf die Prüfung der Wahl des 7. Ämterwahlbezirks Im Jahre 1863 (Verh. Baden 1861/63, Prot.-Heft, LXXIV. Prot. v. 21. April 1863, S. 350.

[232] Verh. Baden 1859/60, Prot.-Heft, II. Prot. v. 24. November 1859, S. 42.

[233] s. u.a. Verh. Baden 1859/60, Prot.-Heft, XLIII. Prot. v. 18. April 1860, S. 185.

[234] Vgl. u.a. Verh. Baden 1861/63, Prot.-Heft, IX. Prot. v. 20. Januar 1862, S. 41; Verh. Baden 1861/63, Prot.-Heft, LXX. Prot. v. 10. Februar 1863, S. 335; Verh. Baden 1863/65, Prot.-Heft, VIII. Prot. v. 11. Februar 1864, S. 28; Verh. Baden 1865/66, Prot.-Heft, LIX. Prot. v. 9. Oktober 1866, S. 164; Verh. Baden 1865/66, Prot.-Heft, LXI. Prot. v. 17. Oktober 1866, S. 166.

Abschließend ist festzuhalten, daß die Wahlprüfung im Großherzogtum Baden als Regelprüfung angelegt war. Grundsätzlich wurden nach generellen Landtagsneuwahlen und damit zu Beginn einer Wahlperiode, alle Wahlen einer Prüfung unterzogen, so daß die einmal vorgenommene Prüfung für die gesamte Wahlperiode galt, und somit nicht zu Beginn eines neuen Landtags innerhalb der Wahlperiode die bereits für gültig befundenen Wahlen einer erneuten Prüfung unterzogen wurden. Vielmehr wurden nur die innerhalb der Wahlperiode neu stattgefundenen Wahlen, sei es im Rahmen der Partialerneuerung oder aufgrund des Austritts eines Abgeordneten, einer Prüfung unterzogen. In der Wahlprüfungspraxis der zweiten badischen Kammer wurde neben der Regelprüfung auch vereinzelt auf Einspruch hin, d.h. durch Anfechtung, eine bereits im Rahmen der Regelprüfung für gültig erkannte Wahl einer erneuten Prüfung unterzogen. Diese Prüfung war jedoch selbst und insbesondere im Hinblick auf ihre Folgen umstritten, was im Abschnitt über die Wahlanfechtungen besonders deutlich wird.

4. Formelle Reformbestrebungen hinsichtlich des Ablaufs der Prüfung

Bedingt durch die lückenhafte Regelung des Wahlprüfungsgeschäftes durch die GO v. 5. Mai 1819 gab es bereits von Beginn des parlamentarischen Lebens Reformbestrebungen hinsichtlich der formellen Vorgehensweise.

In der ersten Vorbereitungssitzung des Jahres 1822[235] kam die Problematik auf die Tagesordnung der Kammer, ob vor der feierlichen Eröffnung des Landtags die Prüfung erfolgen dürfte, und ob gleichzeitig bei der Eröffnung die Beeidigung der neu eingetretenden Mitglieder erfolgen könnte. Gegen diese geplante Vorgehensweise wurde vereinzelt eingewandt, daß die Kammer vor ihrer Eröffnung noch nicht konstituiert sei, und daß sie daher auch keine Beschlüsse fassen und damit auch nicht über die Zulassung oder Nichtzulassung eines Gewählten entscheiden könne.[236] Eine solche Vorgehensweise stehe nicht mit der Verfassung in Einklang, da diese weder eine provisorische Eröffnung noch eine provisorische Existenz der Kammer kenne. § 41 der Verf.-Urk. v. 22. August 1818 spreche ausschließlich von der Kammer und setze damit eine durch Eröffnung konstituierte Kammer voraus. Für die Mehrheit der Kammer bestand jedoch in dieser Vorgehensweise kein Widerspruch zur Verfassung. Die Kammermehrheit nahm § 69 der Verf.-Urk. v. 22. August 1818 zum Maßstab, wonach sämtliche neu eintretende Mitglieder „*bei Eröffnung des Landtags*“ den Eid zu schwören hätten. Die Befolgung dieser Vorschrift sei daher nur möglich, sofern die Wahlen der neuen Mitglieder, welche bei der Eröffnung den Verfassungseid schwören sollten, vorher geprüft und für rechtmäßig befunden worden seien.[237] Aus diesem Grund müsse die Prüfung der Wahlen notwendigerweise in den Vorbereitungssitzungen vorge-

---

[235] Daß diese Frage erst zu diesem Zeitpunkt auftrat, lag daran, daß im Jahre 1819 nach Art. 80 der Verf.-Urk. v. 22. August 1818 die Zentralkommission über die Gültigkeit der Wahlen erkannt hatte. Im Jahr 1820 waren zwar neue Abg. in die Kammer getreten, jedoch war vor der Prüfung die Sitzung zunächst feierlich eröffnet worden.

[236] Verh. Baden 1822, 1. Bd., II. Vorbereitungssitzung am 26. März 1822, S. XXXVIII. Verh. Baden 1822, 1. Bd., I. Vorbereitungssitzung am 25. März 1822, S. V.

[237] So der Staatsrat Reinhard, Verh. Baden 1822, 1. Bd., I. Vorbereitungssitzung am 25. März 1822, S. VII f..

nommen werden.[238] Zweifel an der Rechtmäßigkeit der genannten Vorgehensweise blieben jedoch bestehen. So stellte sowohl im Jahre 1825 als auch im Jahre 1828 der Abg. Duttlinger den Antrag, daß die Prüfung der Wahlen erst im Anschluß an die Beeidigung aller Mitglieder und damit erst nach der feierlichen Eröffnung, vorgenommen werden sollte.[239] Ohne diese Anträge aufzunehmen kam die Kammer im Jahre 1825 überein, daß die Wahlen vor der feierlichen Eröffnung geprüft werden sollten. Jedoch sollte sobald eine Wahl beanstandet werden sollte, die Zulassung des Erwählten ausgesetzt werden. Dies hatte zur Folge, daß dieser bei der Eröffnung nicht den feierlichen Eid leisten konnte. Die Frage nach der Gültigkeit der Wahl sollte erst später in öffentlicher Sitzung verhandelt und entschieden werden. Es wurde somit dahingehend entschieden, daß Prüfung und Berichterstattung bereits vor der Eröffnung, die Abstimmung über die beanstandeten Wahlen jedoch erst nach der Eröffnung erfolgen sollte. Im Jahre 1828 wurde durch Beschluß festgehalten, daß die Prüfungen vor der Eröffnung zu erfolgen hatten. Die Abgeordneten, deren Wahlen für beanstandet erklärt wurden, sollten jedoch durch den Alterspräsidenten hierüber in Kenntnis gesetzt werden. Ferner sollte die Berichterstattung sowie die Diskussion über die Wahlen erst nach der Eröffnung stattfinden.

Im Jahre 1831 kam es zum erstenmal zu einer Integralerneuerung der Kammer. Damit stellte sich das Problem, daß die Vorschriften der Geschäftsordnung über die Prüfung der Vollmachten nicht auf eine Integralerneuerung ausgerichtet waren. Dies wurde allein bereits an dem Titel der §§ 2-8 deutlich, welche von der *„Prüfung der Vollmachten der neu eingetretenden Abgeordneten“* sprachen. Eindeutig zeigte sich in § 3 II, daß eine Integralerneuerung bei der Abfassung dieser Vorschriften nicht bedacht wurde. Denn dieser sprach davon, daß die neu gewählten Abgeordneten besonders zu losen hatten. Die Kammer kam daher dahingehend überein, daß *„eine den Umständen der Integralerneuerung angepaßte vernünftige Anwendung der Geschäftsordnung platzgreifend seyn müsse“*.[240] Letztendlich faßte die Kammer den Beschluß, daß die §§ 7, 8 der GO v. 5. Mai 1819 auch auf den Fall der Integralerneuerung anwendbar seien. Die Übereinkunft in der Kammer beinhaltete somit, daß die Prüfungen vor der Eröffnung stattfinden sollten, und daß dabei eine Beanstandung nur von der Mehrheit der Kammer ausgesprochen werden konnte. Durch eine solche Beanstandung sollte hingegen kein Erwählter von der Versammlung oder der Eröffnungsfeierlichkeit ausgeschlossen werden. Die endgültige Entscheidung über die Gültigkeit der Wahlen sollte

---

[238] In der 5. Sitzung reichte der Abg. Hüber eine Motion zur Abänderung des § 2 der GO v. 5. Mai 1819 ein, wonach in diesem die Worte *„nach dessen Eröffnung“* aufgenommen werden sollten (Verh. Baden 1822, 1. Bd., V. Prot. v. 1. April 1822, S. 102). Die Motion wurde jedoch als Verstoß gegen den Wortlaut des § 69 der Verf.-Urk. v. 22. August 1818 verworfen. Gleichzeitig sprach sich die Kammer dahingehend aus, daß die Vollmachten der neu eintretenden Mitglieder bereits vor der feierlichen Eröffnung einer Prüfung unterzogen werden müßten, und daß nur über die Wahlen, welche nach § 8 der GO v. 5. Mai 1819 beanstandet würden, nach der feierlichen Eröffnung förmlich entschieden werden müsse (Verh. Baden 1822, 2. Bd., XIII. Prot. v. 25. April 1822, S.4-19).

[239] Vgl. Verh. Baden 1825, 1. Bd., I. Vorbereitungssitzung v. 21. Februar 1825, S. 4; Verh. Baden 1828, 1. Bd., 1. Heft, I. Vorbereitungs-Sitzung v. 25. Februar 1828, S. 2.

[240] Verh. Baden 1831, 1. Heft, I. Geh. Vorbereitungssitzung v. 14. März 1831, S. 4.

jedoch erst nach der Eröffnung und Beeidigung der Mitglieder verhandelt und entschieden werden können.[241]
Im selben Jahr brachte der Abg. Gerbel eine Motion[242] zu der Grundproblematik ein, ob die Prüfung der Wahlen vor oder nach feierlicher Eröffnung des Landtags stattfinden sollte und damit eine Ergänzung oder Erläuterung einiger Paragraphen der Geschäftsordnung zum Gegenstand hatte. Veranlaßt sah sich der Abg. Gerbel durch die bisher bestehende Rechtsunsicherheit in dieser Frage. Er führte erläuternd aus, daß weder in der Geschäftsordnung noch in der Verfassung ausreichende Regeln enthalten seien, wie genau mit der Prüfung der Wahlen zu verfahren sei. Lediglich sei festzuhalten, daß nach § 68 der Verf.-Urk. v. 22. August 1818 eine noch nicht feierlich eröffnete Kammer noch zu keiner Beschlußfassung ermächtigt sei, sondern daß die Kammer vielmehr bis zu dem Akt der feierlicher Eröffnung noch gar nicht bestehe. Gegen die Vorgehensweise, die Prüfung der Wahlen in den Vorbereitungssitzungen vorzunehmen, fügte er an, daß die Verhandlungen grundsätzlich der Öffentlichkeit angehören, und daß daher auch die Prüfung der Wahlen der Öffentlichkeit zugängig zu machen seien. Aus diesem Grund sollte die Prüfung der Wahlen auch nicht in geheimen Vorbereitungssitzungen vorgenommen werden. Des weiteren stände der Kammer vor der Eröffnung auch keineswegs die Befugnis zu, irgend einen Gewählten von der feierlichen Eröffnung auszuschließen. Schließlich führte er noch an, daß es auf jeden neu gewählten Abgeordneten einen überaus schlechten Eindruck mache, wenn wie bisher die Geschäfte der Kammer mit einem *„heftigen Kampfe über deren Verhandlungen"* beginnen würden. Für ihn habe daher die Vorbereitungssitzung keinen anderen Zweck als die Ernennung des Alterspräsidenten und der provisorischen Sekretäre, so wie in der Wahl der Deputation zum Empfang seiner Königlichen Hoheit des Großherzogs. Erst nach der feierlichen Eröffnung sollten die Arbeiten des Landtags mit der Prüfung der Wahlen nach Maßgabe der §§ 2 bis 8 der GO v. 5. Mai 1819 beginnen. Aus diesen Gründen schlug er vor, den ersten Paragraphen der Geschäftsordnung um folgenden Satz zu ergänzen: *„In der Vorbereitungssitzung wird nur die Wahl der Deputation zum Empfange des Großherzogs vorgenommen. Die Prüfung der Wahlen nach den folgenden §§ geschieht erst nach feierlicher Eröffnung des Landtages."*. Darüber hinaus sollten in § 9 der GO zu Beginn die Worte: *„nach Eröffnung des Landtages"* zur Beseitigung jedes weiteren Zweifels gestrichen werden.[243] Die Kommission, welche sich mit dieser Motion befaßte, stellte zustimmend heraus, daß der *„Zustand des Streites, ..., diese Unsicherheit in der Behandlung des wichtigsten Geschäfts"* einer Regelung bedurfte. Aus diesem Grund sprach sich die Kommission für die Annahme des Vorschlags des Abg. Gerbel aus.
Folglich schlug die Kommission am Ende ihrer Berichterstattung vor, den §§ 2, 3 und 9 der GO v. 5. Mai 1819 die folgende geänderte Fassung zu geben:

[241] Verh. Baden 1831, 1. Heft, II. Vorbereitungssitzung v. 15. März 1831, S. 14 f..
[242] Motionsbegründung, in: Verh. Baden 1831, 25. Heft, CV. Prot. v. 29. September 1831, Beil. Nr. 4, S. 102-106
[243] Verh. Baden 1831, 25. Heft, CV. Prot. v. 29. September 1831, Beil. Nr. 4, S. 104 ff..

„§ 2. Die Kammer beginnt auf jedem Landtage in der ersten Sitzung nach der Eröffnung desselben ihre Arbeiten mit der Prüfung der Vollmachten der neu eintretenden Abgeordneten.
§ 3. Der erste Absatz bleibt unverändert. Der zweite Absatz, da er im Falle der Gesammterneuerung keine Anwendung findet, soll folgende geänderte Fassung erhalten: „Im Falle der theilweisen Erneuerung loosen die neu gewählten Abgeordneten besonders, um, so weit es möglich ist, in gleicher Anzahl in die verschiedenen Abtheilungen einzutreten."
§ 9. „Nach beendigter Prüfung der Vollmachten wählt u.s.w." statt „nach Eröffnung des Landtages u.s.w."".[244]
Die gesamte Kammer sah die Notwendigkeit einer verbindlichen Regelung hinsichtlich der bisher streitigen und ungelösten Frage. Sie nahm daher die Anträge der Kommission in Bezug auf die Motion des Abg. Gerbel einstimmig an.[245]
Bereits in der Vorbereitungssitzung des Jahres 1833 zeigte dieser Beschluß seine Wirkung. Als der Alterspräsident die Kammer aufforderte, zur Bildung der provisorischen Abteilungen zu schreiten, erhob sich Widerstand. Es wurde darauf hingewiesen, daß eine Bildung zwecklos sei, da nach den Bestimmungen, die 1831 gegeben worden seien, die Prüfung der Wahlakten erst in der ersten öffentlichen Sitzung nach Eröffnung des Landtags geschehen solle.[246] Entsprechend des genannten Beschlusses verneinte die Kammer eine Bildung der Abteilungen vor der Eröffnung des Landtags.[247] In den Vorbereitungssitzungen der Jahre 1835 und 1837 spielte sich dasselbe Geschehen ab. Auch hier lud der Alterspräsident die Kammer zur Bildung von provisorischen Abteilungen ein, worauf aber von der Kammer auf die Beschlüsse der Jahre 1831 und 1833 hingewiesen wurde, die provisorischen Abteilungen erst nach der feierlichen Eröffnung zu bilden.[248]
Nach Jahren der Einstimmigkeit in dieser Frage kam es in der Vorbereitungssitzung vom 21. Mai 1842, angeregt durch den Staatsrat v. Rüdt, erneut zu einer Debatte über die Bildung der provisorischen Abteilungen. Dieser bemerkte, daß nach Inhalt früherer Protokolle die provisorische Abteilungen bereits in der Vorbereitungssitzung gewählt wurden. Er merkte ferner an, daß unter diese dann die Wahlprotokolle in der ersten öffentlichen Sitzung zur Prüfung und Berichterstattung verteilt wurden, und daß dieser Weg erneut wieder eingeschlagen werden solle. Diese Anregung griff der Alterspräsident Wetzel auf und machte den weitergehenden Vorschlag, aus Gründen der Zeitersparnis, zumal eine vollständige Erneuerung der Kammer stattgefunden habe, daß gleich in der Vorbereitungssitzung mit der Verlosung der provisorischen Abteilungen begonnen werden sollte. Des weiteren sollten ihnen auch gleichzeitig die Wahlprotokolle zur Prüfung ausgeteilt werden, damit in der ersten öffentlichen Sitzung direkt mit

---

[244] Verh. Baden 1831, 13. Beil.-Heft, Beil. Nr.6 zum CLX. Prot. v. 17. Dezember 1831, S. 268 ff..
[245] Verh. Baden 1831, 36. Heft, CLXV. Prot. v. 23. Dezember 1831, S. 121.
[246] So die Abg. Aschbach und Duttlinger, Verh. Baden 1833, 1. Heft, Vorbereitungssitzung v. 18. Mai 1833, S. 3 f..
[247] Verh. Baden 1833, 1. Heft, Vorbereitungssitzung v. 18. Mai 1833, S. 7.
[248] Verh. Baden 1835, 1. Heft, Vorbereitungssitzung v. 30. März 1835, S. 1; Verh. Baden 1837, 1. Heft, Vorbereitungssitzung v. 8. März 1837, S. 1.

der Berichterstattung begonnen werden könne.[249]Die Kammer blieb der 1831 beschlossenen Vorgehensweise jedoch treu und verwies mehrheitlich darauf, daß die Prüfung nicht eher beginnen könne bis die Kammer eröffnet sei, da vorher keine Kammer bestände.[250] Folgerichtig beschloß sie. die Bildung der provisorischen Abteilungen erst nach der Eröffnung des Landtags vorzunehmen.
Bevor jedoch mit der Berichterstattung begonnen wurde machte Staatsrat v. Rüdt einen weiteren Vorschlag zur Reform der Wahlprüfung. Dieser Vorschlag sah vor, daß losgelöst von den konkreten Wahlen über die Anstände, welche sich bei der Durchsicht der Wahlakten fanden, insbesondere in Bezug auf Auslegungsfragen, die sich aus der Wahlordnung ergaben, bereits im Vorfeld diskutiert und entschieden werden sollte. Erst im Anschluß daran sollten diese abstrakt getroffenen Entscheidungen, dann bei der Beurteilung der einzelnen Wahlen, einfließen. Diese abstrakte, von der konkreten Wahl losgelöste Debatte, sollte das Ziel haben, ein klares Urteil über Sachfragen zu erhalten. Jedoch erhob sich auch gegen diesen Reformvorschlag eine Mehrheit der Kammer. Primär wurde gegen diesen Vorschlag angeführt, daß dieser nicht praktikabel sei, da diese Vorgehensweise zu einem endlosen Streit über Prinzipienfragen führen würde.[251] Letztlich wurde ohne einen Beschluß zu fassen die Diskussion geschlossen.

5. Wahlanfechtungen

Im Wahlprüfungsgeschäft der zweiten badischen Kammer waren die Wahlanfechtungen von zentraler Bedeutung. Dies ergab sich zum einen daraus, daß sie neben den Wahlakten die Grundlage für die Entscheidungen bei den Wahlprüfungen bildeten. Zum anderen waren die Wahlanfechtungen für das Volk die einzige Möglichkeit, sich gegen Wahlmanipulationen zur Wehr zu setzen.
Die Anfechtungen bezogen sich dabei sowohl auf die Urwahlen als natürlich auch auf die Abgeordnetenwahlen.Grundsätzlich war vorgesehen, daß Beanstandungen der Urwahlen auf dem Verwaltungsweg erledigt werden sollten. Der Weg[252] ging dabei über die Bezirksämter sowie über den Rekursweg über die Kreisregierungen, das Innen- und zuletzt über das Staatsministerium.[253] Hierbei bestand die Möglichkeit, daß die Einwände als ungerechtfertigt verworfen oder als begründet anerkannt wurden. Im letztgenannten Fall wurde in der Regel eine neue Urwahl angeordnet.
Neben dem Verwaltungsweg stand den Beschwerdeführern auch die Möglichkeit offen, im Wege von Petitionen[254] ihre Beschwerden über die Urwahlen und natürlich

[249] Verh. Baden 1842, 1. Prot.-Heft, Vorbereitungssitzung v. 21. Mai 1842, S. 1.
[250] So insb. die Abg. Schaaff und v. Itzstein, Verh. Baden 1842, 1. Prot.-Heft, Vorbereitungssitzung v. 21. Mai 1842, S. 1 f..
[251] Verh. Baden 1842, 1. Prot.-Heft, II. Prot. v. 28. Mai 1842, S. 9 ff..
[252] Dabei lag die Entscheidung in den seltesten Fällen bei den örtlichen Wahlkommissionen oder den landesherrlichen Wahlkommissaren.
[253] Kam am Tag der Wahl eine Beschwerde beim Amt an, so überließ man den Petenten, ihre Beschwerde direkt an die Kammer zu richten, *„da es hierzu einer Vermittlung durch die Staatsbehörden nicht*" bedurfte. So bei der Wahl im 8. Städtewahlbezirk im Jahre 1845, vgl. Verh. Baden 1845/46, 6. Beil.-Heft, Beil. Nr. 1 zum Prot. v. 11. Dezember 1845, S. 1 f..
[254] §§ 54-56 der GO v. 5. Mai 1819.

über die Abgeordnetenwahlen in die Kammer zu bringen. Grundsätzlich war die Kammer die letzte Instanz bei Beschwerden gegen die Wahlen[255], insbesondere wenn vorher auf dem Verwaltungsrechtsweg die Beschwerde gegen die Urwahl verworfen wurde.[256] Die Kammer nahm aber auch Petitionen gegen die Urwahlen an, wenn vorher nicht der Verwaltungsrechtsweg beschritten wurde. Von einer strikten Einhaltung des Instanzenweges konnte daher nicht gesprochen werden.

Hervorzuheben ist, daß die Wahlanfechtungen auch als parteipolitisches Instrument dienten.[257] Insbesondere die Möglichkeit der Anfechtung von Urwahlen wurde für diese Ziele genutzt.[258] Dies hatte seinen Grund darin, daß sich bei den Urwahlen immer Fehler ergaben, und daß diese genutzt wurden, um gegen politisch mißliebige Wahlausgänge vorzugehen.
Zu Beginn des Untersuchungszeitraums spielten die Anfechtungen im Bereich der Urwahlen eine absolut untergeordnete Rolle. Erst in den 1840er Jahren, mit der Zuspitzung der politischen Auseinandersetzung zwischen der liberalen Opposition und der regierungstreuen Rechten und der gleichzeitigen machtpolitischen Bedeutungszunahme der Urwahlen, stieg die Zahl der Anfechtungen stark an. Dieser Anstieg der Anfechtungen bei den Urwahlen erzeugte sowohl bei der Regierung als auch bei der Kammer Reformbedarf. So führte die Zunahme der Beschwerden gegen die Urwahlen und die gegen die Entscheidungen eingelegten Einsprüche dazu, daß sich die Wahlen der Abgeordneten lange verzögerten. Auf diese eingetretenen Umstände reagierte die Staatsregierung und erließ vor den Wahlen im Herbst des Jahres 1847 eine Verordnung „*Behufs einer ordnungsmäßigen und beschleunigten Erledigung*" von Wahlbe-

---

[255] Vgl. hierzu u.a. die Äußerungen v. Rottecks, Verh. Baden 1839, 1. Heft, VIII. Prot. v. 27. April 1839, S. 145.

[256] So u.a. im Fall der Beschwerde von 14 Bürgern gegen die Abgeordneten- und Wahlmännerwahl des 19. Ämterwahlbezirks im Jahre 1842. Diese hatten sich zu vor mit ihrer Beschwerde an das Oberamt Lahr gewandt, und dort wurde die Beschwerde abgewiesen (Verh. Baden 1842, 1. Prot.-Heft, V. Prot. v. 1. Juni 1842, S. 101).

[257] Vgl. zur parteipolitischen Bedeutung der Wahlprüfungen, S. 68 ff..

[258] Daß viele Petitionen gegen die Gültigkeit der Urwahlen lediglich parteipolitisch motiviert waren wurde bereits daran sichtbar, daß sie zum einen erst nach der Abgeordnetenwahl eingereicht wurden. Dies war insb. dann der Fall, wenn ein politisch Mißliebiger zum Abg. gewählt wurde. Zum anderen wurde diese Motivierung daran ersichtlich, daß sich die Eingaben häufig widersprachen. So reichte eine Seite eine Petition ein mit dem Ziel der Ungültigkeitserklärung. Die andere Seite reagierte dementsprechend mit einer Petition, die das Gegenteil der ersten enthielt, mit dem Ziel der Aufrechterhaltung der Wahl. So ging z.B. bei der Prüfung der Wahl des 1. Städtewahlbezirks im Jahre 1845 eine Petition von 50 Bürgern ein, welche sich gegen die Wahlumtriebe bei der Urwahl richtete. Es ging aber weiterhin eine Petition von 30 Wahlmännern ein, welche das Gegenteil behauptete, daß nämlich die Urwahl ordnungsgemäß abgelaufen sei. Ein weiteres signifikantes Beispiel dafür, daß viele Petitionen parteipolitisch motiviert waren, ist die Prüfung der Wahl des 7. Ämterwahlbezirks im Jahre 1846. Es ging gegen diese Wahl eine Petition von mehreren Wahlmännern, welche aber nicht Mitglieder der betreffenden Gemeinden waren, ein, welche sich gegen die Urwahlen wandten. Diese wurde auch erst nach der vollzogenen Abgeordnetenwahl erhoben. In diesem Fall wurde von Wahlmännern eine Urwahl angegriffen, an der sie gar nicht beteiligt waren.

schwerden.[259] Hiernach sollten die Bezirksämter so schnell wie möglich die nötigen Nachforschungen anstellen und einen fundierten Beschluß fällen. Im Berufungsfall waren die Akten an das Innenministerium einzusenden, das die Entscheidung des Staatsministeriums einholte. Lediglich der Einspruch gegen die Neuansetzung einer Wahl, sofern innerhalb von drei Tagen angemeldet und ausgeführt, besaß aufschiebende Wirkung.

a. Zeitpunkt der Erhebung der Anfechtungen

Neben der Reform im Bereich der Erledigung der Wahlbeschwerden auf dem Verwaltungsweg stellten sich für die Kammer mangels gesetzlicher Regelung auch im Umgang mit den Petitionen vielfältige Fragen. Einer dieser Fragen, die sich der Kammer von Beginn an stellte, war, bis zu welchem Zeitpunkt eine Beschwerde erhoben werden durfte. Diese Frage, und damit die Schaffung einer verbindlichen Regelung, wurde mit der parteipolitisch motivierten Zunahme der Anfechtungen umso dringlicher, da sich die Übung bei den Anfechtungen etablierte, erst nach den vollzogenen Abgeordnetenwahlen die Urwahlen anzufechten. Zum erstenmal gelangte diese Frage durch die Petition des Hofrats v. Rotteck im Jahre 1825 in die Kammer. Von Seiten der Petitionskommission, welche sich mit der genannten Petition beschäftigte, herrschte die Auffassung vor, daß Beschwerden in Bezug auf die Urwahlen nicht mehr berücksichtigt werden könnten, wenn alle Wahlhandlungen geschlossen, geprüft und als untadelhaft anerkannt worden seien. Dies sollte insbesondere in den Fällen gelten, in denen vorher kein Anstand über die Urwahlen erhoben worden sei, und in denen aus diesem Grunde die Deputiertenwahl vorgenommen wurde. Die Beschwerden über die Urwahlen müßten zu dem Zeitpunkt vorgetragen werden, in dem noch die Möglichkeit des Einschreitens von Seiten der Behörden möglich gewesen wäre. Nach der Deputiertenwahl sowie noch mehr nach Gültigkeitsfeststellung durch die Kammer sei eine Klage hinsichtlich der Wahlmännerwahl nicht mehr statthaft.[260] Diese restriktive Haltung der Kommission diente dem einzigen Ziel, die lediglich parteipolitisch motivierten Anfechtungen einzudämmen.[261] Trotz dieser eindeutigen Festlegung der Kommission kam es im Rahmen dieses Falles zu keiner verbindlichen Festlegung durch die Kammer. Im Jahre 1843 stellte sich bei der Prüfung der Wahl des 25. Ämterwahlbezirks aufgrund einer Petition von Wahlmännern, welche die Urwahlen als ungültig anzeigten, erneut die Frage, bis zu welchem Zeitpunkt eine Beschwerde erhoben werden durfte. In der Debatte wurde die Notwendigkeit einer verbindlichen Regelung hervor-

---

[259] Vgl. Anhang IV.

[260] Verh. Baden 1825, 3. Heft, IX. Prot. v. 28. März 1825, Beil. Nr. 18, S. 475 f..

[261] Vgl. hierzu die Erklärung des Abg. Mundt. Dieser sprach sich erklärend dahin aus, daß ohne eine solche Begrenzung, alle Deputiertenwahlen „*am Ende von durchgefallenen Deputiertencandidaten und andern Missvergnügten, während des Landtags, angefochten, Irregularitäten bei den Wahlmännern wohl behauptet werden, bei deren Wahl allenthalben, besonders in Landgemeinden, einige vorgekommen seyn möchten. Auf diese Weise würde man am Ende ein Untersuchungsverfahren gegen die meisten Wahlen einleiten müssen, und wollte man consequent seyn, so müsste man, nach § 8 der Geschäftsordnung, alle diejenigen einstweilen eliminiren, deren Wahlen beanstandet seyen. So würde sich die Kammer am Ende selbst auflösen.*“ (Verh. Baden 1825, 3. Heft, X. Prot. v. 29. März 1825, S. 547).

gehoben. So wurde angeführt, daß es keinesfalls den Bürgern überlassen werden könnte, ob sie die Wahl nach Verkündung des Wahlresultates oder erst nach vollzogener Deputiertenwahl anfechten würden. Käme es nicht zu einer Regelung in dieser Frage, so wäre die Folge hiervon, daß die Beschwerdeführer das Resultat der Deputiertenwahl abwarten würden. Für den Fall, daß es ihnen nicht gefallen sollte, würden sie es anfechten. Bei Gefallen des Ergebnisses würden sie hingegen von der Anfechtung der Wahlmännerwahl absehen.[262]

So schlug der Abg. Bekk vor, daß Fehler bei den Urwahlen nur bis zur Deputiertenwahl zu beachten seien. Von diesem Grundsatz sah er lediglich einige wenige Ausnahmen vor. So u.a. den Fall, daß die Regierung sich gewaltsamer Umtriebe in Bezug auf die Wahlmännerwahl zu schulden kommen ließe. In diesem Fall könnte es den Beteiligten nicht zugemutet werden, daß sie die Wahl bei der Administrativstelle anfechten könnten, welche sich selbst Umtriebe erlaubt habe.[263] Dieser erneute Vorstoß zu einer verbindlichen Regelung führte ebenfalls nicht zu einem Beschluß von Seiten der Kammer. Daß es trotz des offensichtlichen „Mißbrauchs" der Wahlanfechtungen zu keiner verbindlichen Regelung kam, hatte seinen Grund in der machtpolitischen Bedeutung der Wahlanfechtungen. Sowohl die oppositionelle als auch die regierungstreue Seite nutzten diese parteipolitisch motivierten Wahlanfechtungen als Grundlage für ihre machtpolitischen Ambitionen im Rahmen der Wahlprüfungen.

Da diese Art der Anfechtungen immer weiter zunahmen, und da damit die Handlungsfähigkeit der Kammer eingegrenzt wurde, setzte sich ab Mitte der 40er Jahre verstärkt die Ansicht durch, daß Beschwerden gegen die Urwahlen nach den Abgeordnetenwahlen nicht mehr zu berücksichtigen seien. Dieser Wandel wurde sowohl an den Anträgen der Abteilungen als auch den Beschlüssen der Kammer deutlich. Auch die Abteilung, die mit der Prüfung der Wahl des 23. Ämterwahlbezirks im Jahre 1845 beauftragt war, vertrat die Auffassung, daß eine Petition, welche Beschwerden gegen die Urwahl enthalte, nicht berücksichtigt werden könne, da sie nicht zeitig, d.h. vor der Deputiertenwahl bei den betreffenden Behörden vorgebracht wurde.[264]

---

[262] So der Abg. Bekk, Verh. Baden 1843/44, 1. Prot.-Heft, III. Prot. v. 27. November 1843, S. 62.

[263] Verh. Baden 1843/44, 1. Prot.-Heft, III. Prot. v. 27. November 1843, S. 63. Ferner wurde u.a. als eine weitere Ausnahme anerkannt, daß das Wahlresultat der Gemeinde gesetzeswidrig nicht eröffnet wurde. Darüber hinaus stellte der Fall, daß eine Beschwerde übergeben wurde, aber nicht erledigt wurde, eine weitere Ausnahme dar. Auch in diesem Fall sei die Kammer zuständig und nicht die Behörden, und zwar auch nach der Abgeordnetenwahl.

[264] Verh. Baden 1845/46, 1. Prot.-Heft, II. Prot. v. 26. November 1845, S. 36. Interessant ist auch eine Eingabe von 2 Bürgern gegen die Gültigkeit einer Urwahl im 20. Ämterwahlbezirk des Jahres 1845, welche vier Monate nach vorgenommener Urwahl und zwei Monate nach vollzogener Abgeordnetenwahl eingereicht wurde.

Die Abteilung vertrat die Auffassung, daß durch eine solche verspätete und offensichtlich politisch motivierte Petition eine Abgeordnetenwahl nicht umzustoßen sei, *„wenn die Beschwerden nicht zur rechten Zeit, wenn sie nicht von den zunächst betheiligten Personen und nicht am rechten Ort erhoben seyen."*. In der folgenden Diskussion vertrat der Abg. Knittel unterstützt durch den Abg. Weizel die Auffassung, daß Beschwerden gegen die Urwahlen, sobald die Abgeordnetenwahlen erfolgt seien, ausgeschlossen werden sollten. Wer seine Be-

Daß eine Beschwerde gegen die Wahl im 27. Ämterwahlbezirks erst ein Vierteljahr nach der Wahl eingegangen war, und daß nicht vorher versucht wurde, Abhilfe bei den Behörden zu suchen, um sich erst im negativen Fall an die Kammer zu wenden, sah die vierte provisorische Abteilung schon als hinreichenden Grund, die Beschwerde unbeachtet zu lassen. So begründete der Berichterstatter, der Abg. Bekk: „*Es wäre, ..., eine Auslegung des Gesetzes, die zu einer wahren Perfidie führen müsste, wenn man sagte, es steht den Betheiligten frei, abzuwarten, was das Resultat der Wahl seyn wird, um-je nachdem dasselbe in diesem oder jenem Sinn ausfällt-eine Beschwerde erst hintennach zu bringen.*“.[265]
Bei der Diskussion über mehrere Petitionen bzgl. der Urwahlen im 24. Ämterwahlbezirk des Jahres 1846 sprach sich die überwiegende Mehrzahl der Mitglieder ebenfalls dafür aus, daß auf Gebrechen der Urwahlen von Seiten der Kammer nicht eingegangen werden sollte, sofern die Urwähler in der Lage waren, die Heilung solcher Gebrechen noch vor der Abgeordnetenwahl durch eine Beschwerde bei der Staatsbehörde zu bewirken, dies jedoch unterließen.[266]

Eindeutig war damit festzustellen, daß sich seit dem Jahre 1845 eine große Mehrheit dafür aussprach, die Petitionen gegen die Urwahlen, welche erst nach den vollzogenen Abgeordnetenwahlen erhoben wurden, nicht bei der Prüfung zu berücksichtigen.[267] Die Motive hierfür waren aber recht unterschiedlich. Es war nicht allein die Zunahme solcher Petitionen, weshalb eine große Anzahl der Mitglieder sich für eine Begrenzung bei der Annahme von Petitionen aussprach. Dieses Ansinnen und die Hoffnung auf eine Beschleunigung der Wahlprüfungen herrschte eher bei den Kammermitgliedern vor, welche keinem der sich gegenüberstehenden politischen Blöcken angehörten. Die Konservativen, die sich ebenfalls für eine solche Regelung aussprachen, hatten damit eher den Sinn, die politisch motivierten Petitionen der oppositionellen Seite einzu-

---

schwerde nach der Abgeordnetenwahl einreiche, habe immer den Verdacht gegen sich, daß er die Beschwerde nicht eingereicht hätte, wenn die Abgeordnetenwahl in seinem Sinne ausgefallen wäre (Verh. Baden 1845/46, 1. Prot.-Heft, II. Prot. v. 26. November 1845, S. 23 ff.). Die Kammer erklärte im Ergebnis die Wahl für gültig.

[265] Verh. Baden 1845/46, 1. Prot.-Heft, II. Prot. v. 26. November 1845, S. 18.

[266] Verh. Baden 1846, 3. Prot.-Heft, V. Prot. v. 11. Mai 1846, S. 124, 133 f..

[267] Wurde hingegen frühzeitig versucht, auf dem Verwaltungsweg Abhilfe zu suchen, so war es unstrittig, auf diese Beschwerden einzugehen. So bei der Wahl im 16. Ämterwahlbezirks im Jahre 1855. Bei dieser Wahl wurde noch eine Ergänzungswahl der Wahlmänner in der Gemeinde Endingen vorgenommen, gegen die 10 Urwähler eine Beschwerde bei dem Amt Kenzingen erhoben, und die den Antrag stellten, diese Wahl für ungültig zu erklären. Die Ungültigkeitserklärung der Wahlmännerwahl wurde rechtzeitig beim Amt Kenzingen beantragt. Ohne daß jedoch eine Untersuchung stattfand, wurde die Beschwerde vom Amt als unbegründet verworfen. Aufgrund der Tatsache, daß die Beschwerdeführer rechtzeitig ihre Rechte gewahrt und eine rechtskräftige Entscheidung bzgl. dieser Wahl bei den Staatsbehörden vor dem Tag der Deputiertenwahl nicht erzielt werden konnte, glaubte die Kommission, auf die Wahlmännerwahl zurückgreifen zu müssen, und stellte den Antrag die Regierung zu ersuchen, die besagten Beschwerdepunkte zu untersuchen, aber hiermit nicht das Amt Kenzingen, sondern ein benachbartes Amt damit zu betrauen (Verh. Baden 1855/56, 6. Beil.-Heft, Beil. zum Prot. v. 17. Dezember 1855, S. 34 ff.).

dämmen.[268] Diese Petitionen waren für die oppositionelle Seite von großer Bedeutung, da sich ihr hierdurch die Möglichkeit bot, insbesondere die Manipulationen von Regierungsseite namhaft zu machen, und ggf. im Rahmen der Wahlprüfung zu sanktionieren. Somit war die Auseinandersetzung in dieser Frage eine äußerst stark machtpolitisch motivierte.

Die Kammer versuchte aber auf der anderen Seite neuen parteipolitisch mißbräuchlichen Tendenzen entgegenzuwirken. So gingen zum Teil Petitionen gegen die in der Kammer erstatteten Kommissionsberichte ein.[269] Um diese neue Praxis von Gegenschriften zu begegnen, wurde beschlossen, nach erstattetem Vortrag auf weitere diesbezügliche Petitionen keine Rücksicht mehr zu nehmen.[270]

b. Anfechtungsberechtigter Personenkreis

Aufgrund einer fehlenden gesetzlichen Regelung stellte sich für die Kammer ebenfalls die grundsätzliche Frage, welcher Personenkreis anfechtungsberechtigt sei. Zwar wurden auch in dieser Frage unterschiedliche Positionen in der Kammer vertreten[271], ohne

---

[268] Deutlich wurde diese Intention der konservativen Seite im Rahmen der Prüfung der Wahl des 7. Ämterwahlbezirks im Jahre 1846. Es ging eine Petition von mehreren Wahlmännern ein, welche sich gegen die Urwahlen wandten, aber die Beschwerde erstmals nach der vollzogenen Abgeordnetenwahl erhoben. Die Abteilung trug trotzdem darauf an, die Wahl vorläufig zu beanstanden, und eine Untersuchung über die in der Beschwerdefrist gerügten Mängel zu beantragen. Gegen diesen Antrag erhob sich mehrheitlich Widerstand von konservativer Seite. So wurde angeführt, daß diese Petition nichts anderes als eine Beschwerde von Personen, welche bei der Wahl unterlegen sei, da erst in dem Zeitpunkt, in dem die gegnerische Partei den Sieg davongetragen habe, die Beschwerde nachträglich erhoben worden sei. Nehme man auf solch eine Beschwerde Rücksicht nehmen, so sehe sich nach einer bei der Wahlhandlung erlittenen Niederlage die unterlegene Partei veranlaßt, alles aufzubieten, um die Wahl zu Nichte zu machen. Auch von Seiten der Regierung wurde davor gewarnt, auf Einsprachen gegen Urwahlen, welche erst nach dem Vollzug der Abgeordnetenwahlen vorgebracht würden, einzugehen, da man hiermit nur die Beschwerde der unterlegenden Partei heraufbeschwöre, und da es gleichzeitig damit jedem in der Hand läge, den Eintritt eines gewählten Abg. in die Kammer nach belieben zu verhindern oder aufzuschieben (Verh. Baden 1846, 3. Prot.-Heft, VII. Prot. v. 13. Mai 1846, S. 192 ff.).

[269] So ging u.a. im Jahre 1845 in Bezug auf die Wahl im 8. Städtewahlbezirk eine Petition von 34 Personen ein, welche sich mit der Bitte um Nichtigerklärung der Wahl an die Kammer wandten. Diese führten an, daß es sich bei der Wahl nicht um eine freie gehandelt habe, da es zu massiven Eingriffen bei der Urwahl von der Seite der radikalen Partei kam. Der Kommissionsantrag ging jedoch dahin, die Wahl für unbeanstandet zu erklären. Nachdem bereits der Kommissionsbericht erstattet und veröffentlicht wurde, gingen noch drei weitere Petitionen ein, welche die gleichen Vorwürfe erhoben (Verh. Baden 1845/46, 6. Beil.-Heft, Beil. Nr. 1 zum Prot. v. 11. Dezember 1845, S. 2 ff.).

[270] Verh. Baden 1845/46, 1. Prot.-Heft, X. Prot. v. 16. Dezember 1845, S. 177.

[271] Der Abg. Bekk sah die Antwort in der Wahlordnung. Nach § 60 werde den stimmfähigen Bürgern der Gemeinde das Wahlresultat eröffnet, und Einsicht in die Wahlakten gestattet. Daraus würde folgen, daß nur diesen Beteiligten eine Beschwerde möglich sei. Auf der anderen Seite wandte sich der Abg. Rindeschwender gegen den Grundsatz, daß es nur den Urwäh-

daß es jedoch zu einer verbindlichen Regelung kam. Vielmehr konnte während des gesamten Untersuchungszeitraums jeder Bürger alle Wahlen anfechten.[272]

c. Petitionen als Beurteilungs- und Entscheidungsgrundlagen

Einer der großen und strittigsten Fragen im Bereich des badischen Wahlprüfungsrechts zwischen der Opposition und den Gouvernementalen war, ob man als Beurteilungs- und Entscheidungsgrundlage lediglich die Wahlakten oder auch Eingaben von außen heranziehen könnte.

Zum erstenmal relevant wurde diese Frage bei der Wahl im 28. Ämterwahlbezirk, die des Abg. Hermann im Jahre 1842. Die Wahl war nach den Wahlakten nicht zu beanstanden, jedoch ging eine Petition gegen diese Wahl ein. Infolge dessen kam es zu einer Diskussion, ob Eingaben, die sich gegen die Gültigkeit der Wahlen richteten, berücksichtigt werden könnten, obwohl nach den Wahlakten kein Beanstandungsgrund vorlag. Bei der Beantwortung dieser Frage zeigte sich deutlich die unterschiedliche Ausrichtung zwischen der liberalen Opposition und den regierungstreuen Rechten. Der Vertreter der Konservativen, der Abg. Schaaff vertrat die Auffassung, daß nur dann eine Wahl zu beanstanden sei, wenn ein Mangel in den Wahlakten selbst zu finden sei.[273] Daß die Konservativen aus machtpolitischen Gesichtspunkten diese Auffassung vertraten scheint auch verständlich. Es kam in der Regel nicht vor, daß Einwirkungen von Beamten oder von Regierungsseite in den Wahlakten protokolliert wurden. Vielmehr wiesen die Wahlakten, trotz zum Teil massiver Einwirkungen, eine ordnungsgemäße Wahl aus. Eine Hinzuziehung der Eingaben hätte zur Folge gehabt, daß diese genannten Einwirkungen bei der Beurteilung der Wahlen herangezogen worden wären, und daß es auch zu Untersuchungen gekommen wäre. Um genau dieses zu erreichen, verwahrte sich die Opposition natürlich gegen diese Auffassung.[274] Im Ergebnis jedoch wurde die Wahl für gültig erklärt, da die Mehrheit der Kammer, nachdem auch

---

lern zukomme, sich über die Gültigkeit der von ihnen vorgenommenen Wahl zu erklären. Seiner Ansicht nach habe jeder Staatsbürger das Recht zu fordern, daß die Wahlmännerwahlen und Wahlen der Abg. in gesetzlicher Ordnung vor sich gehen.

[272] s. hierzu u.a. eine Eingabe von 2 Bürgern gegen die Gültigkeit einer Urwahl im 20. Ämterwahlbezirk des Jahres 1845, welche nicht Bürger dieses Urwahlbezirks waren (Verh. Baden 1845/46, 1. Prot.-Heft, II. Prot. v. 26. November 1845, S. 23 ff.), oder die Petition von mehreren Wahlmännern, welche aber nicht Mitglieder der betreffenden Gemeinde waren, gegen eine Urwahl im 7. Ämterwahlbezirk des Jahres 1846 (Verh. Baden 1846, 3. Prot.-Heft, VII. Prot. v. 13. Mai 1846, S. 192).

[273] Verh. Baden 1842, 1. Prot.-Heft, XI. Prot. v. 11. Juni 1842, S. 256.

[274] So warnte der liberale Abg. Sander davor, einen solchen Grundsatz anzunehmen, da es dann keiner besonderen Anstrengung mehr bedürfte, um eine Wahl als richtig hinzustellen. *„Es bedarf nichts Weiteres, als daß man von Allen, was gegen die Wahlordnung geschehen ist, keine Erwähnung thut; und man wird doch zugeben, daß, wenn z.B. wie neulich, ein Wahlcommissar eine Rede hielt, worin er geradezu darauf losgeht, Einen der Candidaten als unfähig zum Abgeordneten zu schildern, dieser schwerlich so unverständig sein wird, diese seine Rede in's Protokoll aufzunehmen, und dann hätten wir nach obigem Grundsatze weiter nichts zu thun, als die Wahl für gültig zu erkennen, denn davon, daß die Rede gehalten worden ist, steht Nichts im Protokoll.“* (Verh. Baden 1842, 1. Prot.-Heft, XI. Prot. v. 11. Juni 1842, S. 258).

eine Petition einkam, die das Gegenteil behauptete, den Grundsatz vorzog, daß nur durch Anstände, welche sich aus den Akten selbst ergeben, eine Wahl für ungültig erklärt werden könnte.[275] Für die regierungstreuen Rechten und insbesondere für die Regierung selbst stellte die Verteidigung dieses Prüfungsgrundsatzes eine der wichtigsten Ziele im Rahmen der Wahlprüfungen dar. Sobald diese Frage bei den Wahlprüfungen wieder relevant wurde, schaltete sich die Regierung vehement in die Debatten ein.[276]

Auch bei der Wahl des Abg. Völcker des 19. Ämterwahlbezirks des Jahres 1842 setzte sich die Diskussion hierüber fort. Denn auch die oppositionelle Linke trat energisch dafür ein, daß bei den Wahlprüfungen auch Eingaben von außen zur Beurteilung herangezogen werden konnten, da sie sich hiervon eine verstärkte Möglichkeit versprach, Wahlen, die im Sinne der Konservativen ausgefallen waren, zu verwerfen.[277]
Auch in dieser Frage kam es zu keiner grundsätzlichen Regelung, welche für die Zukunft Bestand hatte. Vielmehr wurde sehr flexibel mit dieser Frage umgegangen, abhängig davon, welcher Seite sie politisch nutzte, und wer die Mehrheit besaß.

d. Grundlage der Beanstandung

Eine weitere zentrale Frage, die sich stellte, war die, ob für eine Beanstandung Tastsachen bewiesen sein müßten, oder ob Zweifel an der Rechtmäßigkeit der Wahl ausreichten.
Die Debatten um diese Frage waren naturgemäß ebenfalls machtpolitischer Natur. So setzten sich die konservativen Kammermitglieder wiederum vehement dafür ein, daß unbewiesene Beschuldigungen nicht für eine Beanstandung der Wahlen ausreichen dürften. So verlangte Ministerialpräsident Nebenius im Rahmen der Debatte über die Wahl des 1. Städtewahlbezirks im Jahre 1845 die Aufstellung von Normen und Bedingungen, nach denen der Eintritt in die Kammer versagt werden könnte oder nicht, damit nicht so wichtige Entscheidungen allein auf persönlicher und parteilicher Ansicht

---

[275] Verh. Baden 1842, 1. Prot.-Heft, XI. Prot. v. 11. Juni 1842, S. 282.

[276] So sprach sich u.a. auch die Regierung bei der Prüfung der Wahl des Abg. Gastroph des 33. Ämterwahlbezirks dafür aus, daß lediglich das Wahlprotokoll maßgebend sei (Verh. Baden 1842, 1. Prot.-Heft, VII. Prot. v. 4. Juni 1842, S. 188).

[277] So wurde darauf verwiesen, daß es nirgendwo geschrieben sei, daß eine Wahl nur dann beanstandet werden könne, wenn sich ein Grund aus dem Wahlprotokoll ergebe. Nach § 8 der GO v. 5. Mai 1819 könne die Kammer die Gründe zu einer Beanstandung „*hernehmen, woher sie will*" (So der Abg. Bassermann. Verh. Baden 1842, 1. Prot.-Heft, V. Prot. v. 1. Juni 1842, S. 115). Auch der Abg. Sander wandte sich gegen den von der Regierung vertretenen Grundsatz. Wenn sich bei der Prüfung der Wahlakten ergebe, daß der Gewählte nicht die gesetzlichen Eigenschaften besäße, oder wenn die Wahl an sich nicht gültig vorgenommen wurde, so seien dies Anstände gegen die Zulassung des Abg.. Es bestehe daher Einigkeit darüber, daß ein Abg., der den Anforderungen des Gesetzes nicht Genüge geleistet habe, und der nicht nachgewiesen habe, daß er alle gesetzlichen Eigenschaften besäße, nicht nach § 8 der GO als Abg. seinen Sitz in dieser Kammer nehmen könne. Es bestünde daher kein Unterschied, ob ein Gewählter nicht das erforderliche Steuerkapital nachweisen könne, oder ob ein Beanstandungsgrund vorliege, welcher nicht in den Akten stehe, denn es könnten keine Mitglieder ihren Sitz in dieser Kammer einnehmen, über deren Zulassung ein Anstand bestehe (Verh. Baden 1842, 1. Prot.-Heft, V. Prot. v. 1. Juni 1842, S. 118).

beruhten. Hinsichtlich der Beanstandung einer Wahl mit der Wirkung des Aufschubs des Eintritts des Gewählten in die Kammer verlangte er, die Regel aufzunehmen, daß bestimmte Tatsachen in glaubwürdiger Weise nachgewiesen sein müßten, um wenigstens einen *„dringenden Verdacht der Verfälschung als wohlbegründet annehmen zu können"*.[278]
Hingegen wurde von oppositioneller Seite der Grundsatz vertreten, daß Zweifel an der Rechtmäßigkeit einer Wahl für eine Beanstandung ausreichten.[279] So wies insbesondere der liberale Abg. Welcker darauf hin, daß der § 7 der GO v. 5. Mai 1819 ausdrücklich erkläre, daß nur solche Abgeordnete für gültig erklärt werden sollten, deren Vollmachten als vollständig in Ordnung befunden wurden, und deren Eigenschaften nicht in Zweifel gestellt worden seien. In Fällen, in denen Zweifel vorlägen, müßte eine Beanstandung eintreten, und Abgeordnete, deren Zulassung beanstandet seien, dürften den Sitzungen nicht mehr beiwohnen. Er wies unterstützend darauf hin, daß im entgegengesetzten Fall die Kammer in die Lage kommen würde, Wahlen hinterher wieder aufheben zu müssen, und daß hierdurch die Kammerverhandlungen ihre Sicherheit verlieren würden.[280] Im Ergebnis wurde die vorliegende Wahl beanstandet, obwohl noch keine Beweise, sondern lediglich Zweifel an der Gültigkeit der Wahl vorhanden waren. Auch in dieser Frage kam es zu keiner eindeutigen Regelung. Vielmehr wurde wiederum von Fall zu Fall eine andere Vorgehensweise geübt. Der Grund hierfür lag eindeutig an der Tatsache, daß auch diese Frage von machtpolitischer Bedeutung war.

Alle mit den Wahlanfechtungen zusammenhängenden Fragen waren in der zweiten badischen Kammer, aufgrund ihrer besonderen machtpolitischen Bedeutung während des gesamten Untersuchungszeitraums, in hohem Maße strittig.

6. Nachträglicher Mandatsverlust

Aufgrund einer fehlenden gesetzlichen Bestimmung kam ebenfalls die Frage des nachträglichen Mandatsverlustes auf die Tagesordnung der Kammer.
Grundsätzlich wurde diese Möglichkeit eines nachträglichen Mandatsverlustes bejaht. So äußerte sich der Abg. Bekk, daß ein Abgeordneter gewählt und daß seine Wahl gültig sei, wenn das Wahlgeschäft nach seinen gesetzlichen Formen und Erfordernissen

---

[278] Verh. Baden 1845/46, 1. Prot.-Heft, III. Prot. v. 27. November 1845, S. 86. In diesem Sinne äußerte sich auch der Abg. Hecker. Verh. Baden 1845/46, 1. Prot.-Heft, III. Prot. v. 27. November 1845, S. 76.
[279] Vgl. insb. die Auseinandersetzung in dieser Frage im Rahmen der Prüfung der Wahl des Abg. Gastroph des 33. Ämterwahlbezirks im Jahre 1842, Verh. Baden 1842, 1. Prot.-Heft, VII. Prot. v. 4. Juni 1842, S. 190 ff.
[280] Verh. Baden 1842, 1. Prot.-Heft, VII. Prot. v. 4. Juni 1842, S. 195 f.. Neben diesen extremen Positionen wurden auch vermittelnde Ansichten vertreten. So warnte bei der Prüfung der Wahl des 1. Städtewahlbezirks im Jahre 1845 der Abg. Bekk vor den Folgen, daß jede unbewiesene Beschwerde sofort zu einer Beanstandung führe. Für ihn galt der Grundsatz, daß die Aufrechterhaltung der Wahlen das oberste Gebot sei, es sei denn, daß eindeutig etwas gesetzeswidriges geschehen sei, oder daß ein so starker Verdacht begründet sei, der eine einstweilige Suspension veranlasse (Verh. Baden 1845/46, 1. Prot.-Heft, III. Prot. v. 27. November 1845, S. 72).

gültig gewesen sei. Dies würde der Kammer aber nicht die Möglichkeit nehmen, einen von Formen und Erfordernissen unabhängigen Umstoßungsgrund zu finden, aus welchem eine bereits gültige Wahl wieder für ungültig erklärt werden könnte. Voraussetzung hierfür sei allerdings, daß ein solcher Umstoßungsgrund bewiesen sei. Die Wahl würde solange gültig bleiben, bis die Umstoßungsgründe bewiesen seien. Dann erst könnte die Umstoßung der Wahl erfolgen. Diese genannte Einschränkung begründete er damit, daß ansonsten jeder Sitz in der Kammer gefährdet wäre, „*wenn vielleicht im achten Jahr seiner Wahl Jemand kommt, Thatsachen angiebt, die mit nichts erwiesen sind, und die Ausschließung des Abgeordneten verlangt.*". Es wäre „*jedem Schlingel durch Einreichung einer Petition mit erheblichen Thatsachen möglich..., jeden beliebigen Abgeordneten, von A bis Z, provisorisch aus der Kammer zu weisen.*".[281]
Relevant wurde diese Frage aber erst im Jahre 1846, in dem sich das Problem stellte, daß eine Wahl bereits für gültig anerkannt war und wie mit der erfolgten nachträglichen Anfechtung[282] zu verfahren sei. Auch in dieser Frage zeigte sich die bekannte Spaltung innerhalb der Kammer. Die Konservativen wandten sich grundsätzlich gegen die Möglichkeit eines nachträglichen Mandatsverlustes. So warnte der Abg. Schaaff vor den Folgen, wenn eine Petition im nachhinein Einfluß auf eine bereits für gültig erklärte Abgeordnetenwahl hätte. Es wäre damit kein Sitz in der Kammer mehr sicher und man würde gerade zu Beanstandungen nach der Wahl einladen.[283] Auf der anderen Seite wurde diese Frage differenziert behandelt.
So sprach sich der Abg. Zittel dahin aus, daß eine unbeanstandete Wahl nur dann wieder angegriffen werden könnte, wenn „*sehr erhebliche Anstände*" vorkommen.[284] In diesem Sinne äußerte sich ebenfalls der Abg. Buhl. Grundsätzlich müßte man an dem Sitz eines Abgeordneten festhalten, „*und daß nur dann, wenn er durch Verbrechen, etwa durch Bestechung, in die Kammer gekommen ist, eine einmal anerkannte Wahl nachträglich beanstandet und verworfen werden darf.*".[285]

---

[281] Verh. Baden 1842, 1. Prot.-Heft, V. Prot. v. 1. Juni 1842, S. 119.
[282] Es ging in diesem Fall eine Petition hinsichtlich der Urwahl im 29. Ämterwahlbezirk ein.
[283] Verh. Baden 1846, 3. Prot.-Heft, VI. Prot. v. 12. Mai 1846, S. 165 f.. Für den Geheimrat Beck konnten selbst die stärksten Gründe eine bereits anerkannte Wahl nicht in Frage stellen. Denn im anderen Fall sei dies seiner Auffassung keine Erkenntnis über die Gültigkeit der Wahl, sondern ein Ausschluß eines Gewählten, der bereits zugelassen war. Nehme man eine solche Theorie an, so werde in jeder Woche die Wahl eines Abg., da man bei allen Wahlmännerwahlen Fehler finden würde, in Frage gestellt. In der Folge sei der Landtag mit vielen Wahldiskussionen beschäftigt. Zwar könne sich die Majorität vor solchen Nachteilen schützen, doch auch sie sei einmal in der Minorität (Verh. Baden 1846, 3. Prot.-Heft, VI. Prot. v. 12. Mai 1846, S. 168 f.). Auch der Abg. Junghanns vertrat die Auffassung, daß sobald „*eine Wahl von dieser Kammer als unbeanstandet erklärt worden ist, dann hat Niemand in der Welt das Recht, den Abgeordneten von seinem Platze zu vertreiben, selbst diese Kammer nicht.... Sollte der Fall vorkommen, daß ein Abgeordneter durch ein Verbrechen auf diesen Sitz gekommen ist, so wird es Mittel geben, ihn davon zu entfernen, aber einen Zwang von der Regierung oder von unserer Seite gibt es nicht, ...*" (Verh. Baden 1846, 3. Prot.-Heft, VI. Prot. v. 12. Mai 1846, S. 170).
[284] Verh. Baden 1846, 3. Prot.-Heft, VI. Prot. v. 12. Mai 1846, S. 166.
[285] Verh. Baden 1846, 3. Prot.-Heft, VI. Prot. v. 12. Mai 1846, S. 171. Für eine solche einschränkende Möglichkeit des nachträglichen Mandatsverlustes sprach sich ebenfalls die pro-

Die Kammer vertrat, mit Ausnahme der entschieden regierungstreuen Mitglieder, somit eine differenzierte Haltung. Grundsätzlich wurde anerkannt, daß eine bereits genehmigte Wahl auch einer Anfechtung unterliegen könnte. Hierbei sei aber zwischen der Art der Anfechtung zu unterscheiden, ob sie sich auf Formfehler oder auf Fehler, die das Wesen der Sache betreffen, stützen. Eine unbeanstandete Wahl könne niemals nur wegen Formfehlern wieder angefochten werden. Zur Begründung wurde angeführt, daß im Falle einer Formverletzung, das Resultat meist dasselbe sei, als wenn die Formen eingehalten wurden.
Anders lag der Fall hingegen, in dem die Anfechtungsgründe das „*Wesen der Sache*“, nämlich die Wahlfreiheit zum Gegenstand hätten. In diesem Falle sei eine Beschwerde immer noch zulässig, da das Resultat meist anders aussähe als ohne das Gebrechen in der Sache.[286]

Die Regierung hingegen sprach der Kammer für eine nachträgliche Mandatsentziehung, außerhalb der Regelung des § 37 der Verf.-Urk. v. 22. August 1818 die Kompetenz ab. Eine bereits anerkannte Wahl aufgrund von Fehlern nachträglich umzustoßen entziehe sich der Befugnis der Kammer, da die Verfassung eine solche Maßregel nicht gestatte. Die Verfassung würde der Kammer lediglich gestatten. über die Wahl zu erkennen. Sofern dies geschehen sei, sei ihre Kompetenz beendet. Nur wenn ein Abgeordneter nicht mehr im Besitz der gesetzlich erforderlichen Eigenschaften sei, könnte ihm das Mandat entzogen werden, da das Gesetz ausspreche, daß nur derjenige Abgeordneter sei, der auch die erforderlichen Eigenschaften besitze.[287]
Insbesondere an der Frage des nachträglichen Mandatsverlustes zeigten sich erneut die unterschiedlichen machtpolitischen Interessen im Rahmen der Wahlprüfung. Die Regierung sah durch die Möglichkeit des nachträglichen Mandatsverlustes die Gefahr, daß unlautere Einwirkungen ihrerseits auf die Wahlen im nachhinein herangezogen werden könnten, um regierungstreuen Mitglieder nachträglich das Mandat zu entziehen.

Naturgemäß kam es hinsichtlich der machtpolitischen Bedeutung dieser Frage zu keiner einhelligen Regelung in Bezug auf die Möglichkeit eines nachträglichen Mandatsentzuges. Einigkeit herrschte lediglich hierüber, daß sofern der Abgeordnete nicht

---

visorische Abteilung in ihrem Bericht über die Wahl des 37. Ämterwahlbezirks im Jahre 1846 aus. So vertrat die Abteilung die Ansicht, „*daß eine einmal genehmigte, nämlich von der Kammer für nicht beanstandet erklärte Wahl nur aus sehr erheblichen und triftigen Gründen später wieder beanstandet oder angefochten werden könne. Die Sicherheit des Sitzes der Abgeordneten in der Kammer fordert dieß; ohne diese Sicherheit wäre die Selbstständigkeit der Kammer auf eine sehr gefährliche Weise bedroht.*“ (Verh. Baden 1846, 3. Prot.-Heft, III. Prot. v. 8. Mai 1846, S. 54).

[286] In diesem zusammenfassenden Sinn äußerte sich u.a. der Abg. v. Soiron, Verh. Baden 1846, 3. Prot.-Heft, III. Prot. v. 8. Mai 1846, S. 58.

[287] Verh. Baden 1847/48, 1. Prot.-Heft, VI. Prot. v. 21. Dezember 1847, S. 74. Vgl. auch weiterhin die Auffassung des Abg. Hägelin, der selbst durch einen förmlichen Kammerbeschluß nicht die Möglichkeit sah, einem Abg. nachträglich das Mandat zu entziehen. Verh. Baden 1847/48, 1. Prot.-Heft, VI. Prot. v. 21. Dezember 1847, S. 76.

mehr im Besitz der nach § 37 der Verf.-Urk. v. 22. August 1818 erforderlichen Eigenschaften war, die Möglichkeit des Mandatsverlustes bestand. Bei der Frage, ob auch aufgrund anderer Umstände, die nicht im Zusammenhang mit dem Vorliegen der erforderlichen gesetzlichen Eigenschaften lagen, ein nachträglicher Mandatsverlust möglich sei, herrschte eine geteilte Auffassung in der Kammer. Die Konservativen weigerten sich grundsätzlich während des gesamten Untersuchungszeitraums, diese Möglichkeit anzuerkennen. Die Mehrheit der Kammer vereinigte sich jedoch dahingehend, daß diese Möglichkeit bestand, jedoch nur unter der Voraussetzung, daß „*besondere Gebrechen*" vorlagen, nicht hingegen bei bloßen Formfehlern.

7. Abstimmungsverfahren

Das Abstimmungsverfahren bei den Wahlprüfungen ist in zweifacher Hinsicht von Interesse. Zum einen verdeutlicht die Art der Abstimmung die herausragende Bedeutung der Wahlprüfungen für die Mitglieder der zweiten Kammer zu Beginn des parlamentarischen Lebens. Deutlich wird dies insbesondere bei der zweiten Wahlprüfung des Landtags 1822/23. Am Ende der Beratung stellte der Präsident die Kammer vor die Wahl, inwiefern die Abstimmung[288] erfolgen solle, „*ob man durch Aufstehen und Sitzenbleiben abstimmen, oder ob jedes Mitglied sich ausdrücklich darüber äußern soll.*". Obwohl es sich um eine eindeutige und einfache Wahlprüfung handelte, gab der Abg. Kern folgende, von der Kammer einhellig unterstütze, Antwort: „*Es sey eine wichtige Angelegenheit, und da müsse mit einverstanden, oder nicht einverstanden abgestimmt werden.*".[289] Durch die Wahl des förmlichsten Abstimmungsverfahrens wurde gleichzeitig auch der hohe Stellenwert der Wahlprüfungen im parlamentarischen Leben unterstrichen. Zum anderen verdeutlicht das Abstimmungsverfahren auch die Entwicklung, die die Wahlprüfung im Laufe des Untersuchungszeitraum genommen hat. Ab den 40er Jahren verlief das Abstimmungsverfahren in folgender Weise: Sobald nach dem jeweiligen Bericht über eine unbeanstandete Wahl kein Antrag auf Beanstandung gestellt wurde, oder sobald nach eröffneter Diskussion niemand der Abgeordneten seine Stimme erhob, wurde keine förmliche Abstimmung vorgenommen.[290] Vielmehr wurde durch Stillschweigen dem Antrag der Abteilung konkludent zugestimmt, und die Wahl wurde vom Präsidenten ausdrücklich für unbeanstandet erklärt.[291] Alternativ wurde auch die Form der Erhebung von den Sitzen gewählt, wobei dies der eindeutig seltenere Fall war.[292]

[288] In der Geschäftsordnung gab es weder eine ausdrückliche Bestimmung in Bezug auf die allgemeinen Abstimmungsverfahren noch in Bezug auf die Wahlprüfungen.

[289] Vgl. Verh. Baden 1822, 1. Bd., IV. Prot. v. 30. März 1822, S. 73.

[290] In Bezug auf das förmliche Abstimmungsverfahren wurde von einer „*hergebrachten Uebung*" gesprochen. Verh. Baden 1847/48, 1. Prot.-Heft, I. Prot. v. 10. Dezember 1847, S. 10.

[291] Vgl. zu dieser Übung: Verh. Baden 1843/44, 1. Prot.-Heft, II. Prot. v. 25. November 1843, S. 35; Verh. Baden 1846, 3. Prot.-Heft, II. Prot. v. 6. Mai 1846, S. 27; Verh. Baden 1847/48, 1. Prot.-Heft, I. Prot. v. 10. Dezember 1847, S. 10 ff.; Verh. Baden 1847/48, 6. Prot.-Heft, LXXVI. Prot. v. 9. Oktober 1848, S. 164; Verh. Baden 1850/51, Prot.-Heft, II. Prot. v. 8. März 1850, S. 11; Verh. Baden 1854, Prot.-Heft, I. Prot. v. 13. Januar 1854, S. 10.

[292] Vgl. Verh. Baden 1843/44, 1. Prot.-Heft, III. Prot. v. 27. November 1843, S. 38; Verh. Baden 1854, Prot.-Heft, I. Prot. v. 13. Januar 1854, S. 13.

Mit der zunehmenden Länge des Wahlprüfungsgeschäftes und mit der gewachsenen Routine sank der Stellenwert, der insbesondere unproblematischen Wahlprüfungen. Dies wurde durch das Abstimmungsverfahren sehr deutlich. Einziges Ziel war lediglich, das Wahlprüfungsgeschäft zeitlich zu straffen.

8. Prüfungsmaßstab

Von großer Relevanz ist die Frage, welcher Beurteilungsgrundsatz als Prüfungsmaßstab bei den Wahlprüfungen im Frühkonstitutionalismus angewandt wurde. Für die zweite badische Kammer läßt sich diese Frage dahingehend beantworten, daß der sog. Erheblichkeitsgrundsatz als Prüfungsmaßstab von zentraler Bedeutung war.

Bevor jedoch die Anwendung des Erheblichkeitsgrundsatzes anhand entscheidender Fälle der Prüfungspraxis einer genauen Untersuchung unterzogen wird, erscheint es notwendig, das bisherig in der Literatur vorliegende Ergebnis einer kritischen Würdigung zu unterziehen. Hörner[293], der sich als einziger mit dieser Frage beschäftigte, sprach davon, daß die zweite Kammer bei ihren Wahlprüfungen den Erheblichkeitsgrundsatz kaum beachtete. Erst „*unter Zwang der Umstände*", worunter er die Zunahme der Prüfungstätigkeit der Kammer verstand, habe der Erheblichkeitsgrundsatz stärkeres Gewicht erhalten. Um diese Feststellung zu belegen, führte er einige Beispiele aus der Wahlprüfungspraxis der Kammer an. Unter anderem erläuterte er den Fall der zweiten Wahlprüfung des Landtags 1822/23, dem folgender Sachverhalt zugrunde lag[294]: Der Abgeordnete des 37. Wahlbezirks Leuz hatte nach der Verlosung vom 27. August 1820 mit der dritten Serie erst im Februar 1825 aus der Kammer auszutreten, jedoch legte dieser seine Stelle freiwillig bereits vorher nieder. Aus diesem Grund ordnete das Staatsministerium eine Neuwahl an. Bei dieser Wahl am 23. März wurde der Hofgerichtsadvokat Bayer mit absoluter Stimmenmehrheit gewählt. Obwohl der Gewählte alle erforderlichen Voraussetzungen aufwies, welche die Wahlordnung an einen Abgeordneten stellte, hielt die Kommission die Wahl einhellig für ungültig. Den Grund hierfür stellte die Bestimmung des § 59 der WahlO v. 23. Dezember 1818 dar. Hiernach behalten einmal gewählte Wahlmänner ihre Eigenschaft bis zum regelmäßigen Austritt des Abgeordneten oder bis zur Auflösung der Kammer. Obwohl der Abgeordnete Leuz nicht regelmäßig, sondern frühzeitig sein Mandat niedergelegt hatte, und obwohl ebenfalls keine Auflösung der Kammer stattgefunden hatte, veranlaßte der Wahlkommissar die Wahl neuer Wahlmänner. Diesen formellen Fehler beurteilte die Kommission einheilig, und zwar folgendermaßen: „*...da dieses* (also die Neuwahl der Wahlmänner) *der ausdrücklichen Anordnung des Wahlgesetzes widerspricht, so leidet also der Wahlakt...an einem unheilbaren wesentlichen Gebrechen und muß schon blos allein in dieser Hinsicht kassiert werden.*".[295] Im Ergebnis erklärte die Kammer die Wahl des 37. Wahlbezirks für nichtig und bat das Staatsministerium, bald möglichst eine neue Wahl einzuleiten.[296]

---

[293] Hörner, Wahlen, S. 325, 333.

[294] Vgl. Verh. Baden 1822, 1. Bd., IV. Prot. v. 30. März 1822, S. 64 ff..

[295] Vgl. Verh. Baden 1822, 1. Bd., IV. Prot. v. 30. März 1822, S. 66.

[296] Vgl. Verh. Baden 1822, 1. Bd., IV. Prot. v. 30. März 1822, S. 73.

Bei einem weiteren Fall, der Prüfung der Wahl des 41. Ämterwahlbezirkes auf dem 9. Landtag, bei welcher der Abg. Vogelmann mit der Mehrheit von 36 zu 49 Stimmen gewählt wurde, monierte die Prüfungskommission neben kleinen Formfehlern, daß an die Stelle des ausgetretenen Wahlmannes Blau der Amtmann Rüttinger getreten sei, ohne daß hierfür ein gültiger gesetzlicher Grund angegeben wurde.[297] Bei der nachfolgenden Untersuchung, welche die Kammer in diesem Fall beschlossen hatte, stellte sich heraus, daß der alte Wahlmann Blau weder durch Tod noch durch Wegzug, sondern aus Gesundheits- und Altersgründen ausgetreten war.[298] Nach diesen Tatsachen stellte die Kommission den Antrag auf Ungültigkeitserklärung der Wahl, da die Wahlordnung bei bloßer Verhinderung eines Wahlmannes keine neue Wahl anordnete. Nach Ansicht der Kommission hätte der Wahlmann Blau lediglich nach § 58 der WahlO v. 23. Dezember 1818 direkt im Anschluß an seine Wahl auf das Amt aus gesundheitlichen Gründen verzichten können. § 59 der WahlO v. 23. Dezember 1818 greife in dem Fall, in dem der Wahlmann die Wahl bereits angenommen habe, und dann nur durch Tod oder Wegzug eine neue Wahl für den Ausgetretenen stattfinden könne. Der Wahlmann Blau hätte damit lediglich die Möglichkeit besessen, sich wegen Nichterscheinen beim Wahlakt aus Gesundheitsgründen zu entschuldigen. Eine Niederlegung des Amtes und eine gleichzeitige Neuwahl seien hingegen unzulässig gewesen.[299] Die Kammer teilte letztlich die Ansicht der Kommission und erhob diese zum Kammerbeschluß. Obwohl sich einige Redner[300] für eine gelockerte Auslegung der Vorschriften der Wahlordnung aussprachen, vertrat die Mehrzahl der Redner die Auffassung der Kommission. Insbesondere sah der Abg. Sander die Gefahr der Aufweichung des § 59 der WahlO v. 23. Dezember 1818. Durch die Anerkennung von vorübergehenden Ursachen, welche zu einer Niederlegung des Amtes berechtige, bestünde die große Gefahr, daß man die Wahlmänner an der Mitwirkung an der Deputiertenwahl hindern könne, indem man sie bedränge, zu verreisen oder krank zu werden. Man könne damit das gewählte Wahlkollegium aussortieren und politisch genehme Männer an ihre Stelle setzen. Nur durch die strikte Anwendung des § 59 könne diese Gefahr verhindert werden.[301]

Vor allem diese beiden von Hörner angeführten Wahlprüfungsfälle lassen sich nicht als Beweis für seine pauschale Feststellung anführen.[302] Der Grund hierfür liegt in der

---

[297] Verh. Baden 1839, 1. Heft, VIII. Prot. v. 27. April 1839, S. 143 f..

[298] Verh. Baden 1839, 1. Heft, IX. Prot. v. 1. Mai 1839, S. 172.

[299] Verh. Baden 1839, 1. Heft, IX. Prot. v. 1. Mai 1839, S. 173.

[300] So z.B. die Abg. Platz, Trefurt und Baumgärtner. So vertrat der Abg. Baumgärtner die Auffassung, daß die Wahlordnung in § 59 zwar nur zwei Gründe explizit nenne, eine analoge Anwendung auf andere Fälle aber nicht ausgeschlossen sei, und daß man daher nach dem „*Geist und Zweck*“ des Gesetzes entscheiden solle. Vgl. Verh. Baden 1839, 1. Heft, IX. Prot. v. 1. Mai 1839, S. 184.

[301] Verh. Baden 1839, 1. Heft, IX. Prot. v. 1. Mai 1839, S. 183.

[302] Auch in Bezug auf das von Hörner angeführte Beispiel für die Außerachtlassung des Erheblichkeitsgrundsatzes hinsichtlich der Prüfung der Wahl des Abg. Gastroph des 33. Ämterwahlbezirks im Jahre 1842, in dem nach den Wahlakten kein Grund zur Beanstandung vorlag, aber eine Petition einkam, in welcher ohne Beilegung von Beweisen vorgetragen wurde, daß Wahlumtriebe stattgefunden haben, und der Wahlkommissar den Handschlag nicht abge-

grundsätzlichen Bedeutung dieser genannten Fälle. Diese Beispiele belegen zwar, daß in den genannten Fällen der Erheblichkeitsgrundsatz nicht zum Entscheidungsmaßstab der Kammer erhoben wurde, jedoch war bei diesen konkreten Fällen aus Sicht der Kammermehrheit die Entscheidungen von grundsätzlicher Bedeutung für die Beibehaltung der Wahlfreiheit. Bei den Entscheidungen der Kammer in den genannten Fällen ging es vordringlich gar nicht um den konkreten Wahlprüfungsfall, sondern vielmehr wollte die Kammer ein Präjudiz schaffen, um der Aufweichung der Wahlvorschriften entgegen zu treten und damit die Wahlfreiheit für die Zukunft zu sichern. In diesen Fällen diente die Wahlprüfung der Kammer nicht nur als rechtliches Kontrollverfahren, ob die Wahl ordnungsgemäß zustande gekommen war. Vielmehr wurde die Wahlprüfung als Instrument zur Aufrechterhaltung der Wahlfreiheit genutzt. Allein aus diesem Grund kann man aber nicht von einer grundsätzlichen Außerachtlassung des Erheblichkeitsgrundsatzes als Maßstab der Prüfung sprechen. Denn vielmehr zeigen die Prüfungen, bei denen es sich um formelle Fehler und nicht um die Bewahrung der Wahlfreiheit im weitesten Sinne handelte, ein anderes Bild. Dies verdeutlichen insbesondere die Prüfungen über den gesamten Untersuchungszeitraum hinweg im Zusammenhang mit § 66 der WahlO v. 23. Dezember 1818. § 66 bestimmte: Der „*...landesherrliche Commissar hat sämmtliche Wahlmänner des Bezirks...mittels Requisition*[303] *der Ämter, durch die Ortsvorgesetzten zur Abgeordnetenwahl auf einen bestimmten Tag, und zwar wenigstens 6 Tage früher, als sie vor sich gehen soll, schriftlich einzuladen. ...Jeder Vorgeladene hat den Insinuationsschein*[304] *über die an ihn ergangene Einladung sogleich bei Empfang derselben auszustellen.*“

Bereits im Jahre 1822 kam die Problematik im Zusammenhang mit § 66 bei der Prüfung der zweiten Wahl des Vogts Rausmüller aus dem 32. Wahlbezirk auf die Tagesordnung der Kammer.[305] Nach dem Wahlprotokoll und seinen Beilagen wurden bei dieser Wahl die gesetzlichen Vorschriften für den Wahlakt eingehalten, und auch alle persönlichen Eigenschaften des Gewählten lagen vor. Somit wäre die Wahl damit ordnungsgemäß verlaufen, und es hätte keinen Grund zu einer Beanstandung vorgelegen. Das Besondere an diesem Fall war jedoch, daß der Wahlkommissar selbst die Wahl am darauffolgenden Tag nach § 66 der WahlO v. 23. Dezember 1818 für ungültig erklärte. Als Grund für diese Entscheidung gab der Wahlkommissar an, daß er erst nach der Wahl gemerkt hatte, daß einige Insinuationsscheine der Wahlmänner auf den 21. April datiert waren, die Wahl jedoch am 22. April stattfand. Folglich hätten die Insinuationsschreiben seiner Auffassung nach spätestens auf den 16. April datiert sein

---

nommen habe, läßt sich ebenfalls nicht als Beweis für seine Feststellung anführen. Zwar kann bezweifelt werden, daß die fehlende Abnahme des Handschlags einen erheblichen Einfluß auf das Resultat der Wahl hatte, aber weiterhin wurden auch Wahlumtriebe angeführt. Die Kammer beschloß auch nicht die sofortige Ungültigkeit dieser Wahl, sondern beanstandete diese lediglich und ersuchte die Regierung um eine Untersuchung (Verh. Baden 1842, 1. Prot.-Heft, VII. Prot. v. 4. Juni 1842, S. 186-197). Zu einer endgültigen Entscheidung durch die Kammer kam es im Ergebnis auch nicht mehr, da der Abg. Gastroph freiwillig seine Deputiertenstelle niedergelegt hatte (Verh. Baden 1842, 1. Prot.-Heft, VIII. Prot. v. 6. Juni 1842, S. 216).

[303] Rechtshilfeersuchen.

[304] Bescheinigung der Zustellung des Einladungsschreiben.

[305] Vgl. Verh. Baden 1822, 2. Bd., XIV. Prot. v. 27. April 1822, S. 43 ff..

dürften, um der Bestimmung des § 66 der WahlO v. 23. Dezember 1818 zu entsprechen. In der Prüfung stellte sich heraus, daß der Grund, daß acht Bescheinigungen erst auf den 21. April datiert waren, darin bestand, daß das Zirkular während des Laufes verlorengegangen war, und erst nach geschehener Zustellung der Einladungsschreiben wieder aufgefunden wurde. Das Amt Wiesloch bestätigte jedoch ausdrücklich, daß die Einladungsschreiben rechtzeitig zugegangen waren. Die Kommission sah durch ihre Auslegung[306] des § 66 der WahlO v. 23. Dezember 1818 in diesem Fall keinen formellen Fehler vorliegen. Nach ihrer Auffassung ordnete das Gesetz lediglich an, daß der Wahlkommissar die Einladungsschreiben wenigstens sechs Tage vor der Wahl zu erlassen habe, diese jedoch nicht sechs Tage vorher zugestellt sein müßten, und daß damit die Insinuationsschreiben daher auch nicht um sechs Tage früher ausgestellt sein müßten. Nach Auffassung der Kommission sei die Absicht des Gesetzes, nur dafür Sorge zu tragen, daß alle Wahlmänner von dem Wahltermin rechtzeitig Mitteilung erhielten, damit nicht aufgrund einer zu geringen Anzahl von Wahlmännern die Wahl vereitelt werde. Die Bescheinigung der Zustellung nach § 66 der WahlO v. 23. Dezember 1818 habe daher nur den Sinn, daß kein Wahlmann seine Abwesenheit bei der Wahl durch die angebliche Nichterhaltung des Einladungsschreibens entschuldigen könne.[307] Somit waren nach ihrer Auffassung alle gesetzlichen Bedingungen bei dieser Wahl erfüllt. Neben dieser rechtlichen Würdigung, sei auch in tatsächlicher Hinsicht durch diesen sich zugetragenen Vorgang kein Einfluß auf das Resultat der Wahl ausgeübt worden, da lediglich acht Wahlmänner zu spät geladen wurden. Ferner hätte selbst nach deren Abzug der Vogt Rausmüller noch die wahlentscheidende Stimmenmehrheit auf sich vereinigt. Die Prüfungskommission praktizierte damit in diesem konkreten Fall den Erheblichkeitsgrundsatz und erhob ihn zu ihrer Entscheidungsgrundlage. Neben der tatsächlichen Anwendung stellte der Kommissionsbericht bei dieser Wahl auch zum ersten Mal explizit den Erheblichkeitsgrundsatz als Maßstab der Prüfung auf. So hieß es: *„Ueberhaupt, meine Herren, sind wir zwar allerdings verpflichtet, bei der Prüfung der Vollmachten mit der größsten Strenge darüber zu wachen, dass bei den Wahlakten alle gesetzliche Vorschriften genau beobachtet werden und vorzüglich die Wahlfreiheit auf seine Art gestört werde. Aber wenn die Hauptsache in Ordnung ist, dann können doch unwesentliche kleine Vergehen in Nebendingen zwar wohl Rüge verdienen, aber doch den Wahlakt nicht ungültig machen.*".[308]
Genau nach diesem Prüfungsmaßstab entschied die Kommission, indem sie einhellig beantragte, die Wahl für gültig zu erklären. In der der Berichterstattung nachfolgenden Diskussion äußerte lediglich einer der Abgeordneten[309] Zweifel an der Gültigkeit der Wahl. Zwar waren alle Redner für die Gültigkeit der Wahl, weil sie sich den Erheblichkeitsgrundsatz als Maßstab ihrer Entscheidung zu eigen machten, jedoch war keiner der Redner mit der Auslegung des § 66 der WahlO v. 23. Dezember 1818 durch die Kommission einverstanden.[310] Trotz der unterschiedlichen Auslegung des § 66 der

---

[306] Die Kommission sprach selbst vom *„höchst wahrscheinlichen Sinne des Gesetzes*", Vgl. Verh. Baden 1822, 2. Bd., XIV. Prot. v. 27. April 1822, S. 50.
[307] Vgl. Verh. Baden 1822, 2. Bd., XIV. Prot. v. 27. April 1822, S. 50.
[308] Vgl. Verh. Baden 1822, 2. Bd., XIV. Prot. v. 27. April 1822, S. 52.
[309] Der Abg. Duttlinger, Vgl. Verh. Baden 1822, 2. Bd., XIV. Prot. v. 27. April 1822, S. 55 f..
[310] Vgl. Verh. Baden 1822, 2. Bd., XIV. Prot. v. 27. April 1822, S. 54-59.

WahlO v. 23. Dezember 1818 beschloß die Kammer letztendlich die Gültigkeit der Wahl. Der Grund für diese Entscheidung lag ausschließlich darin, daß der genannte Vorfall für den Ausgang der Wahl nicht erheblich war.
Bei zwei weiteren Prüfungsfällen auf diesem Landtag, bei denen ein ähnlicher Sachverhalt vorlag, entschied die Kammer ebenfalls in diesem Sinne.[311] Auch auf allen weiteren Landtagen bis zum Ende des Untersuchungszeitraums wandte die Kammer in konsequenter Weise den Erheblichkeitsgrundsatz hinsichtlich der Verstöße gegen § 66 der WahlO v. 23. Dezember 1818 an. So u.a. bei der Wahl im 21. Wahlbezirk des 5. Landtags des Jahres 1831. Hier trat der Fall auf, daß ein Insinuationsschein gegen den Bericht des Wahlkommissars nicht innerhalb der gesetzlichen Frist dem Wahlmann zugegangen war. Es herrschte bei der Mehrheit der Kammer Einhelligkeit darüber, daß dieser Fehler nicht von Erheblichkeit war, da zum einen alle Wahlmänner am Wahltag erschienen waren, und da zum anderen der Abgeordnete auch nach Abzug einer *„zweifelhaft gültigen Stimme“* immer noch die absolute Mehrheit der Stimmen besaß.[312]

Keineswegs beschränkte sich die Anwendung des Erheblichkeitsgrundsatzes dabei nur auf Fälle des § 66 der WahlO v. 23. Dezember 1818. Vielmehr wurde der Erheblichkeitsgrundsatz bei formellen Verstößen grundsätzlich als Prüfungsmaßstab von der Kammer herangezogen und bildete bis zum Ende des Untersuchungszeitraums die

---

[311] So u.a. bei der Prüfung der Wahl des Hofraths v. Tscheppe im Jahre 1822, bei der ein ähnlicher Sachverhalt zugrunde lag. Auch hier wurden die Wahlmänner rechtzeitig zur Wahl berufen, jedoch stimmten die Insinuationsscheine einiger Wahlmänner (8 von 58 der Wahlmänner) hiermit nicht überein, denn sie waren auf einen Zeitpunkt datiert, der weniger als sechs Tage vor dem Wahlakt lag. Die Kommission wies jedoch auf den Sachverhalt und die Entscheidung der Kammer im Fall Rausmüller hin und beantragte die Wahl für gültig zu erklären. Diesem Antrag trat die Kammer auch bei (Vgl. Verh. Baden 1822, 9. Bd., LXXXII. Prot. v. 10. Dezember, Beil. Nr. 321, S. 406 ff.). Ebenfalls bei der Prüfung der Wahl des Xaver Stuckle des 5. Wahlbezirks im Jahre 1822 stellte sich ebenfalls das Problem, daß bei einem Wahlmann die 6-Tagefrist des § 66 der WahlO v. 23. Dezember 1818 nicht genau eingehalten wurde. Hier argumentierte der Kommissionsbericht mit dem *„Geist des Gesetzes“*, wonach ausreichende Zeit zur Vorbereitung auf die Wahl bestand. Er argumentierte ferner mit der Entscheidungsunerheblichkeit dieses einzelnen Wahlmannes auf das Wahlresultat (Verh. Baden 1822, 11. Bd., XCVI. Prot. v. 4. Januar 1823, S. 3 ff.). s. auch: Verh. Baden 1825, 1. Heft, 2. Vorbereitungssitzung v. 23. Februar 1825, S. 10., in der ebenfalls aufgrund der Tatsache, daß die Einladungen nicht immer sechs Tage vor dem Wahlakt von allen Wahlmännern insinuirt wurden, die Wahlen keinesfalls beanstandet oder für ungültig erklärt wurden.

[312] Verh. Baden 1831, 2. Heft, X. Prot. v. 11. April 1831, S. 163 f.. Auch im Fall der Wahl des Abg. Brentano im 12. Städtewahlbezirk im Jahre 1847, in dem der Fehler darin lag, daß ein Wahlmann nicht rechtzeitig vorgeladen wurde, da aber insbesondere dieser Wahlmann sein Amt am Wahltag ausgeführt hatte und keinen Anstand erhob, sah die provisorische Abteilung und letztlich auch die Kammer hierin keinen Grund zu einer Beanstandung dieser Wahl (Verh. Baden 1847/48, 1. Prot.-Heft, I. Prot. v. 10. Dezember 1847, S. 13). Vgl. auch den weiteren Fall: Verh. Baden 1859/60, Prot.-Heft, II. Prot. v. 24. November 1859, S. 9. So u.a. auch bei der Wahl des Abg. Achenbach im 12. Städtewahlbezirk im Jahre 1861: Verh. Baden 1861/63, Prot.-Heft, I. Prot. v. 2. Dezember 1861, S. 7.

Grundlage ihrer Entscheidung.[313] Dies hatte jedoch nicht zur Folge, daß die Förmlichkeiten in der Prüfung vernachlässigt wurden. Vielmehr prüften die provisorischen Abteilungen und die Prüfungskommissionen die Einhaltung der Förmlichkeiten sehr genau, ohne aber in Anwendung des Erheblichkeitsgrundsatzes bei dem geringsten Verstoß die Beanstandung der Wahl auszusprechen.[314] Zum Beleg dafür sei die Wahl des Vogts Fieß im 28. Wahlbezirk des Jahres 1822 anzuführen.[315] In diesem Fall hatte ein Wahlmann den Insinuationsschein über das erhaltene Einladungsschreiben zum Wahlakt nicht selbst unterfertigt. Jedoch stellte dies für die Kommission keinen Ungültigkeitsgrund dar, da selbst, wenn man die Stimme dieses Wahlmannes wegfallen ließe, dennoch die vorgeschriebene Anzahl von Wahlmännern anwesend war. In anderen Fällen, wie bei der Prüfung der Wahl des 41. Ämterwahlbezirkes im Jahre 1839 hervorgehoben wurde, daß bei einigen Bescheinigungen[316] die Beglaubigung des Amtssiegels fehlte[317] oder bei der Prüfung der Wahl des 29. Ämterwahlbezirks im Jahre 1846, bei der statt des Amtsrevisors, wie es die Wahlordnung vorschrieb, ein Amtsrevisoratsgehilfe das Protokoll geführt hatte[318], wurde keineswegs die Beanstandung ausgesprochen, sondern es kam lediglich zu einer entsprechenden Rüge oder der Aufnahme des Fehler ins Protokoll. Obwohl in Anwendung des Erheblichkeitsgrundsatzes diese formellen Fehler nicht zu einer Beanstandung führten, wurde dennoch versucht, durch die geschilderte Vorgehensweise solche Fehler für die Zukunft zu vermeiden.

Neben diesen praktischen Anwendungen des Erheblichkeitsgrundsatzes gab es auch klare und eindeutige Stellungsnahmen, welche den Erheblichkeitsgrundsatz zur Prüfungsmaxime erhoben. So z.B. die Stellungsnahme des Berichterstatters der ersten provisorischen Abteilung Duttlinger in der Wahlprüfung des 25. Ämterwahlbezirks des Jahres 1841. Nach Duttlinger dürften, *„wenn von außerwesentlichen Gebrechen es sich handelt, von denen klar ist, daß sie auf das wirkliche Ergebniß der Wahl keinen Einfluß hatten oder gehabt haben können, dieselben nicht weiter in Rechnung kom-*

---

[313] Charakteristisch ist hierfür auch folgendes Beispiel: Zwei Bürger wandten sich mit einer Eingabe gegen die Gültigkeit einer Urwahl im 20. Ämterwahlbezirk im Jahre 1845 an die Kammer. Diese Eingabe bezog sich lediglich darauf, daß die Einladungen zur Urwahl zu spät erfolgt seien. Die prüfende provisorische Abteilung stellte bei ihrer Berichterstattung ausdrücklich heraus, daß bei einem einzigen Formfehler bei einer einzelnen Urwahl nicht die Deputiertenwahl umzustoßen sei, wenn sich keine Veränderung des Wahlresultats als wahrscheinliche Folge der Formfehler herausstellen sollte. Verh. Baden 1845/46, 1. Prot.-Heft, II. Prot. v. 26. November 1845, S. 25.

[314] Obwohl diese formellen Verstöße keine Beanstandungen hervorriefen, übergingen die provisorischen Abteilungen und die Prüfungskommissionen diese Mängel keineswegs, sondern rügten diese ausdrücklich. Die Notwendigkeit solcher Rügen rechtfertigte z.B. der Berichterstatter der Prüfungskommission der zweiten Wahlprüfung des Jahres 1822 folgendermaßen: „*... so können doch dergleichen Vernachlässigungen in einer Sache, welche von so großer Bedeutung ist, und nothwendig an strenge Förmlichkeiten gebunden seyn muß, nicht ohne Rüge übergangen werden.*" Verh. Baden 1822, 1. Bd., IV. Prot. v. 30. März 1822, S. 67.

[315] Vgl. Verh. Baden 1822, 8. Bd., LXXIII. Prot. v. 27. November 1822, S. 498 ff..

[316] Taufschein, Bescheinigung über das Steuerkapital.

[317] Verh. Baden 1839, 1. Heft, VIII. Prot. v. 27. April 1839, S. 143.

[318] Verh. Baden 1846, 3. Prot.-Heft, II. Prot. v. 6. Mai 1846, S. 33.

men".[319] Ferner auch die Rede des Alterspräsidenten Kern in Bezug auf die Wahlprüfungen in der ersten Sitzung des Landtags im Jahre 1846: *„In jedem Falle huldige ich gerne den bei'm letzten Landtage von sehr verehrten Mitgliedern aufgestellten Grundsätzen, daß jede Wahl so lange für gültig anerkannt werden müsse, als nicht gesetzliche Ungültigkeitsgründe nachgewiesen werden, und daß bloße Formfehler, wenn dieselben nicht im Gesetz selbst mit Ungültigkeit bedroht werden, für sich allein keine Verwerfung oder Beanstandung zur Folge haben sollten. Ich glaube mich überzeugt halten zu dürfen, daß auch Sie, meine Herren, die Wahrheit dieser Grundsätze anerkennen und dieselben in dem Prüfungsgeschäfte bethätigen werden.*".[320]

Hinsichtlich der Bedeutung und Anwendung des Erheblichkeitsgrundsatzes in der zweiten badischen Kammer läßt sich keine pauschale Feststellung treffen. Es zeigte sich vielmehr ein sehr differenziertes Bild. Bei formellen Wahlfehlern, welche keine grundsätzliche Gefahr des „Mißbrauchs" oder für die Wahlfreiheit darstellten, kam der Erheblichkeitsgrundsatz grundsätzlich zur Anwendung. Weiterhin wurde dieser Prüfungsmaßstab auch mehrfach explizit anerkannt. Hingegen wurde in den Wahlprüfungsfällen, welche aus Sicht der Kammermehrheit von grundsätzlicher Bedeutung für die Aufrechterhaltung der Wahlfreiheit waren, um die Wahlfreiheit vor „Mißbrauch" zu schützen, dem Wortlaut der Wahlrechtsbestimmungen vor dem Erheblichkeitsgrundsatz der Vorrang eingeräumt. In diesen Fällen ging für die Mehrheit der Kammer die Prüfungsentscheidung über die Bedeutung für die konkrete Wahl hinaus.

9. Auslegung von Wahlrechtsbestimmungen und Kontinuität der Entscheidungen

Die verschiedenen Wahlrechtsbestimmungen waren keineswegs klar und eindeutig, sondern vielmehr unbestimmt und lückenhaft. Die Folge hiervon war, daß im Laufe der parlamentarischen Arbeit die Auslegung dieser Bestimmungen von größter Bedeutung war. Unter diesem Gesichtspunkt spielte die Wahlprüfung eine ganz wesentliche Rolle, da gerade bei den Wahlprüfungen die Gesetzesbestimmungen auf die unterschiedlichsten Fälle konkret angewandt und damit konkretisiert werden mußten.[321] Von besonderer Bedeutung in diesem Zusammenhang war vor allem die Frage, ob sich im Rahmen des Untersuchungszeitraumes gewisse Kontinuitäten in den Entscheidungen in bezug auf die Auslegung von Gesetzesbestimmungen und deren Anwendung erblicken ließen.

a. Auslegung und Anwendung des § 37 II der Verfassungsurkunde v. 22. August 1818

Einer der zentralen Fragen, welche die Kammer bei den Wahlprüfungen während des gesamten Untersuchungszeitraums beschäftigte, war die Auslegung des § 37 II der Verf.-Urk. v. 22. August 1818[322], der folgendermaßen lautete: *„Landes-, Standes- und*

---

[319] Verh. Baden 1841, 1. Heft, I. Prot. v. 19. April 1841, S. 13.
[320] Verh. Baden 1846, 3. Prot.-Heft, I. Prot. v. 5. Mai 1846, S. 6.
[321] Fälle mit eindeutigen Verstößen gegen den klaren Wortlaut waren bei den Wahlprüfungen die absolute Ausnahme.
[322] Der § 37 II der Verf.-Urk. v. 22. August 1818 war wortgleich mit dem § 65 II der GO v. 5. Mai 1819.

grundherrliche Bezirksbeamte, Pfarrer, Physici und andere geistliche oder weltliche Localdiener können als Abgeordnete nicht von den Wahlbezirken gewählt werden, wozu ihr Amtsbezirk gehört."
Zum erstenmal entscheidungserheblich[323] wurde diese Frage bei der Prüfung der Wahl im 27. Ämterwahlbezirk im Jahre 1822.[324] Der bisherige Abgeordnete dieses Ämterwahlbezirks Frommel zu Söllingen hatte am 17. April des Jahres seine Deputiertenstelle niedergelegt. Bei der daraufhin notwendigen Neuwahl wurde der Kreisdirektor Fröhlich als landesherrlicher Wahlkommissar mit der Leitung der Wahl betraut. Das Resultat der Wahl war, daß dieser selbst zum Abgeordneten gewählt wurde. Die Prüfungskommission hatte, nachdem sie in ihrem Bericht[325] festgestellt hatte, daß die gesamte Wahlhandlung den gesetzlichen Vorschriften entsprach, die Frage zu beantworten, ob ein Kreisdirektor im Gebiet seines Kreises nach § 37 II der Verf.-Urk. v. 22. August 1818 zum Abgeordneten gewählt werden konnte.[326] Obwohl der Kreisdirektor nicht explizit in der Bestimmung der Verf.-Urk. genannt wurde, sah die Prüfungskommission das Verbot der genannten Bestimmung in diesem Fall als eingreifend an. Die Kommission legte den § 37 II der Verf.-Urk. v. 22. August 1818 dahingehend aus, daß nach der Verfassung die Wahlen der Männer, welche die Rechte des Volkes vertreten, von jeden äußeren Einflüssen zu bewahren seien.[327] Entscheidend für den vorliegenden Fall sei auch, daß sich diese Absicht selbst auf Beamte beziehe, welche nur eine geringe Amtsgewalt hätten, und daher nur geringen Einfluß auf die Untertanen ausüben könnten. Nach Auffassung der Kommission widerspreche es dem Geist der Verfassung, die Wahlen von möglichen Einflüssen zu bewahren, wenn der Kreisdirektor als einflußreicher Beamter in seinem eigenen Bezirk gewählt werde. Dies war nach Ansicht der Kommission erst recht der Fall, wenn dieser noch selbst Wahlkommissar war, und daher mit sämtlichen Wahlmännern in unmittelbare Berührung gekommen sei. Obwohl der Kreisdirektor von der Wählbarkeit nicht ausdrücklich ausgeschlossen wurde, konnte er nach Auffassung der Kommission nach dem Geist der Verfassung als erster Regierungsbeamter des Kreises nicht wählbar sein. In der nachfolgenden Beratung stand die Mehrheit der Redner der Auslegung durch die Kommission kritisch gegenüber. Dies war insbesondere dadurch begründet, daß die Entscheidung in dieser Frage als „*Richtschnur für die Zukunft*" angesehen wurde.[328] Insbesondere wurde ein-

---

[323] Bereits bei der ersten Wahlprüfung des 2. Landtags, bei der Wahl des Abg. Rausmüller, stellte sich die Frage, ob ein Rentbeamter nach § 37 II der Verf.-Urk. v. 22. August 1818 grds. wählbar war. Da diese Frage aber für die Kammer zu diesem Zeitpunkt nicht entscheidungserheblich war, kam die Debatte über diese Frage zu keinem Abschluß. s. zu dieser Diskussion: Verh. Baden 1822, 1. Bd., VI. Prot. v. 2. April 1822, S. 129 ff..
[324] Vgl. zu dieser Wahlprüfung: Müller, Landtagsgeschichte II, S. 131 ff..
[325] Vgl. Verh. Baden 1822, 2. Bd., XIX. Prot. v. 14. Mai 1822, Beil. Nr. 103, S. 379 ff..
[326] Die Kommission erkannte die Bedeutung, die in der Entscheidung dieses Falles lag und fügte, bevor sie auf den konkreten Fall einging, an, daß diese Frage „*großen Einfluß auf die künftigen Wahlen haben und eben deswegen sorgfältig geprüft werden müsse.*". Verh. Baden 1822, 2. Bd., XIX. Prot. v. 14. Mai 1822, Beil. Nr. 103, S. 383.
[327] Vgl. Verh. Baden 1822, 2. Bd., XIX. Prot. v. 14. Mai 1822, Beil. Nr. 103, S. 383 f.
[328] So äußerte sich u.a. der Abg. Fetzer (Verh. Baden 1822, 2. Bd., XX. Prot. v. 17. Mai 1822, S. 392 ff.). Auch für die Regierung war diese Angelegenheit über den konkreten Fall hinaus

gewandt, daß eine Auslegung nicht erforderlich sei, da der Gesetzestext eindeutig, und der Kreisdirektor nicht unter die in § 37 II der Verf.-Urk. v. 22. August 1818 aufgeführten Begriffe der Bezirksbeamten und Lokaldiener zu subsumieren sei.[329] Der Grund wurde darin gesehen, daß ein Kreisdirektor weder auf einen Ort noch auf eine Person einwirke, und daß er daher nicht als Lokal- oder Bezirksdiener anzusehen sei. Ein Kreisdirektor wirke nur auf die Bezirksstelle ein, welche zwischen ihm und den Wahlmännern noch in der Mitte stände. Aus diesem Grund würde der Kreisdirektor, der seine Amtsgewalt mißbrauchen wollte, dazu eines Zwischenorgans bedürfen, wenn er auf die Wahl einwirken wollte. Dadurch allein sei er an der Einwirkung gehemmt.[330] Darüber hinaus wurde auf das Prinzip der Verfassung hingewiesen, wonach jeder Staatsbürger zum Abgeordneten wählbar sei, der nicht ausdrücklich durch Gesetz ausgeschlossen sei.[331] Letztlich wurde noch angeführt, daß selbst in dem Fall, in dem § 37 II der Verf.-Urk. v. 22. August 1818 *„mangelhaft und unvollständig“* wäre, es nicht Aufgabe der Kammer wäre, diesen Mangel durch Auslegung zu heilen. Vielmehr müsse diese Lücke im Wege der Gesetzgebung ausgefüllt werden.[332]
Von besonderem Interesse für das Selbstverständnis der oppositionellen Seite der Kammer in Bezug auf das Wahlprüfungsrecht war die Entgegnung des oppositionellen Abg. v. Itzstein zur letztgenannten Auffassung, daß eine Gesetzesänderung notwendig war. *„Die Verfassungsurkunde sage übrigens in dem Art. 41. „Die Kammer allein erkennt über streitige Wahlen;“ das Wort streitig setze doch wohl einen zweifelhaften Zustand voraus, also einen solchen, wo das Gesetz nicht ganz wortklar entscheide. Denn es sey nicht streitig, wenn der Gewählte nicht das gesetzliche Alter habe, oder wenn er das Vermögen nicht besitze, oder der Pfarrer in seinem Bezirke gewählt würde. Alles dies sey klar im Gesetze. Streitig aber sey, ob die Wahl des grundherrlichen Rentbeamten in seinem Bezirke gültig wäre; streitig sey, ob jene das Obereinnehmers, des Oberforstmeisters im Bezirke gültig sey; streitig sey endlich, ob die Wahl des Kreisdirektors in seinem Kreise als Beamter eines Großen Bezirkes gelten könne. Ue-*

---

von besonderer Bedeutung, da es sich in diesem Fall ihrer Auffassung nach um eine Abänderung und Erläuterung der Verfassung handele (Verh. Baden 1822, 2. Bd., XIX. Prot. v. 14. Mai 1822, S. 331).

[329] So führte der Abg. Fetzer aus, daß das Organisationsedikt des Jahres 1809 bestimmen würde, was unter Bezirksbeamten zu verstehen sei. Hiernach sei das Land in Kreise und diese in Bezirke eingeteilt worden. In der Beil. lit. C. seien alle Behörden, welche Bezirksstellen seien ‚aufgeführt worden, und daher sei nur derjenige ein Bezirksbeamter, der bei einer solchen Stelle angestellt sei. Hierzu würde der Kreisdirektor aber nicht gehören. Noch weniger sei er ein Lokalbeamter, da ein solcher nur auf einzelne Orte beschränkt sei. Die Aufgaben des Kreisdirektors würden sich hingegen auf den ganzen Kreis erstreckten. Aus diesen Gründenwürde der Kreisdirektor nicht unter die Beschränkung des § 37 II der Verf.-Urk. v. 22. August 1818 fallen (vgl. Verh. Baden 1822, 2. Bd., XX. Prot. v. 17. Mai 1822, S. 394).

[330] So. der Abg. Duttlinger, vgl. Verh. Baden 1822, 2. Bd., XX. Prot. v. 17. Mai 1822, S. 398.

[331] Verh. Baden 1822, 2. Bd., XX. Prot. v. 17. Mai 1822, S. 402. So erklärte der Abg. Kern: *„Der Buchstabe müsse deutlich die Unwählbarkeit aussprechen, hier tauge kein künstliches Herausklügeln, die Verfassung müsse es ganz deutlich erklären oder es bleibe bei der allgemeinen Regel.“*.

[332] Vgl. Verh. Baden 1822, 2. Bd., XX. Prot. v. 17. Mai 1822, S. 403.

ber diese Streitigkeiten erkenne und entscheide nach § 41 die Kammer allein, und es bedürfe hiezu weder eines neuen Gesetzes, noch einer authentischen Erklärung des Gesetzes,.... Die Kammer übe bloß ihr Recht aus, was sie sich nie nehmen lassen könne.".[333] Gerade diese Stellungsnahme verdeutlicht die überragende Bedeutung der Wahlprüfung im frühen parlamentarischen Leben.

Im Ergebnis hielt sich die Kammermehrheit dennoch an den Wortlaut der Gesetzesbestimmung[334] und verneinte die Frage des Präsidenten, ob die Wahl aus dem Grunde für ungültig erklärt werden sollte, weil der Kreisdirektor Fröhlich im Umfang seines Kreises gewählt worden war, mit 34 gegen 26 Stimmen.[335]

Bereits im Jahre 1831 kam aus Anlaß der Wahl des Kreisdirektors Rettig in Konstanz, diese Thematik erneut auf die Tagesordnung der Kammer. Interessanterweise war für die Mehrheit der Kammer[336] die grundsätzliche Frage der Wählbarkeit von Kreisdirektoren bereits bei der Wahl des Abg. Fröhlich entschieden worden, so daß die Wahl ohne weitere Debatte für gültig erklärt wurde. Im Jahre 1844 tauchte diese Problematik bei der Prüfung der Ersatzwahl des 13. Städtewahlbezirks erneut auf.[337] Die Kammer blieb ihrer bisherigen Auffassung, die sie bereits 1822 und 1831 manifestiert hatte, treu und erklärte die Wahl für gültig.[338]

Bei der Prüfung der Wahl des 37. Ämterwahlbezirks im Jahr 1846 rankte sich die Diskussion erneut um die Frage, ob ein Regierungsdirektor nach § 37 II der Verf.-Urk. v.

---

[333] Vgl. Verh. Baden 1822, 2. Bd., XX. Prot. v. 17. Mai 1822, S. 417 f..

[334] Dies lag nicht zuletzt auch an der folgenden Abschlußerklärung des Regierungskommissars, in der er folgende Warnung aussprach: „*Er halte sich für verpflichtet, die Kammer darauf aufmerksam zu machen, dass dies gerade von allen möglichen Arten, die Verfassung auszulegen, die gefährlichste sey. Wenn heute eine Anzahl von Individuen oder eine Partie erklären könnte, wir sehen die Verfassung so an und folglich ist der nicht wählbar, und wenn übers Jahr wieder eine andere Parthie aufträte und nach ihrer Ansicht einen anderen von der Wahl ausschlösse, so wäre davon die unausbleibende Folge ein durchaus schwankender Zustand unserer konstitutionellen Gesetzgebung, der nahe an Anarchie gränzte und nach Umständen bald gar dazu führen könnte. Wenn der Kammer eine Regierung gegenüber stünde, deren geheime Absicht nicht Befestigung der Verfassung sondern allmähliges Untergraben derselben wäre, würde eine solche Regierung ein Bestreben dieser Art nicht mit geheimer Freude wahrnehmen?... Eine solche Regierung würde leicht berechnen können, daß die Gelegenheit, die Verfassung willkührllich auszulegen, für sie weit öfter und bei wichtigern Anlässen kommen würde da für die Kammern, sie würde das gegebene Beispiel nachahmend, sie mit Begierde ergreifen.*" (Verh. Baden 1822, 2. Bd., XX. Prot. v. 17. Mai 1822, S. 430 f.).

[335] Vgl. Verh. Baden 1822, 2. Bd., XX. Prot. v. 17. Mai 1822, S. 448.

[336] Zu nennen sind lediglich die Ausführungen des Abg. Knapp, der sich zwar nicht gegen die Wahl des Kreisdirektors Rettig aussprach, der jedoch die Wahl zum Anlaß nahm, um sich grds. gegen diese Kammerauffassung zu verwahren. Da er den Kreisdirektor als ersten Beamten des Ortes ansehe, und da das Personal „*mehr oder weniger vom ersten Beamten des Orts*" abhänge, möchte er um die damit verbundenen Gefahren für die Wahlfreiheit den „*Wunsch ins Protokoll niederlegen, daß künftig ein Kreisdirektor in dem nämlichen Orte, wo er wohnt, nicht mehr wählbar seyn soll.*" (Verh. Baden 1831, 1. Heft, I. Prot. v. 18. März 1831, S. 41).

[337] Vorliegend war der Anstand, daß der Gewählte zur Zeit der Wahl noch Regierungsdirektor war und von einem Wahlbezirk gewählt wurde, welcher zu seinem Regierungsbezirk gehörte.

[338] Verh. Baden 1843/44, 3. Prot.-Heft, XXXVIII. Prot. v. 11. März 1844, S. 47.

22. August 1818 wählbar war. Da die vorliegende Problematik bereits auf früheren Landtagen dahingehend entschieden wurde, daß die Wählbarkeit nicht i.S.d. § 37 II der Verf.-Urk. v. 22. August 1818 ausgeschlossen war, kam es zum erstenmal in der Kammer zu einer Debatte über die Frage, ob bisherige Entscheidungen der Kammer für die Gegenwart und Zukunft bindend seien. Bei dieser Frage zeigte sich eine klare Spaltung innerhalb der Kammer. So wurde insbesondere von liberaler Seite eine solche Bindung verneint. Vielmehr wurde die jeweilige Überzeugung als Prüfungsmaßstab hervorgehoben.[339] Der Geheimrat Bekk sprach aber für die eindeutige Mehrheit in der Kammer, in dem er darauf verwies, daß die Würde der repräsentativen Verhandlung eine gewisse Stabilität der Grundsätze erfordere, und daß von bisherigen Präjudizien nur bei gewichtigen Gründen des Fortschritts der Wissenschaft sowie des öffentlichen Lebens ein Abweichen möglich sei.[340] Im Ergebnis blieb die Kammer der Kontinuität in dieser Frage treu und erklärte die Wahl für unbeanstandet.[341]

Hervorzuheben ist, daß die zweite badische Kammer bereits von Beginn an darauf bedacht war, eine Kontinuität in ihren Entscheidungen herbeizuführen. Mit der ersten Entscheidung im Rahmen des § 37 II der Verf.-Urk. v. 22. August 1818 wurde ein Präjudiz, und damit Rechtssicherheit in dieser Frage geschaffen.

b. Auslegung und Anwendung des § 37 I Nr. 3 der Verfassungsurkunde v. 22. August 1818

Eine Frage, die sich ebenfalls häufig bei den Wahlprüfungen stellte, und insbesondere für die Frage der Kontinuität der Entscheidungen von Bedeutung ist, trat ebenfalls zum erstenmal bei der Prüfung der Wahl des Kreisdirektors Fröhlich im Jahre 1822 auf. Nach dem Kommissionsbericht[342] entsprach die gesamte Wahlhandlung den gesetzlichen Vorschriften. Der Kreisdirektor Fröhlich besaß auch die erforderlichen gesetzlichen Eigenschaften, mit Ausnahme der Tatsache, daß er kein der direkten Steuer unterworfenes Grundstück, Gefälle oder Gebäude besaß, sondern daß er dieses erst unmittelbar vor der Prüfung seiner Wahl erwarb. Die Prüfungskommission hatte damit die Frage zu beantworten, ob der Gewählte „*schon bey der Wahl*" alle gesetzlichen Eigenschaften besitzen mußte, oder ob es ausreiche, diese erst nach der Wahl bis zur Gültigkeitsprüfung zu erwerben. Die überwiegende Mehrheit der Wahlprüfungskommission beantwortete diese Frage dahingehend, daß nach dem „*Wort und dem Geist*" der Verfassung die geforderten gesetzlichen Eigenschaften „*schon bey der Wahl*" vorliegen müßten, und daß daher die Wahl des Kreisdirektors Fröhlich als nichtig anzusehen sei.[343] Auch in dieser Frage traten in der nachfolgenden Debatte naturgemäß unter-

---

339 So die Abg. Welcker und Brentano, Verh. Baden 1846, 3. Prot.-Heft, II. Prot. v. 6. Mai 1846, S. 43 f..

340 Verh. Baden 1846, 3. Prot.-Heft, II. Prot. v. 6. Mai 1846, S. 47 f.. So auch der Abg. Knapp, der sich ebenfalls für eine Konstante in den Entscheidungen der Kammer aussprach, damit eine gewisse Berechenbarkeit entstehen könne (Verh. Baden 1846, 3. Prot.-Heft, II. Prot. v. 6. Mai 1846, S. 43).

341 Verh. Baden 1846, 3. Prot.-Heft, II. Prot. v. 6. Mai 1846, S. 52.

342 Vgl. Verh. Baden 1822, 2. Bd., XIX. Prot. v. 14. Mai 1822, Beil. Nr. 103, S. 379 ff..

343 Vgl. Verh. Baden 1822, 2. Bd., XIX. Prot. v. 14. Mai 1822, Beil. Nr. 103, S. 382 f..

schiedliche Auffassungen selbst in den Reihen der Opposition zu Tage. So stellte insbesondere der Abg. Duttlinger auf den Augenblick der Entscheidung über die Gültigkeit der Wahl ab.[344] Für ihn lag der Zweck dieser Besitzesbestimmung darin eine „*Bürgschaft für die Selbstständigkeit des Gewählten zu setzen*". Aus diesem Grund sei der spätere Zeitpunkt ausreichend. Um diese Auffassung zu stützen ging er auch auf den Wortlaut der Bestimmung des § 37 der Verf.-Urk. v. 22. August 1818 ein, wonach diese Bestimmung von der „Ernennung" des Abgeordneten, und nicht von der Wahl spreche. Die „Ernennung" sei der Ausspruch über die Gültigkeit der Wahl im Rahmen der Prüfung durch die Kammer und erfolge keinesfalls zum Zeitpunkt der Wahl. Hiergegen wandte sich u.a. der ebenfalls liberale Abg. v. Itzstein.[345] Er führte aus, daß die Wahlordnung vorschreibe, daß der Wahlkommissar die erforderlichen Eigenschaften des Gewählten sogleich bei der Wahl zu prüfen und den Wahlakten beizufügen hatte. Damit kein Widerspruch zur Wahlordnung entstehe, sei es daher notwendig, daß der Gewählte die erforderlichen Eigenschaften bereits bei der Wahl besitze. In Bezug auf die Wortlautauslegung erklärte er, daß in der Wahlordnung wörtlich stünde: „*Nach § 37 der Verfassungsurkunde ist wählbar". Diese Formulierung stände aus diesem Grund in der Wahlordnung, „weil es dem Verfasser derselben klar gewesen, dass die Konstitutionsurkunde im dem Art. 37 nichts weiter habe sagen wollen, als daß der Gewählte schon zur Zeit der Wahl wirklich wählbar sey, und die gesetzlichen Eigenschaften besitzen müsse.".*[346] In der abschließenden Abstimmung entschied sich die Kammer eindeutig in diesem Sinne und erklärte die Wahl für ungültig.[347]

Daß die Entscheidungen der Kammer präjudiziernde Wirkungen besaßen, verdeutlicht insbesondere folgender Vorgang. Als in der ersten Vorbereitungssitzung des Landtags von 1833 Staatsrat Winter der Kammer die Protokolle über die Wahlen der neueinzutretenden Mitglieder übergab, fügte er an, daß die Wahl in Wertheim nochmals vorgenommen werden mußte, da der Hofgerichtsdirektor Wolff im Augenblick der Wahl kein steuerbares Objekt besessen habe, sondern ein solches noch erwerben müßte.[348] Auch die Regierung sah damit die vorgenannte Entscheidung der Kammer als Grundsatzentscheidung an.

Diese genannte Grundsatzentscheidung blieb auch für die folgenden Landtage bindend. So wurde die Wahl im 1. Städtewahlbezirk im Jahre 1848, die des Abg. Hergt, von der Kammer für ungültig erklärt, da der Gewählte erst nach der Wahl im Besitz des nach § 37 der Verf.-Urk. v. 22. August 1818 erforderlichen Steuerkapitals ge-

---

[344] Vgl. Verh. Baden 1822, 2. Bd., XX. Prot. v. 17. Mai 1822, S. 395 f..

[345] So auch die Abg. Fetzer und Hüber. Vgl. Verh. Baden 1822, 2. Bd., XX. Prot. v. 17. Mai 1822, S. 392, 431 ff..

[346] Vgl. Verh. Baden 1822, 2. Bd., XX. Prot. v. 17. Mai 1822, S. 412.

[347] 49 gegen 11 Stimmen sprachen sich für die Ungültigkeit aus, Verh. Baden 1822, 2. Bd., XX. Prot. v. 17. Mai 1822, S. 446 f..

[348] Verh. Baden 1833, 1. Heft, Vorbereitungssitzung v. 18. Mai 1833, S. 2.

kommen war.[349] Bei ihrer Entscheidung in diesem Fall berief sich sowohl die Kommission als auch die Mehrheit der Kammer[350] ausdrücklich auf die Entscheidungen in dieser Frage auf den vorherigen Landtagen.[351] Im Jahre 1854 blieb die Kammer bei ihrer Entscheidung in dieser Frage ebenfalls konsequent und erklärte die Wahl des 38. Ämterwahlbezirks, die Wahl des Abg. Steiglehner, für ungültig, da dieser erst nach dem Tag der Wahl im Besitz des gesetzlich erforderlichen Steuerkapitals war.[352]

Es gab aber durchaus auch Fälle, in denen die Kammer im Rahmen des Untersuchungszeitraumes keine Konstanz in ihren Entscheidungen wahrte. So in den Fällen, in denen der Nachweis bestimmter persönlicher Voraussetzungen, meist der erforderliche Steuernachweis[353], entweder nicht genügend beurkundet war oder erst gar nicht nachgewiesen wurde. In diesen Fällen wurden die Wahlen grundsätzlich als unbeanstandet angenommen.[354] Dem Gewählten wurde jedoch aufgegeben, in einer bestimmten Frist die ordnungsgemäßen Bescheinigungen nachzureichen.[355] Es kam in diesen Fällen somit zu einer „*vorläufigen Zulassung*".[356] Wurden die ordnungsgemäßen Bescheinigungen nicht nachgereicht, so wurde nach dem Verstreichen der Frist die Wahl für ungültig erklärt.
Diese Vorgehensweise wurde ab dem Jahre 1857 endgültig abgeändert.[357] So wurde die Wahl des 3. Ämterwahlbezirkes gerade deswegen von der Abteilung beanstandet, weil der gewählte Abgeordnete nicht den erforderlichen steuerlichen Nachweis, wel-

---

349 Verh. Baden 1847/48, 6. Prot.-Heft, LXXII. Prot. v. 20. Juli 1848, S. 97 ff.. Die Wahl fand am 6. Juni 1848 statt, der Abg. Hergt befand sich jedoch erst am 16. Juni 1848 im Besitz des erforderlichen Steuerkapitals.

350 Lediglich der Abg. Blankenhorn-Krafft sprach sich für die Gültigkeit der Wahl aus, da seiner Auffassung nach die Bestimmungen über das Steuerkapital nicht mehr zeitgemäß waren (Verh. Baden 1847/48, 6. Prot.-Heft, LXXII. Prot. v. 20. Juli 1848, S. 97).

351 Verh. Baden 1847/48, 6. Prot.-Heft, LXXII. Prot. v. 20. Juli 1848, S. 98.

352 Verh. Baden 1854, Prot.-Heft, I. Prot. v. 13. Januar 1854, S. 13.

353 So kam es beispielsweise zu Unstimmigkeiten in Bezug auf den notwendigen Eintrag im Grundsteuer-Kataster, oder es fehlte der Nachweis der Existenz des erforderlichen Steuerkapitals. Vgl. Verh. Baden 1825, 1. Heft, 2. Vorbereitungssitzung v. 23. Februar 1825, S. 11 ff..

354 In anderen Fällen wurde auch die Beratung ausgesetzt bzw. verschoben, so u.a. bei der Prüfung der Wahl des Abg. Vetter im Jahre 1831, vgl. Verh. Baden 1831, 1. Heft, I. Prot. v 18. März 1831, S. 66.

355 Vgl. Verh. Baden 1825, 1. Heft, 2. Vorbereitungssitzung v. 23. Februar 1825, S. 11 ff.; Verh. Baden 1828, 1. Bd., 1. Heft, I. Prot. v. 29. Februar 1828, S. 16; Verh. Baden 1831, 1. Heft, 2. Vorbereitungssitzung v. 15. März 1831, S. 22 f.; Verh. Baden 1835, 1. Heft, I. Prot. v. 1. April 1835, S. 9.

356 Verh. Baden 1839, 1. Heft, III. Prot. v. 10. April 1839, S. 58.

357 Bei dieser Vorgehensweise blieb es auch bis zum Ende des Untersuchungszeitraums, vgl. hierzu die Prüfung der Wahlen des Abg. Dr. Lamey im 28. Ämterwahlbezirk, des Abg. Hoffmeister im 13. Städtewahlbezirk und die des Abg. Seiz im 2. Städtewahlbezirk auf dem 22. Landtag. Verh. Baden 1861/63, Prot.-Heft, II. Prot. v. 4. Dezember 1861, S. 11 f., IX. Prot. v. 20. Januar 1862, S. 42; so auch bei der Prüfung der Wahl des Abg. Krausmann des 13. Städtewahlbezirks auf dem 24. Landtag, Verh. Baden 1865/66, Prot.-Heft, II. Prot. v. 5. Dezember 1865, S. 8.

chen § 37 der Verf.-Urk. v. 22. August 1818 erforderte, beigebracht hatte.[358] Die Kammer erklärte diese Wahl nach Antrag der Abteilung für beanstandet bis der erforderliche Nachweis erbracht sei.[359]

c. Personalunion von landesherrlichem Wahlkommissar und Wahlmann

Die Frage, ob ein landesherrlicher Wahlkommissar bei der Wahl, die er zu leiten hatte, gleichzeitig die Funktion eines Wahlmannes ausüben konnte, erforderte von der Kammer ebenfalls eine Entscheidung. Diese Frage ist von besonderem Interesse, da ein ausdrücklicher gesetzlicher Ausschluß dieser beiden Funktionen nicht vorhanden war.

Eine erste Erörterung fand diese Problematik im Jahre 1831 bei der Prüfung der Wahl der Stadt Offenburg. Der Berichterstatter der ersten provisorischen Abteilung stellte aufgrund der Tatsache, daß der Wahlkommissar zugleich Wahlmann war, den Antrag, die Wahl für beanstandet zu erklären.[360] Naturgemäß erhob sich von gouvernementaler Seite Widerstand gegen diese Auffassung. Hierbei wurde insbesondere angeführt, daß es keine Norm gab, die eine solche Personalunion ausschloß.[361] Die überwiegende Mehrheit der Abgeordneten, die sich zu Wort meldeten, sprachen sich jedoch gegen eine solche Personalunion aus. So wurde insbesondere von oppositioneller Seite angeführt, daß die beiden Eigenschaften eines Wahlkommissars und eines Wahlmannes nicht miteinander vereinbar seien. Nach § 71 der WahlO v. 23. Dezember 1818 dürfte sich der Wahlkommissar keine Einwirkung in die Wahlen zu schulden kommen lassen und nach § 72 der WahlO v. 23. Dezember 1818 sei es die Pflicht des Wahlmannes, dahin zu wirken, daß der Mann seiner Wahl auch wirklich gewählt werde.[362] In der Kammer obsiegte letztendlich die Auffassung, daß beide Eigenschaften nicht in Einklang zu bringen seien. So wurde diese Wahl für beanstandet erklärt[363] und im Ergebnis aus diesem Grunde auch verworfen.[364]

Im Jahre 1855 stellte sich diese Problematik erneut. Bei zwei Wahlen im 12. Städtewahlbezirk bestand die Eigentümlichkeit darin, daß der landesherrliche Wahlkommissar zugleich Wahlmann gewesen war. Trotz dieser Konstellation stellte der Berichterstatter der provisorischen Abteilung, welche mit der Prüfung beauftragt war, den Antrag, die Wahlen für unbeanstandet zu erklären. Dies geschah aber nicht, weil in der Zwischenzeit die Auffassung vorherrschte, daß die Funktion des Wahlkommissars mit der eines Wahlmannes vereinbar sei. Vielmehr erfolgte dies deswegen, weil die beiden

---

[358] Vgl. Verh. Baden 1857/58, Prot.-Heft, I. Prot. v. 20. November 1857, S. 6.
[359] Verh. Baden 1857/58, Prot.-Heft, I. Prot. v. 20. November 1857, S. 6.
[360] Verh. Baden 1831, 1. Heft, 2. Vorbereitungssitzung v. 15. März 1831, S. 15.
[361] So die Abg. Knapp und Rettig, Verh. Baden 1831, 1. Heft, 2. Vorbereitungssitzung v. 15. März 1831, S. 16.
[362] So insb. die Abg. v. Rotteck und Mittermaier, Verh. Baden 1831, 1. Heft, 2. Vorbereitungssitzung v. 15. März 1831, S. 15 ff..
[363] Verh. Baden 1831, 1. Heft, 2. Vorbereitungssitzung v. 15. März 1831, S. 17.
[364] Verh. Baden 1831, 1. Heft, I. Prot. v. 18. März 1831, S. 45.

Gewählten mit einer an Einstimmigkeit grenzenden Mehrheit gewählt wurden.[365] Um jedoch ihre Auffassung von der grundsätzlichen Unvereinbarkeit der Funktion des Wahlkommissars mit der eines Wahlmannes zu verdeutlichen, stellte die provisorische Abteilung auch gleichzeitig den Antrag, daß die Kammer zu Protokoll erklären solle, daß sie eine Vereinbarkeit der beiden Eigenschaften eines Wahlkommissars und eines Wahlmannes nicht für angemessen erachte.[366] Die Kammer erhob beide Anträge der Abteilung zu ihren Beschlüssen.
Auch diese Fälle sind ein Beispiel dafür, daß die Kammer der Kontinuität ihrer Entscheidungen ein hohes Gewicht beilegte, auch wenn sie im Einzelfall dem Erheblichkeitsgrundsatz den Vorrang einräumte.

Diese Darstellung ist ein eindeutiger Beleg dafür, welche Bedeutung der Wahlprüfung für das parlamentarische Leben zukam. Erst durch die Wahlprüfungen wurden unklare Verfassungs- oder Wahlordnungsbestimmungen ausgelegt oder fehlende durch Kammerbeschlüsse ersetzt.[367] Hierbei schaffte die zweite badische Kammer auch ein

---

[365] Von den 72 erschienenen Wahlmännern erhielt der Abg. Nestler 61 und der Abg. Artaria 68 Stimmen. Verh. Baden 1855/56, Prot.-Heft, I. Prot. v. 27. November 1855, S. 7.
[366] Verh. Baden 1855/56, Prot.-Heft, I. Prot. v. 27. November 1855, S. 7.
[367] Auch der Umgang mit der Bestimmung des § 79 der WahlO v. 23. Dezember 1818 zeigt sehr deutlich, welche Bedeutung der Wahlprüfung für die Auslegung der Wahlrechtsbestimmungen zukam. Relevant wurde diese Auslegungsfrage bei der Prüfung der Wahl des 36. Ämterwahlbezirks und des VI. Städtewahlbezirks. Beide Wahlen wurden von den provisorischen Abteilungen beanstandet, da sie ihrer Auffassung nach nicht den Anforderungen des § 79 der WahlO v. 23. Dezember 1818 entsprachen. Die Bestimmung des genannten Paragraphen lautete: „*Wenn, bei der ersten Abstimmung für die Stelle des Abgeordneten, auf einen der Vorgeschlagenen nicht wenigstens eine Stimme weiter, als die Hälfte der Stimmen aller Anwesenden gefallen ist; so wird eine zweite Wahl vorgenommen.*“. Bei beiden Wahlen stellte sich die Problematik, daß die Gewählten zwar die absolute Mehrheit der Stimmen erhielten, sie aber dennoch nicht eine Stimme mehr erhielten, als die Hälfte der anwesenden Stimmberechtigten. In der nachfolgenden Diskussion faßte der Abg. Mittermaier die Stellungsnahmen der Redner, welche sich gegen die Gültigkeit der genannten Wahlen aussprachen, zusammen, indem er davor warnte von den klaren und eindeutigen Worten des Gesetzes abzugehen, denn „ ..., *der Gesetzgeber habe kein Wort gebraucht, ohne dasselbe wohl erwogen zu haben. ... Wenn 31 Wahlmänner da sind, so ist die Hälfte der Stimmen 15 ½. Wenn also 16 sich für einen Abgeordneten bei der ersten Abstimmung ausgesprochen haben, so ist nicht eine Stimme weiter als die Hälfte da, sondern nur eine halbe Stimme mehr als die Hälfte. Das Wahlgesetz ist also nicht erfüllt;...Der Gesetzgeber hat Gründe gehabt, es so auszusprechen;... er wollte sich nicht begnügen mit nur durch eine halbe Stimme hervorgebrachten Mehrheit, er wollte den Beweis eines unzweideutigen Vertrauens.*“ (Verh. Baden 1831, 1. Heft, I. Prot. v. 18. März 1831, S. 47 f.). Die gegenteilige Auffassung vertat u.a. der Abg. Welcker, welcher sich in einer langen Rede für die Gültigkeit der Wahlen aussprach (vgl. Verh. Baden 1831, 1. Heft, I. Prot. v. 18. März 1831, S. 48-60). Hierin sprach er sich zwar für die Beachtung des Wortlautes aus, jedoch nur für den Fall, in dem der Gesetzeswortlaut klar und eindeutig sei, und in dem er des weiteren mit „*dem Sinne und dem Willen des Gesetzgebers*“ übereinstimme. Eine buchstäbliche Auslegung des § 79 sei gar nicht möglich und überdies unsinnig, da es die Hälfte von 37 Stimmen nicht gäbe. In der nachfolgenden Abstimmung setzte sich hingegen die Auffassung, welche sich auf den Wortlaut der Gesetzesbestimmung stützte, mit 30 gegen 26

hohes Niveau an Rechtssicherheit, indem sie ihren Beschlüssen ein hohes Maß an Kontinuität verlieh.

10. Die parteipolitische Komponente der Wahlprüfung

Daß die Wahlprüfung nicht allein ein rechtliches Wahlkontrollverfahren, sondern auch ein parteipolitisches Machtmittel war, wird bereits durch die Wirkung einer Wahlprüfung deutlich. Durch die Entscheidung bei der Wahlprüfung wurde bestimmt, ob ein Gewählter Mitglied der Kammer wurde oder nicht. Das Mittel der Wahlprüfung hatte damit wesentlichen Einfluß auf die Zusammensetzung der Kammer.

Besonders deutlich wurde dies in Zeiten harter parteipolitischen Auseinandersetzungen. In diesen Zeiten wandelte sich der Charakter der Wahlprüfung von einem rechtlichen Wahlkontrollverfahren zu einem parteipolitischen Machtinstrument. Bei den Beurteilungen der Wahlen stand nicht mehr der Gesichtspunkt im Vordergrund, ob die Wahl nach rechtlich-objektiven Kriterien gültig war, sondern die parteipolitische Machtfrage wurde zum ausschlaggebenden Faktor. Jede politische Seite, sowohl die oppositionelle als auch die konservativ/gouvernementale Seite, hoffte, durch die aus einer Ungültigkeitserklärung folgenden Neuwahl gestärkt hervorzugehen. Die Wahlbeschwerde und die Wahlprüfung selbst wurden von beiden Seiten, insbesondere aber von der unterlegenden Partei, zur Fortsetzung des Wahlkampfs vereinnahmt. So beschrieb Treitschke[368] die Situation vortrefflich, indem er bemerkte, daß bei den Wahlprüfungen *„die schmutzige Wäsche des jüngsten Wahlkampfes sorgsam ausgebreitet“* wurde.

Naturgemäß wurde die macht-politische Seite der Wahlprüfung an vielen Stellen in den einzelnen Prüfungen sichtbar, aber erst der am 21. Mai 1842 zusammengetretene Landtag[369] offenbarte diese Seite in vollem Umfang. Auf diesem Landtag erreichte die Auseinandersetzung zwischen der oppositionellen und der regierungstreuen Seite ein bisher unerkanntes Ausmaß. Die Auseinandersetzungen endeten keineswegs nach dem Wahlkampf, sondern sie wurden vielmehr im Parlament fortgesetzt. Hierzu bot sich

---

Stimmen durch (Verh. Baden 1831, 1. Heft, I. Prot. v. 18. März 1831, S. 66). Erst durch die in der genannten Wahlprüfung erfolgten Auslegungsdebatte in Bezug auf diese Wahlrechtsbestimmung wurde eine verbindliche Regelung bzgl. der erforderlichen Stimmenzahl festgelegt, welche für die Rechtssicherheit bei den kommenden Wahlen von entscheidender Bedeutung war. Vor dieser Debatte über den § 79 der WahlO v. 23. Dezember 1818 gab es keine verbindliche Regelung hinsichtlich der erforderlichen Stimmenzahl. Vielmehr wurde von Fall zu Fall willkürlich entschieden (vgl. insb.Verh. Baden 1831, 2. Heft, VIII. Prot. v. 29. März 1831, S. 108).

368 Treitschke, Geschichte V, S. 329.

369 Die Neuwahl dieses Landtags wurde erforderlich, da der vorherige Landtag aufgrund des sog. „Urlaubsstreits“ aufgelöst wurde. Seit diesem Urlaubsstreit kam es zu einer verstärkten Radikalisierung der politischen Stimmung im Land. Infolge dessen führte der Wahlkampf des Jahres 1842 zu einer bis dahin ungekannten Massenmobilisierung der Wähler in den Gemeinden und damit zu einer verschärften Auseinandersetzung, die sich in der Kammer fortsetzte. Vgl. Nolte, Liberalismus, S. 36.

naturgemäß das Geschäft der Wahlprüfung vorzüglich an.[370] Die auf diesem Landtag bei den Wahlprüfungen vorherrschende Situation faßte Ruckstuhl[371] wie folgt zusammen: *„Aufs äußerste verhetzt und erbittert stehen sich Rechte und Linke gegenüber und machen sich in Wort und Urteil den Vorgang parteiischer Einseitigkeit streitig.*“. Hervorzuheben ist die Prüfung der Wahl des Abg. Mathy des 2. Städtewahlbezirks im Jahre 1842.[372] Dieser Fall ist in zweifacher Hinsicht von besonderem Interesse: Zum erstenmal wurde versucht, eine Wahl zu verwerfen, bei der es ganz offensichtlich an handfesten Gründen für eine Ungültigkeitserklärung fehlte. Zum anderen wurde bei dieser Wahlprüfung auch zum erstenmal der Deckmantel der juristischen Auseinandersetzung abgestreift, und es wurde eine rein politische Auseinandersetzung geführt. Sichtbar wurde dies bereits mit der Übergabe der Wahlakten. Der Minister des Innern hatte, im Widerspruch zu der bisherigen Übung, hierbei Bedenken gegen die Wahl vorgetragen. Er hob den Umstand hervor, daß sich der Abgeordnete, um einer Verhaftung wegen Teilnahme an politischen Umtrieben zu entgehen, in die Schweiz begeben und nach einiger Zeit von der schweizer Gemeinde Grenchen das Bürgerrecht angeboten bekommen hatte. Daher sei es ungewiß, ob er noch Bürger von Mannheim, und damit badischer Staatsbürger sei. Auch entgegen der bisherigen Übung wurden fremde Zeitungsartikel und Abschriften von Leumundszeugnissen, welche gar nicht zu den Akten gehörten, diesen beigegeben.[373] Obwohl Mathy dieses Angebot nicht angenommen hatte, wurde allein aus der einseitigen Verleihung gefolgert, daß er nicht mehr badischer Staatsbürger sei. Bei ihrem Angriff auf die Wahl stützte sich die regierungstreue Seite jedoch nicht allein auf dieses verfassungsrechtlich unhaltbare Argument, sondern führte noch weitere Gründe auf. Da Mathys Einkommen nicht an den für Abgeordneten vorgeschriebenen Zensus heranreichte, hatte er nach alter badischer Praxis ein sog. „Weinhandlungspatent“ gelöst. Er war dadurch nun in der Steuerrolle mit einem ausreichenden Einkommen verzeichnet. Obwohl dies seit Jahren Brauch in Baden war, griffen die Regierungstreuen doch genau diese Praxis an, indem sie Mathy *„durch kein anderes materielles Band an das Vaterland gebunden(sahen) als durch ein Weinpatent*“.[374] Des weiteren wurden noch alte Geschichten „aufgewühlt“, in denen Mathy vorgeworfen wurde, daß er in politische Untersuchungen verstrickt gewesen sei. Die parteipolitische Färbung der Verwerfungsargumente wird hier besonders deutlich. Die regierungstreue Seite hob diesen Gesichtspunkt hervor, obwohl die Kammer sich bereits früher mehrheitlich dafür ausgesprochen hatte, das gewisse Strafen, und nicht einmal die Zuchthausstrafe, zu einem Ausschluß eines Abgeordneten führen konnte.[375]

---

[370] Die Folge hiervon war, daß knapp ⅓ aller Wahlen ausführlich diskutiert wurden, und daß das gesamte Wahlprüfungsgeschäft enorme Zeit in Anspruch nahm.

[371] Ruckstuhl, Liberalismus, S. 105.

[372] Verh. Baden 1842, 1. Prot.-Heft, IX. Prot. v. 7. Juni 1842, S. 218-239.

[373] Diese sollten belegen, daß die schweizer Gemeinde Grenchen Mathy das Bürgerrecht geschenkt. Vgl. Verh. Baden 1842, 1. Prot.-Heft, IX. Prot. v. 7. Juni 1842, S. 220.

[374] Ruckstuhl, Liberalismus, S. 104.

[375] Zumal hatte die Regierung, seit sich der Gewählte Mathy wieder im Großherzogtum Baden befand, keine Untersuchung gegen ihn eingeleitet hatte.

Die vorgebrachten Argumente zeigten, daß es der regierungstreuen Seite keineswegs um das vorhandene oder nicht vorhandene Bürgerrecht ging. Vielmehr versuchten sie Mathy politisch aus der Kammer auszuschließen. Dieser Befund wurde auch durch äußerst eindeutige Äußerungen in der Kammer bestätigt. So äußerte der entschieden regierungstreue Abg. Trefurt, daß der Gewählte einen nicht makelfreien politischen Charakter besäße, und daß er aus diesem Grund für die Verwerfung der Wahl eintrete.[376] Noch deutlicher wird die rein parteipolitische Interessenlage der Konservativen bei der Beurteilung dieser vorliegenden Wahl, wenn man sich den bisherigen Prüfungsgrundsatz der Konservativen vor Augen führt. Die Konservativen traten vehement dafür ein, daß im Rahmen der Wahlprüfung nur solche Gründe für eine Ungültigkeitserklärung anerkannt werden könnten, die sich auch aus den Wahlakten selbst ergaben.[377] Daß die Opposition dies bei der Prüfung von Wahlen nicht getan habe, war immer einer der Hauptkritikpunkte der Konservativen bei den Wahlprüfungen. Aber in diesem Fall verkehrte die konservative Seite ihren Beurteilungsgrundsatz genau ins Gegenteil, um ihre parteipolitischen Interessen durchzusetzen. Der Abg. Bassermann erkannte zu recht, daß hier zum ersten Mal offen eine Wahl deswegen angefochten wurde, weil der Gewählte eine politische Anschauung hatte, die den konservativen Mitgliedern der Kammer nicht angenehm war.[378] Im Ergebnis waren die Bemühungen von konservativer Seite, die Wahl zu verwerfen, erfolglos. Die Wahl wurde mit 35 gegen 12 Stimmen für unbeanstandet erklärt.

Jedoch nicht nur die regierungstreue Rechte, sondern auch die oppositionelle Linke nutzte in den Zeiten der verstärkten politischen Auseinandersetzungen die Wahlprüfungen als parlamentarisches Kampfmittel. Im Hinblick auf die Wahlprüfungen wurde keineswegs nur nach möglichen Wahlumtrieben geforscht. Das ehrgeizige Ziel mit dem Mittel der Wahlprüfung „umtriebige“ Wahlen zu korrigieren stand nicht im Mittelpunkt. Vielmehr galt ihrer Anschauung nach alles, was sie selbst an Mitteln anwandte, um die Wahl für sich zu entscheiden als durchaus berechtigt. Die Untersuchung der Wahlen konzentrierte sich daher allein, unter dem Deckmantel des Schutzes

---

[376] Verh. Baden 1842, 1. Prot.-Heft, IX. Prot. v. 7. Juni 1842, S. 223. Am Ende der Debatte stellte der Abg. Trefurt nochmals deutlich heraus, daß er die Wahl lediglich wegen des politischen Charakters des Gewählten verwerfen wollte (vgl. Verh. Baden 1842, 1. Prot.-Heft, IX. Prot. v. 7. Juni 1842, S. 239).

[377] Vgl. hierzu die Ausführungen: Petitionen als Beurteilungs- und Entscheidungsgrundlagen, S. 47 f..

[378] Er stellte diesbezüglich auch die Warnung auf, wohin es führen würde, wenn die Wahlprüfungen in diesem Sinne instrumentalisiert würden: „*Wenn man diesen Grundsatz aufstellen darf, meine Herren, so wird die Kammer zu einem Inquisitionsgericht und wenn nur Einer eine andere politische Farbe trägt, als die Mehrheit, so darf sie nur diesen Gründen Gehör geben, und sie kann ihn ohne Weiteres ausschließen, weil sie sagt, sein politischer Charakter gefällt uns nicht. ... Der erste Grundsatz bei Wahlprüfungen ist, unpartheiisch zu sein.*“ (Verh. Baden 1842, 1. Prot.-Heft, IX. Prot. v. 7. Juni 1842, S. 224. Auch der Abg. Sander wandte sich gegen die offene parteipolitische Anfechtung der Wahl von Seiten der Konservativen, Verh. Baden 1842, 1. Prot.-Heft, IX. Prot. v. 7. Juni 1842, S. 227).

der Wahlfreiheit, darauf, ob nicht auf irgendeine Weise die Wahlmänner zugunsten der Rechten beeinflußt worden seien.[379]
Diese Vorgehensweise wurde insbesondere bei der Prüfung der Wahl im 28. Ämterwahlbezirk des Jahres 1842, bei der der regierungstreue Abg. Hermann gewählt wurde, deutlich.[380] Diese Wahl war nach den Wahlakten nicht zu beanstanden, jedoch ging gegen diese Wahl eine Eingabe von 12 Wahlmännern ein. Hierin gaben sie an, daß sie in ihrer Wahlfreiheit beschränkt worden seien, da ihnen zur Zeit der Abstimmung nicht mehr erlaubt gewesen sei, den Wahlsaal zu verlassen, und daß die Stimmzettel im Wahlzimmer geschrieben werden mußten. Von Seiten des Wahlkommissars wurde diese Behauptung hingegen entschieden verneint.[381] Ohne die Aussage des Wahlkommissars sowie das zu dieser Wahl gehörende Wahlprotokoll, welches die Unterschrift aller Wahlmänner trug, und das die Wahl als ordnungsgemäß bescheinigte, zu berücksichtigen, wurde von oppositioneller Seite der Antrag gestellt, die Wahl zu verwerfen.[382] Bevor der Streit über diese Wahl jedoch in eine nächste Runde gelang, ging eine weitere Eingabe von 27 Wahlmännern ein, die die Angaben des Wahlkommissars bestätigten.[383] In der nachfolgenden Debatte ging es direkt in die parteipolitischen Auseinandersetzungen über. So versuchte der oppositionelle Abg. Rindeschwender die

---

[379] Worin dies bei diesem Landtag gipfelte, beschrieb Ruckstuhl, Liberalismus, S. 100, folgendermaßen: Es „*kam alles, was irgendwie bei einer solchen Wahl auffiel, in den Verdacht, als ob gerade dadurch die Wahl im Sinne der Rechten ausgefallen sei, und die geringste Kleinigkeit genügte deshalb der Linken, Wahlen von Abgeordneten der Rechten für ungültig zu erklären.*“. Deutlich wurde diese Ausrichtung der oppositionellen Seite insbesondere an folgender Erklärung des Abg. Welcker: „*Vor allem bei Wahlprüfungen muß ein politischer Körper noch mehr als ein Criminalgericht,..., zum Schutz der verfassungsmäßigen Grundsätze über die Freiheit und Aechtheit der Volkswahlen-an hervorragenden Verletzungen ein heilsames Exempel statuiren. Dieses ist doppeltwichtig, für diesen politischen Volkskörper, wenn seine sonstigen blos wörtliche Beschlüsse, Protestationen und Beschwerden, sowie die der deutschen Kammern leider oft nur allzuwenig Kraft haben, die Verletzungen der Verfassung für die Zukunft auszuschließen. Hier muß also die Kammer die wenigen wirksamen Mittel, die sie noch hat, gebrauchen. So namentlich die Ungültigkeitserklärung verfälschter Wahlen.*“ (Verh. Baden 1842, 1. Prot.-Heft, VIII. Prot. v. 6. Juni 1842, S. 204). „*Wollen wir solchen durchaus verfassungswidrigen, die Wahlfreiheit gefährdenden, solche die Ehre des Landes und der öffentlichen Moral beleidigenden Maßregeln auf die allein in unsere Hand gelegte wirksame Weise entgegentreten, so dürfte es heilsam scheinen, hier, wo eine gerechte Strenge eine schützende Genugthung für die so schwer bedrängte Wahlfreiheit und öffentliche Sittlichkeit so sehr begründet und von der öffentlichen Meinung des Landes gefordert wird, ein wohltätiges Exempel zu statuiren, und die ganzen Ur- und Deputirtenwahlen der Stadt Freiburg zu beanstanden.*“ (Verh. Baden 1842, 1. Prot.-Heft, VIII. Prot. v. 6. Juni 1842, S. 207).

[380] Verh. Baden 1842, 1. Prot.-Heft, IV. Prot. v. 31. Mai 1842, S. 78 ff..

[381] Verh. Baden 1842, 1. Prot.-Heft, X. Prot. v. 10. Juni 1842, S. 246.

[382] Die oppositionelle Seite sah hierin eine Bedrohung für die Wahlfreiheit, da in einem solchen Fall von einer geheimen Abstimmung nicht mehr die Rede sein konnte. Vgl. Verh. Baden 1842, 1. Prot.-Heft, IV. Prot. v. 31. Mai 1842, S. 81 f..

[383] Das Votum der prüfenden Abteilung war daher gespalten. Die eine Hälfte ging dahin, die Wahl für gültig zu erklären, und die andere Hälfte wollte eine Untersuchung bewirken (Verh. Baden 1842, 1. Prot.-Heft, IV. Prot. v. 31. Mai 1842, S. 79 f.).

zweite Eingabe zu diskreditieren, indem er das angebliche Zustandekommen dieser Eingabe folgendermaßen beschrieb: „*..., daß er* (der Wahlkommissar) *selbst um die Unterschrift der Wahlmänner gebuhlt hat, daß er sie selbst durch Schreiben einlud, sich bei ihm einzufinden, ohne ihnen nur vorher Andeutungen zu machen, zu welchem Zwecke er sie einlud; daß er ihnen dann mit beredter Kraft dargestellt hat, wie nothwendig es sei, um dahin, wo es noth thut, gefällig zu sein, eine solche Vorstellung zu unterschreiben. Ich weiß aus Erklärungen von Wahlmännern, welche die Vorstellung wirklich unterschrieben haben, daß sie den Inhalt nicht einmal kennen, daß man ihnen nur einen Theil des Inhalts zu lesen gab, oder weil sie keine Lust hatten, dieselbe zu lesen, indem sie den eigentlichen Werth derselben nicht kannten oder zu beurtheilen vermochten.*“.[384]
In erster Linie stellte die Debatte die bekannte Auseinandersetzung über die machtpolitische Frage dar, ob überhaupt Erwägungen, welche außerhalb der Wahlakten lagen, für die Entscheidung über die Gültigkeit einer Wahl heranzuziehen waren.[385] Es kam in dieser Debatte erst gar nicht zu einer wirklichen Auseinandersetzung mit dem vorliegenden Wahlprüfungsfall, sondern jede Seite versuchte nur durch beliebige Argumente ihre machtpolitischen Interessen durchzusetzen. Im Ergebnis setze sich auch hier nicht der Versuch der oppositionellen Seite durch, die Wahl zu verwerfen.[386]

Neben diesen offensichtlichen parteipolitisch motivierten Wahlprüfungen des Landtags des Jahres 1842 kam es während des gesamten Untersuchungszeitraums zu par-

---

[384] Verh. Baden 1842, 1. Prot.-Heft, XI. Prot. v. 11. Juni 1842, S. 254.
[385] Vgl. hierzu die Ausführungen: Petitionen als Beurteilungs- und Entscheidungsgrundlagen, S. 38 f..
[386] Bei einer weiteren Prüfung wird die parteiliche Einseitigkeit der Opposition bei der Prüfung der Wahlen ebenfalls deutlich: Bei der Wahl im Wahlkreis Schwetzingen-Philippsburg wurde ein Ministerieller zum Abg. gewählt. Die Ministeriellen hatten zwar alles aufgeboten, um die Wahl für sich zu entscheiden, dennoch boten ihre Wahlumtriebe nicht die geringste Möglichkeit, die Wahl zu verwerfen. Hingegen gab aber ein formeller Fehler Anlaß hierzu. Den Eid, welchen die Wahlmänner vor der Abstimmung schwören mußten, war denselben nur vorgesagt. Der bei dem Eid gebräuchliche Handschlag war ihnen hingegen nicht abgenommen worden. Dieser Formfehler führte letztendlich dazu, daß die Wahl für ungültig erklärt wurde. Nun stellte sich jedoch heraus, daß ebenfalls bei der Wahl eines liberalen Abg. in Gengenbach-Oberkirch kein Handschlag abgenommen worden war. Die Wahl war zwar längst für gültig erklärt worden, und konnte es aus diesem Grund auch bleiben. Die oppositionelle Seite erklärte die Wahl an sich für gültig, auch wenn der erforderliche Handschlag fehlte, „*denn man habe die Gewissheit, hier sei der echte Mann des Volksvertrauens gewählt worden*“. Damit stellte die Oppostition den Grundsatz auf, daß alle Wahlumtriebe und Formfehler bedeutungslos für die Gültigkeit der Wahl seien, wenn der „*echte Mann des Volksvertrauens*“ gewählt sei, und erklärte, daß einzige Kriterium hierfür sei allein die Zugehörigkeit zur Opposition. Ruckstuhl, Liberalismus, S. 102 ff., sah dies als eine Folge der Lehre von der Opposition, daß im Staate Regierung und Volk als vollkommen getrennte, ihre eigenen besonderen Interessen verfolgende Gewalten neben und vielfach feindlich gegeneinander standen. Daraus erwuchs seiner Auffassung nach diese extrem einseitige Art der Opposition, mit der sie alle rechtlichen objektiven Entscheidungsgründe zurückschob, und die Rücksicht auf die Partei in den Vordergrund ihres Urteils stellte.

teipolitischen Auseinandersetzungen im Rahmen der Wahlprüfungen. So wurden bei zahlreichen Wahlprüfungen diese Mißstände hervorgehoben.
So äußerte Abg. Trefurt in der Diskussion in der Wahlprüfungssache des 40. Ämterwahlbezirks im Jahre 1847, die Wahl des Abg. Hildebrandt betreffend: „*Es ist das alte Lied, das wir so häufig hier gehört haben, das aber nicht in diesem Saal passt, das alte Lied sage ich, wonach Alles verdächtigt wird, was nicht unter der Aegide der Opposition steht. Ich hätte gewünscht, daß bei dem guten Verlauf und den wohlwollenden Rücksichten, die man gestern genommen hatte*[387]*, wenigstens die Wahldiskussionen ohne solches Wiederkauen erfolgen möchten, allein das war der Abg. Kapp und Hecker Wille nicht.*“[388]
Es war jedoch keinesfalls so, daß diese parteipolitische Instrumentalisierung der Wahlprüfungen von allen Seiten begrüßt wurden. Es gab auch warnende Stimmen. Derartige kamen insbesondere von den Mitgliedern der Kammer, die keiner der beiden sich gegenüberstehenden politischen Blöcken angehörten, die die Gefahr, welche in einer solchen Instrumentalisierung für die Existenz der Kammer lag, erkannten. So äußerte der Abg. Bekk im Jahre 1822 die Warnung: „*Ich glaube, davor hat sich die Kammer am meisten zu hüten, daß sie bei ihrer Entscheidung über die Wahlstreitigkeiten nicht von Partheirücksichten ausgeht; gleichgültig, wer der Gewählte sei, ob ein politischer Freund oder Feind.... Ich möchte sogar warnend dazu auffordern, daß Jeder, dem der Gewählte ein politischer Gegner ist oder der eine andere politische Farbe hat, als der Gewählte, nur um so vorsichtiger zu Werke gehe bei seiner Ueberlegung, ob er die Wahl für nichtig erklären wolle oder nicht.*“.[389] Auch der Alterspräsident Kern gab in seiner Eröffnungsrede zu Beginn des Landtags 1847/48 folgende warnende Worte, in Bezug auf die parteipolitische Instrumentalisierung, den Mitglieder der Kammer mit auf dem Weg: „*Ich erkenne unbedingt mit Ihnen die hohe Wichtigkeit der Wahlprüfungen; aber eben deßwegen ist es auch nach meinem Pflichtgefühle eine strenge Forderung der Gerechtigkeit, bei einem so ernsten Geschäfte ohne alle Rücksicht auf die Farbe des Gewählten nach festen Grundsätzen zu handeln und jeden Schein von Willkühr und Partheiung, von persönlicher Abneigung und Begünstigung ängstlich zu vermeiden.*“.[390]

Bedingt durch eine starke Opposition mit herausragenden Persönlichkeiten[391], welche sich der Regierung gegenüberstellte und dem politischen Kampf nicht auswich, waren vor allem die Wahlprüfungen in Baden stark parteipolitisch motiviert.

---

[387] Er bezog sich auf die Prüfung der Wahlen in der ersten Sitzung, welche zügig und ohne Diskussionen abgewickelt wurden.
[388] Verh. Baden 1847/48, 1. Prot.-Heft, II. Prot. v. 11. Dezember 1847, S. 44. Vgl. auch die Äußerung des Abg. Schaaff: „*Es ist wirklich interessant, wahrzunehmen, wie gewisse Wahlen ohne irgend eine Bemerkung von der Kammer als nicht beanstandet anerkannt werden, und wie bei anderen Wahlen wieder Alles hervor gesucht wird, was dazu dienen kann, Verdächtigungen zu verbreiten.*“ (Verh. Baden 1839, 1. Heft, II. Prot. v. 9. April 1839, S. 35). s. des weiteren: Verh. Baden 1843/44, 1. Prot.-Heft, VII. Prot. v. 4. Dezember 1843, S. 128, 133 ff..
[389] Verh. Baden 1842, 1. Prot.-Heft, IV. Prot. v. 31. Mai 1842, S. 92.
[390] Verh. Baden 1847/48, 1. Prot.-Heft, I. Prot. v. 10. Dezember 1847, S. 8.
[391] Zu nennen sind insb.: Welcker, v. Rotteck, Rindenschwender, Duttlinger und v. Itzstein.

11. Ausweitung und Verteidigung der Prüfungskompetenz

a. Ausweitung der Prüfungskomptenz auf die Urwahlen

Ein besonders wichtiges Thema in der badischen Wahlprüfungspraxis war die Auseinandersetzung hinsichtlich des Rechts der generellen Prüfung der Urwahlen durch die Kammer. Die Auseinandersetzung über diese Kompetenzfrage ergab sich daher, daß weder die Verf.-Urk. v. 22. August 1818 noch die WahlO v. 23. Dezember 1818 dieses Recht explizit erwähnten. Die Verfassung sprach lediglich von streitigen Wahlen.

Auf die Tagesordnung der Kammer gelangte diese Problematik zum erstenmal durch eine Petition des Hofrats v. Rotteck im Jahre 1825, in der er die Behauptung und Beschwerde aufgestellte, daß hinsichtlich einer Wahl der Wahlmänner „*unheilbare Irregularitäten und Gebrechen vorgefallen*“ seien.[392] Von Interesse ist in diesem Zusammenhang insbesondere die Ausführung der Petitionskommission hinsichtlich der allgemeinen Prüfungskompetenz: „*Bei allen Initiativen der Wahl-Operate, sind diese Behörden die competenten Richter, wie dieses aus der Natur und dem Wesen des Wahlgeschäfts und der Analogie des § 55 der Wahlordnung*[393] *hervorgeht. Die Wirksamkeit der Kammer beschränkt sich nach dem § 41 der Verfassungsurkunde und dem § 2 der Geschäftsordnung: auf die Prüfung der vorgelegten Wahl-Protokolle, d.h. einzig und allein auf die Frage, ob jede bei dem Wahlakt gesetzlich vorgeschriebene Förmlichkeit beobachtet, und ob die persönliche Qualifikation des erwählten Deputierten nachgewiesen ist*“.[394] Die Petitionskommission setzte durch diese Ausführungen den Prüfungsumfang, und damit auch die Prüfungskompetenz der Kammer, im Rahmen der Wahlprüfung fest. Hiernach sei lediglich im Rahmen der Wahlprüfung anhand der Protokolle zu prüfen, ob der Gewählte die erforderlichen persönlichen Eigenschaften besaß, und ob die gesetzlich vorgeschriebenen Formen bei der Abgeordnetenwahl beachtet wurden. Eine Prüfungskompetenz in Bezug auf Störungen der Wahlfreiheit sowie hinsichtlich der Urwahlen wurde hierdurch ausdrücklich verneint. Über den Petitionsbericht kam es zu einer längeren und kontroversen Debatte in der Kammer.

Für den Abg. Duttlinger war die Auseinandersetzung mit der Behauptung der Kommission, daß sich Prüfung der Kammer nur auf die vorgelegten Wahlprotokolle, d.h. allein auf die Frage beschränken würde, ob bei dem Wahlakt die vorgeschriebenen Förmlichkeiten beachtet wurden, und ob der Gewählte die geforderten persönlichen Qualifikationen besaß, und daß die Prüfung und Beurteilung der Wahl der Wahlmänner nicht der Kammer, sondern nur den Staatsbehörden zukäme, von zentraler Bedeutung. Duttlinger erwiderte hierzu: „*Dieser Grundsatz sey neu, falsch und gefährlich. Er zerstöre eines der ersten und größten Vorrechte der badischen Kammern, nämlich*

---

[392] Vgl. Verh. Baden 1825, 3. Heft, IX. Prot. v. 28. März 1825, Beil. Nr. 18, S. 473 ff..

[393] § 55 der WahlO v. 23. Dezember 1818 lautete: „*Streitigkeiten über die Stimmfähigkeit der, zum Abstimmen erscheinenden, Personen entscheidet die Wahlcommission durch Stimmenmehrheit. Die Entscheidung ist nur für den einzelnen Fall gültig, und es steht dem Betheiligten frei, über die, in Zweifelgezogenen, staatsbürgerlichen Rechte den Anspruch der ordentlichen Staatsbehörden zu veranlassen, der jedoch nicht rückwirken kann.*“.

[394] Vgl. Verh. Baden 1825, 3. Heft, IX. Prot. v. 28. März 1825, Beil. Nr. 18, S. 476 f..

das große durch den § 41 der Verfassung ihnen eingeräumte Vorrecht, die Wahlen der Abgeordneten selbst zu prüfen, und über ihre Gültigkeit selbst zu erkennen. Er betrachte dieses Recht, als die erste und nothwendigste Schutzwehr der Unabhängigkeit der Wahlmänner, und der Reinheit ihrer Bestandtheile. Es sey keine Schutzwehr für ihre Unabhängigkeit, keine Bürgschaft für die Reinheit ihrer Bestandtheile mehr vorhanden, wenn einer Wahlkammer dieses große Recht entzogen werde....(Die Wahlen würden) *in der That weiter nichts als bloße Vorschläge solcher Art seyn, wenn über ihre Gültigkeit oder Ungültigkeit nur die Regierungsstellen zu entscheiden hätten.".*[395] Insbesondere gab er zu beachten, daß die Wahlen nicht unmittelbar seien, sondern in zwei Akten bewirkt würden, welche erst zusammen die Wahlhandlung bilden würden, und daß aus diesem Grund die Gültigkeit der gesamten Wahlhandlung von der Gültigkeit eines jeden einzelnen der beiden Akte abhinge. Der erste Akt sei dabei keinesfalls zu unterschätzen, da er die „*Urquelle*" des zweiten Aktes sei, und da der Abgeordnete eigentlich bereits gewählt sei, sobald die Wahlmänner gewählt seien. „*Ueber die Gültigkeit des 1sten Acts entscheiden zu dürfen und zu können, sey daher für die Kammer eben so wesentlich, als die Entscheidung über den 2 ten Act. Der Art. 41 der Verfassungs-Urkunde gebe der Kammer das Kammer das Recht, die Vollmachten der Gewählten Mitglieder zu prüfen, und darüber zu entscheiden. Er gebe ihr daher, weil die Gültigkeit der Vollmacht von der Gültigkeit beider Wahlacte abhänge, das Recht der Prüfung und der Entscheidung, ebenso wohl über die Gültigkeit der Wahl der Wahlmänner, als über die von dieser vollzogene Wahl der Abgeordneten selbst.".*[396] Duttlinger widersetzte sich damit klar und eindeutig der Auffassung der Petitionskommission über den von ihr aufgestellten Rahmen der Prüfungskompetenz und des Prüfungsumfangs. Er fand damit einhellige Zustimmung auf liberaler Seite.[397]

Von gouvernementaler Seite wurde eingewandt, daß die Bestimmung des § 41 der Verf.-Urk. v. 22. August 1818 auf die Wahlmännerwahlen nicht anwendbar sei. Zur Begründung wurde ausgeführt, daß für den Fall, daß die Kammer weiterginge, als nur die Abgeordnetenwahlprotokolle zu prüfen und darüber zu erkennen, jeweils auch die Verhandlungen über die Wahlmännerwahlen der Kammer zur Einsicht und Prüfung mitgeteilt werden müßten. Dies stünde jedoch lediglich den Staatsbehörden zu.[398]

Letztendlich kam es am Ende der Debatte zu keiner Beschlußfassung in dieser Frage.[399]

---

[395] Vgl. Verh. Baden 1825, 3. Heft, X. Prot. v. 29. März 1825, S. 532 f..

[396] Vgl. Verh. Baden 1825, 3. Heft, X. Prot. v. 29. März 1825, S. 533 f..

[397] So trat der Abg. Rosshirt dem Abg. Duttlinger in dieser Frage bei, daß die Freiheit der Wahlen „*besonders gesichert seyn müsse, durch das Urtheil, welches die Kammer hierüber habe...die Beurtheilung des ganzen Wahlgeschäfts, das in zwei Acten vor sich gehe, der Kammer zustehe.*". Auch der Abg. Zachariä äußerte sich dahin, daß „*sich die Kammer nimmermehr das Recht nehmen lasse, unter irgend einer Bedingung, unter irgend einer Voraussetzung über die streitigen Wahlen zu erkennen*" (Verh. Baden 1825, 3. Heft, X. Prot. v. 29. März 1825, S. 556 ff.).

[398] Vgl. Verh. Baden 1825, 3. Heft, X. Prot. v. 29. März 1825, S. 548.

[399] Im Ergebnis wurde lediglich der Antrag der Kommission von der Kammermehrheit angenommen und damit die Petition v. Rottecks verworfen. Dies war jedoch nicht als eine Ent-

Im Jahre 1831 brachte der Abg. v. Rotteck die genannte Thematik wieder auf die Tagesordnung der Kammer, indem er in der zweiten Vorbereitungssitzung vom 15. März 1831 als Berichterstatter der dritten provisorischen Abteilung im Anschluß an seine Berichterstattung noch „*allgemeine Betrachtungen*“ anführte, welche er für so bedeutsam hielt, daß er sie, wenn eine Entschließung nicht in der Vorbereitungssitzung erfolgen werde, nach der Eröffnung wieder zur Sprache bringen würde. Die bedeutsamste sei vorliegend zitiert: „*Die Gültigkeit der Deputiertenwahl beruht allererst auf jener der Wahlmännerwahl. Aber der Kammer ist die Beurtheilung der letzteren nicht möglich, wenn ihr nicht auch die Protokolle derselben vorgelegt werden. Nun finden sich in den Actenfascikeln zwar die Verzeichnisse der Wahlmänner und Einladungs-Insinuationen, aber die Wahlprotokolle und was damit in Verbindung steht, nicht. Die dritte Abtheilung hält dieß für einen großen Uebelstand. Sie glaubt, daß für die Zukunft auch die letztgenannten Protokolle der Wahlmänner zu verlangen, und über alle während des Wahlgeschäfts etwa vorkommende Beschwerden, Umtriebe oder Unregelmäßigkeiten, inso fern sie nicht schon früher eine befriedigende Erledigung oder Heilung fanden, in höchster Instanz-so viel nämlich die davon abhängende Gültigkeit der Wahl betrifft-von der Kammer die Entscheidung zu geben sei.*“.[400] v. Rotteck sprach sich erneut eindeutig dafür aus, daß das Recht der Wahlprüfung nach § 41 der Verf.-Urk. v. 22. August 1818 auch das generelle Recht der Prüfung der Urwahlen umfaßte. Er forderte gleichzeitig die Protokolle der Wahlmännerwahlen an.
Wie in der Vorbereitungssitzung angekündigt, stellte v. Rotteck in der ersten Sitzung den Antrag, die Regierung zu bitten, der Kammer in Zukunft bei Miteilung der Wahlakten nicht bloß die Akten über die Wahlen der Abgeordneten, sondern auch jene über die Wahl der Wahlmänner zu übergeben. Er war der Auffassung, daß, falls die zweite Kammer in der Tat ein Urteil über die Gültigkeit der Wahlen ihrer Mitglieder fällen soll, ihr auch all dasjenige mitgeteilt werden muß, was sich auf die Gültigkeit oder die Ungültigkeit dieser Wahlen bezieht. Abschließend faßte er die Gründe für seinen Antrag nochmals zusammen: „*Durch Mitheilungen der Wahlmänner-Wahlakten und alles dessen, was damit zusammenhängt,*(würde die Kammer) *in den Stand gesetzt werde*(n)*, künftig über die Gültigkeit der Wahlen ein gründliches Urtheil zu fällen, und etwaige Wahlen, die schon im ersten Akte an einer Ungültigkeit laborirt hätten, als ungültig zu erklären, oder aber in dem Falle, wenn Beamte oder Partheien sich unerlaubter Umtriebe schuldig gemacht hätten, über die Gültigkeit oder Nichtgültigkeit der Wahl sich auszusprechen, oder eine Beschwerde deßhalb zu erheben.*“.[401]
Dieser Antrag fand, gerade vor dem Hintergrund, daß die Liberalen in der Kammer die Mehrheit stellten, zahlreiche Unterstützung.[402] Dementsprechend wurde auch ein-

---

scheidung in der Frage der Prüfungskompetenz bei den Urwahlen im Sinne des Kommissionsberichtes zu werten.

[400] Verh. Baden 1831, 1. Heft, II. Vorbereitungssitzung v. 15. März 1831, S. 25.

[401] Verh. Baden 1831, 1. Heft, I. Prot. v. 18. März 1831, S. 67-69.

[402] Der Abg. Schaaff bemerkte unterstützend, daß in den meisten Fällen die Urwahlakten noch wichtiger für die Beurteilung der Gültigkeit einer Wahl seien, als die Akten über die Abgeordnetenwahlen selbst. Auch der Abg. Merk unterstützte diesen Antrag, indem er noch zusätzlich darauf hinwies, daß auch keinesfalls die Wahlordnung dieser genannten Forderung

stimmig beschlossen, daß das Großherzogliche Staatsministerium ersucht werden sollte, bei dem Beginn einer jeden künftigen Landtagssitzung der zweiten Kammer auch die Akten über die Wahl der Wahlmänner zu übergeben.[403]

Auch im Jahre 1837 stellte v. Rotteck, nachdem sich in der Frage der Prüfung der Urwahlen trotz des Kammerbeschlusses des Jahres 1831 keine Änderung ergeben hatte, nochmals den Antrag, die Regierung zu bitten, die Akten über die Wahlmännerwahlen zu übergeben. Er begründete dies erneut damit, daß sich aus den Erfahrungen der Vergangenheit die Erkenntnis ergeben habe, daß Mängel über die Wahlmännerwahlen, falls sie frühzeitig zur Kenntnis der Kammer gekommen wären, die Nichtigkeit der Hauptwahl hervorgerufen hätten, und daß daher die Akten der Wahlmännerwahlen für eine ordnungsgemäße Wahlprüfung von herausragender Bedeutung seien.[404] Die Regierung wollte der Kammer jedoch keineswegs das Prüfungsrecht über die Urwahlen einräumen, da sie in diesem Fall eine unsanktionierte Möglichkeit der Einflußnahme auf die Urwahlen verloren hätte. Wie sie auch den Kammerbeschluß des Jahres 1831 ignorierte, schob sie vorliegend organisatorische Gründe für die Ablehnung einer generellen Prüfungskompetenz vor. So wies der Staatsrat Winter darauf hin, daß die Prüfung der Wahlmännerwahlen die Kammer zeitlich und organisatorisch überfordern würde. Des weitern sei dieser Wunsch nicht realisierbar, denn hierfür müßten *„ganze Wagen voll Acten"* hergeschafft werden. Die Wahlmännerwahlen seien vielmehr nur dann zu prüfen, wenn Beschwerden über diese eingehen würden und die Entscheidung darüber habe man auch der Kammer überlassen. Er stellte nochmals ausdrücklich fest, daß die Regierung nur die Pflicht habe, die Abgeordnetenwahlen vorzulegen.[405]
Die Regierung sprach folglich der Kammer die Kompetenz, über die Wahlen der Wahlmänner zu entscheiden, nur in den Fällen zu, in denen deren Gültigkeit in Frage stünde, d. h. falls Beschwerden hierüber eingingen, daß sich die Beteiligten an die Wahlkommission oder im Wege der Petition direkt an die Kammer wandten.
Es fand sich in der Kammer zwar eine eindeutige Mehrheit für das Prüfungsrecht der Kammer bei den Urwahlen, jedoch nur für den Fall, in dem Beschwerden über die Urwahlen erhoben würden. Ein generelle Prüfungskompetenz, wie von v. Rotteck gefordert, fand hingegen nur Unterstützung auf liberal-oppositioneller Seite.

Daß die von v. Rotteck aufgeworfene Debatte über die Frage der Prüfung der Urwahlen dennoch Wirkung gezeigt hatte, verdeutlichte die Prüfung der Wahl des Abg. Völcker des 19. Ämterwahlbezirks im Jahre 1842. So ging bei der Kammer eine Petition von 14 Bürgern ein, welche die Bitte aussprachen, daß die Kammer die Wahlmännerwahl und gleichzeitig auch die Abgeordnetenwahl umstoßen sollte. Die provisorische Abteilung, die mit der Prüfung dieser Wahl betraut war, vertrat aufgrund dieser Beschwerden in Bezug auf die Wahlmännerwahl die Ansicht, daß die Abgeordne-

---

entgegenstehe, denn es stünde nirgends geschrieben, daß die Wahlakten nicht an die Kammer eingeschickt werden könnten (Verh. Baden 1831, 1. Heft, I. Prot. v. 18. März 1831, S. 70-72).
[403] Verh. Baden 1831, 1. Heft, I. Prot. v. 18. März 1831, S. 76.
[404] Verh. Baden 1837, 1. Heft, I. Prot. v. 10. März 1837, S. 17.
[405] Verh. Baden 1837, 1. Heft, I. Prot. v. 10. März 1837, S. 17.

tenwahl selbst das Resultat der Urwahlen sei, und daß sie mit diesen ein *„unzertrennliches Ganze“* bilde, mit der Folge, daß falls die Wahlmännerwahl verfassungswidrig vorgenommen wurde man auch die daraus folgende Abgeordnetenwahl beanstanden müßte.[406] Es zeigte sich damit, daß die Abteilung die Urwahl in ihre Prüfung mit einbezog, und daß sie auch von ihrer Gültigkeit die Gültigkeit der Abgeordnetenwahl abhängig machte. Dieser Praxis versuchte sich die Regierung jedoch zu erwehren. Die Regierung sah die Kammer keineswegs als höchste Instanz in Urwahlfragen an. Für sie war die Kammer nach § 41 der Verf.-Urk. v. 22. August 1818 nur prüfungsberechtigt, wenn die Wahl, und zwar die Abgeordnetenwahl, selbst streitig war.[407] Die liberalen Mitglieder der Kammer widersetzten sich jedoch vehement der Regierungsposition. So verwahrte sich der Abg. Sander eindringlich gegen die Auffassung, daß die Kammer kein Recht habe, die Urwahlen zu untersuchen. Für ihn stand grundsätzlich fest, daß die Kammer niemals die Regierungsauffassung anerkennen könnte, denn *„damit wäre ihr Leben selbst abgeschnitten; denn die Kammer geht aus nichts Anderem, als aus den Wahlcollegien hervor, und wenn man sich sagen müßte, daß dieselbe durch Bestechlichkeit zusammengesetzt worden wäre, dann könnten wir keinen Anspruch auf Vertrauen machen, dann wäre das Ansehen und die Wirksamkeit der Kammer untergraben.“*.[408] Auch der Abg. Welcker stellte nochmals heraus, daß bei der Prüfung der Urwahlen die Kammer das Tribunal „*und das alleinige Tribunal* (sei), *keineswegs aber der Oberamtmann, die Kreisregierung und das Ministerium. Wenn auch der § 55 der Wahlordnung sagt, daß eine einzelne Streitigkeit eines Mannes, welche von der Wahlcommission zurückgewiesen wird, an die ordentliche Behörde gebracht werden kann, die nun entscheiden wird, ob er das Recht hat, zu stimmen oder nicht, so liegt hier ein abgeschlossener Wahlact vor, und da entscheidet nicht mehr das Oberamt oder die Regierung, sondern die Kammer. Dieser Kammer muß immer das Recht bleiben, zu entscheiden, ob ein eingeschmuggeltes oder ein auf ächter Volkswahl beruhendes Glied in die Kammer gesetzt werden soll.*“.[409]

Daß die liberalen Kammermitglieder sich mit dieser Eindeutigkeit für eine generelle und uneingeschränkte Prüfungskompetenz hinsichtlich der Urwahlen aussprachen, war dadurch begründet, daß insbesondere bei den Urwahlen die meisten Manipulationen von Seiten der Regierung vorkamen[410], und daß infolge die Abgeordnetenwahlen im

[406] Verh. Baden 1842, 1. Prot.-Heft, V. Prot. v. 1. Juni 1842, S. 105.

[407] Diese Auffassung der Regierung sah der Staatsrat v. Rüdt auch durch die Gesetze gestützt, da die Verfassung die Urwahlen nicht erwähnte und die Wahlordnung hingegen ausdrücklich die Entscheidung der Ortswahlkommission zuwies. Wenn die Beschwerdeführer sich nicht an die geeigneten Behörden wenden und diese übergehen würden, dann sei darin ein „Mißbrauch“ zu sehen (Verh. Baden 1842, 1. Prot.-Heft, V. Prot. v. 1. Juni 1842, S. 117).

[408] Verh. Baden 1842, 1. Prot.-Heft, V. Prot. v. 1. Juni 1842, S. 111.

[409] Verh. Baden 1842, 1. Prot.-Heft, V. Prot. v. 1. Juni 1842, S. 126. In diesem Jahr kam es ein weiteres mal zu einer Auseinandersetzung über die Prüfungskompetenz der Kammer in Bezug auf die Urwahlen, wobei die gleichen sich ausschließenden Argumente vertreten wurden (vgl. Verh. Baden 1842, 3. Prot.-Heft, XXXV. Prot. v. 11. August 1842, S. 209 ff.).

[410] Seit dem Jahre 1819 stellte sich das Problem, das die Urwahlen insbesondere durch die Ortsvorstände beherrscht wurden. Dies lag zum einen bereits an dem hohen Anteil der Orts-

Sinne der Regierung verfälscht waren. Den Grund für diese Manipulationen sahen sie darin, daß in der Regel die Wahlmännerwahlen nicht vor die Kammer kommen würden, und daß damit diese Manipulationen unsanktioniert blieben.[411] Daher sprachen sie sich für eine strikte Prüfung bei den Urwahlen aus, um Mißbräuche dieser Art für die Zukunft zu beseitigen.

Den im Laufe der Debatten entstandenen Grundkonsens der Kammer faßte eine Passage aus dem Kommissionsbericht über die Wahl im 19. Ämterwahlbezirk im Jahre 1844 folgendermaßen zusammen: „*Die Wahlordnung gibt keine bestimmten Vorschriften über die Kompetenz in Wahlmännerwahlstreitigkeiten, den im § 55 vorgesehenen speziellen Fall der Frage der Stimmfähigkeit ausgenommen. Wo der Wortlaut dieses Gesetzes keine Auskunft gibt, muß Geist und Zweck desselben in's Auge gefaßt und darnach geschlossen werden. Es geben Viele zu, daß den Staatsadministrativbehörden das Recht und die Pflicht zusteht, in Wahlmännerwahlstreitigkeiten, sofern solche vor der Deputirtenwahl zur Sprache kommen, zu erkennen, und die Praxis hat sich auch in diesem Sinne ausgebildet; diese Streitigkeiten müssen ihren Richter haben, wenn nicht die Deputirtenwahlen, im einzelnen Falle, ungebührlich verschoben werden sollen, und Ihre Kommission, meine Herren, ist in der Mehrheit nicht gesonnen, der erwähnten Praxis entgegenzutreten. Anders aber verhält es sich, wenn einmal die Abgeordnetenwahl vollzogen ist.*
Der Deputirte gehört der Kammer. Die Kammer erkennt über die streitigen Wahlen der ihr angehörigen Mitglieder; soll diese Bestimmung des § 41 der Verfassung nicht zu nichte werden, so muß aber auch der Kammer die Kognition über die Anstände zu-

---

vorgesetzten unter den Wahlmännern. Des weiteren war es den Vögten und Bürgermeistern durch ihre amtlichen Funktionen möglich, in Übereinstimmung mit der Wahlkommission Abstimmungen zu manipulieren, so z. B. durch die Gewährung oder Aberkennung der Stimmfähigkeit. (Vgl. v. Rotteck, Geschichte, S. 205 ff.; Hörner, Wahlen, S. 432 f.) Zum anderen fiel es den schlichten Bürgern aufgrund der besagten Obrigkeitshörigkeit breiter Schichten schwer, dem eigenen Ortsvorsteher die Stimme zu verweigern, insbesondere wenn man sich die Art der Stimmabgabe vor Augen führt. Gerade diese Problem verdeutlicht auch ein Bericht der „Neuen Speyerer Zeitung" vom 27.2.1819, Nr. 25: „*der Umstand, dass die Vögte Vorsitzer bey den Wahlen der Wahlmänner auf den Ortschaften waren, der unbeschränkten Wahlfreiheit entgegen, denn wie konnte der große Haufen frey und unbefangen wählen, wenn er seinen Dorf-Treiber, mit dem Wunsche, der Mann seiner Wahl zu seyn, wo nicht auf der Zunge, doch auf der Stirne geschrieben, vor sich sah*". Dieses Problem wurde jedoch in den Folgejahren seit 1831 entschärft, in dem die Macht der Ortsvorstände nicht mehr einer Partei allein zugute kamen. Jedoch blieben die Urwahlen der Schwerpunkt der Wahlmanipulationen.

411 So sprach sich der Abg. Hecker dahingehend aus: „*Wenn nun eine Regierung sich erlaubte, durch Bestechung und jede Art von Ränken auf die Urwahlen zu influiren, und es würde so auf verbrecherische Weise die Wahlmännerwahl zu Stande kommen-sollte wohl die Kammer nicht das Recht zustehen, solche Wahlmännerwahlen, die die Conditio sine qua non der Abgeordnetenwahl sind, für ungültig zu erklären, weil durch Bestechung der einzelnen Bürger, zu dem Zwecke, der Regierung angenehme Männer in die Kammer zu bringen, eine Abgeordnetenwahl zu Stande zu bringen?*" (Verh. Baden 1843/44, 1. Prot.-Heft, III. Prot. v. 27. November 1843, S. 57).

stehen, welche nach der Deputirtenwahl sich rücksichtlich einer Wahlmännerwahl ergeben. Wer dieses bestreitet, bestreitet damit der Kammer ihr gutes, verfassungsmäßiges Recht des § 41. Indem er dem Bezirksamt die Gewalt gibt, die Wahl von Wahlmännern, welche bereits ihr Amt erfüllt haben, zu kassiren, gibt er ihm damit die Befugniß, einem schon in die Kammer getretenen Deputirten das Fundament wegzuziehen, auf dem er steht. Der Mann, über dessen parlamentarische Existenz verfassungsmäßig Sie zu erkennen hätten, würde vor Ihren Augen verschwinden und das Recht der Kammer könnte bei kunstgerechter Ausbildung eines solchen Wahlmännerwahlprüfungssystem zu einer leeren Form herabsinken; es bliebe ihr noch die Ehre, das Mitglied, welchem das Bezirksamt bereits faktisch alle parlamentarische Lebenskraft entzogen, in der Form Rechtens vom Leben zum Tode zu bringen.".[412]

Die Debatten im Laufe der Jahre führten schließlich dazu, daß die Kammer die Prüfung der Urwahlen, wenn auch nicht generell, sondern lediglich im Hinblick auf Beschwerden, ganz selbstverständlich zu ihrem Kompetenzbereich zurechnete. Diese war für sie auch hinsichtlich der Eingrenzung des regierungsseitigen Einflusses auf die Wahl und Zusammensetzung von überragender Bedeutung.[413]

b. Verteidigung der alleinigen Zuständigkeit

Die Verteidigung ihrer Prüfungskompetenz, und dies nicht nur im Zusammenhang mit den Urwahlen, betrachtete die Kammer, und insbesondere ihre liberalen Mitglieder, während des gesamten Untersuchungszeitraumes als eine ihrer primären Aufgaben. Insbesondere verteidigte die Kammer ihr Recht gegenüber der Regierung, selbst zu entscheiden, ob ein Gewählter in die Kammer eintrat oder nicht.[414] Besonders deutlich wird dies in den Fällen, in denen die Regierung Gewählte in Untersuchungen verwikkelte, um so ihren Eintritt in die Ständeversammlung zu unterbinden.[415] Die Kammer nahm es nicht hin, daß von Seiten der Regierung einfach das Mittel der Untersuchung eingesetzt wurde, um den Gewählten vom Eintritt in die Kammer fernzuhalten. Viel-

---

[412] Vgl. den Kommissionsbericht über die Abgeordnetenwahl für den 19. Ämterwahlbezirk, in: Verh. Baden 1843/44, 10. Beil.-Heft, Beil. Nr. 4 zum Prot. v. 8. Januar 1844, S. 129 f..

[413] Diese langwierigen Auseinandersetzungen um die Frage der Prüfungskompetenz bei den Urwahlen widerlegt auch die Feststellung von Hörner, Wahlen, S. 324, daß in der Kammer die Urwahlen nur eine untergeordnete Rolle spielten.

[414] So wandte sich die Mehrheit der Kammer auch im sog. Urlaubsstreit gegen den Versuch der Regierung, oppositionelle Abg. vom Eintritt in der Kammer abzuhalten.

[415] Bereits im Jahre 1820 trat ein solcher, wenn auch unstrittiger, Fall auf. Der Buchhändler Winter wandte sich mit einer Vorstellung an die Kammer, da er nicht auf dem Landtag erscheinen könnte, da eine Untersuchung gegen ihn verhängt wurde, und er sich daher in Arrest befinde. In dieser Vorstellung stellte er daher das Gesuch, daß seine Einberufung zur Ständeversammlung zu bewirken sei. Die Kammer faßte nach ausgiebiger Diskussion (Verh. Baden 1820, 3. Heft, VIII. Prot. v. 18. Juli 1820, Beil. Nr. 36, S. 4-25) den Beschluß, das Staatsministerium zu ersuchen, entweder die Behörde anzuweisen den Arrest Winters aufzuheben, oder wenn Gründe vorlägen, welche die Aufhebung des Arrests unmöglich machen würden, diese der Kammer mitzuteilen. Im Ergebnis wurde Winter aus dem Arrest entlassen, da die Untersuchung ergeben hatte, daß Winter von allen Vorwürfen freizusprechen war (Verh. Baden 1822, 1. Heft. III. Prot. v. 29. März 1822, S. 55).

mehr oblag diese Entscheidung, d.h. ob jemand aufgrund welcher Vorkommnisse auch immer in die Kammer einzutreten habe, der Kammer selbst. Einen direkten Eingriff in dieses Recht erfolgte im Jahre 1833 in der Wahlprüfungssache Sander. Die erste Sitzung wurde mit einem Erlaß des Ministers des Innern eröffnet, „*daß dem H.G. Ass. Sander bei der vorliegenden Untersuchung der Verfassungseid nicht abgenommen werden, und er seine Functionen als Abgeordneter unter den angegebenen Umständen weder beginnen noch fortsetzen könne.*“.[416]
Der Sachverhalt, der diesem Erlaß zu Grunde lag, beinhaltete, daß gegen Sander vom Großherzoglichen Hofgericht eine gerichtliche Untersuchung eingeleitet, und daß vom Justizministerium gleichzeitig die Suspendierung vom Amt beschlossen wurde. Bei der Prüfung der Wahlsache Sander wurde durch die fünfte provisorische Abteilung die Wahl für unbeanstandet erklärt, da alle gesetzlich vorgeschriebenen Formalitäten beachtet wurden, und weil Sander auch die geforderten gesetzlichen Eigenschaften besaß.[417] Bezogen auf den Erlaß des Ministeriums des Innern sahen sie in dem was Sander getan hatte keine Handlung, welche ein „*entehrendes Verbrechen*“ darstellte.[418] Sie sahen daher keinen Grund, Sanders Eintritt in die Kammer als unwürdig anzuerkennen.[419] Die Majorität der Abteilung sah darüber hinaus in der Frage, ob Sander in die Kammer eintreten sollte, mit einer „*der wichtigsten Fragen des constitutionellen Staatsrechts*“ zusammenhängend, nämlich, daß durch den genannten Erlaß der Kammer das Recht streitig gemacht wurde, darüber zu entscheiden, ob ein Gewählter in die Kammer eintrete, könne. Sie wollte daher über den konkreten Fall hinaus eine grundsätzliche Entscheidung in dieser Kompetenzfrage. Ihrer Auffassung nach könnte der Kammer niemals das Recht entzogen werden, zu entscheiden, ob ein in Untersuchung begriffener Abgeordneter in die Kammer eintreten könnte.[420] Der Kommissionsbericht[421] stellte fest, daß gegen die Wahl sowie gegen die Person Sanders, wie bereits die provisorische Abteilung festgestellt hatte, keine Anstände oblagen, und daß ein Grund für eine Entfernung aus der Kammer gar nicht vorlag, da der Beschluß des Hofgerichts Rastatt weder die für eine peinliche Untersuchung notwendigen Angaben über die zu untersuchende Person noch das angeschuldigte Verbrechen enthalte. Selbst in dem Fall, in dem eine solche Untersuchung gegen Sander vorliege, hätte dies nach Ansicht der Kommission keinesfalls automatisch den Ausschluß Sanders zur Folge. Denn dieser könne grundsätzlich nur von der Kammer, der allein das Entscheidungsrecht nach Art. 41 der Verf.-Urk. v. 22. August 1818 zustehe, entschieden werden. Dies wurde damit begründet, daß die badische Verfassung die Verwicklung in eine

---

[416] s. hierzu das Schreiben des Ministers des Innern Winter und die ebenfalls hierzu erlassene Verfügung des Großherzoglichen Justizministeriums: Verh. Baden 1833, 1. Heft, I. Prot. v. 21. Mai 1833, S. 22 ff..

[417] Verh. Baden 1833, 1. Heft, I. Prot. v. 21. Mai 1833, S. 38.

[418] Sander hatte einen „*mit den Gesinnungen der Unzufriedenheit, insbesondere mit seiner Lage und mit den Verhältnissen in Frankreich angefüllten*“ Brief des polnischen Oberst Atonini, nach dessen Wunsch an einen ihm unbekannten Mann weiterbefördert (Verh. Baden 1833, 1. Heft, I. Prot. v. 21. Mai 1833, S. 39).

[419] Verh. Baden 1833, 1. Heft, I. Prot. v. 21. Mai 1833, S. 39 f..

[420] Verh. Baden 1833, 1. Heft, I. Prot. v. 21. Mai 1833, S. 40 f..

[421] Verh. Baden 1833, 1. Heft, III. Prot. v. 23. Mai 1833, Beil. Nr. 5, S. 376-380.

Untersuchung nicht als Hindernis der Wählbarkeit erwähnte, und daß damit gleichzeitig der Kammer das Ermessen eröffnet worden sei zu entscheiden, welche Verbrechen oder Vergehen den Eintritt in die Kammer verwehren würden. Die Verfassung gewähre der Kammer daher ein umfassendes Entscheidungsrecht. Als entscheidenden Punkt führte die Kommission an, daß die Freiheit und Unabhängigkeit der Kammer gefährdet sei, wenn sich auch nur bei entferntestem Verdacht eines politischen Vergehens ein Grund für die Entfernung eines gewählten Mitgliedes aus der Kammer finden ließe.[422] Vor allem die Aufrechterhaltung der Freiheit und der Unabhängigkeit der Kammer gehöre zu ihren „*ersten und heiligsten Pflichten*". Die Kommission stellte daher einstimmig den Antrag, die Wahl Sanders für gültig zu erklären und ihm den Eintritt in die Kammer zu gestatten.[423]
Die Debatte in der Kammer rankte sich um die konstitutionelle Frage, wem das Recht zustand, über den Eintritt von Gewählten zu entscheiden, der Kammer selbst oder der Regierung. So wandten sich insbesondere die liberalen Kammermitglieder dahin, daß dieses Recht nach der Verfassung nur der Kammer zustehe.[424] Zugleich wurde auch die Warnung aufgestellt, daß falls der Grundsatz, auf den man sich hier allein berufen könne, um Sander aus der Kammer auszuschließen, anerkannt werde, die Regierung ein Mittel besäße, um mißfällige Gewählte aus der Kammer auszuschließen. Denn es wäre nichts leichter, als gegen jemanden eine Untersuchung einzuleiten.[425]
In der Schlußabstimmung zeigte sich dann auch die Geschlossenheit der Kammer in dieser zentralen Frage, welche mit allen Stimmen gegen zwei die Wahl für gültig erklärte, so daß dem Eintritt Sanders in der Kammer kein Hindernis im Wege stand.[426]
An diesem Beschluß zeigte sich sehr deutlich, daß die Kammer erkannt hatte, welche Bedeutung eine Entscheidung in diesem Fall hatte. Über den konkreten Fall hinaus erkannte sie die Gefahren, wenn sie der Regierung in diesem Fall beigeben würde. Die Regierung hätte nämlich in einem solchen Fall die Möglichkeit, durch die Einleitung einer Untersuchung, unliebsamen Abgeordneten den Eintritt in die Kammer zu verwehren.

Auch bei unbedeutenderen Fällen verteidigte die Kammer ihr alleiniges Entscheidungsrecht über die Gültigkeit der Wahlen. So u.a. bei bei der erneuten Wahl des Vogts Rausmüller des 32. Wahlbezirk im Jahre 1822. Hierbei ergab sich der Fall, daß der Wahlkommissar selbst die Wahl nach § 66 der WahlO v. 23. Dezember 1819 für ungültig erklärt hatte. [427] Die Kommission, die mit der Prüfung der Wahl beauftragt war, stellte, bevor sie auf die inhaltlichen Fragen bei dieser Wahl einging, erst einmal

[422] Verh. Baden 1833, 1. Heft, III. Prot. v. 23. Mai 1833, Beil. Nr. 5, S. 378 ff..
[423] Verh. Baden 1833, 1. Heft, III. Prot. v. 23. Mai 1833, Beil. Nr. 5, S. 380.
[424] Auch v. Rotteck äußerte sich in diesem Sinne, denn die Verfassung habe unter den Eigenschaften, die zu einer gültigen Wahl erforderlich seien bzw. den Hindernissen, die einer solchen entgegenstehen könnten, kein Wort von Verbrechen, Vergehen oder Untersuchungen erwähnt. Die Verfassung habe folglich eine Entscheidung darüber allein ins Ermessen der Kammer gestellt (Verh. Baden 1833, 2. Heft, IV. Prot. v. 25. Mai 1833, S. 29).
[425] Verh. Baden 1833, 2. Heft, IV. Prot. v. 25. Mai 1833, S. 31 f..
[426] Verh. Baden 1833, 2. Heft, IV. Prot. v. 25. Mai 1833, S. 56.
[427] Vgl. Verh. Baden 1822, 2. Bd., XIV. Prot. v. 27. April 1822, S. 43 ff..

grundsätzlich fest, daß für den Fall, daß diese Wahl *„an einem unheilbaren Gebrechen leiden und also gesetzlich ungültig seyn sollte, so war es doch nicht an dem Wahlkommissar, diese Ungültigkeit auszusprechen, da die Entscheidung hierüber einzig der hohen Kammer zusteht.“*.
Der Kommissionsbericht stellte damit noch einmal eindeutig dar, daß die Kammer es als ihre orginäre Aufgabe ansah, über die Gültigkeit einer Wahl zu entscheiden.

Gerade in den Anfangsjahren legte die Kammer großen Wert darauf, den Grundsatz zu festigen, daß sie die alleinige Instanz sei, um über die Wahlen und den Eintritt der Gewählten in die Kammer zu entscheiden. Die strikte Verteidigung ihres Prüfungsrechts zeigte auch Wirkung, da in den Jahren nach 1833 die alleinige Prüfungskompetenz der Kammer in diesen Fragen nicht mehr in Frage gestellt wurde.

12. Die Wahlprüfung als Instrument zur Aufrechterhaltung der Wahlfreiheit

Während des gesamten Untersuchungszeitraums kam es zu Einwirkungen auf die Freiheit der Wahlen von Seiten der Regierung.[428] Vor diesem Hintergrund kam der

[428] Eröffnet wurde diese Einwirkungsmöglichkeit, welche sowohl im Vorfeld, als auch bei den eigentlichen Wahlakten stattfand, durch die Tatsache, daß die Wahlen unter der Oberaufsicht der Staatsregierung standen.
Neben den typischen Einwirkungsmöglichkeiten während des Wahlaktes selbst eröffneten sich gerade vielfältige Einwirkungsmöglichkeiten im Vorfeld der eigentlichen Wahlen. Eine sehr häufig genutzte Möglichkeit war die, daß vor den Wahlen höhere Beamte und auch Minister das Land bereisten, um wahlleitende Beamte und auch gewählte Wahlmänner für die bevorstehenden Wahlen zu instruieren oder in sonstiger Weise zu beeinflussen. Wie dies geschah verdeutlich die Beschreibung von v. Rotteck zum Landtag des Jahres 1825. Hochgestellte Staatsmänner reisten durch das Land, um durch *„mündliche Weisungen an die Amtleute und sonstige Regierungsdiener dem Hofe wohlgefällige Wahl vorzubereiten. Officielle und Privatcorrespondenzen vervollständigten die Instruction. Und es trat eine Wahlbeherrschung ein, so unverhüllt und dictatorisch, daß dagegen aller Eifer der Freiheitsfreunde durchaus nichts vermochte und das getäuschte und eingeschüchterte Volk nach und nach in allen Wahlbezirken die Namen der von der Regierung bezeichneten Candidaten aus den Urnen emporsteigen sah, und dergestalt die, schon vor dem Ausschreiben der Wahlmännerwahl von Karlsruhe aus über das Land verbreitete, Liste der designirten künftigen Deputirten fast ohne Ausnahme verwirklichet ward.“*. Im Hinblick auf die Beeinflussung durch kommunale Beamte ist ein Fall in Heidelberg besonders aufschlußreich. So sandte der Stadtdirektor vor der Wahl der Wahlmänner an jedes Haus in den Wahldistrikten Schreiben mit seinen Vorschlägen zur Wahlmännerwahl. Hierin schrieb er: *„Nicht als Stadtdirektor, sondern als Staatsbürger..., erlaube ich mir, die hierunter verzeichneten Bürger als Wahlmänner für den ersten hiesigen Wahldistrikt zu empfehlen,...“*. v. Rotteck bezeichnet diese Art der Beeinflussung sogar als *„Stadtdirektorial-Terrorismus“*. Zur Wahlbeeinflussung wurde jedoch nicht nur allein das amtliche Ansehen, sondern auch die amtliche Machtstellung ausgenutzt. So kündigte z.B. der Forstbeamte Thaddäus Zipperlin im Frühjahr 1842 80-90 herrschaftlichen Holzfällern den Entzug ihrer Arbeit an, sofern sie bei den Urwahlen in Oftersheim nicht bestimmte regierungstreue Personen wählen würden. Aus dem gleichen Gründen wurde auch vielen Armen angedroht, daß ihnen das sog. „Hardtrecht“, das für sie lebenswichtige Streu- und Holzlesen, zu untersagen. Bei den Bürgern, bei denen diese Drohungen aussichtslos waren, wurden diese

Wahlprüfung eine besondere Aufgabe zu. Vor allem die liberalen Kräfte der Kammer nutzten das Instrument der Wahlprüfung, um diesen Einwirkungen entgegen zu treten. Insbesondere die Wahlprüfungsfälle im Zusammenhang mit § 71 der WahlO v. 23. Dezember 1818[429] verdeutlichten diese Vorgehensweise. Der Wahlkommissar besaß grundsätzlich durch die Art und Weise, in der er die Wahl leitete, auch die Möglichkeit, die Entscheidung maßgeblich zu beeinflussen. Diese Möglichkeit bot insbesondere die Eröffnungsrede, in der der Wahlkommissar die Eigenschaften eines würdigen Abgeordneten im allgemeinen auseinander zu setzen hatte.
Bereits im Jahre 1822 kam es bei der Prüfung der Wahl des Vogts Rausmüller zur ersten Auseinandersetzung der Kammer mit dieser Problematik. Die Wahl an sich war entsprechend den Vorschriften der Wahlordnung vor sich gegangen. Jedoch erhob unmittelbar im Anschluß an diese Wahl der Rentbeamte Hecker, der sich ebenfalls zur Wahl gestellt hatte, den Vorwurf, daß der Wahlkommissar durch seine an die Wahlmänner gemachte Eröffnung, daß er als rentamtlicher Beamter in seinem Wahlbezirk nicht wählbar sei, unerlaubt auf die Wahl eingewirkt habe. Ferner wandte er ein, daß die Wahlmänner, welche ihre Stimme für ihn abgaben, dazu bewegt wurden ihre Stimmen zurückzuziehen. Die Kommission, welche mit der Prüfung der Wahl betraut war, führte in ihrem Bericht[430] aus, daß nach § 71 der WahlO v. 23. Dezember 1818 der Wahlkommissar nicht befugt wäre, auf das Resultat der Wahl einzuwirken. Konkretisierend wurde darauf verwiesen, daß der Wahlkommissar die Wahlmänner auf § 37 der Verf.-Urk. v. 22. August 1818 und auf § 65 der WahlO v. 23. Dezember 1818 hinsichtlich der gesetzlichen Erfordernisse zur Wählbarkeit hinweisen durfte, dabei aber *„keine Anwendung des Gesetzes auf den vorliegenden Fall durch seine Erörterungen vorzeichnen* (durfte),..., *er darf Gesetzesstellen, welche nicht ganz deutlich sind, den Wahlmännern nicht nach seinem Sinne auslegen*“.[431] Lediglich in dem Fall, in dem am Ende des Wahlvorgangs die absolute Stimmenmehrheit auf Hecker gefallen wäre, hätte der Wahlkommissar die Möglichkeit nach § 84 der WahlO v. 23. Dezember 1818 gehabt, den Gewählten für wahlunfähig zu halten und eine zweite Wahl an-

---

durch das Versprechen von materiellen Begünstigungen dazu bewogen, im Sinn der Staatsregierung zu stimmen. So stellte man z. B. in Sinsheim Verdienstmöglichkeiten durch den Bau eines neuen Gefängnisses in Aussicht. Neben diesen behördlichen Wahlbeeinflussungen gab es auch die ministerielle Einflußnahme. Dies geschah vorrangig auf dem Dienstweg. Neben diesen Einwirkungen auf Privatpersonen und Beamte hatte die Staatsregierung auch die Möglichkeit, durch Drohungen oder Verheißungen auf ganze Städte oder Gemeinden einzuwirken, um bestimmte für sie günstige Wahlentscheidungen zu bewirken. Es wurde beispielsweise von Seiten der Staatsregierung mit der Verlegung von Amtssitzen oder der Verweigerung von Staatszuschüssen gedroht, oder es wurden bestimmte Bauten oder Zuschüsse versprochen (vgl. vertiefend hierzu: v. Rotteck, Geschichte, S. 205 ff.; v. Rotteck, Baden, S. 117 f.; Hörner, Wahlen, S. 459 ff.).

[429] § 71 bestimmte. *„Der landesherrliche Commissar hat im Allgemeinen die Eigenschaften eines würdigen Abgeordneten nochmals auseinanderzusetzen, darf sich aber eben so wenig, wie irgend ein anderes Mitglied der Wahlcommission erlauben, durch Empfehlung oder Vorschlag, oder auf sonst irgend eine Weise auf das Resultat der Wahl einwirken zu wollen.“*.

[430] Vgl. Verh. Baden 1822, 1. Bd., V. Prot. v. 1. April 1822, S. 80 ff..

[431] Vgl. Verh. Baden 1822, 1. Bd., V. Prot. v. 1. April 1822, S. 91.

zuordnen, und beide Wahlenprotokolle dann zur Entscheidung an das Staatsministerium einzusenden.[432] Das Ergebnis dieser Ausführungen war, daß mit Stimmenmehrheit die Kommission der Kammer den Antrag unterbreitete, die Wahl des Abg. Rausmüller als ungültig aufzuheben. Als Grund für ihren Antrag führte sie ausdrücklich an, daß der Wahlkommissar sich auf Anfrage der Wahlmänner so geäußert hatte, daß Rentbeamten nach dem Gesetz nicht wählbar seien, und daß diese Erklärung die Wahlmänner dazu verleitet habe, anders zu stimmen, als dies ihre Absicht war, und daß er sogar bereits abgegebene Stimmzettel wieder zurückgenommen habe.
Relevant ist in diesem Zusammenhang insbesondere die Äußerung des Berichterstatters am Ende seiner Ausführungen. „*Auch dürfen wir uns nicht verbergen,..., dass die Freiheit der Wahlen eine sehr wichtige Sache sey und nicht auf die entfernteste Weise gestört werden dürfe. ....In dieser Hinsicht ist nichts klein und unbedeutend; jede Wahl, bei welcher auch nur die entfernteste unerlaubte Einwirkung ersichtlich ist, muß zernichtet werden, und wir sind bei diesem ersten vorgekommenen Beispiele dem Volke, das uns zu seiner Vertretung gesendet hat, den Beweis schuldig, das wir sein gesetzliches Recht zur unbeschränkten Wahlfreiheit zu schützen wissen.*“.[433] Diese Ausführungen verdeutlichen, daß in der Kommission die Anschauung vorherrschte, daß jegliche Einwirkung auf die Freiheit der Wahlen im Keime zu ersticken sei. Dabei war es ihrer Auffassung nach gleichgültig, ob die Einwirkung gewollt oder nicht gewollt war, oder ob die Einwirkung ein großes oder auch nur ein geringes Ausmaß erreicht hatte. Der Grundsatz, die Wahlen vor jeglichen Einwirkungen zu bewahren, wurde als oberste Entscheidungsmaxime angesehen.
Die Kammer nahm diesen Grundsatz auf und erklärte in der abschließenden Abstimmung die Wahl mit großer Mehrheit für ungültig.

Bereits im Jahre 1833 stellte sich der Kammer erneut eine vergleichbare Situation zur Entscheidung. Im Rahmen der Wahl im 41. Ämterwahlbezirk, der des Hofgerichtsdirektors Wolff, wurde den Vorladungen der Wahlmänner zur zweiten Wahl ein Zusatz beigefügt, welcher vom Wahlkommissar unterzeichnet war. Dieser Zusatz hatte folgenden Inhalt: „*Zur Erläuterung dieser wiederholten Einladung benachrichtige ich Sie, daß der am 2. April gewählte Hofgerichtsdirector Wolff die Wahl zwar angenommen und sich auch das erforderliche Grundeigenthum gekauft, später aber aus Besorgnis, die Wahl möchte wegen dieses erst nach der Wahl Statt gehabten Kaufs durch die Kammer selbst beanstandet werden, deren Annahme wiederrufen hat. Da nun aber bei einer zweiten Wahl dieser Anstand nicht mehr obwalten kann, wenn Wolff wieder gewählt wird, so ist diese Wahl höheren Orts angeordnet worden.*“.[434] Die Abteilung, die diese Wahl zu prüfen hatte, war der Auffassung, daß zum einen dieser Zusatz überflüssig war, und daß zum anderen insbesondere der letzte Satz die Aussage enthielt, daß die Wahl angeordnet worden sei, damit Wolff wieder gewählt werde. Vor allem deshalb sah die Abteilung in dem schriftlichen Beisatz, welcher mit der Unterschrift des Regierungsdirektors versehen war, einen Verstoß gegen Art. 71 WahlO v. 23. De-

---

[432] Vgl. Verh. Baden 1822, 1. Bd., V. Prot. v. 1. April 1822, S. 92.
[433] Vgl. Verh. Baden 1822, 1. Bd., V. Prot. v. 1. April 1822, S. 93 f..
[434] Verh. Baden 1833, 1. Heft, II. Prot. v. 22. Mai 1833, S. 61 f..

zember und trug daher darauf an, die Wahl für ungültig zu erklären.[435] Obwohl sich einige Mitglieder lediglich für eine Rüge aussprachen[436], vertrat insbesondere v. Rotteck in Fragen der Wahlfreiheit eine kompromißlose Haltung. So sah er grundsätzlich in allen Fehlern, welche ein Wahlgeschäft erleiden könne, in keinem einen so starken Nichtigkeitsgrund, wie in der Einwirkung des Wahlkommissars auf die Wahl, da es sich in diesem Fall um die Wahlfreiheit und damit um das „*innerste Lebensprinzip der Verfassung*" handele. Selbst in den Fällen, in denen der Wahlkommissar nur bloße Andeutungen von sich gegeben hätte, müßte dies immer die Nichtigkeit nach sich ziehen.[437] Diese Ansicht wurde von der Kammer adoptiert. Bei der nachfolgenden Abstimmung wurde die Wahl mit der Mehrheit der Stimmen[438] für ungültig erklärt.[439]
Diese strikte Vorgehensweise im Rahmen der Wahlprüfung gegen die Einwirkungen von Seiten der Wahlkommissare zeigte auch eindeutige Wirkung. So gab die Regierung für die erneute Wahl dem Wahlkommissar folgende Anweisung: „*Dieser Grund* (d.h. der Grund für die erneute Wahl) *ist zwar den Wahlmännern zueröffnen, dabei aber alles zu vermeiden, was nur den entferntesten Schein einer Einmischung des Wahlcommissars in die Wahl haben könnte.*".[440]
Diese konsequente Vorgehensweise der Kammer verdeutlicht, daß das Instrument der Wahlprüfung ein wirksames Mittel war, um den Einwirkungen der genannten Art zu begegnen.

Im Jahre 1839 kam es erneut bei der Wahl des 7. Ämterwahlbezirkes zu Einwirkungen von Seiten des Wahlkommissars.[441] v. Rotteck wies erneut im Zusammenhang mit Äußerungen der Wahlkommissare, wie „*wählt keinen Oppositionsmann*", auf die Gefahr hin, daß sich hierdurch eine gesetzeswidrige Praxis bilden könne, wenn man dem nicht entgegenwirke.[442] Aus diesem Grund forderte er, im Rahmen der Wahlprüfungen einer solchen Praxis konsequent entgegenzutreten. Die Kammer vereinigte sich schließlich durch die Anregung v. Rottecks darauf, zu Protokoll zu nehmen, daß der Wahlkommissar „*in Anwendung des § 71 der Wahlordnung nicht befugt sei, bei Auseinandersetzung der Eigenschaften, welche der zu Wählende haben soll, durch Beziehung von Ständen oder von Bezirken, aus welchen der Kandidat den Vorzug verdiene,*

---

[435] Verh. Baden 1833, 1. Heft, II. Prot. v. 22. Mai 1833, S. 62 f..
[436] So u.a. der Abg. Körner, Verh. Baden 1833, 1. Heft, II. Prot. v. 22. Mai 1833, S. 63, 73.
[437] Verh. Baden 1833, 1. Heft, II. Prot. v. 22. Mai 1833, S. 66. Der Abg. Gerbel trat der Auffassung von v. Rotteck bei und sah die Notwendigkeit einer Ungültigkeitserklärung allein darin, um für die Zukunft solche Anstände zu vermeiden. Verh Baden 1833, 1. Heft, II. Prot. v. 22. Mai 1833, S. 74.
[438] Lediglich vier Stimmen votierten gegen die Ungültigkeitserklärung.
[439] Verh. Baden 1833, 1. Heft, II. Prot. v. 22. Mai 1833, S. 76.
[440] Verh. Baden 1833, 3. Heft, XIII. Prot. v. 17. Juni 1833, S. 116.
[441] v. Rotteck erklärte, daß ihm von mehreren Wahlmännern in mündlicher Form Mitteilungen gemacht wurden, daß bei dieser Wahl der Wahlkommissar entgegen den Bestimmungen des § 71 der WahlO v. 23. Dezember 1818, „*sich Einflüsterungen erlaubt und verschiedene Andeutungen über die Person, welche zu wählen sei, oder welche nicht zu wählen sei, gemacht habe.*".
[442] Verh. Baden 1839, 1. Heft, I. Prot. v. 8. April 1839, S. 12.

noch durch andere auf bestimmte Kandidaten bezügliche Merkmale zu Gunsten oder zum Nachtheil des einen oder anderen Kandidaten mittelbar einzuwirken.".[443]
Die Mehrheit der Kammer und insbesondere die liberalen Kräfte erkannten die Gefahr für die Wahlfreiheit durch die Einwirkungen von Seiten der Wahlkommissare. Andererseits nutzten sie die Wahlprüfungen dazu, um sich dieser Einwirkungen zu erwehren. So führten während des gesamten Untersuchungszeitraums Einwirkungen von Seiten der landesherrlichen Wahlkommissare zu Beanstandungen der betroffenen Wahlen. Auf diese Weise wurde konsequent ein Mittel der Wahlmanipulation im Rahmen der Wahlprüfungen entschärft.
Neben der Einwirkung von Seiten der Wahlkommissare wandten sich die liberalen Kammermitglieder, und insbesondere v. Rotteck, im Rahmen der Wahlprüfungen konsequent gegen alle Einwirkungen auf die Freiheit der Wahlen von Seiten der Regierung. In diesen Fällen forderten sie durchweg die Ungültigkeit der entsprechenden Wahlen.[444]

---

[443] Verh. Baden 1839, 1. Heft, I. Prot. v. 8. April 1839, S. 13.

[444] Vgl. für weitere typische Wahlprüfungsfälle: So u.a. die Verhandlungen über die Beschwerde v. Rottecks im Jahre 1825 wegen Störungen der Wahlfreiheit (Verh. Baden 1825, 3. Heft, IX. Prot. v. 28. März 1825, Beil. Nr. 18, S. 479 ff.; Verh. Baden 1825, 3. Heft, X. Prot. v. 29. März 1825, S. 522 ff.). Des weiteren die Wahl des 17. Ämterwahlbezirks (Verh. Baden 1839, 1. Heft, I. Prot. v. 8. April 1839, S. 18 ff.) oder die Wahl im 28. Ämterwahlbezirk im Jahre 1839 (Verh. Baden 1839, 1. Heft, II. Prot. v. 9. April 1839, S. 33 ff.).

C. Die Wahlprüfung im Königreich Württemberg

I. Das Wahlrecht im Königreich Württemberg

Eine vollständige Darstellung des Systems der Wahlprüfung erfordert naturgemäß auch für das Königreich Württemberg zunächst die Darstellung der wesentlichen Bestimmungen und Abläufe des Wahlrechts. Aus diesem Grund sollen im Folgenden die für die Prüfung der Wahlen notwendigen Regeln und Abläufe in Bezug auf die Wahlen der Städte und Oberamtsbezirke[445] dargestellt werden, wobei technische Abläufe der Wahl zur zweiten württembergischen Kammer keine Berücksichtigung finden sollen. Für das Wahlverfahren im Königreich Württemberg war neben der Verfassungsurkunde vom 25. September 1819[446] (§§ 133-154), die *„Instruktion des Ministerium des Innern, wegen des Wahlgeschäfts für die nächste Ständeversammlung"* vom 6. Dezember 1819[447] ausschlaggebend.[448] In der Präambel der genannten Instruktion hieß es, daß diese nur *„provisorisch und bis zu Erlassung einer förmlichen Wahlordnung"* den Sinn habe, die Wahlrechtsbestimmungen der Verfassung zusammenzufassen und zu erläutern.[449] Es kam jedoch, trotz zahlreicher Versuche[450], nicht zu einem Erlaß einer Wahlordnung. Vielmehr blieben die Instruktionen, zwar mit einigen Zusätzen und Erläuterungen[451], bis zum Ende des Untersuchungszeitraums für das Wahlverfahren maßgebend.

[445] Obwohl die zweite württembergische Kammer (Kammer der Abgeordneten) neben den 63 Wahlrepräsentanten der Oberämter und den sieben der sog. *"guten"* Städte (Stuttgart, Tübingen, Ludwigsburg, Ellwangen, Ulm, Heilbronn und Reutlingen) aus 13 Mitgliedern des ritterschaftlichen Adels, den sechs protestantischen Generalsuperintendenten, dem Kanzler der Landesuniversität sowie drei Vertretern des katholischen Klerus bestand (§ 133 der Verf.-Urk. v. 25. September 1819), sind für die weitere Untersuchung allein die gewählten Abg. der Städte und Oberamtsbezirke von Interesse. Denn die Wahlen der ritterschaftlichen Abg. waren zum einen von geringer politischer Bedeutung, und waren daher in der Kammer im Rahmen der Wahlprüfung von untergeordneter Bedeutung. Im Rahmen des Untersuchungszeitraumes wurde lediglich eine Wahl eines ritterschaftlichen Abg. beanstandet. Zum anderen liegt dies daran, daß die letztgenannten Kammermitglieder nicht durch eine Wahl bestimmt wurden, sondern aufgrund ihres Amtes ein Sitz- und Stimmrecht in der Kammer besaßen, und daß sie als einzige Bedingung für ihre Legitimation das Einberufungsschreiben des Ministeriums des Innern vorzulegen hatten.

[446] im weiteren: Verf.-Urk. v. 25. September 1819.

[447] Im weiteren: Instr. v. 6. Dezember 1819.

[448] Für die Wahlen der ritterschaftlichen Abg. war die *„Instruktion des Ministerium des Innern, wegen der Wahl der Abgeordneten des ritterschaftlichen Adels für die nächste Ständeversammlung"* v. 12. Dezember 1819 ausschlaggebend.

[449] Bei dieser Instruktion handelte es sich um kein Gesetz, sondern um eine innerbehördliche Anweisung. Reg. Bl. im Auszuge 1819, S. 175.

[450] Vgl. hierzu: v. Mohl, Staatsrecht, S. 570 f.; Brandt, Parlamentarismus, S. 46-48.

[451] Durch Verfügungen vom 15. November 1831, 29. März 1833 und 3. November 1838 haben die genannten Instruktionen mehrere Zusätze und Erläuterungen erfahren.

1. Die Wahlfähigkeit

Die Grundlage des Wahlrechts bildete die Steuerleistung, d.h., daß nur die besteuerten Bürger einer Gemeinde urwahlberechtigt waren.[452] Hierbei verliehen jedoch nicht alle Steuern die Wahlfähigkeit. Die Verfassung selbst hatte die Frage offen gelassen. Erst die Instruktion v. 6. Dezember 1819 setzte verbindliche Regelungen fest. Zur Wahl befähigte demnach allein die „*im nächstvorhergegangenen Rechnungsjahre*" entrichtete „*ordentliche direkte Staatssteuer*" und nicht schon jede Leistung in Form "*indirekter Abgaben, außerordentlicher Steuern, Amts- und Gemeinde-Umlagen*".[453]
Ansonsten setzte die Verfassung für die Ausübung des aktiven Wahlrechts „*jeder Art*" diejenigen persönlichen Eigenschaften voraus, die der Abgeordnete selbst haben mußte[454], nur mit der Ausnahme, daß das Alter der Volljährigkeit[455] schon ausreichend war[456], denn für die letzteren galt über die bloße Volljährigkeit hinaus die Altersqualifikation von 30 Jahren.[457] Die Wahlberechtigung, und damit auch die Berechtigung zur Mitgliedschaft in der Ständeversammlung, war an vier Anforderungen geknüpft: das Bekenntnis zu einer der drei christlichen Konfessionen, die strafrechtliche Unbescholtenheit, die Solidität der häuslich-ökonomischen Verhältnisse und die rechtliche Selbstständigkeit.[458]
Von herausragender, insbesondere machtpolitischer Bedeutung, und damit auch dem „Mißbrauch" ausgesetzt, waren vor allem die Bestimmungen des § 135 Nr. 2 und Nr. 4 der Verf.-Urk. v. 25. September 1819. Nach § 135 Nr. 2 durfte ein Mitglied der Ständeversammlung „*weder in eine Criminaluntersuchung verflochten, noch durch ge-*

---

[452] § 137 der Verf.-Urk. v. 25. September 1819; § 10 der Instr. v. 6. Dezember 1819.
[453] §§ 10, 6 III der Instr. v. 6. Dezember 1819. Eine genaue Festlegung der ordentlichen Staatsabgaben erfolgte erst in der Instruktion v. 15.11.1831 in Art. 2, wonach dies nur die durch die Gemeinde für den Staat erhobene „*Grund-, Gefäll-, Häuser- und Gewerbesteuer*" war. Des weiteren bestimmte dieser Art. in Abs. II auch: „*Wer eine solche Steuer zwar im nächst vorhergegangenen Finanzjahr entrichtet, im Wahltermin selbst aber aufgehört hat, zu derselben beitragspflichtig zu seyn, kann weder Wahlmann seyn, noch bei der Wahl des letzten Drittheils der Wahlmänner eine Stimme abgeben.*".
[454] § 135 der Verf.-Urk. v. 25. September 1819.
[455] Die Volljährigkeit war ab einem Alter von 25 Jahren gegeben.
[456] § 142 der Verf.-Urk. v. 25. September 1819.
[457] §§ 134 II, 142 der Verf.-Urk. v. 25. September 1819.
[458] § 135 der Verf.-Urk. v. 25. September 1819.
§ 7 der Instr. v. 6. Dezember 1819 bestimmte:
„*Ausgeschlossen sind von der Ausübung des Wahlrechts:*
1)alle diejenigen, welche bei Berechnung der Zahl der Wahlmänner (§ 2) nicht berücksichtigt worden;
2)diejenigen Bürger, welche unter väterlicher Gewalt, persönlicher Vormundschaft oder Privat-Dienstherrschaft stehen;
3)diejenigen, welche im Gante befindlich, oder früher wegen selbstverschuldeten Gants bestraft worden sind; und endlich
4)diejenigen, welche durch gerichtliches Erkenntniß zur Dienst-Entsetzung, zur Zuchthaus- oder Festungsstrafe (nach den Bestimmungen der Verfassungs-Urkunde § 135) verurtheilt worden, in eine Criminal-Untersuchung verflochten, oder zu Folge derselben blos von der Instanz entbunden sind.".

richtliches Erkenntniß zur Dienstentsetzung, zur Festungsstrafe mit Zwang zu öffentlichen Arbeiten oder angemessener Beschäftigung, oder zum Zuchthause verurtheilt worden, oder wegen eines angeschuldigten Verbrechens blos von der Instanz entbunden[459] *seyn;*". § 135 Nr. 4 bestimmte, daß ein Mitglied der Ständeversammlung u.a. nicht „*unter Privat-Dienstherrschaft*" stehen durfte. Im Gegensatz zum aktiven Stimmrecht, welches auf gemeindliches Bürgerrecht und Staatssteuerleistung gegründet war, unterlag die Wählbarkeit zum Abgeordneten keinen weiteren Beschränkungen, als die genannten persönlichen Erfordernisse[460] mit Ausnahme der Beschränkung des § 146 der Verf.-Urk. v. 25. September 1819[461]. Hiernach "*können Staatsdiener nicht innerhalb des Bezirkes ihrer Amtsverwaltung, und Kirchendiener nicht innerhalb des Oberamtsbezirks, in welchem sie wohnen, gewählt werden, und eine anderwärts auf sie gefallene Wahl nur mit Genehmigung der ihnen vorgesetzten höchsten Behörde annehmen.*".[462]

2. Die Urwahl

Das Wahlmännerkollegium in Württemberg setzte sich aus zwei verschiedenen Klassen zusammen. So wurden bei der Bestellung der Wahlmänner einer Gemeinde ⅔ aus den „*Höchstbesteuerten*"[463] und das letzte Drittel aus den „*übrigen steuerpflichtigen Bürgern*" genommen.[464] Die Anzahl der Wahlmänner einer jeweiligen Gemeinde richtete sich grundsätzlich nach der Anzahl der Gemeindebürger in der Art, daß jede Gemeinde auf sieben Bürger einen Wahlmann stellte.[465] Für die Ermittlung des Wahlmännerkollegiums war die einzig zu Grunde gelegte Urkunde das Ortssteuerregister.[466] Die erste Klasse wurde durch den Orts- bzw. Gemeindevorsteher unter Mitwirkung des Steuereinbringers, des Obmanns des Bürgerausschusses und des Ratsschreibers nach der Größe der Steuer ermittelt.[467] Zwei Drittel der Wahlmänner bestanden daher grundsätzlich aus den Bürgern, „*welche im nächstvorhergegangenen Finanzjahre die höchste ordentliche directe Steuer, ..., an den Staat zu entrichten hatten.*".[468] Diese

---

[459] Dieses Rechtsinstitut besagte, daß ein Angeklagter, dessen Verfahren weder mit Verurteilung noch mit Freispruch endete, bis zur Erlangung neuer Beweismittel von der Untersuchung entbunden werden konnte.

[460] Diese in §§ 135, 134 II der Verf.-Urk. v. 25. September 1819 genannten Eigenschaften hatten aber bereits zum Zeitpunkt der Wahl vorzuliegen. Vgl. v. Mohl, Staatsrecht, S. 572.

[461] Bzgl. der Interpretation des § 146 Verf.-Urk. v. 25. September 1819, v. Sarwey, Staatsrecht, S. 168, Fn. 4.

[462] v. Mohl, Staatsrecht, S. 572, bezeichnete dies als eine reine Willkürvorschrift. Vgl. auch § 19 der Instr. v. 6. Dezember 1819.

[463] § 139 S. 1 der Verf.-Urk. v. 25. September 1819; § 4 S. 1 der Instr. v. 6. Dezember 1819.

[464] § 140 S. 1 der Verf.-Urk. v. 25. September 1819; § 4 S. 1 der Instr. v. 6. Dezember 1819.

[465] § 138 der Verf.-Urk. v. 25. September 1819; §§ 2, 3 Instr. v. 6. Dezember 1819. Bei der Anzahl der Gemeindebürger wurden Beisitzer, Ehrenbürger, Witwen und Minderjährige nicht mit einbegriffen. Grundsätzlich schwankte die Anzahl der Wahlmänner nach der Anzahl der Gemeindebürger des jeweiligen Bezirks zwischen 300-800.

[466] Kuhn, Handbuch, S. 298.

[467] § 139 der Verf.-Urk. v. 25. September 1819; § 6 I der Instr. v. 6. Dezember 1819.

[468] § 139 der Verf.-Urk. v. 25. September 1819. Die Instr. v. 6. Dezember 1819 konkretisierte in § 6 II, III welche Steuerpflichtigen als Höchstbesteuerte zu betrachten waren. Hiernach

Höchstbesteuerten wurde damit nicht zu Wahlmännern gewählt, sondern waren schon allein durch die Höhe ihres Steueranteils zur Abgeordnetenwahl berechtigt. Die so erstellte Liste der Wahlmänner erster Klasse war daraufhin der Gemeinde bekanntzugeben.[469] Ebenso sollte ein Termin zur Wahl der übrigen Wahlmänner bestimmt werden.[470] Das letzte Drittel der Wahlmänner wurde von den übrigen besteuerten Bürgern gewählt.[471] Die Leitung der Wahl der Wahlmänner zweiter Klasse erfolgte unter dem Vorsitz des Ortsvorstehers und den auch bereits bei der Ermittlung der Wahlmänner erster Klasse tätigen Personen.[472]
Der Ablauf der Urwahl verlief in der Art, daß jeder stimmberechtigte Bürger der Wahlkommission die Anzahl der Vorschläge zu unterbreiten hatte, die die Zahl der Wahlmänner der zweiten Klasse ausmachte, die die Gemeinde zu stellen hatte.[473] Dabei wurden die Stimmen „*einzeln (im Durchgang) abgegeben*".[474] Die Wahl selbst geschah durch relative Stimmenmehrheit, wobei zur Gültigkeit der Wahl die wirkliche Abstimmung von wenigstens zwei Dritteln der stimmberechtigten Bürger erforderlich war.[475]
Im Anschluß an die Wahl bestimmte die Verf.-Urk., daß eine Liste der Wahlmänner der Gemeinde bekannt gemacht werden mußte.[476] Sowohl die Vergabe als auch die Ausübung des Wahlrechts war damit äußerst komplex, so daß auch die Gemeindevorstände mit ihrer Anwendung durchweg überfordert waren.[477]

3. Die Abgeordnetenwahl

Die Abgeordnetenwahl[478], deren Termin vom Minister des Innern bestimmt wurde und meist im Abstand von einigen Wochen nach der Urwahl stattfand, hatte in der Amtsstadt zu erfolgen.[479] Die Leitung derselben oblag dem Oberamtmann unter Zuziehung

waren als Höchstbesteuerte diejenigen zu betrachten, „*welche im nächstvorhergegangenen Rechnungsjahre die höchste ordentliche direkte Staatssteuer, sey es aus eigenem oder aus nutznießlichem Vermögen, zur Orts-Steuer-Classe zu entrichten gehabt haben.*". Indirekte Abgaben, außerordentliche Steuern, Amts- und Gemeindeumlagen wurden nicht in die Berechnung aufgenommen.

469 Beschwerden über Auslassung aus der Liste oder Eintragung Unbefähigter waren bei dem Oberamt und von da aufwärts bis zum Geheimen Rat anzubringen. Vgl. Kuhn, Handbuch, S. 298.

470 § 8 der Instr. v. 6. Dezember 1819

471 § 140 S. 1 der Verf.-Urk. v. 25. September 1819; § 4 S.1 der Instr. v. 6. Dezember 1819.

472 § 140 S. 1 der Verf.-Urk. v. 25. September 1819; § 9 der Instr. v. 6. Dezember 1819.

473 § 11 I der Instr. v. 6. Dezember 1819.

474 § 140 S. 2 der Verf.-Urk. v. 25. September 1819; § 11 II der Instr. v. 6. Dezember 1819. Dies erfolgte in schriftlicher Form auf einem formlosen, eigenhändig ausgefüllten Blatt oder mündlich mit der Bestätigung der Unterschrift.

475 §§ 143 I, 144 I der Verf.-Urk. v. 25. September 1819; § 12 I der Instr. v. 6. Dezember 1819.

476 § 141 der Verf-Urk. v. 25. September 1819; § 12 II der Instr. v. 6. Dezember 1819.

477 So auch Brandt, Parlamentarismus, S. 41.

478 Alle 6 Jahre mußte eine neue Wahl der Abg. vorgenommen werden (§ 157 der Verf.-Urk. v. 25. September 1819).

479 § 150 der Verf.-Urk. v. 25. September 1819.

eines Ausschusses. Dieser Ausschuß mußte in den besagten Städten aus wenigstens vier Mitgliedern bestehen, die Mitglieder des Stadtrates und des Bürgerausschusses sein sollten, und des ordentlichen Aktuars des Stadtrates. In den Oberamtsbezirken sollte er aus vier Mitgliedern der Amtsversammlung sowie jeweils aus einem Mitglied des Bürgerausschusses der Oberamtsstadt und dem Lande, nebst dem Aktuar der Amtsversammlung, bestehen.[480] Die Mitglieder des genannten Ausschusses waren durch ihre genannte Funktion von der Wahl in ihrem Bezirk ausgeschlossen.[481] Ansonsten galten die allgemeinen Bedingungen der Wählbarkeit nach §§ 134, 135, 146, 147 der Verf.-Urk. v. 25. September 1819.[482] Hierbei hatten die Wahlmänner persönlich anwesend zu sein, und die Stimmabgabe mußte vor versammelter Wahlkommission mittels der Übergabe eines von jedem Wahlmann selbst geschriebenen oder wenigstens unterschriebenen Stimmzettels[483] erfolgen.[484] Die Abgabe der Stimme sollte wieder einzeln im Durchgang erfolgen.[485] Der Name des Wahlmannes und des von ihm gewählten Abgeordneten sollte durch den Oberamtmann in Gegenwart des Wahlmannes *„mit vernehmlicher Stimme ins Protokoll*" aufgenommen werden.[486] Schließlich wurde der Stimmzettel dem Protokoll noch als Beleg beigefügt. Auch bei der Abgeordnetenwahl entschied die relative Stimmenmehrheit. Bei identischer Stimmenanzahl gab das Alter des Gewählten den Ausschlag.[487] Grundsätzlich bedurfte es aber zur Gültigkeit der Wahl, daß wenigstens zwei Drittel sämtlicher Wahlmänner des Bezirks abgestimmt hatten. Darüber hinaus mußte der Gewählte wenigstens ein Drittel der abgegebenen Stimmen erhalten haben.[488]
Von besonderer Bedeutung für die Abgeordnetenwahl waren vor allem die §§ 25, 27 der Wahlinstruktion. Aufgrund der Tatsache, daß für eine gültige Wahl Voraussetzung war, daß wenigstens eine Abstimmung von ⅔ der Wahlmänner des Bezirks zustande kam, hatten die Oberbeamten nach § 25, falls sie während der Wahl feststellen sollten, daß diese Anzahl nicht erreicht werde, dafür Sorge zu tragen, daß die erforderliche Anzahl von zwei Dritteln der Wahlmänner zur Abstimmung erschien.

---

480 § 151 I der Verf-Urk. v. 25. September 1819; § 18 der Instr. v. 6. Dezember 1819.
481 § 151 II der Verf-Urk. v. 25. September 1819; § 19 I der Instr. v. 6. Dezember 1819.
482 § 19 II der Instr. v. 6. Dezember 1819.
483 Nach der Beil. Lit. A. der Instr. v. 6.12. 1819 hatte der Stimmzettel folgendermaßen auszusehen:
„Oberamt N.N.
oder Stadt N.N.
Gemeinde N.N.
Zu der heutigen Wahl eines Abgeordneten zur Stände-Versammlung gebe ich meine Stimme dem
N.N. zu N.N.
Kraft meiner eigenhändigen Unterschrift
den ten 18".
484 § 150 der Verf-Urk. v. 25. September 1819; § 20 der Instr. v. 6. Dezember 1819.
485 § 20 I der Instr. v. 6. Dezember 1819.
486 § 21 I der Instr. v. 6. Dezember 1819.
487 § 144 I, II der Verf.-Urk. v. 25. September 1819; § 24 II der Instr. v. 6. Dezember 1819.
488 §§ 143 I, 144 I der Verf.-Urk. v. 25. September 1819; § 24 III der Instr. v. 6. Dezember 1819.

Die Wahlfreiheit sollte durch § 27 I der Instr. v. 6. Dezember 1819 gewahrt werden. Sowohl dem Oberamtmann als auch allen anderen von Amts wegen bei den Wahlen anwesenden Personen war „*jede Störung oder Beschränkung der Stimmenfreiheit bei schwerer Ahnung verboten.*“.[489] Weiterhin bestimmte der § 27 in Abs. II der Instr. v. 6. Dezember 1819: „*Sollte ein Wahlmann auf ein gesetzlich unfähiges Individuum stimmen, so ist derselbe durch die Wahl-Commission hierüber zu belehren, im Falle des Beharrens aber dessen Stimme, so wie sie abgegeben ist, im Protokolle zu verzeichnen.*“. Weiter hieß es in § 27 IV der Instr. v. 6. Dezember 1819: „*Wenn die Wahl-Commission über die Fähigkeit des Gewählten im Zweifel ist, so ist demselben zwar eine Wahl-Urkunde auszufertigen, in dieser aber der gegen seine Person erhobene Anstand zu bemerken.*“.
Die „*Aufsicht auf die in der Verfassungs-Urkunde den Oberbeamten übertragene Leitung der Wahlen von Abgeordneten zur Stände-Versammlung..., und Oberaufsicht gegen unerlaubte Umtriebe in Beziehung auf die Wahlhandlung;*“ oblag nach der Instruktion für die Kreis-Regierung vom 21. Dezember 1819 den Kreisregierungen.[490]

Die Wahl endete damit, daß die Wahlkommission nach Auszählung der Stimmen und der Niederschrift des Ergebnisses dem gewählten Abgeordneten zu seiner Legitimation eine Urkunde aushändigte, welche mit der Unterschrift sämtlicher zur Leitung und Beurkundung der bei der Wahl anwesenden Personen ausgefertigt werden mußte.[491] Aufgrund der besonderen Bedeutung, als Grundlage für die spätere Mandatsprüfung, legte die Instruktion in § 30 genau den Inhalt der Wahlurkunde[492] fest: Neben dem Namen des Wahlbezirks, dem Tag und der Dauer des Wahlgeschäftes, der Anzahl sämtlicher Wahlmänner, der Anzahl der insgesamt abgegeben Stimmen und auch die Anzahl der Stimmen, die auf den Gewählten entfallen waren. Zur Person des Gewählten sollte die Urkunde den Namen, den Stand und den Wohnort enthalten. Weiterhin enthielt die Urkunde auch „*die Beurkundung, dass der Wahl-Commission kein Mangel an den gesetzlichen Eigenschaften eines Abgeordneten bekannt sey, oder die Bemerkung der gegen die Fähigkeit des Gewählten erhobenen Zweifel*“. Nachdem die Urkunde dem gewählten Abgeordneten ausgestellt wurde, hatte dieser die Urkunde unverzüglich an den Ständischen Ausschuß zu senden. Des weiteren mußten die Königlichen Oberämter über „*den Erfolg der Wahl, so wie über die sich dabei etwa ergebenden Anstände*“ dem Ministerium des Inneren zu berichten.[493]

4. Die Wahlperiode

Die Wahlperiode der zweiten württembergischen Kammer, welche aus insgesamt 93 Mitgliedern bestand, betrug für die in dieser Arbeit maßgeblichen sieben Abgeordneten der sog. „*guten*“ Städte und den 63 Abgeordneten der Oberämter, sechs Jahre.[494]

---

[489] Diese Bestimmung fand erst ihre konkretisierende Normierung in Art. 416 des Straf-Gesetzbuchs v. 1. März 1839.
[490] § 6 f. der Instruktion für die Kreis-Regierungen v. 21.12.1819.
[491] § 154 der Verf.-Urk. v. 25. September 1819; § 30 der Instr. v. 6. Dezember 1819.
[492] Vgl. das Formular einer Wahlurkunde: Anhang V.
[493] § 31 der Instr. v. 6. Dezember 1819.
[494] § 157 der Verf. Urk. v. 25. September 1819.

In Württemberg galt der Grundsatz der Integralerneuerung, so daß nach Ablauf dieser Wahlperiode alle Abgeordneten zugleich ihr Mandat verloren und generelle Landtagsneuwahlen erforderlich waren. Lediglich im Fall des Austritts eines gewählten Abgeordneten während dieses sechsjährigen Zeitraums, fand eine jeweilige Neuwahl statt[495], wobei diese Wahl nur so lange gültig war, bis die sechs Jahre seit der letzten Landtagswahl verflossen waren. Der König hatte alle drei Jahre einen Landtag einzuberufen[496], was wiederum der Laufzeit des Staatshaushaltes entsprach[497]. Ein Landtag endete wiederum durch Schließung (Entlassung) oder Auflösung durch den König.[498] Im Fall der Schließung wurde der Landtag beendet, und es mußte, wie auch im Großherzogtum Baden, für einen neuen Landtag eine besondere Einberufung und feierliche Eröffnung erfolgen, bei welcher die bisherigen Mitglieder wieder erschienen, wenn nicht indessen ihre Wahlperiode erloschen war. Im Fall der Auflösung erloschen alle auf Wahl beruhenden Landstandsschaftsrechte und generelle Landtagsneuwahlen und die damit einhergehende Integralerneuerung waren die Folge.[499]

II. Das normierte Wahlprüfungsrecht im Königreich Württemberg

Grundlage der Wahlprüfung im Königreich Württemberg bildeten die Bestimmungen der § 159 und § 160 der Verf.-Urk. v. 25. September 1819.

§ 159 lautete folgendermaßen:

“*Die Mitglieder beider Kammern haben sich vor Eröffnung des Landtages zu legitimiren, und zu dem Ende einige Tage vor dem in dem Einberufungsrescripte vorgeschriebenen Termine an dem bestimmten Orte der Versammlung sich einzufinden. Die Legitimation geschieht für den ersten künftigen Landtag auf die bisher übliche Weise*[500]*, in der Folge aber bei dem ständischen Ausschusse (§ 187) durch Vorlegung des Einberufungschreibens, welches in dem (§ 156) erwähnten Falle der Stimmübertragung mit der hierauf gerichteten Vollmacht begleitet seyn muß, und vermittelst der Wahlurkunde.*

Die zur Versammlung aufs neue gewählten Mitglieder des Ausschusses selbst werden zur Prüfung ihrer eigenen Legitimation durch die zuerst legitimirten Abgeordneten ersetzt.

Es hängt von dem Könige ab, zu dem Legitimationsgeschäfte Commissarien abzuordnen.”

Und § 160 der VU bestimmte weiter:

„*Die erste Kammer wird durch die Anwesendheit der Hälfte, die zweite Kammer durch das Erscheinen von zwei Drittheilen ihrer Glieder als vollständig besetzt angesehen.*

[495] § 158 der Verf.-Urk. v. 25. September 1819.
[496] § 127 der Verf.-Urk. v. 25. September 1819.
[497] Vgl. 112 der Verf.-Urk. v. 25. September 1819.
[498] Vgl. hinsichtlich der Folgen der Vertagung: Fn. 98.
[499] § 186 III der Verf.-Urk. v. 25. September 1819.
[500] Vgl. hierzu den Abschnitt: Das Recht der Legitimationsprüfung in der Zeit der verfassungsberatenden Ständeversammlungen bis 1819, S. 96 ff..

Der ständische Ausschuß hat am Tage vor dem in dem Einberufungsschreiben bestimmten Termine dem Geheimenrathe von dem Erfolge des Legitimationsgeschäftes Anzeige zu machen.
Der König wird hierauf, wenn jene Zahl durch solche Abgeordnete erfüllt ist, bei deren Legitimation sich kein Anstand gefunden hat, den Landtag in den für diesen Fall vereinigten Kammern eröffnen, wobei der vom Könige ernannte Präsident der ersten Kammer, oder, wenn noch keiner ernannt ist, derjenige, welcher es bei der vorigen Versammlung war, die Stelle des Vorstandes vertritt.
Die Legitimation der etwa später eintreffenden Mitglieder, so wie die Erledigung der noch übrigen Legitimationsanstände, geschieht bei der betreffenden Kammer. Das Resultat muß dem Geheimenrathe vorgelegt werden; auch ist der anderen Kammer davon Nachricht zu ertheilen.".

Diese genannten Bestimmungen stellten auch zunächst die einzigen Bestimmungen zum Geschäft der Wahlprüfung dar, ohne daß in der Geschäftsordnung der Kammer der Abgeordneten vom 23. Juni 1821[501] oder der Wahlinstruktion vom 6. Dezember diese Bestimmungen näher ausgestaltet wurden. Erst die Geschäftsordnung für die Kammer der Abgeordneten vom 26. Mai 1851[502] enthielt im I. Abschnitt „*Legitimation der Abgeordneten*" in den §§ 1, 2 weitere Bestimmungen über die Wahlprüfung. So bestimmte § 1: „*Die Mitglieder der Kammer der Abgeordneten sind, wenn nicht der ständische Ausschuß bei den Legitimationsprüfungen die Wahl beanstandet hat, als legitimirt zu erachten. Ueber die von dem ständischen Ausschusse oder erst nachträglich beanstandeten Wahlen hat die Versammlung nach vorausgegangener Prüfung der Wahlurkunde oder derjenigen Umstände, welche zu der Beanstandung Veranlassung gegeben haben, endgültig Beschluß zu fassen.*"
Weiterhin bestimmte § 2: „*Bei Wahlbeanstandungen ist bis zu der von der Versammlung darüber zu treffenden Entscheidung der Angefochtene, wenn er noch nicht für*

---

[501] In der Geschäftsordnung für die Kammer der Abgeordneten v. 23. Juni 1821 (im weiteren: GO v. 23. Juni 1821), welche auf einem regierungsseitigen Entwurf beruhte und von der Kammer beschlossen wurde, fanden sich keine weiteren Bestimmungen, die den Ablauf der Prüfung in der Kammer näher regelten. Die GO ordnete lediglich in § 2 S. 1 an, daß zu den ersten Geschäften in der neugewählten Kammer der Bericht des Ausschusses über die Legitimation der Mitglieder gehöre. Des weiteren bestimmte § 16 Nr. 3 der GO, daß bei Vorträgen über die Legitimation die Tagesordnung unterbrochen werden konnte, und legte fest, daß diese "*zu jeder Zeit den ersten Gegenstand der Tagesordnung ausmachen*". Diese GO v. 23. Juni 1821 galt nach dem Verlangen des Ministeriums des Innern nur als Provisorium mit der Folge, daß die Rechtskraft nach Ablauf der parlamentarischen Periode erlöschen sollte, d.h. somit im Jahre 1825. In den darauffolgenden Jahren wurde von Seiten der Regierung keine Bestätigung dieser GO mehr ausgesprochen. Die Kammer handhabte dennoch auf allen weiteren Landtagen diese „abgelaufenen" Normen. Dies war bedingt durch die Notwendigkeit, bestimmte Formen des parlamentarischen Lebens zu erhalten, ohne jedoch von der Rechtsverbindlichkeit auszugehen. Vgl. hierzu: v. Mohl, Staatsrecht, S. 698, Fn. 3.

[502] im weiteren: GO v. 26. Mai 1851. Diese GO, welche von der Kammer einseitig beschlossen wurde, und bis zum Ende des Untersuchungszeitraumes befolgt wurde, fand niemals die formelle Zustimmung der Staatsregierung.

legitimirt erklärt war, nicht berechtigt, an den Verhandlungen der Versammlung Theil zu nehmen; dazu berechtigt ist er dagegen, wenn seine Wahl erst nach bereits erfolgtem Eintritt angefochten wird. Die Entscheidung über Wahlbeanstandungen ist stets vorzugsweise zu beschleunigen.".[503]

III. Die Entstehungsgeschichte der §§ 159, 160 der Verfassungsurkunde v. 25. September 1819

Der Entstehung der württembergischen Verfassung gingen Verhandlungen von fast fünf Jahren unter zwei Fürsten voraus. Hierbei sind drei verschiedene Verfassungsentwürfe vorangegangen. Dreimal hatten die zu den Unterhandlungen eingeladenen Mitglieder der hierzu einberufenen Ständeversammlung gewechselt.[504] Das Ergebnis dieser Verhandlungen war eine Verfassung, die keine oktroyierte war, sondern eine "*freie Vereinbarung zwischen Herrn und Land, freudig und stolz von beiden Theilen eingegangen.*".[505]

Im Hinblick auf diese besonderen Umstände, die zur Entstehung der württembergischen Verf.-Urk. v. 25. September 1819 geführt hatten, erscheint die Entstehungsgeschichte besonders aufschlußreich. Dabei sind die Fragen von besonderem Interesse, welche Auffassung die Regierung, und welche Auffassung die Ständeversammlung von der Ausgestaltung des Rechts der Legitimationsprüfung hatte, sowie welchen Stellenwert die Bestimmung über die Legitimationsprüfung bei den Verhandlungen eingenommen hatte. Vor dem Hintergrund, daß es sich bei der württembergischen Verfassung um eine „vereinbarte" Verfassung handelte, stellte sich daher die Frage, ob gerade in dieser Verfassung das Recht der Legitimationsprüfung aus Sicht der Ständeversammlung besonders weit gefaßt wurde. Aus diesem Grund soll aber keinesfalls die Entstehungsgeschichte der württembergischen Verfassungsurkunde[506] nachgezeichnet werden. Vielmehr soll in diesem Zusammenhang nur auf die Entwicklung des Legitimationsrechts eingegangen werden.

1. Das Recht der Legitimationsprüfung in der Zeit der verfassungsberatenden Ständeversammlungen bis 1819

Bevor jedoch über die Ausgestaltung des Rechts der Legitimationsprüfung in den einzelnen Entwürfen und den sich hieran anschließenden Verhandlungen eingegangen

---

[503] Im weiteren bestimmte § 38 Nr. 3 der GO v. 26. Mai 1851, daß nach Eröffnung der Sitzungen im Anschluß an die Verlesung der Verzeichnisse der neu eingekommenen Anträge und Eingaben, der Miteilungen der Regierung, an dritter Stelle die Legitimationsfragen und die Beeidigung der neu eingetretenen Mitglieder erfolgen sollte.

[504] Mohl, Geschichte, S. 45.

[505] Mohl, Geschichte, S. 45; v. Blume, DJZ 1919, Sp. 716, 718; Grube, Landtag, S. 507.

[506] Vgl. zur Entstehungsgeschichte der württembergischen Verf.-Urk. v. 25. September 1819: v. Mohl, Staatsrecht, S. 30-46; Bitzer, Regierung, S. 11-17; Göz, Staatsrecht, S. 1-12; Gerner, Vorgeschichte; Ehrle, Volksvertretung I, S. 83-93; v. Treitschke, Geschichte II, S. 300-318; v. Blume, DJZ 1919, Sp. 716, 719; Press, Zeitschrift für württembergische Landesgeschichte 1983, S. 269-281; Cordes, Landtag, S.123-129; Brandt, Parlamentarismus, S. 24-32; Scherer, Württemberg, S. 784-790; Grube, Landtag, S. 489-505; Gaupp, Staatsrecht, S. 111 f.; Huber, Verfassungsgeschichte I, S. 331 ff.; Weis, Kontinuität, S. 348 f..

wird, stellt sich unweigerlich die Frage, wie das Legitimationsgeschäft in den bis zur endgültigen Annahme der Verfassung, d.h. in der unmittelbaren vorkonstitutionellen Zeit im Königreich Württemberg, stattgefundenen drei Ständeversammlungen ausgestaltet war.

Die entscheidenden Bestimmungen über den Ablauf der Legitimation fanden sich in der „*Bekanntmachung, das Eintreffen, die Legitimation, die Diäten und Reise-Kosten der Stände-Mitglieder betr.*“[507] vom 26. Februar 1815. Die auf den 15. März 1815 einberufenen Mitglieder der Ständeversammlung hatten sich am 10. bis 12. März in Stuttgart einzufinden und dann beim Minister des Innern zu melden. Hiernach galt folgende Regelung: Diejenigen, „*welche zu Folge eines persönlichen Rechts oder als Familien-Aelteste, oder vermöge ihres Amts zur Führung einer Virilstimme*“ berechtigt waren, hatten sich durch Vorlegung des „*Original-Einberufungs-Rescripts*“ zu legitimieren.[508] Diejenigen, „*welche von Fürstlichen, Gräflichen und adelichen Gutsbesitzern, und von Theilhabern an einer gemeinschaftlichen Stimme als Stimm-Vertreter aufgestellt worden sind, haben, neben den an ihre Mandanten ergangenen Convocations-Schreiben, die Urkunden vorzulegen, wodurch ihnen die Stimmführung übertragen worden ist.*“ Schließlich hatten sich die gewählten Repräsentanten der Oberamtsbezirke und der guten Städte durch die Vorlage der nach der Königlichen Verordnung vom 29. Januar 1815 vorgesehenen Zeugnisse[509] zu legitimieren. Hinsichtlich des Ablaufs der Legitimationsprüfung bestimmte die Bekanntmachung weiter, daß der Minister des Innern die Legitimationsurkunden in Empfang zu nehmen hatte und im Anschluß der Kommission, welche mit der Prüfung der Legitimationsurkunden betraut war, zu übergeben hatte. Diese Prüfungskommission bestand „*unter dem Vorsitz des Ministers des Innern, aus Königl. Räthen, mit Zuziehung des Erb-Reichs-Marschalls als Präsidenten der Landstände-Versammlung, oder dessen Stellvertreters, und 2 von denselben zu ernennenden Virilstimmführern, und einem Actuar.*“
Über die bei der Legitimationsprüfung „*vorkommenden Anstände*“ entschied die Kommission nach Maßgabe „*der vorliegenden organischen Bestimmungen*“[510]. Wenn

---

[507] Abgedruckt in: Reyscher, Sammlung, S. 297 f..

[508] Die als Familienälteste erscheinenden hatten darüber hinaus diese Tatsache noch zu belegen.

[509] Das „*General-Rescript, die Wahlen der Abgeordneten zur bevorstehenden Stände-Versammlung betr.*“[509] v. 29. Januar 1815 ordnete nach vollzogener Wahl in Abschn. III C. 2. an: „*Zur Legitimation des Repräsentanten bei der Stände-Versammlung wird demselben von dem Oberamtmanne und den übrigen Personen, welche der Wahl angewohnt haben, ein ungestempeltes Zeugniß ausgestellt, dass er durch relative Stimmen-Mehrheit gewählt sey. Es wird hierbei die Anzahl der Stimmen, welche auf ihn gefallen sind, und die Anzahl sämmtlicher Votanten bemerkt. Dieses Zeugniß muß ferner enthalten: das Jahr und den Tag der Geburt, worüber das Oberamt zuverläßige Erkundigung einzuziehen hat, den Stand und das Religions-Bekenntniß des Repräsentanten, und dessen Familien- und Vermögens-Verhältnisse im Allgemeinen.*“ (Reyscher, Sammlung, S. 291 ff.).

[510] Maßgeblich hierfür war das „*General-Rescript, die Wahlen der Abgeordneten zur bevorstehenden Stände-Versammlung betr.*“ v. 29. Januar 1815. Abgedruckt in: Reyscher, Sammlung, S. 291 ff..

die Kommission bei ihrer Prüfung den Einzelnen als legitimiert angesehen hatte, so gab sie *„die Urkunde den Producenten mit ihrem Vidit bezeichnet zurück, worauf diese als legitimirt anzusehen sind*“. Im Anschluß daran hatten sich die Legitimierten persönlich beim Präsidenten der Landstände-Versammlung zu melden. Von der vollzogenen Legitimation erstattete letztendlich der Minister des Innern dem König einen Bericht über die Legitimationsprüfung. Des weiteren erhielt ebenfalls die Ständeversammlung eine beglaubigte Abschrift des Legitimations-Protokolls. In Bezug auf die Legitimation der *„später eintretenden Repräsentanten*“ bestimmte die Bekanntmachung, daß diese bei der Ständeversammlung selbst zu erfolgen hatte.
Diese genannten Bestimmungen über die Legitimation galten schließlich bis zum Inkrafttreten der endgültigen Verfassung am 25. September 1819.[511]

In den verfassungsberatenden Ständeversammlungen lag das Recht der Legitimationsprüfung damit ausschließlich bei der Staatsregierung. Zwar oblag der Ständeversammlung das Recht der Legitimationsprüfung bei den *„später eintretenden Repräsentanten*“, jedoch beschäftigte sich das Legitimationskomitee auch mit eingehenden Protestationen gegen Abgeordnetenwahlen während der Periode der verfassungsgebenden Ständeversammlung, obwohl die Entscheidung hierüber, nach der *„Bekanntmachung, das Eintreffen, die Legitimation, die Diäten und Reise-Kosten der Stände-Mitglieder betr.*“[512] vom 26. Februar 1815 der Ständeversammlung selbst oblag. Das Legitimationskomitee prüfte die Eingaben gegen die Abgeordnetenwahlen und erstattete der Ständeversammlung hiernach Bericht davon.[513] Der Ständeversammlung oblag aber letztendlich die alleinige Entscheidung in der Legitimationssache.[514] Dieses Entscheidungsrecht ist der Ständeversammlung von Seiten der Regierung oder des Legitimationskomitees nie in Abrede gestellt worden. Vielmehr erklärte das Legitimationskomitee im Rahmen der Eingabe gegen die Wahl des Abg. Steinhauser, welche sowohl an die Ständeversammlung als auch an das Ministerium des Innern gerichtet war: *„Nun ist aber die Committée weit davon entfernt, den Grundsatz auszusprechen, daß Legitimationsgegenstände nach Eröffnung der Versammlung anderswo, als bey dieser verhandelt werden könnten, und insoferne die Reclamanten das Recht der hohen Versammlung, hierinnen zu entscheiden, mißkennen, kann nicht der Versammlung, sondern lediglich den Reclamanten selbst ein Präjudiz daraus erwachsen.*“.[515]
Daß den Ständeversammlungen das Recht der Legitimationsprüfung im Fall der später eintretenden Repräsentanten oblag, hatte wie bereits dargestellt, keineswegs zur Folge, daß dieses Recht zwischen der Regierung und der Ständeversammlung aufgeteilt wurde. Denn dieser Fall besaß nur ein äußerst geringes Gewicht. Ferner war aufgrund der

---

[511] Vgl. hierzu das *„Königliche Manifest, die Einberufung einer Stände-Versammlung betreffend*“ v. 10. Juni 1819. Abgedruckt in: Reyscher, Sammlung, S. 504, 506.

[512] Reg. Bl. 1815, S. 73; Reyscher, Sammlung, S. 297 f..

[513] Vgl. für die Berichterstattung u.a.: Verh. Württ. 1819, 45. Abt., 23. Prot v. 21. September 1819, Beil. Nr. 1, S. 5-10.

[514] Vgl. Verh. Württ. 1819, 45. Abt., 23. Prot. v. 21. September 1819, S. 4. In diesem typischen Fall genehmigte die Kammer die beiden Anträge des Legitimationskomitees in Bezug auf die Wahlen der Abg. Essich und Steinhauser.

[515] Vgl. Verh. Württ. 1819, 45. Abt., 23. Prot. v. 21. September 1819, Beil 1, S. 10.

geringen Politisierung die Anfechtung von Wahlen selten. Vielmehr sprachen organisatorische Gründe dafür, daß das Recht der Legitimationsprüfung in Bezug auf später eintretende Deputierte der Ständeversammlung übertragen wurde. Denn sonst hätte sich die Prüfungskommission für vereinzelte Fälle immer erneut zusammensetzen müssen.
Im Gegensatz zum Großherzogtum Baden war damit keineswegs der Grundsatz anerkannt, daß das Recht der Prüfung der Wahlen der Kammer zustand.

2. Das Recht der Legitimationsprüfung in den Verfassungsentwürfen
Die Ausgangslage in Württemberg war mit den anderen größeren süddeutschen Staaten identisch. Ebenso wie in Baden sollte der Erlaß einer Verfassung die in der Rheinbundzeit eingeleitete Staatsreform abschließend sichern.[516] Diese war auch notwendig und überfällig, da zwischen 1803 und 1805 Gebietserweiterungen um mehr als die Größe des vormaligen Herzogtums[517], und der damit verbundene Bevölkerungszuwachs[518], das Land von Grund auf verändert haben.[519] König Friedrich kam jedoch erst durch die Verhandlungen des Wiener Kongresses zu dem endgültigen Entschluß, Württemberg eine Verfassung auf dem Weg der Verfassungsoktroyierung zu geben.[520] Hierfür berief er einen gesamtwürttembergischen Landtag aus 125 Mitgliedern, in welchem die gewählten 71 Abgeordneten der Städte und Oberämter zusammen die Mehrheit bildeten.[521] Diesem am 15. März 1815 in Stuttgart eröffneten Landtag präsentierte der König die neue Verfassung[522] und proklamierte diese mit sofortiger Verbindlichkeit.[523]

---

[516] Vgl. u.a. Ehrle, Volksvertretung I, S. 83 ff.; Huber, Verfassungsgeschichte I, S. 331.
[517] Das Staatsgebiet wuchs von 9500 auf 19500 km2 an.
[518] Die Bevölkerung stieg von 1803-1810 von 650.000 auf 1.340.000 an.
[519] Die Notwendigkeit ergab sich insbesondere daraus, daß den Neuerwerbungen die elementare Staatsorganisation fehlte, und die meisten Gebiete ökonomisch darniederlagen. Göz, Verfassungsurkunde, S. 1; Stern, Staatsrecht V, 126 IV 3; v. Treitschke, Geschichte II, S. 300; Grube, Landtag, S. 489; Brandt, Parlamentarismus, S. 24; Weis, Kontinuität, S. 348.
[520] Nach Brandt, Parlamentarismus, S. 24 f., ließ König Friedrich gerade die Ablehnung seines autokratischen Regime, ihn dessen Legitimationsbedürftigkeit erkennen. Dies und die Heterogeität seines Staates ließ ihn zum Verfassungsgeber werden. Vgl. weiterhin: v. Mohl, Staatsrecht, S. 31; Stern, Staatsrecht V, 126 IV 3; Grube, Landtag, S. 490; Huber, Verfassungsgeschichte I, S. 331; Ehrle, Volksvertretung , S. 85; v. Treitschke, Geschichte II, S. 303.
[521] Neben den 64 Abg. der Oberämter und den sieben Abg. der Städte des Landes gehörten weiterhin 50 Abg. dem Adel und vier der Geistlichkeit an.
[522] Diese Verfassung entsprach durchaus der „Lehre von der konstitutionellen Monarchie". Vgl. v. Mohl, Staatsrecht, S. 31; Cordes, Landtag, S. 124; Ehrle, Volksvertretung I, S. 85 ff. mit einer kurzen Charakteristik dieser Verfassung. Vgl. insbesondere für die Hauptgrundzüge dieser Verfassung: v. Mohl, Staatsrecht, S. 36, Fn. 7.
[523] Scherer, Württemberg, S. 787; v. Treitschke, Geschichte II, S. 304; Press, Zeitschrift für württembergische Landesgeschichte 1983, S. 255, 272; Brandt, Parlamentarismus, S. 25; Grube, Landtag, S. 490; Ehrle, Volksvertretung I, S. 85; Cordes, Landtag, S. 124.

Im II. Abschnitt "*Von den allgemeinen Stände-Versammlungen*" der Verfassungsurkunde vom 15. März 1815[524] enthielt § 15 die Bestimmungen über die Legitimationsprüfung. Die wesentlichen Ausführungen dieser Vorschrift lauteten:

"*Sämmtliche zum erstenmal erscheinende Mitglieder der Stände-Versammlung haben sich vor einer unter dem Vorsitze des Ministers des Innern niedergesetzten Königl. Commission, zu welcher auch der Erbmarschall und zwei von diesem zu ernennende Virilstimmführer beizuziehen sind, zu legitimiren. ....*
Die gewählten Repräsentanten übergeben zu ihrer Legitimation die in der Königl. Verordnung vom 29. Jan. 1815 vorgeschriebenen Zeugnisse.
Die Legitimation der etwa später eintretenden Versammlungs-Mitglieder geschieht bei der Stände-Versammlung selbst.".[525]

Die Legitimationsbestimmung in der königlichen Verfassungsurkunde stimmte insbesondere auch im Hinblick auf die Prüfungsinstanz mit der Bestimmung über die Legitimationsprüfung in der „*Bekanntmachung, das Eintreffen, die Legitimation, die Diäten und Reise-Kosten der Stände-Mitglieder betr.*" vom 26. Februar 1815 überein.[526] Es blieb bei der Grundaussage, daß das Recht der Legitimationsprüfung der Staatsregierung oblag. Diese weitgehende Übereinstimmung liegt in der zeitlichen Nähe zwischen der Bekanntmachung vom 26. Februar 1815 und der Verfassungsurkunde vom 15. März 1815 begründet.

Diese genannte Bestimmung sowie die Verfassungsurkunde kamen nicht zum tragen. Denn es hatte sich schon im ganzen Land eine Opposition gebildet, und gemeinsam widersprachen Adel, Bürgertum und Alt- und Neuwürttemberger im Landtag dieser Verfassungsoktroyierung.[527] Die Stände stützten sich bei ihrer Ablehnung nicht auf moderne demokratisch-konstitutionelle Argumente, sondern auf Reminiszenzen an das altständische System.[528] Sie forderten eine als Vertrag zwischen König und Ständen ausgehandelte Verfassung, welche an das sog. „*alte Recht*" anknüpfen und lediglich einige zeitgemäße Modifikationen enthalten sollte.[529] Damit begann letztendlich der Verfassungskampf. Vor diesen Protesten des Landtags und der Unterstützung durch die Bevölkerung wich der König letztendlich zurück. Er erklärte sich am 16. April 1815 bereit mit vier Vertretern des Landtags über die Aufnahme von Einrichtungen

---

[524] Reg. Bl. 1815, S. 117 ff..
[525] vgl. Fricker, Verfassungs-Urkunde, S. 7.
[526] Mit der Ausnahme, daß in der Fassung der Königlichen Verf.-Urk. die Königlichen Räte nicht mehr in der Legitimationskommission vertreten waren.
[527] v. Mohl, Staatsrecht, S. 31 f.; v. Blume, DJZ 1919, Sp. 716, 717; Grube, Landtag, S. 491; Ehrle, Volksvertretung I, S. 87; v. Treitschke, Geschichte II, S. 304 f.; Press, Zeitschrift für württembergische Landesgeschichte 1983, S. 255, 273; Brandt, Parlamentarismus, S. 25 ff.; Scherer, Württemberg, S. 787.
[528] Press, Zeitschrift für württembergische Landesgeschichte 1983, S. 255, 273; Brandt, Parlamentarismus, S. 25 f.; Grube, Landtag, S. 491 ff.; Scherer, Württemberg, S. 787.
[529] v. Mohl, Staatsrecht, S. 32; Ehrle, Volksvertretung I, S. 87.

des alten Rechts in die Verfassung zu verhandeln.[530] Nach längeren ergebnislosen Auseinandersetzungen zwischen den Ständen und dem König[531] entließ dieser den Landtag[532]. Der Landtag hingegen rief jedoch, bevor er auseinander ging, durch einen Beschluß vom 26. Juli 1815 die Garanten des Erbvergleichs von 1770[533] mit der Bitte um Intervention an.[534] Durch die hierdurch bewirkten Umstände[535] lenkte der König erneut ein und berief am 15. Oktober 1815 den Landtag wieder zusammen.[536] Die neue Runde der Verhandlungen wurde damit eingeleitet, daß die Regierung den Ständen einen Verfassungsentwurf mit 14 Fundamentalpunkten vorlegte.[537] Die Stände betrachteten diesen jedoch als nicht hinreichend und führten einen Gegenentwurf in die Verhandlungen ein. Dieser ständische Verfassungsentwurf[538] von 1816 sah im VIII. Kapitel "*Von den Landständen*" in § 24 folgende Bestimmung über die Legitimationsprüfung vor:

„Die Mitglieder der Stände-Versammlung legitimiren sich Anfangs bei dem Ausschuß durch Vorlegung der Urkunden, welche ihren Repräsentativ-Charakter erweisen.

---

[530] v. Treitschke, Geschichte II, S. 305; Ehrle, Volksvertretung I, S. 88; Brandt, Parlamentarismus, S. 26; Grube, Landtag, S. 492 f.; Cordes, Landtag, S. 124.

[531] Grundlage dieser Auseinandersetzung war, daß die Versammlung dem König eine Liste von 6 Präliminarpunkten vorlegte. Gefordert wurden die landständische Steuerverwaltung und das Selbstbesteuerungsrecht der Stände, die Wiederherstellung des altwürttembergischen Kirchenguts, eine gleichmäßige Vertretung aller Untertanen, die Einsetzung eines permanenten ständischen Ausschusses, die Revision der seit 1806 erlassenen Gesetze und die Wiederherstellung der alten Freizügigkeit. Dies kam letztendlich dem Verlangen nach Wiederherstellung der altständischen Verfassung in allen Teilen nach. Friedrich I. lehnte aber grundsätzlich die Schaffung eines permanenten Ausschusses und die landständische Steuerverwaltung entschieden ab. Vgl. v. Blume, DJZ 1919, Sp. 716, 717; v. Treitschke, Geschichte II, S. 305; Cordes, Landtag, S. 124; Grube, Landtag, S. 493.

[532] Grube, Landtag, S. 494; Ehrle, Volksvertretung I, S. 88.

[533] In diesem im Jahre 1770 ratifizierten Erbvergleich garantierten Dänemark, Preußen und England-Hannover eine Regelung, die den Kaiser und seinen Reichshofrat zum Schiedsrichter zwischen Herzog und Ständen Württembergs machten. Vgl. weitergehend: Press, Zeitschrift für württembergische Landesgeschichte 1983, S. 255, 257.

[534] v. Treitschke, Geschichte II, S. 307; Ehrle, Volksvertretung I, S. 89, Fn. 174; Cordes, Landtag, S. 124; Press, Zeitschrift für württembergische Landesgeschichte 1983, S. 255, 273 f.; Brandt, Parlamentarismus, S. 26.

[535] Die drei Garantiemächte befreiten sich zwar aus dieser Verlegenheit, indem sie den Erbvergleich von 1770 als nicht mehr bestehend betrachteten. Dennoch mahnten die Könige von Preußen und von England den württembergischen König zur Verständigung mit den Ständen. Neben diesem Druck durch die Monarchien Preußens und Englands kam eine weit verbreitete Unruhe im Volk hinzu.

[536] Grube, Landtag, S. 495; Ehrle, Volksvertretung I, S. 88 f.

[537] Vgl. zusammenfassend die Hauptinhalte der 14 Art. in: v. Mohl, Staatsrecht, S. 38, Fn. 12. Dieser Entwurf gab den Landtagsforderungen teilweise nach, so in: gemeinsame Revision aller seit 1806 erlassenen Gesetze, unbeschränktes Steuerbewilligungsrecht und vieles mehr. Vgl. v. Treitschke, Geschichte II, S. 310 f.; Cordes, Landtag, S. 125; Brandt, Parlamentarismus, S. 27; Ehrle, Volksvertretung I, S. 89; Grube, Landtag, S. 497.

[538] Vgl. für die Hauptgrundsätze dieses Entwurfes: v. Mohl, Staatsrecht, S. 38 ff, Fn. 13.

Die Legitimation der etwa später eintretenden Versammlungs-Mitglieder geschieht bei der Stände-Versammlung selbst. Diese hat also auch über die Tüchtigkeit der Repräsentanten zu erkennen. Von Anstands-Fällen ist jedoch dem Staats-Ministerium eine Anzeige zu machen, und bis zu deren Erledigung muß die Stimme des angefochtenen Candidaten ruhen.".[539]
Der ständische Entwurf sah, im Gegensatz zu den bisherigen Bestimmungen über die Legitimationsprüfung, vor, daß dieses Recht dem Ausschuß und im Fall der nachträglichen Legitimation der Ständeversammlung[540] selbst zustand. Die Staatsregierung war nach diesem Entwurf nur insofern an der Legitimationsprüfung beteiligt, als sie in „Anstands-Fällen" unterrichtet werden sollte. Nach diesem Entwurf stand das Recht der Legitimationsprüfung demnach ausschließlich dem Ausschuß und der Ständeversammlung zu. Aufgrund der Tatsache, daß der Ausschuß nach § 55 S.1 des ständischen Verfassungsentwurfes „*so lange das ganze ständische Corps nicht beisammen ist, einen verjüngten Landtag*" bildet und „*ebenfalls einen Repräsentativ-Charakter*" besitzt, "*und alles, was von den Ständen überhaupt gilt, gilt auch von ihm.*", war dieser keine von der Ständeversammlung unabhängige Institution, sondern stellte eine „*fortdauernde Repräsentation*" [541] dar.[542] Folglich lag nach diesem Entwurf das Recht der Legitimationsprüfung ausschließlich in der Hand der Ständeversammlung. Das Recht der Wahlprüfung war für die Ständeversammlung damit von Beginn an von so großer Bedeutung, daß sie dieses Recht ausschließlich für sich reklamierten.
Dieser ständische Gegenentwurf führte wiederum zu endlosen Verhandlungen[543], wobei sich der Streit vorrangig um das von der Regierung vorgeschlagene Zweikammersystem rankte.[544] Letztendlich ist auch in diesen Verhandlungen, welche im Januar 1816 begannen und im Juli des selben Jahres beendet wurden, kein gemeinsamer Verfassungsentwurf hervorgegangen.[545]

Nach dem Tod König Friedrichs im Oktober 1816 ließ König Wilhelm I. einen neuen Verfassungsentwurf[546] fertigen.[547] Am 3. März 1817 trat der Landtag zusammen, um über diesen neuen Entwurf zu beraten. Der königliche Verfassungsentwurf von 1817 enthielt im Kapitel VIII. "*Von den Landständen*" in § 276 folgende Bestimmung in Bezug auf die Legitimationsprüfung:
"*Die Mitglieder der Stände-Versammlung legitimiren sich vor Eröffnung derselben bei einer hierzu besonders niedergesetzten Königl. Commission, welche jedes Mal auch den Ständevorstand beizuziehen hat. Die zu einer Stimmführung Berechtigten haben*

---

[539] Vgl. Fricker, Verfassungs-Urkunde, S. 45.
[540] Dieser Entwurf sah ein Ein-Kammer-System vor.
[541] § 48 S. 2 des ständischen Verfassungsentwurfes (1816).
[542] Dies verdeutlichte insbesondere die Zusammensetzung des Ausschusses. Vgl. § 49 des ständischen Verfassungsentwurfes (1816).
[543] v. Blume, DJZ 1919, Sp. 716, 717; v. Treitschke, Geschichte II, S. 311.
[544] Huber, Verfassungsgeschichte I, S. 333; Grube, Landtag, S. 498.
[545] Brandt, Parlamentarismus, S. 27; Cordes, Landtag, S. 125.
[546] Vgl. hierzu die wichtigsten Grundrisse zusammenfassend: v. Mohl, Staatsrecht, S. 44 ff., Fn. 2.
[547] v. Mohl, Staatsrecht, S. 40 f.; v. Blume, DJZ 1919, Sp. 716, 717; Grube, Landtag, S. 499.

hierbei die an sie erlassenen Einberufungs-Schreiben, die gewählten Stimm-Berechtigten aber die ihre Wahl erweisenden Urkunden vorzulegen.
Die Legitimation der etwa später eintretenden Mitglieder geschieht bei der Versammlung selbst. In beiden Fällen ist das Resultat dem Königlichen Geheimen Rathe vorzulegen. Ergibt sich bei einem ein Anstand, so ruht die Stimme desselben, bis die Entscheidung erfolgt ist.".[548]
Wie auch bei der Königlichen Verfassungsurkunde vom 15. März 1815 oblag das Recht der Legitimationsprüfung wieder einer Königl. Kommission, welche jedoch den Ständevorstand beizuziehen hatte.[549] Der Ständeversammlung selbst blieb lediglich das Recht, die während der Ständeversammlung auftretenden Legitimationen zu prüfen. Die Regierung wollte damit, ohne auf die Legitimationsbestimmungen des ständischen Entwurfes einzugehen, das Recht der Legitimationsprüfung in der Hand behalten und lediglich durch die Zuziehung des Ständevorstandes den Forderungen der Ständeversammlung entgegenkommen. Daß der Entwurf dieses Recht nicht wie im ständischen Verfassungsentwurf dem Ausschuß zuteilte, ist auch verständlich, schließlich weigerte sich der Landesherr gegen die Einführung eines permanenten Ausschusses in der Verfassung. Daß die Regierung jedoch ein selbständiges ständisches Prüfungsrecht negierte lag ohne Zweifel daran, daß sie versuchte, das Recht der Legitimationsprüfung als politisches Macht- und Steuerungsmittel für die Regierung zu erhalten.

Letztendlich verwarf der Landtag nach heftigem Streit am 2. Juni 1817 aber auch diesen Entwurf[550], der den ständischen Forderungen sehr entgegenkam. Dieser Entwurf ging jedoch auf die zwei Hauptforderungen der Landtagsmehrheit, die ständische Steuerverwaltung sowie den permanenten ständischen Ausschuß, nicht ein.[551] Nunmehr wiederholten sich die Vorgänge von 1815/16, denn der König löste den Landtag unverzüglich auf.
Zu neuen Verfassungsverhandlungen kam es daher erst am 10. Juni 1819 durch die königliche Anordnung von Neuwahlen. Am 13. Juli konstituierte sich die neuberufene Vertretung in Ludwigsburg.[552] Ferner wurde am darauffolgenden Tag eine gemeinsa-

---

548 vgl. Fricker, Verfassungs-Urkunde, S. 127.

549 In der Verf.-Urk. v. 15. März 1815 hieß es unter Hinzuziehung des „*Erbmarschall und zwei von diesem zu ernennende Virilstimmführer*".

550 Der Entwurf wurde mit 62 zu 42 Stimmen abgelehnt. Dieses Ergebnis zeigt jedoch sehr deutlich, daß eine nicht geringe Anzahl der Deputierten sich mit dem königlichen Entwurf im Einklang befand.

551 Ehrle, Volksvertretung I, S. 90; v. Treitschke, Geschichte II, S. 316 f.; Cordes, Landtag, S. 125; Press, Zeitschrift für württembergische Landesgeschichte 1983, S. 255, 275; Brandt, Parlamentarismus, S. 28 f.; Scherer, Württemberg, S. 789.

552 Hierfür nutzte König Wilhelm die veränderten Umstände zu seinen Gunsten aus, denn für die Opposition mußte der Klimawechsel, der die Karlsbader Beschlüsse herbeiführen sollte, den Kompromiß mit einem relativ liberalen König attraktiver machen. Auf der anderen Seite ließ das Aufkommen radikalerer Kräfte auch die Neigung der altständischen Kreise stärken, einen Kompromiß mit der Krone zu suchen. Hinzu kam, daß der Landtag durch massive Wahlbeeinflussung der Regierung überwiegend gouvernemental gesinnt war. Vgl. Ehrle,

me Kommission von Regierung und Landtag gewählt. Die Stände ernannten aus ihrer Mitte sieben Deputierte, welche gemeinschaftlich mit vier königlichen Kommissaren einen leicht modifizierten Entwurf der Regierung berieten.[553] In dem Bericht der ständischen Kommissionsmitglieder zu der von der gemeinschaftlichen Kommission ausgearbeiteten Verfassungs-Proposition von 1819 über das IX. Kapitel "*von den Land-Ständen*" kam es zu keiner vertieften Diskussion über den Bereich der Legitimationsprüfung, sondern es bestand über diese Bestimmungen vielmehr Konsens.[554] Des weiteren wurde die Regelung, daß der König zu dem Geschäft der Legitimationsprüfung Kommissarien abordnet, nicht in Frage gestellt, sondern als selbstverständlich angesehen, da "*der König, ehe er den Landtag eröffnet, überzeugt sein muß, er bestehe aus verfassungsmäßig abgeordneten Mitgliedern.*".[555]
Die anschließenden Plenarberatungen über die Vorlage der Kommission erfolgten dann vom 2.-23. September.[556] In diesen Plenarverhandlungen wurden die Bestimmungen über die Regelung der Legitimationsprüfung am 17. September ohne Widerspruch angenommen.[557]

Schließlich wurde am 23. September das Verfassungswerk[558] mit der bereits genannten Regelung in Bezug auf die Legitimationsprüfung von der Mehrheit angenommen und trat am 25. September 1819 in Kraft.[559]

Zusammenfassend betrachtet war die Staatsregierung demzufolge im Vergleich zum Großherzogtum Baden keineswegs von Anfang an bereit, das Geschäft der Legitimationsprüfung freiwillig aus der Hand zu gegeben. Vielmehr fand sich die Regierung erst bei der Ausarbeitung der letztendlichen Verfassungsurkunde bereit, die Legitimationsprüfung dem Ausschuß und damit den Ständen, zu übertragen.

Für das Königreich Württemberg stellt sich ebenfalls die Frage, weshalb die Staatsregierung letztendlich das machtpolitische Steuerungsmittel der Wahlprüfung aus der Hand gab. Wie im Großherzogtum Baden gibt auch in diesem Fall die Verfassung selbst eine Antwort auf diese Frage. Denn neben der Legitimationsprüfung standen der

---

Volksvertretung I, S. 91; Press, Zeitschrift für württembergische Landesgeschichte 1983, S. 255, 276 f.; Scherer, Württemberg, S. 790.

553 v. Mohl, Staatsrecht, S. 42; Scherer, Württemberg, S. 790; Grube, Landtag, S. 503; Cordes, Landtag, S. 126.

554 vgl. Fricker, Verfassungs-Urkunde, S. 195-199.

555 Vgl. den Kommissionsbericht über das IX. Kapitel der Verfassungsproposition: "*von den Land-Ständen*". Abgedruckt in: Fricker, Verfassungs-Urkunde, S. 198.

556 Brandt, Parlamentarismus, S. 30; Grube, Landtag, S. 504.

557 vgl. Fricker, Verfassungs-Urkunde, S. 440.

558 Nach Grube, Landtag, S. 505, trug die Verfassung die unverkennbaren Züge des Kompromisses zwischen altständischen Elementen der Herzogzeit und konstitutionellen Lehren des frühen 19. Jahrhunderts. Letztlich erfüllte das Verfassungswerk die alten ständischen Forderungen nach einem permanenten ständischen Ausschuß und einer starken Beteiligung der Stände am Finanzwesen.

559 Grube, Landtag, S. 504; Ehrle, Volksvertretung I, S. 92

Staatsregierung vielfältige andere Eingriffsmöglichkeiten zur Verfügung, um auf die Wahlen und die Zusammensetzung der Kammer einzuwirken.
Eine sehr bedeutende Möglichkeit im genannten Sinne stellte die sog. „Unbescholtenheitsregelung“ des § 135 Nr. 2 der Verf.-Urk. v. 25. September 1819 dar.[560] Diese Regelung räumte der Regierung allein bereits die Möglichkeit ein, durch die Einleitung einer Kriminaluntersuchung, ohne daß der Sachverhalt gerichtlich geprüft wurde, gegen mißliebige Abgeordnete vorzugehen. Der genannte Tatbestand war bereits in dem Fall erfüllt, wenn der Geheime Rat die Tatsache belegte, daß ein zuständiger Richter, zu einer Untersuchung wegen eines solchen Verbrechens erkannt hatte.[561] Für die Staatsregierung bestand mit dem verfassungsrechtlichen Instrument der „Unbescholtenheitsregelung“ des § 135 Nr. 2 die Möglichkeit, in zweifacher Hinsicht auf die Zusammensetzung der Kammer einzuwirken. Zum einen konnte im Vorfeld dem gewählten Abgeordneten die Verweigerung der notwendigen Legitimation herbeigeführt werden. Zum anderen konnte in Verbindung mit § 158 I Nr. 2 auch im nachhinein das Mandat entzogen werden. § 158 I Nr. 2 der Verf.-Urk. v. 25. September 1819 bestimmte, daß während der Wahlperiode der Austritt eines Mitglieds zu erfolgen hatte, wenn u.a. das Mitglied eine der in § 135 festgesetzten Eigenschaften verloren hatte. Selbst unbegründete Untersuchungen, deren Haltlosigkeit sich später ergab, führten den Mandatsverlust herbei. Letztlich konnte jeder der Staatsregierung mißliebige Abgeordnete angesichts der exekutiven Richterauswahl ohne weiteres über ein regierungsseitig veranlaßtes Strafverfahren „eliminiert“ werden.[562] Um die Tragweite dieser verfassungsrechtlichen Bestimmung zu erahnen, muß man sich vor Augen führen, daß auch bereits die bloße Verwicklung bzw. scheinbare Verwicklung in eine Strafverfolgung zur Annahme strafrechtlicher Bescholtenheit genügte. Durch dieses Mittel war es der Regierung ein Leichtes, die politische Arbeit einzelner Oppositionsabgeordneter in der Kammer zu unterbinden und sie damit politisch „unschädlich“ zu machen, denn ein Vorwand zur Einleitung einer Kriminaluntersuchung konnte schnell gefunden oder konstruiert werden. Wenn die Regierung sich demnach eines mißliebigen Abgeordneten entledigen wollte, so bedurfte es nur der Einleitung einer "*Criminal-Untersuchung*".[563] Auch wenn sie dies nicht in jedem Fall in die Tat umsetzte, so be-

---

[560] Hiernach durfte ein Mitglied der Kammer:
a) weder durch ein gerichtliches Erkenntnis zur Dienstentsagung, zur Festungsstrafe mit Zwang zu öffentlicher Arbeit oder zu einer Zuchthausstrafe verurteilt werden;
b) noch wegen eines angeschuldigten Verbrechens, welches mit einer der genannten Strafen belegt war, von der Instanz entbunden sein;
c) und noch nicht einmal in eine Kriminaluntersuchung wegen eines solchen Verbrechens verflochten sein.

[561] Selbst ein Rekurs hiergegen hob die Unfähigkeit Ständemitglied zu sein nicht auf. Vgl. hierzu: Kuhn, Handbuch, S. 289.

[562] v. Mohl, Lebenserinnerungen, S. 23, schrieb hierzu, daß gerade der Gerichtshof in Esslingen, zu dessen Zuständigkeit die politischen Prozesse in Stuttgart gehörten, mit Richtern besetzt war, welche der König bestimmte und „*zuweilen zu entschiedenen Ungerechtigkeiten gegen Missliebige missbrauchte*“.

[563] Der Fall List erlangte in diesem Zusammenhang große Berühmtheit. Als List, der bedeutenste deutsche Nationalökonom der frühliberalen Epoche, im Dezember 1820 ein Mandat als

Abg. der Stadt Reutlingen errang, wurde es zu vornehmlichsten Aufgabe der Regierung List politisch unschädlich zu machen.
Den Ausgangspunkt hierfür setzte List selbst. Als Abg. der Stadt Reutlingen hatte List eine Eingabe seiner Wähler verfaßt und verbreitet, die freiheitliche Forderungen und volkswirtschaftliche Pläne mit beißender Kritik an der gesamten Staatsverwaltung und des Beamtenregiments verband. List wurde als Verfasser und Verbreiter dieser Schrift einer schweren Beleidigung der gesamten Staatsdienerschaft beschuldigt (Verh. Württ. 1821, 2. Abt., Beil. Nr. 1 zum Prot. v. 21. Februar 182), S. 88 f.). Dieses Vorgehen brachte List letztlich ein Gerichtsverfahren wegen Beleidigung des Beamtenstandes ein. Um den Ausschluß Lists aus der Kammer zu fordern, und ihn damit endgültig ein agieren in der Kammer zu verwehren, zog die Staatsregierung den § 135 Nr. 2 i.V.m. § 158 der Verf.-Urk. v. 25. September 1819 heran (Verh. Württ. 1821, 1. Abt., 94. Prot. v. 6. Februar 1821, S. 5). Die Gefahr, die dieses Vorgehen der Regierung mit sich brachte, wurde sehr wohl von der Kammer erkannt. Alle fanden Lists Adresse unbesonnen und sträflich, aber zugleich erkannte man zu spät, daß bei der Beratung der Verfassung hier Wichtiges übersehen worden war. Denn nun konnte nach ihrem Wortlaut jedes Ständemitglied jederzeit durch eine noch so leichtfertig eingeleitete Kriminaluntersuchung seines Sitzes beraubt werden, daß alle Kammermitglieder in der gleichen Gefahr schwebten wie List. Der Abg. Kessler ging soweit, daß für ihn die Befolgung des Wunsches der Regierung, ein Mitglied auf Verdacht aus der Ständeversammlung auszuschließen, der Kammer nichts übrig bliebe, *„als den Leichenzug der Freiheit zu bilden.*“ (Verh. Württ. 1821, 1. Abt., 95. Prot. v. 7. Februar 1821, S. 14). Um dieser Gefahr entgegen zu wirken, versuchte die Kommissionsmehrheit, welche mit der Begutachtung dieser Frage betraut war, insbesondere mit einer einschränkenden Auslegung der Verfassung: Es wurde argumentiert, daß nach der Verfassung ein Verurteilter nur dann die Fähigkeit zum Ständemitglied verliere, *„wenn er zu Dienstentlassung, Festungsstrafe mit Zwang zu öffentlichen Arbeiten oder zu angemessener Beschäftigung verurteilt sei oder zum Zuchthaus*“. So dürfe ein in einer Kriminaluntersuchung Verflochtener nur in dem Fall aus der Ständeversammlung austreten, wenn eine Verurteilung zu einer dieser Strafen mit hoher Wahrscheinlichkeit eintrete. Die Staatsregierung ging auf diesen Einwand nicht näher ein und bestätigte lediglich, daß nach Ansicht des zuständigen Gerichts eine Verurteilung Lists mit hoher Wahrscheinlichkeit zu erwarten wäre. Es wurde des weiteren ein zweiter Einwand erhoben. Kern dieses Einwandes war die Auffassung, daß die Abg. nicht nach dem Wortlaut der Verfassung, sondern nach ihrem Geist zu entscheiden hätten. Des weiteren seien auch die Formen des gerichtlichen Verfahrens den Bestimmungen der Verfassung noch zu sehr *„entfremdet*“, so daß lediglich *„die moralische Ueberzeugung und der freye Blick der Mitglieder dieser Kammer entscheiden müsste, ob eine peinliche Untersuchung zu Begründung des Ausschusses vorliege.*“. Die Kommission wies eindeutig daraufhin, daß die Kammer unabhängig handeln müsse. Dies bedeutete, daß über den Ausschluß eines Mitglieds nicht der Gerichtshof zu entscheiden hätte, sondern ausschließlich die Kammer. Sie verwahrten sich auch gegen die Behauptung, daß der Ausschluß eines Mitgliedes durch das Gesetz selbst erfolge (ipso jure), sobald der Gerichtshof eine Kriminaluntersuchung verfügt habe. Bei der Beschlussfassung selbst hätten sich die Mitglieder lediglich an den Sinn der Verfassung und an ihre moralische Überzeugung zu halten, da eine andere Norm nicht vorhanden wäre. Sie stellte abschließend den Antrag, *„daß die Kammer dermal weder dem Ausschlusse noch der Suspension des Abg. List statt gebe, und von dieser Entschließung unter Anführung der Gründe die Regierung in Kenntniß setze.*“ (Verh. Württ. 1821, 2. Abt., Beil. Nr. 1 zum Prot. v. 21. Februar 1821, S. 86-97). Vgl. ebenfalls den Bericht der Minorität der Kommission, welche die gegenteilige Auffassung vertrat (Verh. Württ. 1821, 2. Abt., Beil. Nr. 3 zum Prot. v. 21. Februar 1821, Beil. LXXI b., S. 98-105). In der

stand allein durch die Möglichkeit, sich dieses Instrumentes zu bedienen eine Beeinträchtigung der Unabhängigkeit des Mandats. Zusammenfassend läßt sich damit festhalten, daß die württembergische Verfassungsurkunde mit § 135 Nr. 2 der Staatsregie-

---

nachfolgenden Debatte zeigte sich die Kammer gespalten. Auf der einen Seite wurde vertreten, daß nichts anderes für das Vorhandensein einer Kriminaluntersuchung sprechen würde, als die Erklärung des zuständigen Richters. Es dürfe daher nicht von der Willkür der Kammer abhängen, ob nach gerichtlich erkannter Kriminaluntersuchung das Dasein derselben die Kammer wolle oder nicht. Es wäre auch unbedeutend aus welcher Veranlassung das Erkenntnis ergangen war, es wäre ausreichend, daß ein von einem Gericht förmlich eröffnetes Erkenntnis über die Fortsetzung der Kriminaluntersuchung vorläge (So insb. der Abg. Bolley, Verh. Württ. 1821, 2. Abt., 104. Prot. v. 24. Februar 1821, S. 108 f.). Von der anderen Seite wurde angeführt, daß nur weil ein Gerichtshof entschieden hätte, daß ein Abg. in eine Kriminaluntersuchung verflochten wäre, die Kammer den Abg. deswegen nicht ausschließen könnte. Die Folge hiervon wäre, daß wegen *„eines jeden elenden Polizey-Vergehens könnte ein Mitglied der Kammer nach dem Buchstaben des §135 der Verfassung aus der Kammer gestossen werden, z. B. wenn es bloß ein Glas Wasser zum Fenster hinausgeschüttet hätte.*“. Somit wäre es bereits ausreichend, daß ein Gerichtshof mit Recht oder Unrecht bloß zu erklären bräuchte, daß eine Kriminaluntersuchung gegen das Mitglied verhängt worden sei. Wenn es der Kammer zugemutet werden sollte eines ihrer Mitglieder auszuschließen, so müßte sie auch das Recht haben, vorher zu untersuchen, ob derselbe es auch wirklich verdiene, ausgeschlossen zu werden (So insb. der Abg. Griesinger, Verh. Württ. 1821, 2. Abt., 104. Prot. v. 24. Februar 1821, S. 118 f.).

Es wurde vor allem von liberalen Mitgliedern der Kammer eindringlich darauf hingewiesen, daß es von jedem Oberamts-Richter durch Verhängung einer Untersuchung abhinge, welche dieser als kriminell bezeichne, Einfluß auf die Zusammensetzung der Repräsentation zu nehmen. Dies widerspreche jedoch dem Geist der Verfassung und dem Zweck der Repräsentation (So der Abg. Schott, Verh. Württ. 1821, 2. Abt., 104. Prot. v. 24. Februar 1821, S. 123 ff.). Im Ergebnis wurde jedoch mit 56 gegen 36 Stimmen der Austritt des Abg. List aus der Kammer beschlossen. Des weiteren faßte die Kammer, mit 50 gegen 36 Stimmen, noch den Beschluß, daß der Abg. List das Recht habe wieder in die Kammer einzutreten, falls der Oberrichter die Kriminaluntersuchung nicht für begründet erklären würde (Verh. Württ. 1821, 2. Abt., 104. Prot. v. 24. Februar 1821, S. 144 ff.). Schließlich wurde List zu einer 10 monatigen Festungsstrafe mit angemessener Beschäftigung innerhalb der Festung verurteilt. Siehe auch zum Fall List: Brandt, Parlamentarismus, S. 484 ff.; Ehrle, Volksvertretung II, S. 509 f; v. Mohl, Geschichte, S. 92; Adam, Jahrhundert, S. 10 ff.; Cordes, Landtag, S. 132; Huber, Verfassungsgeschichte I, S. 384 ff.. Zwar nutzte die Regierung die Unbescholtenheitsregelung während des Untersuchungszeitraumes nicht mehr in dieser äußerst machtpolitischen Weise, jedoch kam es noch zu zwei weiteren Fällen in diesem Zusammenhang. So ging im Jahre 1823 dem Ausschuß eine Mitteilung des Geheimen Rats zu, daß der Kriminalsenat des Gerichtshof für den Jartkreis gegen den Abg. des Oberamtsbezirks Ellwangen, Waizmann, ein Erkenntnis gefällt hatte, wonach dieser der *„angeschuldigten Fälschung mehrerer Rechnungen für überwiesen und zur Cassation verurtheilt*“ wurde. Auch wenn dieses Erkenntnis eine geringfügige Abänderung erfuhr, so wurde aufgrund der §§ 158, 135 der Verf.-Urk. v. 25. September 1819 der Austritt des Abg. festgestellt und durch das Ministerium des Inneren eine neue Wahl vorgenommen (Verh. Württ. 1823, Außerordentliches Beil.-Heft. Enthaltend den Rechenschaftsbericht des ständischen Ausschusses an die Ständeversammlung, S. 19). So auch im Jahre 1838 in Bezug auf den Abg. des Oberamtsbezirks Marbach (Verh. Württ. 1838, 1. Bd., 1. Prot. v. 17. Januar 1838, S. 4 f.).

rung ein beständiges Druckmittel gegen oppositionelle Kandidaten und Abgeordnete verschaffte.
Zum anderen bot das Urlaubsverweigerungsrecht[564] der Regierung ein wirksames Mittel um gegen oppositionelle Abgeordnete, welche zugleich Beamte waren, vorzugehen.[565] Die Möglichkeit der Urlaubsverweigerung stand der Regierung nach § 146 I 2 a.E. der Verf.-Urk. v. 25. September 1819 auch ausdrücklich zu.[566] Inwiefern die Staatsregierung jedoch diese Regelung der Verfassung zur Durchsetzung ihrer Machtinteressen benutzte, belegt eindeutig die Beschreibung von Adam[567]: „*Sie verweigerte den Urlaub nicht wegen dienstlicher Unabkömmlichkeit, sondern stets nur wegen politischer Gesinnung*“. Es kam aber auch durchaus vor, daß dieses Mittel seine aus der Sicht der Regierung gewünschte Sicht verfehlte, indem Beamte ihre Ämter zugunsten ihrer Mandate niederlegten.[568]

Neben der Möglichkeit der Urlaubsverweigerung bestand für die Regierung weiterhin die Möglichkeit, im Vorfeld der Wahlen in Bezug auf die für den Landtag kandidierenden Beamten in Form von Entlassungen, Versetzungen oder dienstlicher Degradierung disziplinierend einzugreifen.[569] In diesem Zusammenhang ist insbesondere noch die Bewerbung Robert v. Mohl um ein Mandat zu nennen. Die Regierung griff hierbei zu allen Mitteln die ihr zur Verfügung standen, um ein Mandat v. Mohls zu verhindern. So wurde v. Mohl u.a. nach seiner ersten erfolglosen Wahl[570] als Kandidat im Balingen im Herbst 1845, von seiner Professur abberufen und zum Regierungsrat bei der Kreisregierung Ulm ernannt und damit zum Provinzbeamten degradiert.[571] Diese

---

564 Vgl. zum Urlaubsverweigerungsrecht: Haering, Zeitschrift für württembergische Landesgeschichte 1937, S. 446, 452; Scherer, Württemberg, S. 799; Grube, Landtag, S. 517; Adam, Jahrhundert, S. 54; Cordes, Landtag, S. 134.

565 Im Jahre 1851, in dem die Wahlen für die Regierung kein Akt der Verfassungsroutine, sondern ein politisches Prestigeunternehmen waren, wurde nach den Wahlen das Mittel der Urlaubsverweigerung rigoros genutzt, so daß allein 1851 vier Beamten der erforderliche Urlaub für den Eintritt in den Landtag verwehrt wurde. Vgl. Brandt, Parlamentarismus, S. 149 f.; Adam, Jahrhundert, S. 113.

566 So bestimmte § 146 I 2 a.E. der Verf.-Urk. v. 25. September 1819, daß Staatsdiener die auf sie gefallene Wahl nur mit Genehmigung der ihnen vorgesetzten höchsten Behörde annehmen dürften.

567 Adam, Jahrhundert, S. 54.

568 Zu nennen ist in diesem Zusammenhang insbesondere Uhland, dem die Regierung den erforderlichen Urlaub für den 2. Landtag des Jahres 1833 verweigerte, und der daraufhin seine Professur in Tübingen niederlegte. Vgl. Scherer, Württemberg, S. 799.

569 So wurde z. B. Reyscher strafweise von der Universität zu einer Kreisregierung versetzt. Vgl. Brandt, Parlamentarismus, S. 149; Adam, Jahrhundert, S. 113.

570 Daß diese Wahl für v. Mohl mit einer Niederlage endete, lag insbesondere daran, daß dieser einen Brief an seinen örtlichen Gewährsmann, den Rechtskonsulenten Nagel schrieb, indem er sich als scharfer und auch fortschrittlicher Kritiker der politischen Verhältnisse in Württemberg beweisen wollte, und dadurch die Regierung und den König verärgerte.

571 v. Mohl, Lebenserinnerungen, S. 6; Brandt, Parlamentarismus, S. 142 ff..

dienstliche Degradierung sollte v. Mohl gerade davon abbringen, sich weiter um ein Mandat für den Stuttgarter Landtag zu bewerben.[572]
Letztendlich besaß der Landesherr als letztes Mittel um sich einer mißliebigen Kammer zu entledigen, die Möglichkeit der Kammerauflösung.[573] Brandt[574] bezeichnet die Möglichkeit der Kammerauflösung auch zutreffend als "*stille Reserve*" der Regierungspolitik. Hierneben spielte auch das ausschließliche Recht des Königs zur Einberufung[575] eine machtpolitisch bedeutende Rolle.[576]
Von herausragender Bedeutung war, über die genannten einzelnen Eingriffsmöglichkeiten hinaus, die Art der Stimmabgabe[577] und die Tatsache, daß die Wahlen unter der Oberaufsicht der Staatsregierung standen.
Die Wahlleitung bei den Urwahlen wurde den Ortsvorständen[578], und die Leitung der entscheidenden Abgeordnetenwahlen der zuständigen Regionalbehörde[579] überlassen, so daß die Staatsregierung eine direkte Kontrolle über die Bestellung des Großteils der Abgeordneten inne hatte und diese Tatsache auch nutzte, um auf die Wahlen in ihrem Sinne einzuwirken.

Neben dem Mittel der Wahlprüfung gab es für die Regierung noch andere äußerst wirksame Möglichkeiten, auf die Wahlen und die Zusammensetzung der Kammer einzuwirken. Vor allem diese Tatsache machte es der Regierung möglich, das Recht der Wahlprüfung der Kammer zu übertragen, ohne den Einfluß auf die Zusammensetzung und damit auf die Politik der Kammer zu verlieren.

---

[572] Diese Maßnahme der Staatsregierung hatte aber dennoch nicht die gewünschte Wirkung, denn v. Mohl verlangte daraufhin seine Entlassung aus dem Staatsdienst.
[573] § 186 II der Verf.-Urk. v. 25. September 1819. Neben dem ersten Landtag des Jahres 1833 wurde auch der Landtag im August 1855 aufgelöst, um den Konflikt mit der liberal-demokratischen Kammermehrheit zu beenden. Vgl. zu der Möglichkeit der Kammerauflösung: v. Mohl, Staatsrecht, S. 592 ff; Kuhn, Handbuch, S. 290.
[574] Brandt, Parlamentarismus, S. 539.
[575] § 186 I der Verf.-Urk. v. 25. September 1819.
[576] Am 15. Januar 1832 erlosch das Mandat des alten, 1825 gewählten Landtags. Obwohl der nachfolgende Landtag bereitstand, schob die Regierung, da der Haushalt bis 1833 Bestand hatte, die Einberufung ein ganzes Jahr hinaus. Durch diese Maßnahme versuchte die Regierung die gewachsene Macht der Liberalen politisch einzudämmen. Vgl. Brandt, Parlamentarismus, S. 253.
[577] Die Wahlen wurden durch unterschriebene oder mit beglaubigten Handzeichen versehenen Wahlzetteln vorgenommen, welche der Wahlkommission von dem Wahlmann übergeben, und deren Inhalt in das Wahlprotokoll verzeichnet wurde. Welcher Missbrauch z.b. hierdurch möglich war schilderte v. Mohl, Erfahrungen, S. 216 f., folgendermaßen: "*Einer Seits geschieht es keineswegs selten, das gewaltthätige Schultheissen, als Werber für einen bestimmten Kandidaten, schon bei dem Vertheilen und Schreiben der Zettel weitgehenden Einfluss ausüben, ja dass sie die unterschriebenen Zettel unter dem Vorwande der sicherern Aufbewahrung bei der Hand behalten, dadurch aber eine spätere Aenderung von Seiten des Wahlmannes erschweren.*".
[578] § 140 i.V.m. § 139 der Verf.-Urk. v. 25. September 1819.
[579] § 151 der Verf.-Urk. v. 25. September 1819.

IV. Die Wahlprüfung in der zweiten Kammer in Jahren 1820-1866

1. Terminologie

In Bezug auf die württembergische Wahlprüfungsterminologie zeigte sich hinsichtlich des normierten Wahlprüfungsrechts ein einheitliches Bild. Die Verf.-Urk. v. 25. September 1819 sprach sowohl in § 159 und in § 160 von der „*Legitimation*" und vom „*Legitimationsgeschäft*". Auch die GO vom 23. Juni 1821 sprach in § 2 S. 1 von der „*Legitimation*", desgleichen die GO vom 26. Mai 1851, bei welcher der erste Abschnitt mit „*Legitimation der Abgeordneten*" überschrieben war.
Auch die zeitgenössische Staatsrechtsliteratur schloß sich dieser Terminologie an. So benutzte der bedeutendste Staatsrechtslehrer v. Mohl ebenfalls die Begrifflichkeit der „*Legitimation*".[580] Kuhn benutzte zwar ebenfalls die Begrifflichkeit der „*Legitimation*"[581], sprach aber auch von der „*Prüfung der Wahlen*"[582]. Sowohl von der Verfassung, der Geschäftsordnung als auch von der zeitgenössischen Staatsrechtslehre wurde die Begrifflichkeit der Legitimation grundsätzlich als Oberbegriff verwandt.
In der Prüfungspraxis zeigte sich ebenfalls ein identisches Bild. Die Kommission in der Kammer der Landtage, welche die Wahlurkunden[583] prüfte, nannte sich „*Legitimationskommission*" und der Bericht, den sie der Kammer hierüber erstattete, nannte sich „*Legitimationsbericht*".
Lediglich in den Antrags- und Entscheidungsformeln wurden unterschiedliche Begrifflichkeiten verwendet. In Fällen, in denen unabhängig von der Legitimationsurkunde Anstände in Bezug auf die Wahl auftraten, und daher diese nicht aufrecht erhalten werden konnten, sprach man von der Ungültigkeit der Wahl.[584] In den Fällen, in denen sich Anstände in Bezug auf die Erfordernisse des Abgeordneten aus der Legitimationsurkunde ergaben, wurde von der Nichtberechtigung der Legitimation gesprochen. Die genannte Unterscheidung wird insbesondere durch den Bericht des ständischen Ausschusses auf dem ersten Landtag des Jahres 1833 deutlich.[585] Der Ausschluß erklärte mehrere Abgeordnete zum Eintritt in die Kammer für „*nicht befähigt*", da sie nicht die nach § 135 der Verf.-Urk. v. 25. September 1819 erforderlichen Eigenschaften besäßen. In einem anderen Fall erklärte der Ausschuß eine Wahl für „*ungültig*", da bei der Wahl die Vorschrift des § 147 der Verf.-Urk. v. 25. September 1819 nicht eingehalten wurde.

---

580 Vgl. v. Mohl, Staatsrecht, S. 547 ff, 709, 753. Scholl, Verständigung, S. 139 f., definierte die Legitimation als das Verfahren, „*wodurch die Abgeordneten vor ihrem Eintritt in die Stände-Versammlung sich als deren rechtmäßige Mitglieder ausweisen und als solche anerkannt werden.*".

581 Kuhn, Handbuch, S. 353.

582 Kuhn, Handbuch, S. 294.

583 Neben dem Begriff der Wahlurkunde wurde auch der Begriff der „*Legitimationsurkunde*" gleichbedeutend verwendet (Verh. Württ. 1851, 1. Bd., 11. Prot. v. 28. Mai 1851, S. 135).

584 Die häufigsten Fälle waren die, in denen bei der Wahl unberechtigte Stimmen abgegeben wurden, und dadurch der Wahlausgang zweifelhaft war (vgl. u.a. Verh. Württ. 1845, 9. Bd., 2. Beil.-Heft, S. 4; Verh. Württ. 1845, 9. Bd., 2. Beil.-Heft, S. 246).

585 Vgl. hierzu: Verh. Württ. auf dem ersten Landtage von 1833, 1. Bd., Beil. 1 zum Prot. v. 16. Januar 1833, S. 16 f..

In den Fällen, in denen es keinen Grund zu einer Beanstandung gab, wurden die Begrifflichkeiten „*Legitimation*" und „*Gültigkeit der Wahl*" wiederum gleichbedeutend verwandt.[586] Dies wird insbesondere im Fall der folgenden Wahl deutlich, bei der der Antrag der Kommission dahin ging „ *den ... für legitimirt zu betrachten*" und Abstimmungsfrage des Präsidenten in diesem Fall lautete: „*Sie haben gehört, daß die Legitimationscommission darauf anträgt, die Wahl des ... für gültig zu erklären.*".[587]
In der Wahlprüfungspraxis zeigten sich noch andere als die genannten Begrifflichkeiten. So gab es auch die Unterscheidung zwischen „*als unbedingt legitimirt*"[588] und für „*vorläufig als legitimirt zu erklären*".[589] Neben der „Legitimation" bzw. der seltener benutzten, aber zutreffenderen Begrifflichkeit der „unbedingten" Legitimation gab es auch eine nur „vorläufige" Legitimierung, welche unter einer auflösenden Bedingung stand. Neben der Begrifflichkeit: „*vorläufig für legitimirt*"[590] gab es auch den Begriff „*als provisorisch legitimirt*"[591], welche gleichbedeutend verwendet wurden.

2. Rechtsnatur

Für die Klärung der Rechtsnatur der Prüfung der Wahlen geben weder die Verfassung noch sonstige Bestimmungen Anhaltspunkte. Somit blieb lediglich die Betrachtung der Prüfungspraxis der zweiten Kammer für die Ermittlung der Rechtsnatur übrig. Hierbei war zunächst zwischen der Tätigkeit des Ausschusses und der Legitimationskommission bei der Prüfung der Wahlurkunde auf ihre Form hin auf der einen Seite, sowie der Prüfung im Falle eines Anstandes durch die Kammer auf der anderen Seite zu differenzieren. Die Prüfung des Ausschusses und der Legitimationskommission in den Fäl-

---

586 So wurde auch in den Berichten der Legitimationskommissionen von „*zulassen*" (vgl. Verh. Württ. 1820, 2. Abt., Beil. Nr. 6 zum Prot. v. 5. Februar 1820, Beil. XLIII., S. 134; Verh. Württ. auf dem ersten Landtage von 1833, 2. Bd., Beil. Nr. 2 zum Prot. v. 4. Februar 1833, S. 27) oder auch von der „*Genehmigung der Wahl*" (vgl. Verh. Württ. 1836, 2. Bd., 27. Prot. v. 7. März 1836, S. 1; Verh. Württ. 1836, 6. Bd., 74. Prot. v. 11. Juni 1836, S. 2; Verh. Württ. 1838, 3. Bd., 27. Prot. v. 20. Februar 1838, S. 7) gesprochen. Die Formulierung, den Abgeordneten „*für legitimirt zu erklären*" (vgl. Verh. Württ. 1836, 4. Bd., 45. Prot. v. 29. April 1836, S. 7; Verh. Württ. 1838, 10. Bd., 107. Prot. v. 17. September 1838, S. 2; Verh. Württ. 1841-42, 3. Bd., 33. Prot. v. 7. Dezember 1841, S. 5; Verh. Württ. 1851, 1. Bd., 8. Prot. v. 19. Mai 1851, S. 77; Verh. Württ. 1856 bis 1861, 5. Bd., 113. Prot. v. 28. Februar 1861, S. 2752) oder die „*Legitimation des ... für berichtigt zu erkennen*" (vgl. Verh. Württ. 1851, 1. Bd., 2. Prot. v. 8. Mai 1851, S. 14) wurden grundsätzlich immer in den Fällen verwandt, in denen die Legitimationsurkunde keinen Grund zu Beanstandung gab, und damit der Eintritt des Abg. in die Kammer gestattet werden sollte.

587 Verh. Württ. 1851-53, 6. Bd., 174. Prot. v. 1. März 1853, S. 3856. Dies verdeutlicht auch folgender Fall, in dem der Antrag der Kommission wie folgt lautete: „*die Wahl des ... für unbeanstandet zu erklären*" und der Präsident zur Abstimmung den Antrag folgendermaßen wiederholte: „*Der Antrag der Legitimationscommission geht dahin, den Abg. ... für legitimirt zu erklären.*" (So bei der Wahl des Abg. Zimmermann des Oberamtsbezirks Leutkirch im Jahre 1851. Verh. Württ. 1851, 1. Bd., 12. Prot. v. 30. Mai 1851, S. 163).

588 s. u.a. Verh. Württ. 1845, 9. Bd., 2. Beil.-Heft, S. 7.

589 s. u.a. Verh. Württ. 1845, 9. Bd., 2. Beil.-Heft, S. 6.

590 s. u.a. Verh. Württ. 1851, 1. Bd., 2. Prot. v. 8. Mai 1851, S. 16.

591 Verh. Württ. 1851, 1. Bd., 2. Prot. v. 8. Mai 1851, S. 15.

len, in denen sie die Wahlurkunde lediglich auf ihre Form hin prüfte und sich hierbei kein Anstand ergab, war lediglich eine beurkundende Tätigkeit. Diese Tätigkeit bestätigte ausschließlich, daß die Wahlurkunde des Gewählten formell legal war. So eindeutig diese rechtliche Einordnung war, so eindeutig stellte die Prüfung der Wahlen im Anstandsfalle während des gesamten Untersuchungszeitraumes eine rechtsprechende Tätigkeit dar. Sowohl die Prüfungspraxis als auch die Stellungsnahmen der Kammermitglieder verdeutlichen diese Einordnung ausdrücklich.
So stellte bereits im Jahr 1833 der Abg. Mayer im Rahmen der Beratung über die Legitimationen der vier Rechtskonsulenten ausdrücklich fest: „*wir sind der Gerichtshof, der über die Legitimation der Beanstandeten entscheidet*“[592] In einer weiteren Legitimationsfrage stellte der Abg. Zimmerle im Jahre 1863 ausdrücklich heraus: „*Es ist wahr, meine Herren, wir sind Richter und entscheiden nicht nach Vorgängen, sondern nach dem Rechte.*“.[593]
Soweit es für die Kammer feststand, daß ihre Tätigkeit eine rechtsprechende war, so stand in gleichem Maße auch fest, daß sie bei dieser Tätigkeit an das Gesetz gebunden war. Dies verdeutlichte bereits die letztgenannte Stellungsnahme. Diese Gesetzesbindung wurde nicht nur praktiziert, sondern auch ausdrücklich anerkannt.[594] In diesem Zusammenhang ist insbesondere die Stellungsnahme des Abg. Mayer zu nennen, welche eindeutig aufzeigt, daß die Kammer ihre Prüfungstätigkeit als eine rechtsprechende ansah und sich dabei an die Verfassung gebunden sah: „*Die Kammer, und nur sie, hat daher in Anstandsfällen, gleich einem Gerichtshofe, also, meine Herren, in würdiger, unabhängiger Haltung, ohne Scheu, ohne Nebenrücksichten, darüber zu erkennen, wer nach der Verfassung als ihr Mitglied zu gelten habe.*“.[595]

Wie auch im Großherzogtum Baden, stellte die Wahlprüfungstätigkeit durch die Kammer eine rechtsprechende Tätigkeit dar, bei der die Gesetzesbindung niemals in

---

[592] Vgl. Verh. Württ. auf dem ersten Landtage von 1833, 2. Bd., 19. Prot. v. 9. Februar 1833, S. 21. Auch der Abg. Jaumann sprach ausdrücklich davon, daß die Kammer als Gerichtshof in Legitimationsfragen zu betrachten sei (Verh. Württ. auf dem ersten Landtage von 1833, 2. Bd., 19. Prot. v. 9. Februar 1833, S. 89).

[593] Verh. Württ. 1862 bis 1864, 1. Bd., 13. Prot. v. 26. November 1863, S. 189. Diese Auffassung wurde auch von Seiten der Regierung uneingeschränkt geteilt. Vgl. dazu die Stellungsnahme des Minister des Innern, Frhr. v. Linden, Verh. Württ. 1862 bis 1864, 1. Bd., 12. Prot. v. 25. November 1863, S. 174.

[594] Verh. Württ. 1848/49, 3. Bd., 97. Prot. v. 12. März 1849, S. 2159. In diesem Sinne äußerte sich z.B. der Abg. Frhr. v. Gemmingen, daß die Kammer in ihrer Eigenschaft als Gerichtshof lediglich das Gesetz in seiner Anwendung festzuhalten verpflichtet sei (Verh. Württ. auf dem ersten Landtage von 1833, 2. Bd., 19. Prot. v. 9. Februar 1833, S. 108). So auch der Abg. Mayer: „*Die Kammer hat sich bei diesem Geschäfte nach den einschlagenden untrennbaren Bestimmungen der Verfassung zu richten,*“ (Verh. Württ. auf dem ersten Landtage von 1833, 2. Bd., 19. Prot. v. 9. Februar 1833, S. 51). Desgleichen der Abg. Probst im Rahmen der Baihinger Wahl auf dem 21. Landtag: „*die Commission hat damit als ein Collegium geurteilt, das nach Recht und Gerechtigkeit zu sprechen hat.*“ (Verh. Württ. 1862 bis 1864, 1. Bd., 12. Prot. v. 25. November 1863, S. 172).

[595] Vgl. Verh. Württ. auf dem ersten Landtage von 1833, 2. Bd., 19. Prot. v. 9. Februar 1833, S. 51.

Frage stand. Eine besondere Ausnahme stellte lediglich die beschriebene Prüfungstätigkeit des Ausschusses und der Legitimationskommission dar, welche von ihrer Rechtsnatur eine beurkundende Tätigkeit war.

3. Ablauf der Prüfung

Nach der Verfassung war das Prüfungsverfahren im Königreich Württemberg ein zweigliedriges, welches zum einen dem ständischen Ausschuß[596] und zum anderen der Kammer der Abgeordneten selbst oblag. Das gesamte Wahlprüfungsrecht lag damit in der Hand der Ständeversammlung, da nach § 187 der Verf.-Urk. v. 25. September 1819 der Ausschuß als Stellvertreter der Stände zu betrachten war, solange diese nicht versammelt waren.

Der Sinn dieser Zweiteilung ergab sich bereits aus den ersten beiden Sätzen des § 160 der Verf.-Urk. v. 25. September 1819. Damit die Ständeversammlung eröffnet werden konnte, bedurfte es einer bestimmten Anzahl von Mitgliedern. Die Verfassung bestimmte in § 160 S.1, daß die zweite Kammer durch das Erscheinen von zwei Dritteln der gesetzlichen Mitgliederzahl als vollständig besetzt angesehen wurde. Diese Anfor-

---

[596] Die Verfassung bezeichnet in § 187 als den Zweck des Ausschusses, und damit den Gegenstand seiner Beschäftigung, diejenigen Geschäfte, deren Besorgung von einem Landtag zum anderen, zur ununterbrochenen Repräsentation des Landtags notwendig waren. Die Aufgabe des Ausschusses war es, die "*ununterbrochene Wirksamkeit der Repräsentation des Landes*" zu sichern, da sich der ordentliche Landtag nur alle drei Jahre versammelte, und der König die Ständeversammlung vertagen oder auflösen konnte, und da in diesen Fällen in der Zwischenzeit das Volk keine Vertretung haben würde. Der Ausschuß bestand nach § 190 I S. 1 der Verf.-Urk. v. 25. September 1819 aus insgesamt 12 Mitgliedern, aus dem Präsidenten der Kammer der Standesherrn, welcher auch den Vorsitz führte, dem Präsidenten der Kammer der Abgeordneten, zwei Mitgliedern der ersten Kammer und acht Mitgliedern der zweiten Kammer. Die 10 letztgenannten Mitglieder wurden von den vereinigten Kammern aus ihrer Mitte durch relative Stimmenmehrheit gewählt (§ 190 I S. 2 der Verf.-Urk. v. 25. September 1819). Dabei stellte der Ausschuß aber keineswegs ein verkleinertes Spiegelbild der Kammern da, sondern eine Repräsentation der in den Kammern vorherrschenden Kräfte. Da in der Wahlkörperschaft, somit in beiden Kammern, die Gouvernementalen und Konservativen grundsätzlich eine erdrückende Mehrheit besaßen, kam kaum ein oppositioneller Abg. in den Ausschuß. Die Zeit, für welche der Ausschuß gewählt wurde, war in der Regel die von einem ordentlichen Landtag zum anderen. Bei einer Entlassung oder Auflösung mußte daher immer eine neue Wahl vorgenommen werden. Die Tätigkeit des Ausschusses wurde grundsätzlich durch die Landtagseröffnung unterbrochen, sie trat jedoch sofort wieder bei Vertagung oder Beendigung einer außerordentlichen Ständeversammlung ihre Aufgabe an (§ 192 I der Verf.-Urk. v. 25. September 1819). Nach § 192 II der Verf.-Urk. v. 25. September 1819 mußte bei der Auflösung und bei der Entlassung eines ordentlichen Landtags ein neuer Ausschuß gewählt werden, wobei den Ständen auch im Falle einer Auflösung noch die erforderliche Sitzung gestattet werden mußte. Bei jeder Ständeversammlung hatte der Ausschuß Rechenschaft über das von ihm in der Zwischenzeit verhandelte abzulegen (§ 191 der Verf.-Urk.). Neben der Verfassung enthielt auch die GO v. 23. Juni 1821 in den §§ 69-75 Bestimmungen über den Ausschuß. Vgl. in Bezug auf den Ausschuß weiterhin: v. Mohl, Staatsrecht I, S. 736-758. Vgl. zur Geschichte des ständischen Ausschusses: v. Sarwey, Staatsrecht, S. 232 f.; Bazille, Staats- und Verwaltungsrecht, S. 105 f..

derung konnte naturgemäß aber nur erfüllt werden, wenn die Erschienenen auch legitimiert waren, da sie ansonsten nicht als Mitglieder angesehen werden konnten. Um dies sicherzustellen und aufgrund der Tatsache, daß die Ständeversammlung vor Beginn eines jeweiligen Landtags noch nicht eröffnet sein konnte, oblag das Prüfungsgeschäft dem ständischen Ausschuß, der dem Geheimen Rat einen Tag vor dem Eröffnungstermin Anzeige zu machen hatte, ob die entsprechende Anzahl von Mitgliedern, d.h. legitimierte Abgeordnete, vorhanden waren.[597] Aufgrund dieser Tatsache fand die genannte Prüfung auch einige Tage vor der Eröffnung des Landtags statt. Die Prüfung durch den ständischen Ausschuß hatte daher die Aufgabe, die für die Eröffnung des Landtags verfassungsmäßige Besetzung sicherzustellen.[598] Lediglich auf dem ersten Landtag oblag nach § 159 S. 2 der Verf.-Urk. v. 25. September 1819 diese Aufgabe naturgemäß nicht dem ständischen Ausschuß, sondern der Königlichen Kommission[599], welche bereits während der verfassungsberatenen Ständeversammlungen diese Aufgabe vornahm. Da die Kammer in der ersten Sitzung des ersten Landtags noch keine Prüfungskommission gebildet hatte, prüfte die Königliche Kommission auch die Legitimation eines verspätet eintretenden Mitgliedes.[600]

Welche Aufgabe der Ausschuß im Rahmen des Wahlprüfungsgeschäftes konkret besaß, wird durch den Rechenschaftsbericht des ständischen Ausschusses an die am 1. Dezember 1823 eröffnete Ständeversammlung, in dem es unter „*XI. Legitimationsfälle*" einleitend hieß, deutlich: „*In Hinsicht auf die Geschäfte, deren Besorgung von einem Landtag zum andern zur ununterbrochenen Wirksamkeit der Repräsentation des Landes nothwendig ist, ist es eine besondere Obliegenheit des ständischen Ausschusses, die in der Folge vorgefallenen neuen Wahlen von Mitgliedern der zweiten Kammer einer vorschriftsgemäßen Prüfung zu unterwerfen. (§.159.160. der Verfassungsurkunde)*".[601]

Grundsätzlich erfolgte nach § 159 der Verf.-Urk. v. 25. September 1819 die Prüfung obligatorisch beim ständischen Ausschuß[602], welcher auch als „*Legitimationsbehörde*"[603] bezeichnet wurde, und zwar im Fall der Eröffnung einer Ständeversammlung, sei es nach allgemeinen Neuwahlen oder nach vorangegangener Schließung.[604] Sach-

---

[597] § 160 S. 2 der Verf.-Urk. v. 25. September 1819.

[598] Vgl. hierzu insb.: Verh. Württ. auf dem ersten Landtage von 1833, 1. Bd., Eröffnungssitzung v. 15. Januar 1833, S. 7.

[599] Verh. Württ. 1820, 1. Abt., 1. Prot. v. 17. Januar 1820, S. 2.

[600] In diesem Fall hatte der Abg. die Wahlurkunde der Königlichen Legitimationskommission vorzulegen, und diese erkannte diese durch ihre Unterschrift als „*richtig*" an. So im Fall des Abg. Ott. Vgl. Verh. Württemberg 1820, 1. Abt., 1. Prot. v. 17. Januar 1820, S. 5.

[601] Verh. Württ. 1823, A. o. Beil.-Heft. Enthaltend den Rechenschaftsbericht des ständischen Ausschusses an die Ständeversammlung, S. 17.

[602] Die Prüfung übernahm der Ausschuß, „*der vom vorigen Landtag noch da*" war.

[603] Vgl. Verh. Württ. auf dem ersten Landtag von 1833, 1. Bd., Beil. 1, Unterbeil. 1 zum Prot. v 16. Januar 1833, S. 18.

[604] Eine Ausnahme von diesem Grundsatz bildete der 19. Landtag des Jahres 1851. Das Besondere an diesem Landtag war, daß der von der letzten Landesversammlung, welche aufgelöst wurde, gewählte Ausschuß die Prüfung der Legitimationen übernehmen wollte, jedoch die Regierung hiergegen intervenierte, und den Ausschuß an dieser Ausführung hinderte. Die

lich unterschied sich das Legitimationsgeschäft jedoch dahingehend, ob ein Landtag nach vorangegangenen Neuwahlen oder nach vorangegangener Schließung eröffnet wurde. Letzteren Falles waren nur die nicht schon früher geprüften Legitimationen vom Ausschuß zu prüfen.[605]
Waren allgemeine Neuwahlen vorangegangen, so wurden die zur Versammlung erneut gewählten Mitglieder des Ausschusses zur Prüfung ihrer eigenen Legitimation durch die zuerst legitimierten Abgeordneten ersetzt.
Die Prüfungskompetenz des ständischen Ausschusses beschränkte sich damit nur auf die Legitimation der vor Eröffnung[606] eines neugewählten, eines ordentlichen oder eines außerordentlichen Landtags eintreffenden Mitglieder.[607] Die später, nach der Er-

---

Aufgabe der Prüfung der Legitimationen übernahm daher eine von der Regierung ernannte Kommission. Vgl. Verh. Württ. 1851, 1. Bd., 1. Prot. v. 7. Mai 1851, S. 8.

[605] Vgl. Verh. Württ. 1830, Erstes a. o. Beil.-Heft, enthaltend den Rechenschaftsbericht des auf dem letzten ordentlichen Landtag gewählten ständischen Ausschusses, S. 14, 17.

[606] Interessant war im Zusammenhang mit der Kompetenz des Ausschusses auch die Wahl des Oberamtsbezirks Blaubeuren im Jahre 1862. Vor dem Zusammentritt der Stände war dem Ausschuß ein Schreiben des Abg. v. Steinbeis zugegangen, wonach dieser um Urlaub bis zum 15. Mai nachsuchte. Der Frhr. Hofer v. Lobenstein wandte ein, daß in diesem Falle nach § 160 letzter Abs. der Verf.-Urk. v. 25. September 1819 die vom Ausschuß ausgesprochene Legitimation als nichtig anzusehen sei, da dieser erst nach der Eröffnung des Landtags eintrete, und der Ausschuß in diesem Fall nicht die Kompetenz besäße, die Legitimation auszusprechen. Dies habe daher zur Folge, daß der Abg. noch kein Mitglied der Kammer sei, so daß ihm daher auch kein Urlaub erteilt werden könne. Der Präsident teilte diese Ansicht und legte das Urlaubsgesuch zu den Akten. Verh. Württ. 1862 bis 1864, 1. Bd., 5. Prot v. 9. Mai 1862, S. 56.

[607] Während des a.o. Landtags des Jahres 1847 stellte der Abg. Römer den Antrag, der staatsrechtlichen Kommission die Frage zur Begutachtung zuzuweisen, ob es wie bisher die Praxis war, dem Ausschuß zustehe, bei a.o. und zweiten ordentlichen Landtagen sich dem Geschäft der Legitimation der Mitglieder zu unterziehen. Er stellte dies in Abrede, da er die Auffassung vertrat, daß nur die Kammer zu legitimieren habe. Die §§159-162 der Verf.-Urk. gäben dem Ausschuß nur das Recht zur Legitimation, wenn es sich um eine neu gewählte Kammer handeln würde, und zwar nur deswegen, weil eine gehörige Anzahl von Kammermitgliedern legitimiert sein müßte, um den Landtag eröffnen zu können (Verh. Württ. 1847, 1. Bd., 3. Prot. v. 14. Januar 1847, S. 8 f.). Bevor die staatsrechtliche Kommission ihren Bericht über diese Frage erstattete, hatte der Abg. Römer aber seine in der 3. Sitzung vorgetragene Meinung wieder revidiert. Die staatsrechtliche Kommission, welche mit der Begutachtung der erhobenen Zweifel hinsichtlich der Legitimationsbefugnis des Ausschusses beauftragt war, bejahte die aufgeworfene Frage insofern, daß der Ausschuß unter allen Umständen auch bei später eintretenden Abg., die nicht Mitglieder einer neu gewählten Kammer seien, berechtigt wäre, das Legitimationsgeschäft durchzuführen. Die Kommission begründete ihre Auffassung damit, daß nach den §§ 159, 160 der Verf.-Urk. der Ausschuß die Stelle sei, welche die Eröffnung der Ständeversammlung durch die Prüfung des Legitimationspunktes vorzubereiten habe, da die Eröffnung nur vorgenommen werden könne, wenn die gesetzliche Anzahl von Ständemitgliedern vorhanden sei. Es läge weiterhin in der Natur der Sache, daß dies vor der Eröffnung eines jeden Landtags zu geschehen habe, und nicht bloß vor der erstmaligen Eröffnung in der beginnenden Wahlperiode. Dies läge daran, daß ein Unterschied zwischen den verschiedenen Landtagen einer Wahlperiode nicht bestehe, und daß auch zwischen ordentlichen und a. o.

öffnung eines Landtags bis zu dessen Schluß, insbesondere während einer Vertagung vorzunehmende Prüfung und Erledigung von Legitimationen geschah bei der jeweiligen Kammer.[608]

Nach § 159 III der Verf.-Urk. v. 25. September 1819 oblag es dem König, zu dem Geschäft der Legitimationsprüfung durch den ständischen Ausschuß Kommissare abzuordnen. Hiervon wurde auch von Seiten der Regierung Gebrauch gemacht. So wohnte während des gesamten Untersuchungszeitraums, mit zwei Ausnahmen[609], der Minister des Innern als abgeordneter Königlicher Kommissar dem Ausschuß bei.[610] Dies hatte aber keineswegs zur Folge, daß er an den gefaßten Beschlüssen etwas ändern konnte

---

Landtagen in dieser Hinsicht kein Unterschied bestehe. Zwar sei nur bei dem ersten Landtag einer Wahlperiode das Legitimationsgeschäft ein allgemeines, jedes Mitglied der Ständeversammlung berührendes. Jedoch müsse allein bei jedem nachfolgenden Landtage vor der Eröffnung die Einberufungsschreiben der von Amts wegen in der Kammer sitzenden Abg. geprüft werden, da sie sonst der Eröffnung der Kammer nicht anwohnen könnten. Des weiteren müsse sich auch vergewissert werden, daß die gehörige Anzahl von Abg. sich eingefunden habe, damit die Eröffnung vorgenommen werden könne. Deshalb könne die Frage nur die sein, ob neben diesen Geschäften auch noch die Prüfung der neuen Wahlurkunden von Seiten des Ausschusses zu geschehen habe, wie dies bisher ständige Übung war. Eine Trennung des Legitimationsgeschäftes hinsichtlich der verschiedenen Gattungen der Legitimationsurkunden sei rein willkürlich. Denn mit welchem Recht wolle man den einen oder anderen Abg. mit seinem Legitimationsgesuch vor die Kammer weisen, während man Andere bereits vor dem Ausschuß legitimiere. Des weiteren sei es auch sehr bedenklich, einen Abg. zu hindern, sogleich mit dem Beginn der Verhandlungen seinen Platz in der Kammer einzunehmen. Vielmehr sei es eine zweckmäßige Einrichtung der Verfassung, daß alle etwaigen Wahlanstände vor dem Zusammentritt der Stände wenigstens vorläufig erledigt werden könnten, und daß dadurch eine Verzögerung des Eintritts in nur sehr wichtigen Ursachen erfolgen könne. Der Nachteil sei nur, daß vorläufige Legitimationen erteilt würden. Dies sei jedoch immer noch ein geringerer Nachteil. Denn wenn ab und zu ein Abg. vorläufig legitimiert werde, so habe dies geringere Auswirkungen, als wenn in mehreren Fällen der Eintritt verzögert werde. Lediglich könne der 4. Abs. des § 160 der Verf.-Urk. Zweifel an dieser Übung hervorrufen, da es hieß, daß die Legitimation der später eintreffenden Mitglieder bei der betreffenden Kammer zu erfolgen habe. Unter den später eintreffenden Mitgliedern seien aber nur solche zu verstehen, welche nach der Eröffnung des jeweiligen Landtags einträfen (Verh. Württ. 1847, 3. Bd., Beil.-Heft, S. 169 ff.). Die Kammer schloß sich ohne Widerspruch dieser Anschauung an, und es blieb bei der bisherigen Vorgehensweise.

[608] Vgl. auch: Kuhn, Handbuch, S. 294.

[609] Vgl. Verh. Württ. 1841-42, 17 Bd., 2. Beil.-Heft, 1. Abt., Beil. I zum Prot. I. v. 25. Oktober 1841, S. 184.

[610] Verh. Württ. 1823, A. o. Beil.-Heft. Enthaltend den Rechenschaftsbericht des ständischen Ausschusses an die Ständeversammlung, S. 18; Verh. Württ. 1826, 1. Heft, Beil. 1 zum Prot. v. 2. Dezember 1826, S. 15; Verh. Württ. auf dem ersten Landtage von 1833, 2. Bd., 19. Prot. v. 9. Februar 1833, S. 19; Verh. Württ. 1835, als Fortsetzung der Verh. des zweiten Landtags von 1833, 1. Bd., 117. Prot. v. 27. November 1835, Beil. I, S. 9; Verh. Württ. 1839, 12. Bd., 2. Beil.-Heft, Beil. I. zum Prot. v. 4. Februar 1839, S. 117; Verh. Württ. 1845, 9. Bd., 2. Beil.-Heft, S. 1; Verh. Württ. 1856 und 1857, 1. Beil.-Bd., 1. Abt., Beil. 2 (Prot. 1), S. 2.

oder sich an der Beschlußfassung beteiligen konnte, da er nicht stimmberechtigt war.[611]
Prüfungsgrundlage des Ausschusses bildete zunächst ausschließlich die Wahlurkunde.[612] Hierbei wurde lediglich geprüft, ob die Wahlurkunde die von der Verfassung vorgeschriebenen Förmlichkeiten enthielt. Er prüfte aber keineswegs, ob dies wirklich der Fall war, d.h. er stellte keine Nachforschungen darüber an, ob das Ergebnis der Wahl auf regulärem Weg zustande gekommen war. Die Prüfung erstreckte sich damit nur auf das Vorliegen einer mangelfreien Wahlurkunde.
Die Tätigkeit des Ausschusses war in diesem Umfang daher eine beurkundende Prüfung, die formell bestätigte, daß sich die Abgeordneten durch eine echte, von der zuständigen Behörde ausgestellte Wahlurkunde ausgewiesen hatten, und daß die Angaben in der Wahlurkunde den Bestimmungen der Verfassung entsprachen.[613] Dies war auch seine nach der Verfassung vorgesehene Aufgabe, d.h. er hatte dafür Sorge zu tragen, daß in Bezug auf die zweite Kammer mindestens ⅔ legitimierte Mitglieder als Voraussetzung für die Eröffnung des Landtags anwesend waren.
Auf diese Tätigkeit wurde die Aufgabe des Ausschusses auch bisher in der Literatur beschränkt. Brandt[614] vertrat die Auffassung, daß der Ausschuß ausschließlich die Wahlurkunde nur auf ihre Form hin prüfte, und daß der Ausschuß nur zwei Entscheidungsmöglichkeiten besaß, nämlich sich für oder gegen eine Legitimation auszusprechen. Dies scheint bei der Betrachtung des Sinn und Zwecks der Prüfung durch den Ausschuß auch zunächst folgerichtig. In der Praxis zeigte sich aber, daß der Ausschuß zwischen vier verschiedenen Entscheidungsformen wählte. Zum einen konnten die Legitimationen für „*unbedingt berichtigt*" oder für „*nicht berichtigt*" erklärt werden. Neben diesen Entscheidungsformen kannte der Ausschuß auch die Form der „*vorläufigen Berichtigung*".[615] Des weiteren erklärte der Ausschuß auch Legitimationen bis

---

[611] Vgl. hierzu: Verh. Württ. auf dem ersten Landtage von 1833, 2. Bd., 19. Prot. v. 9. Februar 1833, S. 19.
[612] Verh. Württ. 1835, als Fortsetzung der Verh. des zweiten Landtags von 1833, 1. Bd., 117. Prot. v. 27. November 1835, Beil. I, S. 9; Verh. Württ. 1823, A. o. Beil.-Heft. Enthaltend den Rechenschaftsbericht des ständischen Ausschusses an die Ständeversammlung, S. 24. Dies galt jedoch nur für die gewählten Mitglieder der zweiten Kammer. Der Ausschuß prüfte jedoch auch die Legitimationen der Mitglieder, welche von Amts wegen ein Sitz- und Stimmrecht in der Kammer besaßen. Die nicht gewählten Mitglieder übergaben dem Ausschuß zu ihrer Legitimation ein spezielles Einberufungsschreiben, welches sie vom Minister des Innern erhielten (Vgl. Verh. Württ. 1862 bis 1864, 1. Bd., 1. Prot. v. 5. Mai 1862, S. 12).
[613] Im Normalfall erklärte der Ausschuß in seinem Bericht, daß sich der Gewählte durch eine „*unmangelhafte Wahlurkunde*" legitimiert hatte, und daher zum Eintritt in die Kammer für ermächtigt erklärt wurde. Vgl. beispielsweise den Fall des Abg. Bossert des Oberamts Leonberg. Verh. Württ. 1838, 1. Bd., 1. Prot. v. 17. Januar 1838, S. 4.
[614] Brandt, Parlamentarismus, S. 43.
[615] In Bezug auf den Landtag 1845 erklärte der Ausschuß drei Legitimationen für „*nicht berichtigt*" und fünf für nur „*vorläufig berichtigt*". Weiter hieß es: „ *Sämmtliche übrige Abgeordnete sind als unbedingt legitimirt erklärt worden.*". Vgl. Verh. Württ. 1845, 9. Bd., 2. Beil.-Heft, S. 1, 7.

zur *„näheren Nachweisung für ausgesetzt“*.[616] Dies lag vor allem auch daran, daß der Ausschuß über die genannte Prüfungsform hinausging. In welcher Form dies geschah verdeutlicht insbesondere der Fall des Abg. Wiest des Oberamtsbezirks Saulgau auf dem 12. Landtag. Obwohl dieser eine unmangelhafte Wahlurkunde vorgelegt hatte, wurde seine Wahl von seinem unterlegenen Mitbewerber angegriffen. Die Anfechtung stützte sich dabei zum einen darauf, daß Wiest unter *„Privatdienstherrschaft“* stand, und damit nach § 135 Nr. 4 der Verf.-Urk. v. 25. September 1819 nicht wählbar wäre. Der Ausschuß setzte sich mit dieser Einwendung auseinander und erkannte sie als nicht begründet an. Des weiteren stützte sich die genannte Anfechtung darauf, daß Formfehler bei dieser Wahl vorgekommen wären. In diesem Fall beschloß jedoch der Ausschuß das Ministerium des Innern, um eine Untersuchung in dieser Frage zu ersuchen. Aus diesem Grund beschloß der Ausschuß, den Abg. Wiest *„vorläufig als legitimirt zu erklären, vorbehaltlich der eingeleiteten Untersuchung.“*.[617] Dieser Fall verdeutlicht, daß der Ausschuß nicht nur die Wahlurkunde zu seiner Prüfung heranzog und diese auf ihre Förmlichkeit hin prüfte. Sobald eine Einwendung gegen die Wahl erfolgte, setzte sich der Ausschuß ebenfalls mit dieser Einwendung auseinander, d.h. er prüfte sie und beantragte auch entsprechende Untersuchungen beim Ministerium des Innern, daß diesen Anträgen während des gesamten Untersuchungszeitraums immer nachkam.[618]

---

[616] Vgl. u.a. Verh. Württ. auf dem ersten Landtag von 1833, 1. Bd., Beil. 1 zum Prot. v. 16. Januar 1833, S. 16.

[617] Weiter erklärte der Ausschuß, daß die Einwendungen gegen die Wahl der Abg. der Oberamtsbezirke Tübingen, Balingen, Freudenstadt und Waldsee nicht bescheinigt oder nicht in der Art waren, daß ein erheblicher Fehler im Wahlverfahren wahrscheinlich gemacht worden wäre. Daher legitimierte der Ausschuß die mit unmangelhaften Wahlurkunden versehen Abg., *„vorbehältlich des Ergebnisses der über die erhobenen Einwendungen von dem K. Ministerium des Innern auf Ersuchen des Ausschusses eingeleiteten Untersuchung.“*. Vgl. hierzu: Verh. Württ. 1845, 9. Bd., 2. Beil.-Heft, S. 5 f..

[618] Im Fall der Wahl des Oberamtsbezirks Backnang des 21. Landtags ging eine Eingabe gegen diese Wahl ein. Der Ausschuß überzeugte sich davon, daß die erhobenen und genügend bescheinigten Anstände im Falle ihrer Erwiesenheit das bisherige Wahlergebnis nicht bestehen ließen. Aufgrund dessen ersuchte der Ausschuß das Ministerium des Innern um eine Untersuchung dieser Anstände. Infolge des Ergebnisses der Wahl erklärte der Ausschuß den Gewählten für nicht legitimiert (Verh. Württ. 1862 bis 1863, 1. Beil.-Bd., 1. Abt., Beil. 4, S. 29). Auch die Legitimationskommission, welche sich mit diesem Fall beschäftigte, kam zu dem gleichen Ergebnis wie der Ausschuß (Verh. Württ. 1862 bis 1863, 1. Beil.-Bd., 1. Abt., Beil. 14 (Prot. 8), S. 101).
Der Abg. Fetzer wandte sich aber gegen das Verfahren, welches der Ausschuß in diesem Fall durchgeführt hatte. Nach der Verfassung sei die Legitimation der Ständemitglieder, welche nicht aufgrund der vorgelegten Wahlurkunde für legitimiert erklärt werden könnten, deren Wahl vielmehr mit Beweisen angefochten werde, durch die Kammer selbst, und nicht durch den Ausschuß zu prüfen. Denn in § 160 hieß es *„sowie die Erledigung der noch übrigen Legitimationsanstände geschieht bei der betreffenden Kammer.“*. Der Ausschuß sei zwar der gesetzliche Stellvertreter der Stände, solange diese nicht selbst versammelt waren. Aber die Einleitung einer Untersuchung im Falle einer Wahlanfechtung gehöre nicht zur ununterbrochenen Wirksamkeit der Repräsentation. Der Ausschuß sei in solchen Fällen lediglich dazu berech-

Diese geschilderte Vorgehensweise wurde auch in den Fällen vorgenommen, in denen statt einer Eingabe die Wahlkommission Zweifel in Bezug auf das Vorliegen der nach § 135 der Verf.-Urk. v. 25. September 1819 erforderlichen Eigenschaften in der Wahlurkunde bemerkte. Die Wahlkommission hatte nämlich keineswegs zu prüfen, ob der Gewählte die nach § 135 der Verf.-Urk. erforderlichen Eigenschaften besaß. Vielmehr hatte sie lediglich zu beurkunden, daß ihr kein Mangel an den gesetzlich erforderlichen Eigenschaften bekannt war.[619]

---

tigt, der Kammer anzuzeigen, daß eine Wahl nicht rechtens sei. Die Kammer könne dem Ausschuß, gerade in Legitimationsfragen, nicht ein Recht einräumen, das dieser nach der Verfassung nicht besitze (Verh. Württ. 1862 bis 1864, 1. Bd., 8. Prot. v. 20. Mai 1862, S. 97). Gegen die Auffassung errichtete sich Widerstand in der Kammer. Es wurde darauf hingewiesen, daß es zur Obliegenheit des Ausschusses gehöre, die Frage zu prüfen, ob dem Abg. der vorläufige Eintritt in die Kammer gestattet werde. Diese Aufgabe werde es aber mit sich bringen, daß der Ausschuß diesen Punkt auch selbstständig untersuchen könne. Des weiteren sei dieses Vorgehen ebenfalls die bisherige Übung des Ausschusses gewesen. Grundsätzlich sei es die Aufgabe des Ausschusses, die Legitimationssache spruchreif zu machen, so daß in der Kammer über die entsprechende Legitimationsfrage entschieden werden könne. Dies sei auch kein Verstoß gegen die Verfassung, da die Entscheidung selbst der Kammer verbleibe (So der Abg. Wiest. Verh. Württ. 1862 bis 1864, 1. Bd., 8. Prot. v. 20. Mai 1862, S. 98 ff.). Die Mehrheit der Kammer sprach sich auch in diesem Sinne aus, so daß es bei der bisherigen Prüfungsweise des Ausschusses blieb.

619 Vgl. § 30 I Nr. 7 der Instr. v. 6. Dezember 1819. Eine Ausnahme von diesem Grundsatz bildete die Wahl im Oberamt Blaubeuren im Jahre 1847. Dort forderte die Wahlkommission den Gewählten auf, weitere Zeugnisse zu beschaffen, damit er nachweise, daß er die erforderlichen Eigenschaften besitze. Dieses Vorgehen stieß in der Kammer direkt auf scharfe Kritik. So stellte der Abg. v. Mohl heraus, daß solche Aufforderungen nur der Kammer zustünden, und daß die Wahlkommission hingegen nur zu bestätigen habe, daß ihr nicht bekannt sei, daß der Abg. die erforderlichen Eigenschaften nicht besitze (Verh. Württ. 1847, 2. Bd., 20. Prot. v. 18. Februar 1847, S. 1 f.). Typisch hingegen war die Wahl des Oberamtsbezirks Leutkirch des 6. Landtags. Die Wahlkommission bemerkte in der Wahlurkunde, daß soweit ihr bekannt sei, der Gewählte die erforderlichen Eigenschaften besitze, „*vorausgesetzt, daß seine Verhältnisse zum Herrn Fürsten von Waldburg-Wolfegg-Waldsee kein Hinderniß begründen.*“. Der Ausschuß hatte damit die Frage zu beantworten, ob der Abg. Steiger als vormaligen Fürstlich Wolfeggscher Obervogt unter Privatdienstherrschaft stand und damit unter den Ausschluß des § 135 der Verf.-Urk. fiel. Zur Beantwortung dieser Frage prüfte der Ausschuß die vom Ministerium des Innern übergebenen Akten. Im Ergebnis sah der Ausschuß die Möglichkeit als gegeben an, daß Verpflichtungen zu Gegenleistungen zwischen dem Pensionsherrn und dem Pensionierten gefordert werden könnten. Aufgrund dessen erkannte der ständische Ausschuß die Legitimation des Abg. Steiger noch nicht an, sondern forderte ihn auf, der Abgeordnetenkammer nähere belegte Nachweisungen über sein Dienstverhältnis zu erbringen. Insbesondere sollte dargelegt werden, daß er zu keinen Dienstleistungen verpflichtet war (Verh. Württ. auf dem ersten Landtage von 1833, 1. Bd., Beil. 1, Unterbeil. 1 zum 1. Prot. v. 16. Januar 1833, S. 18-22). Die gleiche Situation stellte sich ebenfalls bei der Legitimation des Abg. Koch des Oberamts Oberndorf. Nach einer eingehenden Prüfung war der Ausschuß der Auffassung, daß der Abg. Koch unter Privatdienstherrschaft stand und verweigerte diesem die Legitimation (vgl. Verh. Württ. auf dem ersten Landtage von 1833, 1. Bd., Beil. 1, Unterbeil. 2 zum 1. Prot. v. 16. Januar 1833, S. 22-27).

In der Prüfungspraxis nahm der Ausschuß auch in den Fällen von Einwendungen oder Anmerkungen der Wahlkommissionen die Prüfung vor, ob der Abgeordnete die erforderlichen Eigenschaften besaß, oder ob die Wahl rechtmäßig durchgeführt wurde. Für diese Prüfungstätigkeit nutzte der Ausschuß die entsprechenden Akten des Ministeriums des Innern oder ersuchte dieses eine Untersuchung vorzunehmen. Der Ausschuß war daher nicht nur i.S.d. Erfordernisses des § 160 I der Verf.-Urk. v. 25. September 1819 tätig, sondern er bereitete auch die Arbeit der Kammer vor, indem er wie die Legitimationskommission die Legitimationen prüfte. Die Prüfungstätigkeit des Ausschusses ging damit über die Bestimmung der Verfassung hinaus.

Sobald der Ausschuß sein Legitimationsgeschäft beendet hatte, und der Landtag eröffnet wurde, leisteten die durch den ständischen Ausschuß Legitimierten[620] in der Eröffnungssitzung den Ständeeid ab.[621] Entsprechend dem § 2 S. 1 der GO v. 23. Juni 1821 kam es grundsätzlich in der ersten Sitzung des Landtags[622], meist nach der Eröffnungsrede des provisorischen Präsidenten, zur Erstattung des Berichts des Ausschusses über die Legitimationen.[623] In der Berichterstattung wurde grundsätzlich nur auf die Legitimationen eingegangen, bei denen sich ein Anstand ergeben hatte. Die Legitimationen, welche keinen Anstand bildeten, wurden nicht einzeln erwähnt, sondern nur darauf hingewiesen, daß alle übrigen zum Eintritt in die Kammer ermächtigt seien.[624] Nach der Berichterstattung kam es gewöhnlich nicht zu einer Abstimmung über den Kommissionsbericht im Ganzen. Ein Ausnahme bildete lediglich ein Fall, in dem sich nach dem Bericht des Ausschusses überhaupt keine Anstände bei den Legitimationen ergaben. In diesem Fall stellte der Präsident nach der Berichterstattung der Kammer die Frage, da sich bei den Legitimationen der neu eintretenden Mitglieder kein Anstand ergeben hatte, ob sie dem Resultat des Berichtes zustimmen würde. Dies wurde durch Akklamation bejaht.[625]

Der Kammer wurde gemäß dem Wortlaut des § 160 der Verf.-Urk. v. 25. September 1819 die Befugnis eingeräumt, die Legitimation der „*später eintreffenden Mitglieder*" zu prüfen, und über die „*noch übrigen Legitimationsanstände*" zu entscheiden.

---

[620] Vgl. u.a. Verh. Württ. auf dem ersten Landtage von 1833, 1. Bd., Eröffnungssitzung v. 15. Januar 1833, S. 7.

[621] Vgl. u.a. Verh. Württ. auf dem ersten Landtage von 1833, 1. Bd., Eröffnungssitzung v. 15. Januar 1833, S. 2.

[622] Dies war nicht nur bei ordentlichen, sondern auch bei a. o. Landtagen der Fall. Verh. Württ. im Mai und Juni 1866, Prot.-Bd., 1. Prot. v. 23. Mai 1866, S. 4.

[623] Vgl. Verh. Württ. 1838, 1. Bd., 1. Prot. v. 17. Januar 1838, S. 3; Verh. Württ. 1836, 1. Bd., 1. Prot. v. 1. Februar 1836, S. 2; Verh. Württ. 1841-42, 1. Bd., 1. Prot. v. 25. Oktober 1841, S. 5; Verh. Württ. 1845, 1. Bd., 1. Prot. v. 3. Februar 1845, S. 2 f.; Verh. Württ. 1848, 1. Prot. v. 24. Januar 1848, S. 7; Verh. Württ. 1848/49, 1. Bd., 1. Prot. v. 20. September 1848, S. 6; Verh. Württ. 1862 bis 1864, 1. Bd., 1. Prot. v. 5. Mai 1862, S. 12.

[624] Vgl. u.a. Verh. Württ. 1841-42, 17. Bd., 2. Beil.-Heft, 1. Abt., Beil. I zum Prot. I. v. 25. Oktober 1841, S. 184; Verh. Württ. 1845, 9. Bd., 2. Beil.-Heft, S. 1.

[625] Verh. Württ. 1841-42, 1. Bd., 1. Prot. v. 25. Oktober 1841, S. 6.

Damit war das Recht der Kammer aber noch nicht erschöpft. Vielmehr konnte die Kammer auch die Legitimationen der vom Ausschuß für legitimiert erklärten Mitglieder ihrer nochmaligen Prüfung unterstellen und war dabei unabhängig vom Beschluß des Ausschusses. In der Praxis war es jedoch nicht der Fall, daß die vom Ausschuß für unbeanstandet erklärten Wahlen zur nochmaligen Prüfung einer Kommission übergeben wurden. Vielmehr war es die Praxis der Kammer, daß ein Abgeordneter im Falle seiner Legitimation durch den Ausschuß sowie seines Eintritts in die Kammer als endgültig legitimiert angesehen wurde.[626] Darüber hinaus gab es auch Fälle, in denen der Ausschuß in Einzelfällen eine Wahl für ungültig erklärte, dem Geheimen Rat hiervon Nachricht gab, und daß dieser eine neue Wahl anordnete, ohne daß die Kammer hierüber nachträglich entschied.[627]
Von Beginn des ersten Landtags an war es eindeutig, daß die Prüfungen der Legitimationen nicht von der ganzen Kammer im Plenum erfolgen konnten.Daher erklärte der provisorische Präsident in der ersten Sitzung des ersten Landtags, daß es wichtig sei, eine Kommission zu bestimmen, welche die Prüfung der später eintretenden Mitglieder wahrzunehmen habe. Der Präsident schlug aufgrund einer fehlenden diesbezüglichen Bestimmung[628] vor, daß diese Legitimationskommission aus fünf Mitgliedern bestehen solle.[629] Dies wurde auch von der Kammer angenommen.Es kam jedoch nicht auf jedem Landtag zur Wahl einer besonderen Legitimationskommission[630], sondern dies wurde recht unterschiedlich gehandhabt.[631]

---

626 Vgl. u.a. Verh. Württ. 1851, 1. Bd., 1. Prot. v. 7. Mai 1851, S. 8.

627 Vgl. hierzu die Wahlprüfungsfälle des Abg. Rieckert des Oberamtsbezirks Tübingen und des Abg. Monn des Oberamtsbezirks Aalen des Jahres 1830. In beiden Fällen sah der Ausschuß die Gewählten als Staatsdiener an, welche in ihrem Amtsbezirk nicht wählbar waren (Verh. Württ. 1830, Erstes a. o. Beil.-Heft, enthaltend den Rechenschaftsbericht des auf dem letzten ordentlichen Landtag gewählten ständischen Ausschusses, S. 14 ff.).

628 Die GO trat erst am 23. Juni 1821 in Kraft und die Verf.-Urk. enthielt keine diesbezügliche Bestimmung.

629 Verh. Württ. 1820, 1. Abt., 1. Prot. v. 17. Januar 1820, S. 6-9.

630 Es gab keine ausdrückliche Bestimmung in der Verfassung oder in der GO, welche die Bildung einer Legitimationskommission vorsah. Vielmehr enthielt die GO v. 23. Juni 1821 in den §§ 31-43 allgemeine Bestimmungen über die Kommissionen. Hiernach sollte jede Kommission, sofern die Kammer nichts Gegenteiliges beschließen würde, aus sieben Mitgliedern bestehen, welche durch relative Stimmenmehrheit gewählt werden sollten (§ 31). Die Kommissionen hatten des weiteren einen Vorstand und dessen Stellvertreter zu wählen, sowie einen oder mehrere Mitglieder als Berichterstatter zu ernennen (§ 34). Interessant ist in diesem Zusammenhang aber § 36 S. 1: „*Die Commissionen können, außer von Mitgliedern der Kammer, keine Eingaben oder sonstige Mittheilungen annehmen, noch Anträge an den Geheimen Rat bringen, wohl aber bei vorkommenden Anständen mit den betreffenden Ministerien Rücksprache pflegen, oder die Minister zur Persönlichen Theilnahme an ihren Berathungen einladen.*“. Die GO v. 26. Mai 1851 enthielt in den §§ 15-26 die entsprechenden Vorschriften in Bezug auf die Kommissionen. Im Unterschied zur GO v. 23. Juni 1821 sei insbesondere § 21 II genannt: „*Es steht ihnen zu, die einzelnen Ministerien um die Mittheilung von Ausschüssen und Akten zu ersuchen, auch die Minister einzuladen, entweder persönlich oder durch Bevollmächtigte ihren Sitzungen anzuwohnen. Sie haben das Recht, sowohl von Mit-*

Erst auf dem Landtag des Jahres 1833 wurde auf Veranlassung des Präsidenten zur Wahl einer Legitimationskommission geschritten, welche auf neun Mitglieder festgesetzt wurde.[632] Auf den folgenden Landtagen wurde es ebenfalls nicht zu einer Übung, eine besondere Legitimationskommission zu wählen.[633] Auf dem Landtag des Jahres 1838 wurden auf Vorschlag des Präsidenten die einkommenden Wahlakten der Kommission zur Begutachtung des Strafgesetzbuches überwiesen.[634] Erst ab dem 12. Landtag 1845, mit Ausnahme des 13. a.o. Landtags des Jahres 1847, kam es bis zum Ende des Untersuchungszeitraums grundsätzlich zur Bildung von eigenständigen Legitimationskommissionen, welche aus je sieben Mitgliedern bestanden.[635] Es entwickelte

---

gliedern der Versammlung als anderen Personen Eingaben, die sich auf die ihnen ertheilten Anträge beziehen, anzunehmen, sowie erforderlichen Falls Zeugen und Sachverständige zur Aeußerung zu veranlassen.". Des weiteren sei genannt, daß in dieser GO in § 25 S. 1 geregelt wurde, das eine Minderheit in der Kommission das Recht hatte, ein Minderheitsgutachten zu erstatten.

631 So wurde auf dem Landtag des Jahres 1823 keine Legitimationskommission gewählt, sondern die Wahlurkunden der später eintretenden Mitglieder wurden auf Antrag des Präsidenten der Kommission zur Prüfung des Wahlgesetzes übergeben (Verh. Württ. 1823, 3. Heft, 10. Prot. v. 16. Dezember 1823, S. 71). Auf dem Landtag des Jahres 1826 wurden die ersten beiden Wahlurkunden, welche auf diesem neuen Landtag zu prüfen waren, auf Vorschlag des provisorischen Präsidenten, den bisherigen, in der Kammer anwesenden Mitglieder des ständischen Ausschusses übergeben, und mit der Prüfung betraut (Verh. Württ. 1826, 1. Heft, 1. Prot. v. 2. Dezember 1826, S. 10). Als jedoch in der 2. Sitzung am 4. Dezember 1826 der provisorische Präsident den Antrag machte, eine Kommission zur „*Begutachtung der während des Landtags vorkommenden Legitimationen*" zu wählen, beschloß die Kammer auf Antrag des Prälats v. Märklin diese Aufgabe den noch in der Kammer anwesenden Ausschußmitgliedern zu übertragen (Verh. Württ. 1826, 1. Heft, 2. Prot. v. 4. Dezember 1826, S. 17). Auf dem a.o. Landtag des Jahres 1828 wurde die angefallene Legitimationssache des Oberamts Tübingen der „*Gesetze-Vorberathungs-Commission*" übertragen (Verh. Württ. 1828, 6. Heft, 47. Prot. v. 22. März 1828, S. 1436 f.).

632 Verh. Württ. auf dem ersten Landtage von 1833, 1. Bd., 2. Prot. v. 17. Januar 1833, S. 3.

633 Lediglich auf dem Landtag des Jahres 1836 kam es in der 22. Sitzung zur Wahl einer Legitimationskommission. Verh. Württ. 1836, Zweiter Bd., 22. Prot. v. 1. März 1836, S. 2.

634 Verh. Württ. 1838, 3. Bd., 26. Prot. v. 19. Februar 1838, S. 1 f.. Hiergegen wandte sich lediglich der Abg. v. Hornstein mit dem Einwand, daß aufgrund der Wichtigkeit des Legitimationsgeschäftes eine besondere Kommission zu wählen sei (Verh. Württ. 1838, 3. Bd., 26. Prot. v. 19. Februar 1838, S. 2). Diese Auffassung fand jedoch keine Entsprechung in der Kammer. So wurde nach der Vertagung auch keine Legitimationskommission gewählt, sondern es wurde auf Vorschlag des Präsidenten beschlossen, die eingegangenen Wahlurkunden der Justizgesetzgebungskommission zu übergeben (vgl. Verh. Württ. 1838, 10. Bd., 106. Prot. v. 15. September 1838, S. 2 f.). Auch auf den Landtagen 1839 und 1841/42 wurde keine besondere Legitimationskommission gewählt, sondern nach Beschluß der Kammer oblag die Aufgabe der Prüfung der Legitimationen der staatsrechtlichen Kommission (vgl. Verh. Württ. 1841-42, 3. Bd., 32. Prot. v. 6. Dezember 1841, S. 1 f.).

635 Verh. Württ. 1845, 1. Bd., 2. Prot. v. 4. Februar 1845, S. 5; Verh. Württ. 1848/49, 1. Bd., 1. Prot. v. 20. September 1848, S. 6; Verh. Württ. 1851, 1. Bd., 1. Prot. v. 7. Mai 1851, S. 9; Verh. Württ. 1856 und 1857, 1. Bd., 2. Prot. v. 22. Februar 1856, S. 13; Verh. Württ. 1862 bis 1864, 1. Bd., 2. Prot. v. 6. Mai 1862, S. 14.

sich damit zu einer ständigen Übung, besondere Legitimationskommissionen zu wählen.[636]

Weshalb es nicht grundsätzlich auf jedem Landtag zur Wahl einer besonderen Legitimationskommission kam, verdeutlicht die Stellungsnahme des Präsidenten in der ersten Sitzung des a.o. Landtags des Jahres 1847: *„allein auf dem gegenwärtigen Landtage werden es der Legitimationsfragen nur wenige seyn, und es scheine mir deßhalb am Angemessensten, wenn wir zunächst eine staatsrechtliche Commission wählten, und uns vorbehielten, die Legitimationsfragen an diese zu weisen, oder wenn es uns zweckmäßig scheint, später eine besondere Legitimations-Commission zu wählen.*“.[637]

In der Kammer herrschte der Grundsatz vor, daß es nur sinnvoll war, eine eigenständige Legitimationskommission zu wählen, wenn Gewißheit dahingehend vorlag, daß das Legitimationsgeschäft von größerem Umfang war. Ansonsten überwies man die anstehenden Legitimationsgegenstände den Kommissionen, welche generell gebildet wurden. Wurde eine Legitimationskommission gebildet, so blieb diese auch während einer Vertagung bestehen und führte die Legitimationsprüfung bei den in dieser Zeit stattgefundenen Neuwahlen durch.[638] Kam es hingegen nicht zu der Bildung einer Legitimationskommission, so führte der Ausschuß die während dieser Zeit angefallenen Legitimationsgeschäfte aus.[639]Die Legitimationskommission prüfte aber keineswegs die vom Ausschuß beanstandeten Wahlen oder die von den später eintretenden Mitgliedern übergebenen Wahlurkunden automatisch. Die Wahlurkunden der später eintretenden Mitglieder wurden zunächst an das Präsidium der Kammer gesandt.[640] Das Präsidium übergab diese daraufhin der Kommission zur Prüfung und Berichterstattung.

Dieses Verfahren änderte sich erst auf dem ersten Landtag des Jahres 1833. Nach der Berichterstattung der Legitimationskommission über die Legitimation des Abg. v. Ringler meldete sich der Abg. Murschel zu Wort und wandte ein, daß die Legitimati-

---

[636] Auch auf dem a. o. Landtag im Mai/Juni 1866 stellte sich die Frage, ob eine besondere Legitimationskommission zu wählen sei. Der Präsident sprach sich dahin aus, daß besser nur eine staatsrechtliche Kommission zu wählen sei, da noch weitere Gegenstände einlaufen würden, welche von dieser Kommission begutachtet werden könnten. Hiergegen erhob sich Widerstand in der Kammer. So erklärte der Abg. Hölder, daß es sinnvoller sei, eine Legitimationskommission zu wählen, da hierfür insbesondere der Umstand spreche, da in der Kammer Mitglieder säßen, welche *„sich speziell mit Legitimationsfragen beschäftigt haben, welche ich als wirkliche Spezialisten in diesem Fache betrachten möchte, welche daher bei der Wahl einer Legitimationscommission vorzugsweise berücksichtigt werden dürften.*“. Im Ergebnis kam es auch zur Wahl einer Legitimationskommission (Verh. Württ. im Mai und Juni 1866, Prot.-Bd., 1. Prot. v. 23. Mai 1866, S. 4 ff.).

[637] Verh. Württ. 1847, 1. Bd., 1. Prot., S. 26 f.. Zu nennen ist in diesem Zusammenhang auch der Landtag des Jahres 1839. Der Präsident stellte es der Kammer anheim, ob eine Legitimationskommission zu wählen sei. Der Abg. v. Hornstein sprach sich dafür aus, mit der Wahl zu warten, bis ein Fall *„von der fraglichen Art*“ eintrete. Dies entsprach der Ansicht der gesamten Kammer. Verh. Württ. 1839, 1. Bd., 1. Prot. v. 4. Februar 1839, S. 2.

[638] Verh. Württ. 1820, 13. Abt., 78. Prot. v. 1. Dezember 1820, S. 1; Vgl. Verh. Württ. 1862 bis 1865, 3. Bd., 68. Prot. v. 12. Juli 1864, S. 1525; Verh. Württ. im Mai und Juni 1866, Prot.-Bd., 1. Prot. v. 23. Mai 1866, S. 5.

[639] Vgl. Verh. Württ. 1838, 10. Bd., 106. Prot. v. 15. September 1838, S. 2 f..

[640] Verh. Württ. 1851, 1. Bd., 11. Prot. v. 28. Mai 1851, S. 135.

onskommission nicht dazu berechtigt gewesen sei, einen Bericht zu erstatten, da ihr von der Kammer kein Auftrag hierfür erteilt wurde. Er war zwar damit einverstanden, daß diese Vorgehensweise für alle künftigen Fälle eingeführt würde, aber nach der Verfassung solle die Legitimation bei der Kammer und nicht bei der Kommission eingebracht werden.[641] Die Auffassung wurde auch von weiteren Rednern i.d.S. bekräftigt, daß zuerst die Kammer legitimiere, und dann erst die Anstände an die Kommission verwiesen würden. Des weiteren sei es auch notwendig, daß die Kammer zuerst darüber in Kenntnis zu setzen sei, ob sich jemand bei ihr gemeldet habe, da ansonsten die Wahlurkunde ungewöhnlich lang bei der Legitimationskommission liegen bliebe.[642] Schließlich wurde von der Kammer beschlossen, daß künftig die Wahlurkunden dem Präsidenten zu übergeben seien. Sie sollten von diesem der Kammer vorgelegt werden und von dieser sollte dann beschlossen werden, ob sie an die Legitimationskommission zu verweisen seien.[643] Im Folgenden wurde während des restlichen Untersuchungszeitraumes vom Präsidenten der Kammer angezeigt, daß von einem Wahlbezirk eine Wahlurkunde eingegangen sei. Dieser machte daraufhin den Vorschlag die Urkunde der Legitimationskommission zur Berichterstattung zu überweisen.[644]Infolge dessen wurde jeweils ein besonderer Beschluß gefaßt, der darüber befand, ob die Legitimationskommission über eine Wahl Bericht erstatten sollte.[645] Kamen Wahlurkunden zu einer Zeit ein, in der das Plenum nicht tagte, so wurden diese unter dem Gesichtspunkt der zügigen Erledigung der Wahlprüfungsgeschäfte direkt der Legitimationskommission übergeben. Der Präsident unterrichtete die Kammer im nachhinein.[646]

Die Legitimationskommission hatte damit sowohl die Wahlurkunden der später eintretenden Mitglieder, die Eingaben gegen bereits genehmigte Wahlen[647] sowie die Legi-

---

[641] Verh. Württ. auf dem ersten Landtage von 1833, 3. Bd., 31. Prot. v. 25. Februar 1833, S. 1 f..

[642] So die Abg. Walz und Pfleiderer. Auch der Abg. v. Zwergern äußerte sich dahingehend, daß es nicht sein könne, daß die Legitimationskommission Fragen erörtere, von denen die Kammer keine Kenntnis habe. Verh. Württ. auf dem ersten Landtage von 1833, 3. Bd., 31. Prot. v. 25. Februar 1833, S. 2.

[643] Verh. Württ. auf dem ersten Landtage von 1833, 3. Bd., 31. Prot. v. 25. Februar 1833, S. 3.

[644] Vgl. Verh. Württ. auf dem zweiten Landtage von 1833, 5. Bd., 30. Prot. v. 9. August 1833, S. 1; Verh. Württ. 1835, als Fortsetzung der Verh. des zweiten Landtags von 1833, 1. Bd., 117. Prot. v. 27. November 1835, S. 3; Verh. Württ. 1836, 4. Bd., 44. Prot. v. 26. April 1836, S. 14 f.; Verh. Württ. 1839, 4. Bd., 48. Prot. v. 18. Mai 1839, S. 49; Verh. Württ. 1841-42, 3. Bd., 32. Prot. v. 6. Dezember 1841, S. 1 f..

[645] So verhielt es sich auch mit dem Eingang von Eingaben. Vgl. Verh. Württ. 1820, 1. Abt., 6. Prot. v. 22. Januar 1820, S. 41; Verh. Württ. 1820, 2. Abt., 14. Prot. v. 5. Februar 1820, S. 125; Verh. Württ. 1820, 4. Abt., 23. Prot. v. 25. Februar 1820, S. 286.

[646] Auch diese Vorgehensweise entwickelte sich zu einer feststehenden Übung. Vgl. Verh. Württ. 1820, 4. Abt., 25. Prot. v. 1. März 1820, S. 298; Verh. Württ. 1841-42, 6. Bd., 78. Prot. v. 6. April 1842, S. 2; Verh. Württ. 1847, 1. Bd., 15. Prot. v. 10. Februar 1847, S. 1; Verh. Württ. 1847, 2. Bd., 20. Prot. v. 18. Februar 1847, S. 1. Verh. Württ. 1847, 2. Bd., 23. Prot. v. 22. Februar 1847, S. 1 f..

[647] Vgl. u.a. die Wahl des Abg. Widmann des Oberamtes Saulgau. Verh. Württ. 1821, 10 Abt., 155. Prot. v. 30. April 1821, S. 894 f..

timationen, welche vom Ausschuß beanstandet wurden, zu prüfen. Prüfungsgrundlage hierfür bildete zunächst lediglich die Wahlurkunde.[648] Bei den später eintretenden Mitgliedern prüfte die Legitimationskommission nur, sofern keine Eingaben gegen die Wahl eingingen oder die Wahlkommission nicht daran zweifelte, ob der Gewählte die

[648] Ab dem 6. Landtag kam in der Kammer die Frage auf die Tagesordnung, ob für die Wahlprüfung die Wahlurkunde allein ausreichend sei. Auslöser hierfür war der Fall des Abg. Widenmann, bei der sich der Kommission das Problem stellte, daß das Alter des Gewählten nicht belegt war. Zwar trug sie auf dessen Zulassung an, aber unter der Auflage der nachträglichen Beibringung des Taufscheins. Dies führte in der Kammer zu einer Debatte, ob für die Zukunft zusätzlich die Beibringung eines Taufscheins erforderlich sei. Insbesondere von regierungstreuer Seite wurde vorgebracht, daß die Wahlurkunde des Oberamts die einzig notwendige Prüfungsgrundlage bilde, da in dieser vom Oberamt bezeugt sei, daß kein verfassungsmäßiges Hindernis vorhanden sei. Des weiteren wurde angeführt, daß, falls man den Angaben der Wahlkommission keinen Glauben schenke, die gesamte Wahl zu untersuchen sei, da die Wahlkommission neben dem Alter noch andere Dinge bezeuge. Daß sich gerade die regierungstreue Seite dafür aussprach, ausschließlich die Wahlurkunde heranzuziehen, hatte seinen Grund darin, daß hierdurch der Wahlkommission die Möglichkeit belassen wurde, Manipulationen i.S.d. Regierung durchzuführen. In diesem Zusammenhang muß man sich vor Augen führen, daß ausschließlich die Wahlkommission für das Vorliegen der nach § 135 der Verf.-Urk. v. 25. September 1819 erforderlichen Eigenschaften Gewähr bot. Hiergegen wurde von liberaler Seite generell angeführt, daß ein gültiges Urteil über die Rechtmäßigkeit der Wahl nur dann gefällt werden könne, wenn die Wahlakten an die Kammer geschickt würden. Auf die allgemeine Versicherung des Oberamtes allein sei nicht zu vertrauen, und daher sei für die Zukunft die Einreichung des Taufscheins sinnvoll. Im Ergebnis wurde die nachträgliche Einreichung des Taufscheins mit 47 gegen 34 Stimmen verneint (vgl. Verh. Württ. auf dem ersten Landtage von 1833, 4. Bd., 40. Prot. v. 13. März 1833, S. 3 ff.). Im Jahre 1838 kam diese Frage im Rahmen der Wahl des Oberamtsbezirks Marbach erneut auf. Die Kammer stellte diesmal jedoch u.a. an die Regierung die Bitte, *„daß die Wahlcommissionen bis zur Erscheinung des von uns erbetenen Wahlgesetzes angewiesen werden, das Alter des zum erstenmal gewählten Abgeordneten zu erheben und in den Urkunden zu bemerken.“* (Verh. Württ. 1838, 14. Bd., IV. Beil.-Heft, S. 507). Im gleichen Jahr stellte sich bei der Wahl des Abg. Zais des Oberamts Blaubeuren wiederum das Problem, daß das Alter des Erwählten nicht nachgewiesen war. Die Kommission stellte dennoch den Antrag, den Abg. für legitimiert zu erklären. Sie stellte erneut wegen des mangelnden Nachweises des Alters den Antrag, daß die Regierung gebeten werden solle, bis zur Erscheinung eines Wahlgesetzes die Oberämter anzuweisen, das Alter des zum erstenmal Gewählten zu erheben, und es in der Urkunde zu vermerken. Hierüber entstand erneut eine Debatte in der Kammer, in welcher sich die Redner dafür aussprachen, daß auf welche Weise auch immer das Alter gesichert nachgewiesen sein müsse, da ansonsten ein gesicherter Beschluß über die Legitimation nicht möglich sei. Besonders interessant ist in diesem Zusammenhang die Aussage des Abg. Schott: *„Es ist überhaupt zu hoffen, daß, wenn ein neues Wahlgesetz berathen wird und zu Stande kommt, die Wahl-Urkunden anders abgefasst werden, und viel mehr in dieselben aufgenommen werden wird, als bis jetzt, denn so wie sie jetzt abgefasst sind, können die Wahlen ganz ungültig seyn, und die Wahl-Commission der Kammer doch keine Kenntniß davon haben.“*. Im Ergebnis nahm die Kammer den Antrag an, ohne jedoch einen Beschluß dahingehend zu fassen, daß neben der Wahlurkunde der Taufschein für die Legitimation erforderlich sei (vgl. Württ. 1838, 10. Bd., 107. Prot. v. 17. September 1838, S. 2 ff.).

nach § 135 der Verf.-Urk. v. 25. September 1819 erforderlichen Eigenschaften besaß, und ob die Wahlurkunde der Form nach unmangelhaft war.[649] Wurden der Legitimationskommission Anstände im oben genannten Sinne bekannt, so zählten neben der Wahlurkunde auch Wahlakten oder Untersuchungsberichte über die Wahlanstände zur Prüfungsgrundlage der Kommission.[650] Sah sich die Kommission außerstande einen Bericht zu erstatten, da es ihr an einer Beurteilungsgrundlage fehlte, und sie aus diesem Grund die Wahlakten vom Ministerium des Innern benötigte, stellte sie hierauf einen Antrag in der Kammer, welcher auch grundsätzlich genehmigt wurde.[651] Neben dem Antrag auf Übergabe der Wahlakten bedurfte die Kommission im Fall von Anfechtungen auch Angaben über Wahlvorgänge. Aufgrund der Tatsache, daß die Kammer kein selbstständiges Enqueterecht[652] besaß, mußte die Kommission in diesen Fällen den Antrag stellen, daß das Ministerium des Innern von der Kammer aufgefordert werden sollte, die Anstände untersuchen zu lassen.[653] Während des gesamten Untersuchungszeitraums kam der Geheime Rat dem Wunsch der Kammer auf Übergabe von

---

[649] So hieß es ganz charakteristisch in Bezug auf die erstmalige Prüfung der Wahlurkunde des Gewählten Ludwig für das Amt Heilbronn im Jahre 1820: „*Was die Wahl ... betrifft, so kann durch die vorgelegte äusserlich gültigscheinende Wahl-Urkunde ... der Legitimations-Punkt für berechtigt zu erkennen seyn.*“ (Verh. Württ. 1820, 1. Abt., Beil. Nr. 3 zum Prot. v. 20 Januar 1820, Beil. XI, S. 57).

[650] Vgl. u.a. Verh. Württ. 1820, 3. Abt., Beil. Nr. 1 zum Prot. v. 18. Februar 1820, Beil. LXIII., S. 199.

[651] So z.B. im Fall der Prüfung der Eingabe gegen die Wahl des Abg. Widmann auf dem 1. Landtag, in dem die Kommission den Antrag stellte, Erkundigungen beim Geh. Rat über die bei der Wahl beigezogenen Ausschussmänner zu erbitten (Verh. Württ. 1821, 10. Abt., 155. Prot. v. 30. April 1821, S. 894 f.; s. auch Verh. Württ. 1856 und 1858, 2. Bd., 37. Prot. v. 10. Mai 1858, S. 769 f.).

[652] Zwar bestimmte § 21 S. 3 der GO v. 26. Mai 1851, daß die Kommissionen, das Recht hatten „*erforderlichen Falls Zeugen und Sachverständige zur Aeußerung zu veranlassen*“, jedoch konnte hierin keine Normierung eines selbstständigen Enqueterechts gesehen werden. Dies hatte insbesondere seinen Grund darin, daß die Regierung diese GO niemals als rechtsgültig anerkannt hatte. Aber auch in der Praxis kam es im Rahmen einer Wahlprüfung nicht vor, daß eine Kommission dieses Recht ausübte.

[653] Auf dem a.o. Landtag des Jahres 1847 machte der Abg. v. Mohl im Zusammenhang mit einer Eingabe gegen die Wahl des Oberamtsbezirks Eßlingen den Vorschlag, die bisherige Praxis zu verlassen, wonach nur das Ministerium des Innern zweifelhafte Wahlen zu untersuchen habe. Diese Praxis stellte für ihn eine „*Absurdität*“ dar. Zwar würden die Behörden im Ministerium des Innern bei bloß formellen Fragen gut und unparteiisch untersuchen, ob der Gewählte mit Recht gewählt werde. In den Fällen hingegen, in denen es darum ginge zu untersuchen, ob eine Wahl durch Einfluß von Regierungsbehörden zustande gekommen war, sei eine solche Untersuchung unpassend. Diese Auffassung wurde aber keineswegs von der Kammer geteilt. So vertraten insbesondere die regierungstreuen Abg. v. Scheurlen und Frhr. v. Linden die Auffassung, daß es ausreiche, daß in solchen Fällen das Ministerium des Innern gebeten werde, unbefangene Beamten für die Untersuchung aufzustellen, wobei es auch letztendlich blieb. Verh. Württ. 1847, 1. Bd., 1. Prot. v. 7. Januar 1847, S. 17 f.. Vgl. hierzu auch v. Mohl, Untersuchungen.

Wahlakten oder auf Untersuchung[654] bestimmter Wahlvorgänge immer nach[655] und beauftragte das Ministerium des Innern mit der Einleitung einer solchen Untersuchung.[656]
Dabei gingen die Untersuchungen nur auf die beanstandeten Mängel ein. Die Untersuchungen gingen aber keineswegs dahin, ob die Wahl im gesamten Wahlbezirk rechtmäßig zustande gekommen war. Auch die Legitimationskommission prüfte in diesen Fällen nur die in der Eingabe angeführten Anstandsgründe, wobei jedoch jeder einzeln angeführte Anstandspunkt geprüft und rechtlich beurteilt wurde.[657] Im Jahre 1847 ging von dem Abg. Eggmann während der Debatte über die Wahl des Oberamtbezirks Ehingen der Reformanstoß aus, die Untersuchung nach Unregelmäßigkeiten auf den ganzen Wahlbezirk auszudehnen, da seiner Auffassung nach durch eine unvollständige Untersuchung keine wahre Aussage über die Gültigkeit der Wahl getroffen werden könne.[658] Dieser Vorschlag wurde jedoch, ohne daß es zu einer großen Aussprache kam, von der Kammer geschlossen verworfen. Als Grund wurde angeführt, daß hiernach durch jeden erhobenen Anstand das ganze Wahlgeschäft einer Revision unterzogen werden müsse, und daß die Wahlsache nie zu einem Ende gelangen werde.[659]

Nachdem die Kommission ihre Prüfung beendet hatte erfolgte die Berichterstattung an die Kammer, welche auf dem ersten Landtag von einem gewählten Kommissionssprecher[660] und auf den folgenden Landtagen der GO entsprechend von verschiedenen Mitgliedern vorgenommen wurde.[661] Hierbei war es keineswegs so, daß die Kommission immer einhellig eine Auffassung vertrat. Bereits auf dem ersten Landtag kam es im Fall des Abg. List dazu, daß eine Minorität der Kommission ihre Entscheidungsgründe der Kammer vortragen wollte. Da ein solcher Minoritätsbericht bisher noch

---

654 Die Untersuchung wurde generell vom Oberamt durchgeführt, welches der Kreisregierung Bericht erstattete. Die Kreisregierung legte wiederum dem Ministerium des Innern den Bericht mitsamt den Untersuchungsakten vor, welches dann die Kammer informierte.

655 Es wurde aber z.T. auch bemängelt, daß die Regierung zu viel Zeit benötigte, um die Untersuchungsergebnisse mitzuteilen. So der Abg. Pfeifer in Bezug auf die Untersuchung der Unregelmäßigkeit bei der Wahl des Oberamtsbezirk Oberndorf im Jahre 1851. Verh. Württ. 1851, 1. Bd., 11. Prot. v. 28. Mai 1851, S. 135 f..

656 Vgl. hierzu das Königl. Rescript in Bezug auf die Bitte der Kammer auf eine Untersuchung bestimmter Anstände bei der Wahl des Abg. Kayser auf dem 7. Landtag. Verh. Württ. auf dem zweiten Landtage von 1833, 7. Bd,, 40. Prot. v. 26. August 1833, Beil. I, S. 66; Verh. Württ. 1856 und 1858, 2. Bd., 43. Prot. v. 20. Mai 1858, S. 932.

657 Vgl. u.a. die Prüfung im Rahmen der Marbacher Wahl auf dem 10. Landtag. Verh. Württ. 1839, 12. Bd., 2. Beil.-Heft, Beil. I zum Prot. XXVI v. 16. April 1839, S. 471 ff..

658 Verh. Württ. 1847, 1. Bd., 3. Prot. v. 14. Januar 1847, S. 5.

659 So der Abg. Frhr. v. Linden. Auch die Abg. Duvernoy und Römer sahen den Vorschlag des Abg. Eggmann als zu weitgehend an, da ansonsten jeder Oberamtsbezirk untersucht werden müsse, sobald eine Beschwerde einginge, und dies undurchführbar sei. Verh. Württ. 1847, 1. Bd., 3. Prot. v. 14. Januar 1847, S. 16 f., 5 f..

660 Verh. Württ. 1820, 2. Abt., 14. Prot. v. 5. Februar 1820, S. 124.

661 Verh. Württ. auf dem ersten Landtage von 1833, 2. Bd., 15. Prot. v. 4. Februar 1833, S. 3; Verh. Württ. 1851, 1. Bd., 2. Prot. v. 8. Mai 1851, S. 14.

nicht in der Kammer vorgekommen war, waren die Auffassungen hierüber geteilt[662], wobei sich die Mehrheit der Kammer für die Erstattung des Minoritätsberichts entschied.[663]
Auf den folgenden Landtagen war es üblich, daß die Minorität einer Kommission ihren eigenen Bericht erstattete.[664] Die GO v. 26 Mai 1851 griff diese Praxis auf und normierte dieses Recht ausdrücklich in § 25. Grundsätzlich lagen dabei die Kommissionsberichte den Kammermitgliedern in gedruckter Form[665] vor, so daß der Berichterstatter nur das wesentliche aus den Berichten vortrug.[666] Lediglich in den Fällen, in denen die Legitimationsfrage eindeutig und einfach bejaht werden konnte, verzichtete die Kommission auf den Druck.[667] Dies lag insbesondere daran, daß gem. § 26 S. 2 der GO v. 26. Mai 1851 über nicht gedruckte Berichte sogleich beraten werden konnte[668], und damit dem Ziel der zügigen Erledigung der Wahlprüfungsgeschäfte entsprochen werden konnte.

Bei unstreitigen und einfachen Wahlprüfungen wurde direkt im Anschluß an den jeweiligen Bericht der Legitimationskommission die Legitimation des Abgeordneten ohne Erinnerung oder nach kurzer Debatte für berechtigt erklärt. Sodann wurde der Abgeordnete sofort eingeführt und beeidigt.[669] Es kam in einzelnen Fällen natürlich auch vor, daß die Einführung und Beeidigung erst in der Sitzung nach der Legitimati-

---

[662] Gegen einen solchen Vortrag wurde angeführt, daß § 171 der Verf.-Urk. v. 25. September 1819 sich dagegen aussprechen würde, wonach nur Berichterstatter und Kammermitglieder, welche eine Motion zu machen hätten, schriftliche Reden verlesen dürften. Für die Mehrheit der Kammer stellte der Vortrag lediglich einen Nachtrag dar, da naturgemäß die Gründe für die Minoritätsansicht im Kommissionsbericht nicht enthalten waren.

[663] Verh. Württ. 1821, 2. Abt., 102. Prot. v. 21. Februar 1821, S. 73 f..

[664] Vgl. u.a. Verh. Württ. auf dem ersten Landtage von 1833, 2. Bd., 15. Prot. v. 4. Februar 1833, S. 3 f.; Verh. Württ. auf dem ersten Landtage von 1833, 2. Bd., Beil. Nr. 5 zum Prot. v. 4. Februar 1833, S. 67-85; Verh. Württ. 1848/49, 1. Bd., 4. Prot. v. 23. September 1848, S. 18; Verh. Württ. 1856 und 1858, 4. Bd., 85. Prot. v. 3. September 1858, S. 2100.

[665] Dies entsprach auch dem § 24 der GO v. 26. Mai 1851, wonach bei *„wichtigeren oder verwickelten Fragen“* immer der Druck zu erfolgen hatte.

[666] Verh. Württ. 1845, 1. Bd., 9. Prot. v. 17. Februar 1845, S. 2; Verh. Württ. 1856 und 1857, Erster Bd., 14. Prot. v. 10. März 1857, S. 200.

[667] Die Entscheidung, ob ein Druck des Berichts zu erfolgen hatte, lag nach § 24 der GO v. 26. Mai 1851 ausschließlich bei der Kommission.

[668] Für gedruckte Berichte galt nach § 26 S. 1, daß diese in der Regel nicht vor Ablauf von 24 Stunden nach Verteilung beraten werden sollten. Vgl. hierzu ebenfalls § 42 der GO v. 23. Juni 1821.

[669] Diese Vorgehensweise stand mit § 42 der GO v. 23. Juni 1821 im Einklang. Vgl. auch § 33 der GO v. 26. Mai 1851. s. weiterhin: Verh. Württ. 1820, 1. Abt., 7. Prot. v. 25. Januar 1820, S. 42-45; Verh. Württ. 1821, 9. Abt., 148. Prot. v. 16. April 1821, S. 804; Verh. Württ. 1826, 2. Heft, 12. Prot. v. 18. Dezember 1826, S. 222; Verh. Württ. 1838, 10. Bd., 107. Prot. v. 17. September 1838, S. 2-6; Verh. Württ. 1839, 6. Bd., 70. Prot. v. 15. Juni 1839, S. 2; Verh. Württ. 1841-42, 3. Bd., 36. Prot. v. 11. Dezember 1841, S. 1 f.; Verh. Württ. 1847, 1. Bd., 6. Prot. v. 21. Januar 1847, S. 3 f.; Verh. Württ. 1848/49, 1. Bd., 15. Prot. v. 24. Oktober 1848, S. 204; Verh. Württ. 1851, 1. Bd., 8. Prot. v. 19. Mai 1851, S. 78.

onsanerkennung erfolgte. Dies lag dann jedoch daran, daß der Abgeordnete nicht *„im Hause anwesend*" war und erst benachrichtigt werden mußte.[670] Waren die Wahlprüfungen streitig oder von besonderer Bedeutung, so erfolgte die Beratung und Abstimmung in einer der folgenden Sitzungen nach der Berichterstattung.[671]
Von den Ergebnissen der Legitimationsprüfung war zum einen dem Geheimen Rat eine Anzeige zu machen[672], welcher wiederum der Kammer auch die Einsichtnahme der Anzeige schriftlich anzeigte.[673] Zum anderen wurde diese Anzeige in der Kammer verlesen und zu den Akten genommen[674]. Kam es dazu, daß die Kammer eine Wahl als ungültig ansah, so teilte sie dies ebenfalls in einer Anzeige an den Geheimen Rat mit und gab in Kurzform die Gründe für die Ungültigkeitserklärung an.[675] Der Geheime Rat wiederum zeigte in einem Erlaß der Kammer an, daß man die Entscheidung als der Verfassung gemäß anerkannt habe, und daß man eine neue Wahl aufgegeben habe.[676] Desgleichen wurde auch der Kammer der Standesherren im Fall einer Legitimationserteilung Nachricht darüber gegeben.[677] Im Gegenzug erfolgte auch von Seiten der Kammer der Standesherren eine Note an die Kammer der Abgeordneten betreffend die Legitimation ihrer Mitglieder.[678] Diese wurde sodann in der Kammer verlesen und zu den Akten genommen. Ab dem 13. a.o. Landtag des Jahres 1847 kam es zum ersten Mal dazu, daß die Noten der Kammer der Standesherren die Legitimationsgegenstände betreffend, nicht zu den Akten genommen wurden, sondern auf Vorschlag des Präsidenten der Legitimationskommission übergeben wurden. Diese sollte zwar keinen generellen Bericht darüber erstatten, sondern nur Kenntnis von der Sache nehmen und bei besonderen Anlässen hiervon der Kammer berichten.[679] Diese Vorgehensweise wurde zu einer ständigen Übung der Kammer.
Sowohl die Eingaben an den Geheimen Rat als auch die Note an die Standesherren bzgl. der Benachrichtigung über die erfolgten Legitimationen bedurften jeweils der ausdrücklichen Genehmigung durch die Kammer.[680]

---

[670] Vgl. u.a. Verh. Württ. 1820, 5. Abt., 30. Prot. v. 20. März 1820, S. 354.
[671] Dies entsprach auch den §§ 40, 41 der GO v. 23. Juni 1821, wonach bei wichtigen Gegenständen die Beratung erst nach Ablauf von 3 Tagen nach der Berichterstattung erfolgen sollte. Vgl. beispielsweise: Verh. Württ. 1820, 3. Abt., 20. Prot. v. 5. Februar 1820, S. 204.
[672] Vgl. hierzu: Anhang VI.
[673] Vgl. hierzu: Anhang VII.
[674] Vgl. u.a. Verh. Württ. 1836, 4. Bd., 43. Prot. v. 18. April 1836, S. 2 f.; Verh. Württ. 1838, 10. Bd., 121. Prot. v. 17. Oktober 1838, S. 1.
[675] Vgl. u.a. Verh. Württ. 1820, 1. Abt., Beil. Nr. 5 zum Prot. v. 25. Januar 1820, Beil. XX. S. 67; Verh. Württ. 1820, 3. Abt., Beil. Nr. 5 zum Prot. v. 16. Februar 1820, Beil. LIX, S. 189.
[676] Vgl. u.a. Verh. Württ. 1820, 3. Abt., Beil. Nr. 2 zum Prot. v. 16. Februar 1820, Beil. LVII, S. 187; Verh. Württ. 1826, 1. Heft, Beil. Nr. 1 zum Prot. v. 11. Dezember 1826, S. 137.
[677] Vgl. Anhang VIII.
[678] Vgl. Verh. Württ. 1820, 1. Abt., Beil. Nr. 2 zum Prot. v. 28. Januar 1820, Beil. XXIV. S. 72.
[679] Verh. Württ. 1847, 1. Bd., 3. Prot. v. 14. Januar 1847, S. 2.
[680] Verh. Württ. 1820, 4. Abt., 25. Prot. v. 1. März 1820, S. 299.

Grundsätzlich war die Wahlprüfung im Königreich Württemberg eine Regelprüfung. Nach generellen Landtagsneuwahlen wurden alle Wahlen einer Prüfung unterzogen. Diese Prüfung zu Beginn einer Wahlperiode hatte zur Folge, daß auf weiteren Landtagen in dieser Wahlperiode die bereits geprüften Wahlen nicht erneut einer Prüfung unterzogen wurden, sondern ausschließlich nur die zwischenzeitlich stattgefundenen Neuwahlen. In der württembergischen Prüfungspraxis wurde jedoch neben der Regelprüfung auch eine Prüfung nach Einspruch praktiziert. So wurde auch eine bereits im Rahmen der Regelprüfung für gültig befundene Wahl im Fall einer Anfechtung einer erneuten Prüfung unterzogen, was im folgenden Abschnitt über die Wahlanfechtungen ausgeführt wird.

Zum Ende der Darstellung über den Ablauf der Prüfungen sei noch auf die Bestimmungen der §§ 1, 2 der GO v. 26. Mai 1851 hingewiesen. Durch diese einseitig von der Kammer beschlossenen Bestimmungen wurde die bisherige Wahlprüfungspraxis aufgegriffen und normiert. Damit waren die genannten Bestimmungen das Ergebnis der Entwicklungen des Wahlprüfungsverfahrens in der Kammer.

4. Wahlanfechtungen

Die Wahlanfechtungen[681] spielten ebenfalls im Königreich Württemberg eine ganz entscheidende Rolle.

Dies lag zum einen an der Prüfungsform selbst. Es wurden, wie bereits genannt, generell nur die Wahlurkunden auf ihre Form hin geprüft. Es wurde jedoch keinesfalls geprüft, ob das Ergebnis der Wahl rechtmäßig zustande gekommen war. Erst auf Eingaben hin wurden Untersuchungen beim Ministerium des Innern beantragt. Damit wurden die Wahlen, wenn auch nicht vollständig, so doch in Bezug auf die angeführten Anstände, untersucht. Auf der anderen Seite war es auch im Königreich Württemberg möglich, jede Wahl anzufechten. Insbesondere diese Tatsache offenbart bereits die politische Tragweite der Anfechtungen. Dies betraf jedoch nicht die Abgeordnetenwahlen selbst. In diesen Fällen konnte als Anstand meist nur das Nichtvorliegen der nach § 135 der Verf.-Urk. v. 25. September 1819 erforderlichen Eigenschaften angeführt werden. Aus diesem Grund spielte die Anfechtung von Abgeordnetenwahlen aus politischen Gründen eine untergeordnete Rolle. Anders lag der Fall hingegen bei den

---

[681] Es gab weder in der Verfassung, der GO noch in der Wahlinstruktion ausdrückliche Bestimmungen darüber, ob Wahlanfechtungen statthaft waren. Doch schon § 20 der GO v. 23. Juni 1821 bestimmte: „*Zur vorläufigen Prüfung der bei der Kammer einlangenden Eingaben wird für die Dauer jeden Landtags eine ständige Commission gewählt. Diese erhält die einkommenden Eingaben..., berathschlagt darüber, und erstattet der Kammer ihren Vortrag.*“. Auch § 77 der GO v. 26. Mai 1851 bestimmte: „*Eingaben an die Versammlung sind an die Kanzlei derselben einzusenden...*“. Dies verdeutlichte bereits, daß Eingaben generell möglich waren. Auch die Verfassung selbst deutete daraufhin, daß Eingaben in Form von Wahlanfechtungen möglich waren. So hieß es in § 160 IV, daß „*die Erledigung der noch übrigen Legitimationsanstände bei der betreffenden Kammer geschieht.*“. Diese Selbstverständlichkeit spiegelte sich auch von Beginn an in der Praxis der Kammer wieder. Bereits während der verfassungsgebenden Ständeversammlung gingen Eingaben gegen die Wahlen ein. Vgl. Verh. Württ. 1819, 45. Abt., XXIII. Prot., S. 3 f..

Urwahlen, obwohl diese Wahlen selbst nur in eingeschränkter Weise politische Wahlen waren. Dies lag nicht zuletzt an der Ausgestaltung der Urwahlen durch das Wahlrecht selbst.[682] Da ⅔ der Wahlmänner überhaupt nicht durch Wahl bestellt wurden, war das Interesse an den Urwahlen naturgemäß gering.[683] Nur in den Fällen, in denen die Abgeordnetenwahl in einem Bezirk sehr knapp ausging, wurde die Urwahl in den Mittelpunkt des Interesses gerückt.

Der Grund hierfür lag primär darin, daß bei den Urwahlen immer ein „Reservoir" an verborgenen Regelverstößen vorhanden war, und daß damit das Mittel der Wahlanfechtung auch erfolgversprechend schien. Bei den Regelverstößen stand die Mitwirkung von Nichtberechtigten an vorderster Stelle.[684] Dies lag nicht zuletzt gerade an der hohen Zahl der Wahlberechtigten.[685] Eine Angriffsfläche bot auch die fehlerhafte Handhabe der Formvorschriften. Zu nennen sind in diesem Zusammenhang das Überschreiten von Terminen[686], die regelwidrige Besetzung von Wahlkommissionen[687] oder Verstöße gegen die Publikationspflicht.[688] Neben der komplizierten Ausgestaltung des Wahlrechts lag einer der Hauptgründe für diese Regelverstöße in der mangelnden Qualifikation des die Wahlen ausführenden Personals. Das die Wahlen ausführende Personal in den Gemeinden verfügte nicht über den erforderlichen Sachverstand, um den Anforderungen, die die Verfassung und die Instruktionen an den Ablauf der Wahl stellten, zu genügen[689].

Das Mittel der Wahlanfechtung wurde damit grundsätzlich zum obligatorischen Rechtsmittel des Verlierers. Angewandt wurde sie immer in den Fällen, in denen der Stimmenabstand knapp war, und in denen damit die Chancen, bei einer Neuwahl zu

---

682 Dies verdeutlicht eindringlich die Ehinger Wahl vom Dezember 1819, denn dort waren alle Wähler zugleich auch Kandidaten. Ferner verdeutlicht dies auch das Beispiel Heidenheim, bei dem bei der Wahl 1831 204 Bürger ihre Stimme abgaben und 197 von ihnen Stimmen erhielten. Vgl. Brandt, Parlamentarismus, S. 59, mit weiteren typischen Beispielen.

683 Auch das Staatsministerium pflegte sein Augenmerk allein auf die Wahl der Abg. zu richten.

684 Brandt, Parlamentarismus, S. 54.

685 Nach Brandt, Parlamentarismus, S. 51 f., konnte man von einem Anteil von 13-14 % an der Gesamtbevölkerung ausgehen.

686 Vgl. hierzu beispielsweise die Wahl im Oberamtsbezirk Wangen des 20. Landtags, bei der u.a. ein Anstand war, daß in einer Reihe von Gemeinden der achttägige Zeitraum zwischen der Bekanntmachung und des Eintritts des Wahltermins nicht eingehalten wurde. Verh. Württ. 1856 und 1858, 1. Beil.-Bd., Zweite Abt., Beil. Nr. 163 (Prot. 46), S. 1189-1200.

687 Vgl. u.a. Verh. Württ. 1847, 3. Bd., Beil.-Heft, S. 129.

688 vgl. Brandt, Parlamentarismus, S. 57.

689 Diese Problematik war auch den Mitgliedern der Kammer bewußt. So sah der Abg. Holzinger die Hauptschwierigkeit des Wahlsystems in der Verfassungsurkunde selbst, und zwar in der Weise, daß ein großer Teil der Ortsvorsteher nicht in der Lage war, die dort gegebenen Vorschriften richtig anzuwenden (Verh. Württ. 1845, 1. Bd., 13. Prot. v. 27. Februar 1845, S. 17). Dieses während des gesamten Untersuchungszeitraums bestehende Problem verdeutlichte auch die Aussage des Abg. Seeger im Jahre 1851: *„Denken Sie nur an das komplicirte Geschäft der Wahlen und daran, wie viele Ortsvorsteher, z.B. in kleinen Dorfgemeinden, ihm nicht gewachsen sind!"* (Verh. Württ. 1851, 1. Bd., 2. Prot. v. 8. Mai 1851, S. 16).

gewinnen, aussichtsreich erschienen. Brandt[690] ging sogar soweit, daß er die Wahlanfechtung als eine „*Standardreaktion des "zweiten Siegers"*" auf ein relativ ausgeglichenes Wahlergebnis beschreibt.
Die Primärwahlen boten damit eine offene Flanke für Anfechtungen. Ihre Anzahl nahm in Zeiten des zunehmenden und schärfer werdenden politischen Wettbewerbs deutlich zu.[691] Die machtpolitische Bedeutung der Wahlanfechtungen war damit enorm.

a. Zeitpunkt der Erhebung von Anfechtungen

Hinsichtlich des Zeitpunkts der Erhebung von Anfechtungen gab es keine Normierung. Obwohl keine Vorgabe bestand entwickelte sich diesbezüglich in der Kammer kein fester Grundsatz. Vielmehr wurde jede Anfechtung während des gesamten Untersuchungszeitraums angenommen. Es gab keine zeitliche Begrenzung bis zur Legitimationsprüfung und Entscheidung durch die Kammer, sondern es wurden auch dann Eingaben von der Kammer angenommen, wenn der Abgeordnete bereits legitimiert war. Hiergegen erhob sich zwar vereinzelt Widerstand, vor allem von liberalen Mitgliedern. So prangerte der Abg. Römer im Rahmen der Wahlsache des Oberamtsbezirks Baihingen im Jahre 1845 an, daß es einer Regelung bedürfte, wonach es nicht möglich sein dürfte, die ganze Dauer einer Wahlperiode, Wahlen anzufechten.[692] Die Anregung fand zwar vielstimmigen Beifall in der Kammer, wobei es aber auch letztlich blieb.
Insbesondere aufgrund einer fehlenden Fristbestimmung war es auch üblich, daß es erst längere Zeit nach der Wahl zu Erhebungen von Anfechtungen kam. So wurde die Wahl eines Abgeordneten der Stadt Reutlingen am 11. Dezember 1855 durchgeführt, und erst am 16. Februar 1856 ging eine Eingabe gegen diese Wahl ein.[693] Dieses typische Beispiel war aber keineswegs ein Einzelfall in der Prüfungspraxis der Kammer. Trotz allem führte dieser Zustand jedoch keineswegs zu einer Reformdebatte in der Kammer. Lediglich der Abg. v. Mohl sah im Jahre 1847 in dieser Übung einen „*unerträgliche*(n) *Mißbrauch*", daß Mitglieder ein halbes Jahr in der Kammer säßen, und daß dann erst ihre Wahlen angefochten würden.[694] Aus diesem Grund forderte er eine kurze Verjährungsfrist für solche Anfechtungen. Aber es blieb auch hierbei lediglich bei dieser singulären Äußerung.
Grundsätzlich beschäftigte sich die Kammer bzw. die Legitimationskommission, wie bereits erwähnt, auch mit Eingaben, obwohl der Abgeordnete bereits für legitimiert erklärt wurde.[695] Dabei kam es in logischer Konsequenz auch dazu, daß bereits ge-

---

[690] Brandt, Parlamentarismus, S. 54.
[691] Dies wird für Württemberg insbesondere in den frühen dreißiger Jahren und bei den Landtagswahlen von 1844 deutlich.
[692] Verh. Württ. 1845, 6. Bd., 90. Prot. v. 4. August 1845, S. 7 f..
[693] Verh. Württ. 1856 und 1857, 1. Beil.-Bd., Erste Abt., Beil. 22 (Prot. 11), S. 54.
[694] v. Mohl bezog sich auf eine Wahl, die am 7. und 8. April 1845 vorgenommen wurde, jedoch erst im Juli des darauffolgenden Jahres angefochten wurde (Verh. Württ. 1847, 1. Bd., 3. Prot. v. 14. Januar 1847, S. 10).
[695] So bei der Wahl des Abg. Widmann vom Oberamt Saulgau. Verh. Württ. 1821, 10. Abt., 155. Prot. v. 30. April 1821, S. 894 f..

nehmigte Wahlen aufgrund einer späteren Eingabe für ungültig erklärt wurden.[696] Auffallend war, daß sich während des gesamten Untersuchungszeitraums keine ernsthaften Bestrebungen zeigten, eine Regelung in dieser Frage zu erzielen.

b. Anfechtungsberechtigter Personenkreis

Der Kreis derjenigen, welche eine Wahl, d.h. sowohl eine Urwahl als auch eine Abgeordnetenwahl, anfechten konnten, war ebenfalls nicht explizit geregelt. In der Kammerpraxis entstand auch keine Übung, welche den Kreis der Anfechtungsberechtigten festlegte. Vielmehr bestand überhaupt keine Begrenzung bzgl. des anfechtungsberechtigten Personenkreises. Anfechtungen waren damit von Seiten des unterlegenen Bewerbers und auch durch Dritte, etwa Wähler, aber auch durch an der Wahl unbeteiligte Dritte, möglich. Hierneben bestand, wenn auch in der Praxis äußerst selten, auch von Seiten der Regierung[697], sowie von Seiten der Kammermitglieder[698] die Möglichkeit der Anfechtung. Obwohl, wie bereits geschildert, insbesondere in der Zeit der verstärkten politischen Auseinandersetzung die Anzahl der politisch motivierten Anfechtungen gerade von Seiten der unterlegenen Kandidaten zunahm, sah die Kammer hinsichtlich einer Begrenzung des anfechtungsberechtigten Personenkreises keinen Handlungsbedarf.

c. Grundlage der Beanstandung

In der württembergischen Wahlprüfungspraxis stellte sich ebenfalls die Frage, welche Auswirkungen einer Eingabe auf die Gültigkeit einer Wahl beizumessen war.
Zur Klärung dieser Frage sei die Wahl des Oberamtsbezirks Marbach des Jahres 1839 genannt. Zunächst hatte sich der Abg. Veiel mit einer *„unmangelhaften“* Wahlurkunde legitimiert. Es ging beim Ausschuß jedoch eine Eingabe des Stadtrats Schwarz ein, in welcher dieser die genannte Wahl angefochten hatte. Interessant war, daß trotz dieser Eingabe sowie einer diesbezüglichen Untersuchung der vorgebrachten Anstände, der Ausschuß dem Abg. Veiel nicht den Eintritt in die Kammer verweigerte. Der Ausschuß begründete dies folgendermaßen: *„Derselbe hat einmal durch die Vorlegung*

---

[696] So wurde in der Sitzung vom 12. April 1845 die Legitimation des Abg. Wizigerreuter des Oberamts Ehingens von der Kammer für gültig erklärt. Jedoch ging am 7. Juli 1845 der Kammer eine Eingabe, welche auf den 29. Mai und 26. Juni 1845 datiert war, ein. In der Sitzung vom 11. Juli 1845 faßte die Kammer den Beschluß, eine Untersuchung über die in der Eingabe genannten Anstände bei dem Ministerium des Innern zu beantragen. Nach Auswertung der Untersuchung stellte die Kommission den Antrag, die auf den Abg. gefallene Wahl für ungültig zu erklären, da aufgrund einer gewissen Anzahl von unberechtigten Wahlmännern es nicht gewiß sei, wie die Wahl ausgegangen wäre, wenn die Berechtigten abgestimmt hätten (Verh. Württ. 1847, 3. Bd., Beil.-Heft, S. 131 f.) Der Antrag der Kommission ging dahin, die bereits genehmigte Wahl für ungültig zu erklären. Im Ergebnis schloß sich die Kammer dem Antrag der Kommission an (Verh. Württ. 1847, 1. Bd., 3. Prot. v. 14. Januar 1847, S. 29).

[697] Vgl. hierzu den Fall List: Verh. Württ. 1821, 1. Abt., Prot. XCIV v. 6. Februar 1821, S. 5; Beil. Nr. 4 zum Prot. v. 6. Februar 1821, Beil. XXXVI, S. 16 f..

[698] Vgl. u.a. die Anträge der Abg. Seeger und Hölder (Verh. Württ. 1862 bis 1864, 1. Bd., 5. Prot. v. 9. Mai 1862, S. 56).

einer unmangelhaften Wahlurkunde die verfassungsmäßige Bedingung der Legitimation (Verf.-Urk. § 159) erfüllt. Ein weiterer Beweis seiner Wahl, als dieser, kann von ihm nicht verlangt werden. Die gegen die Gültigkeit seiner Wahl vorgebrachten, an und für sich keineswegs unerheblichen factischen Angaben, erscheinen vorerst und so lange sie nicht gehörig nachgewiesen sind, lediglich als Behauptungen eines Einzelnen, und es kann denselben darum noch nicht die Folge beigelegt werden, daß der Oberamtsbezirk bis zu Austrag der Sache nicht vertreten sey.".[699]

Dieser vom Ausschuß aufgestellte Grundsatz fand die einhellige Zustimmung durch die Kammer[700] und wurde gleichzeitig zur Richtlinie für die Behandlung aller künftigen Eingaben.[701] Soweit sich der Angeordnete mit einer unmangelhaften Wahlurkunde ausgewiesen hatte, und die Anstände, welche in den Eingaben vorgebracht wurden, nicht bewiesen waren, wurde dem Gewählten der Eintritt in die Kammer nicht versagt.[702]

Der Ausschuß, die Legitimationskommission und die Kammer wandten diesen Grundsatz in unstreitiger Weise bis zum Ende des Untersuchungszeitraumes konsequent

---

[699] Verh. Württ. 1839, 12. Bd., 2. Beil.-Heft, Beil. I. zum Prot. v. 4. Februar 1839, S. 118.

[700] Auch die Kommission führte im Sinne des Ausschusses aus, daß so lange es nicht bewiesen wäre, daß Unregelmäßigkeiten stattgefunden hätten, „*die Annahme: sie habe nicht stattgefunden, gerechtfertigt ist, bedarf keiner Ausführung.*" (Verh. Württ. 1839, 12. Bd., 2. Beil.-Heft, Beil. I zum Prot. XXVI v. 16. April 1839, S. 490 f.).

[701] Dieser Beurteilungsgrundsatz wurde nicht erst seit der Marbacher Wahl praktiziert, sondern schon das Legitimationskomitee stellte diesen Grundsatz während der verfassungsgebenden Landesversammlung auf. So befand das Legitimationskomittee eine Eingabe gegen die Wahl des Abg. Essich als nicht berücksichtigungswert, da der Abg. sich mit einer unmangelhaften Wahlurkunde ausgewiesen hatte, und da die Beschwerde nicht ordentlich bewiesen war (vgl. Verh. Württ. 1819, 45. Abt., 23. Prot. v. 21. September 1819, S. 3; Beil. Nr. 1, S. 8; Beil. Nr. 1, S. 10). Im Fall der Legitimationssache des Abg. Steinhauser stellte das Komitee im Jahre 1819 den Grundsatz auf, daß ein Abg. so lange als „*rechtmäßig gewählt betrachtet werden müsse, als die Illegalität seiner Wahl nicht erwiesen seyn werde.*" (Verh. Württ. 1819, 45. Abt., 23. Prot. v. 21. September 1819, S. 4). Eine ausdrückliche Manifestierung erfuhr dieser Grundsatz erst durch die Marbacher Wahl.

[702] Diesen Grundsatz brachte der Abg. Frhr. v. Ow bei der Debatte über Wahl eines ritterschaftlichen Abg. des Neckarkreises im Jahre 1819 auf folgende Kurzformel: „*so lange nichts Gesetzeswidriges bei einer Wahl nachgewiesen ist, ist sie im Zweifelsfall auch aufrecht*" zu erhalten (Verh. Württ. 1839, 2. Bd., 22. Prot. v. 11. April 1839, S. 15). Auch bei der Wahl des Oberamtsbezirks Rottenburg im Jahre 1839 wurde dieser Prüfungsgrundsatz nochmals ausdrücklich durch den Präsidenten der Kammer bekräftigt: „*Die Legitimations-Commission und die Kammer gingen immer von dem Grundsatze aus, daß wenn von einem Dritten die Wahl eines Abgeordneten angefochten werde, und die Gründe der Anfechtung nicht bescheinigt seyen, auf diese Anfechtung nicht in der Art Rücksicht genommen werden könne, daß nun der Gewählte bis zu beendigter Untersuchung über die Gründe der Anfechtung in die Kammer einzutreten gehindert würde, weil es sonst jeder Dritte in seiner Gewalt haben würde, jeden Gewählten von dem Eintritt in die Kammer vorerst auszuschließen.*" (Verh. Württ. 1839, 4. Bd., 50. Prot. v. 23. Mai 1839, S. 4).

an.[703] Des weiteren war es auch gängige Praxis, daß die Kammer Eingaben, welche Anstände anführten, die nach der Ansicht der Kammer keinen Einfluß auf das Ergebnis haben konnten, die Legitimation nicht als unberechtigt erscheinen ließen und auch keine Untersuchung zur Folge hatten.[704]
Wurde einer Eingabe beigemessen, daß die in ihr angeführten Anstände von Einfluß auf das Wahlergebnis waren[705], so wurde um eine Untersuchung in Bezug auf die angeführten Anstände beim Ministerium des Innern gebeten. Damit stellte sich in der Prüfungspraxis die Frage, wie mit der Legitimation des Gewählten zu verfahren war, bis das Ergebnis der Untersuchung bekannt war. Diese Frage hatte zunächst die staatsrechtliche Kommission auf dem Landtag des Jahres 1839 zu beantworten. Die Kommission stand vor der Entscheidung, ob sie aufgrund der fehlerfreien Wahlurkunde die Legitimation unter Vorbehalt des Ergebnisses der Untersuchung für berechtigt erklären sollte, oder ob sie die Legitimation bis zum Ergebnis der Untersuchung aussetzen sollte. Die Kommission entschied sich für Ersteres, da ihrer Auffassung nach der Aufschub der Legitimation höchstens dann gerechtfertigt sei, wenn das Vorbringen des Anfechtenden zu diesem Zeitpunkt bescheinigt sei. Jemand, der sich durch eine fehlerfreie Wahlurkunde ausgewiesen habe, habe ihrer Ansicht nach auch das Recht, ohne Aufschub in die Kammer einzutreten. Nur der Nachweis von Tatsachen, welche die Wahl als ungültig erscheinen ließen, könnten den Aufschub des Eintritts in die Kammer rechtfertigen.[706]

---

[703] Auch im Jahre 1847 wandte die staatsrechtliche Kommission bei der Wahl des Oberamts Rottweil den Grundsatz konsequent an. Obwohl eine Eingabe gegen die Gültigkeit der genannten Wahl eingegangen war, erklärte die Kommission den Abg. Murschel für legitimiert. Der Grund hierfür lag darin, daß der Abg. sich zum einen mit einer unmangelhaften Wahlurkunde ausgewiesen hatte. Zum anderen waren die Einwendungen nicht bescheinigt, so daß sich des weiteren aus ihnen auch nicht entnehmen ließ, in welcher Weise die angezeigten Unregelmäßigkeiten einen Einfluß auf die Gültigkeit der Abgeordnetenwahl äußern könnten (Verh. Württ. 1847, 3. Bd., Beil.-Heft, S. 140 f.). Desgleichen bei der Wahl des Oberamtsbezirks Esslingen (Verh. Württ. 1847, 3. Bd., Beil.-Heft, S. 43 f.). Beim 20. Landtag sei noch die Erklärung des Ausschusses in Bezug auf die Wahl in Urach angeführt, wonach unbescheinigte Eingaben und auf der anderen Seite eine unmangelhafte Wahlurkunde, die Legitimation nicht als unberechtigt erscheinen ließen. Auch hier wurde ausdrücklich auf den bisherigen von der Kammer aufgestellten Grundsatz verwiesen (Verh. Württ. 1856 und 1857, 1. Beil.-Bd., Erste Abt., Beil. 2 (Prot. 1), S. 3).

[704] So stellte der Ausschuß bei der Wahl des Oberamtsbezirks Heidenheim auf dem 20. Landtag fest, daß das Vorbringen in der Eingabe gegen diese Wahl unbescheinigt war, und daß insbesondere den behaupteten Tatsachen, die Richtigkeit dieser Angaben vorausgesetzt, keinen Einfluß auf die Gültigkeit der Wahl zugestanden werden könnte (Verh. Württ. 1856 und 1857, 1. Beil.-Bd., 1. Abt., Beil. 2 (Prot. 1), S. 3). Auch bei der Wahl des Oberamts Baihingen stellte der Ausschuß auf dem 21. Landtag fest, daß die geltend gemachten Anfechtungsgründe, welche erheblich waren, nicht bescheinigt waren, und daß die bescheinigten nicht erheblich waren, so daß die Legitimation des Abg. Geyer als berechtigt anerkannt wurde (Verh. Württ. 1862 bis 1863, 1. Beil.-Bd., 1. Abt., Beil. 3, S. 25).

[705] Vgl. hierzu die Ausführungen zum Prüfungsmaßstab, S. 138.

[706] Verh. Württ. 1839, 13. Bd., 3. Beil.-Heft, Beil. IV. zum Prot. XLIX. v. 22. Mai 1839, S. 85.

Ebenfalls dieser von der Kommission aufgestellte Grundsatz[707] wurde bis zum Ende des Untersuchungszeitraumes zu einer festen Übung.[708]

Ab dem Landtag des Jahres 1851 erfuhr dieser Grundsatz noch eine weitere Spezialisierung. Dem Abg. Trotter des Oberamtsbezirks Oberndorf wurde von der Legitimationskommission die Legitimation wegen Unregelmäßigkeiten beim Wahlverfahren[709] verweigert. Die Legitimationskommission erbat aber noch eine Untersuchung in dieser Frage und lehnte eine provisorische Legitimation sowie die provisorische Berechtigung zum Eintritt in die Ständeversammlung bis zum Ergebnis der Untersuchung ab. Die Kommission verwies diesbezüglich auf die bisherige Praxis der Kammer. Denn für den Fall, daß nur Behauptungen aufgestellt wurden, daß ein Mangel bei der Wahl vorlag, aber keine Bescheinigung hierfür vorlag, ließ man den Gewählten *„einstweilen eintreten, vorbehältlich der näheren Untersuchung über die Gültigkeit seiner Wahl.“*. In diesem Fall seien aber nach Ansicht der Kommission die angezeigten Mängel wahrscheinlich, so daß eine provisorische Legitimation nicht stattfinden könne.[710] Zwar sprachen sich einige Abgeordnete für die Beibehaltung des bisherigen Grundsatzes ohne eine nähere Spezialisierung aus, wonach eine unmangelhafte Wahlurkunde ausreiche, um eine vorläufige Legitimation zu erteilen.[711] Jedoch fand die Kommissionsauffassung auch einen prominenten Fürsprecher. So sprach sich Moritz v. Mohl dahingehend aus, daß eine provisorische Legitimation nicht in Frage komme, wenn Bescheinigungen vorlägen, welche nahezu als vollständiger Beweis anzusehen seien.[712] Einigkeit bestand jedoch weiter darüber, daß eine vorläufige Legitimation dann vorzunehmen wäre, wenn bloße Behauptungen vorlägen. Im Ergebnis wurde diese Auffas-

---

[707] Teilweise wurde auch bereits bei früheren Wahlprüfungen in diesem Sinne entschieden. So z.B. auch im Jahre 1839 bei der Wahl im Oberamt Rottenburg, bei der die staatsrechtliche Kommission den Antrag stellte, die *„Legitimation ... für berichtigt zu erkennen, vorbehältlich der Prüfung des Ergebnisses der von dem königl. Ministerium des Innern angeordneten Untersuchung.“* (Verh. Württ. 1839, 4. Bd., 49. Prot. v. 22. Mai 1839, S. 2). Auf den vorherigen Landtagen wurde nicht die Legitimation bedingt ausgesprochen, sondern wie im Jahre 1833 im Fall der Wahl des Oberamtsbezirks Leutkirch wurde die Legitimation bis zu näheren Nachweis, daß der Gewählte nicht unter Privatdienstherrschaft stand, ausgesetzt (vgl. Verh. Württ. auf dem ersten Landtage von 1833, 1. Bd., 1. Prot. v. 16. Januar 1833, S. 13).

[708] So erklärte auch der Ausschuß auf dem Landtag des Jahres 1845 die Wahlen von fünf Oberämter nur für *„vorläufig berichtigt“* (Verh. Württ. 1845, 9. Bd., 2. Beil.-Heft, S. 1). Weiterhin sei noch das Beispiel der Wahl des Oberamtsbezirks Freundenstadt im Jahre 1847 genannt, bei dem der Gewählte aufgrund von Einwendungen gegen diese Wahl, vorbehaltlich des Ergebnisses der Untersuchung über diese Unregelmäßigkeiten, für vorläufig legitimiert erklärt wurde. Vgl. auch weiterhin: Verh. Württ. 1847, 3. Bd., Beil.-Heft, S. 43 f..

[709] Der primäre Anstand war, daß in einer Gemeinde die Anzahl der Wahlmänner falsch berechnet wurde, daß anstatt für die Berechung die Zahl aller Bürger der Gemeinde zugrunde zulegen, nur die Steuerpflichtigen herangezogen wurden.

[710] Verh. Württ. 1851, 1. Bd., 2. Prot. v. 8. Mai 1851, S. 15.

[711] Vgl. Verh. Württ. 1851, 1. Bd., 2. Prot. v. 8. Mai 1851, S. 16.

[712] Verh. Württ. 1851, 1. Bd., 2. Prot. v. 8. Mai 1851, S. 16. In diesem Sinne mit dem Verweis auf die bisherige Praxis der Kammer in diesen Fällen der Abg. Duvernoy. Verh. Württ. 1851, 1. Bd., 2. Prot. v. 8. Mai 1851, S. 17.

sung von der Kammer angenommen und mit großer Mehrheit wurde eine vorläufige Legitimation des Gewählten verneint.[713]

Trotz der politischen Bedeutung der Wahlanfechtungen war es auffallend, daß die württembergische Kammer zum Teil sehr frühzeitig feste Grundsätze hinsichtlich der Handhabung von Wahlanfechtungen schuf. Daß dieses Vorgehen möglich war, lag primär an der Tatsache, daß die parteipolitischen Auseinandersetzungen nicht ein solch hohes Niveau hatten, wie vergleichbar im Großherzogtum Baden.

5. Abstimmungsverfahren

Auch im Königreich Württemberg lassen sich anhand der Abstimmungsformen Rückschlüsse auf den Stellenwert der Wahlprüfung im parlamentarischen Leben der zweiten Kammer ermitteln. In Bezug auf die Abstimmungen[714] zeigte sich bei den Wahlprüfungen in der Kammer ein recht unterschiedliches Bild.

Eine der gängigsten Abstimmungsformen war die, daß die Kommissionsanträge bis zum Jahre 1851 durch Akklamation[715] beantwortet wurden. Dies war insbesondere bei den Wahlen der Fall, bei denen sich kein Anstand ergab[716] oder in deren Debatte sich kein Redner gegen den Kommissionsantrag aussprach[717]. Des weiteren war es auch üblich, daß im Falle der Nichteinlegung eines Widerspruchs gegen den Antrag der Kommission durch die Kammer der Antrag als angenommen galt.[718]

---

[713] Verh. Württ. 1851, 1. Bd., 2. Prot. v. 8. Mai 1851, S. 18.

[714] Die GO v. 23. Juni 1821 sah in § 51 in Bezug auf die Abstimmung vor, daß für den Fall, daß auf die Frage des Präsidenten, ob ein von ihm angetragener Beschluß keinen Anstand finden würde, Stillschweigen von Seiten der Kammer erfolgen sollte, dieser Beschluß als durch allgemeine Zustimmung gefaßt anzusehen sei. Sollte dies hingegen nicht der Fall sein, so war eine namentliche Abstimmung vorgesehen, welche nach § 52 S. 1 durch Bejahung oder Verneinung erfolgen sollte. Die GO v. 26. Mai 1851 bestimmte in § 63, daß grds. die Abstimmung mittels Namensaufruf zu erfolgen habe, wobei nach § 66 mit Ja oder Nein zu antworten sei. Lediglich in minder wichtigen Fällen sollte nach § 64 S. 1 die Abstimmung durch „*Aufstehen oder Sitzenbleiben*" erfolgen. Schließlich bestimmte § 65, daß in Fragen der „*bloßen Geschäftsbehandlung*" die Frage des Präsidenten, ob ein von ihm vorgelegter Antrag keinen Anstand findet, von der Kammer kein Widerspruch erfolgt, der Antrag genehmigt sei.

[715] Bestimmender Zuruf ohne Einzelabstimmung.

[716] Vgl. u.a. Verh. Württ. 1821, 1. Abt., 94. Prot. v. 6. Februar 1821, S. 2; Verh. Württ. 1836, 2. Bd., 27. Prot. v. 7. März 1836, S. 2; Verh. Württ. 1845, 3. Bd., 38. Prot. v. 3. Mai 1845, S. 2; Verh. Württ. 1848/49, 1. Bd., 1. Prot. v. 20. September 1848, S. 6.

[717] Vgl. u.a. Verh. Württ. 1839, 2. Bd., 26. Prot. v. 16. April 1839, S. 11.

[718] Dies erfolgte typischerweise in der Form, daß der Präsident nach dem Antrag der Legitimationskommission, der auf Annahme der Legitimation ging, die Kammer fragte: „*Wenn gegen diesen Antrag nichts eingewendet wird, so nehme ich an, daß die Kammer den Abgeordneten von Mergentheim für legitimirt erklärt, und da derselbe anwesend ist, so bitte ich, ihn einzuführen.*". Vgl. u.a. Verh. Württ. 1851, 1. Bd., 2. Prot. v. 8. Mai 1851, S. 14; Verh. Württ. auf dem ersten Landtage von 1833, 4. Bd., 37. Prot. v. 7. März 1833, S. 5; Verh. Württ. 1848/49, 1. Bd., 28. Prot. v. 16. November 1848, S. 451; Verh. Württ. 1851, 1. Bd., 12. Prot. v. 30. Mai 1851, S. 163; Verh. Württ. 1856 bis 1861, 5. Bd., 113. Prot. v. 28. Februar 1861, S. 2752; Verh. Württ. 1862 bis 1864, 2. Bd., 47. Prot. v. 3. Februar 1864, S. 1002.

Hierneben etablierte sich ab den 50er Jahren, als Ersatz für die Akklamation, die Abstimmung durch Erheben, welche grundsätzlich die häufigste praktizierte Abstimmungsform wurde.[719] Interessant ist dies insbesondere daher, daß die GO v. 26. Mai 1851 gerade diese Form der Abstimmung nur in minder wichtigen Fällen vorsah.
Lediglich in Fällen, die streitig oder von grundlegender Bedeutung für zukünftige Fälle waren, kam es zu einer namentlichen und zum Teil motivierten[720] Abstimmung.[721] Diese Form der Abstimmung wurde entweder von einzelnen Kammermitgliedern verlangt[722] oder durch den Präsidenten festgelegt[723]. In welchen Fällen es zu dieser Abstimmungsform kam verdeutlicht die Aussage des Kammerpräsidenten im Rahmen der Schlußabstimmung über die Wahl des Oberamtsbezirks Baihingen: „*Mir scheint der Abschluß einer Verhandlung, welche eine ganze Sitzung in Anspruch genommen hat, als wichtig genug, um eine namentliche Abstimmung zu erfordern,*".[724]
Bereits die Form der Abstimmung verdeutlichte, welche Bedeutung die Kammer den einzelnen Wahlprüfungen zugemessen hatte. Bei den meisten Beschlüssen in Wahlprüfungssachen wurde in den Formen abgestimmt, welche die GO nur für unbedeutende Fragen vorsah. Bei unstrittigen und unproblematischen Wahlprüfungen wurde damit versucht, aus zeitökonomischen Gründen das Wahlprüfungsgeschäft zu straffen. Lediglich in wenigen Fällen, welche von grundsätzlicher Entscheidungskraft waren, und damit präjudizierende Wirkung hatten, wählte die Kammer die Abstimmungsform, welche grundsätzlich nach der GO vorgesehen war.

6. Prüfungsmaßstab

Bei der Untersuchung der Prüfungspraxis der württembergischen zweiten Kammer zeigte sich im Hinblick auf den Prüfungsmaßstab eine Besonderheit. Während des gesamten Untersuchungszeitraums waren zwei Beurteilungsgrundsätze in Geltung, welche zusammen den Prüfungsmaßstab bildeten. Bereits zu Beginn der Wahlprüfungstä-

---

719 Vgl. u.a. Verh. Württ. 1851, 1. Bd., 11. Prot. v. 28. Mai 1851, S. 135; Verh. Württ. 1851-53, 6. Bd., 174. Prot. v. 1. März 1853, S. 3856; Verh. Württ. 1856 und 1857, 1. Bd., 12. Prot. v. 7. März 1857, S. 171; Verh. Württ. 1856 und 1857, 1. Bd., 15. Prot. v. 13. März 1857, S. 220; Verh. Württ. 1856 und 1858, 2. Bd., 34. Prot. v. 5. Mai 1858, S. 694; Verh. Württ. 1862 bis 1864, 2. Bd., 50. Prot. v. 6. Februar 1864, S. 1087.

720 Motivierte Abstimmungen waren weder in der Verfassung noch in der GO vorgesehen.

721 So erfolgte diese Form der Abstimmung in Bezug auf die grundlegende Entscheidung im Fall des Abg. List auf dem 1. Landtag. Vgl. Verh. Württ. 1821, 2. Abt., 104. Prot. v. 24. Februar 1821, S. 143 ff.. Desgleichen im Fall der Legitimation der vier Rechtskonsulenten Kübel, Wagner, Rödinger und Tafel und im Fall der Legitimation des Abg. v. Wangenheim auf dem 6. Landtag: Vgl. Verh. Württ. auf dem ersten Landtage von 1833, 2. Bd., 19. Prot. v. 9. Februar 1833, S. 107 ff.; 20. Prot. v. 11. Februar 1833, S. 69 ff..

722 So bei der Abstimmung über die Wahlen der drei „*guten Städte*" Reutlingen, Ellwange und Heilbronn auf dem 20. Landtag, bei der es um die grds. Entscheidung ging, ob das Zustandekommen der Wahl der Wahlmänner zweiter Klasse für die Gültigkeit der Abgeordnetenwahl erforderlich sei. Vgl. Verh. Württ. 1856 und 1857, 1. Bd., 11. Prot. v. 6. März 1857, S. 164.

723 Vgl. u.a. Verh. Württ. 1862 bis 1864, 1. Bd., 13. Prot. v. 26. November 1863, S. 198 f..

724 Verh. Württ. 1862 bis 1864, 1. Bd., 12. Prot. v. 25. November 1863, S. 176.

tigkeit der Kammer bildete sich als Beurteilungsgrundsatz für formelle Anstände der „Wesentlichkeitsgrundsatz“ heraus.
So zogen bereits auf dem ersten Landtag formelle Anstände bei den Wahlen der Abgeordneten nicht generell die Nichtigkeit einer Wahl nach sich. Bei der Wahl des Abg. Waizmann im Jahre 1820 hob die Legitimationskommission hervor, daß der Oberamtmann zur Siegelung nicht das Amtssiegel, sondern sein Privatsiegel benutzt hatte. Sowohl für die Kommission als auch für die Kammer stellte dieser Mangel einen „*außerwesentlichen*“ dar, so daß der Abgeordnete für legitimiert erklärt wurde.[725] Was in der Kammer als außer- bzw. wesentlicher Mangel angesehen wurde, verdeutlichte insbesondere die Prüfung der Wahl des Abg. v. Keller des Oberamtsbezirks Neresheim auf dem 1. Landtag. In diesem Fall erhob die Kommission den Anstand darüber, daß in der Wahlurkunde nicht auf die Eigenschaften eingegangen wurde, welche die Verfassung von einem Gewählten forderte. Die Kommission sah hierin aber wiederum keinen zur Nichtigkeit führenden Fehler. Weshalb auch dieser Mangel als ein außerwesentlicher angesehen wurde, lag daran, daß dieser Fehler weder gegen die Verfassung noch gegen die Wahlinstruktion verstoßen hat, und daß dieser Fehler daher nachträglich ergänzt werden konnte.[726] Der entscheidende Maßstab für die Beurteilung der „Wesentlichkeit“ von Anständen bei den Abgeordnetenwahlen war damit, ob der Anstand gegen die Verfassung oder gegen die Wahlinstruktion verstieß. Sobald ein Verstoß gegen die Verfassung oder die Wahlinstruktion vorlag, wurde dem „Wesentlichkeitsgrundsatz“ folgend die Wahl kassiert.[727] Dieser Grundsatz wurde in konsequenter Weise bei der Prüfung der Wahlen angewandt. Dies verdeutlichen insbesondere folgende Wahlprüfungsfälle, wie u.a. auch die Prüfung der Wahl des Oberamtsbezirks Spaichingen im Jahre 1820. Dort stellte sich das Problem, daß jemand als Actuar das

---

[725] Verh. Württ. 1820, 1. Abt., Beil. Nr. 1 zum Prot. v. 25. Januar 1820, Beil. XVI., S. 64.

[726] Verh. Württ. 1820, 2. Abt., Beil. Nr. 6 zum Prot. v. 5. Februar 1820, Beil. XLIII., S. 126.

[727] So auch bei der Wahl des Oberamtsbezirks Wangen des 20. Landtags. Hier lag u.a. der Anstand vor, daß in einer Reihe von Gemeinden der achttägige Zeitraum zwischen der Bekanntmachung und des Eintritts des Wahltermins nicht eingehalten wurde. Die Kommission sah aufgrund dieses Verfassungsverstoßes die Wahl als ungültig an (Verh. Württ. 1856 bis 1858, 1. Beil.-Bd., 2. Abt., Beil. Nr. 163 (Prot. 46), S. 1196).
Diesen Grundsatz faßte auch Scholl, Verständigung, S. 136 auf, welcher versuchte, einen Kriterienkatalog anzufertigen, in welchen Fällen die Wahl als ungültig angefochten werden konnte. Folgende fünf Punkte faßte er zusammen:

1) „*Wenn die Wahl nicht am gesetzlichen Orte unter der Leitung der gesetzlich zu beauftragenden Personen abgehalten wurde;*

2) *Wenn nicht genug Wähler gestimmt haben, und wenn so viele Wähler von der Liste weggelassen sind, dass sie mit den unberechtigten, den nicht wahlfähigen Stimmen die Hälfte der Wähler des ganzen Wahlbezirks ausmachten;*

3) *Wenn der Wahltermin gar nicht verkündet, zu kurz anberaumt oder weiter als die verfassungsmäßige Bestimmung ausgedehnt, oder gar nicht eingehalten worden ist;*

4) *Wenn die Wahl ungesetzlich unterbrochen, Reihenfolge oder Zeitmaß der Wahl nicht eingehalten worden ist;*

5) *Wenn Bestechungen , oder sonstige Wahlfälschungen, oder Zwang, der den Wählern angethan worden wäre, nachgewiesen werden kann.*“.

Protokoll führte, obwohl er in dieser Eigenschaft nicht gesetzlich gewählt und bestätigt war. Die Legitimationskommission sprach sich einstimmig dafür aus, daß die gesamte Wahlhandlung ungültig sei, da der beigezogene Actuar nicht der nach der Verfassung erforderliche Actuar der Amtsversammlung war.[728] Da dem Erfordernis der Verfassung nicht genüge getan wurde, wurde die ganze Wahlhandlung als nicht verfassungsgemäß angesehen, und daher für ungültig erklärt.[729]
Auch die Wahl des Gewählten Pfanner aus Tettang im Jahr 1820 wurde aus dem Grund für ungültig erklärt, da die Wahlkommission nicht nach der Vorschrift des § 151 der Verf.-Urk. v. 25. September 1819 besetzt war. Nach der genannten Verfassungsvorschrift hätte der Wahlkommission sowohl ein Mitglied des Bürgerausschusses „*von der Stadt und einem von dem Lande*“ angehören müssen. Letzterer fehlte hingegen und wurde durch ein Mitglied der Amtsversammlung ersetzt. Da durch diese Tatsache der Verfassung nicht entsprochen wurde, wurde die Wahl für ungültig erklärt.[730]
Dieser genannte Grundsatz erstreckte sich auch auf die Urwahlen. Dies hatte zur Folge, daß im Falle, in dem bei einer Urwahl gegen die Bestimmungen der Verfassung oder der Wahlinstruktion verstoßen wurde, diese ebenfalls als ungültig angesehen wurde.[731]

Neben dem „Wesentlichkeitsgrundsatz“ diente auch der Erheblichkeitsgrundsatz als Prüfungsmaßstab hinsichtlich der Frage, welche Auswirkung Anstände bei den Urwahlen auf die Hauptwahl zeigten. Von Beginn der Wahlprüfungstätigkeit der Stuttgarter zweiten Kammer war gerade hinsichtlich dieser Frage, welche Auswirkung Anstände bei den Urwahlen auf die Hauptwahl zeigten, unbestritten, daß aus ungültigen Abstimmungen bei den Wahlmännerwahlen nicht automatisch die Nichtigkeit der Hauptwahl folgte, sondern daß diese nur in den Fällen eintrat, in denen diese Einfluß

---

728 Verh. Württ. 1820, 4. Abt., Beil. Nr. 5 zum Prot. v. 7. März 1820, Beil. LXXXIII., S. 237.

729 Dieser Auffassung schloß sich auch die Kammer einstimmig an (Verh. Württ. 1820, 4. Abt., Beil. Nr. 5 zum Prot. v. 7. März 1820, Beil. LXXXIII., S. 238). Vgl. hierzu auch folgenden Fall : Die auf den Rechtskandidaten Tritschler gefallene Wahl zum Abg. des Oberamts Biberach im Jahre 1823 wurde vom ständischen Ausschuß für ungültig erklärt, weil aus der vorgelegten Wahlurkunde nicht zu ersehen gewesen, „*ob es der gesetzlich bestellte Aktuar der Amtsversammlung gewesen sey, welcher der Wahlhandlung angewohnt und die Urkunde unterzeichnet habe.*“ (Verh. Württ. 1823, A. o. Beil.-Heft. Enthaltend den Rechenschaftsbericht des ständischen Ausschusses an die Ständeversammlung, S. 24 f.). So auch bei der Wahl des Abg. Koch im Jahre 1820, bei der der Anstand vorlag, daß bei den zugezogenen Gemeindedeputierten nicht angegeben worden war, welcher von der Stadt und welcher vom Land war. Aufgrund der Tatsache, daß hier die vorgeschriebene Form des Wahlgeschäfts nicht beachtet wurde, wurde im Ergebnis die Legitimation zunächst verweigert. Dem Abg. Koch wurde aber gleichzeitig aufgetragen den Mangel zu beseitigen (vgl. Verh. Württ. 1820, 1. Abt., 7. Prot. v. 28. Januar 1820, S. 44 f.).

730 Verh. Württ. 1820, 1. Abt., Beil. Nr. 3 zum Prot. v. 20 Januar 1820, Beil. XI, S. 56 f..

731 Einer dieser Hauptanstände war, daß die Wahlen der Wahlmänner zweiter Klasse in den einzelnen Gemeinden nicht, wie § 140 der Verf.-Urk. v. 25. September 1819 vorschrieb, einzeln im Durchgang erfolgten. In diesen Fällen wurden die Wahlmännerwahlen grundsätzlich für nichtig erklärt. Vgl. hierzu u.a. die Wahl des Oberamtsbezirks Backnang des 21. Landtags. Verh. Württ. 1862 bis 1863, 1. Beil.-Bd., 1. Abt., Beil. 4, S. 28 f..

auf das Ergebnis der Abgeordnetenwahl selbst hatte.[732] Die Vorgehensweise zur Ermittlung, wann dies der Fall war, wurde während des Untersuchungszeitraums unterschiedlich gehandhabt.
Zu Beginn des Untersuchungszeitraums wurden die durch die Anstände bei den Urwahlen bedingten ungültigen Stimmen lediglich in Abzug bei den jeweiligen Kandidaten gebracht. Wenn der Gewählte im Ergebnis noch die entscheidende Anzahl von Stimmen besaß, wurde die Abgeordnetenwahl für gültig erklärt.[733] Trotz Anständen bei den Urwahlen war eine Abgeordnetenwahl im Ergebnis gültig, wenn, so wie § 143 der Verf.-Urk. v. 25. September 1819 bestimmte, die Anzahl der berechtigten Wahlmänner, welche ihre Stimmen abgaben, über ⅔ sämtlicher Wahlberechtigten ausmachten. Des weiteren mußte der Gewählte, wie von § 144 der Verf.-Urk. v. 25. September 1819 gefordert, mehr als ⅓ der abgelegten Stimmen erhalten haben, und schließlich nach Abzug aller ungültigen Stimmen die Mehrheit der Stimmen auf sich vereinigt haben.[734] Diese Vorgehensweise änderte sich erst mit der Marbacher Wahl, die auf dem 10. Landtag zur Prüfung kam. Bei dieser Wahl ging eine Eingabe des unterlegenen Kandidaten, des Stadtrats Schwarz, ein. In der Eingabe gab dieser an, daß die meisten Wahlen in den Gemeinden ungültig gewesen wären, da u.a. Gemeindebürger in die Klasse der Höchstbesteuerten aufgenommen wurden, obwohl sie die Voraussetzungen hierfür nicht erfüllten. Die Kommission stellte bei ihrer Prüfung fest, daß mindestens 41 Wahlstimmen von unberechtigten Wahlmännern abgegeben wurden. Ursprünglich fielen 366 Stimmen auf den Rechtskonsulenten Veiel und 358 Stimmen auf den Stadtrat Schwarz.[735] Nach Abzug der unberechtigten Stimmen belief sich die Zahl der Stimmen, welche auf Veiel fielen, auf 348. Schwarz erhielt 336 Stimmen, so daß sich die Differenz zwischen beiden Kandidaten nur auf 12 Stimmen belief.[736] Nach Auffassung der Kommission gab eine bloße Subtraktion der unberechtigten Stimmen allein keine verläßliche Antwort auf die Frage, ob das Wahlergebnis auch den wahren Willen der Majorität ausdrückte. Bei einer Differenz von 12 Stimmen sei es daher ungewiß, ob Veiel die Stimmenmehrheit auch dann erlangt hätte, wenn anstatt der 41 unbefugten Wahlmänner 41 Berechtigte zu der Wahl berufen worden seien. Nach ihrer

---

[732] Vgl. hierzu die Aussage der Legitimationskommission im Rahmen der Wahl des Oberamts Welzheim auf dem 21. Landtag: „*Betreffend die Wirkung einer Nichtigkeit, ..., bisher immer so gehalten, daß durch eine vorgekommene Nichtigkeit der Hauptwahlakt nur dann mitergriffen wird, wenn das Zustandekommen des nichtig vollzogenen Aktes eine wesentliche Voraussetzung für die Gültigkeit des Hauptwahlaktes.*“. Verh. Württ. 1862 bis 1863, 1. Beil.-Bd., 2. Abt., Beil. 42, S. 1159.

[733] So u.a. bei der Wahl im Oberamtsbezirk Spaichingen im Jahre 1820, bei der in zwei Amtsorten die Wahlmänner auf ungesetzliche Weise ausgezeichnet wurden. Vgl. den Bericht der Legitimationskommission, Verh. Württ. 1820, 4. Abt., Beil. Nr. 5 zum Prot. v. 7. März 1820, Beil. LXXXIII., S. 240.

[734] Vgl. u.a. Verh. Württ. 1839, 12. Bd., 2. Beil.-Heft, Beil. I zum Prot. XXVI v. 16. April 1839, S. 493 f..

[735] Verh. Württ. 1839, 12. Bd., 2. Beil.-Heft, Beil. I zum Prot. XXVI v. 16. April 1839, S. 491.

[736] Bei der Wahl fielen 18 ungültige Stimmen auf den Rechtskonsulenten Veiel und 22 auf den Stadtrat Schwarz, welche von der ursprünglichen Stimmenzahl subtrahiert wurden.

Auffassung war es daher ungewiß, wie die Wahl ausgegangen sei, wenn an Stelle der unberechtigten die berechtigten Wahlmänner mitgewirkt hätten. Sie stellte daher folgenden Grundsatz auf: *„Es muß daher der Grundsatz entscheiden, daß eine Wahl ungültig sey, wenn sie an Mängel leidet, welche entweder sie im Ganzen als fehlerhaft erscheinen lassen, oder Ungewissheit darüber zur Folge gehabt, ob durch die Stimmgebung sich die wahre Majorität herausgestellt habe.“.*[737] Die Kommission war der Auffassung, daß sich bei dieser Wahl kein unzweifelhafter Ausdruck des Gesamtwillens der Wahlberechtigten herausgestellt habe. Dies wäre nur dann der Fall gewesen, *„wenn alle Wahlberechtigten, oder wenigstens so viele berufen worden wären, daß es den Nichtberufenen im Fall der Berufung, wohin auch ihre Stimmen sich gewendet haben möchten, nicht möglich gewesen wäre, der Wahl einen anderen Ausschlag zugeben.“.*[738] Diesem Grundsatz folgend stellte die Kommission im Ergebnis den Antrag, die Marbacher Wahl für ungültig zu erklären.[739] Die Kammer nahm diesen von der Kommission erstellten Grundsatz auf[740] und erklärte die Wahl ebenfalls für ungültig.

Nach dieser Grundsatzentscheidung der Kammer wurde ein Prüfungsschema entwikkelt, um zu ermitteln, inwiefern die Anstände bei den Urwahlen einen Einfluß auf das Wahlresultat der Hauptwahl hatten. Der Ermittlungsvorgang bei allen weiteren beanstandeten Wahlen während des restlichen Untersuchungszeitraums war damit folgender: Es wurde zunächst ermittelt, welche und wieviel einzelne Stimmen ungültig abgegeben wurden. Sodann wurde gefragt, ob für solche Wahlmänner, die unberechtigt abgestimmt hatten, andere zu berufen gewesen wären. Wenn auch diese Frage gelöst wurde, so wurde weiter gefragt, ob der Kandidat, welcher nach der Wahlurkunde als der Gewählte bezeichnet wurde, auch alsdann noch die Majorität hätte, wenn die Wahlmänner, welche statt jener berufen gewesen wären, ihre Stimmen, was immerhin

---

[737] Verh. Württ. 1839, 12. Bd., 2. Beil.-Heft, Beil. I zum Prot. XXVI v. 16. April 1839, S. 494-496.

[738] Verh. Württ. 1839, 12. Bd., 2. Beil.-Heft, Beil. I zum Prot. XXVI v. 16. April 1839, S. 496.

[739] Verh. Württ. 1839, 2. Bd., 26. Prot. v. 16. April 1839, S. 2.

[740] In der nachfolgenden Debatte in der Kammer wurde auch der bisherige Grundsatz aufgegeben, daß nach § 143 der Verf.-Urk. v. 25. September 1819 eine Wahl stets dann gültig sei, an der ⅔ der Wahlmänner teilgenommen hatten (vgl. Verh. Württ. 1839, 2. Bd., 26. Prot. v. 16. April 1839, S. 3 ff.). Auch die mit der Prüfung dieser Wahl beauftragte Kommission hatte bereits in ihrem Bericht auf die Folgen aufmerksam gemacht, wenn man diesen genannten Grundsatz weiterverfolge: *„Es wird kaum nöthig seyn, an die bedenklichen Consequenzen zu erinnern, welche die Aufstellung des entgegengesetzten Grundsatzes nach sich ziehen könnte. Es wird die Bemerkung genügen, daß, wenn zwei Drittheile der Wahlberechtigten für sich allein das unbedingte Recht hätten, über die Wahl eines Abgeordneten zu entscheiden, der Indolenz und Nachlässigkeit in Behandlung der Wahlgeschäfte-möglicher Unlauterkeiten nicht zu gedenken-ein weiter Spielraum geöffnet würde.“* (Verh. Württ. 1839, 12. Bd., 2. Beil.-Heft, Beil. I zum Prot. XXVI v. 16. April 1839, S. 497).

als möglich anzunehmen war, dem Gegenkandidaten gegeben hätten.[741] Der alleinige Abzug der ungültigen Stimmen war damit unstatthaft geworden.[742]
Dieser Grundsatz wurde bei allen weiteren zu prüfenden Wahlen konsequent befolgt. Er wurde damit zum Maßstab für die Erheblichkeit der genannten Anstände.
So verhielt es sich auch bei der Wahl des Oberamtsbezirks Waiblingen im Jahre 1842, bei der in einer Gemeinde die Wahlmänner nicht im Durchgang, sondern kollektiv gewählt wurden. Aufgrund dessen wurden 39 Stimmen ungültig abgelegt. Die staatsrechtliche Kommission stellte in konsequenter Anwendung der bei der Marbacher Wahl entwickelten Grundsätze den Antrag, die Wahl für ungültig zu erklären.[743] Die Kommission ging bei ihrer Entscheidung davon aus, daß die Differenz zwischen beiden Bewerbern 33 Stimmen betrug. Wenn man sodann die 39 ungültigen Stimmen abziehe, könne nicht die Entscheidung getroffen werden, ob der als gewählt in die Kammer Tretende die Mehrheit habe, oder ob nicht der Gegenkandidat die Mehrheit erhalte. Hiernach sei es zweifelhaft, wie die Wahl ausgegangen wäre, wenn die fehlerhaften Stimmen von den eigentlichen Wahlberechtigten abgegeben worden seien.[744]
Im Ergebnis wurde der Antrag der Kommission mit 66 gegen 11 Stimmen angenommen.[745]

---

[741] So u.a. bei der Wahl im Oberamtsbezirk Baihingen des 21. Landtags. Verh. Württ. 1862 bis 1863, 1. Beil.-Bd., 1. Abt., Beil. 29, S. 137.

[742] Auch der Bericht der Legitimationskommission über die Abgeordnetenwahl im Oberamtsbezirk Sulz auf dem 21. Landtag ist von Interesse, denn auch bei dieser Wahl wurde eine Wahlmännerwahl in einer Gemeinde für nichtig erklärt, da nach § 140 der Verf.-Urk. v. 25. September 1819 die Wahl der Wahlmänner nicht einzeln im Durchgang erfolgt war. Weiterhin wurde in diesem Bericht, mit ausdrücklichem Verweis auf die Praxis der Kammer seit 1839, festgehalten, daß es unzulässig sei, den Kandidaten die Stimmen unberechtigter Wahlmänner, ebenso wie die wegen sonstiger Mängel ungültiger Stimmen berechtigter Wähler, einfach in Abzug zu bringen. Ein solches Verfahren sei unstatthaft, da hierdurch der wahre Wille der Mehrheit der berechtigten Wähler nicht zur Geltung komme, und da die Wahl über die Person des Vertrauens der Mehrzahl aller befugten Wahlmänner eines Wahlbezirks vollkommene Gewißheit geben solle (Verh. Württ. 1862 bis 1863, 1. Beil.-Bd., 2. Abt., Beil. 127 (Prot. 67), S. 1835 f.).

[743] Verh. Württ. 1841-42, 6. Bd., 75. Prot. v. 17. März 1842, S. 4.

[744] Nur der Abg.v. Rümelin vertrat in der Kammer eine andere Ansicht. Hiernach sollte es auf das Verhältnis der Stimmen nicht ankommen, sondern nach der Verfassung müßten wenigstens 2/3 der Stimmen gültig abgelegt werden, und von diesen ⅔ hatte der Gewählte die Mehrheit der Stimmen erhalten. Die 39 ungültigen Stimmen könnten gar nicht in die Berechnung aufgenommen werden, da die Verfassung keine Bestimmung darüber enthalten würde, wie mit fehlerhaften Stimmen zu verfahren sei. Daher sei die Wahl als gültig anzusehen. Vgl. Verh. Württ. 1841-42, 6. Bd., 75. Prot. v. 17. März 1842, S. 8 ff..

[745] Verh. Württ. 1841-42, 6. Bd., 75. Prot. v. 17. März 1842, S. 26. Auch im Jahre 1845 bei der Wahl des Oberamts Riedlingen stellte sich das Problem, daß sich durch eine Revision des Wahlgeschäftes, welche aufgrund von Einwendungen der Wähler erfolgte, herausstellte, daß fünf unberechtigte Stimmen abgegeben wurden. Aufgrund der geringen Differenz der Stimmen beider Bewerber sahen sowohl der Ausschuß sowie die Legitimationskommission als auch die Kammer es als ungewiß an, wie die Wahl ausgegangen wäre, wenn die fünf Stimmen von den Berechtigten abgeben worden wären, so daß die Wahl für nichtig erklärt wurde

Für die zweite württembergische Kammer wurde der Erheblichkeitsgrundsatz zum ausschlaggebenden Maßstab für die Beurteilung der Gültigkeit der Wahlen. Veranschaulicht wird dies insbesondere bei der Wahl des Oberamts Freudenstadt im Jahre 1845. Der Ausschuß hatte den Gewählten Warth aufgrund von Einwendungen gegen diese Wahl vorbehaltlich des Ergebnisses der Untersuchung über diese Unregelmäßigkeiten für vorläufig legitimiert erklärt. Die Untersuchung ergab entsprechend der Einwendung, daß in zwei Gemeinden bei der Wahl der Wahlmänner zweiter Klasse die Stimmen nicht einzeln im Durchgang abgegeben wurden. Aufgrund der Tatsache, daß somit der § 140 der Verf. Urk. v. 25. September 1819 nicht eingehalten worden war, wurden die in den Gemeinden gewählten Wahlmänner als unberechtigt anerkannt. Die Kommission sah aber in strengster Anwendung des Erheblichkeitsgrundsatzes keinen Grund, die Abgeordnetenwahl als nichtig anzusehen, da diese Unregelmäßigkeiten keinen Einfluß auf die Abgeordnetenwahl hatte.[746] Der Finanzrat Warth erhielt 268 Stimmen und der Gegenkandidat Pulvermüller erhielt 194 Stimmen.[747] In dem Fall, daß die auf die jeweiligen Kandidaten gefallenen unberechtigten Stimmen abgezogen, und daß die gesamte Anzahl der unberechtigten Stimmen dem Zweitplazierten zugerechnet worden wäre, hätte der Gewählte Warth ebenfalls die Mehrheit der Stimmen behalten.[748]

Nach der konstanten Praxis der Kammer konnten Fehler im Wahlverfahren, sobald sie im konkreten Fall auf das letztendliche Ergebnis der Wahl ohne Einfluß waren, eine Nichtigkeit derselben nicht begründen.[749]

(Verh. Württ. 1845, 9. Bd., 2. Beil.-Heft, S. 1 f.; Verh. Württ. 1845, 1. Bd., 9. Prot. v. 17. Februar 1845, S. 8 f., 11) Vgl. weiterhin auch die Prüfung der Wahl des Oberamts Ravensburg im Jahre 1845. Bei dieser Prüfung wurde nochmals ausdrücklich das einfache Abziehen der unberechtigten Stimmen für unstatthaft erklärt. Gleichzeitig wurde der Grundsatz, welchen die Kammer seit dem Jahre 1839 in konsequenter Weise zur Anwendung gebracht hatte, bekräftigt (Verh. Württ. 1845, 9. Bd., 2. Beil.-Heft, S. 4, 221 ff, 245). Vgl. auch die Prüfung der Wahl im Oberamt Ehingen im Jahre 1845. Bei dieser Prüfung wurde der bei der Marbacher Wahl entwickelte Grundsatz ebenfalls in konsequente Anwendung gebracht (Verh. Württ. 1845, 9. Bd., 2. Beil.-Heft, S. 4 f., 346).

[746] Verh. Württ. 1845, 9. Bd., 2. Beil.-Heft, S. 349.

[747] Verh. Württ. 1845, 9. Bd., 2. Beil.-Heft, S. 347.

[748] Verh. Württ. 1845, 9. Bd., 2. Beil.-Heft, S. 351 f.; Verh. Württ. 1845, 1. Bd., 14. Prot. v. 1. März 1845, S. 6.

[749] Vgl. hierzu weitere charakteristische Entscheidungen der Kammer. Bei der Wahl des Oberamts Tübingen im Jahre 1845handelte die Legitimationskommission nach dem bisherigem Grundsatz, daß Stimmen von unberechtigten Wählern die Wahl eines Abg. so lange nicht gefährden, als durch dieselben das Endergebnis der geschehenen Wahl sich nicht gänzlich verändert und zweifelhaft gemacht würde. Daher wurde der Antrag gestellt, die Legitimation des Gewählten anzuerkennen (Verh. Württ. 1845, 9. Bd., 2. Beil.-Heft, S. 370 f.). Ebenfalls auch bei der Wahl des Oberamts Saulgau und des Oberamts Waldsee im Jahre 1845 (Verh. Württ. 1845, 9. Bd., 2. Beil. Heft, S. 413-421, 737-749). Vgl. ebenfalls die Prüfung der Wahl der Stadt Reutlingen auf dem 20. Landtag (Verh. Württ. 1856 und 1857, 1. Beil.-Bd., 1. Abt., Beil. 22 (Prot. 11), S. 56).

Besonderes auffällig war, daß die Kammer den Erheblichkeitsgrundsatz grundsätzlich während des gesamten Untersuchungszeitraums äußerst strikt anwendete. Dies tat sie auch in den Fällen, in denen es um Wahlbeeinflussungen ging. So sah der Ausschuß hinsichtlich Wahl der vier Rechtskonsulenten in Bezug auf vorgefallene Wahlumtriebe keine Belege dafür, daß diese auf die Gültigkeit des Wahlaktes von Einfluß gewesen seien.[750] Bei der Wahl des Abg. Finanzrat Enchelmaier im Jahre 1838 wurden der Kammer ebenfalls Wahlumtriebe bei dieser Wahl bekannt.[751] Obwohl diese Wahlumtriebe eine Beeinträchtigung der Wahlfreiheit darstellten, bemerkte der Präsident: „*Dieß ist aber an sich nicht von großer Erheblichkeit, sofern Umtriebe bei Wahlen nicht zu vermeiden sind, und dieselben auf die Gültigkeit der Wahl selbst keinen Einfluß haben.*".[752] Diese Betrachtung stellte keinen Einzelfall dar. Vielmehr bemerkte die Legitimationskommission in ihrem Bericht über die Wahl des Oberamtsbezirks Backnang auf dem 20. Landtag[753] in Bezug auf die in der Eingabe angeführten Wahlbeherrschungen[754] von Seiten der Beamten, daß selbst wenn diese Vorwürfe bescheinigt seien und sich durch eine Untersuchung als begründet herausstellen würden, diese „*in formeller Beziehung auf die Giltigkeit der getroffenen Wahl von keinem Einfluß seyen.*".[755]

Neben diesen genannten Fällen gab es vielfältige andere Fälle[756], bei denen Wahlumtriebe keine Betrachtung von der Kammer erfuhren, soweit sie nach der Auffassung der Kammer keinen Einfluß auf das Wahlergebnis hatten.[757]

---

[750] Verh. Württ. auf dem ersten Landtage von 1833, 1. Bd., Beil. 1, Unterbeil. 3 zum ersten Prot. v. 16. Januar 1833, S. 28 f..

[751] So wurden u.a. die Geistlichkeit und das niedere Dienstpersonal, vor allem die Landjäger, aufgefordert, den Kandidaten Enchelmaier zu empfehlen. Verh. Württ. 1838, 6. Bd., 63. Prot. v. 25. April 1838, S. 2 ff..

[752] Auch die Kammer erklärte sich mit dieser Ansicht einverstanden. Verh. Württ. 1838, 6. Bd., 63. Prot. v. 25. April 1838, S. 11.

[753] Die gleiche Situation in Bezug auf die Einwirkung von Seiten der Beamten stellte sich auch bei der Wahl des Oberamtsbezirks Neresheim.

[754] Hierbei wurde angeführt, daß u.a. ein Ortsvorsteher sich die Stimmzettel der Wähler hatte vorzeigen lassen, und daß er auch die Wähler dazu bestimmt hatte, die Wahlzettel unter seiner Aufsicht auszufüllen. Ferner hatten einige Staatsdiener mit Nachteilen materieller Art gedroht, sofern der Gegenkandidat Nägele Stimmen erhalten würde.

[755] Verh. Württ. 1856 und 1857, 1. Beil.-Bd., 1. Abt., Beil. 9 (Prot. 6), S. 38.

[756] Interessant ist auch, daß Beeinflussungen von Seiten der Beamten in Form von in Aussicht stellen von materiellen Vorteilen oder die Verteilung von vorgeschriebenen Wahlzetteln vom Ausschuß in keinster Weise bedacht wurden, da nicht erwiesen werden konnte, welchen Einfluß diese Maßnahmen auf das Wahlergebnis gehabt haben. So der Bericht des ständischen Auschusses in Bezug auf die Wahl des Oberamtsbezirks Baihingen auf dem 21. Landtag (vgl. Verh. Württ. 1862 bis 1863, 1. Beil.-Bd., 1. Abt., Beil. 3, S. 23). Im Kommissionsbericht hieß es: „*Diese Vorgänge müssten wir zwar, wenn sie Constatirt wären, ungeeignet finden, könnten denselben aber keinen Einfluß auf die Gültigkeit der Wahl zuschreiben.*" (Verh. Württ. 1862 bis 1863, 1. Beil.-Bd., 1. Abt., Beil. 29, S. 131 ff.). Von Interesse ist ebenfalls, daß die Kommission Wahlbestechungen bei dieser Wahl keine rechtliche Folge einräumte, da die Stimmen, welche durch die Wahlbestechung hervorgegangen seinen, keine Änderung des Endergebnisses bewirkt hatten (Verh. Württ. 1862 bis 1863, 1. Beil.-Bd., 2. Abt., Beil. 127

Festhalten läßt sich damit, daß in der württembergischen zweiten Kammer der „Wesentlichkeitsgrundsatz“ und der Erheblichkeitsgrundsatz zusammen den maßgeblichen Prüfungsmaßstab bildeten. Hervorzuheben ist insbesondere, daß beide Beurteilungsgrundsätze mit absoluter Konsequenz, ohne irgendeine Form der Differenzierung für die Entscheidungen in Wahlprüfungsfragen herangezogen wurden.

7. Auslegung von Wahlrechtsbestimmungen und Kontinuität der Entscheidungen

Im Königreich Württemberg stand ebenfalls aufgrund der Auslegungsbedürftigkeit zahlreicher Wahlrechtsbestimmungen die Frage der Kontinuität der Entscheidungen der Kammern im Vordergrund der Betrachtung.[758]

Daß für die Kammer die Kontinuität ihrer Entscheidungen ein besonderes Gewicht besaß und gleichzeitig auch ein gewisses Maß an Rechtssicherheit schaffte, zeigte sich bereits bei der Darstellung des Erheblichkeitsgrundsatzes. Hervorzuheben ist in diesem Zusammenhang die Tatsache, daß die Kammer grundsätzlich während des gesamten Untersuchungszeitraumes Anstände, welche gegen die Verfassung verstießen, wie der häufigste Fall, daß die Wahl der Wahlmänner zweiter Klasse, nicht wie von § 140 der Verf.-Urk. v. 25. September 1819 vorgeschrieben im Durchgang erfolgte, für nichtig erklärte, und daß sie sich hierbei auch ausdrücklich auf vorherige Entscheidungen berief.[759] Daß die Kontinuität ihrer Entscheidungen ein hohes Gut für die Kammer der

---

(Prot. 67), S. 1837). Vgl. auch die Einwirkungen im Vorfeld der Abgeordnetenwahl des Oberamtsbezirks Sulz des 21. Landtags von Seiten des wahlleitenden Oberamtsmann und den Umgang des Ausschusses mit dieser Tatsache (Verh. Württ. 1862 bis 1863, 1. Beil.-Bd., 1. Abt., Beil. 5, S. 30 f.).

[757] Auch bei der Untersuchung von Wahlumtrieben hieß es: *„Allein wie man auch über die Theilnahme von Beamten an den Wahlumtrieben denken mag: die Legitimationscommission hat eine solche Theilnahme nur in so weit zu untersuchen, als derartige Handlungen von Einfluß auf die Gültigkeit der betreffenden Wahlen sind, während im Uebrigen für die Abstellung etwaiger Uebelstände der § 124 der Verfassungsurkunde den weg vorzeichnet.*“ (Verh. Württ. 1862 bis 1863, 1. Beil.-Bd., 2. Abt., Beil. 42, S. 1162).

[758] Die Auslegungsbedürftigkeit zeigte sich in zahlreichen Wahlprüfungsfällen, wobei jedoch viele Konstellationen während des Untersuchungszeitraums nur einmal auftraten. Damit konnte nicht die Kontinuität der Entscheidungen untersucht werden. Zu nennen ist in diesem Zusammenhang insb. die Legitimationssache des Frhr. v. Ow als Abg. der Ritterschaft des Schwarzwaldkreises auf dem 15. Landtag. Hierbei ging es um das Erfordernis des § 143 I der Verf.-Urk. v- 25. September 1819, welcher bestimmte: *„Eine gültige Wahl kommt nur durch die Abstimmung von wenigstens zwei Drittheilen der Wahlberechtigten zu Stande.*“. Als Problem stellte sich heraus, daß 32 Wahlberechtigte angegeben waren, jedoch nur 21 Stimmen abgegeben wurden, und daß der nötige ⅔ Stimmenanteil rechnerisch 21 und ⅓ betragen würde. Es fehlte damit rein mathematisch eine ⅓ Stimme. Im Ergebnis entschied die Kammer in ihrer Mehrheit, die Wahl für gültig zu erklären. Die Kammermehrheit vereinigte sich darauf, daß die Verfassung den Fall der Bruchteile nicht geregelt hatte, und daß die Auslegung den Vorzug zu erhalten hatte, welche die Wahl aufrecht erhalten würde (vgl. Verh. Württ. 1848/49, 3. Bd., 97. Prot. v. 12. März 1849, S. 2157 ff.).

[759] Vgl. hierzu insb. die Prüfung der Wahl des Oberamtsbezirks Backnang auf dem 21. Landtag, Verh. Württ. 1862 bis 1863, 1. Beil.-Bd., 1. Abt., Beil. 4, S. 28 f.. Des weiteren auch die

Abgeordneten war, zeigte sich insbesondere bei den Fällen, in denen die Wahlrechtsbestimmungen äußerst unbestimmt waren.

a. Auslegung und Anwendung des § 146 I S. 2 der Verfassungsurkunde v. 25. September 1819

Besonders augenfällig war in diesem Zusammenhang vor allem in den ersten Jahren des Untersuchungszeitraums die Frage, wie weit der Begriff des Staatsdieners in § 146 I S. 2 der Verf.-Urk. v. 25. September 1819 zu fassen war. § 146 I S. 2 bestimmte, daß Staatsdiener nicht innerhalb des Bezirks ihrer Amtsverwaltung gewählt werden durften. Bereits im Jahre 1823 stellte sich bei der Prüfung der Wahl des Abg. Kloker der Stadt Reutlingen diese Frage. Der ständische Ausschuß erklärte die Wahl für ungültig, da Kloker in der Eigenschaft des Oberzollers, und somit als Staatsdiener in dem Stadtbezirk von Reutlingen, nach § 146 I S. 2 der Verf.-Urk. nicht wählbar wäre.[760] Es wurde durch diese Entscheidung explizit festgestellt, daß neben den Beamten im engeren Sinne, auch entlaßbare Beamte, welche für die Erhebung von Staatseinnahmen zuständig waren, unter die Bestimmung des § 146 I S.2 der Verf.-Urk. v. 25. September 1819 fielen.

Im Jahre 1830 ereignete sich bei der Wahl des Oberamts Tübingen ein ähnlicher Fall. Bei der Prüfung der Wahl des Abg. Rieckert erhob sich aus dem Beglaubigungsschreiben der Anstand, daß der Gewählte „*Cameral-Kastenknecht*" war. In dieser Eigenschaft erkannte ihn der ständische Ausschuß als Staatsdiener im weitesten Sinne an. Begründet wurde dies damit, daß die Cameral-Kastenknechte vom König angestellt worden seien und dem Staate dienten, und daß sie für diesen eine Rechnung führen würden. Aufgrund ihres Einflusses seien sie daher von der Wahl in ihrem Amtsbezirk auszuschließen. In diesem Fall wurde auch ausdrücklich auf die Entscheidung bei der Wahl des von der Stadt Reutlingen in seinem Amtsbezirk erwählten Oberzollers Klokker verwiesen. Der bei dieser Wahl aufgestellte Grundsatz, daß § 146 I S. 2 der Verf.-Urk. v. 25. September 1819 auch auf entlaßbare Beamten, welche für die Erhebung von Staatseinnahmen zuständig waren, Anwendung fand, wurde bei der Entscheidung im Rahmen dieser Wahl konsequent angewandt. In folge dessen sprach der Ausschuß sich für die Ungültigkeit der Wahl aus.[761]

Desgleichen wurde bei der Prüfung der Wahl des Gerichtsnotars Monn des Oberamts Aalen im Jahre 1830 die bisherige Grundsatzentscheidung in dieser Frage konsequent angewandt. Der Anstand bei dieser Wahl war, daß der Gewählte als Gerichtsnotar innerhalb des Bezirks seiner Amtsverwaltung gewählt wurde. Entsprechend der bisherigen Praxis der Kammer wurde § 146 I S. 2 der Verf.-Urk. v. 25. September 1819 auch auf ihn angewandt. Begründend wurde angeführt, daß die Verfassung die Wählbarkeit von Staatsdienern in ihrem Verwaltungsbezirk nur wegen des möglichen Einflusses auf die untergebenen Wähler ausschließe. Hierbei sei es gleichgültig, ob derjenige

---

Prüfung der Wahl des Oberamtsbezirks Sulz, Verh. Württ. 1862 bis 1863, 1. Beil.-Bd., 2. Abt., Beil. 127 (Prot. 67), S. 1833 f..

[760] Verh. Württ. 1823, A. o. Beil.-Heft. Enthaltend den Rechenschaftsbericht des ständischen Ausschusses an die Ständeversammlung, S. 18.

[761] Verh. Württ. 1830, Erstes a. o. Beil.-Heft, enthaltend den Rechenschaftsbericht des auf dem letzten ordentlichen Landtag gewählten ständischen Ausschusses, S. 14 ff..

Staatsdiener im engeren Sinne sei oder nicht, denn sein Einfluß aufgrund seiner Stellung auf die Wähler sei der gleiche. Der Beschluß ging dahin, die Wahl für ungültig zu erklären.[762]
Diese Wahlprüfungsfälle verdeutlichen, daß die erste Entscheidung i.S.d. § 146 I S. 2 der Verf.-Urk. v. 25. September 1819, im Fall des Abg. Kloker der Stadt Reutlingen, als Präjudiz angesehen wurde, und daß bei allen weiteren Wahlprüfungsfällen im Rahmen dieser Problematik lediglich auf die genannte Grundsatzentscheidung verwiesen wurde.[763]

b. Auslegung und Anwendung des § 143 I der Verfassungsurkunde v. 25. September 1819

Zum Ende des Untersuchungszeitraums kam eine andere Problematik durch die Wahl der Stadt Reutlingen auf dem 20. Landtag[764] auf die Tagesordnung. Bei dieser Wahl kam eine gültige Wahl der Wahlmänner zweiter Klasse nicht zustande[765], so daß nur die Wahlmänner erster Klasse, aber von diesen ⅔, ihre Stimmen abgaben. In einer Eingabe gegen diese Wahl[766] wurde jedoch angeführt, daß zu einer gültigen Abgeordnetenwahl die vollständige Bildung der Wahlkollegien, somit auch das Zustandkommen einer Wahl der Wahlmänner zweiter Klasse, notwendig sei. Des weiteren sei auch nach § 143 I der Verf.-Urk. v. 25. September 1819 notwendig, daß zu einer gültigen Wahl ⅔ aller Wahlberechtigten ihre Stimme abgegeben hätten. Hinsichtlich des ersten

---

[762] Verh. Württ. 1830, Erstes a. o. Beil.-Heft, enthaltend den Rechenschaftsbericht des auf dem letzten ordentlichen Landtag gewählten ständischen Ausschusses, S. 16-18.

[763] In diesem Zusammenhang ist auch noch die Prüfung der Legitimation des Gewählten Vogt von Ehingen im Jahre 1820 von Interesse. Als Problem stellte sich bei dieser Wahl die Tatsache, daß der Gewählte Vogt das Amt des Ober-Acciser noch zum Zeitpunkt der Wahl bekleidete. Er wurde am 5. Januar 1820 gewählt, hatte jedoch bereits am 31. Dezember 1819 vor dem Oberamt Ehingen erklärt, daß er bereit wäre, im Fall der Wahl seine Amtsstellung niederzulegen. Die Legitimationskommission vertrat jedoch die Auffassung, daß die Verfassung fordere, daß der Gewählte *„nicht nur zur Zeit der Wahl nicht mehr Staatsdiener seyn wolle,*“, sondern daß es auch wirklich nicht mehr wäre. Hierfür konnte der Gewählte jedoch keinen Beweis antreten, da die geschehene Entlassung auf den 14. Januar datiert war, und da nicht belegt werden konnte, wann dieser die maßgebliche Bitte um Entlassung aus dem Staatsdienst eingereicht hatte (Verh. Württ. 1820, 1. Abt., Beil. Nr. 3 zum Prot. v. 20 Januar 1820, Beil. XI, S. 53-56). Die Kammer beschloß damit auf Antrag der Legitimationskommission mit 71 gegen 2 Stimmen die Ungültigkeit der Wahl (Verh. Württ. 1820, 1. Abt., 5. Prot. v. 21. Januar 1820, S. 30). Auch dem bei dieser Wahl aufgestellten Grundsatz blieb die Kammer in einem ähnlichen Fall treu. Vgl. hierzu die Prüfung der Legitimation des Abg. v. Pistorius des Oberamts Welzheim im Jahre 1823. Verh. Württ. 1823, A. o. Beil.-Heft. Enthaltend den Rechenschaftsbericht des ständischen Ausschusses an die Ständeversammlung, S. 25.

[764] Die gleiche Situation stellte sich auch bei den Wahlen der *„guten Städte*“ Ellwangen und Heilbronn.

[765] Dies lag daran, daß von 1926 wahlberechtigten Bürgern nur 263 und damit wesentlich weniger als ⅔ derselben abgestimmt hatten.

[766] Verh. Württ. 1856 und 1857, 1. Beil.-Bd., 1. Abt., Beil. 22 (Prot. 11), S. 54.

Anfechtungspunktes entschied die Mehrheit der Kommission[767], daß das Zustandekommen der Wahl der Wahlmänner zweiter Klasse nicht für die Gültigkeit der Abgeordnetenwahl erforderlich sei. Des weiteren verwies die Kommission auch darauf, daß eine andere Auslegung nicht möglich sei, da man ansonsten Zwang anwenden müsse, die Verfassung einen solchen jedoch nicht kenne.[768] Die Verfassung kenne nur Wahlrechte, jedoch keine Wahlpflichten. Weiterhin seien auch die Konsequenzen aus einer gegenteiligen Auslegung nicht annehmbar. Kämen in diesem Fall in einer Gemeinde die Wahl der Wahlmänner zweiter Klasse nicht zustande, so sei nach der gegenteiligen Auslegung die ganze Wahl nichtig. Hierdurch werde dem „Mißbrauch" Tür und Tor geöffnet, da in diesen Fällen von einigen Wählern, denen das voraussichtliche Resultat der Wahl unerwünscht sei, die gesamte Wahl vereitelt werden könne. Auch in Bezug auf den zweiten Anfechtungsgrund verwies die Kommission darauf, daß die Verfassung vor allem das Ziel erreichen müsse, daß die Wahlbezirke auch wirklich vertreten seien. Unter den Wahlberechtigten des § 143 der Verf-Urk. v. 25. September 1819 seien diejenigen zu subsumieren, welche zur Zeit der Abgeordnetenwahl ein Recht hätten, zu wählen. Zu diesem Zeitpunkt nicht existierende Wahlmänner könnten keine Wahlberechtigten sein.[769] Hätte die Verfassung etwas anderes gewollt, so hätte sie ausdrücklich bestimmen müssen, daß zur Gültigkeit die Abstimmung von ⅔ der nach § 138 auf einen Wahldistrikt fallenden Wählerzahl notwendig sei. Das Wahlrecht sei nur in dem Fall verletzt, in dem zur Wahlmännerwahl keine Gelegenheit geboten worden sei. Die Auffassung der Kommission setzte sich schließlich in der Kammer durch.[770]

Im Jahre 1858 kam es bei der Wahl der Stadt Stuttgart ebenfalls dazu, daß die Wahl der Wahlmänner zweiter Klasse nicht zustande kam. Die Mehrheit der Legitimationskommission stellte im Gegensatz zu der Entscheidung bei der Wahl der Stadt Reutlingen den Antrag, die Wahl für ungültig zu erklären.[771] Es stand damit zum erstenmal ganz offen die Frage in der Kammer, ob man sich bei vergleichbaren Fällen an frühere Kammerbeschlüsse zu halten hätte. So wurden viele Stimmen in der Kammer laut, die die bisherige unausgesprochene Kammerpraxis bestätigten, daß man in der Konsequenz der früheren Kammerbeschlüsse die Wahl für gültig erklären müßte. Insbesondere der Abg. Moritz Mohl wandte sich gegen die Inkonsequenz bei den Kammerbeschlüssen. Er gestand grundsätzlich zu, daß eine spätere Kammer eine andere Rechtsanschauung haben, und daß sie auch andere Rechtsgrundsätze befolgen könne. In den Fällen jedoch, in denen mehrere Kammern nacheinander ein und derselben Rechtsan-

---

[767] Es gab neben dem Kommissionsbericht, welcher von den Abg. Camerer, v. Gemmingen, Schuster und Rümelin getragen wurde, auch noch ein Minoritätsgutachten der Abg. Nagel, Duvernoy und Pfeifer. In diesem vertraten die genannten Abg. die Auffassung, daß eine Wahl nur gültig sein könnte, wenn es zur Bildung beider Wahlkollegien gekommen wäre, und daß weiterhin ⅔ sämtlicher von der Verfassung zur Wahl bestimmten Bürger abgestimmt haben müßten. Vgl. weitergehend: Verh. Württ. 1856 und 1857, 1. Beil.-Bd., 1. Abt., Beil. 22 (Prot. 11), S. 56-58; Verh. Württ. 1856 und 1857, 1. Bd., 11. Prot. v. 6. März 1857, S. 164.

[768] Verh. Württ. 1856 und 1857, 1. Beil.-Bd., 1. Abt., Beil. 22 (Prot. 11), S. 55.

[769] Verh. Württ. 1856 und 1857, 1. Beil.-Bd., 1. Abt., Beil. 22 (Prot. 11), S. 55.

[770] Verh. Württ. 1856 und 1857, 1. Bd., 11. Prot. v. 6. März 1856, S. 164.

[771] Verh. Württ. 1856 und 1858, 4. Bd., 85. Prot. v. 3. September 1858, S. 2100.

schauung gehuldigt hätten, habe sich ein gewisser Grundsatz herausgebildet, von dem nicht abwichen werden solle.[772] Auf den konkreten Fall bezogen wies er darauf hin, daß es ein Unrecht darstelle, einem Abgeordneten die Legitimation zu versagen, obwohl in der gleichen Frage bereits drei Mitglieder legitimiert wurden.[773] Es gab aber auch vereinzelte Stimmen in der Debatte, wie der Abg. Schott, der sich dahin aussprach, daß es jedem Mitglied der Kammer unbenommen sein müsse, seine Meinung jederzeit zu revidieren. Seiner Ansicht nach könne die Autorität eines Kammerbeschlusses nicht so weit gehen, solche Überzeugungen zu eliminieren.[774] Die Mehrheit der Kammer blieb aber mit 50 zu 30 Stimmen ihrem bisherigen Grundsatz in dieser Frage treu.[775]

Trotz der bisherigen Entscheidungen in dieser Frage stellten die Abg. Seeger und Hölder auf dem 21. Landtag den Antrag, die Wahlen der Städte Reutlingen und Heilbronn des letzten Landtags für nichtig zu erklären.[776] Es sei nach ihrer Auffassung eine wesentliche und „*sehr unglückliche*" Abänderung der Verfassung, wenn der Grundsatz zur Geltung komme, daß eine bloß von einer Klasse der Wahlmänner vorgenommene Wahl gültig sei.[777] Der Bericht der Legitimationskommission über den gestellten Antrag ging i.S.d. Antragssteller dahin, die Wahlen für ungültig zu erklären. Die Kommission stellte bei ihrer Entscheidung vorwiegend auf § 25 der am 6. Dezember 1819 erlassenen Wahlinstruktion ab, wonach „*eine gültige Wahl nur durch die Abstimmung von wenigstens zwei Drittheilen der Wahlmänner eines Bezirks zu Stande kommt*", also „*zwei Drittheile der nach § 138 des Grundgesetzes auf einen Wahldistrict fallenden Wählerzahl*", ihre Stimmen abgegeben hätten.[778] Diese Bestimmung sei auch von den früheren Ständeversammlungen bis zum Jahre 1856 nie bestritten worden.[779] In der nachfolgenden Debatte[780] stellten die Abg. Moritz Mohl und Mitternacht einen vermit-

---

[772] Verh. Württ. 1856 und 1858, 4. Bd., 85. Prot. v. 3. September 1858, S. 2102.

[773] Auch der Abg. Camerer sprach sich für die Beibehaltung der Entscheidungen der Kammer aus, da ansonsten die Achtung vor der Kammer schwinden würde (Verh. Württ. 1856 und 1858, 4. Bd., 85. Prot. v. 3. September 1858, S. 2103 f.).

[774] Verh. Württ. 1856 und 1858, 4. Bd., 85. Prot. v. 3. September 1858, S. 2104.

[775] Vgl. Verh. Württ. 1856 und 1858, 4. Bd., 85. Prot. v. 3. September 1858, S. 2105.

[776] Verh. Württ. 1862 bis 1864, 1. Bd., 5. Prot. v. 9. Mai 1862, S. 56.

[777] Weiterhin führten sie an, daß nach § 143 der Verf.-Urk. v. 25. September 1819 eine gültige Wahl nur durch die Abstimmung von mindestens ⅔ der Wahlberechtigten zustande komme. Zu den Wahlberechtigten würden aber nicht nur die Höchstbesteuerten, sondern auch die von der übrigen steuerpflichtigen Bürgerschaft zu wählenden Wahlmänner gehören. Infolge dessen sei eine Wahl daher nur gültig, wenn mindestens ⅔ sämtlicher das Wahlkollegium bildender Wahlmänner abgestimmt hätten (Verh. Württ. 1862 bis 1864, 1. Bd., 5. Prot. v. 9. Mai 1862, S. 56).

[778] Verh. Württ. 1862 bis 1863, 1. Beil.-Bd., 2. Abt., Beil. 41, S. 1144.

[779] Verh. Württ. 1862 bis 1863, 1. Beil.-Bd., 2. Abt., Beil. 41, S. 1146 f..

[780] Der Abg. Hölder erklärte nochmals die prinzipielle Bedeutung dieser Frage. Denn verbleibe es bei der bisherigen Ansicht, so bliebe die große Mehrzahl des Volkes unvertreten, und die Wahlen würden damit das Privileg einer kleinen Klasse der Höchstbesteuerten. Des weiteren stellte er auch die politische Frage in diesem Zusammenhang heraus. Das Zustandebringen der Wahl der Wahlmänner zweiter Klasse lag in den Händen der Wahlkommission. Falls diese die Bekanntmachung in ungenügender Weise vollziehen würde, so würden viele Urwäh-

telnden Antrag. Dieser ging dahin, von der Beanstandung der genannten Wahlen abzusehen, und an die Regierung den Antrag zu stellen, „im Wege der *Instruction Vorschriften dahin zu ertheilen, daß mit allen gesetzlichen Mittel das Zustandekommen der Wahlen der Wahlmänner zweiter Classe herbeigeführt werde.*".[781] Dieser Antrag wurde auch von der Mehrheit der Kammer angenommen.

c. Auslegung und Anwendung des § 135 Nr. 4 letzte Alt. der Verfassungsurkunde v. 25. September 1819

Es gab in der Wahlprüfungspraxis aber auch Einzelfälle, in denen kein Präjudiz geschaffen wurde. Dies verdeutlichen die Fälle, in denen es um die letzte Alternative des § 135 Nr. 4 der Verf.-Urk. v. 25. September 1819 ging, wonach kein Mitglied der Ständeversammlung unter „*Privat-Dienstherrschaft*" stehen durfte. Die Problematik kam bereits auf dem ersten Landtag bei der Prüfung der Legitimation des Abg. v. Keller des Oberamtsbezirks Neresheim auf die Tagesordnung. v. Keller war zum Zeitpunkt der Wahl Fürstl. Thurn- und Taxischer Justizrat und Oberrentmeister im Schloß Neresheim. Den Vorwurf, daß er unter Privatdienstherrschaft stand, versuchte dieser dadurch zu widerlegen, daß er niemals unter die Kategorie von Rentbeamten gehörte, und daß er nie mit Administration und Rechnungen zu tun gehabt hätte. Vielmehr waren die ihm zugeteilten Verhältnisse eines Oberrentmeisters nur die eines Justizbeamten, und seine Dienstverrichtung war die eines fürstlichen Rechtskonsulenten.[782] Die Legitimationskommission führte im Rahmen dieser Problematik an, daß bereits bei der verfassungsgebenden Versammlung die Frage gestellt wurde, was unter Privat-Dienstherrschaft zu verstehen war, und ob auch die adeligen Rentbeamten hierunter fielen. Hierauf wurde von dem damaligen Vizepräsidenten folgende Erläuterung gegeben: „*Ja! Auch diese! Privatdienste sind dem Staatsdienste entgegengesetzt, daher kann kein Rentbeamter, kein Substitut, kein Commis, kein Privat-Sekretär gewählt werden. Wer unter Privat-Dienstherrschaft steht, dem fehlt es durchaus an der nöthigen Freyheit und Selbstständigkeit. Jeder, der in Privat-Dienstherrschaft steht, hat auf eine bestimmte Person Rücksicht zu nehmen, und einem solchen ist es immer weit*

---

ler von der Wahl keine Kenntnis erhalten. Aus diesem Grund sei es gefährlich, den Satz aufzustellen, daß es auf das letzte Drittel nicht ankomme, denn dem Ortsvorsteher würden in dieser Hinsicht dann größter Einfluß eingeräumt, und es sei gewiß, daß ein großer Teil von ihnen in einer „*gewissen Abhängigkeit von dem Oberbeamten des Bezirks*" stehe. Somit sei es wenigstens möglich, daß ein Einfluß im Sinne der Regierung stattfinde. „*Dadurch ist dann der Regierung ein ungeheures Mittel gegeben, durch Vermittlung der Oberbeamten darauf hinzuwirken, daß in den Orten, in welchen die Wahl von freisinnigen Wahlmännern zu befürchten ist, diese Wahl nicht zu Stande kommt, daß anderer Seits in den Orten, in welchen man auf die Wahl ergebener regierungsfreundlicher Wahlmänner zählen darf, dieselbe mit aller Energie durchgeführt und ein Resultat erzielt wird.*". Des weiteren seien gerade die genannten Beschlüsse von einer Kammer gefaßt worden, welche in der „*höchsten Blüthezeit der allgemeinen Reaction gewählt worden*" sei. Ferner waren vor allem die Höchstbesteuerten das wesentliche konservative Element. Die Wahlmänner zweiter Klasse waren eher das liberale Element (vgl. Verh. Württ. 1862 bis 1864, 1. Bd., 13. Prot. v. 26. November 1863, S. 180 ff.).

[781] Verh. Württ. 1862 bis 1864, 1. Bd., 13. Prot. v. 26. November 1863, S. 197.

[782] Verh. Württ. 1820, 2. Abt., Beil. Nr. 6 zum Prot. v. 5. Februar 1820, Beil. XLIII., S. 127 f..

schwerer, sich unabhängig zu erhalten, besonders da er willkürlich entlassen werden kann,".[783] Die Legitimationskommission kam hierdurch bedingt zu dem Schluß, daß die Menschen unter diesen Begriff fielen, bei welchen die Abhängigkeit von fremden Befehlen und Instruktionen zutraf.[784] In Bezug auf den vorliegenden Fall sah die Kommission zwar, daß v. Keller kein gewöhnlicher Rentbeamter gewesen war, aber als Rechts-Consulent und Justizrat des fürstlichen Hauses, hatte er die fürstlichen Interessen zu respektieren und zu verteidigen. Daher läge genau diese Abhängigkeit vor, welche als charakteristisches Merkmal der Privatdienstherrschaft anzusehen sei. Da der Fürst dem König und dem Staat gegenüber als Privatus betrachtet werden müsse, sei es nicht zu leugnen, daß der Abg. v. Keller in fürstlicher Privatdienstherrschaft stand.[785] Folglich stellte die Legitimationskommission den Antrag, daß v. Keller nicht als Abgeordneter des Oberamts Neresheim zuzulassen sei. Im Ergebnis[786] wurde die Wahl auch für ungültig erklärt.[787]
Bei der Wahl im Oberamt Spaichingen im Jahre 1820 kam diese Problematik ebenfalls wieder zum Tragen. Denn in einer Eingabe wurde dem Gewählten Merkt vorgeworfen, daß dieser in Privatdienstherrschaft stehe, da er zur Zeit der Wahl die Verwaltung eines Freiherrlichen Gutes gegen eine jährliche Besoldung von 30 fl. und zwei Klaster Holz versehen hatte. Die Kommission erkannte zwar an, daß die geringe Besoldung und auch die unbedeutende Verwaltungstätigkeit den Gewählten nicht in persönliche Abhängigkeit von der Dienstherrschaft setze. Sie sprach sich jedoch gegen die Zulassung des Gewählten Merkt aus. Als Begründung führte sie, ohne auf die vorherige Entscheidung und Charakterisierung in dieser Frage einzugehen, an, daß die Verfassung ganz allgemein einen unter Dienstherrschaft stehenden ausschließe. Ferner ließe sich eine Grenzziehung, wann aus dem Privatverhältnis eines Verwalters ein Nachteil für das öffentliche Wohl zu besorgen sei, nicht ziehen.[788]

Im Jahre 1828 wurde erneut eine Wahl, die des Abg. Pfahler des Oberamts Tübingen, für ungültig erklärt, da dieser als Verwaltungs-Actuar in Privatdienstherrschaft des Oberamtmannes gestanden hätte. Der Ausschuß führte in seinem Bericht dazu aus, daß die Merkmale, die für die Charakterisierung des Begriffs der Privatdienstherrschaft

---

783 Verh. Württ. 1820, 2. Abt., Beil. Nr. 6 zum Prot. v. 5. Februar 1820, Beil. XLIII., S. 129 f..
784 Verh. Württ. 1820, 2. Abt., Beil. Nr. 6 zum Prot. v. 5. Februar 1820, Beil. XLIII., S. 130.
785 Verh. Württ. 1820, 2. Abt., Beil. Nr. 6 zum Prot. v. 5. Februar 1820, Beil. XLIII., S. 130 ff..
786 In der Kammerdebatte sprachen sich einige Abg. dahin aus, daß der Begriff „*Privat-Dienstherrschaft*" zu unbestimmt sei, um eine Entscheidung im vorliegenden Fall zu treffen, und daß daher, bis eine authentische Interpretation erfolgt sei, v. Keller zugelassen werden solle. Des weiteren wurde geäußert, daß eine andere Auslegung wünschenswert sei, da ansonsten eine ganze Klasse von achtbaren Männern von der Repräsentation ausgeschlossen werde (Verh. Württ. 1820, 2. Abt., 15. Prot. v. 8. Februar 1820, S. 141).
787 Verh. Württ. 1820, 3. Abt., Prot. XIX v. 16. Februar 1820, S. 194.
788 Verh. Württ. 1820, 4. Abt., Beil. Nr. 5 zum Prot. v. 7. März 1820, Beil. LXXXIII., S. 239 f.. Im Ergebnis wurde einstimmig von der Kammer beschlossen, die gesamte Wahlhandlung im Oberamt Spaichingen für ungültig zu erklären (Verh. Württ. 1820, 4. Abt., 27. Prot. v. 11. März 1820, S. 319).

ausschlaggebend seien, darin bestünden, daß jemand mittels eines Vertrages mit einem Einzelnen diesem Dienste leiste. Hierfür erhielte er einen sein ganzes Auskommen oder einen großen Teil desselben bildenden Lohn, wodurch er in eine gewisse Abhängigkeit von jener Person gesetzt werde. In diesem Fall wurde erneut ein anderer Schwerpunkt für die Charakterisierung gewählt.[789]
Im Jahre 1833 bei der Legitimation des Abg. Steiger des Oberamts Leutkirch ging es ebenfalls um die Frage, ob dieser als vormaliger Fürstlich Wolfeggscher Obervogt unter Privatdienstherrschaft stand, und ob er damit unter den Ausschluß des § 135 Nr. 4 der Verf.-Urk. v. 25 September 1819 fiel. Der ständische Ausschuß sah in diesem Fall die Privatdienstherrschaft als vorliegend an, da die Möglichkeit bestünde, daß Verpflichtungen zu Gegenleistungen zwischen dem Pensionsherrn und dem Pensionierten gefordert werden könnten. Auch in diesem Fall erfolgte eine anderweitige Charakterisierung.[790]

Es kam in all diesen Prüfungsfällen zu keiner einhelligen Auslegung des Begriffs der Privatdienstherrschaft. Vielmehr lag bei jeder Entscheidung der Schwerpunkt bei einem anderen Merkmal. Da dies aber gar nicht der Praxis der Kammer entsprach, sondern diese großes Gewicht auf Kontinuität in ihren Entscheidungen legte, kam es erst bei der Wahl des Oberamtsbezirks Riedlingen auf dem 10. Landtag zu einer Kehrtwende. Denn bei dieser Wahl ging es um die Frage, ob der Gewählte Schnitzer als Redakteur und Herausgeber des Blattes „*Der Beobachter*“ unter Privatdienstherrschaft stand. Bevor die Kommission[791] auf den konkreten Fall einging, führte sie die bisherigen unbefriedigenden sowie uneinheitlichen Entscheidungen in den Fällen in Bezug auf § 135 Nr. 4 der Verf.-Urk. v. 25. September 1819, welche bisher in der Kammer behandelt wurden, nochmals auf. Aufgrund dieser bisherigen Unsicherheit in der Beantwortung der Frage, was unter Privatdienstherrschaft zu verstehen war, versuchte sie zum ersten mal eine allgemeingültige Definition herauszuarbeiten. Hierbei stellte sie das Merkmal „Herrschaft“ besonders heraus und kam zu dem Schluß, daß nur ein solches Rechtsverhältnis gemeint sein könne, bei welchem eine Art Herrschaft des Individuums und eine persönliche Unterordnung des anderen unter das erstere stattfinde. Sie verwies darauf, daß gerade die Unterscheidung zum Privatdienstverhältnis herausgestellt werden müsse. Sobald das Vorhandensein von Dienstleistungen mit persönlicher Unterordnung vorläge, sei der Umstand, daß die Belohnung der Dienste eine geringe sei, nicht von Bedeutung.[792] Somit stellte die Kommission den Antrag, die Legi-

[789] Verh. Württ. 1828, 6. Heft, 52. Prot. v. 26. März 1828, S. 1556 ff.; s. den Komissionsbericht: Verh. Württ. 1828, 6. Heft, Beil. Nr. 2 zum Prot. v. 26. März 1828, S. 1580-1582.
[790] Verh. Württ. auf dem ersten Landtage von 1833, 1. Bd., Beil. 1, Unterbeil. 1 zum ersten Prot. v. 16. Januar 1833, S. 18-22.
[791] Der Ausschuß hatte dem Abg. Schnitzer des Oberamtsbezirks Riedlingen die Legitimation vorläufig versagt, um der Kammer in dieser Frage alles weitere zu überlassen. Interessant ist auch, daß der Ausschuß in Bezug auf die Problematik der Dienstherrschaft auf die Entscheidung des Ausschusses und der Kammer des Jahres 1828 hinsichtlich der Wahl des Oberamtsbezirks Tübingen hinwies. Verh. Württ. 1856 und 1857, 1. Beil.-Bd., Erste Abt., Beil. 2 (Prot. 1), S. 4 ff..
[792] Verh. Württ. 1856 und 1857, 1. Beil.-Bd., 1. Abt., Beil. 26 (Prot. 12), S. 64.

timation des Abg. Schnitzer für berechtigt zu erklären, da im vorliegenden Fall keine Unterordnung unter den Verleger vorhanden war, da eine Abhängigkeit von Befehlen nicht vorlag.[793] Die Kammer schloß sich dieser Auffassung einstimmig an.[794]
Letztendlich wurde erst auf dem 20. Landtag hinsichtlich des Merkmals „*Privatdienstherrschaft*“ Rechtssicherheit geschaffen.

Die württembergische Prüfungspraxis verdeutlichte dennoch, daß die Kammern vom ersten Landtag an bestrebt waren in unbestimmten Wahlrechtsfragen Präjudizien zu schaffen. Die Kontinuität der Wahlprüfungsentscheidungen, und damit auch die Schaffung von Rechtssicherheit, war ein hervorstechendes Merkmal der Wahlprüfungen.

8. Die parteipolitische Komponente der Wahlprüfung

In der württembergischen Wahlprüfungspraxis zeigte sich in besonderer Deutlichkeit die Bedeutung der Wahlprüfung als parteipolitisches Machtmittel. Zu Beginn des parlamentarischen Lebens war diese Bedeutung der Wahlprüfung noch nicht ersichtlich. Die erste Phase im parlamentarischen Leben der zweiten Kammer zwischen 1820-1832 war vielmehr durch Ruhe innerhalb der Kammer selbst, aber auch zwischen der Staatsregierung und der Kammer gekennzeichnet.[795] Huber[796] sprach in diesem Zusammenhang von der „*governementalen Eintönigkeit*“.Diese Ruhe hatte ihren Grund darin, daß von Anfang an im Stuttgarter Landtag keine starke liberale Opposition vertreten war. Zwar bestand in Württemberg die zweite Kammer der gewählten Abgeordneten, wie in Baden, in großer Anzahl aus Beamten. Diese waren jedoch im Gegensatz zu den Beamten in Baden keineswegs aufgeklärt, liberal und oppositionell, sondern vielmehr protestantisch-orthodox und gouvernemental gesinnt.[797] Dies machte es der Staatsregierung im politischen Umgang und in Bezug auf legislative Aktivitäten mit dem Landtag äußerst leicht.[798]
Ab dem Jahre 1833 änderte sich diese Lage hingegen völlig.[799] Denn die zweite Kammer des ersten Landtags des Jahres 1833 war gerade durch die Konkurrenz von zwei etwa gleich starken politischen Blöcken von Abgeordneten, Gouvernementalen und Oppositionellen gekennzeichnet.[800] Aus diesem Grund waren die beiden Blöcke auf

[793] Verh. Württ. 1856 und 1857, 1. Beil.-Bd., 1. Abt., Beil. 26 (Prot. 12), S. 65.
[794] Verh. Württ. 1856 und 1857, 1. Bd., 12. Prot. v. 7. März 1857, S. 171.
[795] Vgl. Scherer, Württemberg, S. 795 f.; Cordes, Landtag, S. 129
[796] Huber, Verfassungsgeschichte I, S. 384.
[797] Huber, Verfassungsgeschichte I, S. 383.
[798] Press, Landtag, S. 255, 279.
[799] Vgl. für die allgemein politischen Umstände nach der Julirevolution von 1830: v. Mohl, Geschichte, S. 44, 106 ff.; Cordes, Landtag, S. 133 f..
[800] Von den 93 Angehörigen der zweiten Kammer zählten 39 zur liberalen Opposition, und 32 zu den Anhängern der Regierung. Der Rest der 22 Abg. ergriff fallweise die Partei der Regierung oder die der Opposition, d.h., daß Mehrheitsbeschlüsse daher nur mit Unterstützung aus der von beiden Seiten umworbenen Gruppe der Unentschiedenen zustande kommen konnten. Vgl. v. Mohl, Geschichte, S. 44, 112; Grube, Landtag, S. 516; Adam, Jahrhundert, S. 43 f.; Huber, Verfassungsgeschichte II, S. 37.

die nicht festgelegten Stimmen im Plenum angewiesen.[801] Daher stellte der erste Landtag des Jahres 1833 (der sog. „*vergebliche Landtag*“[802]) mit seinem sog. „*Legitimationsstreit*“ um die „*begnadigten Demagogen*“[803] den Höhepunkt der machtpolitischen Instrumentalisierung der Wahlprüfungen dar.
Bei der Legitimation der Abg. Rödinger, Tafel, Wagner und Kübel ging es ausschließlich um die Entscheidung über die Mehrheitsverhältnisse in der Kammer. Denn diese Gruppe von Abgeordneten stand auf Seiten der Opposition und ragte durch "*Intelligenz und Gesinnung*" hervor.[804] Der Ausgang dieser Wahlprüfungen war ausschlaggebend für die Machtverteilung in der Kammer. Beide Seiten, sowohl die Opposition als auch die gouvernementale Seite hofften auf einen für sie günstigen Ausgang der Prüfung, und damit gleichzeitig auf die machtentscheidende Mehrheit in der Kammer.[805]
Ausgangspunkt dieses Streites war die Tatsache, daß die Staatsregierung den Abgeordneten Rödinger, Tafel, Wagner und Kübel die verfassungsmäßige Fähigkeit, Abgeordnete zu sein, bestritt.[806] Der Grund hierfür lag darin, daß diese als Studenten 1824/25 wegen demagogischer Umtriebe zu Festungshaft verurteilt worden waren.[807] Der König hatte sie jedoch später restituiert.[808] Des weiteren hatte man sie „*unter die öffentlichen Rechtsanwälte*" aufgenommen. Ferner wurden die Abgeordneten auch, ohne Einsprachen von Seiten der Staatsregierung, zu Abgeordneten gewählt.[809] Die Staatsregierung stand dennoch auf dem Standpunkt, daß die vier durch „*gerichtliche Erkenntnis zur Festungsstrafe mit angemessener Beschäftigung verurtheilt*“ worden waren, und daß der Tatbestand des § 135 Nr. 2 der Verf.-Urk. v. 25. September 1819 damit gegeben war, und daß sie daher nicht wählbar seien.[810]
Im Rahmen der Wahlprüfungen stellte sich die Frage, ob trotz der Begnadigung mit Wiederherstellung ihrer bürgerlichen Ehre ein Hindernis für den Eintritt in die Kam-

---

801 Adam, Jahrhundert, S. 44; Grube, Landtag, S. 516.
802 Dieser Name entstand schon bald nach der Auflösung durch eine regierungsfreundliche Flugschrift. Vgl. Adam, Jahrhundert, S. 53.
803 Wurm, Versuche, S. 151.
804 Rödinger und Tafel waren Leiter des „*Hochwächters*“, des entscheidentsten Oppositionsblattes. s. Scherer, Württemberg, S. 797; Wurm, Versuche, S. 160 f..
805 Folge dieser machtpolitischen Schwebe in der Kammer war, daß in den ersten Sitzungswochen das parlamentarische Leben zum Stillstand kam. Diese Wochen waren durch eine Hinhaltetaktik auf beiden Seiten gekennzeichnet. Denn die Regierung verzögerte die Ernennung des Kammerpräsidenten hinaus und auf der anderen Seite verweigerte die Opposition die Beratung des Etats.
806 Huber, Verfassungsgeschichte I, S. 38; Wurm, Versuche, S. 151; v. Mohl, Geschichte, S. 44, 113.
807 Die vier Gewählten wurden aufgrund ihrer Teilnahme an einer hochverräterischen Verbindung zu mehrjähriger, bzw. im Fall von Kübel wegen Beihilfe zu jener Verbindung zu einer mehrmonatigen, Festungsstrafe mit angemessener Arbeit vom Königl. Gerichtshof für den Neckarkreis verurteilt (Verh. Württ. auf dem ersten Landtage von 1833, 1. Bd., Beil. 1, Unterbeil. 3 zum ersten Prot. v. 16. Januar 1833, S. 29).
808 Verh. Württ. auf dem ersten Landtage von 1833, 1. Bd., Beil. 1, Unterbeil. 3 zum ersten Prot. v. 16. Januar 1833, S. 30 ff..
809 Scherer, Württemberg, S. 797; Wurm, Versuche, S. 152.
810 Wurm, Versuche, S. 153.

mer bestand. Die parteipolitische Komponente wurde bereits sichtbar, bevor die eigentliche Wahlprüfung begann. So stellte der ständische Ausschuß, bevor er auf die rechtliche Würdigung einging, heraus, daß die Gewählten *„zu einer Zeit, wo die Verfassung, deren Festhaltung sie eben jetzt hätten eidlich versprechen sollen, schon bestand, sich in eine Verbindung eingelassen, welche den Umsturz der bestehenden Verfassung zum Zweck hatte, und wenigstens drei derselben haben sich zu diesem Umsturz durch Angeloben verbunden."*.[811] Gerade an dieser Aussage wurde die politische Grundeinstellung[812] des gesamten Ausschusses deutlich. Damit war schon zu Beginn der Prüfung klar erkennbar, daß es sich vorliegend um keine rechtlich neutrale, sondern um eine reine partei- und machtpolitische Prüfung handelte.Insbesondere auch die rechtliche Erörterung offenbarte die ausschließliche Machtfrage, die mit diesen Wahlprüfungen verbunden war. Der Ausschuß vertrat die Auffassung, daß durch den monarchischen Gnadenerweis der Tatbestand der gerichtlichen Verurteilung nicht ungeschehen gemacht, sondern daß dieser hierdurch lediglich von den Rechtsfolgen entbunden worden sei. Da sich nach Auffassung des Ausschusses § 135 der Verf.-Urk. v. 25. September 1819 lediglich an der Tatsache orientiere, daß eine solche Verurteilung erfolgt sei, hätten die Gewählten nach dem Buchstaben dieser Verfassungsbestimmung eine für den Eintritt in die Ständeversammlung erforderliche Eigenschaft verloren.[813] Besonders aufschlußreich sind die folgenden Ausführungen des gouvernemental besetzten Ausschusses. Dieser führte aus, daß *„das dem Könige zustehende Begnadigungsrecht überhaupt die Wirkung nicht haben kann, daß der Begnadigte durch dasselbe die ihm verloren gegangene, für jedes Stände-Mitglied durchaus erforderliche Eigenschaft wieder erlangt."*.[814] Nach § 4 der Verf.-Urk. v. 25. September 1819 sei eindeutig, daß der König alle Rechte der Staatsgewalt in sich vereinige, und daß er diese Rechte aber nur in den durch die Verfassung festgesetzten Bestimmungen ausüben dürfe. Der König könne zwar nach § 97 der Verf.-Urk. v. 25. September 1819 mittels des Begnadigungsrechtes Straferkenntnisse aufheben oder mildern, er könnte die in dem richterlichen Erkenntnisse ausgedrückten Strafen sowie deren damit verbundenen Folgen nachlassen. Jedoch sei es nicht der Richter, welcher die Unfähigkeit, Ständemitglied zu sein, ausspreche, sondern es sei die Verfassung selbst, welche die Folge des richterlichen Erkenntnisses ausspreche.[815] Der Ausschuß war daher der Auf-

---

[811] Verh. Württ. auf dem ersten Landtage von 1833, 1. Bd., Beil. 1, Unterbeil. 3 zum ersten Prot. v. 16. Januar 1833, S. 35.

[812] Es befand sich kein einziger Vertreter der Liberalen im Ausschuß, sondern dieser war vielmehr nur von Gouvernementalen und Konservativen besetzt. Vgl. Brandt, Parlamentarismus, S. 256.

[813] Verh. Württ. auf dem ersten Landtage von 1833, 1. Bd., Beil. 1, Unterbeil. 3 zum ersten Prot. v. 16. Januar 1833, S. 35 f..

[814] Verh. Württ. auf dem ersten Landtage von 1833, 1. Bd., Beil. 1, Unterbeil. 3 zum ersten Prot. v. 16. Januar 1833, S. 40.

[815] Verh. Württ. auf dem ersten Landtage von 1833, 1. Bd., Beil. 1, Unterbeil. 3 zum ersten Prot. v. 16. Januar 1833, S. 40 f..

fassung, daß es nicht zu den dem König durch die Verfassung vorbehaltenen Prärogativen gehöre, über die Fähigkeit einer Person zur Landschaft zu verfügen.[816]

Die parteipolitische Interessenlage spiegelte sich ebenfalls im Gutachten der Legitimationskommission wieder. Aufgrund der Besetzung der Kommission[817] waren die Auffassungen jedoch geteilt.Die regierungstreuere Mehrheit der Kommission teilte die Auffassung des ständischen Ausschusses und stützte sich auf dieselben Argumente gegen die Legitimation der vier Gewählten.[818] Die liberale Minorität die einen eigenen Bericht[819] erstattete, sah in dem monarchischen Begnadigungsakt einen transkonstitutionellen Akt, und damit ein gleichsam höheres Recht. Aus diesem Grund verwies sie darauf, daß es keiner Benennung jener Fälle bedurfte, in denen es in positives Verfassungsrecht eingreife.[820] Zur Unterstützung dieses Argumentes berief man sich auf § 205[821] der Verf.-Urk. v. 25. September 1819. Diese Bestimmung schließe nur die königliche Amnestie von Delinquenten aus, welche durch den Staatsgerichtshof verurteilt worden seien. Diese Einschränkung könne daher nur in dem Sinne verstanden werden, daß das Begnadigungsrecht in allen übrigen Fällen den unbestreitbaren Vorrang genieße.Für sie stand eindeutig fest, daß durch die Begnadigung die Befähigung zur Ständeversammlung wiederhergestellt worden war, d.h., daß das Königl. Begnadigungsrecht die staatsbürgerlichen Wahlrechte wieder verliehen hatte. Wäre es damit die Absicht der Verfassung gewesen, die Begnadigung in Bezug auf die Strafen, welche die Entziehung staatsbürgerlicher Wahlrechte im Gefolge hatten, zu verhindern, so hätte dies die Verfassung, wie in § 205, ausdrücklich normiert.[822] Aus diesen Gründen stellte die Minorität den Antrag, daß die Gewählten als legitimiert zu betrachten seien.[823]

---

[816] Verh. Württ. auf dem ersten Landtage von 1833, 1. Bd., Beil. 1, Unterbeil. 3 zum ersten Prot. v. 16. Januar 1833, S. 49.

[817] Es waren jeweils nur zwei Abg. der Regierungs- und Oppositionspartei vertreten, da diese sich gegenseitig bei der Wahl blockiert hatten. Die Majorität in der Kommission wurde daher durch „unabhängige" Abg. gestellt. Dies führte dazu, daß beide gegensätzlichen Positionen zur Geltung kamen.

[818] Vgl. Verh. Württ. auf dem ersten Landtage von 1833, 2. Bd., Beil. Nr. 2 zum Prot. v. 4. Februar 1833, S. 7-27.

[819] Vgl. Verh. Württ. auf dem ersten Landtage von 1833, 2. Bd., Beil. Nr. 3 zum Prot. v. 4. Februar 1833, S. 28-59.

[820] Verh. Württ. auf dem ersten Landtage von 1833, 2. Bd., Beil. Nr. 3 zum Prot. v. 4. Februar 1833, S. 38 f..

[821] Dieser bestimmte: „*Der König wird nicht nur die Untersuchung niemals hemmen, sondern auch das ihm zustehende Begnadigungsrecht nie dahin ausdehnen, daß ein von diesem Gerichte*(der Staatsgerichtshof) *in die Entfernung vom Amte verurtheilter Staatsdiener in seiner bisherigen Stelle gelassen, oder daß derselbe in einem andern Justiz- oder Staatsverwaltungsamte angestellt würde, es wäre denn, daß in Rücksicht auf Wiederanstellung das gerichtliche Erkenntnis einen ausdrücklichen Vorbehalt zu Gunsten des Vwerurtheilten enthielte.*"

[822] Verh. Württ. auf dem ersten Landtage von 1833, 2. Bd., Beil. Nr. 3 zum Prot. v. 4. Februar 1833, S. 44 f..

[823] Verh. Württ. auf dem ersten Landtage von 1833, 2. Bd., Beil. Nr. 3 zum Prot. v. 4. Februar 1833, S. 59.

In der nachfolgenden Kammerdebatte waren die Rollen, wie auch in der Kommission, zwischen den liberalen und regierungstreuen Mitgliedern klar aufgeteilt, wenn auch unter falschen Vorzeichen.[824]
Die Wahlen der vier Rechtskonsulenten wurden in der abschließenden Abstimmung mit47 gegen 37 Stimmen für ungültig erklärt.[825]

Bei diesen genannten Fällen diente die Wahlprüfung in keiner Weise als rechtliches Kontrollinstrument. Denn diese Wahlprüfungen wurden ganz ausschließlich partei- und machtpolitisch instrumentalisiert. Der Abg. Mayer bestätigte dies, indem er von einem „*kleinen* Krieg(*es*), *der bis jetzt gegen die Aufnahme der Männer geführt wurde*" sprach.[826] Dieser Befund bestätigte erst recht die Debatte um das königliche Begnadigungsrecht. Es wurden für die jeweiligen parteipolitischen Interessen die Rollen getauscht. Die Gouvernementalen traten ausnahmsweise als Vertreter der Bindung der königlichen Gewalt an die Verfassung auf, und die Opposition trat als Vertreter der monarchischen Prärogative auf.
Neben dem Streit um die Legitimation der vier genannten Abgeordneten stand noch eine weitere Legitimation, die des Frhr. v. Wangenheim, im Streit.[827] Diese Legitimation war aus den bereits genannten Gründen ebenfalls von besonderer machtpolitischer Bedeutung. In Bezug auf v. Wangenheim, den ehemaligen Staatsminister, konnte nichts gegen seine Legitimation angeführt werden. Er besaß das württembergische Staats- und Gemeindebürgerrecht, er bezog eine Pension, und er hatte mit Erlaubnis des Königs seinen Wohnsitz im Ausland genommen. Allein seine Sympathien zur liberalen Opposition waren dem König und der Regierung ein Dorn im Auge. Der Aufhänger dieser Wahlprüfung war, daß v. Wangenheim zur Zeit der auf ihn gefallenen Wahl zwar württembergischer Staatsbürger war, aber seinen Wohnsitz nicht im Königreich hatte.[828] Der Streit bezog sich daher auf die Auslegung des § 147 der Verf.-Urk. v. 25. September 1819, in dem es hieß, daß die Wahlmänner eines Bezirks „*in Ansehung der Person des Abgeordneten*" nicht auf ihren Wahlkreis beschränkt seien, sondern „*auch einem anderswo im Königreiche wohnenden Staats-Bürger ihre Stimme geben*" konnten.
Der Ausschuß, dem Wangenheims Legitimation aus politischen Gründen unrecht sein mußte, führte entgegen der bisherigen Praxis alle erdenklichen Argumente gegen die Legitimation v. Wangenheims an, die zu finden waren. Neben zahlreichen rechtlichen

---

824 Verh. Württ. auf dem ersten Landtage von 1833, 2. Bd., 19. Prot. v. 9. Februar 1833, S. 5 ff..
825 Verh. Württ. auf dem ersten Landtage von 1833, 2. Bd., 19. Prot. v. 9. Februar 1833, S. 130. Vgl. zur motivierten Abstimmungen die S. 107 ff..
826 Verh. Württ. auf dem ersten Landtage von 1833, 2. Bd., 19. Prot. v. 9. Februar 1833, S. 57. Adam, Jahrhundert, S. 45 sprach von einem lebhaften mit „*giftiger Erbitterung*" geführten Streit.
827 Vgl. auch: Scherer, Württemberg, S. 797; v. Mohl, Geschichte, S. 44, 113; Grube, Landtag, S. 516; Huber, Verfassungsgeschichte I, S. 38; Adam, Jahrhundert, S. 45.
828 Verh. Württemberg auf dem ersten Landtage von 1833, 1. Bd., Beil. 1, Unterbeil. 4 zum ersten Prot. v. 16. Januar 1833, S. 50.

Gründen[829] wurde auch angeführt, daß v. Wangenheim im allgemeinen nicht geeignet sei, den Beruf des Ständemitglieds zu erfüllen, da er bereits seit längerer Zeit nicht mehr im Königreich wohne, und daher auch nicht mehr die Verhältnisse des Landes kennen könne.[830] Neben diesem, insbesondere auf die Person v. Wangenheims, offensichtlich unhaltbaren Argument, hatte die genannte Vorgehensweise nur das Ziel, unter allen Umständen die Aufnahme v. Wangenheims in die Kammer zu vereiteln.
In der Legitimationskommission zeigte sich das bekannte Bild, daß die Majorität sich eindeutig an die Seite des ständischen Ausschusses stellte[831], und daß die Minorität, und damit die liberalen Mitglieder, versuchte die Argumente des Ausschusses zu entkräften.[832] Die liberale Minorität, für die diese Wahlprüfung von äußerster Bedeutung war, setzte sich mit jedem einzelnen Argument des Ausschusses bzw. der Majorität auseinander und bot alles auf um diese zu entkräften.[833]

---

829 Der Ausschuß vertrat die Auffassung, daß es keinesfalls die Absicht der Verfassung war, den Wahlmännern die Befugnis einzuräumen, ihre Stimme auch einem außerhalb des Königreichs wohnenden Staatsbürger zu geben. Nur auf den Wahlbezirk sollten die Wahlmänner nicht beschränkt sein. Auf das Königreich sollten sie hingegen sehr wohl beschränkt sein. Um die bereits genannte Auffassung zu stützen berief man sich des weiteren auf § 254 des Königl. Verfassungsentwurfs des Jahres 1817. In diesem war als allgemeines Erfordernis der Ständemitgliedschaft aufgeführt, daß der Gewählte ein Jahr vorher bereits im Land gewohnt haben mußte. Daß dies nicht in der Verfassung von 1819 ausdrücklich aufgenommen wurde, wurde damit begründet, daß durch die Bundesakte den Standesherren das Recht der Landschaft zugesagt war, und daß mithin durch die Bedingung des Wohnens im Lande bei ihnen wenigstens nicht beschränkt werden konnte. Aus diesem Grunde wurde die Voraussetzung des Wohnens im Lande von den allgemeinen Erfordernissen ausgeschieden, und unter die Beschränkungen der Wählbarkeit verwiesen. Weiterhin berief man sich auch noch auf das Formular einer Wahlurkunde, der Wahlinstruktion v. 6. Dezember 1819. In diesem war unter anderem die Nennung des entsprechenden Oberamtes vorgesehen, woraus nach Auffassung des Ausschusses die Bedingung des Wohnortes in irgendeinem Oberamt, und damit im Königreich, vorgesehen war (Verh. Württ. auf dem ersten Landtage von 1833, 1. Bd., Beil. 1, Unterbeil. 4 zum ersten Prot. v. 16. Januar 1833, S. 51 ff.).

830 Verh. Württ. auf dem ersten Landtage von 1833, 1. Bd., Beil. 1, Unterbeil. 4 zum ersten Prot. v. 16. Januar 1833, S. 53.

831 Verh. Württ. auf dem ersten Landtage von 1833, 2. Bd., Beil. Nr. 4 zum Prot. v. 4. Februar 1833, S. 59-66.

832 Verh. Württ. auf dem ersten Landtage von 1833, 2. Bd., Beil. Nr. 5 zum Prot. v. 4. Februar 1833, S. 67-85.

833 Die Minorität argumentierte damit, daß in § 135 der Verf.-Urk. v. 25. September 1819 die allgemeinen Erfordernisse zur Mitgliedschaft in der Ständeversammlung aufgezählt seien, und daß das Wohnen im Königreich nicht genannt sei. Sei dies hingegen vorgesehen gewesen, so hätte die Verfassung ihrer Ansicht nach eine so bedeutende Entscheidung wie das Wohnen explizit normieren müssen. Ebenso wie die Majorität suchte auch die Minorität in den Verfassungsentwürfen eine Stütze für ihre Auffassung. Sie fand diese im ständischen Verfassungsentwurf von 1816, welcher keine Beschränkung bzgl. des Wohnens enthielt, sondern der lediglich voraussetze, daß der Abg. in Deutschland geboren sein müsse. Ebenfalls wurde das Argument hinsichtlich der Nennung des Oberamtes im Formular der Wahlurkunde dadurch entkräftet, daß die Minorität darauf verwies, daß in diesem Fall kein in Stuttgart wohnender Abg. wahlfähig sei, da die Stadt Stuttgart kein Oberamt bilde. Das stärkste Argu-

In der nach langwierigen Beratungen stattgefundenen Abstimmung wurde letztlich die Gültigkeit der Wahl des Abg. v. Wangenheim ebenfalls mit 43 gegen 37 Stimmen verneint.[834]

Die regierungstreue Seite hatte bei diesen Wahlprüfungen durchaus einen machtpolitischen Erfolg errungen, auch wenn die Auseinandersetzungen nach v. Mohl „*hart und bitter*“ waren.[835] Wären die Mandate bestätigt worden, so wäre es zu einer parlamentarischen Pattstellung gekommen.
Insbesondere diese Fälle verdeutlichen die grundsätzliche machtpolitische Bedeutung der Wahlprüfung.
Durch den Ausgang einer solchen Prüfung konnte auch in Einzelfällen, wie den vorliegenden, die Machtverhältnisse in der Kammer, und damit die folgende Politik der Kammer und der Regierung, entscheidend bestimmt werden. Anzuführen ist in diesem Zusammenhang noch, daß die Regierung nach diesen Legitimationsstreitigkeiten davon Abstand nahm, die Wahlprüfungen politisch zu instrumentalisieren. Die Staatsregierung, belehrt durch diese Vorgänge, wollte nicht mehr erst einen langwierigen Legitimationsstreit mit unsicherem Ausgang durchstehen müssen, um sich die notwendige Mehrheit für ihre Politik in der Kammer zu sichern. Vielmehr wollte sie sich eine Kammermehrheit bereits im Vorfeld sichern. Aus diesem Grunde stellte der erste Landtag des Jahres 1833 den Höhepunkt und auch gleichzeitig den Schlußpunkt der intensiven politischen Instrumentalisierung der Wahlprüfung durch die Regierung dar. Gleichzeitig stellten, nach Auflösung des ersten Landtags, die Wahlen zum zweiten Landtag des Jahres 1833 den Höhepunkt in Bezug auf Einwirkungen von Seiten der Staatsregierung auf die Wahlen dar[836], und sie waren auch gleichzeitig der Beginn einer systematischen Beeinflussung.[837]

---

ment für die Auffassung der Minorität, daß das Wohnen im Königreich für die Mitgliedschaft in der Abgeordnetenkammer nicht notwendig sei, führte diese in ihrem Bericht den § 188 der Verf.-Urk. v. 25. September 1819 an. Hiernach habe der Ausschuß die Pflicht, die ihm nach der Verfassung zur Erhaltung derselben zustehenden Mittel in Anwendung zu bringen, und hiervon bei wichtigen Angelegenheiten die im Königreich wohnenden Ständemitglieder in Kenntnis zu setzen. Hierdurch kenne die Verfassung naturgemäß auch an, daß es auch außerhalb des Königreichs wohnende Ständemitglieder gebe. Wäre dies nur auf die Standesherrn beschränkt, so hätte sich die Verfassung eindeutiger fassen müssen (Verh. Württ. auf dem ersten Landtage von 1833, 2. Bd., Beil. Nr. 5 zum Prot. v. 4. Februar 1833, S. 68-83).

834 Verh. Württ. auf dem ersten Landtage von 1833, 2. Bd., 20. Prot. v. 11. Februar 1833, S. 69 ff. Vgl. auch die motivierte Abstimmung.

835 v. Mohl, Geschichte, S. 44, 113.

836 Trotz aller Bemühungen von Seiten der Staatsregierung, war im neugewählten Landtag, der am 20. Mai 1833 zusammentrat, die Opposition nicht wesentlich geschwächt. Vgl. Huber, Verfassungsgeschichte I, S. 39; Grube, Landtag, S. 517; Adam, Jahrhundert, S. 54.

837 Dieser Kurswechsel wurde insbesondere durch ein Schreiben des Innenministers Schlayers an den König vom 11.Mai 1833 in Bezug auf die Wahlen deutlich. Hierin hieß es: "*Es liegt in dem Wesen der Repräsentativ-Verfassung, dass die Regierung auf die Majorität der Stände als auf ihre Grundlage sich stützen müsse. Es ist daher Aufgabe des Ministeriums, sich diese Majorität zu erringen.*". Zit. nach: Brandt, Parlamentarismus, S. 127. Dieser Kurswechsel wurde auch durch die Beschlüsse des Deutschen Bundes vom 28. Juni und 5. Juli 1832 be-

9. Die Wahlprüfung als Instrument zur Aufrechterhaltung der Wahlfreiheit

Die Regierung des Königreichs Württemberg betrachtete die Einflußnahme auf die Wahlen von jeher als ihr *„natürliches Recht*“[838] und machte ebenfalls von den Möglichkeiten der Wahlbeeinflussung reichlich Gebrauch.[839]

---

günstigt, wodurch die Freiheit der Landtage eingeschränkt, und die Bildung von politischen Vereinen und öffentlichen Versammlungen untersagt wurde.

[838] Dies belegte bereits ein Rundschreiben des Innenministers Otto an die Oberämter vom 10.12.1819. Hiernach stände es Staatsdienern, wie auch den anderen Bürgern, zu, "*Ansichten und Wünsche über die Person eines Abgeordneten den Wählern mitzutheilen*", aber ihre herausgehobene Stellung verlange, "*sich hierüber im Intereße des Staats zu äußern*". Zit. nach: Brandt, Parlamentarismus, S. 90f..

[839] In diesem Zusammenhang ist zu beachten, daß die Ständewahlen in den zwanziger Jahren weitgehend in den Händen der Oberbeamten lagen, welche von ihnen dirigiert und entschieden wurden. Daß die Oberamtsmänner hierbei auch leichtes Spiel hatten, zeigte die Darstellung von Adam, Jahrhundert, S. 24: *„Sie waren die „Großväter“, wen sie, oder manchmal auch sonst angesehene Männer des Bezirks, empfahlen, der wurde auch gewählt*“. Diese systemlose und nur im Einzelfall bewirkte Einflußnahme durch die Oberämter änderte sich mit den Wahlen zum zweiten Landtag des Jahres 1833, bei denen die Regierung selbst als Partei auftrat. Die Staatsregierung versuchte ab diesem Zeitpunkt ganz offen die Wahlen zu ihren Gunsten zu lenken.
Die Folge dessen faßte v. Mohl folgendermaßen zusammen: "*Ausser allgemeinen Aufforderungen erfolgten Befehle an alle Beamten, ihren Einfluss zur Ausschliessung der Widerspruchs-Männer zu verwnden; es wurden gegen besonders widrig gestimmte Städte Nachtheile gedroht; stehende Wahlausschüsse wurden nicht geduldet; namentlich aber in den Zeitungen alle und jede Aufsätze über die Wahlen im Allgemeinen oder über einzelne Bewerber von der Censur unbedingt gestrichen. Und als dennoch wenigstens die Häupter der Gegnner wieder gewählt wurden, benützte sie, ebenfalls zum erstenmale, ihr Recht, gewählten Staatsdienern die Erlaubnis zur Annahme der Wahl zu versagen;*" (vgl. v. Mohl, Geschichte, S.44, 116; Brandt, Parlamentarismus, S. 127).
Die Staatsregierung griff dabei zu allen Mitteln, die ihr auch nach der Verfassung zur Verfügung standen, um Einfluß auf die Wahl und die Zusammensetzung der Zweiten Kammer zu nehmen (vgl. hierzu: Haering, Zeitschrift für württembergische Landesgeschichte 1937, S. 446, 452; Grube, Landtag, S. 517; Adam, Jahrhundert, S. 54; Cordes, Landtag, S. 134). Daß mit allen Mitteln versucht wurde, liberale Kandidaten zu verhindern, verdeutlicht vor allem die Bewerbung v. Mohls um eine Abgeordnetenstelle in Urach (vgl. v. Mohl, Lebenserinnerungen, S. 10 f.). Der gängige Weg der amtlichen Beeinflussung war jedoch die Schultheißenversammlung. Dieser Weg war auch sehr effektiv, da die Ortsvorsteher das Scharnier zwischen der Einwohnerschaft und den Behörden bildeten. In Saulgau hielt z.B. der Oberamtmann eine Rede vor den Wahlmännern des Bezirks und las ihnen aus dem "Vergeblichen Landtag" vor, einer Parteischrift, welche die liberale Position in gröbster Weise entstellte. Aber auch in Württemberg blieb es nicht allein bei bloßen Worten und Empfehlungen. Es wurden ganze Oberämter und Städte mit Nachteilen bedroht, wenn die Wahl nicht zugunsten der Staatsregierung ausginge. So wurde z.B. angedroht, daß die Regierung bei der nächsten Eisnot ihre Hilfe versagen könnte. Im Oberamt Geislingen reiste ein Beamter umher und verkündete, daß 30.000 Österreicher im Bezirk einquartiert würden, wenn sie "den Römer" wählen würden. Der Stadt Tübingen wurde sogar mit dem Entzug der Hochschule gedroht. Die Einflußnahme fand schließlich nicht nur im Vorfeld der Wahlen statt, sondern auch am Wahl-

Im Gegensatz zum Großherzogtum Baden wurde das Mittel der Wahlprüfung hingegen nicht dazu genutzt, den regierungsseitigen Einwirkungen auf die Freiheit der Wahlen entgegenzuwirken. Dies veranschaulicht der charakteristische Fall der Prüfung der Wahl im Oberamtsbezirk Marbach im Jahre 1838.
Dort stellte sich das Problem, daß der Vater des Gewählten der leitende Beamte bei dieser Wahl war.[840] Die Kommission, welche diese Wahl begutachtete, äußerte sich dahingehend, daß diese Verwandtschaftsbeziehung keinen Einfluß auf die Gültigkeit der Wahl habe, da die Verfassung ein solches Verbot nicht ausdrücklich ausgesprochen habe. Gleichzeitig sprach sich die Kommission jedoch auch dafür aus, daß es „*passender*“ in solchen Fällen sei, den Beamten von der Leitung der Wahl zu entbinden, da gerade der Einfluß der Bezirksbeamten auf die Wahlen von großer Bedeutung sei. Die Kommission erkannte damit sehr deutlich die Gefahren für die Wahlfreiheit, die sich aus einer solchen Konstellation ergaben. Jedoch sah sie sich zu weiteren Erwägungen nicht ermächtigt, da sich ihr Auftrag sich lediglich auf die „*Begutachtung*“ der Wahl beschränkte. Sie stellte folglich im Ergebnis den Antrag, die Wahl für gültig anzuerkennen.[841] In der nachfolgenden Debatte sprachen sich insbesondere die liberalen Mitglieder dafür aus, daß diese Verwandtschaftsbeziehung zwar nicht dem Buchstaben, aber dem Geist der Verfassung zuwiderlaufe. Eine Analogie für diese Ansicht gäben die Bestimmungen der Verfassung, welche bestimmen würden, daß der Beamte in seinem Bezirk nicht wählbar sei, und daß ein Mitglied der Wahlkommission nicht als Kandidat auftreten sowie nicht gewählt werden dürfe.[842] Interessant ist jedoch, daß sich auch die liberalen Mitglieder nicht gegen die Legitimation aussprachen. Es kam auch, wie anzunehmen wäre, in dieser Frage keinesfalls zu einer verschärften Debatte zwischen beiden Lagern der Kammer. Vielmehr wurde die Wahl genehmigt und es wurde lediglich vorgeschlagen, einen Antrag an die Regierung zu stellen, den Oberbeamten im Weg der Verordnung die Weisung zu erteilen, in solchen Fällen die Leitung der Wahlhandlung entweder dem Aktuar oder einem benachbarten Oberbeamten zu übergeben.[843] Das Ergebnis dieser Prüfung war letztlich nur eine Adresse der zweiten Kammer an den Königl. Geheimen Rat um Einbringung eines neuen Gesetzesentwurfs über die Abgeordnetenwahlen.[844] Hierin stellte die Kammer die Bitte: „*auf dem näch-*

---

tag selbst ging die Beeinflussung unvermindert weiter, indem die Wahlmänner bei der Wahl observiert und dirigiert wurden. In Ravensburg zum Beispiel kassierten die Schultheißen die Wahlzettel der Stimmberechtigten, nachdem diese unter der Aufsicht der Obrigkeit beschrieben worden waren. Erst kurz vor der Abgabe wurde diese ihnen wieder ausgehändigt (vgl. Brandt, Parlamentarismus, S. 128 ff.). Jedoch erst die Wahl des Jahres 1855 stellte den Höhepunkt der systematischen Wahlbeeinflussung durch die Regierung dar. Direkter als bisher wurden die Oberbeamten angehalten, ihre administrativen Mittel zugunsten der Regierung zu nutzen. Auch wurden die Wähler und die Wahlmänner offener unter Druck gesetzt. Der Innenminister trat selbst in Erscheinung, indem er Wahlschriften an die Wahlmänner verteilen ließ und auch Artikel in Zeitungen veröffentlichen ließ.

[840] Verh. Württ. 1838, 14. Bd., IV. Beil.-Heft, S. 94 f..

[841] Verh. Württ. 1838, 14. Bd., IV. Beil.-Heft, S. 95 f..

[842] So der Abg. Römer, Verh. Württ. 1838, 3. Bd., 27. Prot. v. 20. Februar 1838, S. 2 f..

[843] Verh. Württ. 1838, 3. Bd., 27. Prot. v. 20. Februar 1838, S. 4 ff..

[844] Verh. Württ. 1838, 14. Bd., IV. Beil-Heft, S. 506 f..

sten Landtage ein Wahlgesetz einbringen, und bei der Entwerfung desselben auf diejenigen Missstände, welche sich in den Fällen der nahen Verwandtschaft der Wahlkandidaten mit den die Wahlhandlung leitenden Oberbeamten ergeben, die geeignete Rücksicht zu nehmen zu lassen.".
Das Instrument der Wahlprüfung wurde, wie dieser Fall verdeutlichte, keineswegs dazu genutzt, im Wege der Ungültigkeitserklärungen der entsprechenden Wahlen die Mißstände hinsichtlich der Freiheit der Wahlen zu beseitigen.

Bei direkten Einwirkungen von Seiten der Regierung auf die Wahlen, welche bei den Wahlprüfungen bekannt wurden, verhielt es sich nicht anders. Die Wahlprüfungen wurden keineswegs dazu benutzt, die Wahlen, welche durch Einwirkungen von Seiten der Regierung bewirkt wurden, zu kassieren, um damit Einwirkungen für die Zukunft zu unterbinden. Es erfolgten lediglich in Einzelfällen Verurteilungen solcher Einwirkungen von Seiten einzelner Mitglieder der Kammer.[845]
Auch die die Wahlen prüfenden Kommissionen stellten lediglich, in den entsprechenden Fällen, in denen Einwirkungen auf die Wahlfreiheit vorlagen, Anträge an die Regierung, für die Zukunft Einwirkungen zu unterlassen.[846]
In Bezug auf Wahlbeeinflussungen von Seiten der Beamten, welche der Kammer durch Anzeigen bekannt wurden, kam es nicht einmal zu Rügen. Vielmehr wurden lediglich Beschlüsse dahingehend gefaßt, die angezeigten Vorkommnisse der Regierung zur Kenntnis zu bringen, mit der Bitte um geeignete Anordnungen.[847]
Zu erwähnen sei noch die Wahl des Oberamtsbezirks Backnang Im Jahre 1856.[848] Hinsichtlich der in einer Eingabe angeführten Wahlbeherrschungen[849] von Seiten der Beamten kam es zum erstenmal dazu, daß Wahlbeherrschung offen angeprangert wurden. So stellte der Abg. Moritz Mohl ausdrücklich heraus, daß die Regierung sich nicht durch Wahlbeherrschung einmischen dürfe, da ansonsten die Wahlfreiheit eliminiert werde. Daher sei in solchen Fällen immer eine Untersuchung über die genannten

[845] So u.a. durch den Abg. Camerer im Rahmen der Marbacher Wahl im Jahre 1839, Verh. Württ. 1839, 2. Bd., 26. Prot. v. 16. April 1839, S. 4.
[846] So beispielsweise bei der Wahl im Oberamtsbezirk Ehingen im Jahre 1845, bei der die Kommission den Antrag stellte, die Staatsregierung zu bitten, daß die Verwendung von Landjägern bei den Wahlen in Zukunft unterbleibe sollte, da es durch die Verwendung einer großen Anzahl von Landjägern zu einer Einschüchterung unter den Wählern käme (Verh. Württ. 1845, 1. Bd., 13. Prot. v. 27. Februar 1845, S. 10).
[847] So wurde während des 21. Landtags der Antrag gestellt, die Regierung zu ersuchen „*den Oberamtmann ... auf das Unangemessene seines Verhaltens... bei der letzten Abgeordnetenwahl in geeigneter Art hinzuweisen.*". Verh. Württ. 1862 bis 1863, 1. Beil.-Bd., 2. Abt., Beil. 127 (Prot. 67), S. 1842.
[848] Die gleiche Situation in Bezug auf die Einwirkung von Seiten der Beamten stellte sich auch bei der Wahl des Oberamtsbezirks Neresheim.
[849] Hierbei wurde angeführt, daß u.a. ein Ortsvorsteher sich die Stimmzettel der Wähler habe vorzeigen lassen, und daß er auch die Wähler dazu bestimmt habee, die Wahlzettel unter seiner Aufsicht auszufüllen, oder daß einige Staatsdiener mit Nachteilen materieller Art gedroht hätten, wenn der Gegenkandidat Nägele Stimmen erhalte.

Vorgänge erforderlich.[850] Der Abg. Hopf ging soweit, Wahlen, auf welche Regierungsdiener unbefugt eingewirkt hätten, für null und nichtig zu erklären, da der Zweck der Wahlen der sei, daß das Volk Männer wähle, welche in ihrem Namen sprechen sollen.[851] Diese genannten Äußerungen waren jedoch singulärer Natur. Im Ergebnis sah die Kammer in ihrer Mehrheit keinen Grund für eine Untersuchung, da vor allem die gouvernementale Seite die Einwirkungen von Seiten der Beamten als gerechtfertigt ansah, da ihnen, wie allen anderen Staatsbürgern das Recht zustehen würde, auf die Wahlen einzuwirken.[852]

In der württembergischen Kammer spielten damit die Wahlprüfungen zu keinem Zeitpunkt während des gesamten Untersuchungszeitraums als Instrument zur Aufrechterhaltung der Wahlfreiheit bzw. zur Sanktionierung von Wahlbeeinflussungen eine Rolle.

[850] Verh. Württ. 1856 und 1857, 1. Bd., 6. Prot. v. 28. Februar 1856, S. 37.
[851] Verh. Württ. 1856 und 1857, 1. Bd., 6. Prot. v. 28. Februar 1856, S. 48.
[852] Verh. Württ. 1856 und 1857, 1. Bd., 6. Prot. v. 28. Februar 1856, S. 38.

D. Die Wahlprüfung im Großherzogtum Hessen

I. Das Wahlrecht im Großherzogtum Hessen

Auch für das Großherzogtum Hessen gilt, daß für das Verständnis der Wahlprüfung der zweiten Kammer[853] die Kenntnis des Wahlrechts unerläßlich ist. Dieses war im Kapitel „*VIII. Von den Landständen*" in der Verfassungsurkunde v. 17. Dezember 1820[854] geregelt.[855] Die Verfassung legte jedoch nur die Grundzüge der Wahlrechte fest, für die Art und Weise der Ausübung verwies sie ausdrücklich auf das Wahlgesetz[856].

Im hessischen Wahlrecht bestand im Vergleich zu den in den anderen süddeutschen Staaten bestehenden zweistufigen Wahlverfahren eine Besonderheit in Form eines dreistufigen Wahlverfahrens. Die erste Wahl bestimmte die Bevollmächtigten, von diesen wurden die Wahlmänner und von den letzteren wiederum die Abgeordneten

---

[853] Die zweite Kammer wurde nach Art. 53 I der Verf.-Urk. v. 17. Dezember 1820 gebildet aus: sechs Abg. des im Großherzogtum mit genügend Grundeigentum angesessenen Adels, welcher aus seiner Mitte gewählt wurde; aus zehn Abg. derjenigen Städte, „*welchen, um die Interessen des Handels, oder alte achtbare Erinnerungen zu ehren, ein besonderes Wahlrecht zusteht.*" (Diese Städte waren: Darmstadt und Mainz, die jeweils zwei Abg.; Gießen, Offenbach, Friedberg, Alsfeld, Worms, Bingen die jeweils einen Abg. zu wählen hatten.). Ferner aus 34 Abg., „*welche nach Wahldistrikten, gebildet von den nicht mit einem besonderen Wahlrecht begabten Städten und Landgemeinden gewählt werden.*". Auf das Wahlrecht des Adels soll nicht eingegangen werden, um die Darstellung nicht zu überladen.

[854] im weiteren: Verf.-Urk. v. 17. Dezember 1820.

[855] Für die Wahlen zum ersten Landtag, welcher am 17. Juni 1820 einberufen wurde, galt noch das Edikt über die Landständische Verfassung v. 18. März 1820, und zwar die Art. 3-10. Jedoch verwies auch der Art. 3 für die Art und Weise der Ausübung des Wahlrechts ausdrücklich auf die WahlO, so daß es faktisch keine Besonderheiten gab, mit der Ausnahme des Art. 6, wonach die Abg. das 36. Lebensjahr zurückgelegt haben mußten.

[856] Art. 53 II der Verf.-Urk. v. 17. Dezember 1820. Während des vorliegenden Untersuchungszeitraums gab es fünf unterschiedliche Wahlgesetze: Zunächst die „*Verordnung, wie die Wahlen zur Kammer der Abgeordneten erfolgen sollen*" v. 22. März 1820 (im weiteren: WahlO v. 22. März 1820). Des weiteren die Verordnung „*Ueber die Wählbarkeit der Capitalisten zur zweiten Kammer der Landstände.*" v. 31. März 1820 als Ergänzungsvorschrift zu Art. 15 der WahlO v. 22. März 1820. Ab dem Jahre 1849 war das „*Gesetz, die Zusammensetzung der beiden landständischen Kammern und die Wahlen der Abgeordneten betr.*" v. 3. September 1849 ausschlaggebend (im weiteren: WahlO v. 3. September 1849. Ab dem 7. Oktober galt die „*Verordnung, die Berufung einer außerordentlichen Stände-Versammlung betreffend.*" (im weiteren: WahlO v. 7. Oktober 1850). Schließlich galt ab dem Jahre 1856 das „*Gesetz, die Zusammensetzung der beiden Kammern der Stände und die Wahlen der Abgeordneten betr.*" v. 6. September 1856 (im weiteren: WahlO v. 6. September 1856). Eine weitere Änderung ergab sich nochmals am 15. Juli 1862 durch das „*Gesetz, die Wahlen der Abgeordneten zur zweiten Kammer der Stände betreffend.*" (im weiteren: WahlO v. 15. Juli 1862). Die Darstellung des Wahlrechts orientiert sich ausschließlich an der WahlO des Jahres 1820. Wesentliche und für die Darstellungen der Wahlprüfungen bedeutsame Änderungen durch die nachfolgenden Wahlgesetze werden an den jeweils relevanten Stellen erläutert.

gewählt.[857] Alle Wahlen standen dabei unter der Aufsicht der Provinzialregierungen sowie der von diesen ernannten Kommissaren.[858]

1. Die Bevollmächtigtenwahl

Die erste Wahl in diesem dreistufigen Verfahren bildete die Wahl der Bevollmächtigten zur Wahl der Wahlmänner auf Gemeindeebene. Dabei hatte jede Gemeinde, welche zwischen 250 und 500 Einwohner zählte, einen Bevollmächtigten zu wählen, und für jeweils weitere 500 Einwohner einen weiteren zu wählen.[859] Für Gemeinden, die weniger als 250 Einwohner besaßen, galt die Sonderregelung, daß diese zum Zweck der Wahl mit anderen Gemeinden desselben Bezirks vereinigt werden sollten.[860] Zu dieser Wahl hatte sich die Gemeinde unter Leitung der ersten Ortsvorstandsperson[861] unter Zuziehung von zwei weiteren Vorstandspersonen zu versammeln.[862] Jeder Stimmende legte hierbei seine Stimme einzeln ab. Endscheidend war die einfache Stimmenmehrheit. Bei Stimmengleichheit wurde das Resultat durch Los bestimmt.[863] Im Anschluß an die Wahl wurde das Wahlprotokoll vom ersten Ortsvorstand sowie den zwei weiteren Vorstandspersonen unterschrieben und an den Regierungskommissar gesandt.[864] Bei dieser Wahl war grundsätzlich jeder in der Gemeinde wohnende männliche Staatsbürger aktiv wahlfähig.[865] In Bezug auf die passive Wahlfähigkeit setzte die WahlO v. 22. März 1820 voraus, daß es sich um einen in der Gemeinde wohnenden männlichen Staatsbürger handeln müsse, welcher mindestens 25 Jahre alt war und wenigstens *„20 Gulden direkte Steuern für eigentümliches oder nutznießliches Vermögen jährlich“* entrichtete.[866] Eine grundsätzliche Einschränkung bestand nur darin, daß kein Mitglied der ersten Kammer oder ein bei der Wahl der Abgeordneten des Adels Stimmfähiger oder Wählbarer teilnehmen oder gewählt werden durfte.[867] Zur Gültigkeit einer solchen Wahl wurde die Abstimmung von wenigstens ⅔ der Stimmfähigen vorausgesetzt.[868]

---

[857] Art. 57 I der Verf.-Urk v. 17. Dezember 1820; Art. 5 der WahlO v. 22. März 1820. Dieses Verfahren bestand bis zum Inkrafttreten der WahlO v. 3. September 1849, welche ein einstufiges unmittelbares Wahlverfahren vorsah (vgl. Art. 3). Hingegen die WahlO v. 7. Oktober 1850 sah wiederum ein zweistufiges Wahlverfahren, Wahlmänner- und Abgeordnetenwahl (vgl. Art. 4) vor, welches auch bei den übrigen Wahlgesetzen beibehalten wurde.
[858] Art. 5 der WahlO v. 22. März 1820.
[859] Art. 6 II S. 1 der WahlO v. 22. März 1820.
[860] Art. 6 II S. 2 der WahlO v. 22. März 1820.
[861] Seit der Gemeindeordnung von 1821 waren dies überall die Bürgermeister.
[862] Art. 6 III S. 1 der WahlO v. 22. März 1820.
[863] Art. 6 V S. 2 der WahlO v. 22. März 1820.
[864] Art. 6 V S. 2 der WahlO v. 22. März 1820.
[865] Art. 6 IV S. 1 der WahlO v. 22. März 1820.
[866] Art. 6 IV S. 2 der WahlO v. 22. März 1820.
[867] Art. 57 V der Verf.-Urk. v. 17. Dezember 1820; Art. 9 der WahlO v. 22. März 1820.
[868] Art. 6 V S. 1 der WahlO v. 22. März 1820.

2. Die Wahlmännerwahl

Die zweite Wahl diente der Ernennung der Wahlmänner. Hierzu wählten die Bevollmächtigten eines jeden Bezirks zehn Wahlmänner und noch zusätzlich zwei Ersatzmänner für den Fall der Behinderung des einen oder anderen.[869] Die Wahlaufsicht führte laut der WahlO v. 22. März 1820 der Regierungskommissar, welcher zusätzlich durch Los eine Wahlkommission aus vier Personen aus der Mitte der Bevollmächtigten hinzuzog.[870] Wählbar waren die 60 im Wahlbezirk wohnenden und höchstbesteuerten männlichen Staatsbürger, die wenigstens 30 Jahre alt sein mußten.[871] Als Einschränkung bestand lediglich, wie auch bei der Wahl der Bevollmächtigten die Regel, daß Mitglieder der ersten Kammer und bei den Wahlen des Adels Stimmfähige oder Wählbare nicht an diesen Wahlen teilnehmen durften.[872] Das Verzeichnis der wählbaren Wahlmänner wurde vor der Wahl öffentlich bekannt gemacht.[873] Die Wahl selbst erfolgte durch Stimmzettel, welche mit fortlaufenden Zahlen bezeichnet waren. Im Ergebnis war die Stimmenmehrheit ausschlaggebend und im Fall der Stimmengleichheit entschied das Los.[874] Zur Gültigkeit der Wahl war die Abstimmung von mindestens ¾ der Bevollmächtigten erforderlich.[875] Nach Abschluß der Wahl sollte das Wahlprotokoll von dem Regierungskommissar und der Wahlkommission unterschrieben werden. Nach der WahlO v. 22. März 1820 wurden die Wahlmänner[876] auf sechs Jahre gewählt, und waren auch nach Ablauf dieser Wahlperiode von neuem wählbar.[877]

3. Die Abgeordnetenwahl

Die dritte und letzte Wahl bestimmte die Abgeordneten der Städte mit besonderem Wahlrecht und die der Wahlbezirke.[878] Hierzu hatten sich die Wahlmänner eines

---

[869] Art. 7 II S. 1 der WahlO v. 22. März 1820.

[870] Art. 7 II S. 2 der WahlO v. 22. März 1820.

[871] Art. 57 II der Verf.-Urk. v. 17. Dezember 1820; Art. 7 III S. 1 der WahlO v. 22. März 1820.

[872] Art. 57 V der Verf.-Urk. v. 17. Dezember 1820; Art. 9 der WahlO v. 22. März 1820.

[873] Art. 7 III S. 2 der WahlO v. 22. März 1820.

[874] Art. 7 IV der WahlO v. 22. März 1820.

[875] Art. 7 III S. 3 der WahlO v. 22. März 1820.

[876] Das gleiche galt auch für die Bevollmächtigten.

[877] Eine neue Wahl sollte in dieser Zeit nur stattfinden: „*1) wenn ein solcher mit dem Tode abgegangen oder unfähig geworden ist und die Zahl von zehn einschließlich der Ersatzmänner nicht mehr vollständig ist; 2) wenn die in den Artikeln 13 und 16 der landständischen Verfassungsurkunde vorgeschriebenen neuen Wahlen eintreten sollen. Die bisherigen Wahlmänner sind als dann von neuem wählbar.*“, Art. 11 der WahlO v. 22. März 1820.

[878] Grundsätzlich galten die Vorschriften über die Wahl der Abg. aus den Wahlbezirken auch für die Wahl der Abg. aus den Städten. Nach Art. 12 der WahlO v. 22. März 1820 galten lediglich folgende Besonderheiten: „*Die Wahl der Bevollmächtigten (Artikel 6) erfolgt unter besonderer Aufsicht des Regierungs-Commissärs. Eine Stadt, welche 2. Abgeordnete ernennt und, nach der im Artikel 6 bezeichneten Größe ihrer Bevölkerung weniger, als 40. Bevollmächtigte, zu wählen hätte, wählt dennoch 40; und in denjenigen Städten, welche, nach Artikel 6 weniger als 20 Bevollmächtigte, zu wählen hätten, werden dennoch 20. gewählt. In einer Wahlhandlung werden von den Bevollmächtigten der Städte, welche 2. Abgeordneten zu er-*

Wahlbezirks auf Einladung des Regierungskommissars, welcher zur Leitung der Abgeordnetenwahl noch die drei ältesten Wahlmänner hinzuzog, zu versammeln.[879] Als allgemeine Erfordernisse für die Fähigkeit, Abgeordneter zu sein, bestimmte die Verfassung[880], daß die Abgeordneten männliche Staatsbürger sein und das 30ste Lebensjahr zurückgelegt haben mußten. Des weiteren mußte ein *„zur Sicherung einer unabhängigen Existenz genügendes Einkommen"* vorhanden sein. Die Verf.-Urk. v. 17. Dezember 1820 legte in Art. 55 III und die WahlO vom 22. März 1820 in Art. 8 III ausdrücklich fest, wann ein solches gegeben war. Gefordert war hiernach für alle Abgeordneten, mit Ausnahme des Adels, 100 fl. direkte Steuer oder ein äquivalentes Beamtengehalt von 1000 fl. jährlich. Falls es in einem Bezirk weniger als 25 vermögensmäßig qualifizierte Kandidaten gab, sollte die publizierte Kandidatenliste aus den Nächst-Höchstbesteuerten auf 25 ergänzt werden.[881] Ein Verzeichnis der erwähnten Besteuerten sollte öffentlich bekannt gemacht werden.[882] Des weiteren bestand, wie auch bei den vorherigen Wahlen, die Einschränkung, daß ein Mitglied der ersten Kammer oder ein bei der Wahl der Abgeordneten des Adels Stimmfähiger oder Wählbarer nicht an der Wahl teilnehmen oder gewählt werden durfte.[883]
Vor dem Beginn der Wahl, hatte jeder Wahlmann durch Handgelübde zu beteuern, daß er nach *„eigener Überzeugung für das Beste des Landes seine Stimme ablegen werde; daß er hierzu von Niemanden etwas erhalten habe oder annehmen werde."*.[884] Die Wahl selbst sollte in der Weise erfolgen, daß jeder Wahlmann einen Wahlzettel, welcher auf der inneren Seite mit fortlaufender Zahl bezeichnet war, erhielt. Auf diesem schrieb er seinen Vorschlag auf die innere Seite und seinen eigenen Namen auf den Umschlag.[885] Hiernach sollten die Wahlzettel eingesammelt, die äußeren Aufschriften mit der Liste der Stimmgeber verglichen, die Zettel aus den Umschlägen genommen, gemischt und geöffnet werden.[886] Erforderlich für die Gültigkeit der Wahl war die Abstimmung von wenigstens 4/5 der Wahlmänner sowie die unbedingte Mehrheit der abgegebenen Stimmen.[887] Das Wahlprotokoll hatte nach der WahlO jede Abstimmung mit Beifügung der Zahl und dem Resultat zu enthalten. Am Ende der Wahlhandlung war dieses Protokoll den Wahlmännern vorzulesen und vom Regierungskommissar und allen Anwesenden zu unterschreiben. Zugleich war es mit sämtlichen Wahlzetteln an die Provinzialregierung einzusenden.[888]

---

nennen haben, 20 Wahlmänner und 4. Ersatzmänner, und sodann von diesen die 2. Abgeordneten erwählt.".

[879] Art. 8 II der WahlO v. 22. März 1820.

[880] Vgl. Art. 55 der Verf.-Urk. v. 17. Dezember 1820.

[881] Art. 55 IV der Verf.-Urk. v. 17. Dezember 1820.

[882] Art. 8 III S. 2 der WahlO v. 22. März 1820.

[883] Art. 57 V, 58 der Verf.-Urk. v. 17. Dezember 1820; Art. 9 der WahlO v. 22. März 1820.

[884] Art. 8 V der WahlO v. 22. März 1820.

[885] Art. 8 VI S. 1 der WahlO v. 22. März 1820.

[886] Art. 8 VI S. 2 der WahlO v. 22. März 1820.

[887] Kam eine unbedingte Stimmenmehrheit auch nach einer zweiten Abstimmung nicht zustande, so entschied beim dritten Wahlgang entweder die relative Stimmenmehrheit oder bei Stimmengleichheit das Los. Vgl. Art. 8 IV der WahlO v. 22. März 1820.

[888] Art. 8 VII der WahlO v. 22. März 1820.

Von besonderer Bedeutung war im hessischen Wahlrecht vor allem im Hinblick auf die Wahlprüfungen die Bestimmung des Art. 14 der WahlO v. 22. März 1820. Hiernach konnten „*Mitglieder des Geheimen Ministeriums, Collegial-Vorstände, Geistliche, welche in einem Orte wohnen, der keinen andern Geistlichen derselben Confession besitzt, Justiz- oder Polizei-Beamte, angestellte Stadt- und Amts-Ärzte und Wundärzte,*“ nicht zu Abgeordneten erwählt werden. Für andere Staatsbeamte galt, daß diese nur nach erhaltenem Urlaub von Seiten der Staatsregierung die Wahl annehmen konnten.

Des weiteren war in Bezug auf die Wahlprüfungsregelungen die Bestimmung des Art. 16 der WahlO v. 22. März 1820 hervorzuheben. Dieser lautete folgendermaßen: „*Wenn bei irgend einer Wahl die gesetzliche Stimmen-Freiheit beschränkt oder Bestechungen angewendet worden ist, so wird die Wahl von der Kammer der Abgeordneten für ungültig erklärt, und jeder Schuldige hat, mit Vorbehalt anderer gesetzlicher Strafe, das Staatsbürgerrecht verwirkt.*“. Gerade diese Bestimmung ist in zweifacher Hinsicht von Bedeutung: Zum einen beschränkte sich die WahlO nicht, wie im Großherzogtum Baden oder im Königreich Württemberg, darauf Einwirkungen auf die Wahlen, und das auch nur hinsichtlich der wahlleitenden Beamten, lediglich zu untersagen, sondern es wurde ohne personelle Einschränkung die Ungültigkeit der Wahl per Verordnung angeordnet. Zum zweiten konnte diese Bestimmung als eine Beschneidung in die Wahlprüfungskompetenz, welche der Kammer nach Art. 87 der Verf.-Urk. oblag, angesehen werden. Denn durch diese „Muß“-Vorschrift oblag es nicht mehr der autonomen Entscheidung der Kammer, im Fall der Beschränkung der Stimmfreiheit oder im Fall von Bestechungen eine Wahl für gültig oder ungültig zu erklären. Vielmehr hatte sie die Wahl nach dieser Bestimmung grundsätzlich für ungültig zu erklären. Der Kammer blieb jedoch immer noch ein großer Auslegungs- und Ermessensspielraum, so daß diese Bestimmung nur von theoretischer Natur war und in der Wahlprüfungspraxis keine Rolle spielte.

4. Die Wahlperiode

Entsprechend der Regelung im Königreich Württemberg sollten alle Wahlen der 50 Abgeordneten der zweiten Kammer auf sechs Jahre geschehen.[889] Im Großherzogtum Hessen galt ebenfalls der Grundsatz der Integralerneuerung, so daß im Rahmen der regulären Periodizität alle Abgeordneten nach Ablauf der sechsjährigen Wahlperiode zugleich ihr Mandat verloren und generelle Landtagsneuwahlen erforderlich waren. Eine Neuwahl eines Abgeordneten vor Ablauf der Wahlperiode, und damit lediglich für den verbliebenen Rest der sechs Jahre, war nur vorgeschrieben im Fall vorher erfolgten Ablebens oder vorher eingetretender Unfähigkeit eines Abgeordneten. Des weiteren auch im Fall der Ablehnung der Wahl seitens des Gewählten.[890]

Während dieser sechsjährigen Wahlperiode sollte der Großherzog, im Hinblick auf die Bewilligung des Staatshaushaltes, welcher immer auf drei Jahre gegeben wurde[891],

---

[889] Art. 59 S. 1 der Verf.-Urk. v. 17. Dezember 1820.

[890] Art. 59 der Verf.-Urk. v. 17. Dezember 1820.

[891] Art. 67 S. 2 der Verf.-Urk. v. 17. Dezember 1820.

wenigstens alle drei Jahre einen Landtag einberufen.[892] Somit entfielen auf eine Wahlperiode bei ordnungsgemäßem Verlauf zwei ordentliche Landtage. Ein Landtag endete ebenfalls entweder durch Schließung oder durch Auflösung[893], wobei hinsichtlich der Folgen auf die Ausführungen zum Königreich Württemberg verwiesen werden kann.[894]

II. Das normierte Wahlprüfungsrecht im Großherzogtum Hessen
Die grundlegenden Bestimmungen des Wahlprüfungsrechts im Großherzogtum Hessen bildeten die Art. 86 und 87 der Verf.-Urk. v. 17. Dezember 1820.
Art. 86 I und II S. 1 der Verf.-Urk. bestimmten:
„*Die zweite Kammer kann, sobald 27 Mitglieder erschienen sind, deren Zulassung keinem Zweifel unterworfen zu seyn scheint, vorläufig constituirt werden.*
Dieses geschieht durch die Einweisungs-Commission."

Art. 87 der Verf.-Urk, und damit die zentrale Vorschrift, lautete:
„*Die definitive Entscheidung über die Gültigkeit der Wahlen und über die Zulassung, Abweisung, oder Befreiung*[895] *der Mitglieder der Kammern gehört zu der Competenz einer jeden Kammer, sobald die ständische Versammlung eröffnet worden ist.*".

Neben diesen grundsätzlichen Bestimmungen der Verf.-Urk. enthielten die Geschäftsordnungen Bestimmungen über die Ausgestaltung des Verfahrens der Wahlprüfung, wobei während des Untersuchungszeitraums drei verschiedene Geschäftsordnungen in Geltung waren.
So bestimmte die Geschäftsordnung „*Ueber die Ordnung, in welcher die Landständischen Geschäfte vorzunehmen sind*" vom 25. März 1820[896], in Art. 4:

„*Die Mitglieder der zweiten Kammer melden ihre Anwesenheit bei der landesherrlichen Einweisungs-Commission, oder entschuldigen schriftlich bei derselben, daß sie auf dem Landtag nicht erscheinen. Die Commission beginnt an dem zum voraus bestimmten Tage eine vorläufige Prüfung der Beglaubigung und der vorgeschriebenen Eigenschaften der erschienenen Abgeordneten, und versammelt hierauf diejenigen, deren Zulassung ihr keinem Anstand zu unterliegen scheint, um durch das Loos 6 Mitglieder zu bestimmen, welche mit ihr gemeinschaftlich die erwähnte Prüfung wiederholen. Nachdem ⅔ der Abgeordneten sich gemeldet haben, werden die Mitglieder der Kammer, deren Zulassung keinem Zweifel unterliegt, von der Commission versammelt, um über die Zulassung der übrigen, so wie, auf etwa erfolgenden Antrag eines Ständemitglieds, über Zulassung derjenigen, in Ansehung derer die Commission keine Zweifel vorträgt, durch Stimmenmehrheit, bei Stimmengleichheit, nach Ansicht der Commission, zu entscheiden.*".

---

[892] Art. 64 S. 1 der Verf.-Urk. v. 17. Dezember 1820.
[893] Art. 63 S. 1, 65 der Verf.-Urk. v. 17. Dezember 1820.
[894] Vgl. S. 76.
[895] Auf die Kompetenz hinsichtlich der Entscheidungen bei Befreiungsgesuchen der Mitglieder der zweiten Kammer soll in der vorliegenden Arbeit nicht eingegangen werden.
[896] Diese GO wurde einseitig von der Regierung erlassen (im weiteren: GO v. 25. März 1820).

Ab dem Jahre 1849 galt hinsichtlich des Verfahrens, nach „*Gesetz, die landständische Geschäftsordnung betreffend*" vom 13. Oktober 1849[897] folgendes:
Art.1: „*Die Kammern beginnen ihre Thätigkeit mit der Prüfung der Legitimationen ihrer Mitglieder.*".
Art. 2: „*Nachdem mindestens ... 27 Mitglieder der zweiten Kammer erschienen sind und ihre Anwesenheit bei der Einweisungscommission angemeldet haben, wird auf Veranlassung der letzteren in jeder der beiden Kammern das älteste Mitglied derselben ermittelt und sodann unter dessen Vorsitz jede Kammer durch das Loos in fünf möglichst gleiche provisorische Abtheilungen geschieden. Jede Abtheilung wählt sich einen Vorstand.*"
Art. 3: „*Jede Abtheilung erhält von dem Alterspräsidenten eine soweit es angeht, gleiche Zahl von Legitimationen zur Prüfung zugestellt, in der Art, daß keine Abteilung eine Legitimation eines ihrer Mitglieder zur Prüfung erhält. Das Resultat der Prüfungen wird sofort durch die Vorstände der Kammer vorgetragen.*".
Art. 4: „*Die Abgeordneten, deren Wahl oder gesetzliche Eigenschaften von den provisorischen Abtheilungen beanstandet werden, wohnen den Sitzungen der Kammer bis zur endgültigen Entscheidung der Anstände nicht bei.*".

Darüber hinaus bestimmte Art. 12, daß in beiden Kammern noch ständige Ausschüsse u.a. für die definitive Prüfung der Legitimationen gewählt werden sollten.
Hierauf Bezug nehmend bestimmte Art. 17 erläuternd, daß zum Geschäftskreis des Legitimationsausschusses die Berichte über die „*definitive Gültigkeit der Wahlen, sowie über alle darauf Bezug hebenden Reclamationen*" gehörten.

Mit dem Jahre 1856 traten durch das „*Gesetz, die landständische Geschäftsordnung betreffend*" vom 30. September 1856[898] folgende Wahlprüfungsbestimmungen in Kraft:
Art. 6: „*Die Mitglieder der zweiten Kammer melden ihre Anwesenheit bei der Landesherrlichen Einweisungscommission oder entschuldigen bei derselben schriftlich ihr Nichterscheinen.*
Sobald wenigstens 27 Mitglieder der zweiten Kammer erschien sind, wird die Kammer durch die Einweisungscommission vorläufig constituirt, und unter Leitung dieser Commission das älteste Mitglied ermittelt, welches vorläufig den Vorsitz übernimmt.".
Art. 7: „*Bei der Berufung eines Landtags mit neuen Wahlen wird die vorläufig constituirte Kammer durch das Loos in fünf möglichst gleiche Abtheilungen zum Zwecke der vorläufigen Prüfung der Legitimationen der gewählten Abgeordneten geschieden. Jede Abtheilung wählt sich einen Vorstand aus ihrer Mitte.*".

---

[897] Bei dieser im Gefolge der Revolution von 1848 erlassenen GO handelte es sich um eine sog. „vereinbarte" GO (im weiteren: GO v. 13. Oktober 1849). Diese GO wurde als „vereinbart" angesehen, da sie auf einem Regierungsentwurf v. 6. Dezember 1848 beruhte und durch landständische Beschlußfassung einige Änderungen bis zur endgültigen Fassung erfuhr.
[898] Diese GO wurde mit Zustimmung der Stände erlassen (im weiteren: GO v. 30. September 1856). Nach Art. 56 wurden durch dieses Gesetz sowohl die sich noch in Wirksamkeit befindenden Bestimmungen der landständischen Geschäftsordnung v. 25. März 1820, als auch das Gesetz des Jahres 1849, die landständische Geschäftsordnung betreffend, aufgehoben.

Art. 8: „*Jeder Abtheilung wird von dem Alterspräsidenten eine, soweit als thunlich gleiche Zahl von Legitimationen zugestellt in der Art, daß keine Abtheilung eine Legitimation eines ihrer Mitglieder zur Prüfung erhält. Das Resultat der Prüfungen wird sofort durch die Vorstände der Abteilungen der Kammer vorgetragen.*".
Art. 9: „*Die Abgeordneten, deren Wahl oder gesetzliche Eigenschaften von den Abtheilungen beanstandet werden, wohnen den Sitzungen der Kammer bis zur endgültigen Entscheidung der Anstände durch die Kammer (Artikel 87 der Verfassungsurkunde) nicht bei.*".

Des weiteren bestimmte Art. 22 II Nr. 3 daß die zweite Kammer vier ständige Ausschüsse zur Vorbereitung der Beratungen, bestehend aus fünf bis sieben Mitgliedern zu wählen hatte, wobei der dritte Ausschuß neben der Zuständigkeit von Beschwerden „*auch die Prüfung der Wahlen der Abgeordneten zur Vorbereitung der Beschlußnahme nach Artikel 87 der Verfassungsurkunde*" zuzuteilen sei. Ergänzend bestimmte noch Art. 27 II: „*Bei einem Landtag mit neuen Wahlen muß der dritte Ausschuß der zweiten Kammer (Artikel 22 pos. 3) zum Behufe der Prüfung der Wahlen um zwei weitere Mitglieder verstärkt werden.*".

III. Die Entstehungsgeschichte des Art. 87 der Verfassungsurkunde v. 17. Dezember 1820

Auch für das Großherzogtum Hessen stellt sich die Frage nach der Entstehungsgeschichte der wahlprüfungsrechtlichen Verfassungsnormen und damit die Frage, warum auch die Darmstädter Regierung das machtpolitische Steuerungsmittel der Wahlprüfung in die Hand der Kammer legte.
Im Folgenden soll der Weg zur Konstitutionsurkunde vom Dezember des Jahres 1820 im Hinblick auf das Geschäft der Wahlprüfung nachgegangen werden, ohne dabei die Entstehungsgeschichte vollständig nachzuzeichnen.[899]
Die erste Initiative in der Verfassungsfrage ging nach der Zusammenbruch des Rheinbundes[900] von fast allen in Hessen-Darmstadt ansässigen Standesherren aus, welche am 15. Februar 1816 in einer gemeinsamen Vorstellung mit Hinweis auf die Not im Lande die Wiederherstellung der althessischen Verfassung und die Wiedereinberufung eines Landtags forderten.[901] Diese Initiative fand im Land aber kaum Anklang.[902] Die

---

[899] Vgl. zur Entstehungsgeschichte der Verf.-Urk. des Großherzogtums Hessen v. 17. Dezember 1820: Andres, Einführung; Müller, Entstehung, S. 1-115; Floret, Darstellung, S. 1-85; Weiss, System, S. 57-63; Büttner, Anfänge, S. 6-42, 70-82; Ehrle, Volksvertretung I, S. 94-99, Huber, Verfassungsgeschichte I, S. 335 f.; Gerlich, Mittelrhein, S. 111 f.; Grothe, Konstitutionalismus, S. 52 f.; v. Rotteck/Welcker, Hessen, S. 709 ff.; Fleck, Verfassung, S. 90-97; Franz/Murk, Verfassungen, S. 151-153; Franz/Fleck, Landtag, S. 9-19; v. Calker, Staatsrecht, S. 4-6; Cosak, Staatsrecht, S. 1 f..

[900] Die Landgrafschaft Hessen-Darmstadt besaß bis zum Eintritt in den Rheinbund einen altständischen Landtag, jedoch nutzte Großherzog Ludwig I. die Rückendeckung Napoleons dazu am 1. Oktober 1806 diese Landstände aufzulösen. Vgl. Floret, Darstellung, S. 2.

[901] Sie begründeten ihre Initiative damit, daß es die Regierung verlernt hätte, die Bedürfnisse der Landesverwaltung mit den finanziellen Kräften der Untertanen in das richtige Verhältnis zu setzen. Vgl. zu der Vorstellung der Standesherren: Andres, Einführung, S. 76-87;

Regierung antwortete lediglich im Wege einer Flugschrift[903], in der sie die Aufhebung der altständischen Stände eine Wohltat für das Volk nannte.[904] Des weiteren stellte sie, und dies war das entscheidende, die Einführung einer Volksrepräsentation sowie die Bekanntmachung einer „*umfassenden Constitutionsurkunde*“ unter Zuziehung des Bauernstandes in Aussicht, wenn die Eingliederung der neuen Gebietsteile abgeschlossen wäre.

Im Herbst 1817, im Anschluß an das Wartburgfest, kam es zu einem weiteren Vorstoß in der Verfassungsfrage. Der standesherrliche Justizrat Ferdinand Beck sammelte Unterschriften[905] für eine Petition an den Deutschen Bundestag, in der die Verwirklichung des Art. 13[906] in dem Sinne gefordert wurde, daß die landständischen Verfassungen in allen Bundesstaaten unter Beteiligung des Volkes im Wege des Verfassungsvertrages zustande kommen sollten.[907] Mit seiner Bittschrift reiste er sogar nach Frankfurt, um, im Ergebnis erfolglos, einige Gesandte für seine Auffassung zu gewinnen.[908] Durch dieses Vorgehen fühlte sich die hessische Regierung diskreditiert und ließ öffentlich verlauten, daß sich in derartigen Angelegenheiten alle Hessen künftig an den Landesherrn zu richten hätten.

Ausschlaggebender Motor der Verfassungsbewegung wurden insbesondere die Giessener und Darmstädter „*Schwarzen*“[909], Männer die den Burschenschaften angehört hatten. Ihre Forderung ging auf die vertragsweise Einführung einer landständischen Verfassung.[910] Durch den Hinweis auf die drückende Steuerlast und die reformbedürftige und zugleich kostspielige Verwaltung gewannen sie weitere Bevölkerungskreise

---

Fleck,Verfassung, S. 92; Büttner, Anfänge, S. 6; v. Rotteck/Welcker, Hessen, S. 710 f.; Grothe, Konstitutionalismus, S. 52; Franz/Fleck, Landtag, S. 12; Franz/Murk, Verfassungen, S. 151, Müller, Entstehung, S. 9-13.

902 Dies lag auch daran, daß das Volk die damalige Auflösung des altständischen Landtags als Wohltat ansah, da auch gleichzeitig damit die Aufhebung der Steuerfreiheit der privilegierten Stände verbunden war.

903 Diese genannte Schrift trug den Titel: „*Unpartheiische Beleuchtung der Sr. Königl. Hoheit dem Großherzog von den Standesherrn im Großherzogthum Hessen im März 1816 überreichten Bitte um Zusammenberufung einer Ständeversammlung und ihrer Anlage, die Darstellung der Lage des Landes enthaltend*“.

904 Die Regierung führte dazu aus, daß wegen der mangelnden Repräsentation des Bauernstandes bei den althessischen Ständen der Kern des hessischen Volkes benachteiligt worden war, und daß des weiteren die Landstände alle Steuern auf die nicht Repräsentierten abgewälzt hätten.

905 Es kamen insgesamt nur 1000 Unterschriften zusammen, wobei aber etwa 800 aus Hessen-Darmstadt stammten. Vgl. Büttner, Anfänge, S. 7; Müller, Entstehung, S. 20.

906 Der Darmstädter Großherzog Ludwig I. hatte in den Wiener Verhandlungen bereits im November 1814 erklärt, daß er grundsätzlich zur Einführung einer Landesverfassung bereit war. Vgl. hierzu: v. Rotteck/Welcker, Hessen, S. 710; Weiss, System, S. 59 f..

907 Müller, Entstehung, S. 13-20; Franz/Murk, Verfassungen S. 151; Büttner, Anfänge, S. 6; Grothe, Konstitutionalismus, S. 52.

908 Büttner, Anfänge, S. 6 f.; Franz/Murk, Verfassungen, S. 151.

909 Vgl. zu den „Schwarzen“: Büttner, Anfänge, S. 12 ff..

910 Franz/Fleck, Landtag, S. 12.

für ihre Ziele.[911] Die wachsende Unruhe durch Flugschriften und Petitionen und die sog. „*wilden*“ Landtage, d.h. eigenmächtig durchgeführten Deputiertenversammlungen in Grünberg, Gießen, Heppenheim und Zwingenberg[912], konnte die Darmstädter Regierung nicht mehr ignorieren.[913] Schließlich kündigte Großherzog Ludwig I. am 18. Februar 1819 die Einberufung einer Ständeversammlung im Mai 1820 und die vorherige Bekanntmachung einer umfassenden Verfassung an.[914] Diese Bekanntmachung führte aber keineswegs dazu, daß die Verfassungsbewegung abnahm, sondern diese verstärkte ihre Anstrengungen, denn sie sah in dem Wortlaut des Versprechens eine gefürchtete Verfassungsoktroyierung.[915] Nachdem die Regierung am 1. April 1819 mit dem Verbot der wilden Gemeinde- und Provinzialabgeordnetentage antwortete[916], inszenierten die Schwarzen die sog. „Odenwälder Unruhen“, in dem sie unter der bäuerlichen Bevölkerung des Odenwalds einen Steuerstreik hervorriefen. Die Regierung, d.h. der hessische Staatsminister und Giessener Jura-Professor v. Grolman antwortete auf zweifachem Wege, indem er die Unruhen durch Verordnungen und polizeiliche Maßnahmen unterdrückte, aber gleichzeitig an der Ausarbeitung einer „*Landständischen Verfassung*“ arbeitete, die das großherzogliche Versprechen einlösen sollte.[917] So trat schließlich am 18. März 1820 das oktroyierte „*Edikt über die Landständische Verfassung des Großherzogtums Hessen*“, das sog. „Märzedikt“[918] in Kraft.
In Bezug auf das Geschäft der Wahlprüfung enthielt lediglich Art. 25 folgenden Verweis: „*Über die Art und Weise, wie Unsere Stände, wenn Wir einen Landtag ausgeschrieben haben einberufen, wie ihre Legitimation geprüft ..., werden besondere Reglements erlassen werden.*“. Hiermit verwies das Verfassungsedikt, ohne selbst ein substantielle Wahlprüfungsregelung zu enthalten, auf den bereits genannten Art. 4 der landständische Geschäftsordnung „*Ueber die Ordnung, in welcher die Landständischen Geschäfte vorzunehmen sind*“ vom 25. März 1820.

Bereits nach dieser von Seiten der Regierung erlassenen Bestimmung lag das Recht der Wahlprüfung, wie man vermuten könnte, keinesfalls ausschließlich bei der Regierung. Nach dieser Bestimmung sollte eine dreifache Prüfung erfolgen, wobei zunächst die vorläufige Prüfung durch die Einweisungskommission vorgenommen werden sollte. Im Anschluß hieran war sodann eine Wiederholung dieser Prüfung durch die Einweisungskommission unter Hinzuziehung von 6 Kammermitgliedern vorgesehen. Schließlich sollte die letzte Stufe der Prüfung durch die Kammer selbst erfolgen. Diese Stufe muß als endgültige und definitive Prüfung und Entscheidung ansehen werden, da diese Geschäftsordnungsbestimmung im Zusammenhang mit der Prüfung der Einweisungskommission von der vorläufigen Prüfung sprach. Nach Art. 4 der GO v. 25.

---

[911] Büttner, Anfänge, S. 7, Fleck, Verfassung, S. 91.
[912] Fleck, Verfassung, S. 92; Müller, Entstehung, S. 31, 35; Franz/Fleck, Landtag, S. 12.
[913] Franz/Fleck, Landtag, S. 12 f..
[914] Grothe, Konstitutionalismus, S. 52; Franz/Murk, Verfassungen, S. 151.
[915] Büttner, Anfänge, S. 8.
[916] Müller, Entstehung, S. 45.
[917] Büttner, Anfänge, S. 36; Franz/Fleck, Landtag, S. 12.
[918] Vgl. Büttner, Anfänge, S. 36.

März 1820 wurde das Geschäft der Wahlprüfung zwischen der Regierung und der Kammer aufgeteilt.

Unabhängig von der Ausgestaltung des Wahlprüfungssystems genügte dieses Edikt den Vorstellungen des hessischen Volkes[919] und insbesondere den „Schwarzen“ und ihrer Mitstreiter in keiner Weise.[920] Noch vor der Konstituierung des Landtags[921], welcher nach Anleitung der Märzedikte gewählt wurde, protestierte eine Gruppe von zunächst 32 Gewählten[922] am 18. Juni in einer schriftlichen Verwahrung[923] gegen das März-Edikt, das keine „*umfassende Constitutions-Urkunde*“ im Sinne der früheren Zusagen wäre. Diese Gewählten sahen sich angesichts der engen Beschränkung der landständischen Kompetenz nicht in der Lage, den vorgesehenen Verfassungseid zu leisten. Die gemäßigteren Abgeordneten des Landtags billigten zwar das rigorose Verhalten der Eidverweigerer keineswegs, aber auch sie ließen den Großherzog nicht im Zweifel darüber, daß eine Änderung des Märzedikts erforderlich war.[924] Nachdem die Regierung aufgrund der von den Abgeordneten Hans v. Gagern und Karl Eigenbrodt ausgehandelten Kompromiß-Adresse vom 21. Juni bestätigt hatte, daß sie beabsichtigte, das mit dem März-Edikt begonnene Verfassungswerk durch geeignete Gesetzesentwürfe zu ergänzen, und dazu auch entsprechende Anträge der Stände berücksichtigen werde, reduzierte sich die Gruppe der Eidverweigerer auf nur noch 14, welche im Laufe des Sommers durch Nachwahlen ersetzt wurden.[925] Wichtigster Kritikpunkt in den alsbald nach der offiziellen Eröffnung des Landtags am 27. Juni in Angriff genommenen Debatte um Ergänzung bzw. Revision des Edikts waren das Budget- und Steuerrecht.[926] Eine streitige Auseinandersetzung über die Ausgestaltung des Wahlprüfungsgeschäfts war in dieser Debatte jedoch keineswegs ersichtlich.[927] Dies mag seinen Grund darin gehabt haben, daß die Kammer auf der einen Seite generell sehr moderate Forderungen stellte, und daß auf der anderen Seite die Regierung bereits durch

---

919 Im Volksmund wurde das Märzedikt auch „*Darmstädter Prostitution*“ genannt. Vgl. Müller, Entstehung, S. 66.

920 Das Edikt war weder unter der Beteiligung der Volksvertreter zustande gekommen, noch sicherte es den Ständen ausreichende Kompetenzen zu. So wurde das ständische Steuerbewilligungsrecht dadurch entkräftigt, daß die Regierung das Recht besaß, im Falle einer nicht zustande gekommenen Vereinbarung das alte Finanzgesetz ein Jahr fortdauern zu lassen, und daß in dieser Zeit ein neuer Landtag gewählt und einberufen werden sollte. Des weiteren sei noch genannt, daß die Stände bei der Gesetzgebung nur ein aufschiebendes Vetorecht besaßen. Büttner, Anfänge, S. 36, faßte die Befugnisse die dem Landtag durch dieses Edikt eingeräumt wurden, als „*lächerlich und unhaltbar*“ auf.

921 Die erste Kammer ging keineswegs so weit, doch forderte auch sie vom Großherzog, daß er die Verfassung durch eine Reihe weiterer Gesetze vervollständigte. Vgl. Huber, Verfassungsgeschichte I, S. 335.

922 Unter Führung des in Darmstadt gewählten Oberappellationsgerichtsrat Ernst Höpfner.

923 Abgedruckt in: Floret, Darstellung, S. 13-19; Darstellung, S. 5-14, 25 f..

924 Vgl. die Erklärung der „Gemäßigten“, abgedruckt in: Floret, Darstellung, S. 18-20; Darstellung, S. 27-30.

925 Vgl. zu den Debatten in bezug auf den Umgang mit dem Märzedikt durch die Deputierten: Darstellung, S. 1-43; Weiss, System, S. 60 f.; Huber, Verfassungsgeschichte I, S. 335.

926 Franz/Fleck, Landtag, S. 15 f.; Kissel, Entwicklung, S. 15.

927 Vgl. Andres, Einführung, S. 179-233.

die GO v. 25. März 1820 der Kammer die definitive Entscheidungskompetenz zuwies, so daß kein Grund für eine Auseinandersetzung bestand. Schließlich entstand in nur zweimonatiger Beratung zwischen der Regierung und den Ausschüssen beider Häuser des Landtags die Verfassungsurkunde vom 17. Dezember 1820, in welcher die Petitionen der Kammer berücksichtigt wurden[928], so daß die Verfassung des Großherzogtums Hessen zwar der Form nach eine oktroyierte war, in der Sache aber durch Vereinbarung zustande gekommen war.[929]

Die Verfassung vom 17. Dezember 1820 stellte in Bezug auf das Geschäft der Wahlprüfung keine Neuerung dar. Die in der GO v. 25. März 1820 getroffene Regelung blieb bestehen, ihr Inhalt wurde lediglich in der Verfassung deutlicher herausgestellt und durch die Aufnahme in der Konstitutionsurkunde manifestiert. Dies wird insbesondere an der Kompetenz zur definitiven Prüfung und Entscheidung durch die Kammer deutlich. Art. 87 der Verf.-Urk. hob das in der GO v. 25. März 1820 bereits Enthaltene ausdrücklich hervor, indem dieser herausstellte, daß das ausschließliche Entscheidungsrecht über die Gültigkeit der Wahlen der Kammer oblag.
Damit mußte auch im Großherzogtum Hessen die Kammer nicht um das Entscheidungsrecht bei den Wahlprüfungen kämpfen und es der Regierung abringen. Vielmehr übertrug die Regierung von Beginn an durch Art. 4 der GO v. 25. März 1820 das definitive Entscheidungsrecht bei den Wahlprüfungen der Kammer. Zu beachten bleibt aber, daß die Regierung für sich die vorläufige Prüfung durch die Einweisungskommission weiterhin in Anspruch nahm. Dies war jedoch machtpolitisch nicht von Bedeutung.
Damit stellt sich auch für das Großherzogtum Hessen die Frage, weshalb die Regierung das Machtmittel der Wahlprüfung zwanglos aus der Hand gab. Bei der Beantwortung der Frage kommt man zu den gleichen Beweggründen, wie auch zuvor in Baden und in Württemberg. Denn die Regierung in Darmstadt verfügte ebenfalls über ausreichende Möglichkeiten, um auf die Wahlen und die Zusammensetzung der Kammer einzuwirken, so daß sie auf das Mittel der Wahlprüfung nicht allein angewiesen war.

Ein entscheidender Gesichtspunkt spielte hierbei zweifellos die Ausgestaltung des Wahlrechts selbst. Neben der Tatsache, daß die Wahlen unter der Oberaufsicht der Staatsregierung standen[930], sei auch noch in Bezug auf die passive Wahlfähigkeit bei den Abgeordnetenwahlen die außerordentlich hoch angesetzte Mindeststeuerleistung von 100 fl. zu erwähnen. Der hohe Wahlzensus bewirkte darüber hinaus, daß nur ein sehr geringer Bevölkerungsteil zu Abgeordneten gewählt werden konnten. 1820 waren von etwa insgesamt 650.000 Einwohnern nur 985 zum Abgeordneten wählbar, also lediglich 0,15 % der Bevölkerung, und bis zum Ende des Vormärz verdoppelte sich die Zahl der Wählbaren auf 2035 Personen was einem Bevölkerungsanteil von 0,25 %

---

[928] Die Verfassungsurkunde enthielt alle Grundprinzipien des Märzediktes, welche sich auf die Zusammensetzung der beiden Kammern, das Wahlrecht und die GO bezogen.
[929] v. Calker, Staatsrecht, S. 6, Fn. 1; Huber, Verfassungsgeschichte I, S. 336, sprach von einer „verschleierten Verfassungsvereinbarung".
[930] Vgl. Art. 5 der WahlO v. 22. März 1820.

entsprach.[931] Diese Restriktion diente eindeutig dazu, regierungs- und staatskritische Volkskreise auszuschließen. Die genannte hohe Mindeststeuerleistung trug dazu bei, daß Beamte wegen des im Verhältnis dazu relativ niedrigen Mindesteinkommen in besonders großer Zahl in den Landtag gewählt wurden. So saßen z.B. in der Kammer des Jahres 1845 unter 50 Abgeordneten 42 Staats- und Gemeindebeamten.

Welche besondere Bedeutung diese Tatsache hatte, verdeutlicht ein weiterer Gesichtspunkt, nämlich das von der Regierung gezielt eingesetzte Mittel der Urlaubsverweigerung. [932] Dieses Mittel stand der Staatsregierung nach Art. 14 S. 2 der WahlO v. 22. März 1820[933] auch ausdrücklich zu.[934] So wurde gerade auf den oppositionell eingestellten Landtagen in den Jahren 1832 und 1834 dieses Mittel rigoros angewandt.[935] Im Jahre 1832 wurde nicht weniger als 14 Beamten der Eintritt in die Kammer verweigert. Im Jahre 1834 wurde ebenfalls 12 gewählten Beamten, die bis auf einen bereits im Vorlandtag zur Opposition gezählt hatten, der Urlaub für diesen Landtag verweigert.[936] Welche herausragende machtpolitische Bedeutung den Urlaubsverweigerungen zukam, verdeutlicht insbesondere die obige Ausführung, wonach die zweite hessische Kammer mit einer Übermacht an Beamten besetzt war.

Neben der Möglichkeit der Urlaubsverweigerung konnte die Staatsregierung auch im Vorfeld der Wahlen in Bezug auf beamtete Kandidaten disziplinierend einwirken. Neben den obligatorischen Mitteln der Versetzung und Entlassungen aus dem Staatsdienst[937] nutzte die Regierung insbesondere das Mittel der Versetzung von liberalen Beamten in den Ruhestand. Dies war im Hinblick darauf von Bedeutung, daß die Staatsregierung die Befugnis zur Mandatsausübung sogar bei Beamten im Ruhestand von der Urlaubserteilung abhängig machte.[938] Neben diesen weitreichenden Einfluß-

---

[931] Vgl. Ehrle, Volksvertretung II, S. 689.

[932] Vgl. hierzu u.a.: v. Rotteck/Welcker, Hessen, S. 730; Büttner, Anfänge, S. 109, 117, 133; Fleck, Verfassung, S. 100; Franz/Murk, Verfassungen, S. 153.

[933] So lautete diese Bestimmung: *„Andere Staatsbeamte können nur nach erhaltenem Urlaub von Seiten der Staatsregierung die Wahl annehmen.*".

[934] Eine Änderung ergab sich erst durch die WahlO v. 3. September 1849, wonach Art. 23 bestimmte, daß öffentliche Beamte zum Eintritt in die Ständeversammlung keinen Urlaub benötigten. Die gleichlautende Bestimmung befand sich auch in Art. 43 der WahlO v. 7. Oktober 1850. Mit der WahlO v. 6. September 1856 trat hingegen wieder das Urlaubsbewilligungsrecht in Kraft (vgl. Art. 18, 19).

[935] Dies auch mit Erfolg, so daß, auch neben anderen Gründen, zwischen1834 und 1847 dann wieder der Regierung genehme Beamte als Abg. überwogen. Vgl. Lange, Hessen-Darmstadt, S. 44.

[936] Franz/Fleck, Landtag, S. 22.

[937] Grothe, Konstitutionalismus, S. 54; Franz/Murk, Verfassungen S. 153.

[938] Prominentestes Opfer war der Staatsrat Jaup, der schon bei den Verfassungsberatungen die liberale Sache vertreten hatte und über zwei Jahrzehnte der Wortführer des hessischen Liberalismus blieb. 1832 wurde Jaup in die zweite Kammer gewählt, und wegen seiner oppositionellen Haltung von der Regierung 1833 in den Ruhestand versetzt. Seitdem verweigerte die Regierung ihm ständig den erforderlichen Urlaub für die Ausübung seines Kammermandates. Vgl. Huber, Verfassungsgeschichte II, S. 446, Fn. 49; des weiteren hierzu: Zustände, S. 41. Diese Vorgehensweise der Staatsregierung wurde auch in der Kammer thematisiert. So kam auf dem 5. Landtag hinsichtlich der Prüfung der Wahl des Abg. Schenck des 8. Wahlbezirks

möglichkeiten auf die Zusammensetzung der Kammer in Bezug auf die Staatsdiener wurden auch Oppositionsmitgliedern durch Nichtavancement und Vorenthaltung von Besoldungszulagen diszipliniert, während auf der anderen Seite regierungstreue Beamte in kürzester Zeit befördert wurden.[939]

Zu nennen ist auch die in Art. 60 der Verf.-Urk. v. 17. Dezember 1820 normierte Unbescholtenheitsregelung, wonach ein Mitglied der Kammer *„nie wegen Verbrechen oder Vergehen, die nicht bloß zur niederen Polizei gehören, vor Gericht gestanden haben, ohne gänzlich freigesprochen worden zu sein.*“. stehen durfte. Welche Wirkungen solche Unbescholtenheitsregelungen besaßen, wurde bereits am Beispiel der vergleichbaren Bestimmung im Königreich Württemberg verdeutlicht, wobei auf die Besonderheit in Hessen-Darmstadt noch während der Darstellung der Wahlprüfungspraxis eingegangen wird.[940]

Als letztes, jedoch äußerst effektives Machtmittel, blieb der Regierung das dem Großherzog ausschließlich zustehende Recht der Einberufung und Auflösung der Stände.[941] Das Recht der Landtagsauflösung wurde von der Staatsregierung gezielt dazu eingesetzt, mißliebige Kammerzusammensetzungen zu disziplinieren oder zu entmachten.[942] Die hessische Staatsregierung wandte dieses Mittel auch häufig an, so daß während des Untersuchungszeitraumes von 18 Landtagen fünf aufgelöst wurden.[943]

---

der Prov. Starkenburg die Frage, ob pensionierte Staatsdiener zum Eintritt in die Ständeversammlung des Urlaubs von Seiten der Staatsregierung bedürften, auf die Tagesordnung. Diese Frage wurde letztlich mit 34 gegen 9 Stimmen bejaht (vgl. Verh. Hessen 1833, 1. Bd., 23. Prot. v. 30. Januar 1833, S. 360). Mit dieser Entscheidung ruhte die Frage der Urlaubsverweigerung für pensionierte Beamte aber keineswegs, sondern im Zusammenhang mit der Prüfung der Wahl im 14. Wahlbezirk der Prov. Oberhessen, bei welcher ein pensionierter Staatsdiener gewählt wurde und diesem auch der Urlaub von der Staatsregierung bewilligt wurde, erhob sich Widerstand gegen diese generelle Praxis (vgl. Verh. Hessen 1833, Beil 1. Bd., Beil. XXXIII, S. 146 f.). Zwar kam es im Rahmen der Beratung über diese Wahl zu einer Auseinadersetzung mit der genannten Frage. Im Ergebnis entschied die Kammer, die Sache auf sich beruhen zu lassen (vgl. Verh. Hessen 1833, 1. Bd., 10. Prot. v. 19. Dezember 1832, S. 67-73).

[939] Vgl. mit zahlreichen Beispielen: Zustände, S. 42.

[940] Vgl. auch hierzu: Büttner, Anfänge, S. 47, welcher gerade in dem Art. 60 der Verf.-Urk. v. 17. Dezember 1820 neben den Zensusbestimmungen das wirksamste Schutzmittel der Regierung gegen den Mandatserwerb von Radikalen sah. Es gab wiederholte Versuche von Abg. der zweiten Kammer, eine Änderung *„des als gehässig empfundenen*“ Art. 60 zu erreichen. Vgl. hierzu: Ehrle, Volksvertretung II, S. 508.

[941] Art. 63 S. 1 der Verf.-Urk. v. 17. Dezember 1820. Vgl. hierzu auch: Grothe, Konstitutioalismus, S. 54.

[942] Buchner, Landtag, S. 5, bezeichnete im Jahre 1835 die Landtagsauflösung ausdrücklich als „*Maßregel*“. Das dies der Fall war, geht auch aus der Tatsache hervor, daß die Kammer nach ihrem Steuerverweigerungsbeschluß am 29.09.1850 aufgelöst wurde. Kissel, Entwicklung, S. 65.

[943] Dies geschah gerade in den Fällen, in denen die Landtage betont oppositionell eingestellt waren, so wie 1833/34. Vgl. Fleck, Verfassung, S. 101.

Die Staatsregierung war damit ebenso wenig wie die Regierungen in Baden und Württemberg auf die Wahlprüfung angewiesen, um auf die Wahlen und die Zusammensetzung der Kammer einen wesentlichen Einfluß auszuüben. Dies war auch der Grund, weshalb schließlich der Kammer die Wahlprüfungskompetenz zuerkannt wurde.

IV. Die Wahlprüfung in der zweiten Kammer in den Jahren 1820-1866

1. Terminologie

Auch im Großherzogtum Hessen stellte sich, wie im Großherzogtum Baden, hinsichtlich der Terminologie des normierten Wahlprüfungsrechts ein uneinheitliches Bild dar. Das Verfassungsedikt v. 18. März 1820 sprach in Art. 25 von der Prüfung der „*Legitimation*". Die neun Monate später erlassene Verf.-Urk. sprach in Art. 87 von der „*Entscheidung über die Gültigkeit der Wahlen*".
Auch die drei Geschäftsordnungen, die während des Untersuchungszeitraums in Geltung waren, gingen den Weg der uneinheitlichen Begrifflichkeiten weiter. Die GO v. 25. März 1820 sprach in Art. 4 S. 2 von der „*vorläufigen Prüfung der Beglaubigung und der vorgeschriebenen Eigenschaften*" durch die Einweisungskommission. Der von der Regierung erlassene Entwurf einer Geschäftsordnung für die beiden Kammern der Stände des Großherzogtums Hessen sprach in der Überschrift zu Titel III. „*Von der vorläufigen Prüfung der Wahlen der Abgeordneten zur zweiten Kammer*".[944] Die GO v. 10. Oktober 1849 wiederum sprach in Art. 1 von der „*Prüfung der Legitimationen*"[945]. Die GO v. 8. September 1856 nutzte selbst zwei unterschiedliche Begrifflichkeiten. So sprach Art. 7 S. 1 von der „*vorläufigen Prüfung der Legitimationen*" durch die provisorischen Abteilungen und in Art. 22 II Nr. 3 von „*Prüfung der Wahlen der Abgeordneten*" durch den dritten Ausschuß.
Nach dieser Aufteilung der Begrifflichkeiten der GO v. 8. September 1856 konnte man den Eindruck gewinnen, daß die vorläufige Prüfung durch die Abteilung als „*Prüfung der Legitimationen*" und die definitive Prüfung durch die Kammer als „*Prüfung der Wahlen*" bezeichnet wurde. Daß dies hingegen nicht der Fall war, wird bereits insofern deutlich, als eine solche terminologische Unterscheidung bei den vorherigen gesetzlichen Bestimmungen nicht stattfand. Des weiteren war hierin auch keine Weiterentwicklung im Sinne einer begrifflichen Differenzierung zu sehen. Dies wird bei der Betrachtung der Wahlprüfungspraxis deutlich.
Von der zeitgenössischen staatsrechtlichen Literatur ließ sich keine Antwort auf eine einheitliche Begrifflichkeit erwarten, da sie sich mit der Wiedergabe der Begrifflichkeit der Verf.-Urk. begnügte.[946]
In der Prüfungspraxis zeigte sich hingegen ein einheitliches Bild hinsichtlich der gebräuchlichen Terminologie.In der Kammer wurde grundsätzlich nur der Begriff der

---

[944] s. Verh. Hessen 1833, 1.Beil.- Bd., Beil. XXXV, S. 150-168.
[945] So wie die Art. 12 S. 1 und Art. 17 der GO v. 10. Oktober 1849 von dem „*Legitimationsausschuß*" sprachen.
[946] Zu nennen ist an dieser Stelle lediglich Weiss, System, S. 471 f..

„Wahlprüfung" gebraucht, unabhängig davon, ob die Wahlen durch die Einweisungskommission oder durch die Kammer geprüft wurden.[947]
In Bezug auf die Anträge des Ausschusses und die Beschlüsse der Kammer wurden mehrere Begrifflichkeiten durchweg gleichbedeutend verwandt. Im Fall der positiven Entscheidung sprach der Ausschuß hauptsächlich davon, *„die Wahl für giltig anzuerkennen"*.[948] Neben dieser primär verwendeten Begrifflichkeit gingen die Beschlüsse des Ausschusses auch dahin, die Wahl *„für gesetzlich"*[949] anzuerkennen oder die Wahl *„definitiv zu genehmigen"*[950].
Im Fall der negativen Entscheidung wurde die Wahl als *„ungültig"* erklärt.[951] Vereinzelt wurde auch von der *„Nichtigkeit"* der Wahl gesprochen.[952] Lediglich in den Fällen der vorläufigen Prüfung der Wahlen durch die seit der GO v. 10. Oktober 1849 beauftragten Abteilungen wurde eine gesonderte Begrifflichkeit verwandt. Die Anträge gingen dahin, die Wahlen als *„beanstandet"*[953] bzw. *„vorläufig beanstandet"*[954] oder im entgegengesetzten Fall als *„unbeanstandet"*[955] zu bezeichnen.

2. Rechtsnatur
Für die Beurteilung der Rechtsnatur der Wahlprüfungen lassen sich weder Erkenntnisse aus der Verfassung noch aus den drei Geschäftsordnungen, die während des Untersuchungszeitraums in Kraft waren, ziehen.[956] In der Prüfungspraxis zeigte sich hingegen ein eindeutiges Bild. Hiernach wurden die Wahlprüfungen unstreitig als rechtsprechende Tätigkeit angesehen. Dies verdeutlicht eindeutig die Aussage des Abg. Glau-

---

[947] Vgl. u.a. Verh. Hessen 1826, 1. Heft, Beil. XVII, S. 20 f.; Verh. Hessen 1833, 1. Beil.-Bd., Beil. CXXVI, S. 407; Verh. Hessen 1851, 1. Prot.-Bd., 8. Prot. v. 28. Januar 1851, S. 26; Verh. Hessen 1857/59, 1. Prot.-Bd., 5. Prot. v. 23. Dezember 1856, S. 7.
[948] Vgl. u. a. Verh. Hessen 1820, 1. Heft, 7. Prot. v. 11. Juli 1820, S. 36 f.; Verh. Hessen 1829/30, 1. Beil.-Bd., Beil. XLVI, S. 226; Verh. Hessen 1829/30, 1. Bd., 22. Prot. v. 11. Januar 1830, S. 234. Ab dem 6. Landtag setzte sich die Begrifflichkeit durch, daß die Wahl für *„definitiv gültig"* erklären wurde (Vgl. u.a. Verh. Hessen 1835, 1. Beil.-Bd., Beil. 26, S. 1; Verh. Hessen 1838/39, 1. Beil.-Bd., Beil. 30, S. 1; Verh. Hessen 1841/42, 1. Bd., 8. Prot. v. 18. Dezember 1841, S. 2; Verh. Hessen 1841/42, 1. Beil.-Bd., Beil. 30, S. 1; Verh. Hessen 1847/48, 1. Bd., 10. Prot. v. 13. Januar 1848, S. 52 f.; Verh. Hessen 1850 (13. LT), Beil.-Bd., Beil. 44, S. 1; Verh. Hessen 1857/59, 1. Beil.-Bd., Beil. 58, S. 1).
[949] Vgl. u. a. Verh. Hessen 1820, 3. Heft, 27. Prot. v. 24. August 1820, S. 107; Verh. Hessen 1833, 1. Beil.-Bd., Beil. XVI, S. 112.
[950] Vgl. u. a. Verh. Hessen 1833, 1. Beil.-Bd., Beil. XLIV, S. 183.
[951] Vgl. u.a Verh. Hessen 1823/24, 1. Bd., 1. Heft, Beil. XXXIII, S. 71 f.; Verh. Hessen 1826, 1. Heft, Beil. XII, S. 16 f.; Verh. Hessen 1834, 1 Beil.-Bd., Beil. XXVII, S. 5; Verh. Hessen 1847/48, 1. Beil.-Bd., Beil. 35, S. 4.
[952] Vgl. u.a. Verh. Hessen 1826, 1. Heft, Beil. VI, S. 10 f.; Verh. Hessen 1833, 2. Bd., 38. Prot. v. 8. März 1833, S. 27.
[953] Vgl. u.a. Verh. Hessen 1850, Prot.-Bd., 2. Prot. v. 27. Dezember 1849, S. 3.
[954] Vgl. u. a. Verh. Hessen 1863/65, 1. Prot.-Bd., 1. Prot. v. 11. November 1862, S. 5.
[955] Vgl. u. a. Verh. Hessen 1850, Prot.-Bd., 2. Prot. v. 27. Dezember 1849, S. 6.
[956] Sowohl die Verfassung in Art. 87 als auch die GO v. 10. Oktober 1849 in Art. 4 und die GO v. 8. September 1856 in Art. 9 sprachen von der *„Entscheidung"*. Allein der genannte Wortlaut ließ keine definitive Auskunft über die Rechtsnatur der Wahlprüfungen zu.

brech im Rahmen der Beratung der Wahl des 9. Wahlbezirks der Prov. Starkenburg auf dem 8. Landtag. Er sprach von der Kammer, „*welche als Richter zu erkennen hat*".[957]

Versucht man hingegen, die Frage der Gesetzesbindung an Hand der Kammerpraxis zu beantworten, so zeigte sich auf den ersten Blick zunächst ein uneinheitliches Bild. Betrachtet man verschiedene Aussagen hierzu bei der Prüfung der Wahl des 9. Wahlbezirks der Prov. Starkenburg im Jahre 1833, so konnte der Eindruck entstehen, daß die Gesetzesbindung nicht selbstverständlich war. So äußerte sich der Abg. Weyland dahin:, *die Kammer habe über die Gültigkeit der Wahl zu entscheiden; allein ich muß hierzu bemerken, daß diese Entscheidung nicht lediglich in die Willkühr und Fürguthaltung der Kammer gestellt ist, sie muß vielmehr ebenfalls auf das Gesetz....*" stützen.[958] Des weiteren äußerte der Abg. Mohr: „*Der Art. 87 der Verfassungsurkunde unterwirft freilich wohl die definitive Erkenntniß, über die Gültigkeit der Wahlen, der zweiten Kammer, aber es versteht sich doch wohl von selbst, daß diese Erkenntniß nur mit Rücksichtnehmung auf das Gesetz statt finden könne, und daß keine Willkür hervorleuchte.*".[959]

Diese Aussagen, die als Apell für die Gesetzesbindung im Rahmen der Wahlprüfungen angesehen werden konnten, muß man jedoch vor dem Hintergrund sehen, daß die Wahlrechtsbestimmungen sehr unbestimmt und lückenhaft und daher auslegungsbedürftig waren. Sobald sich eine Auslegung vom Wortlaut entfernte wurde von ihren Gegnern vor Willkür gewarnt. Ferner wurde die Gesetzesbindung, womit die Wortlautauslegung gemeint war, angemahnt. Erläuternd hierzu sei eine Passage des Ausschußberichts über die genannte Wahl zu nennen: „*die zweite Kammer ist durch Art. 87 der Verfassung zur freien Entscheidung über die Gültigkeit der Wahlen berufen. Zwar muß sie sich gewiß hierbei zur genauen Beobachtung der bestehenden gesetzlichen Vorschriften verpflichtet halten. Allein wo sich in der Bedeutung, in der Auslegung und Anwendung dieser Vorschriften Bedenklichkeiten, Zweifel ergeben, wo die Worte dunkel, oder der Sinn des Gesetzes zweideutig, da muß die Kammer stets die Auslegung vorziehen, welche der größeren Freiheit in der Wahl ihrer minderen Beengung huldigt, welche die Wählbarkeit ausdehnt, welche dem Erwählten die Wahl, diesen höchsten Inbegriff staatsbürgerlicher Befugnisse, schützt, welche endlich die Regel über die Wählbarkeit am mindesten beeinträchtigt und die Ausnahmen nicht vermehrt.*".[960]

Daß die Kammer bei den Wahlprüfungen sich an die Gesetze zu halten hatte, stand während des gesamten Untersuchungszeitraums nie in Abrede. Dies verdeutlichen zum einen die Wahlprüfungsentscheidungen selbst, zum anderen auch ausdrückliche Stellungsnahmen in der Kammer.[961]

---

[957] Verh. Hessen 1838-40, 4. Prot.-Bd., 94. Prot. v. 20. Januar 1840, S. 21. In diesem Sinne sprach sich auch der Abg. Graf Lehrbach aus, indem er vortrug, daß die Kammer bei der Prüfung der Wahlen „*urtheilt*" (Verh. Hessen 1834, 1. Prot.-Bd., 18. Prot. v. 7. Juni 1834, S. 29).
[958] Verh. Hessen 1833, 1. Bd., 22. Prot. v. 28. Januar 1833, S. 328 f..
[959] Verh. Hessen 1833, 1. Bd., 22. Prot. v. 28. Januar 1833, S. 330.
[960] Verh. Hessen 1833, 1. Beil.-Bd., Beil. CXXVI, S. 392.
[961] So der Abg. Mohr im Rahmen der Wahl des 11. Wahlbezirks der Prov. Oberhessen im Jahre 1833: „*Die Stände sind die Wächter des Gesetzes: jede Kammer hat allein das Recht*

Zusammenfassend läßt sich eindeutig festhalten, daß die Prüfungstätigkeit i. S. d. Art. 87 der Verf.-Urk. v. 17. Dezember 1820 als eine rechtsprechende angesehen wurde, und daß darüber hinaus die Gesetzesbindung unumstritten anerkannt war.

3. Ablauf der Prüfung

Der Ablauf der Prüfung der Wahlen im Großherzogtum Hessen stellte im Vergleich zum Großherzogtum Baden und zum Königreich Württemberg eine Besonderheit dar. Dies lag zum einen daran, daß in Hessen eine dreistufige Prüfung vorgesehen war. Zum anderen, wurde der Ablauf der Prüfung während des Untersuchungszeitraums einer „System"-Änderung unterzogen. Bestand hatte während des gesamten Untersuchungszeitraums nur das, was durch die Verf.-Urk. v. 17. Dezember 1820 vorgegeben war. Dies war zunächst, daß eine Prüfung durch die Einweisungskommission zu erfolgen hatte (Art. 86), und daß ferner schließlich die endgültige Entscheidung über die Gültigkeit der Wahlen und der Zulassung der Mitglieder in den alleinigen Kompetenzbereich der Kammer fiel (Art. 87).

a. Ablauf der Prüfung nach der GO v. 25. März 1820

Die erste Stufe dieses dreistufigen Prüfungsablaufs bildete die Prüfung durch die landesherrliche Einweisungskommission[962], welche vor der Eröffnung des Landtags stattfand.[963]

Aufgabe dieser Prüfung war, mindestens 27 Mitglieder zu ermitteln, deren Wahlen keinem Anstand unterlagen, da dies nach Art. 86 der Verf.-Urk. v. 17. Dezember 1820 die Voraussetzung für die vorläufige[964] Konstituierung der Kammer war. Es war jedoch keinesfalls so, daß die Prüfung endete, wenn 27 Mitglieder, *„deren Zulassung keinem Zweifel"* unterworfen war, festgestellt wurden, sondern es wurden alle Wahlen

über die Gültigkeit der Wahlen und über die Zulässigkeit der Gewählten definitiv zu erkennen. ... darf doch nur bei ihren Entscheidungen das Gesetz im Auge behalten, es muß das einzige Motiv ihrer Entscheidung seyn." (Verh. Hessen 1833, 1. Bd., 25. Prot. v. 6. Februar 1833, S. 369). Desgleichen der Abg. v. Grolman, der die Aufgabe der Kammer im Rahmen der Prüfung der Wahlen auf dem 9. Landtag wie folgt beschrieb: *„Wir haben zu entscheiden, das heißt, wir sollen einen gegebenen Fall unter das Gesetz subsumiren, das Gesetz auf denselben zur Anwendung bringen. Hier dürfen wir uns über das Gesetz nicht setzen, sondern wir sind schuldig, dasselbe zu befolgen."* (Verh. Hessen 1841/42, 1. Bd., 23. Prot. v. 19. Februar 1842, S. 40).

962 Die landesherrliche Einweisungskommission bestand während des gesamten Untersuchungszeitraums grds. aus drei Regierungsbeamten, wovon einer als Protokollführer tätig war. So bestand z. B. die Einweisungskommission für den 16. Landtag aus dem Geheimrat v. Starck, dem Ministerialrat v. Rodenstein und dem Ministerialsekretär Zimmermann als Protokollführer.

963 Vgl. zu den Bestimmungen in Bezug auf die Einweisungskommission neben Art. 86 der Verf.-Urk. v. 17. Dezember 1820, auch: Art. 4 S. 1 und S. 2 der GO v. 25. März 1820; Art. 2 S. 1 der GO v. 10. Oktober 1849; Art. 6 der GO v. 8. September 1856.

964 Vgl. Art. 85 der Verf.-Urk. v. 17. Dezember 1820. Diese sog. vorläufige Konstituierung diente der Vorbereitung der wirklichen Eröffnung der Ständeversammlung, welche im Anschluß an die vorläufige Konstituierung beider Kammer förmlich erfolgte. Vgl. auch: Weiss, System, S. 474 ff..

geprüft, soweit die Wahlen bis zu diesem Zeitpunkt bereits durchgeführt waren. Diese Prüfung besaß aber nur einen vorläufigen Charakter. Dies ergab sich zum einen aus der Verfassung selbst, da diese in Art. 87 im Zusammenhang mit der Prüfung durch die Kammer von der definitiven Entscheidung sprach, so daß im Umkehrschluß die Prüfung durch die Einweisungskommission nur eine vorläufige darstellten konnte. Dieser Befund wurde auch durch Art. 4 S. 2 der GO v. 25. März 1820 ausdrücklich bestätigt. Stellte die Einweisungskommission nach ihrer Prüfung keinen Anstand fest, so wurde der entsprechende Abgeordnete zur Ständeversammlung eingeladen bzw. einberufen und im entgegengesetzten Fall wurde der Abgeordnete zunächst nicht einberufen.[965] Die Einweisungskommission prüfte die Wahlen aber nicht nur, wie zu erwarten wäre, bei Landtagen nach generellen Landtagsneuwahlen, sondern bei jedem neuen Landtag prüfte sie die in der Zwischenzeit vorgenommenen neuen Wahlen.[966] Des weiteren endete ihre Tätigkeit keineswegs mit der vorläufigen Konstituierung der Kammer, sondern sie prüfte auch die Wahlen, die während des Landtags stattfanden.[967] Dies hatte seinen Grund insbesondere darin, daß sie für die Einberufung der Neugewählten zur Ständeversammlung zuständig war.

Die zweite Prüfungsstufe, die aus den gleichen bereits genannten Gründen nur eine vorläufige darstellte, erfolgte durch die Einweisungskommission in Verbindung mit sechs Kammermitgliedern. Diese sechs Mitglieder wurden aus den Kammermitgliedern deren Zulassung nach der Prüfung durch die Einweisungskommission keinem Anstand unterlag durch Los bestimmt.[968] Die so besetzte Kommission wurde einfach „*Prüfungscommission*“ genannt.[969] Sie wiederholte die Prüfung, die die Einweisungskommission vorher allein vorgenommen hatte.[970] Durch diese Prüfung wurde bestimmt „*wer provisorisch in der Kammer zugelassen*“ wurde.[971] Ihre Prüfungstätigkeit fand ebenfalls nicht nur bei Landtagen nach generellen Neuwahlen statt, sondern bei jedem neuen Landtag. Im Gegensatz zur Einweisungskommission endete ihre Prüfungstätigkeit jedoch mit der vorläufigen Konstituierung der Kammer.
Die dritte und letzte Stufe bildete die Prüfung durch die Kammer i.S.d. Art. 87 der Verf.-Urk. v. 17. Dezember 1820. Diese Prüfung sowie die daraus folgende Entscheidung durch die Kammer hatte definitiven und abschließenden Charakter und konnte nicht weiter angegriffen werden. Bevor es zu den eigentlichen Wahlprüfungen in der

---

[965] Die Ausführungen über die Gründe der Beanstandungen, welche die Einweisungskommission machte, lagen den Akten bei, welche dem dritten Ausschuß zur Prüfung zukamen. Vgl. u.a. die Beanstandungen durch die Einweisungskommission bei der Wahl im 11. Wahlbezirk der Prov. Oberhessen, Verh. Hessen 1850 (13. LT), Beil.-Bd., Beil. 47, S. 1.
[966] Vgl. u.a. Verh. Hessen 1838/39, 1. Bd., 4. Prot. v. 8. November 1838, S. 1 f..
[967] Vgl. u.a. Verh. Hessen 1833, 1. Bd., 30. Prot. v. 21. Februar 1833, S. 509.
[968] Vgl. Art. 4 S. 2 der GO v. 25. März 1820.
[969] Vgl. Verh. Hessen 1834, 1. Beil.-Bd., Beil. 43, S. 1. Teilweise wurde sie auch „*Commission zur vorläufigen Prüfung der Wahlacten*“ genannt, Verh. Hessen 1833, 1. Beil.-Bd., Beil. XXIII, S. 123.
[970] Vgl. Art. 4 S. 2 der GO v. 25. März 1820.
[971] Verh. Hessen 1834, 1. Beil.-Bd., Beil. 43, S. 1; Verh. Hessen 1834, 2. Bd., 29. Prot. v. 1. Juli 1834, S. 4.

Kammer kam, war es naturgemäß notwendig, zunächst die entsprechenden Voraussetzungen zu schaffen. Ein jeder Landtag begann zunächst mit der vorläufigen Konstituierung nach Art. 86 der Verf.-Urk. v. 17. Dezember 1820 durch die Einweisungskommission, sobald sich die von ihr eingeladenen Mitglieder versammelt hatten.[972] Grundsätzlich kam es in der 3.–5. Sitzung nach Art. 14 II der GO v. 25. März 1820 zur Wahl[973] der drei Ausschüsse. Neben dem Ausschuß *„für das Finanzgesetz und die Staatsschulden"* und einem *„für die anderen Gegenstände der Gesetzgebung"* wurde ein dritter *„für die übrigen an die Kammer gelangenden Geschäfte"* gewählt, welcher primär für die Wahlprüfungen zuständig war. Auch im Großherzogtum Hessen konnte die Aufgabe der eigentlichen Prüfung der Wahlen nicht durch die gesamte Kammer vorgenommen werden, sondern es bedurfte hierzu einer kleineren Einheit, und dies war der dritte Ausschuß. Die GO v. 25. März 1820 gab in Art. 14 II vor, daß die Ausschüsse mit fünf bis sieben Mitgliedern zu besetzen waren. Vor allem diese Freistellung durch die GO v. 25. März 1820 erzeugte in der Praxis eine unterschiedliche Handhabung. Während des ersten Landtags bestand jeder dieser Ausschüsse jeweils aus fünf Kammermitgliedern.[974] Doch bereits auf den folgenden Landtagen entstand die Frage, in welcher Anzahl die Ausschüsse am sinnvollsten zu besetzen seien. Diese Frage entstand vor dem Hintergrund, daß das Geschäft der Wahlprüfung zum Zeitpunkt der Wahl der Ausschüsse noch bevorstand, und daß mögliche Mitglieder aufgrund der beiden Vorprüfungen nicht zum Zeitpunkt der Wahl der Ausschüsse anwesend seien. Die Kammern beantworteten diese Frage auf unterschiedliche Weise, ohne daß eine feste Übung entstand. So beschloß die Kammer auf Antrag des Präsidenten auf dem 2. und 3. Landtag, zunächst jeden Ausschuß mit nur fünf wirklich anwesenden Mitgliedern zu besetzen, damit diese schnellstmöglich ihre Arbeit aufnehmen konnten.[975] Die nach Art. 14 der GO v. 25. März 1820 gestattete Verstärkung der Ausschüsse bis zu sieben Mitgliedern sollte erst dann vorgenommen werden, wenn die Wahlprüfungsgegenstände erledigt waren. In der 25. Sitzung des 2. Landtags und in der 12. Sitzung des 3. Landtags wurde schließlich zur Ergänzung der Ausschüsse um zwei Mitglieder geschritten.[976] Auf dem 4. Landtag und 5. Landtag wiederum wurde der dritte Ausschuß von Beginn an mit sieben Mitgliedern besetzt.[977] Auf dem 6. Landtag entstand erneut, bevor es in der dritten Sitzung zur Wahl der Ausschüsse kam,

---

[972] Vgl. u.a. Verh. Hessen 1834, 1. Prot.-Bd., 1. Prot. v. 1. Mai 1834, S. 1; Verh. Hessen 1838/39, 1. Prot.-Bd., 1. Prot. v. 5. November 1838, S. 1; Verh. Hessen 1844/45, 1. Bd., 1. Prot. v. 3. Dezember 1844, S. 1. Zwar hieß es teilweise in den Kammerprotokollen, daß die Kammer für konstituiert erklärt wurde. Hierunter konnte jedoch i.S.d. Verf.-Urk. nur eine vorläufige Konstituierung verstanden werden. Vgl. Verh. Hessen 1829/30, 1. Bd., 1. Prot. v. 2. November 1829, S. 1; Verh. Hessen 1833, 1. Bd., 1. Prot. v. 5. Dezember 1832, S. 1.

[973] Die Wahl selbst erfolgte nach Art. 5 II der GO v. 25. März 1820.

[974] Vgl. Verh. Hessen 1820, 1. Heft, 3. Prot. v. 3. Juli 1820, S. 15.

[975] Vgl. Verh. Hessen 1823/24, 1. Bd., 1. Heft, 3. Prot. v. 19. August 1823, S. 7; Verh. Hessen 1826, 1. Heft, 3. Prot. v. 9. September 1826, S. 6.

[976] Verh. Hessen 1823/24, 1. Bd., 2. Heft, 25. Prot. 11. Oktober 1823, S. 91; Verh. Hessen 1826, 1. Heft, 12. Prot. v. 6. Oktober 1826, S. 136.

[977] Vgl. Verh. Hessen 1829/30, 1. Bd., 5. Prot. v. 5. November 1829, S. 12; Verh. Hessen 1833, 1. Bd., 3. Prot. v. 8. Dezember 1832, S. 6 f..

die Frage, ob diese mit sieben oder einstweilen nur mit fünf Mitgliedern besetzt sein sollten. Der Abg. Emmerling machte den Vorschlag, daß zunächst nur der erste Ausschuß, welcher sich mit den finanziellen Gegenständen zu befassen habe, mit sieben Mitgliedern besetzt sein sollte, und die anderen beiden nur mit fünf Mitgliedern. Auch der Abg. E.E. Hoffmann sprach sich in diesem Sinne aus, da noch viele Wahlen ausstünden, und da diese Mitglieder dann nicht mehr die Möglichkeit hätten, in einen der Ausschüsse mitzuwirken. Diese Auffassung setzte sich auch eindeutig in der Kammer durch, so daß zwar sieben Mitglieder in den ersten, aber zunächst nur fünf Mitglieder in den dritten Ausschuß gewählt wurden.[978] In der 41. Sitzung kam es schließlich auf Vorschlag des Präsidenten zur Ergänzung um zwei Mitglieder.[979]Auf den darauffolgenden Landtagen wurden die Ausschüsse von Beginn an konstant mit sieben Mitgliedern besetzt[980], ohne daß diese Frage nochmals auf die Tagesordnung kam.
Sobald die Ausschüsse gewählt waren, traten diese zur Wahl ihrer Präsidenten und Sekretäre zusammen.[981] Es kam auch zur obligatorischen Benachrichtigung hierüber an die erste Kammer sowie an das Staatsministerium[982].

Die eigentliche Prüfung begann damit, daß in einer der ersten fünf Sitzungen eines jeweiligen Landtags der Präsident der Kammer den Erlaß der Einweisungskommission bekannt gab. Dies erfolgte mit den Orginalprotokollen über die Wahlen der Prüfungskommission und über die eigentliche nochmalige Wahlprüfung, sowie unter Beischluß der Wahlakten, welche sodann an den dritten Ausschuß verwiesen wurden.[983] Prüfungsgrundlage des dritten Ausschusses waren damit nicht nur die Wahlakten, sondern auch die Prüfungsunterlagen bzw. Berichte der Einweisungs- und der Prüfungskommission. Der dritte Ausschuß prüfte damit nochmals alle Wahlen, auch die, welche von der Einweisungs- und Prüfungskommission als unbeanstandet erklärt wurden. Dies entsprach der konsequenten Anwendung des Art. 87 der Verf.-Urk. v. 17. Dezember 1820, wonach erst die Prüfung in der letzten Stufe definitive und endgültige Entscheidungskraft besaß. Da diese Vorgehensweise äußerst zeitaufwendig war, führte der dritte Ausschuß auf dem 3. Landtag in Bezug auf die durch die Einweisungs- und Prüfungskommission unbeanstandeten Wahlen folgendes an: *„In letzterer Hinsicht,*

978 Verh. Hessen 1834, 1. Bd., 3. Prot. v. 3. Mai 1834, S. 2 f..
979 Verh. Hessen 1834, 2. Bd., 41. Prot. v. 31. Juli 1834, S. 6.
980 Vgl. Verh. Hessen 1835, 1. Bd., 4. Prot. v. 29. April 1835, S. 2; Verh. Hessen 1841/42, 1. Bd., 4. Prot. v. 8. Dezember 1841, S. 2; Verh. Hessen 1844/45, 1. Bd., 5. Prot. v. 9. Dezember 1844, S. 2; Verh. Hessen 1847/48, 1. Bd., 6. Prot. v. 20. Dezember 1847, S. 3.
981 Art. 14 III der GO v. 25. März 1820.
982 Vgl. u.a. Verh. Hessen 1847/48, 1. Bd., 6. Prot. v. 20. Dezember 1847, S. 3.
983 Vgl. u.a. Verh. Hessen 1820, 1. Heft, 5. Prot. v. 6. Juli 1820, S. 21 f.; Verh. Hessen 1826, 1. Heft, 3. Prot. v. 9. September 1826, S. 7; Verh. Hessen 1829/30, 1. Bd., 5. Prot. v. 5. November 1829, S. 12 f.; Verh. Hessen 1833, 1. Bd., 3. Prot. v. 8. Dezember 1832, S. 7; Verh. Hessen 1834, 1. Bd., 3. Prot. v. 3. Mai 1834, S. 3; Verh. Hessen 1835, 1. Bd., 4. Prot. v. 29. April 1835, S. 1; Verh. Hessen 1838/39, 1. Bd., 4. Prot. v. 8. November 1838, S. 1 f.; Verh. Hessen 1841/42, 1. Bd., 4. Prot. v. 8. Dezember 1841, S. 2 f.; Verh. Hessen 1844/45, 1. Bd., 5. Prot. v. 9. Dezember 1844, S. 1; Verh. Hessen 1847/48, 1. Bd., 6. Prot. v. 20. Dezember 1847, S. 2.

und da es ohnehin im Interesse der Kammer liegen dürfte, so weit, als mit den gesetzlichen Vorschriften es vereinbarlich ist, nicht ohne Noth in eine allzustrenge Kritik der Wahlacte einzugehen, trägt der Ausschuß darauf an: die Wahlen der vorerwähnten Städte und Bezirke, in Ansehung welcher sich keine besonderen Anstände bei der generellen Prüfung ergeben haben, sämmtlich rücksichtlich der Formalien für gültig anzunehmen; der dritte Ausschuß wird jedoch auch einer ganz speziellen Prüfung dieser sämmtlichen Wahlen sich unterziehen, wenn von Seiten der Kammer solches, gegen Verhoffen, für nothwendig erachtet werden sollte.".[984] Dieser Vorschlag entsprach auch den Ansichten in der Kammer.[985]
Die Kammer reagierte damit schon frühzeitig auf die sehr zeitaufwendige Prüfung aller Wahlen, in dem die in den zwei vorherigen Prüfungsstufen unbeanstandeten Wahlen generell für gültig erachtet wurden.[986]

Neben dieser Vorgehensweise bei neugewählten Landtagen teilte die Einweisungskommission im Wege des Erlasses, unter Beifügung der entsprechenden Akten, die während des Landtags vorgenommenen neuen Wahlen mit, welche sodann vom Präsidenten der Kammer bekannt gegeben wurden. Diese wurden dann durch Beschluß der Kammer mitsamt der Akten an den dritten Ausschuß bzw. an den Legitimationsausschuß verwiesen.[987]

Zur ersten Berichterstattung des Ausschusses kam es meist in der 6.-8. Sitzung, wobei die Berichte jeweils von unterschiedlichen Ausschußmitgliedern vorgetragen wurden.[988] Es kam naturgemäß auch vor, daß die Auffassungen im Ausschuß geteilt waren. In diesen Fällen kam es aber keineswegs zur Erstattung eines Majoritäts- und eines separaten Minoritätsberichtes. Es wurde vielmehr in der Weise verfahren, daß die Majorität ihren Bericht normal erstattete, und daß am Ende nur darauf hingewiesen wurde, daß die Minorität des Ausschusses sich im Rahmen der Beratung über die Wahl die „*nähere Entwicklung*" ihrer Ansicht vorbehielt.[989] Grundsätzlich lag dabei

---

[984] Verh. Hessen 1826, 1. Heft, Beil. XVII, S. 20 f..
[985] Verh. Hessen 1826, 1. Heft, 5. Prot. v. 15. September 1826, S. 23.
[986] Vgl. auch das Vorgehen auf dem 6. Landtag: Verh. Hessen 1834, 1. Beil.-Bd., Beil. XXV, S. 1.
[987] Verh. Hessen 1820, 1. Heft, 4. Prot. v. 4. Juli 1820, S. 18; Verh. Hessen 1820, 6. Heft, 53. Prot. v. 28. Oktober 1820, S. 64 f.; Verh. Hessen 1821, 10. Heft, 79. Prot. v. 9. Januar 1821, S. 2; Verh. Hessen 1823/24, 1. Bd., 2. Heft, 19. Prot. 23. September 1823, S. 19; Verh. Hessen 1833, 1. Bd., 13. Prot. v. 7. Januar 1833, S. 85 f.; Verh. Hessen 1850, Prot.-Bd., 8. Prot. v. 3. Januar 1850, S. 1; Verh. Hessen 1851, 5. Prot.-Bd., 67. Prot. v. 29. Juli 1851, S. 1.
[988] Vgl. u.a. Verh. Hessen 1820, 3. Heft, 26. Prot. v. 22. August 1820, S. 84 f.; Verh. Hessen 1823/24, 1. Bd., 1. Heft, 5. Prot. v. 21. August 1823, S. 10 f.; Verh. Hessen 1826, 1. Heft, 5. Prot. v. 15. September 1826, S. 19; Verh. Hessen 1834, 1. Bd., 4. Prot. v. 7. Mai 1834, S. 6; Verh. Hessen 1847/48, 1. Bd., 9. Prot. v. 10. Januar 1848, S. 3 ff..
[989] So u.a. im Rahmen der Wahl des Abg. Schubert des 2. Wahlbezirks der Prov. Oberhessen im Jahre 1826, Verh. Hessen 1826, 1. Heft, Beil. XI, S. 15. Vgl. des weiteren: Verh. Hessen 1835, Beil. 1. Bd., Beil. 41, S. 5. Bei der Berichterstattung über die Zulassung des Abg. Hoffmann als Abg. für den 5. Wahlbezirk der Prov. Starkenburg im Jahre 1826, stellte sich

der Ausschußbericht in gedruckter Form vor[990] oder war zur Einsicht in der Kanzlei niedergelegt.[991] Es kam aber gerade auch, ab dem 16. Landtag häufiger bei unbeanstandeten und unstrittigen Wahlen vor, daß von Seiten des Ausschusses nur ein mündlicher Bericht erstattet wurde.[992] Dies spiegelte ebenfalls wieder, daß gerade bei unproblematischen Wahlprüfungen versucht wurde, das Verfahren zeitlich zu straffen. Dieses Anliegen setzte sich gerade auch in der Arbeit des Ausschusses weiter fort. Zunächst war es üblich, daß über jede Wahl ein einzelner Bericht erstattet wurde. Ab den 30er Jahren wurden aber immer häufiger mehrere unbeanstandete Wahlen in einem Bericht zusammengefaßt. So wurden z. B. auf dem 5. Landtag 36 unbeanstandete Wahlen in einem Bericht zusammengefaßt, und der Antrag des Ausschusses ging dahin *„diese Wahlen sämmtlich definitiv zu genehmigen.“*.[993] Dies geschah aus zeitökonomischen Gründen in zunehmender Weise, ohne daß es aber zu einer ständigen Übungen wurde, die durch drei Prüfungen unbeanstandeten Wahlen zusammenzufas-

---

die Besonderheit, daß der Bericht zum erstenmal aus zwei Teilen bestand, und daß der Abg. Elwert die Ansicht der Minorität und der Abg. v. Grolmann die Meinung der Majorität des Ausschusses vortragen wollte. Hierüber entstand eine Diskussion über die Art und Form der Berichterstattung. Die konservativen Abg. v. Rodenstein und v. Kuder vertraten die Auffassung, daß eine Berichterstattung durch zwei Ausschußmitglieder in ein und derselben Sache nicht mit der GO vereinbar sei, da der Bericht nach Auffassung der Majorität abgefaßt werden müßte, und da die Ansicht der Minorität darin hätte ausgeführt werden müssen. Die Berichterstatter entschuldigten diese Ausnahme damit, daß sie das obligtatorische Verfahren aufgrund der Kürze der Zeit nicht einhalten konnten. Der Präsident sprach sich zwar dem Grundsatz im Sinne der Abg. v. Rodenstein und v. Kuder aus, vertrat aber in diesem Fall die Auffassung, daß aufgrund der Tatsache, daß die Sache schnellstmöglich zu behandeln sei, die Abweichung zu entschuldigen sei (Verh. Hessen 1826, 1. Heft, 7. Prot. v. 22. September 1826, S. 45 f.).

990 Art. 25 der GO v. 8. September 1856 sah dies auch ausdrücklich vor.

991 So verlangten z.B. einige Kammermitglieder nach dem Bericht des dritten Ausschusses über die weitere Zulässigkeit von drei Abg., den Druck des Berichtes. Die Kammer beschloß hingegen aufgrund der *„Eile des Gegenstandes wegen“*, daß der Bericht nicht gedruckt werde, sondern zur Einsicht der Mitglieder in der Kanzlei niedergelegt werde (Verh. Hessen 1823/24, 1. Bd., 1. Heft, 7. Prot. v. 25. August 1823, S. 15). Vgl. weiterhin: Verh. Hessen 1833, 1. Bd., 7. Prot. v. 14. Dezember 1832, S. 44; Verh. Hessen 1833, 1. Bd., 8. Prot. v. 17. Dezember 1832, S. 49.

992 So z. B. im Fall der Wahl des Abg. der Stadt Darmstadt, Verh. Hessen 1833, 1. Bd., 9. Prot. v. 18. Dezember 1832, S. 53. Des weiteren auch im Fall der Wahl des 13. Wahlbezirks der Prov. Starkenburg, indem der Berichterstatter erklärte, daß bei dieser Wahl kein Anstand vorlag, und daß er einen kurzen mündlichen Bericht erstattete, Verh. Hessen 1860/62, 3. Prot.-Bd., 59. Prot. v. 12. Mai 1862, S. 7. Vgl. auch: Verh. Hessen 1863/65, 4. Prot.-Bd., 56. Prot. v. 28. Oktober 1863, S. 3 f.; Verh. Hessen 1863/65, 4. Prot.-Bd., 60. Prot. v. 9. November 1863, S. 3.

993 Dies waren die Wahlen der Abg. des Adels, der Städte Mainz, Offenbach, Alsfeld, Friedberg und Bingen, der Wahlbezirke 1, 2, 3, 4, 5, 6, 7, 10, 11 und 12 von Starkenburg; der Wahlbezirke 2, 4, 5, 7, 8, 9, 10 und 13 in Oberhessen und der Wahlbezirke 1, 2, 3, 4, 5, 7 und 8 von Rheinhessen. Verh. Hessen 1833, 1. Beil.-Bd., Beil. XLIV, S. 182 f..

sen.[994] Erst auf dem 13. Landtag, bevor es zur Berichterstattung über die Wahlen kam, machte der Abg. Matty den Vorschlag, daß aufgrund der großen Anzahl von Wahlen, bei denen kein Anstand zu bemerken war, es gerade vor dem Hintergrund großer Zeitersparnis sinnvoll sei, solche Berichte, bei denen nichts zu bemerken sei zusammen vorzutragen, so daß die Kammer über sie zugleich abstimmen könne.[995] Die Kammer erklärte sich nun ausdrücklich mit der bisher schon häufig praktizierten Vorgehensweise einverstanden. Diese Vorgehensweise wurden auf den folgenden Landtagen zu einer festen Übung.[996]
Auch hieran wird sehr deutlich, wie sehr die Kammern darauf bedacht waren, die zeitlichen Aufwendungen für die gerade unproblematischen Wahlprüfungen zu verringern, und daß sie nach dieser Intention ihre Prüfungspraxis weiterentwickelten.

Was durch den Ausschuß geprüft wurde, wird insbesondere an der Berichterstattung über die Wahl des 7. Wahlbezirks der Prov. Starkenburg im Jahre 1826 deutlich, bei der es hieß, daß nach Durchsicht der Wahlakten weder in Beziehung auf die Form der Wahl, noch auf die Qualifikation des Gewählten ein Anstand gefunden wurde.[997] Die Prüfung selbst wurde in zwei Schritten durchgeführt. Im ersten Schritt wurde die formelle Gültigkeit der Wahl untersucht. Hierbei wurde geprüft, ob das gesetzlich vorgeschriebene Verfahren eingehalten wurde. Im zweiten Schritt wurde sodann die Wählbarkeit des Abgeordneten einer Prüfung unterzogen.[998] Bei der formellen Prüfung blieb der Ausschuß aber keineswegs nur bei der Abgeordnetenwahl stehen, sondern es wurde neben der Abgeordnetenwahl auch die Bevollmächtigten- und Wahlmännerwahl einer Prüfung unterzogen.[999] Da der Ausschuß alle drei Wahlen prüfte kam es auch vor, daß er nur die Wahl der Bevollmächtigten für gültig erklärte, hingegen die Wahlen des zweiten und dritten Grades für ungültig.[1000]
Der Ausschuß prüfte damit sowohl die formelle Gültigkeit der drei Wahlen als auch das Vorliegen der erforderlichen gesetzlichen Qualifikationen des jeweiligen Abge-

[994] Häufig wurden bis zu sechs Wahlen in einem Bericht zusammengefaßt. Verh. Hessen 1835, 1. Beil.-Bd., Beil. 18, S. 1; Verh. Hessen 1835, 1. Beil.-Bd., Beil. 26, S. 1. Vgl. weiterhin: Verh. Hessen 1834, 1. Bd., 4. Prot. v. 7. Mai 1834, S. 6.; Verh. Hessen 1841/42, 1. Bd., 6. Prot. v. 13. Dezember 1841, S. 3; Verh. Hessen 1841/42, 1. Bd., 8. Prot. v. 18. Dezember 1841, S. 2.; Verh. Hessen 1847/48, 1. Bd., 9. Prot. v. 10. Januar 1848, S. 3-6.

[995] Verh. Hessen 1850 (13. LT), Prot.-Bd., 3. Prot. v. 13. September 1850, S. 8 f..

[996] Verh. Hessen 1851, 1. Prot.-Bd., 8. Prot. v. 28. Januar 1851, S. 31; Verh. Hessen 1851, 1. Prot.-Bd., 10. Prot. v. 30. Januar 1851, S. 7 f.; Verh. Hessen 1851, 1. Prot.-Bd., 10. Prot. v. 30. Januar 1851, S. 7 f., wobei zur Abstimmung jede einzelne Wahl nochmals aufgerufen wurde. Konsequent wurde diese Vorgehensweise aber erst seit dem 17. Landtag umgesetzt. Vgl. Verh. Hessen 1863/65, 1. Beil.-Bd., Beil. 37, 38, 39, 44, 45, 52, 53.

[997] Verh. Hessen 1826, 4. Heft, 39. Prot. v. 5. Dezember 1826, S. 182.

[998] Diese zweistufige Prüfung wird insbesondere auch an der Prüfung der Wahl der Stadt Bingen auf dem 11. Landtag deutlich. Vgl. Verh. Hessen 1847/48, 1. Beil.-Bd., Beil. 30, S. 1 f..

[999] Vgl. hierzu exemplarisch die Prüfung der Wahl des 8. Wahlbezirks der Prov. Starkenburg im Jahre 1834. Verh. Hessen 1834, 1. Beil.-Bd., Beil. XXVII, S. 2 ff.; Vgl. ebenfalls Verh. Hessen 1834, 1. Beil.-Bd., Beil. 58, S. 1.

[1000] So u.a. bei der Wahl im 14. Wahlbezirk der Prov. Oberhessen im Jahre 1834. Verh. Hessen 1834, 1. Beil.-Bd., Beil. XLI, S. 36.

ordneten. Daher konnte eine Wahl in formeller Hinsicht gültig sein. Ein Abgeordneter hingegen mangels der erforderlichen Qualifikationen nicht zugelassen werden.
In Bezug auf die Prüfung fehlte der Kammer auch im Großherzogtum Hessen ein selbstständiges Enqueterecht.[1001] Folge dessen war, daß in den Fällen, in denen die Auskünfte aus den Wahlprotokollen zur Beurteilung der formellen Gültigkeit der Wahl oder des Vorliegens der erforderlichen Qualifikationen des Gewählten nicht ausreichten, weder der Ausschuß noch die Kammer eigenständig Untersuchungen vornehmen lassen konnten. Der Ausschuß konnte eine solche nur in Vorschlag bringen, und die Kammer konnte bei der Regierung einen Antrag auf nähere Erforschung des Sachverhaltes stellen.[1002] Die Regierung ist während des gesamten Untersuchungszeitraums diesen Ersuchen auch nachgekommen.

Grundsätzlich sah der Art. 17 S. 1 der GO v. 25. März 1820 vor, daß die Beratung über die Vorträge der Ausschüsse erst drei Tage nach dem Vortrag beginnen dürften, und daß nach Art. 19 S. 2 der GO die Abstimmung erst drei Tage nach Schluß der Beratung erfolgen durfte.[1003] Jedoch machte der Präsident bereits auf dem ersten Landtag in der 27. Sitzung den Vorschlag, über die Berichte des dritten Ausschusses der 26. Sitzung sofort die Beratung und auch zugleich die Abstimmung vorzunehmen. Diese außerordentliche Vorgehensweise schlug er aus dem Grund vor, um die Vervollständigung der Kammer zu beschleunigen.[1004] Erneut in der 30. Sitzung, nachdem im Namen des dritten Ausschusses Bericht über die Wahl des Abg. Kekule erstattet wurde, äußerte sich der Abg. v. Gagern dahin, daß man über diese Wahl sogleich abstimmen könne,

---

[1001] Art. 25 der GO v. 25. März 1820 bestimmte: „*Die Stände haben mit keiner Behörde, außer dem Geheimen Ministerium und unseren Commissären in Benehmen zu treten.*“. Auch Art. 45 der GO v. 8. September 1856 bestimmte: „*Die Stände können mit keiner anderen Behörde, als mit den Ministerien und den ernannten Landtagscommissären in Benehmen treten.*“.

[1002] Vgl. u.a. die Vorgehensweise im Zusammenhang mit der Prüfung der Wahl des 14. Wahlbezirks der Prov. Oberhessen, Verh. Hessen 1835, 2. Beil.-Bd., Beil. 238, S. 1.

[1003] Art. 22 der GO v. 10. Oktober 1849 bestimmte in diesem Zusammenhang folgendes: „*Der Art. 17 der landständischen Geschäftsordnung vom 25. März 1820 wird dahin abgeändert, daß die Verhandlung nicht vor Ablauf von 24 Stunden nach Vertheilung des Berichts im Druck unter die Mitglieder der Kammer stattfinden und von dieser Regel nur bei Gegenständen abgewichen werden kann, welche von der Kammer für sehr dringend oder unbedeutend oder nur die formelle Geschäftsbehandlung betreffend, erachtet werden.*“. Auch die GO v. 8. September 1856 enthielt in Art. 32 I folgende Regelung: „*Die Berathung über den in der Kammer gehaltenen Vortrag eines Ausschusses darf nicht vor Ablauf von 24 Stunden bei schriftlich erstatteten Ausschußberichten von der Vertheilung des gedruckten Berichts unter die Mitglieder der Kammer, bei mündlichen Ausschussberichten von der Erstattung an gerechnet, stattfinden. Von dieser Regel kann nur bei Gegenständen abgewichen werden, welche von der Kammer durch Beschluß von wenigstens ⅔ der anwesenden Kammermitglieder für sehr dringend oder unbedeutend oder nur die formelle Geschäftsbehandlung betreffend erachtet werden.*“.

[1004] Die Kammer vereinigte sich mit diesem Vorschlag. Verh. Hessen 1820, 3. Heft, 27. Prot. v. 24. August 1820, S. 107.

da die Wahl gesetzmäßig sei und keinen Gegenstand zu einer Beratung darbiete.[1005] Obwohl ausdrücklich nicht von der GO gedeckt, wurde aus Gründen der zügigen Abhandlung der Wahlprüfungen dieses Verfahren, i.s.d. Antrags v. Gagerns, von der Kammer beschlossen. Diese Vorgehensweise setzte sich während des ersten Landtags bei unproblematischen Wahlprüfungen weiter fort, bei denen der Antrag des dritten Ausschusses dahin ging die Wahl als gültig anzuerkennen, erfolgte sogleich die Beratung, und da in diesen Fällen nichts gegen den Ausschußantrag erinnert wurde, erfolgte auch direkt die Abstimmung über die entsprechende Wahl.[1006] Diese Vorgehensweise wurde aber zu keiner Selbstverständlichkeit, da insofern ein klarer Widerspruch zur GO bestand. Auf jedem neuen Landtag mußte diese Vorgehensweise erneut in Vorschlag gebracht werden. So auch während des 2. Landtags, bei dem der Präsident direkt im Anschluß an die Berichterstattung an eine unbeanstandete Wahl anordnete, „*da es im Interesse der Kammer liege, sich so bald wie möglich, vollzählig zu sehen, und da auf dem vorigen Landtag auf dieselbe Art in Fällen, wo, wie hier, kein Gegenstand der Discussion gegeben worden wäre, und nachdem von keinem Mitgliede der Kammer eine Bemerkung vorgebracht worden sey, die Abstimmung durch Aufstehen und Sitzenbleiben*“.[1007] Auf dem dritten Landtag wurde diese Vorgehensweise erstmals einer kritischen Erörterung unterzogen, als der Präsident vor dem Hintergrund der baldigen Vollzähligkeit der Kammer den Vorschlag machte, über die Berichte des Ausschusses, bei denen sich auch in dritter Prüfung keine Anstände ergaben, sofort zu beraten. Von konservativer Seite[1008] wurde die Warnung ausgesprochen, sich sowenig wie möglich von der GO zu entfernen.[1009] Aber auch von liberaler Seite, durch den Abg. Wieger, wurde angeführt, daß man bei der Prüfung der Wahlen zu differenzieren habe, ob es sich um Verletzungen der Formen oder um die Qualität gewählter Personen handele. Im ersten Fall könne die Kammer zur alsbaldigen Beratung schreiten. Im letzteren Fall hingegen sei größere Vorschicht geboten, und eine strenge Beobachtung der Geschäftsordnung erforderlich.[1010] Die Kammer vereinigte sich im Ergebnis mit dem Vorschlag des Präsidenten, wonach die Berichte des Ausschusses, „*worin derselbe in einer, an sich einfachen Sache, einstimmig einen Antrag stelle*“, schnellstmöglich zu beraten.[1011]

Diese Problematik war damit aber noch keineswegs gelöst, denn auf dem vierten Landtag erhob sich erneut Widerstand gegen die Vorgehensweise, in dem der Präsident nach der Berichterstattung den Vorschlag machte, daß über die Wahlen, bei denen kein Anstand vorlag, nach Beispielen der früheren Landtage sofort die Beratung und

---

[1005] Verh. Hessen 1820, 3. Heft, 30. Prot. v. 31. August 1820, S. 137. In diesem Sinne auch der Geh. Staatsrat Jaup, Verh. Hessen 1820, 3. Heft, 30. Prot. v. 31. August 1820, S. 137 f..

[1006] Verh. Hessen 1820, 4. Heft, 34. Prot. v. 9. September 1820, S. 28; Verh. Hessen 1820, 6. Heft, 49. Prot. v. 12. Oktober 1820, S. 34; Verh. Hessen 1820, 7. Heft, 57. Prot. v. 9. November 1820, S. 14; Verh. Hessen 1821, 10. Heft, 80. Prot. v. 10. Januar 1821, S. 12.

[1007] Verh. Hessen 1823/24, 1. Bd., 1. Heft, 15. Prot. v. 15. September 1823, S. 121 f.; vgl. des weiteren: Verh. Hessen 1826, 1. Heft, 10. Prot. v. 3. Oktober 1826, S. 86.

[1008] Hier durch den Abg. Graf Lehrbach.

[1009] Verh. Hessen 1826, 1. Heft, 4. Prot. v. 12. September 1826, S. 12 f..

[1010] Verh. Hessen 1826, 1. Heft, 4. Prot. v. 12. September 1826, S. 13.

[1011] Verh. Hessen 1826, 1. Heft, 4. Prot. v. 12. September 1826, S. 13 ff..

Beschlußfassung erfolgen solle.[1012] Der liberale Abg. E.E. Hoffmann mahnte die Einhaltung des nach Art. 17 S. 1 der GO v. 25. März 1820 vorgeschriebenen Verfahrens an. Er begründete dies damit, daß während dieser vorgeschriebenen Zeitspanne die Akten zur Einsicht auslägen. Hierdurch werde die Gelegenheit gegeben, die etwa bei den Wahlen unterlaufenen Versehen leichter zu erkennen. Im Ergebnis fand dieser Antrag jedoch keine Unterstützung in der Kammer.[1013]
Spätestens ab dem 5. Landtag wurde diese Vorgehensweise dennoch zu einer festen Übung. So wurde auf Vorschlag des Präsidenten bei unbeanstandeten Wahlen nach der Berichterstattung sofort zur Beratung und Abstimmung übergegangen.[1014] An dieser Veränderung der Prüfungspraxis während des Untersuchungszeitraums wird sehr deutlich, daß es für die Kammer von äußerster Priorität war, daß das Wahlprüfungsverfahren zeitlich gestrafft wurde.
In Bezug auf die beanstandeten und streitigen Wahlen blieb es bei dem in der GO vorgeschriebene Verfahren, in dem nach der Berichterstattung die Beratung *„auf die gesetzliche Zeit“* vertagt wurde.[1015] Sobald in diesen Fällen die Berichterstattung und die Beratung der Kammer in unterschiedlichen Sitzungen erfolgten, verlas der Präsident vor der Beratung über die Wahl nochmals den Erlaß der Einweisungskommission sowie den Antrag des dritten Ausschusses[1016], bzw. dessen gesamten Inhalt oder zumindest das Wesentliche aus dem Bericht des Ausschusses[1017].

Wurde von Seiten der Kammer der Beschluß gefaßt, die Wahl für ungültig oder den Gewählten für unzulässig zu erklären, so wurde gleichzeitig beschlossen das Geh. Staatsministerium mit dem Ersuchen zu benachrichtigen, die erforderliche Verfügung

---

[1012] Verh. Hessen 1829/30, 1. Bd., 8. Prot. v. 17. November 1829, S. 20.
[1013] Verh. Hessen 1829/30, 1. Bd., 8. Prot. v. 17. November 1829, S. 20 f.. Eine gewisse ablehnende Haltung gegenüber dieser Vorgehensweise blieb bestehen. Auch nach der Berichterstattung über die Wahl des Abg. Rossmann des 12. Wahlbezirks der Prov. Starkenburg auf dem 4. Landtag machte der Präsident erneut den Vorschlag, sofort in die Beratung und Abstimmung über diese Wahl einzusteigen, da hiergegen keine Anstände erhoben wurden. Da jedoch drei Mitglieder sich dagegen äußerten wurde die Beratung auf die gesetzliche Zeit vertagt. Verh. Hessen 1829/30, 1. Bd., 10. Prot. v. 17. November 1829, S. 49.
[1014] Verh. Hessen 1829/30, 1. Bd., 22. Prot. v. 11. Januar 1830, S. 234; Verh. Hessen 1833, 1. Bd., 30. Prot. v. 21. Februar 1833, S. 509; Verh. Hessen 1841/42, 1. Bd., 8. Prot. v. 18. Dezember 1841, S. 2;Verh. Hessen 1844/45, 1. Bd., 9. Prot. v. 14. Januar 1845, S. 3; Verh. Hessen 1847/48, 5. Bd., 110. Prot. v. 6. Dezember 1848, S. 2 f.; Verh. Hessen 1850, Prot.-Bd., 12. Prot. v. 11. Januar 1850, S. 12 ff.; Verh. Hessen 1850, Prot.-Bd., 16. Prot. v. 18 Januar 1850, S. 10-14; Verh. Hessen 1851, 1. Prot.-Bd., 10. Prot. v. 30. Januar 1851, S. 2 f.; Verh. Hessen 1857/59, 1.Prot.-Bd., 12. Prot. v. 18. Mai 1857, S. 9; Verh. Hessen 1860/62, 1. Prot.-Bd., 4. Prot. v. 1. Juli 1859, S. 2; Verh. Hessen 1863/65, 1. Prot.-Bd., 11. Prot. v. 10. Dezember 1862, S. 16-22; Verh. Hessen 1863/65, 3. Prot.-Bd., 41. Prot. v. 26. Juni 1863, S. 9 f..
[1015] Vgl. u.a. Verh. Hessen 1826, 1. Heft, 5. Prot. v. 15. September 1826, S. 19.
[1016] Vgl. u.a. Verh. Hessen 1823/24, 1. Bd., 1. Heft, 7. Prot. v. 25. August 1823, S. 15.
[1017] Vgl. u.a. Verh. Hessen 1823/24, 1. Bd., 1. Heft, 7. Prot. v. 25. August 1823, S. 23; Verh. Hessen 1823/24, 1. Bd., 1. Heft, 8. Prot. v. 28. August 1823, S. 29; Verh. Hessen 1826, 3. Heft, 22. Prot. v. 6. November 1826, S. 2.

zu einer neuen Wahl zu erlassen.[1018] Im entgegengesetzten Fall wurde beschlossen das Geh. Staatsministerium von dem Beschluß in Kenntnis zu setzen, und dieses gleichzeitig zu ersuchen, die Einberufung des nicht anwesenden Mitglieds umgehend zu veranlassen.[1019] Auch dieses Verfahren wurde im Verlauf der Prüfungspraxis einer zeitlichen Straffung unterzogen. Zu Beginn des Untersuchungszeitraums wurde jeweils in der darauffolgenden Sitzung der Erlaß an das Geh. Staatsministerium nochmals verlesen und von der Kammer genehmigt.[1020] Diese Vorgehensweise wurde dahingehend umgewandelt, daß direkt nach der Abstimmung über die entsprechende Wahl der Erlaß an das Staatsministerium entworfen und genehmigt wurde, bzw. in der Abstimmungsfrage des Präsidenten schon enthalten war.[1021]
Das Staatsministerium teilte der Kammer im Wege des Erlasses ebenfalls mit, daß es von der Entscheidung der Kammer Kenntnis genommen hatte. Dieser Erlaß wurde- nach der Verlesung in der Kammer zu den Akten genommen.[1022]

b. Änderungen im Ablauf der Prüfung durch die GO v. 10. Oktober 1849 und v. 8. September 1856

Ab dem 12. Landtag trat mit der neuen GO v. 10. Oktober 1849[1023] auch ein einschneidender Wandel in Bezug auf den Ablauf der Prüfung ein. Dieser betraf vor al-

---

[1018] Vgl. u.a. Verh. Hessen 1820, 2. Heft, 10. Prot. v. 18. Juli 1820, S. 10; Verh. Hessen 1820, 3. Heft, 27. Prot. v. 24. August 1820, S. 107.

[1019] Vgl. u.a. Verh. Hessen 1820, 3. Heft, 27. Prot. v. 24. August 1820, S. 107.;Verh. Hessen 1820, 3. Heft, 31. Prot. v. 2. September 1820, S. 153.

[1020] Vgl. u.a. Verh. Hessen 1820, 3. Heft, 27. Prot. v. 24. August 1820, S. 109 f..

[1021] Vgl. u.a. Verh. Hessen 1826, 4. Heft, 39. Prot. v. 5. Dezember 1826, S. 182; Verh. Hessen 1833, 1. Bd., 25 Prot. v. 6. Februar 1833, S. 399; Verh. Hessen 1841/42, 1. Bd., 8. Prot. v. 18. Dezember 1841, S. 3; Verh. Hessen 1844/45, 2. Bd., 45. Prot. v. 2. Mai 1845, S. 54; Verh. Hessen 1851, 5. Prot.-Bd., 68. Prot. v. 30. Juli 1851, S. 3; Verh. Hessen 1857/59, 1. Prot.-Bd., 10. Prot. v. 14. Januar 1857, S. 7.

[1022] Vgl. u.a. Verh. Hessen, 1. Bd., 2. Heft, 22. Prot. v. 2. Oktober 1823, S. 52 f..

[1023] Schon vor dem Inkrafttreten dieser GO, gab es Bestrebungen die GO v. 25. März 1820 zu reformieren. Im Jahr 1833 erging von Seiten der Regierung ein „*Entwurf einer Geschäftsordnung für die beiden Kammern der Stände des Großherzogthums Hessen.*" (Verh. Hessen 1833, 1. Beil.-Bd., Beil. XXXV, S. 150-168.). Vgl. für die die Wahlprüfung betreffenden Vorschriften: Anhang IX. Die Veränderungen der Wahlprüfungsbestimmungen in diesem Regierungsentwurf im Vergleich zu der Regelung der GO v. 25. März 1820 zielten allein auf eine zügigere Verfahrensweise ab: So sah § 4 vor, daß die Prüfungskommission anstatt mit sechs, mit neun Mitgliedern besetzt werden sollte, und daß des weiteren noch zwei Ersatzmänner bestimmt werden sollten. Im weiteren sollte nach § 20 nicht wie nach der bisherigen Regelung nur ein Ausschuß die Prüfung der Wahlen übernehmen, sondern alle drei Ausschüsse sollten sich nunmehr an dem Geschäft der Wahlprüfung beteiligen.
Daß dieses Anliegen das einzige war, welches die Regierung mit diesen Änderungen verfolgte, wird auch durch den erläuternden Vortrag (Verh. Hessen 1833, 1. Beil.-Bd., Beil. XXXIV, S. 147-150.) des Geh. Staatsrats Knapp in Bezug auf die Wahlprüfungsvorschriften deutlich: „*Die Verfassungsurkunde hat der zweiten Kammer die definitive Entscheidung über die Wahlen überlassen, und eben darum hat die Regierung auch bei der vorläufigen Prüfung der Wahlen für sich oder die Einweisungs-Commission keine entscheidende Stimme in Anspruch*

lem die zweite Stufe der Prüfungsreihe. Die bisherige Prüfung durch die Prüfungskommission fiel vollständig weg.

Vor der Eröffnung des Landtags fand nur noch die Prüfung durch die Einweisungskommission statt. Die zweite Prüfungsstufe fand nunmehr in der ersten Sitzung statt, nachdem sich die von der Einweisungskommission eingeladenen Mitglieder eingefunden hatten. Nachdem als erster Tagesordnungspunkt der Alterspräsident bestimmt war, ließ dieser, in Anlehnung an die Vorgehensweise im Großherzogtum Baden, nach Art. 2 S. 1 der GO v. 10. Oktober 1849 fünf möglichst gleiche provisorische Abteilungen *„zur vorläufigen Prüfung der Legitimationen"* losen.[1024] Nach der Bildung der provisorischen Abteilungen wurden entsprechend des Art. 2 S. 2 der GO v. 10. Oktober 1849 in den einzelnen Abteilungen die Vorstände gewählt.[1025] Im Anschluß daran, verteilte der Alterspräsident dem Art. 3 S. 1 der GO v. 10. Oktober 1849 entsprechend die vom Ministerium des Innern mitgeteilten Wahlakten in der Weise, daß keine provisorische Abteilung eine Legitimation eines ihrer Mitglieder zur Prüfung erhielt. Sobald dies geschehen war, begaben sich die Abteilungen nach den ihnen angewiesenen Lokalen, um die *„Prüfung der Legitimationen"* vorzunehmen.[1026]

Die zweite Sitzung, welche am gleichen Tag um vier Uhr nachmittags begann, wurde damit eröffnet, daß der Alterspräsident die Vorstände der provisorischen Abteilungen

---

genommen.". *„Bisher hat der dritte Ausschuß der zweiten Kammer alle Wahlen prüfen müssen, wodurch große Verzögerung entstand, und da es für die Kammer von großem Interesse ist, sich baldmöglichst vollständig zu sehen; so möchte der Vorschlag, daß bei einer ganz neu gewählten zweiten Kammer die drei Ausschüsse derselben mit der Prüfung der Wahlen zugleich beschäftigt werden sollen, auf Beifall hoffen dürfen.".* Der zweite Ausschuß der Kammer, der sich mit der Prüfung dieses Entwurfes zu befassen hatte, stellte sich in Bezug auf die Wahlprüfungsbestimmungen diesen keineswegs ablehnend gegenüber, sah aber auch keine Innovation zur bestehenden GO (Vgl. Verh. Hessen 1833, 1. Beil.-Bd., Beil. CCIV, S. 588.). In Bezug auf die Bestimmungen des § 20 äußerte sich der Ausschuß folgendermaßen: *„Was die sonstigen Bestimmungen des Gesetzesvorschlags bezüglich der Ausschüsse angeht, so ist die Verfügung, welche dem Ausschusspräsidenten die Vertheilung der dem Ausschusse überwiesenen Arbeiten an die einzelnen Auuschußmitglieder überlässt, so sachgemäß, daß die Ausschüsse diese Befugniß ihren Präsidenten freiwillig zugestanden haben. Obgleich der dritte Ausschuß bisher bezüglich der Prüfung der Wahlen allen Anforderungen vollkommen entsprochen hat, so findet ihr Ausschuß dennoch nichts gegen die im § 20 proponirte Abänderung zu erinnern. Er giebt vielmehr die Möglichkeit zu, daß auf dem vorgeschlagenen Wege diese dringenden Arbeiten schneller erpedirt werden, und daß die Vielseitigkeit der Ansichten, welche sich bei der vorgeschlagenen Abänderung entwickeln werden, günstig auf die Feststellung der Grundsätze in dieser so höchst wichtigen Materie wirken kann."* (Verh. Hessen 1833, 1. Beil.-Bd., Beil. CCIV, S. 595). Im Ergebnis kam es aber bis zur GO vom 10. Oktober zu keiner Neuregelung. Vgl. für die Gründe: Franz/Fleck, Landtag, S. 27 f..

1024 Dies erfolgte für den 12. Landtag in der Weise, daß der ersten Abteilung acht und den übrigen sieben Mitglieder zugewiesen wurden. Verh. Hessen 1850, Prot.-Bd., 1. Prot. v. 27. Dezember 1849, S. 1 ff..

1025 Verh. Hessen 1850, Prot.-Bd., 1. Prot. v. 27. Dezember 1849, S. 3; Verh. Hessen 1851, 1. Prot.-Bd., 1. Prot. v. 17. Januar 1851, S. 3 ff..

1026 Verh. Hessen 1850, Prot.-Bd., 1. Prot. v. 27. Dezember 1849, S. 3; Verh. Hessen 1851, 1. Prot.-Bd., 1. Prot. v. 17. Januar 1851, S. 5.

ersuchte, über die vorgenommene Prüfung der Wahlakten Bericht zu erstatten.[1027] Dies entsprach auch der Vorschrift des Art. 3 S. 2 der GO v. 10. Oktober 1849, welche vorschrieb, daß das Resultat der Prüfungen „*sofort*“ durch die Vorstände vorgetragen werden mußte. Hierauf zählte zunächst die erste provisorische Abteilung und im Anschluß die nachfolgenden provisorischen Abteilungen die Wahlen auf, die sie geprüft hatte und erwähnte welche sie beanstandet und welche sie nicht beanstandete[1028], worauf es sogleich zur Berichterstattung über die beanstandeten Wahlen kam. Folge dieser Beanstandungen war, daß die erschienenen Abgeordneten, deren Wahlen beanstandet wurden, nach Art. 4 der GO v. 10. Oktober 1849 keinen weiteren Anteil an den Verhandlungen nehmen durften und sich aus dem Sitzungssaal zu entfernen hatten.[1029] Da auch die Prüfung durch die provisorischen Abteilungen nur eine vorläufige Prüfung darstellte, galt diese Folge natürlich nur bis zu dem Zeitpunkt, in dem die Kammer einen endgültigen Beschluß gefaßt hatte.

Die dritte Prüfungsstufe wurde durch die GO v. 10. Oktober 1849 nur geringfügig abgeändert. Sie begann damit, daß in der dritten Sitzung die Kammer nach Art. 6 und 7 zur Bildung der fünf definitiven Abteilungen durch Los schritt[1030], deren Aufgabe es war, die Ausschüsse der Kammer zu wählen.[1031] Im Anschluß an die Wahl der Vorstände in den Abteilungen ging die Kammer zur Wahl der drei ständigen Ausschüsse, des Finanz-, Legitimations- und Petitionsausschusses über.[1032] An die Stelle des dritten Ausschusses trat nun der Legitimationsausschuß, ohne daß es zu einer Änderung der Prüfungsweise kam.
Die GO v. 10. Oktober 1849 setzte auch zum erstenmal den Geschäftskreis des Legitimationsausschusses genau fest, indem sie ihm die „*Berichte über die definitive Gültigkeit der Wahlen, sowie über alle darauf Bezug habenden Reclamationen*“ zuwies.[1033]

Durch die GO v. 8. September 1856 fand kein bedeutsamer Wandel im Ablauf der Prüfung statt.[1034] Im Rahmen der zweiten Prüfungsstufe blieb es dabei, daß dem Alterspräsidenten die Wahlakten von der Einweisungskommission übergeben wurden,

---

[1027] Verh. Hessen 1850, Prot.-Bd., 2. Prot. v. 27. Dezember 1849, S. 1; Verh. Hessen 1851, 1. Prot.-Bd., 2. Prot. v. 17. Januar 1851, S. 1.
[1028] Verh. Hessen 1850, Prot.-Bd., 2. Prot. v. 27. Dezember 1849, S. 2.
[1029] Verh. Hessen 1850, Prot.-Bd., 2. Prot. v. 27. Dezember 1849, S. 4.
[1030] Verh. Hessen 1850, Prot.-Bd., 3. Prot. v. 28. Dezember 1849, S. 1 f..
[1031] Art. 6 II S. 2 der GO v. 10. Oktober 1849.
[1032] Verh. Hessen 1850 (13. LT), Prot.-Bd., 3. Prot. v. 13. September 1850, S. 3 f..
[1033] Art. 17 der GO v. 10. Oktober 1849.
[1034] In der ersten Sitzung hatten sich die Abg., welche von der Einweisungskommission eingeladen wurden versammelt, und einer der drei Einweisungskommissare erklärte sodann aufgrund des Art. 6 der GO v. 8. September 1856 die zweite Kammer für vorläufig konstituiert und ersuchte das älteste Mitglied, den Vorsitz zu übernehmen. Verh. Hessen 1857/59, 1. Prot.-Bd., 1. Prot. v. 19. Dezember 1856, S. 1 f.; Verh. Hessen 1860/62, 1. Prot.-Bd., 1. Prot. v. 31. Mai 1859, S. 1 f.; Verh. Hessen 1863/65, 1. Prot.-Bd., 1. Prot. v. 11. November 1862, S. 1 f.; Verh. Hessen 1866/68, 1. Prot.-Bd., 1. Prot. v. 5. Dezember 1865, S. 1.

und daß nach Art. 7 der GO v. 8. September 1856 fünf durch das Los gebildete Abteilungen zur vorläufigen Prüfung der Wahlen gebildet wurden, welche je einen Vorstand aus ihrer Mitte wählten.[1035] Der Alterspräsident stellte dann einer jeden dieser Abteilungen eine möglichst „*gleiche Anzahl von Legitimationen gewählter Abgeordneter in der Weise zur Prüfung zu, daß insbesondere die erste Abtheilung die Legitimationen der Mitglieder der zweiten Abtheilung, diese die Legitimationen der Mitglieder der dritten Abtheilung, diese die Legitimationen der Mitglieder der vierten Abtheilung, diese die Legitimationen der Mitglieder der fünften Abtheilung und diese die Legitimationen der Mitglieder der ersten Abtheilungen erhielten.*“.[1036] Über das Resultat der bewirkten vorläufigen Prüfung erstatteten die in den einzelnen Abteilungen gewählten Vorstände nach Art. 8 S. 2 der GO v. 8. September 1856 sofort Bericht.[1037] Es galt weiterhin, daß die Abgeordneten, deren Wahl oder deren gesetzliche Eigenschaften von den Abteilungen beanstandet wurden bis zur endgültigen Entscheidung durch die Kammer nicht weiter an den Sitzungen der Kammer beiwohnten.[1038] Es änderte sich lediglich im Vergleich zur zweiten Prüfungsstufe nach der grundlegenden GO v. 25. März 1820, daß diese Prüfung nur nach der Berufung eines Landtags, welcher nach generellen Landtagsneuwahlen hervorgegangen war stattfand.[1039]

In Bezug auf die dritte Prüfungsstufe sah die GO v. 8. September 1856 in Art 22 II vor, daß die Kammer vier ständige Ausschüsse mit jeweils fünf bis sieben Mitgliedern zu wählen hatte. Unter diesen ständigen Ausschüssen war ein dritter Ausschuß vorgesehen, dem auch „*die Prüfung der Wahlen der Abgeordneten zur Vorbereitung der Beschlussnahme nach Art. 87 der Verfassungsurkunde zuzutheilen.*“ waren. Bei Landtagen nach generellen Landtagsneuwahlen, sah Art. 27 II vor, um die Prüfung der anstehenden Wahlen zu beschleunigen, daß der dritte Ausschuß für diese Aufgabe um zwei weitere Mitglieder verstärkt werden sollte. Dies geschah auch der GO entsprechend in der 5. oder 6. Sitzung.[1040]

Auf dem 18. Landtag kam es zum erstenmal im Rahmen der GO v. 8. September 1856 vor, daß versucht wurde, die Bestimmung in Bezug auf die Zusammensetzung der Ausschüsse den Bedürfnissen der Praxis anzupassen. Als in der 5. Sitzung zur Wahl der vier Ausschüsse geschritten werden sollte, stellte der Abg. Hofmann den Antrag, daß zunächst nur der dritte, d.h. der Legitimationsausschuß gewählt werden solle. Er

---

[1035] Verh. Hessen 1857/59, 1.Prot.-Bd., 1. Prot. v. 19. Dezember 1856, S. 2; Verh. Hessen 1863/65, 1. Prot.-Bd., 1. Prot. v. 11. November 1862, S. 2.;Verh. Hessen 1863/65, 1. Prot.-Bd., 1. Prot. v. 11. November 1862, S. 4.

[1036] Verh. Hessen 1857/59, 1. Prot.-Bd., 1. Prot. v. 19. Dezember 1856, S. 2 f.; Vgl. auch Verh. Hessen 1863/65, 1. Prot.-Bd., 1. Prot. v. 11. November 1862, S. 5. Art. 8 S. 1 der GO v. 8. September 1856 bestimmte in Bezug auf die Aufteilung der Legitimationen, daß keine Abteilung eine Legitimation eines ihrer Mitglieder zur Prüfung erhalten durfte.

[1037] Verh. Hessen 1857/59, 1. Prot.-Bd., 1. Prot. v. 19. Dezember 1856, S. 3.

[1038] Vgl. Art. 9 der GO v. 8. September 1856.

[1039] Vgl. Art. 7 S. 1 der GO v. 8. September 1856.

[1040] Verh. Hessen 1857/59, 1. Prot.-Bd., 5. Prot. v. 23. Dezember 1856, S. 4 f.; Verh. Hessen 1857/59, 1. Prot.-Bd., 5. Prot. v. 23. Dezember 1856, S. 7; Verh. Hessen 1857/59, 1. Prot.-Bd., 5. Prot. v. 23. Dezember 1856, S. 8; Verh. Hessen 1863/65, 1. Prot.-Bd., 6. Prot. v. 14. November 1862, S.18-20.

begründete seinen Antrag damit, daß die Abgeordneten, deren Wahlprüfung noch ausstünden, ansonsten nicht aktiv und passiv bei der Wahl der übrigen Ausschüsse teilnehmen könnten.[1041] Der Abg. Wernher wies darauf hin, daß man in den bisherigen Kammern eine solche Vorgehensweise nie gepflogen habe, da sie gegen die GO und die Pflichten der Kammer sei. Die GO sage ausdrücklich aus, daß jeder in der Kammer zur Beratung kommende Antrag, sobald er zur allgemeinen Kenntnis gelangt sei, vorerst an einen Ausschuß zu verweisen sei. Dabei stehe in der Aufzählung der zu wählenden Ausschüsse der Legitimationsausschuß nicht mal an erster Stelle. Es sei der Kammer keineswegs überlassen, die Wahl der Ausschüsse auseinander zu legen. Um den Anliegen des Antrages aber gerecht zu werden, machte er den vermittelnden Vorschlag, daß man zunächst nur fünf Mitglieder in die Ausschüsse wähle. Sobald die Wahlprüfungen beendet seien, solle eine Ergänzung von jeweils zwei Mitgliedern vorgenommen werden. Er warnte auch vor den unabsehbaren Konsequenzen eines solchen Präzedenzfalles. So könne eine andere Majorität, wenn eine ihr unangenehme Beschwerde einginge, die Wahl des Beschwerdeausschusses verschieben bis die Zeit vorüber sei, in der die Beschwerde noch von Bedeutung sein könne.[1042] Diese vermittelnde Ansicht setzte sich in der Kammer durch, so daß es zur Wahl aller Ausschüsse, jedoch nur mit einer Besetzung von fünf Mitgliedern, mit Ausnahme des dritten Ausschusses welcher mit sieben Mitgliedern besetzt wurde, kam.[1043]

Bei der Betrachtung des Ablaufs der Prüfung wird, vor allem im Vergleich zum Königreich Württemberg und zum Großherzogtum Baden, sehr deutlich, daß die Kammer in ihrer Prüfungspraxis vor allen anderen Dingen das Ziel hatte, die Prüfung der unproblematischen und unbeanstandeten Wahlen zeitlich zu straffen.

Abschließend ist festzuhalten, daß die Wahlprüfung im Großherzogtum Hessen ausnahmslos[1044] eine Regelprüfung darstellte. Grundsätzlich wurden nach generellen Landtagsneuwahlen, also entweder in Folge des Ablaufs einer Wahlperiode oder nach erfolgter Auflösung, alle Wahlen geprüft. Bei jedem weiteren Zusammentritt eines neuen Landtags in einer Wahlperiode wurden nur noch die neu vorgenommenen und nicht bereits zu Beginn der Wahlperiode geprüften Wahlen einer Prüfung unterzogen.

4. Wahlanfechtungen

Wahlanfechtungen im Großherzogtum Hessen waren seit Beginn des Untersuchungszeitraumes nicht nur gegen die Abgeordnetenwahlen, sondern auch gegen alle vorherigen Wahlgrade möglich. Daß dies der Fall war ist um so bedeutender, als weder die Existenz von Wahlanfechtungen noch die Möglichkeit, solche zu erheben ausdrücklich normiert war. Daß aber generell die Möglichkeit bestand, Eingaben, und damit auch Reklamationen gegen die Gültigkeit der Wahlen, zu erheben, verdeutlicht Art. 8 S. 2

[1041] Verh. Hessen 1866/68, 1. Prot.-Bd., 5. Prot. v. 8. Dezember 1865, S. 10.
[1042] Verh. Hessen 1866/68, 1. Prot.-Bd., 5. Prot. v. 8. Dezember 1865, S. 11-14.
[1043] Verh. Hessen 1866/68, 1. Prot.-Bd., 5. Prot. v. 8. Dezember 1865, S. 25 ff.
[1044] Eine Prüfung nach Einspruch, wie im Königreich Württemberg, fand im Großherzogtum Hessen grundsätzlich nicht statt.

der GO v. 25. März 1820, in dem es hieß, daß der Präsident der Kammer die „*Eingaben*“ empfing. Erst jedoch durch die GO v. 10. Oktober 1849 wurde die Existenz und auch die Möglichkeit der Erhebung von Wahlanfechtungen, die in der Praxis von Beginn möglich waren, in Art. 17 explizit anerkannt, in dem es hieß, daß zum Geschäftskreis des Legitimationsausschusses auch „*alle darauf Bezug habenden Reclamationen*“ gehörten. Da es keine gesetzlichen Normierungen in Bezug auf die Wahlanfechtungen gab, gab es naturgemäß auch keine Regelung, wo und in welcher Form sie zu erheben waren. Auch in der Wahlprüfungspraxis bildete sich diesbezüglich keine Regelung. Vielmehr war es so, daß die Anfechtungen, sowohl beim Ministerium des Innern[1045] als auch bei den Wahlkommissaren[1046] oder direkt bei der Kammer[1047] eingereicht wurden. Daß sich in der Praxis keine Regelung herausbildete, lag einzig und allein daran, daß es keiner solchen bedurfte. Grundsätzlich wurden der Kammer alle Wahlanfechtungen mit den Wahlakten zugeteilt, unabhängig davon, wo sie erhoben wurden.[1048]

Auffallend war jedoch, daß die Wahlanfechtungen im Großherzogtum Hessen nicht so eine bedeutende Rolle spielten wie im Großherzogtum Baden und im Königreich Württemberg.

Naturgemäß wurden die Wahlanfechtungen auch im Großherzogtum Hessen als politisches Mittel genutzt, um nach Abschluß der Wahl das entsprechende Wahlergebnis anzugreifen. Jedoch spielte dieser Gesichtspunkt eine untergeordnete Rolle. Der Grund hierfür lag insbesondere an dem restriktiven Umgang der Kammer mit den Wahlanfechtungen. Dies wird im folgenden noch deutlich.

a. Zeitpunkt der Erhebung von Anfechtungen

Eine gesetzliche Regelung in Bezug auf den Zeitpunkt der Erhebung von Anfechtungen bestand während des Untersuchungszeitraums nicht.[1049] In der Praxis wurde diese Regelungslücke dennoch ausgeglichen, da sich bereits seit dem 1. Landtag eine gewisse Übung der Kammer in ihren Entscheidungen hinsichtlich des Zeitpunktes der Erhebung von Anfechtungen erkennen ließ. So wurde auf dem 1. Landtag eine Reklamation nicht berücksichtigt, da bereits vorher über die Wahl entschieden wurde.[1050] Desgleichen auch auf dem 2. Landtag, bei dem eine Beschwerde gegen die Wahl der Stadt Friedberg, welche in der 9. Sitzung einging, als erledigt angesehen und zu den Akten

---

[1045] Vgl. u.a.Verh. Hessen 1833, 1. Beil.-Bd., Beil. XXXIII, S. 123 f.; Verh. Hessen 1835, 1. Beil.-Bd., Beil. 58, S. 1; Verh. Hessen 1847/48, 1. Beil.-Bd., Beil. 32, S. 1; Verh. Hessen 1847/48, 1. Beil.-Bd., Beil. 47, S. 1.

[1046] Vgl. u.a. Verh. Hessen 1847/48, 1. Beil.-Bd., Beil. 31, S. 1; Verh. Hessen 1847/48, 1. Beil.-Bd., Beil. 43, S. 2.

[1047] Vgl. u.a. Verh. Hessen 1851, 1. Prot.-Bd., 7. Prot. v. 27. Januar 1851, S. 1.

[1048] Vgl. z.B. Verh. Hessen 1835, 1. Beil.-Bd., Beil. 58, S. 1.

[1049] Es gab lediglich mit der WahlO v. 3. September 1849 eine gesetzliche Vorgabe bzgl. der Einwendungen gegen die Listen der Stimmberechtigten zur zweiten Kammer, vgl. Art. 11 S. 1-3. Vgl. des weiteren auch Art. 17, 18 der WahlO v. 7. Oktober 1850 und Art. 24 der WahlO v. 6. September 1856.

[1050] So im Fall der Wahl des Abg. Siegfrieden der Stadt Friedberg, Verh. Hessen 1820, 2. Heft, 10. Prot. v. 18. Juli 1820, S. 8 f..

genommen wurde, da bereits in der 8. Sitzung die Gültigkeit der Wahl von der Kammer ausgesprochen wurde.[1051] Von Beginn galt damit unstreitig der Grundsatz, daß Reklamationen, die nach der Entscheidung über die Wahl eingingen, nicht berücksichtigt wurden. Obwohl dieser Grundsatz von Anfang an praktiziert wurde kam es erst auf dem 5. Landtag im Rahmen der Wahl des 14. Wahlbezirks der Prov. Oberhessen zu einer Debatte über den Zeitpunkt der Erhebung von Anfechtungen. In Bezug auf eine Beschwerde, die gegen diese Wahl einging, bestätigte der Ausschuß den bisherigen Grundsatz, indem er darauf verwies *„daß ohnehin die Kammer auf Reclamationen so leicht nicht mehr einzugehen sich berufen finden wird, nachdem Sie bereits einen definitiven Beschluß gefaßt hat und in der bis dahin gegebenen geräumigen Frist Reclamationen nicht vorgekommen waren"*.[1052] In der nachfolgenden Beratung wurde zum erstenmal gegen den bisher befolgten Grundsatz eingewandt, daß weder in der WahlO noch in der Verfassung die Bestimmung eines gesetzlichen Termins genannt sei, binnen welchem gegen die Gültigkeit einer Wahl Reklamationen eingereicht werden könnten, so daß eine zeitliche Begrenzung nicht zulässig sei.[1053] Hiergegen wurde sofort im Sinne des bisherigen Grundsatzes eingewandt, daß die Kammer nicht unbegrenzte Zeit Reklamationen annehmen könne. Es werde auch keiner gesetzlichen Regelung bedürfen, da es sich vielmehr von selbst verstehe, daß Einsprachen getätigt werden müßten, solange die Kammer noch nicht über die Gültigkeit der Wahl entschieden habe.[1054] Als ausschlaggebendes Argument wurde angeführt, daß im entgegengesetzten Fall kein Abgeordneter, der schon länger in der Kammer sitze, sicher sein könne, daß nicht irgend jemand im nachhinein die Wahl als ungültig anfechte.[1055] Dies entsprach auch der Auffassung der Mehrheit der Kammer, die mit 34 gegen 6 Stimmen dahingehend entschied, die Reklamation unberücksichtigt zu lassen, und die damit den bisher praktizierten Grundsatz bestätigte.[1056]

Auch auf den folgenden Landtagen blieb dieser Grundsatz der Maßstab den die Kammer in Bezug auf den Zeitpunkt der Erhebung von Anfechtungen ansetzte.[1057]

[1051] Verh. Hessen 1823/24, 1. Bd., 1. Heft, 9. Prot. v. 1. September 1823, S. 52 f.. Vgl. Auch auf dem 3. Landtag die ausdrückliche Bestätigung dieses Grundsatzes durch den Abg. Weller, Verh. Hessen 1826, 2. Heft, 15. Prot. v. 14. Oktober 1826, S. 3.

[1052] Verh. Hessen 1833, 3. Beil.-Bd., Beil. CCCCXII, S. 191

[1053] So der Abg. Hardy, Verh. Hessen 1833, 4. Bd., 93. Prot. v. 15. Juni 1833, S. 607.

[1054] So der Abg. Emmerling, Verh. Hessen 1833, 4. Bd., 93. Prot. v. 15. Juni 1833, S. 609.

[1055] Verh. Hessen 1833, 4. Bd., 93. Prot. v. 15. Juni 1833, S. 610.

[1056] Verh. Hessen 1833, 4. Bd., 96. Prot. v. 22. Juli 1833, S. 772.

[1057] Über den genannten Grundsatz hinaus, ging die Kammer auch dazu über, daß Anfechtungen in Bezug auf die Liste der Wahlfähigen unberücksichtigt blieben, wenn die Anstände nicht bereits vor der entsprechenden Wahl erhoben wurden. So ging eine Eingabe in Bezug auf die Abgeordnetenwahl des 13. Wahlbezirks der Prov. Oberhessen im Jahre 1834 ein, in der die Behauptung aufgestellt wurde, daß ein Wahlmann nicht unter die 60 Höchstbesteuerten hätte aufgenommen werden dürfen. Der Ausschuß berücksichtigte diese Eingabe aber nicht, mit der Begründung, daß die Liste der 60 Höchstbesteuerten offen gelegen hatte, und daß keine Reklamationen erfolgt waren (Verh. Hessen 1834, 1. Beil.-Bd., Beil. 24, S. 2). Desgleichen auch im Hinblick auf die Wahl des 14. Wahlbezirks der Prov. Oberhessen, bei der eine Beschwerde darüber einging, daß der Wahlkommissar eine Person unter die Zahl der 60 zu Wahlmännern wählbaren aufgenommen habe, obwohl dieser hierzu nicht die erforderliche

b. Anfechtungsberechtigter Personenkreis

Auch hinsichtlich des anfechtungsberechtigten Personenkreises bestand keine gesetzliche Regelung. Auch die Wahlprüfungspraxis ersetzte diese Regelungslücke nicht. Wahlanfechtungen waren damit von jedem männlichen Staatsbürger möglich. Neben dem klassischen Personenkreis der Wähler[1058] bestand die Anfechtungsmöglichkeit auch von Seiten der Kammermitglieder[1059] sowie von unbeteiligten Dritten[1060].

c. Grundlage der Beanstandung

Der primäre Grund, warum die Wahlanfechtungen, wie bereits angeführt, kein ausgeprägtes politisches Kampfmittel waren, liegt darin, daß die Grundlage der Beanstandungen fast ausschließlich die Wahlprotokolle bildeten. Die Anfechtungen hingegen spielten als ausschlaggebende Beurteilungsgrundlage nur eine absolut untergeordnete Rolle. Der Grund hierfür lag an zwei Grundsätzen, denen die Kammer während des gesamten Untersuchungszeitraums in Bezug auf den Umgang mit Wahlanfechtungen folgte.

Der erste Grundsatz war, daß die Kammer auf unbescheinigte Reklamationen grundsätzlich nicht einging. Diese Vorgehensweise verdeutlicht auch der Ausschußbericht über eine Beschwerde gegen die Wahl des Abg. Lehr des 14. Wahlbezirks der Prov.

Qualifikation gehabt habe. Der Ausschuß ließ diese Beschwerde aber unberücksichtigt, da u.a. diese Liste der 60 Höchstbesteuerten jedem Bevollmächtigten mit der Einladung zugegangen war, und da desgleichen auch beim Wahltermin offen lag, aber niemand dagegen reklamiert hatte (Verh. Hessen 1834, 1. Beil.-Bd., Beil. XLI, S. 30). Von Interesse ist auch die Prüfung der Wahl des 12. Wahlbezirks der Prov. Oberhessen auf dem 11. Landtag. In Bezug auf diese Wahl ging eine Reklamation an das Staatsministerium, welche bei den Akten lag, daß der Rentmeister Müller nachwies, daß er zum Abg. wahlfähig war, aber nicht in der veröffentlichten Wahlliste aufgeführt war. Der Ausschuß wies darauf hin, daß es zwar kein Gesetz gebe, welches eine Präclusivfrist für derartige Reklamationen vorsehe. Es folge aber aus der Natur der Sache, daß diese nur dann zu berücksichtigen seien, „*wenn sie vor dem betreffenden Wahlact und zwar so zeitig vorgebracht werden, daß sie noch von der einschlägigen Behörde geprüft und die Wählbarkeit des Reclamanten bekannt gemacht werden kann.*“. Aus diesem Grund sah der Ausschuß die Reklamation als „*unerheblich*“ an (Verh. Hessen 1847/48, 1. Beil.-Bd., Beil. 32, S. 1 f.).

1058 Vgl. u.a. Verh. Hessen 1820, 4. Heft, 34. Prot. v. 9. September 1820, S. 27;Verh. Hessen 1826, 1. Heft, 3. Prot. v. 9. September 1826, S. 8; Verh. Hessen 1841/42, 1. Beil.-Bd., Beil. 36, S. 1; Verh. Hessen 1851, 1. Prot.-Bd., 7. Prot. v. 27. Januar 1851, S. 1.

1059 Vgl. u. a. Verh. Hessen 1834, 1. Beil.-Bd., Beil. 54, S. 1; Verh. Hessen 1863/65, 1. Prot.-Bd., 11. Prot. v. 10. Dezember 1862, S. 5.

1060 Vgl. u.a. Verh. Hessen 1841/42, 1. Bd., 13. Prot. v. 17. Januar 1842, S. 19. Daß gerade die Anfechtungen von Seiten dieser Personengruppe rein parteipolitisch motiviert waren zeigte der Abg. Glaubrech im Rahmen der Beratung über die Wahl des 3. Wahlbezirks der Prov. Rheinhessen im Jahre 1842 auf. Er verwies darauf, daß nicht die an der Urwahl Beteiligten die Reklamation erhoben hätten, sondern nur von „*subalternen, unter Aufsicht des Kreisraths stehenden Angestellten, namentlich von drei Distriktseinnehmern, dem Kreisthierarzt und zwei Bürgermeistern, erhoben worden ist*“ (Verh. Hessen 1841/42, 1. Bd., 13. Prot. v. 17. Januar 1842, S. 19). Aber auch für diese Fälle bedurfte es keiner begrenzenden Regelung, da ihre Anzahl gering und ihre praktischen Auswirkungen unbedeutend waren.

Oberhessen im Jahre 1833. So hieß es, daß die Beschwerdepunkte „*nicht von Erheblichkeit*“ seien, „*weil die Kammer sich auf allgemeine unbescheinigte Denunciationen hin zu Veranlassung einer Untersuchung über die Herbeiführung einer Wahl von hier oder dort angewendeten Mittel unmöglich bewogen finden kann.*“.[1061]
Von noch größerer Bedeutung war der zweite Grundsatz. Hiernach legte die Kammer Reklamationen, auch wenn sie bescheinigt waren, kein Gewicht bei, wenn die dort angeführten Anstände nicht die Möglichkeit besaßen, das Wahlresultat zu beeinflussen. Die Kammer wandte damit in konsequenter Weise den Erheblichkeitsgrundsatz[1062] auch auf die Wahlanfechtungen an. Besonders anschaulich wird dies bei der Wahl im 11. Wahlbezirk der Prov. Oberhessen des 11. Landtags, bei der zwei Reklamationen eingingen, in welchen vorgebracht wurde, daß bei einer Wahl der Bevollmächtigten zwei Staatsbürger mit abgestimmt hätten, welche eine Zuchthausstrafe verbüßt hätten. Der Ausschuß ging auf diesen Anstandspunkt gar nicht ein, sondern zeigte nur auf, daß der Bevollmächtigte dieses Ortes mit 102 von 103 Stimmen gewählt wurde und zwei Stimmen einen entscheidenden Einfluß nicht äußern konnten.[1063]

Gerade durch die konsequente Anwendung dieser beiden restriktiven Grundsätze war die Erfolgsaussicht von Wahlanfechtungen äußerst gering, überhaupt berücksichtigt zu werden. Diese hohen Eingangshürden verhinderten, daß die Wahlanfechtungen übermäßig machtpolitisch vereinnahmt wurden, und spielten daher in der zweiten hessischen Kammer eine marginale Rolle.

5. Nachträglicher Mandatsverlust

Der nachträgliche Mandatsverlust spielte in der Kammerpraxis keine bedeutende Rolle. Trotz allem galten von Beginn klare Regelungen. Im Fall von nachträglich bekannt gewordenen formellen Anständen war der Verlust des Mandats immer ausgeschlossen. Für die Kammer galt der Grundsatz, den der Abg. E. E. Hoffmann auf dem 4. Landtag im Rahmen der Beratung über die Wahl eines Abg. des 14. Wahlbezirks der Prov. Oberhessen aussprach, wonach Mitglieder, „*deren Wahl durch Beschluß der Kammer einmal für gültig anerkannt worden ist, wegen später etwa aufgefundener Formfehler nicht wieder aus derselben entfernt werden können, weil dies deren Stabilität gefährden würde,*“.[1064] Dieser Grundsatz wurde während des gesamten Untersuchungszeit-

[1061] Verh. Hessen 1833, 1. Beil.-Bd., Beil. CCXXII, S. 693. Vgl. weiterhin: Verh. Hessen 1833, 3. Beil.-Bd., Beil. CCCCXII, S. 191; Verh. Hessen 1834, 1. Beil.-Bd., Beil. 24, S. 2; Verh. Hessen 1834, 1. Bd., 11. Prot. v. 23. Mai 1834, S. 7; Verh. Hessen 1834, 1. Beil.-Bd., Beil. 45, S. 1.

[1062] Vgl. hierzu die Ausführungen zum Prüfungsmaßstab, S. 203 ff..

[1063] Verh. Hessen 1847/48, 1. Beil.-Bd., Beil. 47, S. 2. Vgl. weiterhin auch: Verh. Hessen 1841/42, 1. Beil.-Bd., Beil. 36, S. 2; Verh. Hessen 1847/48, 1. Beil.-Bd., Beil. 31, S. 1 f.; Verh. Hessen 1847/48, 1. Beil.-Bd., Beil. 67, S. 9; Verh. Hessen 1851, 1. Prot.-Bd., 8. Prot. v. 28. Januar 1851, S. 28 f.; Verh. Hessen 1851, 1. Beil.-Bd., Beil. 44, S. 2.

[1064] Verh. Hessen 1829/30, 1. Bd., 9. Prot. v. 14. November 1829, S. 26.

raums mehrfach ausdrücklich bestätigt[1065] und auch ohne Ausnahme in konsequenter Weise angewandt.[1066]

Der nachträgliche Mandatsverlust war daher nur in den Fällen möglich, in denen der Abgeordnete die gesetzlich erforderlichen Eigenschaften für die Mitgliedschaft in der zweiten Kammer nicht mehr besaß. Dies entsprach auch der Verfassung, welche in Art. 59 II Nr. 1, 2. Alt den nachträglichen Mandatsverlust vorsah, wenn ein Abgeordneter innerhalb der sechsjährigen Mandatsperiode *„unfähig"* werden würde, was sich bereits vom Wortlaut der Bestimmung nur auf die Person des Abgeordneten beziehen konnte. Dieser Fall trat während des Untersuchungszeitraums nur auf zwei Landtagen auf.[1067]

[1065] Auch auf dem 6. Landtag wurde dieser Grundsatz nochmals ausdrücklich im Rahmen der Beratung der Wahl des Abg. Huth der Stadt Darmstadt sowohl von der Regierung als auch von der absoluten Mehrheit der Kammer bestätigt. So erklärte zum einen der Regierungsrat Breidenbach, daß in dem Fall, in dem eine Wahl nach Art. 87 der Verf.-Urk. v. 17. Dezember 1820 für gültig erklärt worden sei, *„dieselbe in keiner Beziehung und in keinem Falle später mehr von der Kammer für ungültig erklärt werden kann."*. Er behauptete, daß durch die Entscheidung in letzter Instanz alle Anstände, die bekannten als auch die unbekannten, beseitigt würden. Er wies auch darauf hin, daß dies im Interesse der Kammer liegen müsse, da ansonsten nach erfolgter Gültigkeitserklärung jeder Abg. gegen jede Abgeordnetenwahl Reklamationen erheben könne, und damit werde das Reklamieren kein Ende nehmen (Verh. Hessen 1834, 2. Bd., 29. Prot. v. 1. Juli 1834, S. 4). Zum anderen wurde dies auch durch die Kammer bestätigt, so u. a. durch den Abg. Trommler, daß eine einmal für gültig erkannte Wahl *„definitiv gültig ist und bleibt"*, ohne jedoch die Bestimmung des Art. 59 der Verf.-Urk. v. 17. Dezember 1820 zu entkräften (Verh. Hessen 1834, 2. Bd., 29. Prot. v. 1. Juli 1834, S. 37).

[1066] So auch auf dem 3. Landtag, wo der Abg. Gehrig den Antrag stellte die Wahl des Abg. Keller, die bereits als gültig anerkannt wurde, wegen vorgefallener Formfehler für nichtig zu erklären. Als der Präsident hierauf den Vorschlag machte, diesen Antrag an den dritten Ausschuß zur Berichterstattung zu überweisen, erhob sich Widerstand in der Kammer (Verh. Hessen 1826, 2. Heft, 15. Prot. v. 14. Oktober 1826, S. 3). Der Abg. Weller sprach sich gegen eine Verweisung an den dritten Ausschuß aus, da man Wahlakten genau geprüft hätte und auch bereits die Gültigkeit der Wahl ausgesprochen hatte. So stellte der Abg. Parcus heraus, daß der Eintritt des Abg. Keller in der Kammer unwiderruflich sei (Verh. Hessen 1826, 2. Heft, 15. Prot. v. 14. Oktober 1826, S. 3). Es sei nicht möglich, eine Änderung des Beschlusses zu bewirken, der dahin ging die Wahl des Abg. als gültig anzuerkennen, *„es seye denn, daß solche Gründe oder Ereignisse einträten die allein eine Ausschließung nach den klaren Bestimmungen des Art. 59 der Verfassungsurkunde nach sich ziehen könnten."*. Auch der Abg. Knorr fügte an, daß es keine gesetzliche Bestimmung gäbe, welche die Revision einer von der Kammer ausgesprochenen Zulassung zu rechtfertigen vermöge. Da dies der einhelligen Auffassung der Kammer entsprach, wurde auch eine Verweisung an den dritten Ausschuß verneint (Verh. Hessen 1826, 2. Heft, 15. Prot. v. 14. Oktober 1826, S. 4).

[1067] So wurde auf dem 2. Landtag die weitere Zulässigkeit der Abg. Eigenbrodt, Krönke und Aull wegen Veränderungen des Dienstverhältnisses und dem damit einhergehenden Ausschluß nach Art. 14 S. 1 der WahlO v. 22. März 1820, verneint (Verh. Hessen, 1823/24, 1. Bd., 1. Heft, 8. Prot. v. 28. August 1823, S. 31 ff, 9. Prot. v. 1. September 1823, S. 55). Vgl. auch auf dem 8. Landtag den Mandatsverlust der Abg. Langen und v. Gagern, Verh. Hessen 1838/39, 1. Beil.-Bd., Beil. 33, S. 1.

6. Abstimmungsverfahren

Auch in der zweiten Kammer des Großherzogtums Hessen zeigte sich ein vergleichbares Bild wie zuvor im Großherzogtum Baden und im Königreich Württemberg. Insbesondere zeigte sich hinsichtlich der Abstimmungen die gleiche Entwicklung wie beim Ablauf der Prüfung. In diesem Fall wurde ebenfalls aus zeitökonomischen Gründen entgegen den Bestimmungen der GO v. 25. März 1820 andere Regelungen praktiziert. Zu Beginn des parlamentarischen Lebens erfolgte die Abstimmung nach der entsprechenden Abstimmungsfrage, wie nach Art. 20 der GO v. 25. März 1820 vorgesehen, mit „Ja“ oder „Nein“.[1068] Dieses Verfahren wurde aber immer häufiger bei unbeanstandeten Wahlen abgewandelt, in dem die Abstimmung, und „*zwar zur Abkürzung durch Aufstehen und Sitzenbleiben*“ erfolgte.[1069] Hieraus entwickelte sich bereits ab dem 2. Landtag eine ständige Übung in Bezug auf unbeanstandete Wahlen.[1070] Die GO v. 10. Oktober 1849 griff schließlich diese Übung in Art. 23 I auf und bestimmte diese Art der Abstimmung zur Regel.[1071] Bei den beanstandeten Wahlen blieb es aber bei der nach der GO v. 25. März 1820 vorgeschriebenen Abstimmungsform. Dabei erfolgte die Abstimmung jedoch erst nachdem nach Art. 21 II S. 1 GO v. 25. März 1820 die öffentliche Sitzung geschlossen wurde.[1072] Bei unstreitigen und unbeanstandeten Wahlprüfungen, bei denen es direkt im Anschluß an die Berichterstattung zur Beratung und Abstimmung kam, wurde die öffentliche Sitzung hingegen in logischer Konsequenz aus zeitlichen Gründen nicht geschlossen.[1073] Grundsätzlich enthielten sich die beteiligten Mitglieder bei den einzelnen ihre Wahl betreffenden Abstimmungsverfahren ihrer Stimme[1074] oder verließen für diese Abstimmung den Sitzungssaal[1075].

[1068] Vgl. hierzu u.a. Verh. Hessen 1820, 2. Heft, 10. Prot. v. 18. Juli 1820, S. 10.; Verh. Hessen 1823/24, 1. Bd., 2. Heft, 21. Prot. 29. September 1823, S. 51.

[1069] So u.a. bei der Abstimmung über das Ablehnungsgesuch des Abg. Schilling des 4. Wahlbezirks der Prov. Rheinhessen, Verh. Hessen 1820, 6. Heft, 51. Prot. v. 19. Oktober 1820, S. 48.

[1070] Vgl. u.a. Verh. Hessen 1823/24, 1. Bd., 2. Heft, 20. Prot. 26. September 1823, S. 28; Verh. Hessen 1826, 1. Heft, 11. Prot. v. 5. Oktober 1826, S. 91; Verh. Hessen 1826, 1. Heft, 13. Prot. v. 9. Oktober 1826, S. 138; Verh. Hessen 1826, 3. Heft, 23. Prot. v. 8. November 1826, S. 12; Verh. Hessen 1829/30, 1. Bd., 8. Prot. v. 17. November 1829, S. 21 f.; Verh. Hessen 1833, 1. Bd., 4. Prot. v. 10. Dezember 1832, S. 9.; Verh. Hessen 1833, 1. Bd., 9. Prot. v. 18. Dezember 1832, S. 53.; Verh. Hessen 1835, 1. Bd., 8. Prot. v. 6. Mai 1835, S. 49 f..

[1071] Art. 23 II der GO v. 10. Oktober 1849 sah vor, daß die Abstimmung durch namentlichen Aufruf nur dann eintreten sollte, wenn wenigstens fünf Mitglieder darauf antragen würden. Die GO v. 8. September 1856 blieb ebenfalls bei dieser Regelung. Vgl. Art. 37 IV, V.

[1072] Vgl. u.a. Verh. Hessen 1823/24, 1. Bd., 1. Heft, 8. Prot. v. 28. August 1823, S. 51; Verh. Hessen 1823/24, 1. Bd., 1. Heft, 9. Prot. v. 1. September 1823, S. 55.

[1073] Vgl. u.a. Verh. Hessen 1820, 7. Heft, 57. Prot. v. 9. November 1820, S. 14; Verh. Hessen 1821, 10. Heft, 80. Prot. v. 10. Januar 1821, S. 12; Verh. Hessen 1833, 1. Bd., 4. Prot. v. 10. Dezember 1832, S. 9.

[1074] Vgl. u.a.Verh. Hessen 1834, 1. Bd., 7. Prot. v. 13. Mai 1834, S. 13; Verh. Hessen 1835, 1. Bd., 8. Prot. v. 6. Mai 1835, S. 49; Verh. Hessen 1841/42, 1. Bd., 8. Prot. v. 18. Dezember 1841, S. 3; Verh. Hessen 1844/45, 1. Bd., 7. Prot. v. 12. Dezember 1844, S. 3; Verh. Hessen 1850, Prot.-Bd., 9. Prot. v. 5. Januar 1850, S. 8.; Verh. Hessen 1857/59, 1. Prot.-Bd., 10. Prot. v. 14. Januar 1857, S. 6.

Das in der Kammer praktizierte Abstimmungsverfahren verdeutlichte nochmals auf eindringliche Weise, daß es der Kammer daran gelegen war, die zeitaufwendigen Wahlprüfungen zu straffen. Die Behandlung der unbeanstandeten Wahlen wurde in der Prüfungspraxis von Beginn an als eine rein administrative Formsache angesehen, deren Behandlung möglichst rasch erfolgen sollte.

7. Prüfungsmaßstab

Auch in der Prüfungspraxis der Darmstädter zweiten Kammer bildete sich von Beginn an ein Beurteilungsgrundsatz als Prüfungsmaßstab für die Gültigkeit der Wahlen heraus. Die Besonderheit, im Vergleich zum Großherzogtum Baden und zum Königreich Württemberg lag darin, daß der maßgebliche Beurteilungsgrundsatz während des vorliegenden Untersuchungszeitraums ausgetauscht wurde.

Bereits von Beginn des Untersuchungszeitraums an führten formelle Fehler bei den Wahlen, und zwar bei allen drei Graden der Wahlen, nicht unmittelbar die Nichtigkeit nach sich. Formelle Fehler führten vielmehr nur in den Fällen zur Ungültigkeit der Wahl, in denen sie von „Wesentlichkeit“ waren. In der Prüfungspraxis bildete sich dabei bereits sehr früh anhand von einschlägigen Fällen ein allgemein anwendbarer Beurteilungsgrundsatz heraus, wann diese „Wesentlichkeit“ vorlag.
Deutlich wird dies insbesondere bei der Prüfung der Wahl des Abg. Kuder des 4. Wahlbezirks der Prov. Starkenburg auf dem 2. Landtag. Bei dieser Wahl stellte der dritte Ausschuß bei der Prüfung „*in formeller Hinsicht*“ folgende Anstände fest: So war zum einen aus dem Wahlprotokoll nicht zu ersehen, ob wie Art. 8 II der WahlO v. 22. März 1820 vorsah, die drei ältesten Wahlmänner zur Leitung des Wahlgeschäfts von dem Wahlkommissar herangezogen wurden. Zum anderen wurden die Wahlzettel nicht, wie von Art. 8 VI der WahlO v. 22. März 1820 vorgesehen, vor der Übergabe an die Wahlmänner auf der inneren Seite mit fortlaufenden Zahlen versehen, sondern erst nachdem diese nach geschehener Wahl zurückgegeben wurden. Aufgrund der Tatsache, daß nach der Ansicht des Ausschusses „*die unterlassene Beachtung der für die gültige Vollziehung der Wahlen gesetzlich vorgeschriebenen Formen, die Ungültigkeit solcher Wahlen nach sich ziehen muß*“, stellte er den Antrag die Wahl wegen Formwidrigkeit für ungültig zu erklären.[1076]
An diesem Fall zeigt sich sehr deutlich, welcher Beurteilungsmaßstab für die „Wesentlichkeit“ galt: In den Fällen, in denen gegen die ausdrückliche Anweisung der WahlO verstoßen wurde, wurde diese Fehler, wie auch im Königreich Württemberg, als „*wesentlich*“[1077] angesehen, mit der Folge der Ungültigkeitserklärung der Wahl. Daß dieser Grundsatz zum alleinigen Prüfungsmaßstab wurde und auch in konsequente Anwendung gebracht wurde, verdeutlichen die nachfolgenden Wahlprüfungsfälle.

[1075] Vgl. u.a. Verh. Hessen 1834, 2. Bd., 30. Prot. v. 2. Juli 1834, S. 33; Verh. Hessen 1850, Prot.-Bd., 16. Prot. v. 18 Januar 1850, S. 10-13; Verh. Hessen 1851, 1. Prot.-Bd., 9. Prot. v. 29. Januar 1851, S. 10, 15. ; Verh. Hessen 1863/65, 1. Prot.-Bd., 14. Prot. v. 19. Dezember 1862, S. 18.

[1076] Verh. Hessen 1823/24, 1. Bd., 1. Heft, Beil. XXXIII, S. 71 f.. Diese Auffassung wurde auch in der Abstimmung über diese Wahl einstimmig von der Kammer bestätigt.

[1077] z.T. wurden die Fehler in diesem Zusammenhang auch als „*erheblich*“ bezeichnet.

So bei der Wahl eines Abg. der Stadt Offenbach im Jahre 1826, bei der im Rahmen der Wahl der Bevollmächtigten, weniger als 20 Bevollmächtigte gewählt wurden. Art. 12 II der WahlO v. 22. März 1820 bestimmte jedoch ausdrücklich, daß in jedem Fall 20 Bevollmächtigte zu wählen waren. In konsequenter Anwendung des dargestellten Grundsatzes stellte der Ausschuß den Antrag, die Wahl der Bevollmächtigten der Stadt Offenbach, und folgeweise alle weiteren, darauf beruhende Wahlen für ungültig zu erklären.[1078] Zu nennen ist in diesem Zusammenhang auch die Wahl des 14. Wahlbezirks der Prov. Oberhessen im Jahre 1833 bei der der Ausschuß u.a. den Anstand herausstellte, daß der Wahlkommissar das Protokoll nicht wie von Art. 8 VII der WahlO v. 22. März 1820 ausdrücklich vorgeschrieben von allen Wahlmännern, sondern nur von den drei Ältesten unterschrieben ließ.[1079] Da das Gesetz aber ausdrücklich von allen Anwesenden sprach, und da darunter nur alle Wahlmänner, die beim Wahlakt zugegen waren verstanden werden konnten, wurde die Wahl aufgrund des Gesetzesverstoßes für nichtig erklärt.[1080]

Die Befolgung dieses Grundsatzes zeigte sich auch in den entgegengesetzten Fällen. So bei der Prüfung der Wahl des 12. Wahlbezirks der Prov. Starkenburg des 4. Landtags. Im Rahmen der Beratung über diese Wahl wurde der bisherige Beurteilungsstab für die „Wesentlichkeit" von Anständen in vollem Maße bestätigt. Bei dieser Wahl

---

[1078] Verh. Hessen 1826, 1. Heft, Beil. VI, S. 10 f.; Vgl. hierzu auch den Ausschußbericht und Antrag in Bezug auf die *„erheblichen"* Fehler bei der Wahlmännerwahl im Rahmen der Wahl des 5. Wahlbezirks der Prov. Oberhessen im Jahre 1826. (Verh. Hessen 1826, 1. Heft, Beil. XII, S. 16 f.). Auch bei der Prüfung der Wahl des Abg. Bräumer der 8. Wahlbezirks der Prov. Starkenburg im Jahre 1826 wurde der genannte Grundsatz in konsequente Anwendung gebracht. Aufgrund der Tatsache, daß in einer Gemeinde nur zwei Bevollmächtigte gewählt wurden, obwohl nach Art. 6 II der WahlO v. 22. März 1820 der Gemeinde vier Bevollmächtigte zugestanden hätten, sprach sich der Ausschuß für die Anullierung der Wahl aus. Der Grund lag in dem eindeutigen Verstoß gegen die Bestimmung der WahlO (Verh. Hessen 1826, 2. Heft, Beil. LXXI, S. 110 f.). Anzuführen ist auch die Prüfung der Wahl des 2. Wahlbezirks der Prov. Oberhessen im Jahre 1834, bei der der Ausschuß den Anstand herausstellte, daß die Bevollmächtigtenwahl entgegen der Bestimmung des Art. 6 III der WahlO v. 22. März 1820 von Personen geleitet worden waren, welche das Gesetz nicht kennen würde. Bei den Wahlen hatte ein verpflichteter Actuar teilgenommen, der auch die Wahlen geleitet hatte. Auch hier lag ein ausdrücklicher Verstoß gegen die Bestimmung der WahlO vor, so daß der Ausschluß sich für die Ungültigkeit der Bevollmächtigtenwahl aussprach (Verh. Hessen 1834, Beil. 1. Bd., Beil. 45, S. 2 ff.).

[1079] Verh. Hessen 1833, 1. Bd., 10. Prot. v. 19. Dezember 1832, S. 55.

[1080] Verh. Hessen 1833, 1. Bd., 10. Prot. v. 19. Dezember 1832, S. 65 f.. Auch die Wahl des 11. Wahlbezirks der Prov. Oberhessen im Jahre 1833 ist ein Beispiel für die konsequente Umsetzung dieses Beurteilungsgrundsatzes. Bei dieser Wahl wurde entgegen der ausdrücklichen Bestimmung des Art. 8 VII der WahlO v. 22. März 1820 nicht jede Abstimmung mit Beifügung der Zahl in das Wahlprotokoll aufgenommen, sondern lediglich das Resultat. Des weiteren wurde das Protokoll auch nicht von allen anwesenden Wahlmänner, sondern nur von den drei ältesten unterzeichnet. Der Ausschuß qualifizierte diese Anstände als *„sehr wesentlicher Formfehler"* und trug u.a. hierauf auf die Ungültigkeit des Wahlaktes an (Verh. Hessen 1833, 1. Beil.-Bd., Beil. CLVI, S. 472 f.).

stellte der Ausschuß den Anstand heraus, daß im Wahlprotokoll weder das Datum noch der Ort, noch der Tag, an welchem die Wahlhandlung vorgenommen wurde, angegeben war.[1081] In der Beratung wandte der dem konservativen Lager zugehörende Abg. Weller gegen den bisher verfolgten Grundsatz in Bezug auf den vorliegenden Fall ein, daß ein jedes Protokoll zu seinem Bestand erfordere, daß darin der Tag und der Ort angegeben werde, wann und wo sich der Verlauf zugetragen habe. Er sprach sich dahin aus in diesem Fall nicht nachsichtig zu verfahren und die Wahl für ungültig zu erklären, um solche Fehler für die Zukunft zu vermeiden.[1082] Mit dieser Schlußfolgerung stand er jedoch isoliert in der Kammer. Der liberale Abg. E.E. Hoffmann vertrat in diesem Fall strikt den bisher befolgten Grundsatz, indem er diesen genannten Mangel nicht als einen zur Ungültigkeit führenden Formfehler betrachtete, da Art. 8 VII der WahlO v. 22. März 1820 nicht ausdrücklich verlange, daß das Datum hinzugefügt werden müsse.[1083] Auch der konservative Abg. Goldmann stützte den bekannten Grundsatz, daß bei den Wahlhandlungen vorgefallene Versehen, durch welche nicht gegen ausdrückliche Vorschriften verstoßen wurde, von der Kammer übersehen werden könne. Er wies dabei nochmals ausdrücklich darauf hin, daß dies auch die entsprechende Praxis der vorherigen Kammern gewesen sei.[1084] Die Kammer stützte bei der abschließenden Abstimmung eindrucksvoll den bisher vertretenen Grundsatz, indem sie die Wahl mit 38 gegen 3 Stimmen für gültig erklärte.[1085]

[1081] Verh. Hessen 1829/30, 1. Beil.-Bd., Beil. XLVI, S. 226.

[1082] Verh. Hessen 1829/30, 1. Bd., 11. Prot. v. 20. November 1829, S. 54. Nicht nur in diesem Fall fand dieser Beurteilungsmaßstab nicht die uneingeschränkte Zustimmung aller Kammermitglieder. So erklärte bereits auf dem 3. Landtag der Abg. Graf Lehrbach im Rahmen der Beratung der Wahl des Abg. Rossmann des 12. Wahlbezirks der Prov. Starkenburg, daß bei Vorliegen von Formfehlern „*die Wahl eo ipso ungültig sey*", und daß es daher erst gar nicht zur Beratung kommen sollte (Verh. Hessen 1826, 1. Heft, 4. Prot. v. 12. September 1826, S. 14).

[1083] Er sah hierin lediglich eine bloße Unvorsichtigkeit bzw. eine Nachlässigkeit des Wahlkommissars, welche nicht die Folgen eines eigentlichen Formfehlers haben könnte.
Verh. Hessen 1829/30, 1. Bd., 11. Prot. v. 20. November 1829, S. 53.

[1084] Verh. Hessen 1829/30, 1. Bd., 11. Prot. v. 20. November 1829, S. 54.

[1085] Dieser Grundsatz wurde auch bei zahlreichen weiteren Wahlprüfungen konsequent als Beurteilungsmaßstab herangezogen. So u.a. auch bei der Wahl des Abg. Walter des 10. Wahlbezirks der Prov. Oberhessen im Jahre 1826. Hier fand der Ausschuß den Anstand, daß die Wahlzettel der Bevollmächtigten unterschrieben waren. Art. 7 IV S. 1 der WahlO v. 22. März 1820 erwähnte jedoch das Unterzeichnen der Wahlzettel nicht, sondern bestimmte lediglich, daß die Stimmen mit Stimmzetteln, welche mit fortlaufenden Zahlen bezeichnet werden sollten, abgelegt werden sollten. Aufgrund der Tatsache, daß somit nicht gegen eine ausdrückliche Bestimmung der WahlO verstoßen wurde, sah der Ausschuß diesen formellen Fehler als „*nicht erheblich*" an (Verh. Hessen 1826, 1. Heft, Beil. XXXVIII, S. 99). Diese Auffassung wurde auch einstimmig von der Kammer geteilt, und die Wahl wurde als gültig anerkannt (Verh. Hessen 1826, 1. Heft, 11. Prot. v. 5. Oktober 1826, S. 91 f.). Desgleichen auch bei der Prüfung der Wahl des 2. Wahlbezirks der Prov. Starkenburg im Jahre 1834. Die Einweisungskommission erhob den Anstand, daß nachdem dem zuerst Gewählten der Urlaub verweigert wurde, der Wahlkommissar bei der neu angeordneten Wahl die Wahlmänner auf das frühere Handgelübde verwiesen hatte, ohne ein solches erneut abzunehmen. Der Aus-

Hervorzuheben ist die Tatsache, daß der Frage, ob diese Anstände irgend einen möglichen Einfluß auf das Wahlresultat gehabt haben könnten, nicht nachgegangen wurde. Entscheidender Beurteilungsmaßstab für die „Wesentlichkeit" von Anständen war allein, ob durch die vorgefallenen Anstände bei den Wahlen gegen eine ausdrückliche Bestimmung der WahlO verstoßen wurde. Eine Ausnahme von diesem Grundsatz stellte lediglich die Prüfung der erneut auf den Abg. Baist gefallenen Wahl im 14. Wahlbezirk der Prov. Oberhessen im Jahre 1833 dar. Der Sachverhalt war folgender: Bei der Abgeordnetenwahl waren 19 Wahlmänner und drei Ersatzmänner erschienen. Da jedoch an den nach Art. 8 IV S. 1 der GO v. 22. März 1820 erforderlichen 4/5 der Wahlmänner einer fehlte, ergänzte der Wahlkommissar diesen Mangel durch einen Ersatzmann. Hierbei wählte der Wahlkommissar aber nicht den Ersatzmann mit den meist erhaltenen Stimmen, sondern den mit den wenigsten.[1086] Dies war für den Ausschuß der Grund, die Wahl für ungültig zu erklären, da dies nicht der berechtigte Ersatzmann, und da damit die erforderliche Anzahl von Wahlmännern nicht beteiligt gewesen wäre. Die Begründung lautete folgendermaßen: „*Eine solche Befugniß willkührlicher Auswahl aus der Zahl der Ersatzmänner kann dem Wahlcommissär auch schon um deßwillen durchaus nicht zugestanden werden, weil ihm sonst auch die Macht gegeben wäre, durch die Person seiner Auswahl auf diesen oder jenen Erfolg der Wahlhandlung selbst einen Einfluß zu äußern, der doch nach dem Gesetze nicht bestehen soll.*".[1087]

In der Beratung sprach sich der Abg. Höpfner gegen die Auffassung des Ausschusses aus und vertrat den bisherigen von der Kammer durchweg praktizierten „Wesentlichkeitsgrundsatz". Dieser Anstand sei hiernach nicht derart gewesen, daß er nach dem Gesetz die Ungültigkeit des Wahlaktes nach sich ziehe. Das Gesetz bestimmte bezüglich des Eintritts der Ersatzmänner in die Zahl der Wahlmänner nämlich keine Rangordnung.[1088]

Der der liberalen Seite zuzurechnende Abg. Hellmann schien hingegen die Auffassung der meisten Kammermitglieder zu vertreten, indem er sich dahin aussprach, daß nach dem Sinn und Geist der WahlO der Eintritt des Ersatzmannes mit den meisten Stimmen zu verlangen sei. Es könne unmöglich dem Wahlkommissar freigestellt werden, nach Gutdünken einen Ersatzmann auszuwählen, und auf diese Weise das Wahlresul-

---

schuß hingegen sah nach der bisherigen Kammerpraxis keinen Grund zur Annullierung der Wahl, da „*nirgends vorgeschrieben ist, daß, wenn eine neue Wahl im dritten Grade stattfinde, auch das bereits von den Wahlmännern abgelegte Handgelübde von denselben wiederholt abgegeben werden müsse*" (Verh. Hessen 1834, 1. Beil.-Bd., Beil. 43, S. 1).

1086 Verh. Hessen 1833, 2. Beil.-Bd., Beil. CCCI, S. 221.

1087 Verh. Hessen 1833, 2. Beil.-Bd., Beil. CCCI, S. 222.

1088 Verh. Hessen 1833, 2. Bd., 52. Prot. v. 23. April 1833, S. 523. Auch der Abg. Aull sprach sich in diesem Sinne aus: „*Ich gehe immer von dem Grundsatze aus, daß jeder Act so lange giltig ist, bis nachgewiesen ist, daß er einen Fehler an sich trägt, welchen das Gesetz mit Nichtigkeit verpönt, oder bis es zweifelhaft ist, ob alle gesetzliche Erfordernisse seiner Giltigkeit erfüllt sind. Wenn ich nun die Verfassung und das Wahlgesetz durchlaufe, so finde ich darin nicht eine Silbe von Nichtigkeit für den Fall, daß von dem Wahlcommissär zu Ergänzung der Wahlmänner ein Ersatzmann gewählt wurde, welcher die geringste Anzahl Stimmen besaß.*". Verh. Hessen 1833, 2. Bd., 52. Prot. v. 23. April 1833, S. 528.

tat zu beeinflussen.[1089] Im Ergebnis sprach sich die Kammer entgegen der bisherigen Praxis, wonach nur ein Verstoß gegen eine ausdrückliche Bestimmung der Verfassung oder der WahlO die Ungültigkeit einer Wahl bewirkt, mit 35 gegen 6 Stimmen für die Ungültigkeit der Wahl aus.Dieser Fall stellte eine absolute Ausnahme dar, da hier zum ersten und einzigen mal der genannte Beurteilungsmaßstab nicht konsequent beachtet wurde.

Ab dem 6. Landtag zeigte sich die langsame Abkehr vom „Wesentlichkeitsgrundsatz“ zum Erheblichkeitsgrundsatz hin. Als Beurteilungsmaßstab für die Gültigkeit bzw. Ungültigkeit der Wahlen trat der Gesichtspunkt in den Vordergrund, ob ein festgestellter Mangel einen Einfluß auf das Wahlresultat gehabt haben könnte.[1090] Deutlich wird dies bei der Prüfung der Wahl des 9. Wahlbezirks der Prov. Starkenburg des 8. Landtags. Im Rahmen der Prüfung ergab sich, daß ein Wahlmann aufgrund seiner persönlichen Eigenschaften, da er zur Zeit des Wahlaktes unter Kuratel gestanden hatte, nicht berechtigt war, an der Wahlhandlung teilzunehmen. Der Ausschuß sah diese ord-

---

[1089] Verh. Hessen 1833, 2. Bd., 52. Prot. v. 23. April 1833, S. 525. So auch der Abg. Emmerling, S. 524.

[1090] So äußerte bereits der Abg. Langen in der Beratung über Wahl des 2. Wahlbezirks der Prov. Starkenburg im Jahre 1834, daß die Erheblichkeit eines Fehlers stets nach dem Einfluß, den dieser auf das Endresultat der Wahl gehabt haben könnte, zu beurteilten sei (Verh. Hessen 1834, 1. Bd., 9. Prot. v. 15. Mai 1834, S. 8). Ein exemplarisches Beispiel für die neue Ausrichtung in der Frage des Beurteilungsgrundsatzes war gerade auch die Prüfung der Stadt Bingen. Hier stellte der Ausschuß den Anstand heraus, daß bei der Bevollmächtigtenwahl nach dem Abstimmungsregister die Zahl der Abstimmenden 687 betrug, hingegen aber vier Stimmzettel mehr, also 691 abgegeben wurden. Aufgrund „*des geringen Einflusses auf die Wahl*“ hielt der Ausschuß diesen Anstand für „*unerheblich*“. Des weiteren wurden bei der Wahl der Wahlmänner die Ersatzmänner nicht allein aus der Liste der 60 Höchstbesteuerten, sondern aus dieser und derjenigen der weiter folgenden 10 Höchstbesteuerten gewählt. Schließlich hat auch einer dieser Wahlmänner bei der Wahl mitgewirkt. Aber auch diesen Fehler hielt der Ausschuß nicht für „*erheblich genug*“. Weiterhin wurde bei der Abgeordnetenwahl statt die 24 erschienenen Wahlmänner, als die gesetzlich bestimmte Anzahl der 4/5 schon übersteigend, die Wahlhandlung allein durchführen zu lassen, noch aus den Ersatzmännern der 25. herangezogen. Aber auch dieser Fehler wurde übergangen, da dieser ohne Einfluß auf das Resultat war, da der Abg. mit 24 Stimmen gewählt wurde (Verh. Hessen 1834, 1. Beil.-Bd., Beil. XL, S. 28). So erklärte der Ausschuß auch nach diesem Beurteilungsmaßstab die Wahl des 6. Wahlbezirks der Prov. Rheinhessen für ungültig. Ursache hierfür war, daß zwei Wahlmänner nach Ansicht des Ausschusses unberechtigt von der Teilnahme an der Wahl ausgeschlossen wurden, da sie verspätet zu dieser Wahl kamen. Der Ausschuß befand jedoch, daß der Anfang der Wahlhandlung erst in dem Austeilen und der Wiederannahme der Stimmzettel zu erblicken sei, daß dies aber noch nicht begonnen hatte, als die beiden Wahlmänner eintrafen. Bei einer Teilnahme dieser beiden Wahlmänner hätte das Resultat der Abgeordnetenwahl nach Ansicht des Ausschusses anders ausfallen können, da zwischen dem Erst- und Zweitplazierten nur zwei Stimmen Unterschied lagen, so daß der Ausschuß in konsequenter Weise diese Wahl für ungültig erklärte (Verh. Hessen 1835, 1. Beil.-Bd., Beil. 27, S. 2 ff.). Vgl. auch die Prüfung der Wahl des 8. Wahlbezirks der Prov. Starkenburg auf dem 6. Landtag (Verh. Hessen 1834, 1. Beil.-Bd., Beil. XXVII, S. 3-5).

nungswidrige Zuziehung dieses Wahlmannes rechtlich als unbedeutend an. Begründet wurde dies damit, daß der Wegfall dieser Stimme auf das Ergebnis der Wahl keinen entscheidenden Einfluß geäußert haben könne, da auch ohne diesen Wahlmann noch mehr als 4/5 der Wahlmänner wirklich abgestimmt hatten.[1091] Diese Auffassung des Ausschusses war um so bedeutsamer, da Art. 16 Nr. 3 der Verf.-Urk. v. 17. Dezember 1820 ausdrücklich vorsah, daß die Ausübung des Staatsbürgerrechts während der Dauer einer Kuratel gehindert sei. Des weiteren schrieb auch Art. 11 S. 3 Nr. 1, 2. Alt der WahlO v. 22. März 1820 ausdrücklich vor, daß eine neue Wahl der Wahlmänner stattzufinden hat, wenn ein Wahlmann unfähig geworden sei. Trotz eines ausdrücklichen Verstoßes gegen die Bestimmung der WahlO, wurde entgegen dem „Wesentlichkeitsgrundsatz" die Wahl für gültig erklärt. [1092]Besonders aufschlußreich ist als Beleg für den Wandel des Beurteilungsgrundsatzes, die Prüfung der Wahl der Stadt Worms auf dem 11. Landtag. Der Ausschuß hob den Anstand hervor, daß bei der Wahl der Wahlmänner 19 Bevollmächtigte abgestimmt hatten und von diesen wurden fünf mit 19 Stimmen zu Wahlmännern erwählt. Die Folge hiervon mußte sein, daß diese sich entgegen der Vorschrift des Art. 11 S. 1 der WahlO v. 22. März 1820 selbst ihre Stimmen gegeben hatten. Der Ausschuß sah diesen Anstand jedoch als „*unerheblich*" an, da es im Resultat der Wahl der Wahlmänner keinen Unterschied gemacht habe, ob diese mit 19 oder 18 Stimmen gewählt wurden. Des weiteren sei auch der Abgeordnete einstimmig mit 23 Stimmen gewählt worden. Der Antrag des Ausschusses ging somit dahin, die Wahl definitiv als gültig zu betrachten.[1093]

[1091] Verh. Hessen 1838/39, 3. Beil.-Bd., Beil. 255, S. 1 f..

[1092] Vgl. hierzu auch folgenden Fall: Bei der Wahl im 11. Wahlbezirk der Prov. Oberhessen des 11. Landtags gingen zwei Reklamationen ein. Interessant ist, daß u.a. in der Reklamation vorgebracht wurde, daß bei einer Wahl der Bevollmächtigten zwei Staatsbürger mit abgestimmt hätten, welche eine Zuchthausstrafe verbüßt hätten. Der Ausschuß ging auf diesen Anstandspunkt gar nicht ein, sondern zeigte nur auf, daß der Bevollmächtigte dieses Ortes mit 102 von 103 Stimmen gewählt wurde, und daß zwei Stimmen einen entscheidenden Einfluß nicht äußern konnten (Verh. Hessen 1847/48, 1. Beil.-Bd., Beil. 47, S. 1 f.). Vgl. u.a. auch die Prüfung der Wahl im 1. Wahlbezirk Oberhessen auf dem 9. Landtag, bei der in einigen Gemeinden mehrere Ortsbürger durch Auftrag an Dritte ihre Stimme abgaben. Im Ausschußbericht hierzu hieß es: „*Die Abstimmung muß nach dem Gesetz persönlich, mündlich oder schriftlich durch Ueberreichung eines Stimmzettels geschehen. Der Ausschuß würde diese Formverletzung als eine wesentliche erkennen, wenn sie auf die gesetzliche Anzahl der Abstimmenden einen Einfluß äußerte. Dieß war aber nicht der Fall und der Ausschuß glaubt daher auch über diesen Mangel hinwegsehen zu können.*". Verh. Hessen 1841/42, 1. Beil.-Bd., Beil. 36, S. 2 f..

[1093] Verh. Hessen 1847/48, 1. Beil.-Bd., Beil. 28, S. 1. Der gleiche Fall mit der gleichen Bewertung zeigte sich auch bei der Wahl des 14. Wahlbezirks der Prov. Oberhessen auf dem 11. Landtag (Verh. Hessen 1847/48, 1. Beil.-Bd., Beil. 67, S. 9). Charakteristisch für den genannten Wandel ist ebenfalls die Prüfung der Wahl des 5. Wahlbezirks der Prov. Rheinhessen im Jahre 1850. Der Legitimationsausschuß stellte den Anstand heraus, daß in einer Gemeinde laut Bescheinigung die Wahl nicht drei Tage, wie nach Art. 22 der WahlO v. 7. Oktober 1850 vorgesehen, sondern nur einen Tag vor der Wahl verkündet wurde. Diesem Formfehler wurde aber kein Gewicht beigelegt. Als Begründung wurde angeführt, daß auch durch all diejenigen Stimmen der Gemeinde, welche nicht abgestimmt hatten, und welche möglicherweise durch

Diese neue Ausrichtung des Prüfungsmaßstabs und damit die ausschließliche Anerkennung des Erheblichkeitsgrundsatzes als maßgeblicher Beurteilungsgrundsatz wurde auf dem 14. Landtag zum erstenmal ausdrücklich durch den Legitimationsausschuß bestätigt und manifestiert. Bevor der Legitimationsausschuß in der 8. Sitzung mit der Berichterstattung begann, schickte der Präsident des Ausschusses noch einige Bemerkungen hinsichtlich allgemeiner Grundsätze, welche den Ausschuß bei der Prüfung der Wahlen geleitet hatten, voraus. Hierunter war auch folgende Ausführung: *„als Grundsatz aufgestellt, daß solche Anstände, die keinen wesentlichen Einfluß auf das Ergebniß der Wahl äußern konnten, mochten sie sonst auch sein, wie sie wollten, keine Rücksicht zu finden hätten. Es liegt dieser Grundsatz so in der Natur der Sache, und ist, so viel ich weiß, auch bei früheren Landtagen praktisch geworden, daß zur Begründung wohl nichts gesagt zu werden braucht.“*.[1094]
Bereits ab dem 11. Landtag wurde in strenger Konsequenz nur noch darauf geachtet, ob durch einen Anstand ein möglicher Einfluß auf das Wahlresultat ausgeübt wurde. War dies nicht der Fall, so war der Anstand so unerheblich, daß er in den überwiegenden Fällen erst gar nicht mehr Erwähnung fand. Dies verdeutlicht folgende ganz typische Erklärungen im Ausschußbericht über die Wahl im 5. Wahlbezirk der Prov. Oberhessen. Dort hieß es: *„In der Gemeinde Niederohmen hat sich die dortige Localwahlcommission grobe Versehen gegen die Vorschrift der Wahlordnung zu Schulden kommen lassen,.... Durch jenes unregelmäßige, tadelnswerthe Verfahren der Wahlcommission ... wird jedoch das Wahlresultat durchaus nicht verändert, weßhalb auch*

---

die Verspätung der Verkündung abgehalten worden waren, von ihrem Stimmrecht Gebrauch zu machen, wirklich abgestimmt hätten und dem Gegenkandidaten ihre Stimme gegeben hätten, das Resultat der Wahl nicht verändert worden wäre (Verh. Hessen 1850, Beil.-Bd., Beil. 19, S. 1 f.; Verh. Hessen 1850, Prot.-Bd., 8. Prot. v. 3. Januar 1850, S. 11). Vgl. weiterhin die Prüfung der Wahlen des 7. Wahlbezirks der Prov. Rheinhessen, des 15 Wahlbezirks der Prov. Oberhessen und des 9. Wahlbezirks der Prov. Starkenburg. In diesen gleichartigen Fällen wurde i.S.d. vorgenannten Begründung entschieden (Verh. Hessen 1850, Beil.-Bd., Beil. 79, S. 1; Verh. Hessen 1850, Beil.-Bd., Beil. 80, S. 1; Verh. Hessen 1850, Beil.-Bd., Beil. 77, S. 1). s. u.a. auch die Prüfung der Wahl im 6. Wahlbezirk der Prov. Rheinhessen (Verh. Hessen 1857/59, 1. Beil.-Bd., Beil. 48, S. 1) und die der Wahl im 7. Wahlbezirk der Prov. Rheinhessen (Verh. Hessen 1857/59, 1. Beil.-Bd., Beil. 49, S. 1). Abschließend sei noch die Prüfung der Wahl des 7. Wahlbezirks der Prov. Oberhessen auf dem 13. Landtag erwähnt. Anstände bei dieser Wahl waren u.a., daß in einigen Gemeinden das Wahlprotokoll nicht von der ganzen Wahlkommission, sondern nur von dem Bürgermeister unterzeichnet war. Des weiteren mangelte es in einzelnen Gemeinden auch an der Bescheinigung des Gemeinderats, daß die aufgetretene Wahlkommission wirklich durch das Los bestimmt war. Darüber hinaus war auch in einer Gemeinde das Wahlprotokoll gar nicht unterschrieben. Obwohl diese Anstände klar gegen gesetzliche Bestimmungen verstießen, äußerte sich der Ausschuß lediglich in folgender Weise: *„Da indessen alle diese Anstände nicht geeignet sind, das Resultat der Wahl so sehr zu ändern, daß der Gewählte nicht die absolute Mehrheit der gültig abgegebenen Stimmen erhalten hätte,“* (Verh. Hessen 1850 (13. LT), Beil.-Bd., Beil. 106, S. 1 f.).

[1094] Verh. Hessen 1851, 1. Prot.-Bd., 8. Prot. v. 28. Januar 1851, S. 26 f..

schon bei der provisorischen Prüfung in der vierten Abtheilung dasselbe als unerheblich keine Beachtung fand.“[1095]
Dieser Grundsatz wurde sogar so weit gefaßt, daß in Fällen, in denen kein erkennbarer Einfluß auf das Wahlresultat sichtbar war, noch nicht einmal mehr den Fehlern bei den Wahlen nachgegangen wurde.[1096]
Daß der Erheblichkeitsgrundsatz in letzter Konsequenz angewendet wurde, verdeutlicht vor allem die Entscheidung in Bezug auf die Prüfung der Wahl des 8. Wahlbezirks der Prov. Rheinhessen des 11. Landtags. Gegen diese Wahl ging eine Reklamation wegen Beschränkung der Wahlfreiheit bei der Wahl der Bevollmächtigten zu Westhofen, ein. Hierin gab der Reklament an, daß Westhofen vier Bevollmächtigte zu wählen habe, und daß schließlich der Bürgermeister, der die Bevollmächtigtenwahl geleitet habe und drei seiner Neffen gewählt worden seien. Bei der Abstimmung, die meist mündlich erfolgte, soll der Bürgermeister sich und seine Neffen den mündlich Abstimmenden vorgeschlagen haben. Für den Fall, daß kein Widerspruch erfolgte, soll er den entsprechenden Eintrag in die Abstimmungsliste vorgenommen haben.[1097] Der Ausschuß führte jedoch lediglich an, daß selbst in dem Fall, daß die Bevollmächtigtenwahl ungültig sei, darüber hinweg zu gehen sei, da dies für das Resultat der Abgeordnetenwahl ohne Einfluß wäre, da der Gewählte mit 24 gegen eine Stimme gewählt wurde.[1098] Dieser Fall verdeutlicht, wie konsequent der Erheblichkeitsgrundsatz bei der Prüfung der Wahlen angewandt wurde. Selbst in Fällen, in denen augenscheinlich gegen die Wahlfreiheit verstoßen wurde, wurde diesem kein Gewicht beigelegt, solange hierin kein numerischer Einfluß auf das Wahlresultat zu erblicken war.

Das Großherzogtum Hessen nahm hinsichtlich des Prüfungsmaßstabes im Vergleich zu den anderen untersuchten Staaten eine Sonderstellung ein. Während des Untersuchungszeitraums wurde der dem Prüfungsmaßstab zugrundeliegende Beurteilungsmaßstab ausgewechselt. Die Kammern wandten zunächst und ausschließlich nur den

---

[1095] Verh. Hessen 1850, Beil.-Bd., Beil. 59, S. 1. Beispielsweise hieß es im Bericht über die Wahlen des 9. und 11. Wahlbezirks der Prov. Starkenburg und des 11. Wahlbezirks der Prov. Rheinhessen des 13. Landtags: *„Bei der Prüfung der bezeichneten Wahlen sind zwar einige Anstände aufgefunden worden, allein keine solche, welche das Ergebniß der Wahlen abändern könnten.*“ (Verh. Hessen 1850 (13. LT), Beil.-Bd., Beil. 101, S. 1). Vgl. ebenfalls: Verh. Hessen 1850, Prot.-Bd., 2. Prot. v. 27. Dezember 1849, S. 6; Verh. Hessen 1850, Beil.-Bd., Beil. 49, S. 1 f.; Verh. Hessen 1850, Beil.-Bd., Beil. 58, S. 1; Verh. Hessen 1850 (13. LT), Beil.-Bd., Beil. 67, S. 1; Verh. Hessen 1850 (13. LT), Beil.-Bd., Beil. 64, S. 1; Verh. Hessen 1850 (13. LT), Beil.-Bd., Beil. 82, S. 1; Verh. Hessen 1850 (13. LT), Beil.-Bd., Beil. 104, S. 1; Verh. Hessen 1857/59, 1. Beil.-Bd., Beil. 57, S. 1.

[1096] Dies verdeutlicht insbesondere folgender Fall. In Bezug auf die Wahl des 12. Wahlbezirks der Prov. Starkenburg des 17. Landtags hieß es lediglich: *„Da der neben Herrn Martin am höchsten bestimmte Candidat nur 16 Stimmen erhielt, so ist es unerheblich, durch weitere Erkundigungen festzustellen, ob Einer der von Auerbach erschienenen Wahlmänner gültig gewählt war oder ob statt seiner eine andere Person-wie im Wege der Reclamation behauptet wurde-als Wahlmann von Auerbach zuzuziehen gewesen wäre.*“ (Verh. Hessen 1863/65, 1. Beil.-Bd., Beil. 39, S. 1).

[1097] Verh. Hessen 1847/48, 1. Beil.-Bd., Beil. 31, S. 1

[1098] Verh. Hessen 1847/48, 1. Beil.-Bd., Beil. 31, S. 2.

ebenfalls im Königreich Württemberg praktizierten „Wesentlichkeitsgrundsatz“ an. Ab dem Jahre 1834 wurde der Erheblichkeitsgrundsatz als maßgeblicher Prüfungsmaßstab eingeführt und mit besonderer Konsequenz angewandt. Dieser Wandel des Beurteilungsgrundsatzes ist nicht zuletzt auf die Zunahme der Wahlprüfungen zurückzuführen.

8. Auslegung von Wahlrechtsbestimmungen und Kontinuität der Entscheidungen

Aufgrund der zahlreichen unbestimmten Wahlrechtsbestimmungen war die Ausgangslage der Darmstädter zweiten Kammer identisch mit denen der badischen und württembergischen. Trotz dieser vergleichbaren Situation im Rahmen der Wahlprüfungen zeigte sich hinsichtlich der Kontinuität der Wahlprüfungsentscheidungen ein völlig unterschiedliches Bild. Den ausschlaggebenden Grund für diese Tatsache verdeutlicht insbesondere folgende für weite Teile der Kammern repräsentative Ansicht im Ausschußbericht der Wahl im 9. Wahlbezirk der Prov. Starkenburg auf dem 5. Landtag: *„Entscheidungen einer vorhergehenden Kammer binden indessen eine nachfolgende auf keine Weise. Die Präjudizienlehre, oder das blinde Unterwerfen unter die Entscheidungen früherer Ständeversammlungen ist der freien selbstständigen Bewegung jeder neuen Kammer geradezu entgegen, und es hieße Letztere schon im voraus in Banden legen, sollte sie nicht stets bei sich erneuernden Fragen die Entscheidung nur immer in ihrer eigenen unabhängigen Ueberzeugung suchen dürfen.*“.[1099] Insbesondere diese auf liberaler Seite vorherrschende Auffassung hinsichtlich der Kontinuität der Entscheidungen in den Wahlprüfungsfällen führte auch zu einem Konflikt mit der Regierung in Bezug auf die Kontinuität in formellen Fragen, welcher auf dem 6. Landtag im Rahmen der Beratung über die Wahl des 2. Wahlbezirks der Prov. Oberhessen[1100] ausbrach.

Der Regierungsrat v. Bechthold stellte im Rahmen der Prüfung dieser Wahl grundsätzlich heraus, daß die Beschlüsse der Kammer über die Gültigkeit der Wahlen in den vom Gesetz nicht klar entschiedenen Fällen als Instruktion für die Wahlkommissare in Bezug auf die Formalien bildeten, welche bei den Wahlen der Abgeordneten zu beobachten seien. Absolutes Erfordernis hierfür sei, damit die Wahlkommissare in den Beschlüssen der Kammer eine entscheidende Norm für ihr Verfahren erkennen könnten, daß die Entscheidungen über einzelne Wahlen übereinstimmen müßten.[1101] Die Staatsregierung war der Auffassung, daß die Harmonie in den Beschlüssen nicht bloß in den Entscheidungen einer jeweiligen zweiten Kammer stattfinden, sondern ebenfalls mit denen vorhergehender Kammern übereinstimmen müßten.[1102] Die Staatsregierung

---

[1099] Verh. Hessen 1833, 1. Beil.-Bd., Beil. CXXVI, S. 392.

[1100] Vgl. hierzu den Ausschußbericht zu dieser Wahl, Verh. Hessen 1834, 1. Beil.-Bd., Beil. 45, S. 1-7.

[1101] Verh. Hessen 1834, 1. Beil.-Bd., Beil. 61, S. 1.

[1102] So hieß es: *„Hat einmal die zweite Kammer in Ansehung einer bei den Wahlen zu beobachtenden, gesetzlich nicht genau bezeichneten Form, eine bestimmte Ansicht adoptirt, so wird diese Ansicht nicht blos eine Richtschnur für das Verfahren der Wahlcommissäre bei künftigen Wahlen bilden, sondern muß auch Gesetz für die zweite Kammer seyn, an welches sich dieselbe bei wiederkehrenden gleichen Fällen stets wird halten müssen.*“ (Verh. Hessen 1834, 1. Beil.-Bd., Beil. 61, S. 2).

beteuerte auch im Rahmen ihrer Ausführungen, daß sie das Recht der Kammer, selbstständig über die Gültigkeit der Wahlen zu entscheiden, nicht bestreite, aber „*wenn eine zweite Kammer je ohne feste Grundsätze, also nach Willkühr, jene Entscheidungen zu ertheilen sich bestimmt fühlen sollte, sich in die Nothwendigkeit versetzt sehen, solchen Beschlüssen ihre Anerkennung zu versagen, und denselben keine Folge zu geben.*“.[1103] Insbesondere die in dieser Aussage enthaltene Drohung brachten diesen liberal dominierten Landtag auf. Der dritte Ausschuß, der sich mit diesem Regierungsvortrag auseinandersetzte, verwahrte sich gegen die Vorwürfe von Seiten der Staatsregierung. Insbesondere wandte sich der Ausschuß gegen die Androhung, daß die Regierung „*willkührlichen*“ Beschlüssen ihre Anerkennung versagen, und daß sie diesen keine Folge mehr leisten würde. Der Ausschuß verwies darauf, daß die Verfassung die Kompetenz zur Entscheidung über die Gültigkeit der Wahlen ausschließlich in die Hände der Kammer lege. Nur wenn nach Auffassung der Regierung ein Beschluß willkürlich sei, könne diesem in keinem Fall die Anerkennung verweigert werden, da es keine Instanz gäbe, die entscheiden könne, ob die Regierung zu Recht von einem willkürlichen Beschluß ausgeht. Der Ausschuß bestätigte zwar grundsätzlich, daß es sinnvoll sei, eine konsequente Behandlung der Geschäfte durchzuführen, verwies aber darauf, daß abweichende Entscheidungen keine Willkür seien. Für den Ausschuß war es eindeutig, daß bei strittigen Fragen nicht alle Verhältnisse gleich seien, und daß Nuancen in anscheinend gleichen Fällen die Sachlage anders gestalten könnten. Ganz entschieden verwahrte sich der Ausschuß gegen die Aufforderung der Regierung, daß sich die Entscheidungen der einzelnen Kammern decken sollten. Hierbei verwies er auf den Eid, den die Stände zu schwören hätten, wobei nur die Überzeugung des Einzelnen als Richtschnur seines Handelns zu nehmen sei.[1104] In der Beratung fand der Bericht des Ausschusses einhellige Zustimmung. Gerade von liberaler Seite wurde vehement gegen die Auffassung der Regierung angegangen. So wurde erneut darauf hingewiesen, daß jedes Kammermitglied den Eid geschworen hätte, nur nach seiner inneren Überzeugung abzustimmen. Die Kammer sei nur ihrem eigenen Gewissen und Niemandem anders Rechenschaft über ihre Beschlüsse schuldig.[1105] Die Auffassung der Kammer in Bezug auf die Einwendungen der Regierung brachte der Abg. v. Gagern folgendermaßen auf den Punkt: „*Ich glaube nicht, daß die Kammer ein Präjudicienbuch für ihre Beschlüsse über Wahlen zu führen hat, sondern ich glaube, daß, wenn verschiedenartige Beschlüsse über Wahlformen vorliegen, die Staatsregierung, wie in anderen Dingen erfordert wird, nur im Wege der Gesetzgebung die streitige Frage für alle Folge entscheiden lassen kann.*“.[1106] Daß vor allem die liberale Seite sich vehement gegen diese Forderung der Regierung wandte hatte zwei Gründe. Zum einen sahen sie die ausschließliche Wahlprüfungskompetenz der Kammer bedroht. Zum anderen, und dies mag der Hauptgrund sein, wollten sie verhindern, daß ein mehrheitlich konservativ/gouvernemental besetzter Landtag ein für die liberale Seite machtpolitisch nachteiliges Präjudiz schaffen würde. Die Folge hiervon wäre gewesen,

[1103] Verh. Hessen 1834, 1. Beil.-Bd., Beil. 61, S. 2.
[1104] Verh. Hessen 1834, 1. Beil.-Bd., Beil. 87, S. 4-6.
[1105] Verh. Hessen 1834, 1. Prot.-Bd., 18. Prot. v. 7. Juni 1834, S. 7 f..
[1106] Verh. Hessen 1834, 1. Prot.-Bd., 18. Prot. v. 7. Juni 1834, S. 43 f..

daß auch liberal dominierte Landtage die Kontinuität solcher Entscheidungen zu wahren hätten.
Wie die Kammern schließlich in den zentralen Wahlprüfungsfällen mit der Frage der Kontinuität ihrer Entscheidungen umgingen, verdeutlichen die folgenden Ausführungen.

a. Auslegung und Anwendung des Art. 60 der Verfassungsurkunde v. 17. Dezember 1820

Eine der gewichtigen Auslegungsfragen im Rahmen der Wahlprüfungen drehte sich um Art. 60 der Verf.-Urk. v. 17. Dezember 1820, welcher bestimmte: „*Wer als Mitglied der einen oder der andern Kammer auf Landtagen erscheinen will, darf nie wegen Verbrechen, oder Vergehen, die nicht blos zur niederen Polizei gehören, vor Gericht gestanden haben, ohne gänzlich freigesprochen worden zu seyn.*“ Gerade an dieser Bestimmung hinsichtlich der Thematik der Disziplinarstrafen läßt sich die Kontinuität der Entscheidungen besonders gut herausstellen, da es während des Untersuchungszeitraumes über ein und denselben Sachverhalt zu drei unterschiedlichen Wahlprüfungen kam.[1107]
Mit der Wahl des Abg. Weidenbusch des 4. Wahlbezirks der Prov. Starkenburg auf dem 2. Landtag wurde die genannte Prüfungsreihe eröffnet. Ausschlaggebender Punkt bei dieser Wahl war die Tatsache, daß der Gewählte zu einem Duell herausgefordert hatte, und daß er daher vom Hofgericht in Gießen zu einer vier-monatigen Suspendierung vom Amt des Advokaten verurteilt wurde. Problematisch in diesem Fall war die Tatsache, daß kein Gesetz vorlag, welches diese Tat erfaßte. Nach Auffassung des Ausschusses gehörte nach der Analogie zu den hessischen Gesetzen das Duell zu den peinlichen Vergehen, so daß es von Seiten des Ausschusses nicht zu den niedrigen Polizeivergehen gezählt wurde.[1108] Folge hiervon war, daß der Ausschuß daher nach Art. 60 der Verf.-Urk. v. 17. Dezember 1820 sich für die Unzulässigkeit des Gewähl-

---

[1107] Neben den nachstehenden Ausführungen in Bezug auf Diziplinarstrafen stand der Art. 60 der Verf.-Urk. v. 17. Dezember 1820 auch bei anderen Wahlprüfungsfällen während der ersten Hälfte des Untersuchungszeitraums im Mittelpunkt. Vgl. die weiteren Fälle im Zusammenhang mit Art. 60: Auf dem ersten Landtag die Wahl des Abg. Schneider des 13. Wahlbezirks der Prov. Oberhessen (Verh. Hessen 1820, 1. Heft, 8. Prot. v. 13. Juli 1820, S. 72 f.; Verh. Hessen 1820, 2. Heft, 10. Prot. v. 18. Juli 1820, S. 10). Des weiteren auf dem 3. Landtag die Wahl des Abg. Schubert des 2. Wahlbezirks der Prov. Rheinhessen (Verh. Hessen 1826, 1. Heft, Beil. XI, S. 15; Verh. Hessen 1826, 1. Heft, 6. Prot. v. 18. September 1826, S. 27-42; Verh. Hessen 1826, 1. Heft, 7. Prot. v. 22. September 1826, S. 46). Desgleichen die Wahl des Abg. E. E. Hoffmann des 5. Wahlbezirks der Prov. Starkenburg (Verh. Hessen 1826, 1. Heft, 8. Prot. v. 26. September 1826, S. 49; Verh. Hessen 1826, 1. Heft, 9. Prot. v. 29. September 1826, S. 84 f.) und die Wahl des Abg. Glas des 13. Wahlbezirks der Prov. Oberhessen (Verh. Hessen 1826, 2. Heft, Beil. LXI, S. 50; Verh. Hessen 1826, 3. Heft, 22. Prot. v. 6. November 1826, S. 9 f.). Vgl. auch abschließend die Prüfung der Wahl des 9. Wahlbezirks der Prov. Starkenburg auf dem 5. Landtag (Verh. Hessen 1833, 1. Beil.-Bd., Beil. CXXVI, S. 384 ff.; Verh. Hessen 1833, 1. Prot.-Bd., 23. Prot. v. 30. Januar 1833, S. 360).
[1108] Verh. Hessen 1823/24, 1. Bd., 1. Heft, 7. Prot. v. 25. August 1823, S. 20.

ten aussprach.[1109] In der nachfolgenden Beratung setzten sich insbesondere die liberalen Abg. v. Gagern und Kekule für eine mildere Auslegung des Art. 60 der Verf.-Urk. v. 17. Dezember 1820 ein. Sie sprachen sich dafür aus, in diesem Fall der ratio legis des Gesetzes vor dem Wortlaut den Vortritt zu lassen. Insbesondere wurde diese Ansicht vor dem Hintergrund vertreten, daß die vom Gewählten verübte Tat fest in den Sitten Europas verankert war.[1110] Auch der liberale Abg. Wieger wandte sich dagegen, den vorliegenden Fall unter Art. 60 der Verf.-Urk. v. 17. Dezember 1820 zu subsumieren, da es sich vorliegend nur um eine Disziplinarsache handele. Als Grund fügte er an, daß der Gewählte sowie alle Beteiligten öffentliche Beamte gewesen seien, und daß damit auch das Urteil bloß eine Disziplinarmaßregel sei.[1111] Er wies unterstützend noch darauf hin, daß die Herausforderung zum Duell in der Kriminalgesetzgebung nicht mit einer Strafe verpönt sei. Die Mehrheit der Kammer vereinigte sich hingegen mit der Ansicht des Ausschusses. Dabei stand die Ansicht im Vordergrund, daß sich die Kammer an den Wortlaut der Gesetzbestimmung zu halten habe. Des weiteren stände es der Kammer auch nicht zu, zu untersuchen und zu entscheiden, ob und inwiefern ein Vergehen nach den Gesetzen strafbar sei oder nicht, da dies ausschließlich die Sache des Gerichts sei. Die Aufgabe der Kammer sei lediglich, zu beurteilen, ob die vom Gericht erkannte Strafe unter Art. 60 der Verf.-Urk. v. 17. Dezember 1820 falle.[1112] In konsequenter Weise wurde daher die Zulassung von der Kammer mit 25 gegen 14 Stimmen verweigert.[1113]

Erneut kam die selbe Thematik auf dem 5. Landtag bei der Prüfung der Wahl der Stadt Worms auf die Tagesordnung der Kammer. Der hier zum Abgeordneten gewählte Hallwachs, der damalige Gegner des Abg. Weidenbusch, dem wie dargestellt die Zulassung verweigert wurde, wurde ebenfalls vom Großherzoglichen Hofgericht zu Gießen, jedoch wegen Annahme einer Herausforderung zum Duell, zu einer dreimonatiger Suspension vom Dienste verurteilt. Obwohl es sich um den identischen Sachverhalt handelte, sah der Ausschuß die Entscheidung der Kammer des 2. Landtags in diesem Fall nicht als bindend an.[1114] Die Folge war, daß der Ausschuß sich erneut mit der Frage beschäftigte, ob ein Gewählter aufgrund eines solchen gegen ihn ergangenen Urteils nach Art. 60 der Verf.-Urk. v. 17. Dezember 1820 zulässig sei. Der Ausschuß vertrat in diesem Fall dieselbe Auffassung, wie die liberale Minderheit auf dem 2. Landtag. Da ihrer Auffassung nach Duelle an sich weder von den Gesetzen verpönt seien und des weiteren in der fraglichen Sache, in der alle Beteiligten Staatsbeamte gewesen seien, die erkannte Strafe nur als Diziplinarstrafe zu betrachten sei, würde der Art. 60 der

[1109] Verh. Hessen 1823/24, 1. Bd., 1. Heft, Beil. VI, S. 12.
[1110] Verh. Hessen 1823/24, 1. Bd., 1. Heft, 7. Prot. v. 25. August 1823, S. 16 ff..
[1111] Verh. Hessen 1823/24, 1. Bd., 1. Heft, 7. Prot. v. 25. August 1823, S. 19 f..
[1112] So der Abg. Gilmer, Verh. Hessen 1823/24, 1. Bd., 1. Heft, 7. Prot. v. 25. August 1823, S. 19. Desgleichen die Abg. Ludwig und v. Rabenau, Verh. Hessen 1823/24, 1. Bd., 1. Heft, 7. Prot. V. 25. August 1823, S. 16 f..
[1113] Verh. Hessen 1813/24, 1. Bd., 1. Heft, 8. Prot. v. 28. August 1823, S. 51.
[1114] Verh. Hessen 1833, 1. Beil.-Bd., Beil. L, S. 197 f..

Verf.-Urk. v. 17. Dezember 1819 nicht eingreifen.[1115] Folgerichtig ging der Antrag des Ausschusses dahin, die Wahl für gültig, und den Gewählten für zulässig zu erklären.[1116] Nach der Berichterstattung erzeugte diese Thematik keine weiteren Diskussionen mehr, sondern der Abgeordnete wurde einstimmig für zulässig erklärt.[1117]

Das dritte Kapitel in dieser Prüfungsreihe spielte bei der Prüfung der Wahl der Stadt Darmstadt auf dem 6. Landtag. Die Besonderheit dieses Falles lag darin, daß der Gewählte, der Abg. Huth in der selben Angelegenheit wie die Abg. Weidenbusch und Hallwachs, wegen der gegenseitigen Herausforderung zum Duell, als Sekundant mit einer Geldstrafe bestraft worden war. Der Ausschuß setzte sich mit dieser Frage nicht mehr auseinander, sondern verwies lediglich auf die Entscheidung der vorherigen Kammer, die einstimmig die Zulassung des Abg. Hallwachs anerkannt hatte, und die die gegen ihn erkannte Strafe nur als eine Disziplinarstrafe betrachtet hatte, und das eine solche nicht zum Eintritt in die Kammer unfähig machen würde.[1118]
Diese drei Wahlprüfungsfälle, welche auf dem gleichen Sachverhalt beruhten, scheinen zunächst zu verdeutlichen, daß der Kontinuität der Entscheidungen keine Bedeutung beigemessen wurde. Es ist zwar richtig, daß in ein und derselben Sache zwei völlig unterschiedliche Entscheidungen ergangen waren. Hierbei darf man jedoch keineswegs die politische Zusammensetzung der Kammern außer Acht lassen. Denn gerade der 5. und 6. Landtag waren die Landtage, in denen die Liberalen am stärksten vertreten waren, wobei sie hingegen beim 2. Landtag die Minderheit darstellten. Vor diesem Hintergrund kann man bereits von einer Kontinuität in dieser Frage sprechen, da auf den genannten drei Landtagen die liberale Seite jeweils die gleiche Auffassung vertreten hatte. Gerade dieses Beispiel verdeutlicht, daß bei wechselnden Mehrheiten in den Kammern, dementsprechend auch die Auffassungen und damit die Beschlüsse wechselten.
Die Entscheidungen in diesem Fall auf dem 5. und 6. Landtag konnten aber als Präjudiz in der Frage angesehen werden, daß Disziplinarstrafen nicht unter Art. 60 der Verf.-Urk. v. 17. Dezember 1820 fielen. Dies verdeutlichen gerade die zwei jeweiligen Prüfungen der Wahlen des Abg. Krauskopf der Stadt Alsfeld. Bei der Prüfung seiner Wahl auf dem 6. Landtag stellte sich heraus, daß er im Jahre 1817 als Landwehrbataillons-Adjutant wegen Mißhandlung eines Landwehrmanns durch das Oberkriegskolleg mit vierzehntägiger Hauptwachestrafarrest belegt worden war. Sowohl vom Ausschuß als auch von der Kammer wurde dieses Vergehen nur als ein Disziplinarvergehen angesehen. Infolge der Entscheidungen in den Fällen der Wahlen der Stadt Worms und

[1115] Der Ausschuß ging auch noch kritisch mit der Ansicht der Majorität des 2. Landtag um, welche sich streng an die Worte des Art. 60 halten wollte, dabei aber nach ihrer Ansicht übersah, daß die Herausforderung an sich weder ein Verbrechen noch ein Vergehen, sondern nur ein Versuch dazu sei. Der Ausschuß sah sich in seiner Auffassung auch dadurch bestätigt, daß in diesem Fall das Ministerium, im Gegensatz zu 1823, den Gewählten einberufen hatte, und daß auch die Prüfungskommission in ihrer Entscheidung diese Ansicht bestätigt hatte (Verh. Hessen 1833, 1. Beil.-Bd., Beil. L, S. 197 ff.).
[1116] Verh. Hessen 1833, 1. Beil.-Bd., Beil. L, S. 199.
[1117] Verh. Hessen 1833, 1. Bd., 10. Prot. v. 19. Dezember 1832, S. 74.
[1118] Verh. Hessen 1834, 1. Beil.-Bd., Beil. 162, S. 3.

Darmstadt würde dies daher nicht zum Eintritt in die Kammer nach Art. 60 der Verf.-Urk. v. 17. Dezember 1820 unfähig machen.[1119] Der Gewählte wurde schließlich mit 32 gegen 4 Stimmen für zulässig erklärt. Bei der Prüfung seiner erneuten Wahl auf dem 7. Landtag, verwies der Ausschuß nur noch darauf, daß über diesen Punkt bereits eine Entscheidung der vorherigen Kammer vorläge, und daß daher eine Prüfung in dieser Frage nicht notwendig sei. In seinem Bericht bekräftigte der Ausschuß nochmals ausdrücklich, daß Diziplinarvergehen und eine Diziplinarstrafe nicht auf Art. 60 der Verf.-Urk. anzuwenden seien.[1120]

Dieser genannte Grundsatz wurde auch nicht mehr in Frage gestellt, wobei nur das Problem in der Praxis bestehen blieb, wann genau eine Disziplinarstrafe vorlag. In dieser Frage kam die Kammer zu keiner verbindlichen Regelung.[1121]

b. Auslegung und Anwendung des Art. 55 I, III der Verfassungsurkunde v. 17. Dezember 1820

Eine weitere zentrale Problematik, die sich in der Prüfungspraxis der Kammer im Zusammenhang mit der Auslegung von Wahlrechtsbestimmungen stellte, und bei der sich ebenfalls Erkenntnisse in Bezug auf die Kontinuität der Entscheidung treffen lassen, drehte sich um den Art. 55 der Verf.-Urk. v. 17. Dezember 1820[1122]. Es ging dabei um die Frage, zu welchem Zeitpunkt der Abgeordneten die erforderlichen gesetzlichen Eigenschaften besitzen mußte.

Auf dem 5. Landtag kam mit der Prüfung der Wahl des Abg. Hofmann des 9. Wahlbezirks der Prov. Starkenburg diese Frage auf die Tagesordnung. Entscheidungserheblich war die Frage, ob für die Entrichtung der Steuer der Zeitpunkt des Wahlakts oder der Eintritt des Gewählten in die Kammer der entscheidende sei. Die Besonderheit lag bei dieser Problematik im Wortlaut des Art. 55 der Verf.-Urk. v. 17. Dezember 1820. Der erste Absatz sprach von den „*Abgeordneten*“, welche ein zur Sicherung einer unabhängigen Existenz genügendes Einkommen besitzen müßten. Hingegen sprach Absatz 3 davon, daß der „*zu wählende*“ 100 fl. direkte Steuern zu entrichten hatte. Der Sachverhalt dieser Wahlprüfung war folgender: Der Gewählte Hofmann zahlte zur Zeit der Wahl nur ungefähr 60 fl. Steuern. Jedoch zur Zeit der Prüfung der Wahl waren durch Immobilienankäufe seine Steuern auf 104 fl. angestiegen.[1123] Die Majorität des Aus-

[1119] Verh. Hessen 1834, 1. Beil.-Bd., Beil. 170, S. 4.

[1120] Verh. Hessen 1835, Beil. 1. Bd., Beil. 19, S. 3.

[1121] Vgl. hierzu insb. die Prüfung der Wahl des 10. Wahlbezirks der Prov. Starkenburg (Verh. Hessen 1835, 1. Beil.-Bd., Beil. 41, S. 1- 4; Verh. Hessen 1835, 1. Prot.-Bd., 12. Prot. v. 13. Mai 1835, S. 19).

[1122] Die entscheidenden Absätze I-III lauteten: „*Die Abgeordneten zur zweiten Kammer müssen Staatsbürger seyn, welche das 30ste Jahr zurückgelegt haben, und ein, zur Sicherung einer unabhängigen Existenz genügendes Eigenthum besitzen.*
Als ein solches wird für die Wahlen des Adels....
Für die übrigen Wahlen wird erfordert, daß der zu wählende 100 fl. directe Steuern jährlich entrichte, oder als Staatsdiener einen ständigen jährlichen Gehalt von wenigstens 1000 fl. beziehe.“.

[1123] Verh. Hessen 1833, 1. Beil.-Bd., Beil. CXXVI, S. 384 f..

schusses beantwortete die Frage dahingehend, daß es unzweifelhaft aus der Natur der Sache und aus dem Geist der Verfassung folge, daß der Gewählte schon zur Zeit der Wahl verpflichtet sein müsse, 100 fl. direkte Steuern jährlich zu entrichten. Im entgegengesetzten Fall werde die Wählbarkeit eine Ausdehnung gewinnen, welche alle Grenzen der Verfassung überschreite, mit der Folge, daß im ganzen Großherzogtum kein Staatsbürger mehr sei, der nicht als solcher wählbar erscheine.[1124] Die Minorität des Ausschusses war hingegen der Ansicht, daß es ausreiche, daß der Gewählte zur Zeit der Entscheidung der Kammer jene von der Verfassung vorgeschriebene Steuerlast trage. Sie argumentierte primär mit dem Wortlaut und verwies auf den ersten Absatz des Art. 55 der Verf.-Urk. v. 17. Dezember 1820 als Hauptbestimmung. Hiernach sei nur verlangt, daß der Abgeordnete ein genügendes Einkommen besitzen müsse.[1125] Der Gewählte sei ihrer Auffassung erst dann Abgeordneter, wenn die Kammer seine Wahl als gültig erkannt habe. Im Rahmen der teleologischen Auslegung wies die Minorität darauf hin, daß der Sinn dieser Vorschrift nur darin bestehen könne, daß der Abgeordnete ein zur Sicherung einer unabhängigen Existenz genügendes Einkommen besitze. Dies belege, daß er den Grad von Unabhängigkeit besitze, „*furchtlos und ohne Rückhalt seinem Eide*" zu genügen.[1126] Dies sei aber erst erforderlich, wenn er auch die ständischen Rechte ausübe.[1127] Bevor in die Beratung über diese Frage eingestiegen

---

1124 Verh. Hessen 1833, 1. Beil.-Bd., Beil. CXXVI, S. 404.

1125 Verh. Hessen 1833, 1. Beil.-Bd., Beil. CXXVI, S. 404 f..

1126 Verh. Hessen 1833, 1. Beil.-Bd., Beil. CXXVI, S. 406.

1127 Des weiteren verwies sie auch auf die Systematik der Verfassung. So würde auch der Art. 59 der Verf.-Urk. v. 17. Dezember 1820 für ihre Ansicht sprechen, wonach Veränderungen in der Steuerquote während der Dauer eines Landtags für diesen Landtag nicht unfähig machen würden. Wenn daher eine Verminderung der Steuerquote vor Eröffnung des Landtags bzw. vor dem Eintritt des Abg. in die Kammer unfähig mache, aber diese Steuerminderung nach dem Eintritt des Abg. die Zulässigkeit nicht beeinträchtige, ergebe sich daraus, daß die Verfassung nur allein auf die Steuerquote zur Zeit des Eintritts in die Kammer Rücksicht nehmen wolle. Auch wurde von Seiten der Minorität ausdrücklich auf zwei vergleichbare Entscheidungen der Kammer in Bezug auf den Zeitpunkt der Hinterlegung von Staatspapieren hingewiesen, welche sie als Präjudiz betrachtete (Verh. Hessen 1833, 1. Beil.-Bd., Beil. CXXVI, S. 407 f.). Die Minorität stützte sich darauf, daß beide Abg., welche aufgrund der Hinterlegung von 20.000 fl. Staatspapiere in der Kammer eingetreten seien, dies nicht vor oder zur Zeit der Wahl, sondern erst nachher, und zwar kurz vor ihrer Aufnahme in der Kammer bewirkt hätten. Sie waren damit im Moment der Wahl nicht wählbar, denn sie hatten damals die Staatspapiere noch nicht deponiert. Da nach Art. 1 der Verordnung über die Wählbarkeit der Kapitalisten, der bloße Besitz der Staatspapiere noch nicht wählbar macht, sondern da nach Art. 2 erst noch die Hinterlegung dieser Staatspapiere hinzutreten muß, sei es unzweifelhaft, daß die Kammer bei der Beurteilung der Wählbarkeit auf den Augenblick der Entscheidung abgestellt habe. Daher müsse in gleicher Weise auch in Bezug auf die Wählbarkeit durch Grundbesitz verfahren werden (Verh. Hessen 1833, 1. Beil.-Bd., Beil. CXXVI, S. 410 f.). Bei einer dieser zwei von der Minorität genannten Wahlen, bei der des 3. Wahlbezirks der Prov. Oberhessen wurde im Ausschußbericht nur erwähnt, daß der Gewählte Bansa 20.000 fl. an Staatspapieren deponiert habe, ohne auf den Zeitpunkt der Hinterlegung einzugehen (Verh. Hessen 1833, 1. Beil.-Bd., Beil. XVI, S. 111 f.). Infolge erklärte die Kammer die Wahl einstimmig für gültig (Verh. Hessen 1833, 1. Bd., 4. Prot. v. 10. Dezember 1832, S. 9). Daß die

wurde, kam es noch zu folgendem äußerst interessanten Vortrag des Präsidenten in Bezug auf die Kontinuität der Entscheidungen: *„Auf den vorigen Landtagen ist diese Frage nicht zur Sprache gekommen. Wenn es der Fall wäre, so würde ich die Kammer auf die deßfälligen Beschlüsse aufmerksam machen, weil ich der Ansicht bin, daß die Kammer die Beschlüsse früherer Landtage, wenn grade nicht wie Gesetze betrachten, doch auf dieselben immer möglichste Rücksicht nehmen sollte. Ohne dieses werden wir keinen festen Haltpunkt gewinnen, stets werden die alten Zweifel wiederkehren, es werden die Beschlüsse der Kammer in der öffentlichen Achtung sinken, wenn man weis, daß sie auf späteren Landtagen als nicht vorhanden angesehen, oder doch nur unbedeutend berücksichtigt werden können. Deßhalb glaube ich, daß es die Würde der Kammer erfordert, in Beziehung auf frühere Beschlüsse es grade so zu halten, wies es die Gerichte mit den Präjudizien thun, die sie zwar auch nicht als Gesetz betrachten, aber doch auf sie großes Gewicht legen.“*.[1128]
Trotz dieser Einführungsworte wurde sofort zu Beginn der Beratung von liberaler Seite durch den Abg. Emmerling herausgehoben, daß eine Entscheidung einer früheren Kammer nicht als Richtschnur dienen dürfe, und daß die nachfolgenden Kammern sich diesen Entscheidungen nicht unterwerfen dürften. Er wies darauf hin, daß im Falle der Annahme des entgegengesetzten Grundsatzes eine spätere Kammer einen Gesetzesvorschlag der Regierung, den eine frühere Kammer abgelehnt hatte, nicht mehr annehmen dürfe.[1129] In der Sache selbst wurde sowohl von konservativer, als auch von liberaler Seite gefordert, daß bereits zum Zeitpunkt der Wahl der erforderliche Steuerzensus vorhanden sein müsse. So warnte der konservative Abg. v. Breidenbach davor, daß im Falle der Annahme der Minoritätsansicht viele vergebliche Wahlen stattfänden, da viele Personen, welche zur Zeit der Wahl noch nicht die erforderliche Steuerpflicht besäßen, jedoch hoffen würden, diese noch bis zum Eintritt in der Kammer zu erlangen, nicht nachweisen könnten.[1130] Der liberale Abg. Mohr ging darauf ein, daß die Verfassung einen Unterschied mache zwischen der Qualifikation, um wählbar zu sein, und zwischen jener, um als Gewählter oder als Abgeordneter erscheinen zu können. Art. 55 drücke mit klaren Worten „*der zu Wählende*“ aus, d.h. derjenige der gewählt werden soll oder werden wolle muß 100 fl. direkter Steuern entrichten. Des weiteren spreche auch Art. 8 III der WahlO v. 22. März 1820 davon, daß derjenige wählbar sei, der 100 fl. Steuern entrichtet habe und nicht derjenige, der entrichten werde.[1131] Im Ergebnis wurde die Wahl für ungültig erklärt, wobei sich die Abstimmungsfrage je-

---

Hinterlegung erst nach der Wahl geschah, war der Kammer zur Zeit der Abstimmung nicht bekannt (Verh. Hessen 1833, 1. Bd., 22. Prot. v. 28. Januar 1833, S. 325).

1128 Verh. Hessen 1833, 1. Bd., 22. Prot. v. 28. Januar 1833, S. 316 f..

1129 Verh. Hessen 1833, 1. Bd., 22. Prot. v. 28. Januar 1833, S. 317 f..

1130 Verh. Hessen 1833, 1. Bd., 22. Prot. v. 28. Januar 1833, S. 324.

1131 Verh. Hessen 1833, 1. Bd., 22. Prot. v. 28. Januar 1833, S. 329. Der liberale Abg. Schenck wies noch darauf hin, daß bei der Wahl der Bevollmächtigten erfordert würde, daß der zu Erwählende zur Zeit der Wahl 20 fl. Steuern zahle. Ebenso müßte bei der Wahl der Wahlmänner, der zu Wählende die erforderliche Steuerquote zur Zeit des Wahlaktes entrichten. Es gäbe daher keinen Grund, weßhalb der Gesetzgeber bei der Wahl der Abg. eine andere Regelung habe treffen wollen. (Verh. Hessen 1833, 1. Bd., 22. Prot. v. 28. Januar 1833, S. 347).

doch nicht auf die vorliegende Problematik bezog.[1132] Es zeigte sich aber dennoch in der Beratung eine eindeutige Mehrheit, die sich dafür aussprach, daß bereits zum Zeitpunkt der Wahl der erforderliche Steuerzensus vorhanden sein mußte.[1133]

Auf dem 11. Landtag kam erneut die Frage bei der Prüfung der Wahl des fünften Wahlbezirks der Prov. Starkenburg auf die Tagesordnung. Der Sachverhalt war der, daß der gewählte Abgeordnete das Objekt, dessen Steuer seine Steuerquote über die erforderlichen 100 fl. brachte, von ihm selbst erst nach der Wahl erworben wurde.
Der Ausschuß verwies als erstes darauf, daß noch keine frühere Kammer einen gleichen Fall entschieden habe. Er hob lediglich die Entscheidung des ersten Landtags im Fall der Wahl des Abg. Metternichs[1134] hervor. Er wies darauf hin, daß in diesem Fall mit großer Mehrheit die Kammer sich dafür entschieden hatte, daß es hinsichtlich der Qualifikation eines Abgeordneten nur auf den Zeitpunkt seines Eintritts in die Kammer ankomme.[1135] Dieser Hinweis des Ausschusses auf einen vergleichbaren Sachverhalt ist insofern bedeutsam, als daß er aufzeigt, daß die Kammer sehr wohl frühere

---

[1132] Vgl. Verh. Hessen 1833, 1. Bd., 23. Prot. v. 30. Januar 1833, S. 360. Vgl. zu diesem Wahlprüfungsfall auch: Schacht, Liberalismus, S. 82 f..

[1133] Im Rahmen der Prüfung der zweiten Wahl des 11. Wahlbezirks der Prov. Oberhessen kam es sogar noch zu einer weitergehenden Diskussion in Bezug auf den erforderlichen Zeitpunkt des Vorliegens des erforderlichen Steuerzensus. Der liberale Abg. Wieger sprach sich dahin aus, daß Art. 55 der Verf.-Urk. v. 17. Dezember 1820 eine Garantie für die unabhängige Stellung des Abg. durch das Erfordernis eines gewissen steuerbaren Vermögens begründen wolle, und daß dieses nur dann gegeben sei, wenn der zu Wählende die Steuern bereits vor dem Beginn der Urwahlen entrichte (Verh. Hessen 1833, Beil 2. Bd., Beil. CCXLI, S. 30). Mit dieser Ansicht fand er auch auf liberaler Seite keine Zustimmung. Der Abg. Emmerling sah diese Ansicht als verfassungswidrig an, da Art. 55 von den zum Abg. zu Wählenden spreche, und da der Abg. erst in dem Augenblick zu wählen sei, in dem die dritte Wahl vorgenommen werde (Verh. Hessen 1833, 2. Bd., 42. Prot. v. 18. März 1833, S. 133). Entsprechend wurde im Ergebnis die Wahl auch mit 38 gegen 2 Stimmen für gültig erklärt.

[1134] Auf dem 1. Landtag im Fall der Wahl des Abg. Metternich des 2. Wahlbezirks der Prov. Rheinhessen ging es um die Frage des entscheidenden Zeitpunktes für das Vorliegen der gesetzlich erforderlichen Eigenschaften. Grundlage dieser Problematik war die Tatsache, daß der Gewählte zur Zeit der Wahl noch nicht das gesetzliche Alter von 36 Jahren erreicht hatte. Das Problem bei der vorliegenden Wahl war, daß diese noch unter der Geltung des Edikts v. 18. März 1820 stattfand, aber daß nunmehr zu dem Zeitpunkt, in dem die Kammer über die Zulässigkeit des Abg. zu entscheiden hatte, die Verfassungsurkunde galt, welche die Altersbegrenzung auf 30 Jahre festlegte. In der Kammer herrschte die Auffassung vor, daß sowohl der Art. 6 des Verfassungsedikts als auch Art. 55 S. 1 der Verf.-Urk. v. 17. Dezember 1820 von dem „*Abgeordneten*“ spreche, und daß auch nur dieser das bestimmte Alter besitzen müsse. Für die Mehrheit stand fest, daß man Abg. nicht durch die Wahl werde, denn durch diese werde lediglich bezeichnet, daß man Abg. werden könne. Erst durch die Anerkennung der Kammer, durch den Eintritt in dieselbe sowie durch die Eidesleistung werde man Abg. (So der Abg. Wieger, Verh. Hessen 1821, 10. Heft, 84. Prot. v. 15. Januar 1821, S. 57 f.). Im Ergebnis wurde die Wahl daher mit 29 gegen 13 Stimmen für gültig erklärt (Verh. Hessen 1821, 10. Heft, 87. Prot. v. 19. Januar 1821, S. 170 f.).

[1135] Verh. Hessen 1847/48, 1. Beil.-Bd., Beil. 41, S. 2 f..

Entscheidungen beachtete. In der Sache vertrat der Ausschuß dieselbe Auffassung wie sie bei der Wahl auf dem 5. Landtag die Minorität des Ausschusses vertreten hatte.[1136] Die Ansicht des Ausschusses ging somit dahin, daß es ausreiche, daß der Abgeordnete erst nach der Wahl, jedoch vor dem Eintritt in die Ständeversammlung, die erforderliche Steuerquote entrichte.[1137] In der nachfolgenden Beratung fand die Ansicht auch große Resonanz in der Kammer[1138], insbesondere auf liberaler Seite.[1139] Die Kammer erklärte schließlich mit 34 gegen 2 Stimmen die Wahl *„mit Rücksicht auf den Steuercensus“* für gültig.[1140]

Daß die Entscheidung, welche mit absoluter Mehrheit getroffen wurde, als Präjudiz in dieser Frage angesehen wurde, verdeutlicht die Prüfung einer Wahl der Stadt Mainz auf dem 11. Landtag. Von der Einweisungskommission wurde der Anstand hervorgehoben, daß der Gewählte Zitz zur Zeit der Abgeordnetenwahl keine vollen 100 fl. direkter Steuer entrichtet habe, und daß er erst nachher noch ein Haus erworben hatte, wodurch sein Steuerbetrag ergänzt wurde. Die Majorität des Ausschusses orientierte sich bei der Beantwortung dieser Frage ausschließlich an der Entscheidung im Fall der Wahl des 5. Wahlbezirks der Prov. Starkenburg. Sie bekräftigte nochmals, daß die Fähigkeit Abgeordneter zu sein, nicht dadurch bedingt werde, daß jemand zur Zeit der Wahl die zur Wählbarkeit erforderlichen Eigenschaften besitze. Vielmehr genüge es, wenn diese Eigenschaften beim Eintritt des Abgeordneten in die Ständeversammlung vorlägen.[1141] Daß sich in dieser Frage endgültig ein Präjudiz entwickelt hatte, wurde zum einen daran deutlich, daß in der nachfolgenden Beratung von Seiten der Kammer

---

[1136] Hierbei wurde auch in gleicher Weise argumentiert (vgl. Verh. Hessen 1847/48, 1. Beil.-Bd., Beil. 41, S. 3 f.).

[1137] Verh. Hessen 1847/48, 1. Beil.-Bd., Beil. 41, S. 4.

[1138] Der Präsident ging in seiner Auffassung noch über die Ansicht des Ausschusses hinaus, indem es seiner Ansicht nach ausreichen würde, daß der erforderliche Steuerzensus zum Zeitpunkt der Wahlprüfung vorliegen würde, da der gesetzliche Zeitpunkt des Eintritts in die Kammer derjenige sei, in dem die Wahl zum Abg. für definitiv gültig erkannt würde, da dies der letzte und entscheidende Akt wäre (Verh. Hessen 1847/48, 1. Bd., 11. Prot. v. 17. Januar 1848, S. 14). Dies wurde durchweg abgelehnt, da ein Zeitpunkt gewählt werden mußte, der von der Willkühr der Ausschüsse und des Präsidenten unabhängig war. Da ansonsten jemand wahlfähig oder nicht wahlfähig erscheine, je nachdem, ob sich die Prüfung seiner Wahl verzögert, oder ob sie beschleunigt würde (So der Abg. Eigenbrodt, Verh. Hessen 1847/48, 1. Bd., 11. Prot. v. 17. Januar 1848, S. 26). Lediglich von Seiten der Regierung wurde gefordert, daß nach Art. 55 bereits der zu Wählende den erforderlichen Steuerzensus besitzen müßte, denn der Grund des Gesetzes sei der, daß man gerade darin eine größere Sicherheit sah, daß der zu wählende Abg. sich auch wirklich in dem Besitze eines Einkommens befinde, das eine unabhängige Existenz begründe (Verh. Hessen 1847/48, 1. Bd., 11. Prot. v. 17. Januar 1848, S. 20).

[1139] Vgl. u.a. die Ausführungen des Abg. Emmerling (Verh. Hessen 1847/48, 1. Bd., 11. Prot. v. 17. Januar 1848, S. 25; Verh. Hessen 1847/48, 1. Bd., 11. Prot. v. 17. Januar 1848, S. 11) und der Abg. Lotheißen und Aull (Verh. Hessen 1847/48, 1. Bd., 11. Prot. v. 17. Januar 1848, S. 33 ff.).

[1140] Verh. Hessen 1847/48, 1. Bd., 11. Prot. v. 17. Januar 1848, S. 96.

[1141] Verh. Hessen 1847/48, 1. Beil.-Bd., Beil. 46, S. 1-4.

auf diese Problematik nicht mehr eingegangen wurde.[1142] Zum anderen wurde dies daran deutlich, daß die Wahl mit 35 gegen 2 Stimmen für gültig erklärt wurde.[1143]

c. Auslegung und Anwendung des Art. 14 S. 1 der WahlO v. 22. März 1820

Auch die Bestimmung des Art. 14 S. 1 der WahlO v. 22. März 1820, welche bestimmte: „*Mitglieder des Geheimen Ministeriums, Collegial-Vorstände, Geistliche, welche in einem Orte wohnen, der keinen andern Geistlichen derselben Confession besitzt, Justiz- oder Polizei-Beamte, angestellte Stadt- und Amts-Aerzte und Wundärzte, können nicht zu Abgeordneten erwählt werden.*“, stellte die Kammer vor Probleme in der Wahlprüfungspraxis.[1144] Dabei stand die Frage im Mittelpunkt, ob Kreissekretäre und Stadt- oder Landgerichtsassessoren unter die „*Justiz- oder Polizei-Beamte*“ i.S.d. Art. 14 S. 1 der WahlO v. 22. März 1820 zu subsumieren seien.[1145]

Diese Frage stellte sich der Kammer zunächst auf dem 10. Landtag bei der Wahl des grundbesitzenden Adels, bei der der Kreissekretär v. Willich gewählt wurde. Die Auf-

---

1142 Verh. Hessen 1847/48, 1. Bd., 11. Prot. v. 17. Januar 1848, S. 44 ff..

1143 Verh. Hessen 1847/48, 1. Bd., 11. Prot. v. 17. Januar 1848, S. 96.

1144 Zunächst stellte sich aber für die Kammer auf dem 2. Landtag die Frage, ob Art. 14 S. 1 der WahlO v. 22. März 1820 nach Erlaß der Verf.-Urk. noch anwendbar sei. Diese Frage entstand im Rahmen der Beratung über die weitere Zulässigkeit der Abg. Eigenbrodt, Krönke und Aull, da die genannten drei Abg. andere Stellen angenommen hatten, Eigenbrodt war Geh. Staatsrat, Aull war Kreisgerichtspräsident und Krönke war Oberbaudirektor geworden. Der Ausschuß, welcher sich mit der Frage der weiteren Zulässigkeit der Abg. beschäftigte, sprach sich gegen die weitere Geltung des Art. 14 S.1 der WahlO aus. In der Kammer hingegen war die Auffassung geteilt. Dabei sprach sich gerade die liberale Seite für die weitere Geltung des Art. 14 S. 1 der WahlO aus, in dem alle nicht ausdrücklich durch die Verfassung abgeänderten Bestimmungen der WahlO noch weiterhin ihre Gültigkeit besäßen (so der Abg. Zöppritz, Verh. Hessen 1813/24, 1. Bd., 1. Heft, 8. Prot. v. 28. August 1823, S. 40). Weiterhin wurde darauf hingewiesen, daß die Verfassung sich in Art. 53 ausdrücklich auf die WahlO beziehe, und daß daher die WahlO, und damit auch Art. 14 S. 1 bestimme, wer in die Kammer eintreten könne (So der Abg. Ludwig, Verh. Hessen 1813/24, 1. Bd., 1. Heft, 8. Prot. v. 28. August 1823, S. 31). Von konservativer Seite wurde im Gegensatz die weitere Geltung des Art. 14 S. 1 verneint, wobei gerade vom Abg. Goldmann angeführt wurde, daß die Verfassung ein Staatsgrundgesetz sei, und daß im Art. 55 die Bedingungen für die Wählbarkeit zum Abg. vollständig normiert seien. Da hierdurch die Fähigkeit für die Wahl zum Abg. zu einem Gegenstand der Verfassung erhoben werde, müsse auch die Unfähigkeit ebenfalls in der Verfassung ausgesprochen sein. Alle Ausnahmen, die nicht in der Verfassung stünden, müßten damit als nicht bestehend angesehen werden, und damit müsse auch Art. 14 der WahlO v. 22. März 1820 als nicht konstitutionelles Gesetz als erloschen gelten (Verh. Hessen 1813/24, 1. Bd., 1. Heft, 8. Prot. v. 28. August 1823, S. 38). Letztendlich wurde von der Kammer die weitere Zulässigkeit der genannten Abg. mit 27 gegen 14 Stimmen verneint und damit die Geltung des Art. 14 S. 1 anerkannt (Verh. Hessen 1813/24, 1. Bd., 1. Heft, 9. Prot. v. 1. September 1823, S. 55).

1145 Bereits bevor diese spezifische Frage im Rahmen des Art. 14 S. 1 auf die Tagesordnung der Kammer kam, war diese Bestimmung schon bei anderen Wahlprüfungsfällen entscheidungsrelevant. Vgl. Verh. Hessen 1829/30, 1. Bd., 9. Prot. v. 14. November 1829, S. 24 ff.; Verh. Hessen 1834, 1. Beil.-Bd., Beil. 54, S. 1 f..

fassung im Ausschuß, ob ein Kreissekretär unter Art. 14 S. 1 der WahlO v. 22. März 1820 zu den nicht wählbaren Polizeibeamten zu zählen sei, war geteilt, wobei aber die Majorität des Ausschusses diese Frage verneinte.[1146]
Das Problem bestand für die Kammer darin, daß der Kreisrat selbst unzweifelhaft Polizeibeamter war. Damit entstand die Frage, ob gleichzeitig auch der Kreissekretär hierunter zu subsumieren sei. Die Dienstinstruktion enthielt die ausdrückliche Bestimmung, daß bei momentaner Abwesenheit und nicht andauernder Verhinderung des Kreisrats der Kreissekretär de jure und auch auf eigene Verantwortlichkeit in allen dringenden Fällen eintrete. Hierauf stützte sich u.a. die liberale Seite. Da in allen Fällen, in denen der Kreisrat nicht zugegen sei, das Recht und die Pflicht des Kreissekretärs eintrete, sich an die Spitze der Geschäfte zu stellen, trage er auch die volle Verantwortlichkeit. Die Folge hiervon sei, daß er als Polizeibeamter zu betrachten sei, und daher nach Art. 14 S. 1 der WahlO v. 22. März 1820 nicht wählbar sei.[1147] Insbesondere wurde angeführt, daß es gegen das politische Schamgefühl verstoße, daß jemand an einem solchen Orte gewählt werde, an dem nicht die nötige Unbefangenheit der Wähler ihm gegenüber vorausgesetzt werden könne. Von liberaler Seite wurde der Sinn und Zweck des Art. 14 S. 1 darin gesehen, daß die Wählbarkeit von Personen verhindert werden sollte, denen durch ihre Stellung die Möglichkeit gegeben sei, auf die Wahlen einen solchen Einfluß auszuüben.[1148] Die Gegenseite[1149] führte an, daß es zur Zeit der Entstehung des Wahlgesetzes keine Kreisräte gab. Es wären die Richter erster Instanz gewesen, welche auch mit der Verwaltung der Polizei beauftragt waren. Nur diese mit Ausübung der Justiz bzw. der Polizei beauftragten Beamten wurden Justiz- bzw. Polizeibeamte genannt. An die Stelle jener Beamten sei, seit der im Jahr 1821 erfolgten Trennung von Justiz von der Administration, die Landrichter und Land- bzw. Kreisräte getreten, keineswegs jedoch die unter deren Aufsicht und Leitung fungierenden und sie bloß in Verhinderungsfällen vertretenden Landgerichtsassessoren und Kreissekretäre.[1150] Der Abg. Lotheißen fügte noch ergänzend an, daß die Absicht des Art. 14 S. 1 der WahlO v. 22. März 1820 in diesem Sinne spreche, diejenigen Beamten, welche in ihren Bezirken nicht entbehrt werden könnten, und deren Stellen während der Dauer eines Landtags schwer zu ersetzen seien, ohne weiteres für nicht wählbar zu erklären. Daß dies die Absicht des Gesetzgebers war, gehe bereits aus der Zusammensetzung des Art. 14 S. 1 der WahlO v. 22. März 1820 hervor, in dem u.a. auch Wundärzte für nicht wählbar erklärt wurden.[1151] Weiterhin wurde angeführt, daß Art. 14 S. 1 ein Ausnahmegesetz sei, und daß es daher eng auszulegen sei. Letztlich wurde in Bezug auf die Wahlprüfungspraxis darauf hingewiesen, daß in dem Fall, in dem die Kammer, in der ein Gewählter durch das Gesetz nicht ausdrücklich ausgeschlossen sei,

---

[1146] Verh. Hessen 1844/45, 1. Beil.-Bd., Beil. 40, S. 1.
[1147] Verh. Hessen 1844/45, 1. Bd., 11. Prot. v. 20. Januar 1845, S. 3.
[1148] So der Abg. Wernher, Verh. Hessen 1844/45, 1. Bd., 11. Prot. v. 20. Januar 1845, S. 4. Vgl. auch die Ausführungen des Abg. Glaubrech, der sich ebenfalls in diesem Sinne aussprach, und der insbesondere vor den Gefahren für die Wahlfreiheit warnte (Verh. Hessen 1844/45, 1. Bd., 11. Prot. v. 20. Januar 1845, S. 7 ff.).
[1149] Insbesondere v. Abg. Krug.
[1150] Verh. Hessen 1844/45, 1. Bd., 11. Prot. v. 20. Januar 1845, S. 16.
[1151] Verh. Hessen 1844/45, 1. Bd., 11. Prot. v. 20. Januar 1845, S. 17.

seine Zulassung beanstanden werde, jede neuerwählte Kammer monatelang über die Zulassung der einzelnen Abgeordneten berate. Die Folge davon sei, daß die Geschäfte verschleppt würden, und daß manche Wahlbezirke lange unvertreten blieben.[1152] Diese Auffassung setzte sich auch eindeutig in der Kammer durch, und die Wahl wurde mit 38 gegen 3 Stimmen für gültig erklärt.[1153]

Auf demselben Landtag wurde diese Problematik erneut bei der Prüfung des siebten Wahlbezirks der Prov. Oberhessen akut. Es ging dabei um die Frage, ob der Gewählte als Assessor beim Stadtgericht in Gießen unter Art. 14 S. 1 der WahlO v. 22. März 1820 falle, und ob er damit nicht wählbar sei. Dies bejahte die Majorität des Ausschusses.[1154] In der Kammer zeigte sich bereits, das von der letzten Wahlprüfung bekannte Bild. Die liberale Seite sprach sich erneut mit gleichen Argumenten gegen die Wählbarkeit, diesmal der Stadtgerichtsassessoren, aus.[1155] Naturgemäß wurde in konsequenter Weise von konservativer Seite die gegenteilige, bereits bekannte Ansicht vertreten.[1156] Letztendlich blieb es bei der grundsätzlichen Ausrichtung der Kammer in dieser Frage, und folgerichtig wurde der Gewählte Stadtassessor mit 25 gegen 17 Stimmen für wählbar erklärt. Hingegen wurde die Wahl mit 23 gegen 19 Stimmen für formell ungültig erklärt.[1157]

Von besonderem Interesse war, daß bei der erneuten Wahl im siebten Wahlbezirk der Prov. Oberhessen derselbe Stadtgerichtsassessor gewählt wurde. Obwohl bei der vorherigen Prüfung der Wahl dieses Stadtgerichtsassessors dieser mit 25 gegen 17 Stimmen für wahlfähig erklärt wurde, erklärte die Majorität des Ausschusses bei der Prüfung der erneuten Wahl den Gewählten nach Art. 14 S. 1 der WahlO v. 22. März 1820 für unwählbar.[1158] Diese Tatsachen führte in der Kammer zur Diskussion über die Kontinuität von Entscheidungen. Der Präsident bemerkte direkt zu Beginn der Beratung wozu es führen sollte, wenn die Kammer vor 14 Tagen die Frage über die Wählbarkeit des Gewählten bejaht habe, und wenn der Ausschuß in seiner Majorität noch die entgegengesetzte Ansicht vertrete. Der von der Kammer gefaßte Beschluß müsse als feststehend angesehen werden.[1159] Von Seiten der Regierung wurde erneut darauf hingewiesen, daß die Frage, ob Landgerichtsassessoren wählbar seien, nach dem Beschluß bei der letzten Wahl für definitiv entschieden anzusehen sei. Weiterhin wurde auch von dieser Seite auf die Bedeutung der Kontinuität der Beschlüsse hingewiesen, da die gefaßten Beschlüsse hinsichtlich der Wählbarkeit als Präjudizien betrachtet wurden, wonach sich die Wahlkommissare und auch die Wähler richteten. Aus diesem Grund könnte die Kammer keinen damit in Widerspruch stehenden Beschluß fas-

---

1152 So der Abg. Aull, Verh. Hessen 1844/45, 1. Bd., 11. Prot. v. 20. Januar 1845, S. 10 f..

1153 Verh. Hessen 1844/45, 1. Bd., 11. Prot. v. 20. Januar 1845, S. 30 f..

1154 Verh. Hessen 1844/45, 6. Beil.-Bd., Beil. 255, S. 2.

1155 Vgl. u.a. die Ausführungen des Abg. Buff (Verh. Hessen 1844/45, 7. Bd., 117. Prot. v. 17. Februar 1847, S. 9), sowie des Abg. Wernher (Verh. Hessen 1844/45, 7. Bd., 117. Prot. v. 17. Februar 1847, S. 36 f.). Vgl. weiterhin, Verh. Hessen 1844/45, 7. Bd., 117. Prot. v. 17. Februar 1847, S. 39; Verh. Hessen 1844/45, 7. Bd., 117. Prot. v. 17. Februar 1847, S. 40.

1156 Vgl. Verh. Hessen 1844/45, 7. Bd., 117. Prot. v. 17. Februar 1847, S. 15 ff..

1157 Verh. Hessen 1844/45, 7. Bd., 119. Prot. v. 19. Februar 1847, S. 38 f..

1158 Verh. Hessen 1844/45, 6. Beil.-Bd., Beil. 266, S. 1.

1159 Verh. Hessen 1844/45, 8. Bd., 126. Prot. v. 5. März 1847, S. 41.

sen.[1160] Gerade aber gegen diese Äußerungen der Regierung regte sich Widerspruch, insbesondere auf liberaler Seite, indem sich dagegen verwahrt wurde, daß sich die Regierung nicht in die Beratungen der Kammer über ihre ferne Zusammensetzung einzumischen hätte.[1161] Es wurde zwar eingeräumt, daß Präjudizien in formellen Fragen von Wichtigkeit seien. Jedoch wandte sie sich dagegen, daß der Ausspruch einer Kammer über eine Wahlfrage Gesetz für eine spätere Kammer sein könnte, oder daß zumindest eine spätere Kammer gebunden sein könnte. Noch weniger könnte der Satz abgeleitet werden, daß bei einer wichtigen politischen Prinzipienfrage die Majorität durch ihren in einem Falle errungenen Sieg die Minorität in der Art verpflichte, daß diese, wenn ein ähnlicher Fall später sich abermals präsentiert, nun ihre Ansicht aufgibt und mit der früheren Majorität stimmen müßte.[1162] Die liberalen Abgeordneten beharrten darauf, daß eine jede Entscheidung nur für den konkreten Fall gelte, und daß sobald eine neue Wahl stattfinde, auch die Frage wieder von Neuem entschieden werden müsse.[1163] Wie sehr sich die liberale Seite gegen diese Forderung sperrte wird daran deutlich, daß der liberale Abg. Wernher hinsichtlich der Erklärung der Regierung es für notwendig erachtete, „ *daß die Kammer eine förmliche Protestation und Verwahrung gegen diese Ansicht in das Protokoll niederlege, denn sonst würde ja durch einen solchen Beschluß über die persönliche Qualification eines einzelnen Mannes gefassten und mit der Frage über die Gültigkeit der einzelnen Wahl selbst zusammenhängender Beschluß gewissermaßen eine constitutionelle Frage entschieden sein.*“.[1164] Trotz dieser Reaktion von großen Teilen der Kammer wurde die Wahlfähigkeit des Stadtgerichtsassessors erneut mit 27 gegen 21 Stimmen bejaht.[1165]

Auf dem 11. Landtag kam es erneut bei der Prüfung der Wahlen des grundbesitzenden Adels zu der Frage, ob ein Landgerichtsassessor wählbar sei. Nachdem der Ausschuß den Antrag gestellt hatte, die Wahl für ungültig zu erklären[1166], entbrannte erneut die

---

[1160] Verh. Hessen 1844/45, 8. Bd., 126. Prot. v. 5. März 1847, S. 42 f..

[1161] So der Abg. v. Gagern, Verh. Hessen 1844/45, 8. Bd., 126. Prot. v. 5. März 1847, S. 44.

[1162] Verh. Hessen 1844/45, 8. Bd., 126. Prot. v. 5. März 1847, S. 47.

[1163] So der Abg. v. Glaubrech, Verh. Hessen 1844/45, 8. Bd., 126. Prot. v. 5. März 1847, S. 48. Auch der Abg. Aull verwahrte sich dagegen, daß es Präjudizien gebe, an die künftige Kammern gebunden seien. Es werde keinem Zweifel unterliegen, daß die Kammer bei jeder anderen Wahl eines Landgerichtsassessors vollkommen freie Hand behielte, um über dessen Zulässigkeit zu entscheiden. Verh. Hessen 1844/45, 8. Bd., 126. Prot. v. 5. März 1847, S. 49 f.. Vereinzelt wurde sogar gegen alle Präjudizien in Wahlsachen gesprochen, da jede Wahl ein für sich bestehender Akt sei, über dessen Form und Zulässigkeit die Kammer jedesmal zu entscheiden habe (so der Abg. Buck, Verh. Hessen 1844/45, 8. Bd., 126. Prot. v. 5. März 1847, S. 51).

[1164] Verh. Hessen 1844/45, 8. Bd., 126. Prot. v. 5. März 1847, S. 64. Lediglich der Abg. Hardy warnte davor, daß in dem Fall, daß Abweichungen in den Beschlüssen stattfänden, die Folge hiervon wäre, daß sich gar keine bestimmte Regel über die Anwendung und Auslegung der Wahlordnung bilden könnte (Verh. Hessen 1844/45, 8. Bd., 126. Prot. v. 5. März 1847, S. 55).

[1165] Verh. Hessen 1844/45, 8. Bd., 126. Prot. v. 5. März 1847, S. 65.

[1166] Der Ausschuß führte zur Begründung aus: „*Die Amtmänner vereinigten die Uebung der Justiz und Polizei. Im Jahre 1821 wurden in den Provinzen Oberhessen und Starkenburg die*

Debatte darüber, wie mit Entscheidungen früherer Kammern zu verfahren sei. Auch in diesem Fall zeigte sich das bekannte Bild gerade von liberaler Seite. So erklärte der Abg. Emmerling: „*daß eine Kammer, deren Mitglieder ihrem Eide zufolge zu jeder Zeit nur nach ihrer freien unabhängigen Ueberzeugung handeln und stimmen sollen, sich durch Präjudicien einer früheren Kammer, durch eine vielleicht sehr grundlose Praxis, so lange sie nicht durch Gesetze geheiligt sind, durchaus nicht binden lassen darf. Es würde dieß geradezu gegen den von den Ständen abgeleisteten Eid sein. Ich gebe zwar zu, daß es in ganz zweifelhaften und außerwesentlichen Fällen wohl zweckmäßig sein wird, wenn eine Kammer heute nicht dasjenige wieder aufhebt, was frühere Kammern angenommen haben. Aber in höchst zweifelhaften Fällen, ..., wird sich auch keine solche entschiedene Überzeugung geltend machen, welche eine gewisse Nachgiebigkeit in Ansichten nicht zuließe.*“.[1167] Hingegen verwies der Abg. Lotheißen auf die Entscheidung der vorherigen Kammer in Bezug auf die Wahl des Stadtgerichtsassessors, indem die Kammer zweimal entschieden hatte, daß dieser als Stadtgerichtsassessor wählbar sei. Er betrachtete diese zweimalige Entscheidung zwar nicht als ein Präjudiz mit der Wirkung, daß jede nachfolgende Kammer daran unbedingt gebunden sei und er erkenne das Recht der Kammer an, erneut über diese Frage zu beraten. Er wies aber darauf hin, daß es mißständig und ungeeignet sei, daß eine spätere Kammer ohne triftige Gründe von Beschlüssen vorheriger Kammern in zweifelhaften Fragen, in denen bereits ein fester Grundsatz herausgearbeitet wurde, abweiche. Da sich in diesen Fällen keine stabile Kammerpraxis bilden könnte, sprach er sich dahin aus, daß ohne triftige Gründe eine spätere Kammer von den Beschlüssen der früheren Kammern sich nicht entfernen. Ferner sollten Disparitäten in den Beschlüssen der bezeichneten Art nach Möglichkeit vermieden werden.[1168] Von besonderem Interesse ist, daß die Kammer letztlich die Wählbarkeit des Landgerichtsassessors mit 32 gegen 10 Stimmen eindeutig verneinte.[1169]

d. Auslegung und Anwendung der Art. 7 III S. 1, 11 Nr. 1 der WahlO v. 22. März 1820

Auf dem 8. Landtag kam bei der Prüfung der Wahl des 9. Wahlbezirks der Prov. Starkenburg die Problematik auf die Tagesordnung, daß zwei Wahlmänner zur Zeit der Wahl nicht mehr zu den 60 Höchstbesteuerten gehörten.[1170] Bei dieser Wahl wäre im Fall des Ausschlusses dieser Wahlmänner die Folge eingetreten, daß die Zahl der Abstimmenden unter die gesetzlich vorgeschriebene gesunken wäre, und daß daher die Wahl ungültig gewesen wäre. Der Ausschuß folgerte aus Art. 53 der Verf.-Urk. v. 17. Dezember 1820 i.V. m Art. 7, 11 der WahlO v. 22. März 1820, daß es die Absicht des

---

Amtsbezirke erweitert und anders umgrenzt, die Amtsgewalt der Amtmänner getheilt zwischen den neu errichteten Landgerichten und Landrathsstellen. Die Landgerichte sind also jetzt die Justizbeamten des Art. 14 der Wahlordnung. Der Art. 14 unterscheidet nicht zwischen ersten und zweiten Justizbeamten. Der Assessor cum voto ist kein Subalterner des Landrichters, er ist der zweite unter Gleichen.“ (Verh. Hessen 1847/48, 1. Beil.-Bd., Beil. 36, S. 1).

[1167] Verh. Hessen 1847/48, 1. Bd., 13. Prot. v. 24. Januar 1848, S. 24.

[1168] Verh. Hessen 1847/48, 1. Bd., 13. Prot. v. 24. Januar 1848, S. 5 f..

[1169] Verh. Hessen 1847/48, 1. Bd., 13. Prot. v. 24. Januar 1848, S. 29.

[1170] Verh. Hessen 1838/39, 3. Beil.-Bd., Beil. 255, S. 1.

Gesetzgebers gewesen sei, daß ein Wahlmann grundsätzlich auf sechs Jahre gewählt werden solle. Diese Grundsatzaussage des Gesetzgebers könne nach Ansicht des Ausschusses nicht von dem zufälligen Umstand abhängen, in welchem Verhältnis der Wahlmann in Bezug auf die Steuerentrichtung zu den übrigen wahlfähigen Staatsbürgern des Bezirks während der sechs Jahre stehe. Das Wahlrecht könne während dieser Zeit nur dann wirkungslos werden, wenn sich in der Person des Wahlmannes solche Veränderungen ergäben, welche ihn nach den gesetzlichen Vorschriften an der Ausübung dieses Staatsbürgerrechts hindern würden.[1171] Folgerichtig erklärte der Ausschuß die Wahl für gültig. Obwohl sich in der Beratung auch Stimmen gegen diese Ansicht des Ausschusses fanden[1172], wurde die Wahl, und damit auch die genannte Auffassung mit 24 gegen 12 Stimmen bestätigt.[1173]

Dieselbe Problematik stellte sich ebenfalls auf dem 8. Landtag bei der Prüfung der Wahl des 2. Wahlbezirks der Prov. Rheinhessen[1174], wobei der Ausschuß lediglich auf seine Entscheidung bei der vorherigen Wahl verwies. Desgleichen geschah bei der Wahl der Stadt Mainz.[1175] Beide Wahlen wurden von der Kammer für gültig erklärt, und der genannte Grundsatz wurde nochmals bestätigt.

Daß dieser Grundsatz zu einem Präjudiz wurde, verdeutlicht gerade die Wahl im 6. Wahlbezirk der Prov. Starkenburg des 8. Landtags, bei der entgegen der von der Kammer ausgesprochenen Ansicht zwei Wahlmänner nicht zugezogen wurden, da sie durch eine Veränderung ihrer Steuerquote aus der Zahl der 60 Höchstbesteuerten ausgeschieden waren. Zwar erklärte der Ausschuß die Wahl nicht für ungültig, da dieser Fehler auf das Wahlresultat von keinem entscheidenden Einfluß war, dennoch fügte der Ausschuß folgendes an: „*Uebrigens setzt man voraus, daß die Staatsregierung*

[1171] Verh. Hessen 1838/39, 3. Beil.-Bd., Beil. 255, S. 2.

[1172] Diese Stimmen fanden sich gerade auf konservativer Seite. Dies verwundert nicht, da der Gewählte Emmerling der liberalen Seite zuzurechnen war. So wurde darauf verwiesen, daß der Art. 11 der WahlO v. 22. März 1820 in Nr. 1 ausdrücklich davon spreche, daß im Fall der Unfähigkeit eine neue Wahl stattzufinden habe, wenn die Zahl von 10 einschließlich der Ersatzmänner nicht mehr vollständig sei. Insbesondere diese Unfähigkeit sei gegeben, wenn der Wahlmann eine Qualität verliere, die er besitzen mußte, als er als gesetzlich gültig zum Wahlmann berufen worden sei (Verh. Hessen 1838-40, 4. Bd., 94. Prot. v. 20. Januar 1840, S. 3 f.). Weiterhin wurde darauf verwiesen, daß der Zweck der Bestimmung, daß die Wahlmänner auf sechs Jahre gewählt würden, nur der sei, daß in dem Fall, in dem in dieser Zeit in dem Wahlbezirk mehrere Abg. zu wählen seien, die Wahl der Wahlmänner nicht stets wiederholt werden müsse. Keineswegs solle aber gesagt werden, daß ein einmal auf sechs Jahre gewählter Wahlmann unter allen Umständen in Wirksamkeit bleiben könne (Verh. Hessen 1838-40, 4. Bd., 94. Prot. v. 20. Januar 1840, S. 9). Auf der anderen Seite wurde primär zur Stützung der Ansicht des Ausschusses darauf verwiesen, daß nach Art. 59 der Verf.-Urk. v. 17. Dezember 1820 eine Veränderung in der Steuerquote während der Dauer eines Landtags den Abg. nicht unfähig mache. Demnach könne man dem Gesetzgeber nicht die Absicht unterstellen, daß er bei der weniger bedeutenden Stellung eines Wahlmannes eine strengere Regel wollte (Verh. Hessen 1838-40, 4. Bd., 94. Prot. v. 20. Januar 1840, S. 13).

[1173] Verh. Hessen 1838-40, 4. Prot.-Bd., 95. Prot. v. 23. Januar 1840, S. 1 f..

[1174] Die Einweisungskommission hob bei dieser Wahl den Anstand hervor, daß fünf Wahlmänner zur Zeit der Wahl nicht mehr zu den 60 Höchstbesteuerten des Bezirks gehörten.

[1175] Verh. Hessen 1838/39, 3. Beil.-Bd., Beil. 260, S. 1.

nicht unterlassen wird, zur Vermeidung jedes Verfahrens, welches mit der von der Kammer ausgesprochenen Ansicht im Widerspruche steht und somit unter anderen Verhältnissen leicht die Ungültigkeit der Wahl nach sich ziehen könnte, die erforderliche Verfügung zu treffen.".[1176]

e. Reformbestrebung in Bezug auf die Kontinuität der Entscheidungen

Neben dem zuletzt aufgezeigten Beispiel zeigte sich auch an anderer Stelle, daß während der zweiten Hälfte des Untersuchungszeitraums versucht wurde, eine gewisse Kontinuität in den Entscheidungen der Kammer zu bewirken. Anschaulich wird diese vor allem auf dem 14. Landtag.

Bevor der Legitimationsausschuß in der 8. Sitzung mit der Berichterstattung begann, schickte der Präsident des Ausschusses noch einige Bemerkungen in Bezug auf Auslegungsfragen voraus, welche sich bei der Prüfung der Wahlen stellten. Durch diese Vorgehensweise versuchte der Ausschuß von Beginn an eine Kontinuität in den Entscheidungen der häufig auftretenden und auslegungsbedürftigen Fällen zu schaffen. Es sollte vermieden werden, zumindest für diesen Landtag, daß in gleichartigen Fällen verschiedenartige Entscheidungen ergingen, die langwierigen Debatten führen würden. So wurde von Seiten des Legitimationsausschusses angeführt, daß in Bezug auf die Bedeutung des Wortes „*endgültig*" des Art. 32 S. 2 der WahlO v. 7. Oktober 1850[1177] verschiedene Ansichten vorlagen. Der Ausschuß habe sich aber im Sinne einer gewissen Konstanz darauf vereinigt, daß man über den Buchstaben des Gesetzes nicht hinausgehen sollte, und daß daher die Entscheidungen dieses Ausschusses i. S. d. Art. 32 auch für die Kammer bindend seien.[1178] In diesem festgelegten Sinne wurde auch bei den einzelnen Prüfungen, bei denen es um diese Problematik ging, entschieden.[1179]

Zusammenfassend zeigte sich ein recht unterschiedliches Bild hinsichtlich der Kontinuität der Entscheidungen der Kammern in den bedeutendenden Wahlrechtsfragen. Zwar entwickelte sich mit der Zeit ein gewisses Präjudiz in den entsprechenden Fällen,

---

[1176] Verh. Hessen 1838-40, 5. Bd., 129. Prot. v. 2. September 1840, S. 2.

[1177] Die Bestimmung lautete: „*Der Wahl-Commissär hat die Verhandlungen über die Urwahle, nach den Vorschriften dieser Verordnung zu prüfen und wenn er einzelne Wahlacte für ungültig erachten sollte, seine Bedenken der Versammlung der Wahlmänner vorzutragen. Es wird darüber sogleich endgültig von einem Ausschusse entschieden. Dieser Auuschuß besteht aus den nach dem folgenden Artikel zu bestellenden drei Urkundspersonen und vier von den letzteren zu berufenden Wahlmännern. Nach Ausschließung derjenigen Wahlmänner, deren Wahl für ungültig erkannt ist, schreitet die Versammlung sofort zu dem eigentlichen Wahlgeschäft.*".

[1178] Verh. Hessen 1851, 1. Prot.-Bd., 8. Prot. v. 28. Januar 1851, S. 28.

[1179] Vgl. Verh. Hessen 1851, 1. Beil.-Bd., Beil. 41, S. 1; Verh. Hessen 1851, 1. Prot.-Bd., 9. Prot. v. 29. Januar 1851, S. 7; Verh. Hessen 1851, 1. Beil.-Bd., Beil. 63, S. 1; Verh. Hessen 1851, 1. Beil.-Bd., Beil. 64, S. 1; Verh. Hessen 1851, 1. Beil.-Bd., Beil. 65, S. 1. In derselben Weise verfuhr der Legitimationsausschuß auch im Rahmen der Bestimmung des Art. 18 der WahlO v. 7. Oktober 1850 (Verh. Hessen 1851, 1. Prot.-Bd., 8. Prot. v. 28. Januar 1851, S. 28 f.). Vgl. des weiteren, Verh. Hessen 1851, 1. Beil.-Bd., Beil. 42, S. 1; Verh. Hessen 1851, 1. Prot.-Bd., 9. Prot. v. 29. Januar 1851, S. 9.

aber von Rechtssicherheit in Bezug auf die Entscheidungen der Kammer konnte in keiner Weise gesprochen werden. Dies haben nicht zuletzt die Wahlprüfungen im Hinblick auf Art. 14 S. 1 der WahlO v. 22. März 1820 verdeutlicht. Zum Ende des Untersuchungszeitraums ließ sich die Tendenz erblicken, Präjudizien zu schaffen, und damit eine gewisse Kontinuität in die Wahlprüfungspraxis zu bringen. Dies beruhte nicht zuletzt darauf, daß bedingt durch fehlende Präjudizien die Wahlprüfungen mitunter sehr zeitaufwendig waren. Wie die Kammer der Kontinuität der Wahlprüfungsentscheidungen während des gesamten Untersuchungszeitraums gegenüber stand, verdeutlicht vortrefflich folgende Aussage des Präsidenten der Kammer des 3. Landtags im Rahmen der Beratung über die Wahl des Abg. Schubert des 2. Wahlbezirks der Prov. Rheinhessen: *„Die Beschlüsse der früheren Kammern könnten die jetzige allerdings nicht binden, allein sie werde dennoch stets hierauf Rücksicht nehmen.“*.[1180]

9. Die parteipolitische Komponente der Wahlprüfung

Naturgemäß stellte auch die Wahlprüfung im Großherzogtum Hessen ein politisches Machtmittel dar, wobei hingegen die parteipolitische Bedeutung wesentlicher geringer war als im Großherzogtum Baden und im Königreich Württemberg.

So fehlten in der Darmstädter zweiten Kammer solche Wahlprüfungsfälle, die aufgrund ihrer parteipolitischen Brisanz großes Aufsehen erregten. Die Gründe ergaben sich daraus, daß zum einen die Regierung nicht, wie insbesondere im Königreich Württemberg, versuchte, die Wahlprüfungen in intensiver Weise politisch zu instrumentalisieren. Zum anderen war die Opposition in der zweiten Kammer keinesfalls so erstarkt, wie im Großherzogtum Baden. Des weiteren gab es während des Untersuchungszeitraums keine Situation, in der vom Ausgang bestimmter Wahlprüfungen die politische Ausrichtung der Kammer abhing. Sehr wohl boten jedoch die Wahlprüfungen die Plattform für die Auseinandersetzungen gerade zwischen der liberalen und der gouvernementalen Seite der Kammer.[1181] Diese Auseinandersetzungen gingen aber nie zu einer offenen politischen „Schlacht“ über. Vielmehr blieben die Auseinandersetzungen jeweils unter dem juristischen Deckmantel der Auslegung von Wahlrechtsbestimmungen.

Lediglich auf dem 14. Landtag kam es zu einem ganz offensichtlichen parteipolitischen Verinnahmung der Wahlprüfung. In der 91. Sitzung ergriff der Präsident, der konservative Abg. Goldmann, das Wort, und machte darauf aufmerksam, daß er aus einigen öffentlichen Blättern vernommen hatte, daß gegen den dem liberalen Flügel zuzurechnen Abg. Schmitz in einem benachbarten Staat ein Straferkenntnis ergangen sei. Aufgrund dieser Erkenntnis schlug er vor, daß der Legitimationsausschuß zu beauftragen sei, ein Gutachten zu erstatten, ob die Qualifikation des Abg. Schmitz einer Beanstandung unterliege.[1182] Daß dieses Vorgehen parteipolitisch motiviert war, zeigt sich sehr deutlich daran, daß von konservativer Seite die Sache in die Kammer gebracht wurde, und daß es gegen einen liberalen Abgeordneten gerichtet war. Zum an-

---

[1180] Verh. Hessen 1826, 1. Heft, 6. Prot. v. 18. September 1826, S. 41.

[1181] Vgl. insbesondere die Auseinandersetzungen im Rahmen des Art. 14 S. 1 der WahlO v. 22. März 1820.

[1182] Verh. Hessen 1851, 6. Prot.-Bd., 91. Prot. v. 7. November 1851, S. 1 ff.

deren wird dies auch an dem Grund deutlich der für eine Untersuchung vorgebracht wurde, welcher lediglich aus Zeitungen entnommen wurde, und der einen äußerst fadenscheinigen Anstand enthielt. Die Reaktion von liberaler Seite ließ nicht lange auf sich warten. So führte der Abg. Müller-Melchiors direkt im Anschluß an den Antrag des Präsidenten folgenden aussagekräftigen Vortrag an. „*In dem Augenblick, als ein Mitglied der rechten Seite des Hauses, ..., aus seiner Stellung, die es bekleidet hatte, ausgeschieden und zu einem anderen Posten übergegangen war, hat sich mir diese Frage aufgedrängt, ob es möglich sei, daß nach Inhalt des Artikels 42 der octroyirten Wahlordnung vom 7. October 1850, der verfügt, daß eine Neuwahl stattfinden soll, wenn einem Abgeordneten, der im Besitze eines öffentlichen Amts sich befindet, eine höhere Stelle übertragen wird, ob es, sage ich, mit Rücksicht auf diesen Erlaß, den ja gerade die rechte Seite als Arche des Bundes, als Grundlage ihrer Competenz betrachtet, möglich sei, daß dieses Mitglied noch länger in diesem Saale bleiben könne. Ich habe aber geglaubt, einerseits, daß ich dieser Verordnung gar keinen Werth beilegen dürfte, zum Anderen, daß, wenn der College Franck der Ansicht sei, daß die Fortdauer seiner Berichtigung keinem Zweifel unterliege, meine Meinung eine irrige sein müsse, ..., so fand ich mich durchaus nicht in der Lage, die Kammer mit der Untersuchung dieser Frage zu behelligen. Da man nun aber von anderer Seite andere Rücksichten walten läßt, da man unterstellen will, ein rheinbayerisches Contumatialurtheil, ..., könne die Berechtigung eines Mitgliedes dieser Kammer, dessen Legitimation längst anerkannt ist, beeinträchtigen, so muß ich mich unter diesen Umständen bewogen fühlen, auch jene andere Frage anzuregen. Ich werde zwar gegen den Antrag des Herrn Präsidenten stimmen, weil nach meiner Ansicht der Legitimationsausschuß einem Mitgliede gegenüber, welches er für definitiv legitimirt erklärte, jede weitere Competenz verloren hat. Sollten Sie aber in Ihrer Majorität, ..., anderer Ansicht sein, so muß ich mir erlauben, folgendes eventuelle Amendement zu stellen: die Kammer wolle beschließen: der Legitimationsausschuß wolle untersuchen, ob es zulässig sei, daß der Abgeordnete Franck, nachdem er zum Ministerialrath ernannt worden, nach Art. 42 alinea 4 ... noch länger Mitglied dieser Kammer sein könne.*“.[1183]
Die liberale Seite reagierte auf die parteipolitisch motivierte Beanstandung von Seiten der Konservativen ebenfalls mit einer solchen. Dies war u. U. auch ein Grund dafür, weshalb diese Auseinandersetzung nicht eskalierte. Zwar wurden sowohl der Antrag des Präsidenten[1184] als auch der des Abg. Müller-Melchiors[1185] angenommen.[1186] Letztendlich wurde jedoch in der Kammer mit 32 gegen 6 Stimmen die Frage, ob der Abg. Franck infolge seiner Ernennung zum Ministerialrat noch länger Mitglied der Kammer sei, dahingehend entschieden, diese auf sich beruhen zu lassen.[1187] Des weiteren wurde auch im Ergebnis einstimmig beschlossen, daß die Qualifikation des Abg. Schmitz durch das gegen ihn erlassene ausländische Urteil keinerlei Beanstandung unterlag.[1188] Dieser Vorgang war jedoch von singulärer Natur. Von einer parteipoliti-

[1183] Verh. Hessen 1851, 6. Prot.-Bd., 91. Prot. v. 7. November 1851, S. 6.
[1184] Mit 35 gegen 4 Stimmen.
[1185] Mit 31 gegen 8 Stimmen.
[1186] Verh. Hessen 1851, 6. Prot.-Bd., 91. Prot. v. 7. November 1851, S. 13 f..
[1187] Verh. Hessen 1851, 7. Prot.-Bd., 108. Prot. v. 19. Dezember 1851, S. 18.
[1188] Verh. Hessen 1851, 7. Prot.-Bd., 115. Prot. v. 29. Januar 1852, S. 6.

schen Instrumentalisierung der Wahlprüfungen, wie zuvor im Großherzogtum Baden und im Königreich Württemberg, konnte nicht gesprochen werden.

10. Verteidigung der Prüfungskompetenz der Kammer

Ein Gesichtspunkt war von Beginn im Rahmen der Prüfungspraxis der Darmstädter zweiten Kammer besonders auffällig. Die Kammer legte ein besonderes Gewicht auf die Verteidigung ihrer alleinigen Prüfungskompetenz nach Art. 87 der Verf.-Urk. v. 17. Dezember 1820.

Aufgrund der Tatsache, daß die Ausweitung der Prüfungskompetenz kein Thema war, da die Kammer unstrittig von Anfang an alle drei Wahlen prüfte, wurde bereits vom ersten Landtag an jede kleinste und vermeintliche Einschränkung der Prüfungskompetenz abgewehrt. So auf dem 1. Landtag, auf dem der Präsident der Kammer in der 5. Sitzung anzeigte, daß drei Abgeordnete, welche bei der Eröffnung des Landtags nicht zugegen waren, sich eingefunden hatten. Hierzu bemerkte der Geh. Staatsrat Wernher, daß das Ministerium in Bezug auf die Wahlen dieser Abgeordnete keinen Anstand gefunden habe, und daß der Vereidigung daher nichts im Wege stehe. Gerade aber diese Aussage verursachte sofortigen Widerspruch von Seiten des Abg. v. Gagern, indem er sich dahin aussprach, daß nach der Konstituierung der Kammer „*alles, was auf Wahl, Wählbarkeit, Betragen der Gewählten und Zulassung in diese Versammlung Bezug habe*" Sache dieser Kammer sei. Dies ergebe sich bereits aus dem Begriff der Selbsterhaltung.[1189] Die Reaktion v. Gagerns zeigt schon deutlich, wie sensibel, gerade die liberalen Abgeordneten auf jeden möglichen Eingriff von Seiten der Regierung in ihre Prüfungskompetenz reagierten. Zum anderen verdeutlicht diese Reaktion auch die Bedeutung, welche der alleinigen Wahlprüfungskompetenz zugemessen wurde. Die Staatsregierung beteuerte in diesem Fall jedoch, daß sie sich keinesfalls das Recht anmaßen wollte, über die Gültigkeit der Wahlen zu entscheiden.[1190] Hierneben bekräftigte die Regierung auch an anderer Stelle, daß sie die Prüfungskompetenz der Kammer anerkannte. Im Rahmen der Beratung über die Zulässigkeit und das Urlaubsgesuch des Abg. Eickenmaier hob der Abg. v. Gagern hervor, daß es in dem Erlaß der Einweisungskommission in Bezug auf diese Wahl hieß, daß man die Erklärung des Gewählten der Kammer zur Entscheidung mitteile. v. Gagern sah vor allem durch das Wort „Entscheidung" die Kompetenz der Kammer in solchen Fällen als von der Regierung ausdrücklich anerkannt an. Der Geh. Staatsrat Jaup bekräftigte dies und erwiderte auf v. Gagern ausdrücklich: „*Die Staatsregierung hält die Kammer für competent, um über die Wahlen, die etwaigen Ablehungsgesuche der Abgeordneten u.s.w. zu enscheiden*".[1191] Von Seiten der Regierung wurde damit schon auf dem 1. Landtag daß alleinige Recht der Kammer zur Prüfung nach Art. 87 der Verf.-Urk. v. 17. Dezember 1820 ausdrücklich anerkannt.

Trotz allem reagierte die Kammer auch weiterhin äußerst sensibel auf tatsächliche und mögliche Eingriffe in ihre Wahlprüfungskompetenz. Dies wurde auch in der 34. Sitzung des ersten Landtags in Bezug auf die Wahl des Abg. Höpfner der Stadt Darm-

---

[1189] Verh. Hessen 1820, 1. Heft, 5. Prot. v. 6. Juli 1820, S. 23.

[1190] Verh. Hessen 1820, 1. Heft, 5. Prot. v. 6. Juli 1820, S. 24

[1191] Verh. Hessen 1820, 3. Heft, 30. Prot. v. 31. August 1820, S. 138.

stadt deutlich. Der Sachverhalt bei dieser Wahl war, daß die Staatsregierung die zweite Wahl der Stadt Darmstadt, welche auf Höpfner fiel, als ungültig verworfen, und daß sie eine anderweitige Wahl angeordnet hatte.[1192] Der Grund hierfür bestand darin, daß der Abg. Höpfner nach seiner ersten Wahl als Staatsdiener den erforderlichen Urlaub von der Staatsregierung erhielt, aber den Eid verweigerte und den Urlaub zurückgab. Die erneute Wahl Höpfners wurde als ungültig angesehen, da nach einer Verordnung vom 3. August 1820[1193] die Abgeordneten, welche den Ständeeid verweigerten, nicht mehr wählbar waren. Gerade aber die Tatsache, daß sich das Geh. Staatsministerium für befugt angesehen hatte, ohne eine Entscheidung der Kammer einzuholen, an die Stelle eines Staatsdieners, welcher den Eid vor dem Erlaß der genannten Verordnung verweigerte, einen anderen wählen zu lassen, erzeugte Widerstand von liberaler Seite. Hervorzuheben ist insbesondere die Aussage des liberalen Abg. Eigenbrodt, der auch gleichzeitig Präsident der Kammer war: „*die Staatsregierung hat nicht das Recht, über die Giltigkeit der Wahlen zu entscheiden. Dieß liegt in der Natur der Sache, in dem Recht der Selbsterhaltung der Kammer.... Die Staatsregierung hat nicht das Recht, darüber zu entscheiden, ob ein giltig gewählter Abgeordneter, auch wenn er den Ständeeid noch nicht geleistet hat, noch nicht in die Kammer eingetreten ist, rechtlich verlangen könne, aus besonderen Gründen von der Verbindlichkeit, seinem Beruf zu folgen, befreit zu werden. ... Die Staatsregierung hat nicht das Recht, der nachherigen Ablehnung des Staatsdieners einseitig, ohne vorgängige Entscheidung der Kammer, Folge zu geben. ... Daher ist eine neue Wahl, die vorgenommen wird, ohne daß eine sie zulassende Entscheidung der Kammer vorangieng, von Rechtswegen ungiltig, die erste Wahl besteht noch in voller Rechtskraft,*“.[1194] In diesem Sinne äußerste sich auch der Abg. Knapp: „*Liegt es in der Gewalt der Regierung, eine Wahl einseitig und ohne Zustimmung der Kammer zu vernichten? Dieß wird man gewiß nicht behaupten wollen, und ich mache darauf aufmerksam, daß es sich hier von Rechten der Kammer handelt, denen wir nichts vergeben dürfen.*“.[1195] Diese besonders deutlichen Aussagen zeigen die herausragende Bedeutung die von liberaler Seite der unabhängigen Wahlprüfung durch die Kammer beigemessen wurde. Für die Liberalen war die alleinige Wahlprüfungszuständigkeit der Kammer ein Garant für die Unabhängigkeit und Selbsterhaltung der Kammer.

Ab dem 4. Landtag stellte sich der Kammer das Problem, daß insbesondere durch die Wahlkommissare Wahlen als ungültig kassiert wurden.[1196] Der Ausschuß, der die ent-

---

[1192] Verh. Hessen 1820, 4. Heft, Beil. LXXXI, S. 28.

[1193] Das Gesetz bestimmte ausdrücklich: „*Die früher Gewählten sind nicht wieder wählbar*“. Vgl. Verh. Hessen 1820, 5. Heft, 44. Prot. v. 30. September 1820, S. 99.

[1194] Verh. Hessen 1820, 5. Heft, 41. Prot. v. 23. September 1820, S. 40 f..

[1195] Verh. Hessen 1820, 5. Heft, 41. Prot. v. 23. September 1820, S. 43.

[1196] So wurde auf dem 4. Landtag die Wahl des Abg. des 14. Wahlbezirk der Prov. Oberhessen, die des Großherzoglichen Hofgerichtsdirektors, des Geh. Rat Dietz, vom Wahlkommissar nach Art. 14 S. 1 der WahlO v. 27. März 1820 für ungültig erklärt. Der Wahlkommissar hatte den Gewählten unter die nach Art 14 S. 1 der WahlO nicht wählbaren Kollegialvorstände subsumiert und war sofort zu einer anderweitigen Wahl geschritten (Verh. Hessen 1829/30, 1. Beil.-Bd., Beil. XXXVII, S. 210).

sprechende Wahl zu prüfen hatte, erklärte ausdrücklich, daß der Wahlkommissar durch sein Vorgehen gegen Art. 87 der Verf.-Urk. v. 17. Dezember 1820 verstoßen habe, wonach die definitive Entscheidung über die Gültigkeit der Wahlen und über die Zulassung und Abweisung der Mitglieder der Kammer zu der Kompetenz der Kammer gehöre.[1197] Über diesen konkreten Fall hinaus stand für den Ausschuß eine solche Vorgehensweise im Widerspruch zu der alleinigen Prüfungskompetenz der Kammer nach Art. 87 der Verf.-Urk. v. 17. Dezember 1820, so daß sie den Antrag darauf stellte, daß zur Vorbeugung solcher Anstände, die Regierung ersucht werden sollte, *„die Wahlcommissarien künftig anzuweisen, in Fällen dieser Art nicht ohne eingeholte Entschließung zur anderweiten Wahl zu schreiten, damit nicht, was möglicher Weise daraus folgen könnte, die verfassungsmäßige Competenz der Kammer beeinträchtigt werde.“*.[1198] Daß gerade die liberale Seite ein energischer Verfechter der alleinigen Wahlprüfungskompetenz der Kammer war, zeigte sich in der anschließenden Beratung über diesen Anstand, wobei sowohl der Regierung als auch im speziellen dem Wahlkommissar die grundsätzliche Kompetenz abgesprochen wurde, über die Gültigkeit der Wahlen zu entscheiden.[1199]

Diese Problematik, daß der Wahlkommissar selbstständig bestimmte Wahlen kassierte, tauchte auf dem 6. Landtag bei der Wahl des 2. Wahlbezirks der Prov. Oberhessen erneut auf. Der Wahlkommissar hatte in diesem Fall einige Bevollmächtigtenwahlen, da diese an wesentlichen Mängeln litten, auf eigene Faust kassiert. Des weiteren lagen auch die Akten über die kassierten Wahlen der Kammer nicht vor. Der Ausschuß reagierte hierauf in bekannter Weise und sah in dieser Vorgehensweise einen Eingriff in die alleinige Prüfungs- und Entscheidungskompetenz der Kammer.[1200] Die nachfolgende Beratung in Bezug auf diesen Anstand wurde zu einem flammenden Plädoyer der liberalen Abgeordneten für die Verteidigung der ausschließlichen Kompetenz der Kammer in Wahlprüfungsfragen. Ausgelöst wurde dies durch die Aussage des liberalkonservativen Abg. Hardy, der in dem Verhalten des Wahlkommissars keine Beeinträchtigung des Rechts der Kammer sah. Begründend führte er dazu aus, daß die Kammer dieses Recht behalte, und daß sie auch letztendlich zu prüfen habe, ob eine vom Wahlkommissar kassierte Wahl mit Recht oder zu Unrecht kassiert worden sei. Die Entscheidung des Wahlkommissars bleibe seiner Ansicht nach nur eine provisorische, *„durch welche der definitiven, der Kammer zustehenden, Entscheidung in keinem*

[1197] Verh. Hessen 1829/30, 1. Beil.-Bd., Beil. XXXVII, S. 211.

[1198] Verh. Hessen 1829/30, 1. Beil.-Bd., Beil. XXXVII, S. 212.

[1199] Vgl. hierzu auch die Auffassung des Abg. E. E. Hoffmann, der dem Wahlkommissar grundsätzlich und in jeder Beziehung die Kompetenz absprach, über die Gültigkeit von Wahlen zu urteilen, und aus eigener Machtvollkommenheit eine neue Wahl vorzunehmen (Verh. Hessen 1829/30, 1. Bd., 9. Prot. v. 14. November 1829, S. 26). Auch der Präsident der Kammer äußerte sich deutlich dahingehend, daß die Regierung nicht das Recht hätte, wenn sie der Auffassung sei, daß ein Unfähiger gewählt sei, sogleich eine andere Wahl anzuordnen. *„Nur die Kammer habe das Recht, über die Gültigkeit einer Wahl zu entscheiden; und eine zweite Wahl könne zuerst dann statt finden, wenn die Kammer die Ungültigkeit der ersten Wahl ausgesprochen habe.“* (Verh. Hessen 1829/30, 1. Bd., 9. Prot. v. 14. November 1829, S. 45).

[1200] Verh. Hessen 1834, 1. Beil.-Bd., Beil. 45, S. 5.

Falle praejudicirt werden" könne.[1201] Dem erwiderte der Abg. Emmerling in der Weise, daß nichts den Wahlkommissar berechtige, „*der künftigen Entschließung der Stände über die Gültigkeit der Wahlen vorzugreifen. Es läßt sich durchaus kein rechtmäßiger Grund auffinden, der dem Wahlkommissar gestattet, sich Befugnisse anzumaßen, welche die Verfassung ausdrücklich der Kammer selbst und ausschließlich beigelegt und vorbehalten hat.*".[1202] Er ging sogar soweit, die Wahl zu kassieren und damit ein Exempel zu statuieren, damit die Wahlkommissare für die Zukunft gewarnt wären, nicht mehr in dieser Weise zu verfahren.[1203] Desgleichen äußerte sich der Abg. Reh nochmals eindeutig wie die liberale Seite der Kammer zu dieser Vorgehensweise der Wahlkommissare stand. Er äußerte sich folgendermaßen: „*Gestehen wir dem Wahlcommissär das Recht zu, die Urwahlen zu kassiren, so müssen wir ihn auch das Recht zugestehen, jede Wahl zu cassiren, nicht blos die Wahl der Bevollmächtigten, sondern auch die Wahl der Wahlmänner und die der Abgeordneten. Welche Folgen sich hieran knüpfen würden, wies es um das der Kammer in Artikel 87 der Verfassungsurkunde ertheilte Recht stünde, darüber, meine Herren, brauche ich kein Wort an Sie zu richten. Der Wahlkommissar hat bei den einzelnen Wahlhandlungen nur das Wahlgeschäft zu überwachen. Ein selbstständiges Urtheil über die Gültigkeit einer Wahlhandlung kann ihm niemals zugestanden werden, die Kammer allein ist die Behörde, welche darüber entscheiden kann. ... Und wenn eine solche Einmischung nimmermehr gut geheißen werden kann, so muß die Wahl nothwendig für ungültig erklärt werden.*".[1204] Die liberale Seite der Kammer ließ nicht den geringsten Zweifel daran, daß das alleinige Wahlprüfungsrecht der Kammer für sie von extenzieller Bedeutung war.[1205]

[1201] Verh. Hessen 1834, 1. Bd., 11. Prot. v. 23. Mai 1834, S. 18 f..

[1202] Verh. Hessen 1834, 1. Bd., 11. Prot. v. 23. Mai 1834, S. 29.

[1203] Verh. Hessen 1834, 1. Bd., 11. Prot. v. 23. Mai 1834, S. 32. Auch der Abg. Brunck stellte unterstützend noch die Warnung auf, daß falls dem Wahlkommissar ein solches Recht zugestanden werde, dieser die Wahlen aller Grade kassieren und neue Wahlen anordnen könne, wenn die Gewählten nicht nach seinem Sinne seien (Verh. Hessen 1834, 1. Bd., 11. Prot. v. 23. Mai 1834, S. 42. In diesem Sinne auch der Abg. E. E. Hoffmann, der auf die Gefahr hinwies, daß der Wahlkommissar und das Ministerium Wahlen kassieren könne, deren Resultat ihnen nicht angenehm sei. Verh. Hessen 1834, 1. Bd., 11. Prot. v. 23. Mai 1834, S. 67).

[1204] Verh. Hessen 1834, 1. Bd., 11. Prot. v. 23. Mai 1834, S. 46 f.. Auch der Abg. v. Gagern äußerte sich in diesem Sinne. Auch seiner Ansicht nach hatte der Wahlkommissar nicht das Recht, eine Wahl zu kassieren und indem er sie kassiert hatte, habe er gegen die Verf.-Urk. und gegen die WahlO verstoßen (Verh. Hessen 1834, 1. Bd., 11. Prot. v. 23. Mai 1834, S. 58 f.) Nachdem die Kammer in den Besitz der Akten über die Bevollmächtigtenwahlen gelangt war, erfolgte nach weiterer Prüfung des Ausschusses ein erneuter Bericht (Verh. Hessen 1834, 1. Beil.-Bd., Beil. 103, S. 1-4). Hierin hieß es, daß die Kammer nie eine Befugnis des Wahlkommissars anerkenne, wonach dieser auf eigene Faust Wahlen kassieren und neue vornehmen lassen dürfe, daß man aber im Interesse der vorliegenden Abgeordnetenwahl diesmal darüber hinweggehen könne, da sich ergeben habe, daß die erneuten Wahlen fast nur wieder auf die ursprünglich Gewählten gefallen seien, und daß somit die Kassierung der früheren Wahlen selbst auf die Stimmfreiheit der Wähler keinen nachteiligen Einfluß geäußert habe. Verh. Hessen 1834, 1. Beil.-Bd., Beil. 103, S. 2.

[1205] Vgl. auch folgenden Fall, welcher den bisherigen Befund bestärkt und des weiteren aufzeigt, daß das alleinige Prüfungsrecht auch in Teilen der „Wählerschaft" ein besonderes Gut

Während des gesamten Untersuchungszeitraums wurde jeder mögliche Eingriff in die Rechte nach Art. 87 der Verf.-Urk. v. 17. Dezember 1820 von Seiten der Regierung von der breiten Mehrheit der Kammer konsequent angeprangert. Jegliche Kompetenz wurde der Regierung im Bereich der Wahlprüfungen abgesprochen.

11. Die Wahlprüfung als Insrument zur Aufrechterhaltung der Wahlfreiheit

Obwohl vehement die alleinige Wahlprüfungszuständigkeit verteidigt wurde, wurden die Wahlprüfungen nicht in annäherndem Maße zur Aufrechterhaltung der Wahlfreiheit genutzt.[1206]Lediglich auf den Landtagen, in denen die Liberalen die Mehrheit stellten, wurde vereinzelt durch die Wahlprüfungen versucht, mögliche Einflußnahmen von Regierungsseite zu unterbinden. Erwähnenswert ist in diesem Zusammenhang lediglich die bereits im Rahmen der Abhandlung über den Prüfungsmaßstab angeführte Prüfung der Wahl des 14. Wahlbezirks der Prov. Oberhessen im Jahre 1833.[1207] Mit Ausnahme dieses genannten Falles wurden die Wahlprüfungen während des gesamten Untersuchungszeitraums nicht dazu benutzt, Einflußnahmen auf die Wahlfreiheit zu sanktionieren, indem die entsprechenden Wahlen für ungültig erklärt wurden.

---

war. Ausgangspunkt bei der Prüfung der Wahl des 11. Wahlbezirks der Prov. Oberhessen auf dem 5. Landtag war, daß der Wahlkommissar den Wahlmännern eröffnet hatte, daß der zunächst Gewählte der Landrichter Schulz nach dem klaren Wortlaut des Art. 14 S. 1 der WahlO nicht wählbar war, und daß die höchste Staatsbehörde eine anderweitige Wahl befohlen habe. Zum neuen Wahltermin erschienen zwar die Wahlmänner, aber statt zu wählen, gaben sie folgende Protestation zu Protokoll: „*sie hätten die Ueberzeugung, Landrichter Schulz sey wählbar, nach Art. 87 der Verfassung habe allein die Kammer über die Zulässigkeit eines Deputirten zu entscheiden; sie könnten nicht dazu beitragen, daß dieses Recht der zweiten Kammer irgend, wenn auch nur durch eine eventuelle neue Wahl beeinträchtigt werde-aus allen diesen Gründen könnten sie die von der höchsten Staatsbehörde verlangte zweite Wahl nicht vornehmen.*“. Neben dieser Protestation war auch der weitere Ablauf äußerst interessant. Bei einer neu angesetzten Wahl erklärte der Wahlkommissar den Wahlakt als gesetzlich beendigt und proklamierte den Gewählten zum Abg. des 11. Wahlbezirks. Nach Beendigung des gesamten Wahlaktes kamen dem Wahlkommissar Zweifel an der Gültigkeit dieser Wahlhandlung. Daher lud er die Wahlmänner einige Tage später zu einer neuen Wahl ein. Der Ausschuß verwahrte sich gegen diese Vorgehensweise des Wahlkommissars und verdeutlichte nochmals die klare Haltung der Kammer in dieser Frage: *Die Entscheidung über die Gültigkeit einer beendigten Wahl in allen ihren Theilen gebührt nur der zweiten Kammer der Stände.*“. Weiter hieß es: „*Denn die verehrliche Kammer darf, unsers Ermessens, nicht zugeben, daß den Wahlkommissären, oder selbst der Staatsregierung das Recht zustehe, eventuelle Wahlen für den Fall anzuordnen, wenn die zweite Kammer die ersten Wahlen als ungültig vernichten würde.*“ (Verh. Hessen 1833, 1. Beil.-Bd., Beil. CLVI, S. 468-472). Allein aus diesem Grund seien die beiden Wahlen bereits zu kassieren. Diese Auffassung des Ausschusses fand auch einhellige Unterstützung in der Kammer (Verh. Hessen 1833, 1. Bd., 25. Prot. v. 6. Februar 1833, S. 399).

[1206] Zwar sind auch die Bemühungen der Liberalen im Rahmen der Auseinandersetzung um die Auslegung des Art. 14 S. 1 der WahlO v. 22, März 1820 zu nennen. Es kann jedoch nicht davon gesprochen werden, daß die Wahlprüfungen als Instrument von liberaler Seite zur Aufrechterhaltung der Wahlfreiheit genutzt wurden.

[1207] Vgl. zu dieser Wahlprüfung S. 206.

E. Schlußbetrachtung

Unterzieht man die Wahlprüfung im Großherzogtum Baden, im Königreich Württemberg und im Großherzogtum Hessen in der Zeit des Frühkonstitutionalismus einer abschließenden Betrachtung, scheint die vordringliche Aufgabe zu sein, die bisherigen Ergebnisse der Staatswissenschaft zur Wahlprüfung im deutschen Frühkonstitutionalismus, welche seit fast einem Jahrhundert unverändert bestehen, zu revidieren.

Welcher Befund hinsichtlich der Wahlprüfung im Frühkonstitutionalismus bestand, sei durch folgende charakteristische und zusammenfassende Ausführung von Greeve[1208] dargestellt: „*In den Parlamenten des deutschen Frühkonstitutionalismus bestand bis zum Jahre 1848 allgemein eine nur rein beurkundende Wahlprüfung durch die landesherrlichen Behörden, die formell bestätigten, daß sich die Abgeordneten durch echte, von den zuständigen Behörden ausgestellte Wahlzertifikate ausgewiesen hatten. Insbesondere gab es keine Wahlanfechtungsmöglichkeiten.*“.
Die pauschale Kernaussage der bisherigen Untersuchung der Wahlprüfung im Frühkonstitutionalismus durch die Staatswissenschaft war, daß die Wahlprüfung durch die Kammern eine rein formell verifizierende Prüfungstätigkeit war.[1209] Durch die vorliegende Arbeit wurde jedoch nachgewiesen, daß keinesfalls durch die Prüfung nur beurkundet wurde, daß sich der entsprechende Abgeordnete durch eine echte, von der zuständigen Behörde ausgestellte Wahlurkunde als ordnungsgemäß gewählt ausgewiesen hatte. Vielmehr war es so, daß von den Kammern geprüft wurde, ob die Wahl entsprechend der gesetzlichen Vorschriften erfolgte, und ob der Gewählte die erforderlichen Eigenschaften besaß. Eine Ausnahme hiervon bildete lediglich die Prüfung durch den ständigen Ausschuß im Königreich Württemberg, welcher prüfte, ob die Wahlurkunde die vorgeschriebenen Förmlichkeiten enthielt. Insbesondere läßt sich nicht die Feststellung, wie sie Greeve traf, aufrechterhalten, daß die Wahlprüfung den landesherrlichen Behörden oblag. Das alleinige Entscheidungsrecht im Rahmen der Wahlprüfungen lag in den in dieser Arbeit untersuchten Staaten ausschließlich in den Händen der Kammern, wobei ihre Entscheidungen definitiv und unanfechtbar und damit sofort rechtskräftig waren. Eine Ausnahme hiervon bildete nur die erste Prüfungsstufe im Großherzogtum Hessen, welche aber auch nur vorläufigen Charakter besaß. Dort war die Regierung in Form der landesherrlichen Einweisungskommission noch aktiv an der Prüfung beteiligt. Die Abordnung von königlichen Kommissaren zur Prüfung durch den ständischen Ausschuß im Königreich Württemberg war hingegen nicht bedeutsam, da diese nicht stimmberechtigt waren. Folglich muß dieser bisher einhellige Befund hinsichtlich des Großherzogtums Baden, des Königreichs Württemberg und des Großher-

---

1208 Greeve, Wahlprüfung, S. 13 f..

1209 In diesem Sinne auch Kutzner, Prüfung, S. 10 und Olschewski, Wahlprüfung, S. 59. Desgleichen Hintze, Wahlprüfung, S. 2 f., der folgende Feststellung traf: „*In den süd- und mitteldeutschen Parlamenten des Frühkonstitutionalismus bis 1848 herrschte allgemein das Beurkundungsprinzip d.h. es wurde durch die vorgenommene Prüfung der Wahlvollmachten nur beurkundet, daß der Abgeordnete sich durch eine echte, von der zuständigen Behörde ausgestellte Wahlurkunde als ordnungsgemäß gewählt ausgewiesen hatte.*“. Auch Hatschek, Parlamentsrecht I, S. 396, 408, vertrat die Auffassung, daß im deutschen Frühkonstitutionalismus, in Süd- und Mitteldeutschland, die Wahlprüfung ein „*reiner Beurkundungsakt*“ war.

zogtums Hessen als falsch angesehen werden. Die bisherige Feststellung mag auch einer der Gründe sein, weshalb die Wahlprüfung im Frühkonstitutionalismus in der staats- und verfassungsrechtlichen Literatur kaum Beachtung fand.
Es läßt sich damit naturgemäß auch nicht der Befund halten, daß die Tätigkeit der Kammern im Rahmen der Wahlprüfung lediglich beurkundenden Rechtscharakter besaß. Bereits Stauber v. Stäfa[1210] stellte fest, daß wenn die Kammern nicht nur die Validierung der Wahlen vornehmen, sondern sie auch Wahlanfechtungen prüften und damit über strittiges Recht entscheiden, ein richterliches Urteil fällten. Weiter hieß es: *„Auch wenn das Parlament als nichtrichterliches Organ die Entscheidungen fällt, bleiben sie eben doch richterliche Funktionen und es bleibt der Inhalt dieser Entscheidungen Rechtsprechung, auch wenn diese durch ein legislatives Organ ausgeübt wird.*“. Auch die Mitglieder der Kammern selbst sahen ihre Tätigkeit im Rahmen der Wahlprüfung als rechtsprechende Tätigkeit an.

Abschließend ist nochmals ausdrücklich hervorzuheben, daß die Verfassungen der untersuchten Staaten allesamt das Recht der Prüfung der Wahlen auf die Kammern übertrugen, unabhängig davon, ob es sich um vereinbarte oder oktroyierte Verfassungen handelte. Bemerkenswert ist insbesondere im Hinblick auf die Entwicklungen in England und Frankreich, daß dies ohne politische und verfassungsrechtliche Auseinandersetzungen erfolgte. Kampflos fand das alleinige und ausschließliche Wahlprüfungsrecht der Kammern Eingang in die Verfassungen. Von grundlegender Bedeutung ist, daß im Großherzogtum Baden bereits in den regierungsseitigen Verfassungsentwürfen dieses Recht den Kammern zugedacht war. Das Recht der Prüfung der Wahlen ausschließlich den Kammern zu übertragen, war damit bereits vor der Verfassungsurkunde vom 22. August 1818 Grundkonsens im badischen Staatsrecht. Daß die Verfassungen dieses Recht den Kammern einräumten lag nicht zuletzt daran, daß sie den Regierungen noch vielfältige andere Möglichkeiten eröffneten im Vorfeld, wie auch bei den Wahlen selbst, Einfluß auf die Wahlen und damit auf die Zusammensetzung der Kammern zu nehmen. Die Wahlprüfung stellte nicht das einzige Mittel dar, um auf die Zusammensetzung der Kammern Einfluß zu nehmen. Damit war letztendlich die Übertragung dieses Rechtes möglich, ohne daß die Regierung größere machtpolitische Einbußen hinzunehmen hatte, was nicht zuletzt auch eine der großen Schwächen dieser Verfassungen war.

Trotz der genannten Gemeinsamkeiten hinsichtlich der Wahlprüfungen ist eine der hauptsächlichen Erkenntnisse, daß sich eine pauschale Aussage über die Wahlprüfung der untersuchten Staaten im Frühkonstitutionalismus nicht treffen läßt.
Das Instrument der Wahlprüfung besaß in den drei Staaten vielmehr eine unterschiedliche Gewichtung und Ausprägung. Es gab lediglich einige wenige vergleichbare Gemeinsamkeiten. So insbesondere das fehlende Enquêterecht und der Umgang der Kammern mit dieser Einschränkung. Die Kammern waren gezwungen, entscheidungsrelevante Untersuchungen in den Fällen, in denen die Wahlakten allein zur Beurteilung einer Wahl nicht ausreichten, bei den Ministerien des Innern zu beantragen. Obwohl es

---

[1210] Stauber v. Stäfa, System, S. 114.

während des gesamten Untersuchungszeitraums zu keinen nennenswerten Problemen hinsichtlich der beantragten Untersuchungen kam, war dieser Zustand jedoch widersinnig. Widersinnig war dies insbesondere vor dem Hintergrund, daß die Regierungen keine neutralen Instanzen waren. In den Fällen, in denen Wahlen wegen unerlaubter Einwirkung von Regierungsorganen angefochten wurden, wurden die Untersuchungen der Unregelmäßigkeiten dem Angeschuldigten übertragen. v. Mohl sah diesen Zustand sogar als verfassungswidrig an.[1211] Trotz dieser Einschränkung und damit des Fehlens eines autonomen Prüfungsrechts in vollem Umfang, gab es keinerlei Bestrebungen in den Kammern der untersuchten Staaten diesen Zustand zu verändern.

Obwohl ebenfalls in der parlamentarischen Praxis eine vergleichbare Ausgangslage hinsichtlich des formellen Prüfungsrechts, aufgrund der rudimentären Regelungen in den Geschäftsordnungen, bestand, gingen die Kammern mit dieser Situation doch recht unterschiedlich um. Gemeinsam war jedoch, daß die Kammern in ihrer Wahlprüfungspraxis ständig gezwungen waren, das formelle Wahlprüfungsrecht weiter zu entwickeln, so daß vielfältige ständige Übungen entstanden, welche die Regelungslücken des normierten formellen Wahlprüfungsrechts schlossen. So sei beispielsweise nochmals die württembergische GO v. 26. Mai 1851 genannt. Diese einseitig von der Kammer beschlossenen Bestimmungen griffen die bisherigen Entwicklungen der Prüfungspraxis auf und normierten diese zusammenfassend.
Im Rahmen der Anpassung und Modifizierung von bestehenden Bestimmungen der Geschäftsordnungen an die Prüfungspraxis zeigten sich gravierende Unterschiede. Veranschaulicht wird dies gerade in der zeitlichen Straffung des Verfahrens hinsichtlich der unbeanstandeten und unstrittigen Wahlen. Den Grund fand dieses Vorgehen darin, daß die Wahlprüfungen in den jeweiligen Kammern insgesamt äußerst zeitaufwendig waren. In diesem Zusammenhang ist insbesondere die zweite Darmstädter Kammer zu nennen. Das primäre Ziel in ihrer Prüfungspraxis war, den Ablauf der Prüfungen zeitökonomischer zu gestalten. Durch beständige kleinere Reformen hinsichtlich des Ablaufs der Wahlprüfungen wurde dieser kontinuierlich zeitlich gestrafft. Sowohl im Großherzogtum Baden als auch im Königreich Württemberg spielte dieser Gesichtspunkt eher eine untergeordnete Rolle. Eine vergleichbare Tendenz spiegelte sich lediglich beim Abstimmungsverfahren wieder. Die Bestrebungen, die Wahlprüfungen zeitlich zu straffen, offenbarten auch den Wandel, denen das Geschäft der Wahlprüfung während des Untersuchungszeitraums in allen untersuchten Staaten un-

[1211] So schrieb v. Mohl, Untersuchung, S. 211: „*Die Kammern der Abgeordneten sollen souveräne Richterinnen über die Wahlen ihrer Mitglieder sein; keine Regierungsbehörde, wer sie auch sei, hat also das Recht, ihnen hierbei etwas in den Weg zu legen oder ihnen eine Meinung aufzudringen. ... Eine unabweisbare rechtliche Folge dieser Vorschrift ist denn nun aber, dass die Grundgesetze unmöglich die Vornahme nothwendiger, das Urtheil bedingender vorbereitender Handlungen durch Regierungsbehörden und nicht durch die Kammern wollen können. Wenn sie feststellen, nur die Kammern haben zu richten, so müssen sie auch wollen, dass nur die Kammern die zum Richterspruche führenden Schritte thun.*“. v. Mohl forderte folglich die „*Uebertragung aller zur Beurtheilung einer bestrittenen Wahl nothwendigen Untersuchungen an die betreffende Kammer*“. Hierfür sah er gerade die Legitimations- oder Einweisungskommission oder die Kammerabteilungen als die richtigen Stellen an.

terlag. Zu Beginn wurden alle Wahlprüfungen mit äußerster Genauigkeit und damit auch zwangsläufig zeitaufwendig durchgeführt. Im Laufe des Untersuchungszeitraumes stellte insbesondere die Behandlung der unbeanstandeten und unstrittigen Wahlen immer mehr nur noch eine formell administrative Aufgabe dar, die es schnellstmöglich zu erledigen galt, was insbesondere auf das Großherzogtum Hessen zutrifft.

Besonders hervorzuheben ist auch die Tatsache, daß zwar in allen drei Staaten der Grundsatz der Regelprüfung bestand, jedoch dieser Grundsatz nur im Großherzogtum Hessen ausnahmslos praktiziert wurde. Im Gegensatz zum Großherzogtum Hessen bestand im Königreich Württemberg auch die Praxis der Prüfung nach Einspruch. So wurden bereits im Rahmen der Regelprüfung für gültig befundene Wahlen im Fall einer Anfechtung einer erneuten Prüfung unterzogen. Das Nebeneinander von Regel- und Einspruchsprüfung scheint jedoch nur auf den ersten Blick wiedersprüchlich, da man sich vor Augen halten muß, daß generell nur die Wahlurkunden auf ihre Form hin geprüft wurden.
Gerade auch im Zusammenhang mit den Wahlanfechtungen zeigten sich gewichtige Unterschiede zwischen den untersuchten Staaten. So ist insbesondere die unterschiedliche und gegensätzliche Handhabung im Großherzogtum Hessen und im Großherzogtum Baden erwähnenswert. Zum einen waren die Wahlanfechtungen im Großherzogtum Baden ein bedeutendes macht- und parteipolitisches Instrument. Im Großherzogtum Hessen hingegen waren sie in dieser Hinsicht von untergeordneter Bedeutung. Zum anderen entstanden, für den in allen Staaten unnormierten Bereich der Wahlanfechtungen, im Großherzogtum Hessen von Beginn an ständige Übungen, die auch während des gesamten Untersuchungszeitraums konsequent angewandt wurden. So bestand von Beginn an der Grundsatz, daß Reklamationen, die nach der Entscheidung über die Wahlen eingingen, nicht berücksichtigt wurden. Im Gegensatz hierzu war gerade die Frage des Zeitpunkts der Erhebung von Anfechtungen im Großherzogtum Baden äußerst strittig. Ab den 40er Jahren fand sich zwar zunehmend eine Mehrheit, welche sich dafür aussprach, Anfechtungen, welche erst nach vollzogener Abgeordnetenwahl erhoben wurden, unberücksichtigt zu lassen. Zu einer festen Übungen kam es in dieser Frage während des Untersuchungszeitraums dennoch nicht. Im Königreich Württemberg wurde hingegen, obwohl auch hier die Anfechtungen ein parteipolitisches Instrument waren, keine Regelungen hinsichtlich des Zeitpunkts der Erhebung von Anfechtungen geschaffen. Diese Frage führte auch keineswegs zu Debatten in der Kammer, sondern wurde vielmehr unbeachtet gelassen.

Ein durchweg unterschiedliches Bild zeigte sich auch bei der Untersuchung des maßgeblichen Beurteilungsgrundsatzes als Prüfungsmaßstab für die Beurteilung der Gültigkeit bzw. Ungültigkeit der Wahlen. Gemeinsam war in den untersuchten Staaten lediglich, daß sich in der Prüfungspraxis von Anfang an gewisse Beurteilungsgrundsätze entwickelt haben. So galt im Großherzogtum Baden von Beginn an, wenn auch in beschränkten Umfang, der Erheblichkeitsgrundsatz, welcher ebenfalls noch in der Bundesrepublik in entsprechend angepaßter Form maßgeblich ist.[1212] In Bezug auf

[1212] Vgl. u.a. Kretschmer, Wahlprüfung, S. 462; v. Münch/Kunig, GG II, Art. 41, Rn. 3.

Wahlprüfungsfälle nämlich, die für die jeweilige Kammermehrheit von grundsätzlicher Bedeutung für die Beibehaltung der Wahlfreiheit waren, fand der Erheblichkeitsgrundsatz hingegen keine Anwendung. Hinsichtlich des Prüfungsmaßstabs im Königreich Württemberg zeigte sich ein völlig anderes Bild. Während des Untersuchungszeitraums waren zwei Beurteilungsgrundsätze, welche zusammen den Prüfungsmaßstab bildeten, in Geltung. Für alle formellen Anstände galt grundsätzlich der „Wesentlichkeitsgrundsatz". Bei der Frage, welche Auswirkungen Anstände bei den Urwahlen auf die Hauptwahl zeigten, galt hingegen konsequent, selbst in Fällen von Wahlbeeinflussungen, der Erheblichkeitsgrundsatz. Die Vorgehensweise zur Ermittlung der Erheblichkeit von Anständen erfuhr des weiteren in der Kammerpraxis während des Untersuchungszeitraums eine Weiterentwicklung. So wurden zunächst, wie auch im Großherzogtum Baden und im Großherzogtum Hessen, lediglich die ungültigen Stimmen in Abzug gebracht. Das Verfahren wurde jedoch dahingehend abgewandelt, daß zunächst die ungültigen Stimmen zu ermitteln waren und so dann, wenn für Unberechtigte die Berechtigten abgestimmt hätten diese Stimmen dem Gegenkandidaten zugerechnet. Und nur in dem Fall, in dem der erwählte Kandidat auch hiernach die meisten Stimmen behielt, war der Anstand unerheblich. Dieses Beispiel ist ein Beweis dafür, daß der Bereich der Wahlprüfung in der parlamentarischen Praxis einer beständigen Weiterentwicklung unterlag.
Im Großherzogtum Hessen hingegen wurde zunächst ausschließlich der „Wesentlichkeitsgrundsatz" angewandt und ab dem Jahre 1834 der Beurteilungsgrundsatz dahingehend gewechselt, daß nur noch der Erheblichkeitsgrundsatz als maßgeblicher Prüfungsmaßstab galt.

Neben der Ausgestaltung des Prüfungsmaßstabs zeigten sich auch erstaunliche Unterschiede hinsichtlich des Prüfungsumfangs. So war es im Königreich Württemberg und im Großherzogtum Hessen von Anfang an selbstverständlich, daß auch die Urwahlen unter die Prüfungskompetenz der Kammer fielen. Hingegen nicht so im Großherzogtum Baden. Gerade dieser Bereich war einer der umstrittensten Gesichtspunkte in der badischen Prüfungspraxis zwischen der Regierung und der liberalen Opposition.

Als eine besondere Herausforderung für die Kammern in der Wahlprüfungspraxis der untersuchten Staaten stellte sich die Anwendung der entsprechenden Wahlrechtsbestimmungen auf die konkreten Wahlprüfungen dar. Hinsichtlich der Wahlrechtsbestimmungen zeigte sich sowohl im Großherzogtum Baden als auch im Königreich Württemberg sowie im Großherzogtum Hessen ein vergleichbares Bild. Durchweg waren die Bestimmungen unbestimmt und lückenhaft und somit für die Praxis nur bedingt anwendbar. Bedingt durch diese Tatsache war es in allen Kammern gemein, daß erst durch die Wahlprüfungen in der parlamentarischen Praxis unbestimmte Normen ausgelegt, und fehlende Bestimmungen durch Kammerbeschlüsse ersetzt wurden. Dem Institut der Wahlprüfung war es damit zu verdanken, daß sich das Wahlrecht im Frühkonstitutionalismus in der Praxis stetig weiterentwickelte.
Hinsichtlich der Kontinuität der Wahlprüfungsentscheidungen zeigten sich jedoch wiederum gravierende Unterschiede. Im Großherzogtum Baden war die Wahlprüfungspraxis von Beginn darauf ausgerichtet, Präjudizien zu schaffen. Folglich bestand

in Baden ein hohes Maß an Rechtssicherheit in wahlrechtlichen Fragen. Dies führte dazu, daß die Wahlprüfungen in den grundsätzlich entscheidenden Fragen zügiger und unstreitiger verliefen. Dies lag nicht zuletzt auch daran, daß auch die Regierung die Entscheidungen der Kammer in solchen Fällen als Grundsatzentscheidung annahm und sich auch dementsprechend bei der Ausrichtung der Wahlen danach richtete. Im Königreich Württemberg waren die Kammern ebenfalls bestrebt, Präjudizien zu schaffen, wobei dies jedoch nicht in gleicher Intensität geschah wie im Großherzogtum Baden. Hingegen im Großherzogtum Hessen wandten sich von Beginn die liberalen Kammermitglieder vehement gegen die Anerkennung der Bindungswirkung von Kammerbeschlüssen in Wahlprüfungsfragen. Der Grund lag zum einen in der nachdrücklich Forderung von Seiten der Regierung, Präjudizien zu schaffen, wobei die liberalen Kammermitglieder vor allem in dieser geforderten Bindungswirkung einen Eingriff in die ausschließliche Wahlprüfungskompetenz der Kammer sahen. Darüber hinaus wollten die Liberalen vermeiden, an durch konservative Mehrheiten geschaffene Beschlüsse gebunden zu sein. Trotzdem wurden, wenn auch nicht in konsequenter Weise, gewisse Präjudizien geschaffen. Gegen Ende des Untersuchungszeitraums ließen sich sogar eindeutige Reformbestrebungen dahingehend erkennen, Präjudizien zu schaffen. Diese Entwicklung war dadurch bedingt, daß die Kammer durch fehlende Grundsatzentscheidungen in den Wahlprüfungsfällen mit langwierigen Debatten beschäftigt war, und daß eine solch zeitaufwendige Vorgehensweise nicht aufrechtzuerhalten war.

Als Letztes sei noch der größte Unterschied hinsichtlich der Wahlprüfungen der untersuchten Staaten hervorzuheben. Dieser lag eindeutig in der macht- und parteipolitischen Bedeutung der Wahlprüfungen. In diesem Zusammenhang zeigte sich eine deutliche Abstufung in der Intensität vom Großherzogtum Baden ausgehend über das Königreich Württemberg bis hin zum Großherzogtum Hessen. Im Großherzogtum Baden erreichte die parteipolitische Instrumentalisierung der Wahlprüfung ein verhältnismäßig hohes Maß, mit der Folge, daß sich die Wahlprüfung in vielen Fällen von einem rechtlichen Wahlkontrollverfahren zu einem parteipolitischen Machtinstrument wandelte. Dies hatte seinen vornehmlichsten Grund darin, daß es in den zweiten badischen Kammern durchweg eine starke liberale Opposition mit herausragenden Persönlichkeiten gab. Die intensive parteipolitische Instrumentalisierung spiegelte sich vor allem im Bereich der Wahlanfechtungen wieder. Die zunehmende Anzahl parteipolitisch motivierter Anfechtungen zwang die badischen Kammern zu restriktiven Reformen im Bereich der Wahlanfechtungen. Bedingt durch eine starke und selbstbewußte Opposition in den Karlsruher Kammern wurde auch die Verteidigung der alleinigen Wahlprüfungskompetenz der Kammer vehement geführt. So wurde jeder Eingriff von Seiten der Regierung in die Prüfungskompetenz auf das schärfste bekämpft. Während diese parteipolitische Bedeutung der Wahlprüfung während des gesamten Untersuchungszeitraums in Baden sichtbar war, zeigte sich diese Form in Württemberg lediglich in den Situationen, in denen, wie auf dem ersten Landtag des Jahres 1833, vom Ausgang bestimmter Wahlprüfungen die Machtverteilung in der Kammer und damit die politische Ausrichtung der Kammer abhing. Zwar wurden auch die Wahlanfechtungen parteipolitisch instrumentalisiert, jedoch entwickelte die Kammer in diesem Bereich keine spezifischen Reglementierungen, was ausschließlich daran lag, daß der Handlungsdruck nicht das gleiche Maß wie in Baden erreichte. Im Großherzogtum Hessen hingegen war die parteipolitische Bedeutung während des gesamten Untersuchungszeitraums von untergeordneter Bedeutung. Trotz dieser Tatsache wehrte die liberale Opposition vehement jeden tatsächlichen oder auch nur vermeintlichen Eingriff in die ausschließliche Prüfungskompetenz der Kammer ab. Diese Feststellung ist in gleicher Weise auf die Verteidigung der Wahlfreiheit im Rahmen der Wahlprüfungen übertragbar. So wurden lediglich im Großherzogtum Baden die Wahlprüfungen, insbesondere von den liberalen Mitgliedern der Kammer, dazu genutzt, um Eingriffe in die Wahlfreiheit von Seiten der Regierung zu sanktionieren und damit für die Zukunft zu unterbinden bzw. deren Ausmaß zu begrenzen.

Versucht man abschließend die Bedeutung der Wahlprüfung, trotz der unterschiedlichen Gewichtung und Ausgestaltung die sie in den untersuchten Staaten erfuhr, für die Entwicklung des Parlamentarismus im Frühkonstitutionalismus herauszustellen, muß sogleich das gemeinhin vertretene Bild diesbezüglich ebenfalls revidiert werden. In diesem Zusammenhang sei Kutzners[1213] Feststellung hervorzuheben, wonach der Wahlprüfung in den Süd- und Mitteldeutschen Staaten im Frühkonstitutionalismus „*nur untergeordnete Bedeutung*" beizumessen war. Diese Feststellung ist hinsichtlich der in dieser Arbeit untersuchten Staaten unter keinem Gesichtspunkt haltbar.
Bereits der beträchtliche Umfang, den die Wahlprüfungen in den Protokollen der Kammerverhandlungen einnahmen, widerlegt diese Feststellung. Neben dieser sofort ersichtlichen Tatsache verdeutlicht insbesondere die Aussage eines der bedeutendsten oppositionellen Mitglieder der badischen zweiten Kammer, die des Abg. Duttlinger im Jahre 1831, den herausragenden Stellenwert, welcher der Wahlprüfung beigemessen wurde. So äußerte er sich dahingehend: „*Im Repräsentativstaat steht die Frage, aus welchen Elementen die Repräsentantenkammer zusammengesetzt sey, an Wichtigkeit kaum einer anderen nach.*".[1214] Diese eindeutige Stellungnahme verdeutlicht bereits, daß letztlich von der Wahlprüfung das Funktionieren der Volkswillensbildung und damit des gesamten Parlamentarismus abhängt. Dies gilt für den demokratischen Staat jedoch noch in weit größerem Maße für die untersuchten Staaten im Frühkonstitutionalismus. So schrieb bereits v. Mohl[1215] welche Auswirkungen es vor allem für die Zeit des Frühkonstitutionalismus gehabt hätte, in dem Fall, in dem die Kammern nicht die alleinige Prüfungskompetenz besessen hätten: „*Leicht könnte sonst der Ausdruck des Volkswillen verfälscht, ein der Regierung unbequemer Abgeordneter unter einem scheinbaren Vorwande ausgeschlossen, die schreiendste Verletzung des Wahlrechts gutgeheißen oder wenigstens vertuscht werden; und es wäre überhaupt die Unabhängigkeit der Volksvertretung von der Regierung schwer beeinträchtigt, wenn sie die Entscheidung über ihre Zusammensetzung von dieser zu erwarten hätte.*".

1213 Kutzner, Prüfung, S. 7 f..

1214 Verh. Baden 1831, 13. Beil.-Heft, Beil. Nr. 6 zum CLX. Prot. v. 17. Dezember 1831, S. 269.

1215 v. Mohl, Untersuchung, S. 219.

Dies ist auch der Grund, warum es während des gesamten Untersuchungszeitraums keine Überlegungen dahingehend gab von der internen Wahlprüfung abzurücken. Die Problematik, die mit der genannten Art der Wahlprüfungsinstanz verbunden war, daß nämlich in diesem Fall das Parlament stets Richter in eigener Sache war und den damit verbundenen Folgen, daß häufig parteipolitische Gesichtspunkte vor rechtlichen Erwägungen standen, wurde auch während des Untersuchungszeitraums sichtbar. Erst jedoch im Kaiserreich von 1871 wurde diese Frage, insbesondere in der Staatswissenschaft, zur Diskussion gebracht und wurde gleichzeitig das zentrale Thema innerhalb des Wahlprüfungsrechts. Schließlich wurde erst durch Art. 31 der Weimarer Reichsverfassung v. 11. August 1919 von der internen Wahlprüfung mit der Einrichtung eines Wahlprüfungsgerichts Abschied genommen, worauf auch die Regelung des Art. 78 der HV v. 1. Dezember 1946 beruht. Zur Zeit des Frühkonstitutionalismus wäre in den untersuchten Staaten selbst ein partieller Verlust der Wahlprüfungskompetenz für die Parlamentarier grundsätzlich undenkbar gewesen. Erst mit der Festigung und Entwicklung des Parlamentarismus und der damit geringeren Bedeutung der Wahlprüfung als parlamentarisches Machtmittel gegenüber den Regierungen, war die Aufgabe der internen Wahlprüfung möglich. Aus diesem Grund läßt sich kein aussagekräftiger Vergleich zum heutigen Wahlprüfungsrecht, insbesondere zur Regelung nach der Hessischen Verfassung treffen.

Versucht man die Bedeutung der Wahlprüfung für den deutschen Frühkonstitutionalismus und die Entwicklung des Parlamentarismus in Deutschland darzustellen, so kann man festhalten, daß ohne die alleinige Prüfungskompetenz der Kammern eine Entwicklung des Parlamentarismus im bekannten Sinne nicht stattgefunden hätte. Ohne die ausschließliche Wahlprüfungskompetenz der Kammern wären vielmehr die frühkonstitutionellen Landtage lediglich „Scheinparlamente" gewesen, welche mit ausschließlich gouvernemental gesinnten Mitgliedern besetzt gewesen wären. Eine starke liberale parlamentarische Opposition, wie sie insbesondere in der badischen Kammer zu finden war, wäre gar nicht entstanden, mit der Folge, daß eine für die Entwicklung des Parlamentarismus notwendige Auseinandersetzung zwischen Opposition und Regierung nicht erfolgt wäre.
Insbesondere vor dem Hintergrund der geringen Kompetenzen, welche die Verfassungen den Landtagen eingeräumt hatten, war das Wahlprüfungsrecht von herausragender Bedeutung für die Stärkung der Kammern im Verhältnis zu den Regierungen. Neben dem Budgetrecht war das Mittel der Wahlprüfung, wenn auch nicht von gleicher machtpolitischer Bedeutung und Ausrichtung, ein wirksames Druckmittel gegenüber den entsprechenden Regierungen.

F. Anhang

Die nachfolgenden Tabellen sind das Ergebnis der Durchsicht und Auswertung der Protokolle der Kammer der Abgeordneten der jeweils untersuchten Staaten.

I. Wahlprüfungsergebnisse der zweiten Kammer des Großherzogtums Baden (1820-1866)

	1. LT[1216] 1820	2. LT 1822/23	3. LT 1825	4. LT 1828	5.LT 1831	6. LT 1833
Anzahl der geprüften Wahlen	8	27	63	9	67	16
Anzahl der Beanstandungen durch die Majorität der Abteilungen	0	3	0	0	3	1
Anzahl der einstweiligen Beanstandungen durch die Kammer	0	3	0	0	4	1
Anzahl der Ungültigkeitserklärungen	0	3	0	0	4	1
Anzahl der Gültigkeitserklärungen	8	24	63	9	63	15
Prozentualer Anteil der ungültig erklärten Wahlen	-	11,11	-	-	5,97	6,25

[1216] Aufgrund der fehlenden offiziellen Nummerierung der Landtage entspricht diese Nummerierung der Aufzählung bei Bauer, Volks-Vertretung, S. 116-118.

	7. LT 1835	8. LT 1837	9. LT 1839	10. LT 1841/42	11. LT[1217] 1842	12. LT 1843/45
Anzahl der geprüften Wahlen	21	23	22	19	66	22
Anzahl der Beanstandungen durch die Majorität der Abteilungen	0	0	1	0	4	1
Anzahl der einstweiligen Beanstandungen durch die Kammer	0	0	1	0	2	2
Anzahl der Ungültigkeitserklärungen	0	0	1	0	3	2
Anzahl der Gültigkeitserklärungen	21	23	21	19	63	20
Prozentualer Anteil der ungültig erklärten Wahlen	-	-	4,54	-	4,54	9,09

[1217] z.T. wurde dieser Landtag auch als zweite Abteilung des 10. Landtags geführt, Vgl. Becht, Kammer, S. 509.

	13. LT 1845/46	14. LT[1218] 1846	15. LT 1847/49	16. LT 1850/51	17. LT 1851/52	18. LT 1854
Anzahl der geprüften Wahlen	20	65	42	32	27	27
Anzahl der Beanstandungen durch die Majorität der Abteilungen	1	3	1	0	0	1
Anzahl der einstweiligen Beanstandungen durch die Kammer	1	3	0	0	0	1
Anzahl der Ungültigkeitserklärungen	1	2	1	0	0	1
Anzahl der Gültigkeitserklärungen	19	63	41	32	27	26
Prozentualer Anteil der ungültig erklärten Wahlen	5,00	3,08	2,38	-	-	3,70

[1218] z.T. wurde dieser Landtag auch als zweite Abteilung des 13. Landtags geführt, Vgl. Becht, Kammer, S. 509.

	19. LT 1855/56	20. LT 1857/58	21. LT 1859/60	22. LT 1861/63	23. LT 1863/65	24. LT 1865/66
Anzahl der geprüften Wahlen	24	21	27	34	21	24
Anzahl der Beanstandungen durch die Majorität der Abteilungen	1	1	0	3	0	1
Anzahl der einstweiligen Beanstandungen durch die Kammer	0	1	1	4	0	1
Anzahl der Ungültigkeitserklärungen	1	0	1	4	0	0
Anzahl der Gültigkeitserklärungen	23	21	26	30	21	24
Prozentualer Anteil der ungültig erklärten Wahlen	4,17	-	3,70	11,76	-	-

II. Wahlprüfungergebnisse der zweiten Kammer des Königreichs Württemberg (1820-1866)[1219]

	1. LT 1820/21	2. LT 1823/24	3. LT 1826/27	4. a.o. LT 1828	5. LT 1830[1220]	6. LT 1833 I
Anzahl der geprüften Wahlen	19	3	5	1	-	12
Anzahl der Ungültigkeitserklärungen der Legitimationskommission	5	0	0	1	-	5
Anzahl der Ungültigkeitserklärungen durch den Ausschuß	-[1221]	3	1	0	2	6
Anzahl der Ungültigkeitserklärungen	5	0	1	1	-	5
Anzahl der Gültigkeitserklärungen	14	3	4	0	-	7
Prozentualer Anteil der ungültig erklärten Wahlen	26,31	-	20,00	100,00	-	41,66

1219 Die Wahlprüfungsergebnisse beziehen sich ausschließlich auf die Wahlen der Städte und Oberamtsbezirke.

1220 Auf dem 5. Landtag kam es zu keiner Wahlprüfung in der Kammer, sondern der ständische Ausschuß erklärte bereits vor Eröffnung dieses Landtags zwei Wahlen für ungültig und teilte dies dem Geh. Rat mit, welcher zwei Neuwahlen aufgab.

1221 Für den ersten Landtag oblag die Prüfung der Königl. Kommission.

	7. LT 1833/35	8. LT 1836	9. a.o. LT 1838	10. LT 1839	11. LT 1841/43	12. LT 1845
Anzahl der geprüften Wahlen	8	3	5	3	6	13
Anzahl der Ungültigkeitserklärungen der Legitimationskommission	1	0	0	1	1	5
Anzahl der Ungültigkeitserklärungen durch den Ausschuß	1	0	0	0	0	3
Anzahl der Ungültigkeitserklärungen	1	0	0	2	1	5
Anzahl der Gültigkeitserklärungen	7	3	5	1	5	8
Prozentualer Anteil der ungültig erklärten Wahlen	12,50	-	-	66,66	16,66	38,46

	13. a.o. LT 1847	15. LT 1848/49[1222]	19. LT 1851/55	20. LT 1856/61	21. LT 1862/65	22. a.o. LT 1866[1223]
Anzahl der geprüften Wahlen	4	6	17	23	16	-
Anzahl der Ungültigkeitserklärungen der Legitimationskommission	0	0	1	2	4	-
Anzahl der Ungültigkeitserklärungen durch den Ausschuß	0	0	1	0	1	0
Anzahl der Ungültigkeitserklärungen	0	0	1	1	3	-
Anzahl der Gültigkeitserklärungen	4	6	16	22	13	-
Prozentualer Anteil der ungültig erklärten Wahlen	-	-	5,88	4,35	18,75	-

1222 Der 14. Landtag des Jahres 1848 ist nicht genannt, da es bei diesem Landtag zu keinen Wahlprüfungen kam.

1223 Auf dem 22. a.o. Landtag im Mai/Juni 1866 kam es zu keinen Wahlprüfungen durch die Kammer. Dies lag zum einen daran, daß keine Mitglieder später eintrafen. Zum anderen prüfte der ständische Ausschuß vier Wahlen, bei denen sich kein Anstand ergab, und die entsprechenden Abg. legitimiert wurden.

III. Wahlprüfungsergebnisse der zweiten Kammer des Großherzogtums Hessen (1820-1866)

	1. LT 1820/21	2. LT 1823/24	3. LT 1826/27	4. LT 1829/30	5. LT 1832/33	6. LT 1834
Anzahl der geprüften Wahlen	36	11	23	7	56	52
Anzahl der Beanstandungen durch die prov. Abteilungen	-[1224]	-	-	- (1)	-	- (2)
Anzahl der Ungültigkeitserklärungen durch den Ausschuß	8	3	7	2	5	2
Anzahl der Ungültigkeitserklärungen	8	2 (3)[1225]	7	1	5	2
Anzahl der Gültigkeits-erklärungen	28	6	16	6	51	50
Prozentualer Anteil der ungültig erklärten Wahlen	22,2	45,45	30,43	14,28	8,93	3,85

[1224] Vom 1. Landtag 1820/21 bis zum 11. Landtag 1847/48 gab es keine provisorischen Abteilungen, welche vorläufige Wahlprüfungen vornahmen. Diese Aufgabe oblag während des genannten Zeitraums einer Prüfungskommission, bestehend aus 6 durch Los bestimmte Kammermitglieder, sowie der Einweisungskommission, i. S. d. Art. 4 S. 2 der GO v. 25. März 1820. Eine Angabe über die durch sie erfolgte Prüfung der Wahlen ist bei den meisten Landtagen nicht möglich. Lediglich in den Fällen, in denen eine Zahl in Klammern steht, ist die Anzahl der Beanstandungen durch die Prüfungskommission ermittelbar gewesen.

[1225] Neben den zwei Ungültigkeitserklärungen wurde drei Abg. die weitere Zulässigkeit verneint.

	7. LT 1835/36	8. LT 1838/41	9. LT 1841/42	10. LT 1844/47	11. LT 1847/48	12. LT 1849/50
Anzahl der geprüften Wahlen	55	13	54	14	60	37
Anzahl der Beanstandungen durch die prov. Abteilungen	-	-	-	-	-	6
Anzahl der Ungültigkeitserklärungen durch den Ausschuß	4	0	4	2	2	0
Anzahl der Ungültigkeitserklärungen	3	0 (2)[1226]	3	1	1	0
Anzahl der Gültigkeits-erklärungen	52	11	51	13	59	37
Prozentualer Anteil der ungültig erklärten Wahlen	5,45	15,38	5,55	7,14	1,66	-

[1226] Zwei Abg. wurde die weitere Zulässigkeit verneint.

	13. LT 1850	14. a.o. LT 1851/55	15. LT 1856/58	16. LT 1859/62	17. LT 1862/65	18. LT 1865/66
Anzahl der geprüften Wahlen	46	56	52	4	58	11
Anzahl der Beanstandungen durch die prov. Abteilungen	-[1227]	0	0	-[1228]	1	-[1229]
Anzahl der Ungültigkeitserklärungen durch den Ausschuß	0	0	0	0	2	0
Anzahl der Ungültigkeitserklärungen	0	0	0	0	2	0
Anzahl der Gültigkeits-erklärungen	46	56	52	4	56	11
Prozentualer Anteil der ungültig erklärten Wahlen	-	-	-	-	3,44	-

[1227] Es ist keine Angabe möglich.
[1228] Auf diesem Landtag erfolgte keine Prüfung durch die provisorischen Abteilungen.
[1229] Es ist keine Angabe möglich.

IV. Verordnung, die Vornahme der Wahlmännerwahlen betr. v. 13. September 1847 des Großherzogtums Baden

"Verordnung, die Vornahme der Wahlmännerwahlen betreffend
Leopold, von Gottes Gnaden,
Großherzog von Baden, Herzog von Zähringen.

In Erwägung, daß durch Beschwerden, welche gegen Wahlmännerwahlen bei den Staatsbehörden angebracht werden, und durch Recurse gegen die darüber ergehenden Erkenntnisse das endliche Zustandekommen dieser Wahlen oft sehr lange verzögert und dadurch die Vornahme der Abgeordnetenwahl selbst mitunter ungebührlich aufgehalten wird, - sehen Wir Uns veranlasst, Behufs einer ordnungsmäßigen und beschleunigten Erledigung solcher gegen Wahlmännerwahlen erhoben werdenden Beschwerden zu verordnen, wie folgt:

§ 1.

Wenn gegen eine vorgenommene Wahlmännerwahl von einem Betheiligten bei dem Bezirksamte Beschwerde erhoben, und auf Aufhebung derselben und Vornahme einer neuen Wahl angetragen wird, so hat das Bezirksamt die Wahlacten von der Wahlcommission mit einem Berichte der Letzteren über die verschiedenen Beschwerdepunkte unverzüglich einzufordern.

§ 2.

Die angegebenen Thatsachen sind, so weit nöthig, durch Erhebung der Beweise schleunigst in's Klare zu setzen. Das Erkenntniß ist den Beschwerdeführern und der Wahlkommission zu verkünden, und ferner, wenn die Wahl dadurch aufgehoben wird, zugleich durch öffentlichen Anschlag in der Gemeinde bekannt zu machen.

§ 3.

Im Falle eines Recurses gegen das über die Anfechtung einer Wahlmännerwahl ergangene Erkenntniß, werden etwaige neue erhebliche Vorbringen ohne Verzögerung ebenfalls untersucht; sofort die Acten über die Wahlanfechtung sammt den Wahlverhandlungen vom Bezirksamte unmittelbar dem Ministerium des Innern vorgelegt, welches die Entscheidung des Staatsministeriums über den Recurs einholt.

§ 4.

Wird gegen das die Wahl aufhebende Erkenntniß innerhalb drei Tagen von der Verkündung an, der Recurs bei dem Bezirksamte angemeldet und ausgeführt, so ist bis zur Erledigung desselben mit der Vornahme der neuen Wahl innezuhalten.

§ 5.

Nach Ablauf der im § 4 erwähnten drei Tage wird der Recurs gegen ein die Wahl aufhebendes Erkenntniß nicht mehr angenommen.

Wurde durch das Erkenntniß die gegen die Wahl erhobene Beschwerde verworfen, so findet zwar auch nach Ablauf der drei Tage der Recurs noch statt, aber es kann dadurch die Vornahme der Abgeordnetenwahl mit der Beziehung der in der angefochtenen Wahl gewählten Wahlmänner nicht aufgehalten werden.

§ 6.

Wird die Beschwerde gegen eine Wahlmännerwahl so spät angebracht, daß die Vornahme einer neuen Wahl nicht mehr so zeitig vollzogen werden könnte, daß die neu Gewählten die im § 66 der Wahlordnung bestimmten sechs Tage vor der Abgeordnetenwahl die Einladungen dazu erhalten können, so hat das Bezirksamt zwar die angegebenen Thatsachen zu ermitteln, beziehungsweise die Beweise zu erheben, in der Sache selbst aber kein Erkenntniß zu geben, sondern die dießfallsigen Acten mit den Wahlverhandlungen dem Ministerium des Innern vorzulegen.

§ 7.

Eine gleiche Vorlage erfolgt, wenn der Recurs gegen ein die Aufhebung der Wahl versagendes Erkenntniß nicht mehr rechtzeitig (§ 6) erledigt werden kann.

Gegeben zu Carlsruhe, in Unserem Staatsministerium, den 13. September 1847.
Leopold"

V. Formular einer Wahlurkunde nach der Beil. Lit. B der Instr. v. 6. Dezember 1819 des Königreichs Württemberg

„Kreis N.N.
Oberamt (Stadt) N.N.

Bei der unterm (18., 19. und 20.) dieses Monats dahier vorgenommenen Wahl eines Abgeordneten für die (nächste) Stände-Versammlung ist, nachdem von den (975) Wahlmännern des hiesigen Wahlbezirks (830) sich vor der unterzeichneten Wahl-Commission eingefunden und wirklich abstgestimmt hatten, durch die (absolute/relative) Mehrheit von (506/398) Stimmen N.N. (Vor- und Zunamen) N. (Stand, Gewerbe ...) zu N.N. (Wohnort) Oberamts N.N. von dem Oberamts-Bezirk (der Stadt) N.N. zum Abgeordneten gewählt worden.

Indem wir ihm solches zu seiner Legitimation beurkunden, haben wir das pflichtmäßige Zeugniß beizufügen, daß derselbe, so viel uns bekannt ist, die nach der Verfassungs-Urkunde §. 134, 135, 146 erforderlichen Eigenschaften eines Abgeordneten wirklich besitze.

Kraft gegenwärtiger Urkunde und nachstehender Unterschriften:
N.N. den"

(es folgen die Unterschriften der Mitglieder der Wahlkommission)

VI. Anzeige des Ergebnisses der Legitimationsprüfung an den Geh. Rat am Beispiel der Legitimation der Abg. der Stadt und des Oberamtsbezirks Heilbronn auf dem 1. Landtag[1230] des Königreichs Württemberg

„Anzeige an den Geheimen-Rath, die Legitimation der Abgeordneten Haakh und Ludwig betreffend.

Euer Königlichen Majestät

Zeigen wir allerunterthänigst an, daß in unserer Sitzung vom 21. d. M. die Legitimation des von der Stadt Heilbronn gewählten Abgeordneten, des Herzogl. Braunschweigischen Hofraths Haakh daselbst, und des von dem Oberamts-Bezirk Heilbronn gewählten Schultheissen Ludwig von Ober-Eisisheim als gehörig berichtigt erkannt worden ist.

In tiefster Ehrfurcht verharrend

Euer Königlichen Majestät

Stuttgart den 25 Jan.
1820

allerunterthänigst-treugehorsamte
Kammer der Abgeordneten"

[1230] Verh. Württ. 1820, 1. Abt., Beil. Nr. 3 zum Prot. v. 25. Januar 1820, Beil. XVIII. S. 66.

VII. Anzeige des Geh. Rats hinsichtlich der Einsichtnahme der Anzeige der Kammer[1231] des Königreichs Württemberg

„Erlaß des Königl. Geheimen-Rathes vom 4. Febr. 1820, die Legitimation der Abgeordneten von der Stadt und dem Ober-Amt Heilbronn betreffend.

Wilhelm, von Gottes Gnaden König
von Württemberg.

Liebe Getreue!
Wir geben euch hiemit zu erkennen, daß Wir eure unterthänigste Eingabe vom 25. v. M., worin ihr die Legitimation der Abgeordneten von der Stadt und von dem Ober-Amt Heilbronn als gehörig berichtigt anzeigt, eingesehen haben.
Wir verbleiben euch mit Unserer Königlichen Huld stets wohl beygethan.
Stuttgart, im Königlichen Geheimen-Rathe, den 4. Febr. 1820.

Auf Sr. Königlichen Majestät besonderen Befehl.

v. d. Lühe
v. Gros.

Pistorius.“

VIII. Anzeige an die Kammer der Standesherrn am Beispiel der Legitimation der Abg. der Stadt und des Oberamtsbezirks Heilbronn auf dem 1. Landtag[1232] des Königreichs Württemberg

„Note an die Kammer der Standes-Herren, die Legitimation der Abgeordneten Haakh und Ludwig betreffend.

Die Kammer der Abgeordneten hat die Ehre, die Kammer der Standes-Herren hiermit zu benachrichtigen, daß in der Sitzung vom 21. d. M. die Legitimation des von der Stadt Heilbronn gewählten Abgeordneten Hofraths Haakh daselbst, und des von dem Oberamts-Bezirk Heilbronn gewählten Abgeordneten, Schultheissen Ludwig von Ober-Eisisheim als gehörig berichtigt erklärt worden ist.

Stuttgart den 25. Jan.
1820

Die Kammer der Abgeordneten.“

[1231] Verh. Württ. 1820, 3. Abt., Beil. Nr. 1 zum Prot. v. 16. Februar 1820, Beil. LVI, S. 186.
[1232] Verh. Württ. 1820, 1. Abt., Beil. Nr. 4 zum Prot. v. 25. Januar 1820, Beil. XIX. S. 66 f..

IX. „Entwurf einer Geschäftsordnung für die beiden Kammern der Stände des Großherzogthums Hessen"[1233] des Jahres 1833 bzgl. der die Wahlprüfung betreffenden Vorschriften

„Titel I.
Von der Einberufung der Stände.
§ 2
Die Mitglieder der beiden Kammern melden ihre Anwesenheit bei den, für die betreffende Kammer bestellten, Einweisungskommissären, oder entschuldigen ihr Ausbleiben schriftlich bei denselben.

Titel III.
Von der vorläufigen Prüfung der Wahlen der Abgeordneten zur zweiten Kammer.
§ 4
Wenn sämmtliche Mitglieder der zweiten Kammer neu gewählt worden sind, so versammelt die Einweisungskommission, sobald sich wenigstens 27, deren Zulassung keinem bedeutenden Anstande zu unterliegen scheint, bei ihr gemeldet haben, die nicht beanstandeten, um durch Wahl nach relativer Stimmenmehrheit 9 derselben und 2 Ersatzmänner zu bestimmen, welche unter ihrem Vorsitze die vorläufige Prüfung aller Wahlen vornehmen. Die Prüfungskommission der 9 Abgeordneten entscheidet nach Stimmenmehrheit.
Diejenigen Abgeordneten, welche durch einen Beschluß der Prüfungskommission, vorläufig für unzulässig erklärt worden sind, werden hiervon durch die Einweisungskommission in Kenntniß gesetzt, und können, bis die Kammer selbst definitiv über den Anstand zu ihrem Vortheil erkannt hat, an keinem Akte der ständischen Wirksamkeit Theil nehmen.

§ 5
Wenn nicht alle Abgeordneten neu gewählt worden sind, sondern nur zur Ergänzung der Kammer einzelne neue Wahlen stattgefunden haben, so versammelt die Einweisungskommission diejenigen Abgeordneten, deren Zulässigkeit schon auf dem vorhergehenden Landtage definitiv anerkannt worden ist, um durch Wahl nach relativer Stimmenmehrheit 9 derselben und 2 Ersatzmänner zu bestimmen, welche unter ihrem Vorsitze die vorläufige Prüfung der neueingetretenen Wahlen vornehmen.
Die in den beiden letzten Absätzen des § 4 enthaltenen Bestimmungen treten auch hier ein.

[1233] Verh. Hessen 1833, 1. Beil.-Bd., Beil. XXXV, S. 150-168.

Titel IV.
Von der definitiven Entscheidung über die Zulässigkeit in eine Kammer.
§ 6
„Die definitive Entscheidung über die Gültigkeit der Wahlen, und über die Zulassung, Abweisung oder Befreiung der Mitglieder der Kammer, gehört zu der Competenz einer jeden Kammer, sobald die ständische Versammlung eröffnet worden ist." (V.U. Art. 87.)

Titel X.
Von den Ausschüssen.
§ 20
Bei einem Landtage mit neuen Wahlen müssen die 3 Ausschüsse der zweiten Kammer an der Prüfung der Wahlen zur Vorbereitung der definitiven Entscheidung möglichst gleichen Anteil nehmen. Der Präsident der Kammer wird bei der Verteilung der zu prüfenden Wahlen unter die 3 Ausschüsse darauf sehen, daß keinem Ausschusse die seine eigenen Mitglieder betreffenden Wahlacten zugetheilt werden."

RECHTSHISTORISCHE REIHE

Band 1 Studien zu den germanischen Volksrechten. Gedächtnisschrift für Wilhelm Ebel. Vorträge gehalten auf dem Fest-Symposion anläßlich des 70. Geburtstages von Wilhelm Ebel am 16. Juni 1978 in Göttingen. Götz Landwehr (Hrsg.) 1982.

Band 2 Hans Poeschel: Die Statuten der Banken, Sparkassen und Kreditgenossenschaften in Hamburg und Altona von 1710 bis 1889. 1978.

Band 3 Thomas Kolbeck: Juristenschwemmen, Untersuchungen über den juristischen Arbeitsmarkt im 19. und 20. Jahrhundert. 1978.

Band 4 Norbert Hempel: Richterleitbilder in der Weimarer Republik. 1978.

Band 5 Rolf Stratmann: Die Scheinbußen im mittelalterlichen Recht. 1978.

Band 6 Martin C. Lockert: Die niedersächsischen Stadtrechte zwischen Aller und Weser. Vorkommen und Verflechtungen. Eine Bestandsaufnahme. 1979.

Band 7 Joachim Rückert/Wolfgang Friedrich: Betriebliche Arbeiterausschüsse in Deutschland, Großbritannien und Frankreich im späten 19. und frühen 20. Jahrhundert. Eine vergleichende Studie zur Entwicklung des kollektiven Arbeitsrechts. 1979.

Band 8 Peter Bender: Die Rezeption des römischen Rechts im Urteil der deutschen Rechtswissenschaft. 1979.

Band 9 Friedrich Karl Alsdorf: Untersuchungen zur Rechtsgestalt und Teilung deutscher Ganerbenburgen. 1980.

Band 10 Dietmar Willoweit/Winfried Schich (Hrsg.): Studien zur Geschichte des sächsisch-magdeburgischen Rechts in Deutschland und Polen (Sammelband). 1980.

Band 11 Brigitte Hempel: Der Entwurf einer Polizeiordnung für das Herzogtum Sachsen-Lauenburg aus dem Jahre 1591. 1980.

Band 12 Klaus-Detlev Godau-Schüttke: Rechtsverwalter des Reiches. Staatssekretär Dr. Curt Joël. 1981.

Band 13 Rainer Polley: Anton Friedrich Justus Thibaut (AD 1772-1840) in seinen Selbstzeugnissen und Briefen. Teil 1: Abhandlung. Teil 2: Briefwechsel. Teil 3: Register zum Briefwechsel. 1982.

Band 14 Michael Wettengel: Der Streit um die Vogtei Kelkheim 1275-1276. Ein kanonischer Prozeß.1981.

Band 15 Otto Wilhelm Krause: Naturrechtler des sechzehnten Jahrhunderts. Ihre Bedeutung für die Entwicklung eines natürlichen Privatrechts. 1982.

Band 16 Helga Spindler: Von der Genossenschaft zur Betriebsgemeinschaft. Kritische Darstellung der Sozialrechtslehre Otto von Gierkes. 1982.

Band 17 Holger Otte: Gustav Radbruchs Kieler Jahre 1919 - 1926. 1982.

Band 18 Rüdiger Teuner: Die fuldische Ritterschaft 1510 - 1656. 1982.

Band 19 Gerhard Dilcher/Rudolf Hoke/Gian Savino Pene Vidari/Hans Winterberg (Hrsg.): Grundrechte im 19. Jahrhundert. 1982.

Band 20 Karl-Hans Schloßstein: Die westfälischen Fabrikengerichtsdeputationen - Vorbilder, Werdegang und Scheitern. 1982.

Band 21 Birger Schulz: Der Republikanische Richterbund (1921-1933). 1982.

Band 22 Engelbert Krause: Die gegenseitigen Unterhaltsansprüche zwischen Eltern und Kindern in der deutschen Privatrechtsgeschichte. 1982.

Band 23 Meent W. Francksen: Staatsrat und Gesetzgebung im Großherzogtum Berg (1806-1813). 1982.

Band 24 Gerd von Sonnleithner: Bearbeitung des Handelsrechts durch Ignaz von Sonnleithner in seinem "Leitfaden über das österreichische Handels- und Wechselrecht". 1982.

Band 25 Rudolf Palme: Rechts-, Wirtschafts- und Sozialgeschichte der inneralpinen Salzwerke bis zu deren Monopolisierung. 1983.

Band 26 Helen Bosshard: Pestalozzis Staats- und Rechtsverständnis und seine Stellung in der Aufklärung. 1983.

Band 27 Jens Jessen: Die Selbstzeugnisse der deutschen Juristen. Erinnerungen, Tagebücher und Briefe. Eine Bibliographie. 1983.

Band 28 Günter Martin Jensen: Das Domanium Waldeck. Die rechtliche Zuordnung eines Fürstenvermögens. 1984.

Band 29 Johann Heinrich Kumpf: Petitionsrecht und öffentliche Meinung im Entstehungsprozeß der Paulskirchenverfassung 1848/49. 1983.

Band 30 Sabine Frey: Rechtsschutz der Juden gegen Ausweisungen im 16. Jahrhundert. 1983.

Band 31 Dietrich Joswig: Die germanische Grundstücksübertragung. 1984.

Band 32 Andreas Baryli: Konzessionssystem contra Gewerbefreiheit. Zur Diskussion der österreichischen Gewerberechtsreform 1835 bis 1860. 1984.

Band 33 Gerhard Oberkofler: Studien zur Geschichte der österreichischen Rechtswissenschaft. 1984.

Band 34 Rudolf Lauda: Kaufmännische Gewohnheit und Burgrecht bei Notker dem Deutschen. Zum Verhältnis von literarischer Tradition und zeitgenössischer Realität in der frühmittelalterlichen Rhetorik. 1984.

Band 35 Jens Jensen: Die Ehescheidung des Bischofs Hans von Lübeck von Prinzessin Julia Felicitas von Württemberg-Weiltingen AD 1648-1653. Ein Beitrag zum protestantischen Ehescheidungsrecht im Zeitalter des beginnenden Absolutismus. 1984.

Band 36 Horst Schröder: Friedrich Karl von Savigny. Geschichte und Rechtsdenken beim Übergang vom Feudalismus zum Kapitalismus in Deutschland. 1984.

Band 37 Andreas Hatzung: Dogmengeschichtliche Grundlagen und Entstehung des zivilrechtlichen Notstands. 1984.

Band 38 Matthias Klasen: Das Billwerder Landrecht. Landrecht und Landgericht in den Hamburger Elbmarschen. 1985.

Band 39 Rainer Jamin: Aufbau, Tätigkeit und Verfahren der Auseinandersetzungsbehörden bei der Durchführung der preußischen Agrarreformen. 1985.

Band 40 Henry Winter: Teilschuld, Gesamtschuld und unechte Gesamtschuld. Zur Konzeption der §§ 420 ff. BGB - Ein Beitrag zur Entstehungsgeschichte des BGB. 1985.

Band 41 Hermann Eichler: Verfassungsbewegung in Amerika und Europa. 1985.

Band 42 Dagmar Bandemer: Heinrich Albert Zachariae. Rechtsdenken zwischen Restauration und Reformation. 1985.

Band 43 Eva-Christine Frentz: Das Hamburgische Admiralitätsgericht (1623-1811). Prozeß und Rechtsprechung. 1985.

Band 44 Karl Lillig: Rechtsetzung im Herzogtum Pfalz-Zweibrücken während des 18. Jahrhunderts. Ein Beitrag zur Geschichte der territorialen Rechtsbildung. 1985.

Band 45 Walter Weber: Die Entwicklung der Sparkassen zu selbständigen Anstalten des öffentlichen Rechts. Ein Beitrag zur Entwicklung des Anstaltsbegriffs im 19. Jahrhundert. 1985.

Band 46 Bärbel Baum: Der Stabreim im Recht. Vorkommen und Bedeutung des Stabreims in Antike und Mittelalter. 1986.

Band 47 Hans Popp: Die nationalsozialistische Sicht einiger Institute des Zivilprozeß- und Gerichtsverfassungsrechts. 1986.

Band 48 John Karl-Heinz Montag: Die Lehrdarstellung des Handelsrechts von Georg Friedrich von Martens bis Meno Pöhls. Die Wissenschaft des Handelsrechts im ersten Drittel des 19. Jahrhunderts. 1986.

Band 49 Volker D. Anhäusser: Das internationale Obligationenrecht in der höchstrichterlichen Rechtsprechung des 19. Jahrhunderts. 1986.

Band 50 Udo Beer: Die Juden, das Recht und die Republik. Verbandswesen und Rechtsschutz 1919-1933. 1986.

Band 51 Herbert Grziwotz: Der moderne Verfassungsbegriff und die "Römische Verfassung" in der deutschen Forschung des 19. und 20. Jahrhunderts. 1986.

Band 52 Ralf Conradi: Karl Friedrich Eichhorn als Staatsrechtslehrer. Seine Göttinger Vorlesung über "Das Staatsrecht der deutschen Bundesstaaten" nach einer Kollegmitschrift aus dem Wintersemester 1821/22. 1987.

Band 53 Dieter Dannreuther: Der Zivilprozeß als Gegenstand der Rechtspolitik im Deutschen Reich 1871 - 1945. Ein Beitrag zur Geschichte des Zivilprozeßrechts in Deutschland. 1987.

Band 54 Stephan Felix Pauly: Organisation, Geschichte und Praxis der Gesetzesauslegung des (Königlich) Preußischen Oberverwaltungsgerichtes 1875 - 1933. 1987.

Band 55 Rüdiger Schulz: Die Entstehung des Seerechts des Allgemeinen Deutschen Handelsgesetzbuches unter besonderer Berücksichtigung der Bestimmungen über die Reederei, den Schiffer und die Schiffsmannschaft. 1987.

Band 56 Reinhold Reis: Deutsches Privatrecht in den Weistümern der Zenten Schriesheim und Kirchheim. 1987.

Band 57 Jürgen Christoph: Die politischen Reichsamnestien 1918 - 1933. 1987.

Band 58 Gerhard Oberkofler/Eduard Rabofsky: Hans Kelsen im Kriegseinsatz der k.u.k.-Wehrmacht. Eine kritische Würdigung seiner militärtheoretischen Angebote. 1988.

Band 59 Arne Wulff: Staatssekretär Prof. Dr. Dr. h.c. Franz Schlegelberger. 1876-1970. 1991.

Band 60 Gerhard Köbler (Hrsg.): Wege europäischer Rechtsgeschichte. Karl Kroeschell zum 60. Geburtstag. 1987.

Band 61 Rüdiger Hütte: Der Gemeinschaftsgedanke in den Erbrechtsreformen des Dritten Reichs. 1988.

Band 62 Markus Göldner: Politische Symbole der europäischen Integration. Fahne, Hymne, Hauptstadt, Paß, Briefmarke, Auszeichnungen. 1988.

Band 63 Wolfgang Kröner: Freiheitsstrafe und Strafvollzug in den Herzogtümern Schleswig, Holstein und Lauenburg von 1700 bis 1864. 1988.

Band 64 Werner Gaile: Die Norder Theelacht. 1988.

Band 65 Karl v. Kempis: Andreas Gaill (1526 - 1587). Zum Leben und Werk eines Juristen der frühen Neuzeit. 1988.

Band 66 Wolf-Rüdiger Osburg: Die Verwaltung Hamburgs in der Franzosenzeit. 1811-1814. 1988.

Band 67 Christian Schudnagies: Hans Frank. Aufstieg und Fall des NS-Juristen und Generalgouverneurs. 1988.

Band 68 Otmar Jung: Senatspräsident Freymuth. Richter, Sozialdemokrat und Pazifist in der Weimarer Republik. Eine politische Biographie. 1989.

Band 69 Joachim Lohner: Das landeshauptmannschaftliche Gericht in Oberösterreich zu Beginn der Neuzeit. Eine Darstellung des oberösterreichischen Prozeßrechts am obersten Territorialgericht des Landes anhand der oberösterreichischen Landtafel.1989.

Band 70 Bernd Klemann: Rudolf von Jhering und die Historische Rechtsschule. 1989.

Band 71 Adalbert Langer: Männer um die österreichische Zivilprozeßordnung 1895. Zusammenspiel / Soziales Ziel. 1990.

Band 72 Robert-Dieter Klee: Die Landessuperintendentur Lauenburg. Ursprung und Entwicklung sowie Ende der Sonderstellung des Kirchenkreises Herzogtum Lauenburg durch die nordelbische Kirchenvereinigung. 1989.

Band 73 Heinrich Herrmann: Die Gehöferschaften im Bezirk Trier. 1989.

Band 74 Wilhelm Brauneder, Franz Baltzarek (Hrsg.): Modell einer neuen Wirtschaftsordnung. Wirtschaftsverwaltung in Österreich 1914 - 1918. 1991.

Band 75 Thomas Dreyer: Die "Assecuranz- und Haverey-Ordnung" der Freien und Hansestadt Hamburg von 1731. 1990.

Band 76 Bernhard Sendler: Die Rechtssprache in den süddeutschen Stadtrechtsreformationen. 1990.

Band 77 Brigitte Lehmann: Ehevereinbarungen im 19. und 20. Jahrhundert. 1990.

Band 78 Michael Sunnus: Der NS-Rechtswahrerbund (1928-1945). Zur Geschichte der nationalsozialistischen Juristenorganisation. 1990.

Band 79 Stefan Schulz: Die historische Entwicklung des Rechts an Bienen. (§§ 961 - 964 BGB). 1990.

Band 80 Gerhard Lingelbach, Heiner Lück (Hrsg.): Deutsches Recht zwischen Sachsenspiegel und Aufklärung. Rolf Lieberwirth zum 70. Geburtstag dargebracht von Schülern, Freunden und Kollegen, herausgegeben von Gerhard Lingelbach und Heiner Lück. 1991.

Band 81 Manfred Krohn: Die deutsche Justiz im Urteil der Nationalsozialisten 1920 - 1933. 1991.

Band 82 Angelika Kühn: Privilegierung nationaler Minderheiten im Wahlrecht der Bundesrepublik Deutschland und Schleswig-Holsteins. 1991.

Band 83 Georg Brun: Leben und Werk des Rechtshistorikers Heinrich Mitteis unter besonderer Berücksichtigung seines Verhältnisses zum Nationalsozialismus. 1991.

Band 84 Wolfgang Simon: Claudius Freiherr von Schwerin. Rechtshistoriker während dreier Epochen deutscher Geschichte. 1991.

Band 85 Friedrich-Carl Wachs: Das Verordnungswerk des Reichsdemobilmachungsamtes. Stabilisierender Faktor zu Beginn der Weimarer Republik. 1991.

Band 86 Jens-Uwe Petersen: Die Vorgeschichte und die Entstehung des Mieterschutzgesetzes von 1923 nebst der Anordnung für das Verfahren vor dem Mieteinigungsamt und der Beschwerdestelle. 1991.

Band 87 Ulrike Haibach: Familienrecht in der Rechtssprache. Die historische Entwicklung zentraler Ausdrücke des geltenden Familienrechts. 1991.

Band 88 Joern Christian Nissen: Die Beratungen des Seeversicherungsausschusses der Akademie für Deutsches Recht zu einem neuen Seeversicherungsgesetz (1934-1939). Ein Beitrag zur Entwicklung der allgemeinen Lehren des Seeversicherungsrechts unter besonderer Berücksichtigung des Handelsgesetzbuchs und der Allgemeinen Deutschen Seeversicherungs-Bedingungen 1919. 1991.

Band 89 Diethard Bühler: Die Entstehung der allgemeinen Vertragsschluß-Vorschriften im Allgemeinen Deutschen Handelsgesetzbuch (ADHGB) von 1861. Ein Beitrag zur Kodifikationsgeschichte des Privatrechts im 19. Jahrhundert. 1991.

Band 90 Gerhard Oberkofler: Die Vertreter des Römischen Rechts mit deutscher Unterrichtssprache an der Karls-Universität in Prag. Vom Vormärz bis 1945. 1991.

Band 91 Ulrich Andermann: Ritterliche Gewalt und bürgerliche Selbstbehauptung. Untersuchungen zur Kriminalisierung und Bekämpfung des spätmittelalterlichen Raubrittertums am Beispiel norddeutscher Hansestädte. 1991.

Band 92 Heinz Marcus Hanke: Luftkrieg und Zivilbevölkerung. Der kriegsvölkerrechtliche Schutz der Zivilbevölkerung gegen Luftbombardements von den Anfängen bis zum Ausbruch des Zweiten Weltkrieges. 1991.

Band 93 Kirsten Kraglund: Familien- und Erbrecht. Materielles Recht und Methoden der Rechtsanwendung in der Rechtsprechung des Oberappellationsgerichts der vier Freien Städte Deutschlands zu Lübeck. 1991.

Band 94 Reinhard Lorenz: Die politische und rechtliche Stellung des Proletariats in Preußen in der Zeit zwischen den Reformen und der Revolution 1848/49. 1991.

Band 95 Eric Hilgendorf: Die Entwicklungsgeschichte der parlamentarischen Redefreiheit in Deutschland. 1991.

Band 96 Hans J. Reiter: Die Handelsgesellschaft Villeroy & Boch von der Gründung 1836 bis zum Jahr 1878. 1992.

Band 97 Martin Johannes Heller: Reform der deutschen Rechtssprache im 18. Jahrhundert. 1992.

Band 98 Michael Kotulla: Die Tragweite der Grundrechte der revidierten preußischen Verfassung vom 31.01.1850. 1992.

Band 99 Michael Siefener: Hexerei im Spiegel der Rechtstheorie. Das crimen magiae in der Literatur von 1574 bis 1608. 1992.

Band 100 Andreas Ebert-Weidenfeller: Hamburgisches Kaufmannsrecht im 17. und 18. Jahrhundert. Die Rechtsprechung des Rates und des Reichskammergerichtes. 1992.

Band 101 Enno Bommel: Die Entstehung der Verwirkungslehre in der Krise des Positivismus. 1992.

Band 102 Ralph Steppacher: Die Berücksichtigung der bäuerlichen Postulate bei der Entstehung des ZGB und der Revision des OR. Ein Beitrag zur schweizerischen Kodifikationsgeschichte (1893 - 1912). 1992.

Band 103 Martin Fleckenstein: Die Todesstrafe im Werk Carl Joseph Anton Mittermaiers (1787 - 1867). Zur Entwicklungsgeschichte eines Werkbereichs und seiner Bedeutung für Theorie- und Methodenbildung. 1992.

Band 104 Jörn Eckert: Der Kampf um die Familienfideikommisse in Deutschland. Studien zum Absterben eines Rechtsinstitutes. 1992.

Band 105 Jörg Grotkopp: Beamtentum und Staatsformwechsel. Die Auswirkungen der Staatsformwechsel von 1918, 1933 und 1945 auf das Beamtenrecht und die personelle Zusammensetzung der deutschen Beamtenschaft. 1992.

Band 106 Andreas Rohde: Die Garantiehaftung des Vermieters und ihr Verhältnis zum Unmöglichkeitsrecht in dogmengeschichtlicher und modernrechtlicher Sicht. 1992.

Band 107 Tjark Siefke Kunstreich: Gesamtvertretung. Eine historisch-systematische Darstellung. 1992.

Band 108 Jürgen Krüger: Blindheit und Königtum. Die Blindheit des Königs Georg V. von Hannover als verfassungsrechtliches Problem. 1992.

Band 109 Wolfgang Putschek: Ständische Verfassung und autoritäre Verfassungspraxis in Österreich 1933-1938 mit Dokumentenanhang. Verfassung und Verfassungswirklichkeit. Mit einem Anhang: Denkschriften von Rechtsanwalt Dr. Erich Führer 1936/37. 1993.

Band 110 Klaus Hofmann: Die Verdrängung der Juden aus öffentlichem Dienst und selbständigen Berufen in Regensburg 1933-1939. 1993.

Band 111 Franz Kilger: Die Entwicklung des Telegraphenrechts im 19. Jahrhundert mit besonderer Berücksichtigung der technischen Entwicklung. Telegraphenrecht im 19. Jahrhundert. 1993.

Band 112 Wilhelm Brauneder (Hrsg.): Heiliges Römisches Reich und moderne Staatlichkeit. 1993.

Band 113 Thomas Heinrich: Das preußische Nichtehelichenrecht: Von der Aufklärung zur Reaktion. 1993.

Band 114 Gerald Kohl: Jagd und Revolution. Das Jagdrecht in den Jahren 1848 und 1849. 1993.

Band 115 Christian Schudnagies: Der Kriegs- oder Belagerungszustand im Deutschen Reich während des Ersten Weltkrieges. Eine Studie zur Entwicklung und Handhabung des deutschen Ausnahmezustandsrechts bis 1918. 1994.

Band 116 Elisabeth Bellmann: Die Internationale Kriminalistische Vereinigung (1889-1933). 1994.

Band 117 Julia Pfannkuch: Volksrichterausbildung in Sachsen 1945-1950. 1993.

Band 118 Jörg Offen: Von der Verwaltungsgemeinschaft des BGB von 1896 zur Zugewinngemeinschaft des Gleichberechtigungsgesetzes von 1957. 1994.

Band 119 Dorothee Kohlhas-Müller: Untersuchungen zur Rechtsstellung Theoderichs des Großen. 1995.

Band 120 Monika Rose: Das Gerichtswesen des Herzogtums Pfalz-Zweibrücken im 18. Jahrhundert. Ein Beitrag zur territorialen Gerichtsbarkeit im Alten Reich. 1994.

Band 121 Jörn Eckert / Hans Hattenhauer (Hrsg.): Bibel und Recht. Rechtshistorisches Kolloquium 9. - 13. Juni 1992 an der Christian-Albrechts-Universität zu Kiel. 1994.

Band 122 Robert Martin Mizia: Der Rechtsbegriff der Autonomie und die Begründung des Privatfürstenrechts in der deutschen Rechtswissenschaft des 19. Jahrhunderts. 1995.

Band 123 Walther Graf von Plettenberg: Das Fortleben des Liber Iudiciorum in Asturien/León (8. - 13. Jh.). 1994.

Band 124 Wolfgang Schulz: Das deutsche Börsengesetz. Die Entstehungsgeschichte und wirtschaftlichen Auswirkungen des Börsengesetzes von 1896. 1994.

Band 125 Frank Hagemann: Der Untersuchungsausschuß Freiheitlicher Juristen. 1949 – 1969. 1994.

Band 126 Andreas Rethmeier: "Nürnberger Rassegesetze" und Entrechtung der Juden im Zivilrecht. 1995.

Band 127 Edith Grether: Die Poesie der Throne. Die Juristen in der Fruchtbringenden Gesellschaft. 1995.

Band 128 Anna Bartels-Ishikawa: Der Lippische Thronfolgestreit. Eine Studie zu verfassungsrechtlichen Problemen des Deutschen Kaiserreiches im Spiegel der zeitgenössischen Staats. 1995.

Band 129 Jörg Schmidt: Otto Koellreutter 1883-1972. Sein Leben, sein Werk, seine Zeit. 1995.

Band 130 Christian Hattenhauer: Wahl und Krönung Franz II. AD 1792. Das Heilige Reich krönt seinen letzten Kaiser - Das Tagebuch des Reichsquartiermeisters Hieronymus Gottfried von Müller und Anlagen. 1995.

Band 131 Jutta v. der Decken: Das Seearbeitsrecht im Hamburger Stadtrecht von 1301 bis 1603. 1995.

Band 132 Detlev Schmidt: Die Reform des Rechts der Handelsvertreter von 1953. 1995.

Band 133 Gabi Roßdeutscher: Privatautonomie im Scheidungsrecht. Scheidungsbezogene Vereinbarungen in den letzten 200 Jahren. 1995.

Band 134 Harald Kahlenberg: Leben und Werk des Rechtshistorikers Walther Merk. Ein Beispiel für das Verhältnis von Rechtsgeschichte und Nationalsozialismus. 1995.

Band 135 Michael Steitz: Adelbert Düringer am Reichsgericht (1902-1915). Seine aktienrechtlichen Entscheidungen und sein Einfluß auf das Aktienrecht in Deutschland. 1995.

Band 136 Christian Becker: Beata Justorum Translatio. Juristen in schleswig-holsteinischen Leichenpredigten. 1996.

Band 137 Christoph Seiler: Vom Allgemeinen Landrecht zum Bürgerlichen Gesetzbuch. Dargestellt am Beispiel der höchstrichterlichen Judikatur zum kaufrechtlichen Sachmängelgewährleistungsrecht. 1996.

Band 138 Bernd Mayer: Die Vertrauensmännerausschüsse auf den preußischen Steinkohlegruben an der Saar. Entstehung und Wirken. Eine rechtshistorische Untersuchung. 1996.

Band 139 Rochus Scholl: Juden und Judenrecht im Herzogtum Pfalz-Zweibrücken. Ein Beitrag zur Rechtsgeschichte eines deutschen Kleinstaates am Ende des alten Reiches. 1996.

Band 140 Meike Bursch: Judentaufe und frühneuzeitliches Strafrecht. Die Verfahren gegen Christian Treu aus Weener/Ostfriesland 1720-1728. 1996.

Band 141 Markus Hillenbrand: Fürstliche Eheverträge. Gottorfer Hausrecht 1544 - 1773. 1996.

Band 142 Ulf Häder: Das gemeinschaftliche Oberappellationsgericht thüringischer Staaten in Jena. Ein Beitrag zur Geschichte des Gerichtswesens im 19. Jahrhundert. 1996.

Band 143 Andreas Bauer: Das Gnadenbitten in der Strafrechtspflege des 15. und 16. Jahrhunderts. Dargestellt unter besonderer Berücksichtigung von Quellen der Vorarlberger Gerichtsbezirke Feldkirch und des Hinteren Bregenzerwaldes. 1996.

Band 144 Christian Wirth: Der Jurist Johann Andreas Georg Friedrich Rebmann zwischen Revolution und Restauration. 1996.

Band 145 Stefanie Müller: Die Rechtsprechung des Hanseatischen Oberlandesgerichts zum persönlichen Eherecht in Hamburgischen Gerichtsfällen von 1879 -1900. 1996.

Band 146 Jean-Nicolas Morisset: Der Frachtvertrag in der *Ordonnance de la marine* von 1681. 1996.

Band 147 Dirk Lentfer: Die Glogauer Landesprivilegien des Andreas Gryphius von 1653. 1996.

Band 148 Wencke Mull: Die Haftung für Einsturzschäden nach den §§ 836-838 BGB in der Rechtsprechung des Reichsgerichts. 1996.

Band 149 Renate Zelger: Teufelsverträge. Märchen, Sage, Schwank, Legende im Spiegel der Rechtsgeschichte. 1996.

Band 150 Guido Kraß: Das Arrestverfahren in Frankfurt am Main im Spätmittelalter. 1996.

Band 151 F. Benedict Heyn: Die Entwicklung des Eisenbahnfrachtrechts von den Anfängen bis zur Einführung des Allgemeinen Deutschen Handelsgesetzbuches (ADHGB). 1996.

Band 152 Thomas Lang: Die Staats- und Verfassungslehre Carl Salomo Zachariaes. 1996.

Band 153 Michael Hebeis: Karl Anton von Martini (1726-1800). Leben und Werk. 1996.

Band 154 Gerald Hubert: Die Diskussion um die rechtliche Natur der Bizone in den Jahren 1947-1949. 1996.

Band 155 Christof Horn: Die Rechtsprechung des Reichsgerichts in Ehescheidungssachen der Jahre 1900 bis 1905. 1996.

Band 156 Hermann Nehlsen / Georg Brun (Hrsg.): Münchener rechtshistorische Studien zum Nationalsozialismus. 1996.

Band 157 Jan Otto Clemens Kehrberg: Die Entwicklung des Elektrizitätsrechts in Deutschland. Der Weg zum Energiewirtschaftsgesetz von 1935. 1997.

Band 158 Johannes Tradt: Der Religionsprozeß gegen den Zopfschulzen (1791-1799). Ein Beitrag zur protestantischen Lehrpflicht und Lehrzucht in Brandenburg-Preußen gegen Ende des 18. Jahrhunderts. 1997.

Band 159 Dietmar Olsen: Das kaufrechtliche Sachmängelgewährleistungsrecht des Code civil in der Rechtsprechung deutscher Gerichte im 19. Jahrhundert. Ein Beitrag zur Ablösung der Partikularrechte durch das BGB. 1997.

Band 160 Ulrich Bernhardt: Die Deutsche Akademie für Staats- und Rechtswissenschaft „Walter Ulbricht" 1948-1971. 1997.

Band 161 Claudia Susan Hoppe: Die Bürgschaft im Rechtsleben Hamburgs von 1600 bis 1900. 1997.

Band 162 Franz-Rudolf Ecker: Die Entwicklung des Bergrechts im Saarbrücker Steinkohlenrevier bis zum Ende des 18. Jahrhunderts. Ein Vergleich mit dem älteren deutschen Bergrecht. 1997.

Band 163 Anne Katrin Rückert: Politik und Privatrecht in der „konservativen Revolution". 1997.

Band 164 Gisbert Laube: Der Reichskunstwart. Geschichte einer Kulturbehörde 1919-1933. 1997.

Band 165 Nicolas Lührig: Die Diskussion über die Reform der Juristenausbildung von 1945 bis 1995. 1997.

Band 166 Regula Gerber Jenni: Die Emanzipation der mehrjährigen Frauenzimmer. Frauen im bernischen Privatrecht des 19. Jahrhunderts. 1997.

Band 167 Mischa A. Färber: Das gemeinschaftliche Testament in der höchstrichterlichen Rechtsprechung zum Allgemeinen Preußischen Landrecht und zum BGB. Ein Beitrag zur Ablösung der Partikularrechte durch das BGB. 1997.

Band 168 Catherine Antoinette Gasser: Philipp Lotmar 1850-1922. Professor der Universität Bern. Sein Engagement für das Schweizerische Arbeitsrecht. 1997.

Band 169 Lars Immisch: Der sozialistische Richter in der DDR und seine Unabhängigkeit. Der Versuch eines Rechtsvergleiches zum Unabhängigkeitsbegriff in der bundesdeutschen Rechtsordnung. 1997.

Band 170 Jessica Jacobi: Besitzschutz vor dem Reichskammergericht. Die friedenssichernde Funktion der Besitzschutzklagen am Reichskammergericht im 16. Jahrhundert, dargestellt anhand von Kameralisten. 1998.

Band 171 Ewald Hügemann: Die Geschichte des öffentlichen und privaten Mietpreisrechts vom Ersten Weltkrieg bis zum Gesetz zur Regelung der Miethöhe von 1974. 1998.

Band 172 Lutz Rentzow: Die Entstehungs- und Wirkungsgeschichte der Vernewerten Landesordnung für das Königreich Böhmen von 1627. 1998.

Band 173 Sabine Stürmer: Mühlenrecht im Herzogtum Pfalz-Zweibrücken während des 18. Jahrhunderts. Ein Beitrag zum Wirtschaftsrecht eines deutschen Kleinstaates im Alten Reich. 1998.

Band 174 Mario Bogisch: *Nemo testis in re sua*. Das Problem der Zeugnisfähigkeit bei der Anwendung der deutschen Zivilprozeßordnung von 1877. 1998.

Band 175 Rainer Oßwald: Pactane sunt servanda? Freiwilligkeit, Zwang und Unverbindlichkeitserklärungen im islamischen Vertragsrecht malikitischer Schule. 1998.

Band 176 Bettina Kern: Der preußische BGB-Entwurf von 1842. 1998.

Band 177 Inken Fuhrmann: Die Diskussion über die Einführung der fakultativen Zivilehe in Deutschland und Österreich seit Mitte des 19. Jahrhunderts. 1998.

Band 178 Annette Rieck: Der Heilige Ivo von Hélory (1247-1303). Advocatus pauperum und Patron der Juristen. 1998.

Band 179 Frank Bottenberg: Die Hamburgische Strafprozeßordnung von 1869. 1998.

Band 180 Matthias Krauß: Das kursächsische Postrecht von seinen Anfängen bis zum Ende des Alten Reichs. 1998.

Band 181 Torsten Schmidt: Die Entmündigung von den Anfängen des BGB bis zu ihrer Ablösung durch das Institut der Betreuung. 1998.

Band 182 Christian Nunn: Rudolf Müller-Erzbach. 1874-1959. Von der realen Methode über die Interessenjurisprudenz zum kausalen Rechtsdenken (Leben und Werk). 1998.

Band 183 Christian Ortloff: Das staatskirchenrechtliche System Wilhelm Traugott Krugs. Glaubens- und Gewissensfreiheit – eine Forderung der Vernunft. 1998.

Band 184 Christian Hattenhauer: Schuldenregulierung nach dem Westfälischen Frieden. Der sog. § *de indaganda* und seine Umsetzung im Jüngsten Reichsabschied (AD 1648 und 1654). 1998.

Band 185 Werner Schubert: Preußen im Vormärz. Die Verhandlungen der Provinziallandtage von Brandenburg, Pommern, Posen, Sachsen und Schlesien sowie – im Anhang – von Ostpreußen, Westfalen und der Rheinprovinz (1841-1845). 1998.

Band 186 Silvia Schumacher: Das Rechtsverhältnis zwischen Eltern und Kindern in der Privatrechtsgeschichte. 1999.

Band 187 Kai Sommer: Die Strafbarkeit der Homosexualität von der Kaiserzeit bis zum Nationalsozialismus. Eine Analyse der Straftatbestände im Strafgesetzbuch und in den Reformentwürfen (1871-1945). 1998.

Band 188 Jan Erik Backhaus: Volksrichterkarrieren in der DDR. 1999.

Band 189 Ralf Ruhnau: Die Fürstlich Thurn und Taxissche Privatgerichtsbarkeit in Regensburg. Ein Kuriosum der deutschen Rechtsgeschichte. 1999.

Band 190 Antonio Grilli: Die französische Justizorganisation am linken Rheinufer 1797-1803. 1999.

Band 191 Stephanie Kammerloher-Lis: Die Entstehung des Gesetzes über die religiöse Kindererziehung vom 15. Juli 1921. 1999.

Band 192 Jan Telp: Ausmerzung und Verrat. Zur Diskussion um Strafzwecke und Verbrechensbegriffe im Dritten Reich. 1999.

Band 193 Kurt von Pannwitz: Die Entstehung der Allgemeinen Deutschen Wechselordnung. Ein Beitrag zur Geschichte der Vereinheitlichung des deutschen Zivilrechts im 19. Jahrhundert. 1999.

Band 194 Sylvia Busch: Die Entstehung der Allgemeinen Gerichtsordnung für die Preussischen Staaten von 1793/95. Ein Beitrag zur Geschichte der Kodifikationsbewegung und der Reform des Zivilprozesses in Preußen im 18. Jahrhundert. 1999.

Band 195 Dirk Bieresborn: Klage und Klageerwiderung im deutschen und englischen Zivilprozeß. Eine rechtshistorische und rechtsvergleichende Untersuchung unter besonderer Berücksichtigung der Beeinflussung durch das römisch-kanonische Verfahren. 1999.

Band 196 Andreas Thier / Guido Pfeifer / Philipp Grzimek (Hrsg.): Kontinuitäten und Zäsuren in der Europäischen Rechtsgeschichte. Europäisches Forum Junger Rechtshistorikerinnen und Rechtshistoriker München 22.-24. Juli 1998. 1999.

Band 197 Franz Smola: Die Fürstlich Liechtenstein'sche Kunstsammlung. Rechtsfragen zur Verbringung der Sammlung von Wien nach Vaduz in den Jahren 1944/45. 1999.

Band 198 Frank Martin Krauss: Das geteilte Eigentum im 19. und 20. Jahrhundert. Eine Untersuchung zum Fortbestand des Teilungsgedankens. 1999.

Band 199 Matthias Frey: Die spanische Aktiengesellschaft im 18. Jahrhundert und unter dem Código de Comercio von 1829. 1999.

Band 200 Alexandra Gilde: Die Stellung der Frau im Reichsstrafgesetzbuch von 1870/71 und in den Reformentwürfen bis 1919 im Urteil der bürgerlichen Frauenbewegung. Eine Analyse ausgewählter Straftatbestände. 1999.

Band 201 Malte Dießelhorst / Arne Duncker: Hans Kohlhase. Die Geschichte einer Fehde in Sachsen und Brandenburg zur Zeit der Reformation. 1999.

Band 202 Jörg Hillmann: Territorialrechtliche Auseinandersetzungen der Herzöge von Sachsen-Lauenburg vor dem Reichskammergericht im 16. Jahrhundert. 1999.

Band 203 Carsten Engler: Die Kommanditgesellschaft (KG) und die stille Gesellschaft im Allgemeinen Deutschen Handelsgesetzbuch (ADHGB) von 1861. 1999.

Band 204 Vesta Hoffmann-Steudner: Die Rechtsprechung des Reichsgerichts zu dem Scheidungsgrund des § 49 EheG (EheG 1938) in den Jahren 1938-1945. 1999.

Band 205 Michaela Thiele: Die Auflösung von Arbeitsverhältnissen aufgrund Anfechtung und außerordentlicher Kündigung nach der Rechtsprechung des Reichsarbeitsgerichts (1927-1945). 2000.

Band 206 Peter Landau / Hermann Nehlsen / Mathias Schmoeckel (Hrsg.): Karl von Amira zum Gedächtnis. 1999.

Band 207 Marcus Flinder: Die Entstehungsgeschichte des Zivilgesetzbuches der DDR. 1999.

Band 208 Boris Franz Leo Bromm: Die Entstehungsgeschichte des Berufs des Handelsvertreters. Unter besonderer Berücksichtigung der Sozialgesetzgebung in den Jahren von 1871-1933. 2000.

Band 209 Winfried C. J. Eberstein: Das Tierschutzrecht in Deutschland bis zum Erlaß des Reichs-Tierschutzgesetzes vom 24. November 1933. Unter Berücksichtigung der Entwicklung in England. 1999.

Band 210 Patrick Deller: Der „nach dem Vertrage" vorausgesetzte Gebrauch (§ 459 Absatz 1 Satz 1 BGB). Eine kaufrechtliche Untersuchung unter Berücksichtigung rechtshistorischer wie rechtsvergleichender Grundlagen. 2000.

Band 211 Eckard Freiherr von Bodenhausen: Haftung des Geschäftsherrn für Verrichtungsgehilfen im Straßen- und Schienenverkehr. Eine Analyse der Entscheidungen des Reichsgerichts zu § 831 BGB (1900-1945). 2000.

Band 212 Birte Gast: Der Allgemeine Teil und das Schuldrecht des Bürgerlichen Gesetzbuchs im Urteil von Raymond Saleilles (1855-1912). 2000.

Band 213 Hansjörg Michael Huber: Koloniale Selbstverwaltung in Deutsch-Südwestafrika. Entstehung, Kodifizierung und Umsetzung. 2000.

Band 214 Ulf Björner: Die Verfassungsgerichtsbarkeit im Norddeutschen Bund und Deutschen Reich (1867-1918). Eine rechtshistorische Untersuchung über Gerichtsbarkeit im Spannungsfeld von Politik und Recht innerhalb der von Bismarck geschaffenen deutschen Bundesstaaten. 2000.

Band 215 Mathias Freiherr von Rosenberg: Friedrich Carl von Savigny (1779-1861) im Urteil seiner Zeit. 2000.

Band 216 Reinhard Binder-Krieglstein: Österreichisches Adelsrecht 1868-1918/19. Von der Ausgestaltung des Adelsrechts der cisleithanischen Reichshälfte bis zum Adelsaufhebungsgesetz der Republik unter besonderer Berücksichtigung des adeligen Namensrechts. 2000.

Band 217 Claudia-Regine Nerius: Johannes Lehmann-Hohenberg (1851-1925). Eine Studie zur völkischen Rechts- und Justizkritik im Deutschen Kaiserreich. 2000.

Band 218 Ludger Meuten: Die Erbfolgeordnung des Sachsenspiegels und des Magdeburger Rechts. Ein Beitrag zur Geschichte des sächsisch-magdeburgischen Rechts. 2000.

Band 219 Christoph Alexander von Wilcken: Die Reformbestrebungen zum Genossenschaftsgesetz in der Frühzeit der Bundesrepublik. Die Beratungen der Sachverständigenkommission zur Überprüfung des Genossenschaftsrechts 1954 bis 1958 und der Referentenentwurf von 1962. 2000.

Band 220 Verein Junger RechtshistorikerInnen Zürich (Hrsg.): ¿Rechtsgeschichte(n)? ¿Histoire(s) du droit? ¿Storia/storie del diritto? ¿Legal Histori(es)? Europäisches Forum Junger Rechtshistorikerinnen und Rechtshistoriker Zürich 28.-30. Mai 1999. 2000.

Band 221 Hans Christian Schüler: Die Entstehungsgeschichte der Bundesnotarordnung vom 24. Februar 1961. 2000.

Band 222 Nils-Eberhard Schramm: Die Vereinigung demokratischer Juristen (1949-1999). 2000.

Band 223 Silke Anke Torp: Das Rechtsverhältnis zwischen den Eltern und ihren Kindern. Dienstleistungspflicht, Aussteuer und Ausstattung. Eine Analyse der Rechtsprechung des Reichsgerichts und des Reichsarbeitsgerichts zu den Vorschriften der §§ 1616 bis 1625 des Bürgerlichen Gesetzbuches in der Zeit von 1900 bis 1945. 2000.

Band 224 Martin Jürgen Maaß: Die Geschichte des Eigentumsvorbehalts, insbesondere im 18. und 19. Jahrhundert. 2000.

Band 225 Stefanie Langer: Rechtswissenschaftliche Itinerarien. Lebenswege namhafter europäischer Juristen vom 11. bis zum 18. Jahrhundert. 2000.

Band 226 Ulrich Schmitz: Der Unterhaltsanspruch des nichtehelichen Kindes gegen seinen Erzeuger. Die rechtsgeschichtliche und dogmatische Entwicklung im deutschen Recht. 2000.

Band 227 Sebastian Günther: Friedrich Carl von Savigny als Grundherr. 2000.

Band 228 Henning Ibs: Hermann J. Held (1890-1963). Ein Kieler Gelehrtenleben in den Fängen der Zeitläufe. 2000.

Band 229 Matthias Rücker: Wirtschaftswerbung unter dem Nationalsozialismus. Rechtliche Ausgestaltung der Werbung und Tätigkeit des Werberats der deutschen Wirtschaft. 2000.

Band 230 Hendrik Sandmann: Die Entwicklung von Begriff und Inhalt des Wirtschaftchsrechts durch die Rechtswissenschaft in der Weimarer Republik. 2000.

Band 231 Sibylle Müller: Gibt es Menschenrechte bei Samuel Pufendorf? 2000.

Band 232 Karin Olechowski-Hrdlicka: Die gemeinsamen Angelegenheiten der Österreichisch-Ungarischen Monarchie. Vorgeschichte – Ausgleich 1867 – Staatsrechtliche Kontroversen. 2001.

Band 233 Johannes Mierau: Die juristischen Abschluß- und Diplomprüfungen in der SBZ/DDR. Ein Einblick in die Juristenausbildung im Sozialismus. 2001.

Band 234 Jörg Wolff (Hrsg.): Stillstand, Erneuerung und Kontinuität. Einsprüche zur Preußenforschung. 2001.

Band 235 Friedo Schröder: Die anwaltliche Tätigkeit während der nationalsozialistischen Herrschaft. Eine Analyse der anwaltlichen Argumentation in Zivilprozessen anhand der vorhandenen Prozeßakten der Landgerichte Frankenthal, Wiesbaden, Limburg und Frankfurt und der Handakten der *jüdischen Konsulenten* des OLG-Bezirks Frankfurt. 2001.

Band 236 Der Code pénal des Königreichs Westphalen von 1813 mit dem Code pénal von 1810 im Original und in deutscher Übersetzung. Herausgegeben und mit einer Einleitung versehen von Werner Schubert. 2001.

Band 237 Klaus Richter: Deutsches Kolonialrecht in Ostafrika 1885-1891. 2001.

Band 238 Kai von Lewinski: Deutschrechtliche Systembildung im 19. Jahrhundert. 2001.

Band 239 Alexander Herzog: Sittenwidrige Rechtsgeschäfte in der höchstrichterlichen Rechtsprechung aus den Jahren 1948-1965. 2001.

Band 240 Claudia Rönnau: Die Beratungen des Wasserrechtsausschusses der Akademie für Deutsches Recht zu einem Reichswassergesetz (1934-1941). Ein Beitrag zur Dogmatik der Begriffe *Gemeingebrauch* und *Sondergebrauch* in der Zeit des Nationalsozialismus. 2001.

Band 241 Momme Rohlack: Kriegsgesellschaften (1914-1918). Arten, Rechtsformen und Funktionen in der Kriegswirtschaft des Ersten Weltkrieges. 2001.

Band 242 Rolf Geyer: Der Gedanke des Verbraucherschutzes im Reichsrecht des Kaiserreichs und der Weimarer Republik (1871-1933). Eine Studie zur Geschichte des Verbraucherrechts in Deutschland. 2001.

Band 243 Felix Lorenz Benjamin Lehmann: Der Rote Adlerorden. Entstehung und rechtliche Grundlagen (1705-1918). 2002.

Band 244 Marc Ludwig: Der Pfändungsschutz für Lohneinkommen. Die Entstehungs- und Entwicklungsgeschichte der Vorschriften zum Schutz vor Lohnpfändung in Deutschland. 2001.

Band 245 Alexander Wachter: Dorfschule zwischen Pastor und Schulmeister. Zur Säkularisierung des niederhessischen Schulwesens im 19. Jahrhundert. 2001.

Band 246 Richard Scholz: Analyse der Entstehungsbedingungen der reichsgerichtlichen Aufwertungsrechtsprechung. Untersuchung unter besonderer Berücksichtigung der konservativen Geldpolitik der Reichsbank und der Inflationspolitik der Reichsregierung. 2001.

Band 247 Judith Laeverenz: Märchen und Recht. Eine Darstellung verschiedener Ansätze zur Erfassung des rechtlichen Gehalts der Märchen. 2001.

Band 248 Christina Schenk: Bestrebungen zur einheitlichen Regelung des Strafvollzugs in Deutschland von 1870 bis 1923. 2001.

Band 249 Nils Werner: Die Prozesse gegen die Landvolkbewegung in Schleswig-Holstein 1929/32. Ein Beitrag zur Justizkritik in der späten Weimarer Republik. 2001.

Band 250 Wolfgang Walter: Das Duell in Bayern. Ein Beitrag zur bayerischen Strafrechtsgeschichte. 2002.

Band 251 Jörn Eckert / Kjell Å. Modéer (Hrsg.): Geschichte und Perspektiven des Rechts im Ostseeraum. Erster Rechtshistorikertag im Ostseeraum 8.–12. März 2000. 2001.

Band 252 Jan Könighaus: Die Inauguration der Christian-Albrechts-Universität zu Kiel 1665. Symbolgehalt und rechtliche Bedeutung des Universitätszeremoniells. 2002.

Band 253 Andreas Görgen: Rechtssprache in der Frühen Neuzeit. Eine vergleichende Untersuchung der Fremdwortverwendung in Gesetzen des 16. und 17. Jahrhunderts. 2002.

Band 254 Ralf Schäfer: Die Rechtsstellung der Haigerlocher Juden im Fürstentum Hohenzollern-Sigmaringen von 1634-1850. Eine rechtsgeschichtliche Untersuchung. 2002.

Band 255 Regine Schmalhorst: Die Tierhalterhaftung im BGB von 1896. Die Entstehung und Änderung des § 833 BGB sowie eine Analyse der Rechtsprechung des Reichsgerichts bis 1908. 2002.

Band 256 Thomas Hense: Konrad Beyerle. Sein Wirken für Wissenschaft und Politik in Kaiserreich und Weimarer Republik. 2002.

Band 257 Christian Mahlmann: Die Strafrechtswissenschaft der DDR. Klassenkampftheorie und Verbrechenslehre. 2002.

Band 258 Henning Kahmann: Die Bankiers von Jacquier & Securius 1933–1945. Eine rechtshistorische Fallstudie zur "Arisierung" eines Berliner Bankhauses. Mit einem Geleitwort von John Kornblum. 2002.

Band 259 Volker Friedrich Drecktrah: Die Gerichtsbarkeit in den Herzogtümern Bremen und Verden und in der preußischen Landdrostei Stade von 1715 bis 1879. 2002.

Band 260 Andreas Klass: Standes- oder Leistungselite? Eine Untersuchung der Karrieren der Wetzlarer Anwälte des Reichskammergerichts (1693-1806). 2002.

Band 261 Wolfgang Eder: Das italienische Tribunale Speciale per la Difesa dello Stato und der deutsche Volksgerichtshof. Ein Vergleich zwischen zwei politischen Gerichtshöfen. 2002.

Band 262 Albrecht Cordes / Bernd Kannowski (Hrsg.): Rechtsbegriffe im Mittelalter. 2002.

Band 263 Thomas Hildebrandt: Die Brandenburgischen Provinziallandtage von 1841, 1843, und 1845 anhand ausgewählter Verhandlungsgegenstände. 2002.

Band 264 Jan Finzel: Georg Adam Struve (1619–1692) als Zivilrechtler. 2003.

Band 265 Björn Carsten Frenzel: Das Selbstverständis der Justiz nach 1945. Analyse der Rolle der Justiz unter Berücksichtigung der Reden zur *Wiedereröffnung* der Bundes- und Oberlandesgerichte. 2003.

Band 266 Nils Reichhelm: Die marxistisch-leninistische Staats- und Rechtstheorie Karl Polaks. 2003.

Band 267 Raik Schneider: Altrechtliche Personenzusammenschlüsse. Ihre Entwicklung unter besonderer Berücksichtigung des Rechts des Großherzogtums Sachsen-Weimar-Eisenach sowie der Herzogtümer Sachsen-Meiningen und Sachsen-Gotha. 2003.

Band 268 Anke Meier: Die Geschichte des deutschen Konkursrechts, insbesondere die Entstehung der Reichskonkursordnung von 1877. 2003.

Band 269 Stefan Jens Jordan: Leben und Werk des Tübinger Rechtsprofessors Wilhelm Gottlieb Tafinger 1760–1813. 2003.

Band 270 Stefanie Hubig: Die historische Entwicklung des § 23 ZPO. Zum Ursprung und Fortleben des Vermögensgerichtsstandes im deutschen Prozeßrecht des 19. Jahrhunderts. 2003.

Band 271 Michael G. Perband: Der Grundsatz der freien Beweiswürdigung im Zivilprozeß (§ 286 ZPO) in der Rechtsprechung des Reichsgerichts. 2003.

Band 272 Mathias Bouveret: Die Stellung des Staatsoberhauptes in der parlamentarischen Diskussion und Staatsrechtslehre von 1848 bis 1918. 2003.

Band 273 Barbara Széchényi: Rechtliche Grundlagen bayerischer Zensur im 19. Jahrhundert. 2003.

Band 274 Sylvia Scharfenberg: Die Entstehungsgeschichte des Beurkundungsgesetzes vom 28. August 1969. 2003.

Band 275 Urte Nesemann: Die schwedische Familiengesetzgebung von 1734 bis zu den Reformgesetzen von 1915 bis 1920 und deren Einfluss auf die Gesetzgebungsprojekte der Weimarer Republik. Unter besonderer Berücksichtigung der Rechtsstellung der Frau und des unehelichen Kindes. 2003.

Band 276 Alexandra Brück: Die Polizeiordnung Herzog Christians von Braunschweig-Lüneburg vom 6. Oktober 1618. 2003.

Band 277 Torsten Landwehr: Das Kommissionsgeschäft in Rechtswissenschaft, Gesetzgebung und Rechtspraxis vom 16. bis zum Ende des 18. Jahrhunderts. 2003.

Band 278 Tassilo Wilhelm Maria Englert: Deutsche und italienische Zivilrechtsgesetzgebung von 1933–1945. Parallelen in der Rechtsetzung und gegenseitige Beeinflussung unter besonderer Berücksichtigung des Familien- und Erbrechts. 2003.

Band 279 Tobias Prang: Der Schutz der Versicherungsnehmer bei der Auslegung von Versicherungsbedingungen durch das Reichsgericht. 2003.

Band 280 Thorsten Lieb: Privileg und Verwaltungsakt. Handlungsformen der öffentlichen Gewalt im 18. und 19. Jahrhundert. 2004.

Band 281 Michael Rühling: Das Ladenschlussgesetz vom 28. November 1956. Vorgeschichte, Entstehung des Gesetzes und weitere Entwicklung. 2004.

Band 282 Kathrin Nawotki: Die schleswigsche Deichstavengerechtigkeit. Vom 17. Jahrundert bis in die Gegenwart. Eine gewohnheitsrechtliche Superfizies an nordfriesischen Deichgrundstücken und ihre Entwicklung. 2004.

Band 283 Erik Nils Voigt: Die Gesetzgebungsgeschichte der militärischen Ehrenstrafen und der Offizierehrengerichtsbarkeit im preußischen und deutschen Heer von 1806 bis 1918. 2004.

Band 284 Dorothea Riedi Hunold: Die Einführung der allgemeinen Wechselfähigkeit in der Schweiz in der zweiten Hälfte des 19. Jahrhunderts. Unter besonderer Berücksichtigung der politischen, wirtschaftlichen und sozialen Verhältnisse. 2004.

Band 285 Thomas Gergen: Pratique juridique de la paix et trêve de Dieu à partir du concile de Charroux (989–1250). Juristische Praxis der Pax und Treuga Dei ausgehend vom Konzil von Charroux (989–1250). 2004.

Band 286 Kathrin Bethkenhagen: Die Entwicklung des Luftrechts bis zum Luftverkehrsgesetz von 1922. 2004.

Band 287 Heiko Lüpkes: Die Verbrechen der Diener des Staats im Allgemeinen Landrecht für die Preußischen Staaten von 1794 und ihre Entwicklung zu den Vergehen und Verbrechen im Amte im Strafgesetzbuch für die Preußischen Staaten von 1851. 2004.

Band 288 Mirco Peter Hirsch: Von der Erbbescheinigung des Preußischen Rechts zum Erbschein des Bürgerlichen Gesetzbuchs. 2004.

Band 289 Bettina Günther: Die Behandlung der Sittlichkeitsdelikte in den Policeyordnungen und der Spruchpraxis der Reichsstädte Frankfurt am Main und Nürnberg im 15. bis 17. Jahrhundert. 2004.

Band 290 Seunghyeon Seong: Der Begriff der *nicht gehörigen Erfüllung* aus dogmengeschichtlicher und rechtsvergleichender Sicht. 2004.

Band 291 Steffen-Werner Meyer: Bemühungen um ein Reichsgesetz gegen den Büchernachdruck. Anläßlich der Wahlkapitulation Leopolds II. aus dem Jahre 1790. 2004.

Band 292 Ulrich Löffler: Instrumentalisierte Vergangenheit? Die nationalsozialistische Vergangenheit als Argumentationsfigur in der Rechtsprechung des Bundesverfassungsgerichts. 2004.

Band 293 Norbert Koch: Die Entwicklung des deutschen privaten Immissionsschutzrechts seit Beginn der Industrialisierung. Unter besonderer Berücksichtigung des Einflusses der höchstrichterlichen Rechtsprechung. 2004.

Band 294 Julius Ludwig Pfeiffer: Das Tierschutzgesetz vom 24. Juli 1972. Die Geschichte des deutschen Tierschutzrechts von 1950 bis 1972. 2004.

Band 295 Bert-Hagen Strodthoff: Die richterliche Frage- und Erörterungspflicht im deutschen Zivilprozeß in historischer Perspektive. 2004.

Band 296 Tim Kannewurf: Die Höfeordnung vom 24. April 1947. Entstehungsgeschichte und Einordnung in die Entwicklung des Anerbenrechts. 2004.

Band 297 Steffi Heine: Die Methodendiskussion nach Inkrafttreten des Bürgerlichen Gesetzbuches und die Gründung des Vereins *Recht und Wirtschaft*. 2004.

Band 298 Anne Marlene Simon-Holtorf: Geschichte des Familienwahlrechts in Frankreich (1871 bis 1945). 2004.

Band 299 Jürgen Busch: Das Germanenbild der deutschen Rechtsgeschichte. Zwischen Wissenschaft und Ideologie. Mit einem Vorwort von Herwig Wolfram. 2004.

Band 300 Jan Kohlmann: Der Marsch zu den Gräbern von Karl und Rosa. Geschichte eines Gedenktages. 2004.

Band 301 Christian Rainer Schlicht: Die kumulative Schuldübernahme in der Rechtsprechung des Reichsgerichts und in der zeitgenössischen Literatur. 2004.

Band 302 Hans Peter Glöckner: Positive Vertragsverletzung. Die Geburt eines Rechtsinstituts. 2004.

Band 303 João Manuel Azevedo Alexandrino Fernandes: Die Theorie der Interpretation des Gesetzes bei Francisco Suárez. 2005.

Band 304 René Funk: Die Wahlprüfung der volksgewählten Abgeordneten der Volksvertretungen im Frühkonstitutionalismus. Eine Untersuchung der Wahlprüfung in den Kammern der Abgeordneten des Großherzogtums Baden, des Königreichs Württemberg und des Großherzogtums Hessen. 2005.

Peter Lang · Europäischer Verlag der Wissenschaften

Anne Marlene Simon-Holtorf

Geschichte des Familienwahlrechts in Frankreich (1871 bis 1945)

Frankfurt am Main, Berlin, Bern, Bruxelles, New York, Oxford, Wien, 2004. 288 S.
Rechtshistorische Reihe. Verantwortlicher Herausgeber: Werner Schubert. Bd. 298
ISBN 3-631-52945-7 · br. € 51.50*

Die Forderung nach Einführung eines Familienwahlrechts (vote familial) kam in Frankreich in der Mitte des 19. Jahrhunderts auf. Hiernach sollten dem Familienoberhaupt mehrere Wahlstimmen zustehen, sei es in Vertretung der Kinder, sei es für die Familie als solche. Die Arbeit behandelt außer der umfangreichen Literatur alle parlamentarischen Initiativen zwischen 1871 und 1938 zur Einführung des Familienwahlrechts (seit 1924 verbunden mit dem erst 1945 in Frankreich verwirklichten Frauenstimmrecht) und die Verfassungsprojekte von Vichy, die ein Familienwahlrecht vorsahen. Zum Abschluß bringt die Arbeit einen detaillierten Überblick über die derzeitige Diskussion zur Einführung eines Familien- bzw. Kinderwahlrechts in Deutschland.

Aus dem Inhalt: Wahlrecht und Gesetzgebung in Frankreich · Begriff und Zweck des Familienwahlrechts · Anfänge des Familienwahlrechts in Frankreich von 1871 bis 1899 · Familienwahlrecht in Belgien, Tunesien und Marokko · Familienwahlrecht in Frankreich von 1900 bis 1938 · Familienwahlrecht in der Vichy-Zeit · Familienwahlrecht heute

Kolibri 360 GmbH
Ferdinand-Jühlke-Straße 7
99095 Erfurt, Deutschland
produktsicherheit@kolibri360.de

Druck:
CPI Druckdienstleistungen GmbH
im Auftrag der
Kolibri 360 GmbH
Ferdinand-Jühlke-Str. 7
99095 Erfurt